Eva Inés Obergfell / Ronny Hauck (Hrsg.)
Lizenzvertragsrecht
De Gruyter Studium

Lizenzvertragsrecht

Eva Inés Obergfell / Ronny Hauck (Hrsg.)
2. Auflage

Bearbeitet von
Birgit Faßbender
Ronny Hauck
Sebastian Heim
Nina Elisabeth Herbort
Eva Inés Obergfell
Patrick Zurth

DE GRUYTER

Zitiervorschlag: Obergfell/Hauck/*Herbort*, 2. Kap. Rn. 6

ISBN 978-3-11-062278-2
e-ISBN (PDF) 978-3-11-062282-9
e-ISBN (EPUB) 978-3-11-062286-7

Library of Congress Control Number: 2020933298

Bibliografische Information der Deutschen Nationalbibliothek
Die Deutsche Nationalbibliothek verzeichnet diese Publikation in der Deutschen
Nationalbibliografie; detaillierte bibliografische Daten sind im Internet über
http://dnb.dnb.de abrufbar.

© 2020 Walter de Gruyter GmbH, Berlin/Boston
Einbandabbildung: nicolas / E+ / Getty Images
Druck: CPI books GmbH, Leck

www.degruyter.com

Vorwort zur 2. Auflage

Nach der erfreulichen Aufnahme der Erstauflage des Lehrbuchs zum Lizenzvertragsrecht bringt die zweite Auflage das Werk auf den Stand vom 30. September 2019. Wichtige Rechtsprechung konnte bis Dezember 2019 berücksichtigt werden. Der Aufbau des Buchs folgt dem bewährten Konzept, die zahlreichen Probleme des Lizenzvertragsrechts vom Allgemeinen zum Besonderen hin darzustellen – wissenschaftlich fundiert und praxisnah. Im Anschluss an das 1. Kapitel, in dem zunächst auf die Grundfragen der Lizenz eingegangen wird, folgt im 2. Kapitel eine Darstellung möglicher Gegenstände der Lizenzierung und im 3. Kapitel eine Auseinandersetzung mit den einschlägigen vertragsrechtlichen Regelungen einschließlich des Internationalen Privatrechts. Im 4. Kapitel werden sodann ausgewählte Vertragstypen herausgegriffen und ihre vielgestaltigen Besonderheiten erörtert. Mit dem Insolvenz- und dem Kartellrecht sind die folgenden Kapitel 5 und 6 zwei Spezialmaterien gewidmet, denen bei der Gestaltung von Lizenzverträgen eine herausgehobene Bedeutung zukommt. Im – neuen – 7. Kapitel werden die hoch praxisrelevanten Themen der Besteuerung und Bilanzierung von Lizenzen behandelt, für deren Bearbeitung Frau Steuerberaterin *Birgit Faßbender* gewonnen werden konnte. Im 8. Kapitel werden die dargestellten Inhalte anhand konkreter und in der Praxis erprobter Vertragsmuster zusammengefasst – in deutscher und englischer Sprache.

Für die tatkräftige Unterstützung bei der Aktualisierung und der Druckfahnenkorrektur dieser Neuauflage danken die Herausgeber dem Berliner Lehrstuhlteam, insbesondere Frau Wiss. Mit. *Olivia Klaehn*, Herrn Wiss. Mit. *Andreas Mann* sowie den studentischen Hilfskräften *Heiko Blaut* und *Paul Schneider*.

Anregungen und Kritik sind weiterhin willkommen und können an die im Bearbeiterverzeichnis genannten E-Mail-Adressen gerichtet werden.

Berlin, im Februar 2020

Eva Inés Obergfell
Ronny Hauck

https://doi.org/10.1515/9783110622829-001

Vorwort zur 1. Auflage

Das Lizenzvertragsrecht ist eine typische Querschnittsmaterie, die sich durch alle Gebiete des Geistigen Eigentums (Patent-, Urheber- und Markenrecht, Designrecht etc.) zieht. Doch auch dort, wo ein Immaterialgüterrechtsschutz prinzipiell ausscheidet, spielen Lizenzverträge eine nicht zu unterschätzende, wirtschaftlich hoch relevante Rolle (Know-how-Schutz, Formathandel, Sportveranstalterschutz etc.). Faszination wie auch Komplexität der Materie ergeben sich daraus, dass unterschiedliche Rechtsgebiete ineinandergreifen, die trotz der Fülle ihrer Rechtsquellen letztlich keine lückenlose gesetzliche Regelung bilden. Denn ein „Lizenzvertragsgesetz" aus einem Guss gibt es nicht und die praktische Anwendung etwa der (nicht für Lizenzverträge geschaffenen) bürgerlich-rechtlichen Vertragsvorschriften zeigt oftmals Tücken im Detail. Doch eröffnet gerade diese gesetzliche Ausgangssituation einerseits fehlender und andererseits weitgehend dispositiver Regelungen auch eine große und für die Verwertung von Immaterialgüterrechten und vergleichbaren immateriellen Gütern förderliche Flexibilität in der Vertragsgestaltung.

Für Studierende wie Praktiker, die sich erstmals mit dieser Materie beschäftigen, tut sich allerdings auf dem juristischen Fachbuchmarkt eine Lücke auf, die das vorliegende Buch schließen will. Durch zahlreiche Querverbindungen, Arbeitshilfen wie insbesondere Vertragsmuster sowie Übungs- und Wiederholungsfragen aufbereitet, will das vorliegende Lehr- und Lernbuch einen verständlichen Einstieg in das Lizenzvertragsrecht bieten und diese vielfältige und praxisrelevante Querschnittsmaterie leichter zugänglich machen. Es richtet sich dabei gleichermaßen an Studierende des Schwerpunktstudiums wie auch an Leserinnen und Leser aus der Anwaltschaft und Unternehmenspraxis.

Der Aufbau des Buchs folgt dem Anliegen, die zahlreichen Probleme des Lizenzvertragsrechts vom Allgemeinen zum Besonderen hin darzustellen. So werden im Anschluss an das einleitende 1. Kapitel, in dem zunächst auf die Grundfragen der Lizenz eingegangen wird, im 2. Kapitel mögliche Gegenstände einer Lizenzierung dargestellt. Die Darstellung umfasst auch Rechte und sonstige Güter, die in der lizenzvertragsrechtlichen Literatur häufig vernachlässigt werden, wie etwa Persönlichkeitsrechte, Domainnamen und Veranstalterrechte. Es folgt im 3. Kapitel eine Auseinandersetzung mit den einschlägigen vertragsrechtlichen Regelungen einschließlich des Internationalen Privatrechts. Im 4. Kapitel werden sodann ausgewählte Vertragstypen herausgegriffen und ihre vielgestaltigen Besonderheiten erörtert. Mit dem Insolvenz- und dem Kartellrecht sind die folgenden Kapitel 5 und 6 zwei Spezialmaterien gewidmet, denen bei der Gestaltung von Lizenzverträgen eine herausgehobene Bedeutung zukommt. Der

https://doi.org/10.1515/9783110622829-002

ergänzende Blick auf die jeweilige US-amerikanische Rechtslage wie auch in das Kollisionsrecht ist dem Umstand geschuldet, dass gerade Lizenzverträge häufig einen grenzüberschreitenden Bezug aufweisen. Im abschließenden 7. Kapitel werden die zuvor dargestellten Inhalte anhand konkreter und in der Praxis erprobter Vertragsmuster nochmals zusammengefasst.

Da im Rahmen eines solchen Lehr- und Lernbuchs eine in alle Einzelheiten gehende Erörterung sämtlicher Problemfelder ausgeschlossen ist und auch nicht sinnvoll wäre, wird den meisten Kapiteln in Ergänzung zum allgemeinen Literaturverzeichnis eine Auswahl weiterer Literatur vorangestellt, die zur Vertiefung des jeweiligen Problemkomplexes oder einzelner Fragestellungen empfohlen werden kann. Hinzuweisen ist schließlich auf die Kenntlichmachung der inhaltlichen Schwerpunkte bei den zitierten Gerichtsentscheidungen: Um eine rasche Zuordnung zu ermöglichen, verdeutlicht eine nachgestellte Abkürzung (wie etwa PatR, UrhR etc.), dass die betreffende Entscheidung im Kern aus dem genannten Rechtsgebiet stammt. Stichtag für den Rechtszustand, den das Werk wiedergibt, ist der 30. September 2015.

Anregungen und Kritik sind stets willkommen und können an die im Bearbeiterverzeichnis genannten E-Mail-Adressen gerichtet werden.

Berlin, im November 2015   *Eva Inés Obergfell*
                                                   Ronny Hauck

Inhaltsübersicht

Inhaltsverzeichnis

Bearbeiterverzeichnis

Birgit Faßbender, Jg. 1972, Steuerberaterin und Fachberaterin für Internationales Steuerrecht, Partnerin bei der internationalen Wirtschaftskanzlei BEITEN BURKHARDT in Düsseldorf. Sie berät mittelständische bis große Unternehmen sowie Privatpersonen zum nationalen und internationalen Unternehmensteuerrecht mit besonderem Schwerpunkt in den Bereichen grenzüberschreitende Investitionen und Geschäftstätigkeiten, Verrechnungspreisgestaltung und Umsatzsteuer. Sie ist Gastdozentin an der Heinrich-Heine-Universität Düsseldorf, Autorin und Referentin zu Themen des Internationalen Steuerrechts.
Erreichbarkeit: b.fassbender@greis-brosent.de

Ronny Hauck, Dr. iur., Jg. 1972, ist seit 2017 Inhaber einer Gastprofessur an der Humboldt-Universität zu Berlin zur Vertretung des Lehrstuhls für Bürgerliches Recht, Gewerblichen Rechtsschutz und Urheberrecht, Internationales Privatrecht und Rechtsvergleichung. Nach der Promotion 2008 mit einer Arbeit zum deutschen und US-amerikanischen Lizenzkartellrecht Tätigkeit als Rechtsanwalt in einer internationalen Wirtschaftskanzlei in München. Forschungsaufenthalte ua an der George Washington University Law School; Habilitation 2014 an der Universität Augsburg. Seine Forschungsschwerpunkte liegen im Bereich des Gewerblichen Rechtsschutzes (insbesondere Technologieschutz und -transfer), des Urheberrechts und des Kartellrechts. Er ist durch diverse Veröffentlichungen in diesen Bereichen ausgewiesen.
Erreichbarkeit: ronny.hauck@rewi.hu-berlin.de

Sebastian Heim, Dr. iur., LL.M., Jg. 1975, Rechtsanwalt und Fachanwalt für Gewerblichen Rechtsschutz, Partner bei der internationalen Wirtschaftskanzlei BEITEN BURKHARDT in München. Besonderer Schwerpunkt seiner anwaltlichen Tätigkeit ist das Patent- und Technologierecht. Er verfügt über umfangreiche Prozesserfahrung in Patentverletzungs- und Know-how-Schutz-Verfahren. Zudem berät er insbesondere in den Bereichen Arbeitnehmererfinderrecht, Portfoliomanagement und Technologietransfer (F&E-Kooperationen/Lizenzvertragsrecht).
Erreichbarkeit: sebastian.heim@bblaw.com

Nina Elisabeth Herbort, Dr. iur., Jg. 1987, ist juristische Referentin bei der Landesbeauftragten für den Datenschutz in Brandenburg sowie Gastdozentin an der Ostkreuzschule für Fotografie in Berlin. Nach dem Studium der Rechtswissenschaften an der Humboldt-Universität zu Berlin mit Schwerpunkt Immaterialgüterrecht war sie wissenschaftliche Mitarbeiterin bei Prof. Dr. Eva Inés Obergfell und schloss 2016 die Promotion zu einem urheber- und persönlichkeitsrechtlichen Thema mit Bezügen zum europäischen Datenschutzrecht ab. Im Anschluss an das Referendariat – mit Stationen beim Berliner Beauftragten für Datenschutz und Informationsfreiheit sowie einer großen Wirtschaftskanzlei in Hamburg mit Schwerpunkt Gewerblicher Rechtsschutz – war sie Rechtsanwältin im Bereich IT-Recht in einer international tätigen Sozietät in Berlin.

Eva Inés Obergfell, Dr. iur., Jg. 1971, ist seit 2011 Universitätsprofessorin für Bürgerliches Recht, Gewerblichen Rechtsschutz und Urheberrecht, Internationales Privatrecht und Rechtsvergleichung an der Humboldt-Universität zu Berlin. 2016 wurde sie zur Vizepräsidentin für Lehre und Studium der Humboldt-Universität gewählt. Sie wurde im Jahr 2000 mit einer urhebervertrags- und kollisionsrechtlichen Arbeit an der Universität Konstanz promoviert und habilitierte sich dort im Jahr 2010. Nach der Promotion war sie als Rechtsanwältin mit Schwerpunkt im Urheber- und Medienrecht in Berlin tätig. Ihre Forschungsschwerpunkte liegen in den Bereichen des

https://doi.org/10.1515/9783110622829-003

Geistigen Eigentums, insbesondere des Urheberrechts, des Lauterkeitsrechts und des Internationalen Privatrechts sowie des Erbrechts.
Erreichbarkeit: sekretariat.obergfell@rewi.hu-berlin.de

Patrick Zurth, Dr. iur., Jg. 1987, Studium der Rechtswissenschaften an der Humboldt-Universität zu Berlin mit Schwerpunkt Immaterialgüterrecht. Anschließend wissenschaftlicher Mitarbeiter am Lehrstuhl für Bürgerliches Recht, Gewerblichen Rechtsschutz und Urheberrecht, Internationales Privatrecht und Rechtsvergleichung an der Humboldt-Universität zu Berlin (Prof. Dr. Eva Inés Obergfell) und 2016 Promotion zu Nutzungsrechten im Urheberrecht. Nach Rechtsreferendariat am Kammergericht Rechtsanwalt mit Schwerpunkt im Urheber- und Kunstrecht. Seit April 2018 Akademischer Rat a.Z. am Lehrstuhl für Bürgerliches Recht und Recht des Geistigen Eigentums mit Informations- und IT-Recht an der Ludwig-Maximilians-Universität München (GRUR-Lehrstuhl, Prof. Dr. Matthias Leistner).
Erreichbarkeit: patrick.zurth@jura.uni-muenchen.de

Abkürzungsverzeichnis

a. A.	anderer Ansicht
abl.	ablehnend
ABl	Amtsblatt der Europäischen Gemeinschaft
AcP	Archiv für die civilistische Praxis
a. E.	am Ende
AEUV	Vertrag über die Arbeitsweise der Europäischen Union
a. F.	alte Fassung
AfP	Archiv für Presserecht
AG	Amtsgericht; Arbeitsgemeinschaft
AGB	Allgemeine Geschäftsbedingungen
AmtlBegr.	Amtliche Begründung
Anm.	Anmerkung
AO	Abgabenordnung
ArbnErfG	Gesetz über Arbeitnehmererfindungen
Art.	Artikel
AStG	Gesetz über die Besteuerung bei Auslandsbeziehungen (Außensteuergesetz)
BB	Betriebs-Berater
BEPS	Base Erosion and Profit Shifting
Bek.	Bekanntmachung
BFH	Bundesfinanzhof
BGB	Bürgerliches Gesetzbuch
BGBl.	Bundesgesetzblatt
BGH	Bundesgerichtshof
BGHZ	Entscheidungen des Bundesgerichtshofes in Zivilsachen
BKartA	Bundeskartellamt
BlPMZ	Blatt für Patent-, Muster- und Zeichenwesen
BMF	Bundesfinanzministerium
BMJ	Bundesministerium der Justiz
BPatG	Bundespatentgericht
BR-Drucks	Bundesrats-Drucksache
BStBl.	Bundessteuerblatt
BT-Drucks	Bundestags-Drucksache
BVerfG	Bundesverfassungsgericht
BVerfGE	Entscheidungen des Bundesverfassungsgerichts
bzgl.	bezüglich
CR	Computer und Recht
CRi	Computer und Recht International
DB	Der Betrieb
DENIC	Domain Verwaltungs- und Betriebsgesellschaft eG
ders.	derselbe

https://doi.org/10.1515/9783110622829-004

DesignG	Designgesetz
DesignR	Designrecht
dies.	dieselbe(n)
DPMA	Deutsches Patent- und Markenamt
DStR	Deutsches Steuerrecht (Zeitschrift)
DStRE	Deutsches Steuerrecht Entscheidungsdienst
DVBl.	Deutsches Verwaltungsblatt
E	Entwurf (z. B. Inso-E)
EG	Europäische Gemeinschaft
EGBGB	Einführungsgesetz zum Bürgerlichen Gesetzbuch
EGV	Vertrag zur Gründung der Europäischen Gemeinschaft
Einf.	Einführung
Einl.	Einleitung
EPA	Europäisches Patentamt
EStG	Einkommensteuergesetz
EStH	Amtliches Einkommensteuer-Handbuch
EU	Europäische Union
EuG	Europäisches Gericht (erster Instanz)
EuGH	Europäischer Gerichtshof
EUV	Vertrag über die Europäische Union
EuZW	Europäische Zeitschrift für Wirtschaftsrecht
EWS	Europäisches Wirtschafts- und Steuerrecht
f., ff.	folgende, fortfolgende
FG	Finanzgericht
Fn.	Fußnote
FS	Festschrift
FVerlV	Verordnung zur Anwendung des Fremdvergleichsgrundsatzes nach § 1 Abs. 1 des Außensteuergesetzes in den Fällen grenzüberschreitender Funktionsverlagerung (Funktionsverlagerungsverordnung)
GAufzV	Verordnung zu Art, Inhalt und Umfang von Aufzeichnungen im Sinne des § 90 Abs. 3 der Abgabenordnung (Gewinnabgrenzungsaufzeichnungs-Verordnung)
GebrMG	Gebrauchsmustergesetz
GeschmMG	Geschmacksmustergesetz
GewStG	Gewerbesteuergesetz
GG	Grundgesetz
ggf.	gegebenenfalls
GGV	Gemeinschaftsgeschmacksmusterverordnung
GMV	Gemeinschaftsmarkenverordnung
GRUR	Gewerblicher Rechtsschutz und Urheberrecht
GRUR Ausl	Gewerblicher Rechtsschutz und Urheberrecht Auslands- und Internationaler Teil
GRUR Int.	Gewerblicher Rechtsschutz und Urheberrecht, Internationaler Teil
GRUR-Prax	Gewerblicher Rechtsschutz und Urheberrecht, Praxis im Immaterialgüter- und Wettbewerbsrecht
GRUR-RR	Gewerblicher Rechtsschutz und Urheberrecht, Rechtsprechungs-Report

GVBl	Gesetz- und Verordnungsblatt
GVO	Gruppenfreistellungsverordnung
GWB	Gesetz gegen Wettbewerbsbeschränkungen
GWO	Gewerbeordnung
Hs.	Halbsatz
Hdb.	Handbuch
Hsg.	Herausgeber
h.L.	herrschende Lehre
h.M.	herrschende Meinung
ICANN	Internet Corporation for Assigned Names and Numbers (www.icann.org)
i.d.F.	in der Fassung
i.d.R.	in der Regel
IIC	International Review of Industrial Property and Copyright Law
insb.	insbesondere
InsO	Insolvenzordnung
InTeR	Zeitschrift für Innovations- und Technikrecht
IPR	Internationales Privatrecht
IPRax	Praxis des Internationalen Privat- und Verfahrensrechts
IStR	Internationales Steuerrecht
i.S.v.	im Sinne von
i.V.m.	in Verbindung mit
JZ	Juristenzeitung
Kap.	Kapitel
KG	Kammergericht; Kommanditgesellschaft
Krit.	kritisch
KStG	Körperschaftsteuergesetz
KUG	Gesetz betreffend das Urheberrecht an Werken der bildenden Künste und der Photographie (Kunsturhebergesetz)
K&R	Kommunikation und Recht
LG	Landgericht
lit.	litera (Buchstabe)
MarkenG	Markengesetz
MarkenR	Markenrecht
Mitt.	Mitteilungen der deutschen Patentanwälte
MMA	Madrider Markenrechtsabkommen
MMR	Multimedia und Recht, Zeitschrift für Informations-, Telekommunikations- und Medienrecht
m.w.N.	mit weiteren Nachweisen
n.F.	neue Fassung
NJW	Neue Juristische Wochenschrift

NJW-RR	NJW-Rechtsprechungs-Report Zivilrecht
NJW-CoR	NJW-Computerreport
NJWE-WettbR	NJW-Entscheidungsdienst Wettbewerbsrecht (jetzt GRUR-RR)
OFD	Oberfinanzdirektion
OLG	Oberlandesgericht
OECD	Organisation for Economic Co-operation and Development
PatR	Patentrecht
PersR	Persönlichkeitsrechte
PVÜ	Pariser Verbandsübereinkunft zum Schutz des gewerblichen Eigentums
RBÜ	Revidierte Berner Übereinkunft zum Schutz von Werken der Literatur und der Kunst
RefE	Referentenentwurf
RegE	Regierungsentwurf
RG	Reichsgericht
RGBl.	Reichsgesetzblatt
RGZ	Entscheidungen des Reichsgerichts in Zivilsachen
RL	Richtlinie
Rn.	Randnummer
RStV	Rundfunkstaatsvertrag
S.	Seite
s.	siehe
s.o.	siehe oben
sog.	sogenannte/r/n
s.u.	siehe unten
StBp	Die steuerliche Betriebsprüfung (Zeitschrift)
str.	strittig
st.Rspr.	ständige Rechtsprechung
TKG	Telekommunikationsgesetz
TRIPs	WTO-Übereinkommen über handelsbezogene Aspekte der Rechte des geistigen Eigentums
Tz.	Textziffer
u.	und
u.a.	unter anderem
UFITA	Archiv für Urheber-, Film-, Funk- und Theaterrecht
UrhG	Urheberrechtsgesetz
UrhGÄndG	Gesetz zur Änderung des Urheberrechtsgesetzes
UrhR	Urheberrecht
UStG	Umsatzsteuergesetz
UStAE	Umsatzsteuer-Anwendungserlass
u.U.	unter Umständen
UWG	Gesetz gegen den unlauteren Wettbewerb

VerlG	Gesetz über das Verlagsrecht
VerlR	Verlagsrecht
VG	Verwertungsgesellschaft; Verwaltungsgericht
vgl.	vergleiche
VO	Verordnung
WahrnG	Gesetz über die Wahrnehmung von Urheberrechten und verwandten Schutzrechten
WCT	WIPO Copyright Treaty
WIPO	World Intellectual Property Organization
WM	Wertpapier-Mitteilungen
WRP	Wettbewerb in Recht und Praxis
WTO	World Trade Organization
WuW	Wirtschaft und Wettbewerb
z. B.	zum Beispiel
ZEuP	Zeitschrift für Europäisches Privatrecht
ZGE/IPJ	Zeitschrift für Geistiges Eigentum/Intellectual Property Journal
ZHR	Zeitschrift für das gesamte Handelsrecht und Wirtschaftsrecht
ZIP	Zeitschrift für Wirtschaftsrecht
ZPO	Zivilprozessordnung
ZUM	Zeitschrift für Urheber- und Medienrecht
ZUM-RD	Rechtsprechungsdienst der ZUM
zust.	zustimmend

Literaturverzeichnis

A. Übergreifende Literatur zum Immaterialgüterrecht

Büscher, Wolfgang/Dittmer, Stefan/Schiwy, Peter (Hrsg.), Gewerblicher Rechtsschutz, Urheberrecht, Medienrecht, Kommentar, 3. Aufl., Köln 2015.

Eisenmann, Hartmut/Jautz, Ulrich, Grundriss Gewerblicher Rechtsschutz und Urheberrecht, 10. Aufl., Heidelberg 2015.

Erdmann, Willi/Rojahn, Sabine/Sosnitza, Olaf (Hrsg.), Handbuch des Fachanwalts Gewerblicher Rechtsschutz, 3. Aufl., Köln 2018.

Götting, Horst-Peter, Gewerblicher Rechtsschutz: Patent-, Gebrauchsmuster-, Design- und Markenrecht, 10. Aufl., München 2014.

Hasselblatt, Gordian (Hrsg.), Münchener Anwaltshandbuch Gewerblicher Rechtsschutz, 5. Aufl., München 2017.

Hofmann, Franz, Immaterialgüterrechtliche Anwartschaftsrechte, Tübingen 2009.

Nirk, Rudolf/Ullmann, Eike/Metzger, Axel, Patent-, Gebrauchsmuster- und Sortenschutzrecht, 4. Aufl., Heidelberg 2018.

B. Urheber- und Medienrecht

Berger, Christian/Wündisch, Sebastian (Hrsg.), Urhebervertragsrecht, 2. Aufl., Baden-Baden 2015.

Dreier, Thomas/Hilty, Reto (Hrsg.), Vom Magnettonband zu Social Media. Festschrift 50 Jahre Urheberrechtsgesetz (UrhG), München 2015.

Dreier, Thomas/Schulze, Gernot, Urheberrechtsgesetz, Urheberrechtswahrnehmungsgesetz, Kunsturhebergesetz, Kommentar, 6. Aufl., München 2018.

Fromm, Friedrich Karl/Nordemann, Wilhelm (Begr.), Kommentar zum Urheberrechtsgesetz, zum Verlagsgesetz und zum Urheberrechtswahrnehmungsgesetz, 12. Aufl., München 2018

Götting, Horst-Peter/Schertz, Christian/Seitz, Walter (Hrsg.), Handbuch des Persönlichkeitsrechts, 2. Aufl., München 2019.

Heidelberger Kommentar zum Urheberrecht, *Dreyer, Gunda/Kotthoff, Jost/Meckel, Astrid* (Hrsg.), 4. Aufl., Heidelberg 2018.

Limper, Josef/Musiol, Christian (Hrsg.), Formularbuch des Fachanwalts Urheber- und Medienrecht, Köln 2015.

Loewenheim, Ulrich (Hrsg.), Handbuch des Urheberrechts, 2. Aufl., München 2010.

Möhring, Philipp/Nicolini, Käte (Begr.), Urheberrecht Kommentar, 4. Aufl., München 2018.

Obergfell, Eva Inés, Filmverträge im deutschen materiellen und internationalen Privatrecht, Köln u. a. 2001.

Obergfell, Eva Inés (Hrsg.), Zehn Jahre reformiertes Urhebervertragsrecht, Berlin/Boston 2013.

Petersen, Jens, Medienrecht, 5. Aufl., München 2010.

Rehbinder, Manfred/Peukert, Alexander, Urheberrecht, 18. Aufl., München 2018.

Schack, Haimo, Urheber- und Urhebervertragsrecht, 9. Aufl., Tübingen 2019.

Schricker, Gerhard/Loewenheim, Ulrich (Hrsg.), Urheberrecht Kommentar, 5. Aufl., München 2017.

https://doi.org/10.1515/9783110622829-005

Ulmer, Eugen, Urheber- und Verlagsrecht, 3. Aufl., Berlin/Heidelberg 1980.

Wandtke, Artur-Axel (Hrsg.), Urheberrecht, 7. Aufl., Berlin 2019.

Wandtke, Artur-Axel/Bullinger, Winfried (Hrsg.), Praxiskommentar zum Urheberrecht, 5. Aufl., München 2019.

Wandtke, Artur-Axel/Ohst, Claudia (Hrsg.), Medienrecht Praxishandbuch, 3. Aufl., Berlin 2014; Bd. 1: Europäisches Medienrecht und Durchsetzung des geistigen Eigentums; Bd. 3: Wettbewerbs- und Werberecht; Bd. 4: Persönlichkeitsrecht und Medienstrafrecht.

Zurth, Patrick, Rechtsgeschäftliche und gesetzliche Nutzungsrechte im Urheberrecht, Tübingen 2016.

C. Verlagsrecht

Russ, Christian, Verlagsgesetz Kommentar, Köln 2014.

Ulmer-Eilfort, Constanze/Obergfell, Eva Inés, Verlagsrecht, München 2013.

Wegner, Konstantin/Wallenfels, Dieter/Kaboth, Daniel, Recht im Verlag, 2. Aufl., München 2011.

D. Markenrecht

Berlit, Wolfgang, Markenrecht, 11. Aufl., München 2019.

Ekey, Friedrich L./Bender, Achim/Fuchs-Wissemann, Georg, Markenrecht, Bd. 1: Markengesetz und Markenrecht ausgewählter ausländischer Staaten, 3. Aufl., Heidelberg 2015.

Fammler, Michael, Der Markenlizenzvertrag, 4. Aufl., München 2019.

Fezer, Karl-Heinz, Markenrecht, 4. Aufl., München 2009.

Hacker, Franz, Markenrecht, 5. Aufl., Köln 2020.

Ingerl, Reinhard/Rohnke, Christian, Markengesetz Kommentar, 3. Aufl., München 2010.

Stöckel, Maximiliane (Hrsg.), Handbuch Marken- und Designrecht, 3. Aufl., Berlin 2013.

Ströbele, Paul/Hacker, Franz/Thiering, Frederik, Markengesetz Kommentar, 12. Aufl., 2018; bis zur 11. Aufl. *Ströbele, Paul/Hacker, Franz.*

E. Patent- und Gebrauchsmusterrecht, Know-how-Schutz

Ann, Christoph/Hauck, Ronny/Maute, Lena, Auskunftsanspruch und Geheimnisschutz im Verletzungsprozess, Köln 2011.

Ann, Christoph/Loschelder, Michael/Grosch, Marcus (Hrsg.), Praxishandbuch Know-how-Schutz, Köln 2010.

Benkard, Georg (Begr.), Patentgesetz, Gebrauchsmustergesetz, Patentkostengesetz Kommentar, 11. Aufl., München 2015.

Busse, Rudolf/Keukenschrijver, Alfred (Hrsg.), Patentgesetz, 8. Aufl., Berlin 2016.

Fitzner Uwe/Lutz, Raimund/Bodewig, Theo (Hrsg.), Patentrechtskommentar: PatG, GebrMG, IntPatÜG, PCT und EPÜ mit Nebenvorschriften, 4. Aufl., München 2012.

Henke, Vokmar, Die Erfindungsgemeinschaft, Köln u. a. 2005.

Kraßer, Rudolf/Ann, Christoph, Patentrecht: Ein Lehr- und Handbuch zum deutschen Patent- und Gebrauchsmusterrecht, Europäischen und Internationalen Patentrecht, 7. Aufl., München 2016.
Mes, Peter, Patentgesetz, Gebrauchsmustergesetz Kommentar, 4. Aufl., München 2015.
Osterrieth, Christian, Patentrecht, 5. Aufl., München 2015.
Schulte, Rainer (Hrsg.), Patentgesetz mit Europäischem Patentübereinkommen Kommentar, 10. Aufl., Köln 2017.

F. Designrecht

Günther, Philipp H./Beyerlein, Thorsten, Kommentar zum Geschmacksmustergesetz, 3. Aufl., Frankfurt a. M. 2015.
Eichmann, Helmut/Jestaedt, Dirk/Fink, Elisabeth/Meiser, Christian, Designgesetz Kommentar, 6. Aufl., München 2019.
Eichmann, Helmut/Kur, Annette (Hrsg.), Designrecht: Praxishandbuch, 2. Aufl., Baden-Baden 2016.
Hoffmann, Markus/Kleespies, Mathias (Hrsg.), Formular-Kommentar Designrecht, Köln 2015.
Nirk, Rudolf, Geschmacksmusterrecht, Urheberrecht, Designlaw, Heidelberg 2010.
Rehmann, Thorsten, Designrecht, 2. Aufl., München 2014.

G. Lizenzvertragsrecht und Softwareüberlassung

Auer-Reinsdorff, Astrid/Conrad, Isabell (Hrsg.), Handbuch IT- und Datenschutzrecht, 3. Aufl. 2019.
Bartenbach, Kurt, Patentlizenz- und Know-how-Vertrag, 7. Aufl., Köln 2013.
Brandt, Stefanie, Licensing kompakt – Praxisleitfaden für Lizenzgeber und -nehmer, Wiesbaden 2012.
Groß, Michael, Der Lizenzvertrag, 11. Aufl., Frankfurt a. M. 2015.
Henn, Günter/Pahlow, Louis (Hrsg.), Patentvertragsrecht, 6. Aufl., Heidelberg 2017.
Kilian/Heussen, Computerrechts-Handbuch, Loseblattsammlung (Stand: 05/2018), herausgegeben von *Taeger, Jürgen/Pohle, Jan.*
Lüdecke, Wolfgang/Fischer, Ernst, Lizenzverträge, Weinheim/Bergstr. 1957.
McGuire, Mary-Rose, Die Lizenz, Tübingen 2012.
Pagenberg, Jochen/Beier, Dietrich, Lizenzverträge/License Agreements: Patente, Gebrauchsmuster, Know-how, Computer Software, 6. Aufl., Köln 2008.
Pahlow, Louis, Lizenz und Lizenzvertrag im Recht des Geistigen Eigentums, Tübingen 2006.
Pfaff, Dieter/Osterrieth, Christian (Hrsg.), Lizenzverträge, 4. Aufl., München 2018.
Redeker, Helmut, IT-Recht, 6. Aufl., München 2017.
Redeker, Helmut (Hrsg.), Handbuch der IT-Verträge (Stand: 38. Aktualisierung 2019).
Stumpf, Herbert/Groß, Michael, Der Lizenzvertrag, 8. Aufl., Frankfurt a. M. 2005.
Ulmer-Eilfort, Constanze/Schmoll, Andrea, Technologietransfer – Lizenzverträge für Patente und Know-how, 2. Aufl., München 2016.
Winzer, Wolfgang, Der Lizenzvertrag, Patentlizenz- und Technologietransferverträge zwischen Unternehmen, München 2014.

H. Kartell- und Lauterkeitsrecht

Christoph, Michael, Wettbewerbsbeschränkungen in Lizenzverträgen über gewerbliche Schutzrechte nach deutschem und europäischem Recht, Regensburg 1998.

Fezer, Karl-Heinz/Büscher, Wolfgang/Obergfell, Eva Inés (Hrsg.), Lauterkeitsrecht, Kommentar zum Gesetz gegen den unlauteren Wettbewerb (UWG), 3. Aufl., München 2016; bis zur 2. Aufl. *Fezer, Karl-Heinz* (Hrsg.).

Grabitz, Eberhard/Hilf, Meinhard/Nettesheim, Martin (Hrsg.), Das Recht der Europäischen Union: EUV/AEUV (Loseblattkommentar), München, Stand: Oktober 2019.

Hauck, Ronny, Die wettbewerbsrechtliche Beurteilung von Lizenzverträgen in der EU und den USA, Berlin u. a. 2008.

Heinemann, Andreas, Immaterialgüterschutz in der Wettbewerbsordnung, Tübingen 2002.

Immenga, Ulrich/Mestmäcker, Ernst-Joachim (Hrsg.), Wettbewerbsrecht Bd. 1: EU-Wettbewerbsrecht, 6. Aufl., München 2019.

Köhler, Helmut/Bornkamm, Joachim/Feddersen, Jörn, Gesetz gegen den unlauteren Wettbewerb: UWG mit PAngV, UKlaG, DL-InfoV, 38. Aufl., München 2020.

Körber, Torsten, Standardessentielle Patente, FRAND-Verpflichtungen und Kartellrecht, Baden-Baden 2013.

Langen, Eugen/Bunte Hermann-Josef (Hrsg.), Kartellrecht, 13. Aufl., München 2018.

Lorenz, Moritz, Die EG-kartellrechtliche Selbsteinschätzung bezüglich Patentlizenzvereinbarungen, Frankfurt am Main 2006.

Mäger, Thorsten (Hrsg.), Europäisches Kartellrecht, 2. Aufl., Baden-Baden 2011.

Mestmäcker, Ernst-Joachim/Schweitzer, Heike, Europäisches Wettbewerbsrecht, 3. Aufl., München 2014.

Schultze, Jörg-Martin/Pautke, Stephanie/Wagener, Dominique, Die Gruppenfreistellungsverordnung für Technologietransfer-Vereinbarungen, Frankfurt a. M. 2005.

Wiedemann, Gerhard (Hrsg.), Handbuch des Kartellrechts, 3. Aufl., München 2016.

I. Insolvenz- und Zwangsvollstreckungsrecht

Andres, Dirk/Leithaus, Rolf (Hrsg.), Insolvenzordnung, 4. Aufl., München 2018.

Becker, Christoph, Insolvenzrecht, 3. Aufl., Köln 2010.

Bork, Reinhard, Einführung in das Insolvenzrecht, 9. Aufl., Tübingen 2019.

Braun, Eberhard (Hrsg.), Insolvenzordnung, 8. Aufl., München 2020.

Brox, Hans/Walker, Wolf-Dietrich, Zwangsvollstreckungsrecht, 11. Aufl., München 2018.

Daneshzadeh Tabrizi, Mahdi, Lizenzen in der Insolvenz nach dem Scheitern des Gesetzes zur Einführung eines § 108a InsO, Tübingen 2011.

Foerste, Ulrich, Insolvenzrecht, 7. Aufl., München 2018.

Gottwald, Peter (Hrsg.), Insolvenzrechts-Handbuch, 5. Aufl., München 2015.

Hamburger Kommentar zum Insolvenzrecht, *Schmidt, Andreas* (Hrsg.), 7. Aufl., Köln 2019.

Häsemeyer, Ludwig, Insolvenzrecht, 4. Aufl., Köln 2007.

Heidelberger Kommentar zur Insolvenzordnung, *Kayser, Godehard/Thole, Christoph* (Hrsg.), 9. Aufl., Heidelberg 2018; bis zur 7. Aufl. *Kreft, Gerhart* (Hrsg.).

Jaeger, Ernst (Begr.), Insolvenzordnung, Bd. 1: §§ 1–55, Berlin 2012. Bd. 3: §§ 103–128, Berlin 2014.

Münchener Kommentar zur Insolvenzordnung, *Kirchhof, Hans-Peter/Stürner, Rolf/Eidenmüller, Horst* (Hrsg.), Bd. 1: §§ 1–79, 4. Aufl., München 2019. Bd. 2: §§ 80–216, 3. Aufl., München 2013.
Nerlich, Jörg/Römermann, Volker (Hrsg.), Insolvenzordnung, 38. Aufl., München 2019.
Reischl, Klaus, Insolvenzrecht, 4. Aufl., Heidelberg 2016.
Scherenberg, Oliver, Lizenzverträge in der Insolvenz des Lizenzgebers unter besonderer Berücksichtigung des Wahlrechts des Insolvenzverwalters nach § 103 Abs. 1 InsO, Berlin 2005.
Stöber, Kurt, Forderungspfändung, 17. Aufl., Bielefeld 2019.
Uhlenbruck, Wilhelm/Hirte, Heribert/Vallender, Heinz (Hrsg.), Insolvenzordnung, 14. Aufl., München 2015.
Wiedemann, Markus, Lizenz und Lizenzverträge in der Insolvenz, Köln 2006.

J. Bürgerliches Recht und Zivilprozessrecht

Bamberger, Heinz Georg/Roth, Herbert (Hrsg.), Kommentar zum Bürgerlichen Gesetzbuch, Bd. 1 §§ 1–610, CISG, 4. Aufl., München 2019.
Brox, Hans/Walker, Wolf-Dietrich, Allgemeines Schuldrecht, 43. Aufl., München 2019.
Jauernig, Othmar (Begr.), Bürgerliches Gesetzbuch, 17. Aufl., München 2018.
Looschelders, Dirk, Schuldrecht AT, 17. Aufl., München 2019.
Medicus, Dieter/Petersen, Jens, Bürgerliches Recht, 27. Aufl., München 2019.
Münchener Kommentar zum BGB, *Säcker, Franz Jürgen/Rixecker, Roland* (Hrsg.); Bd. 1: Allgemeiner Teil, 8. Aufl., München 2018; Bd. 2: Schuldrecht Allgemeiner Teil, 8. Aufl., München 2019; Bd. 3: Schuldrecht Besonderer Teil, 8. Aufl., München 2019; Bd. 10: Internationales Privatrecht I, 8. Aufl., München 2019; Bd. 11: Internationales Privatrecht II, 7. Aufl., München 2017.
Münchener Kommentar zur ZPO, *Rauscher, Thomas/Krüger, Wolfgang* (Hrsg.), Bd. 2: §§ 355–1024 ZPO, 4. Aufl. München 2012.
Palandt, Otto (Begr.), Bürgerliches Gesetzbuch, 79. Aufl., München 2020.
Staudinger, Julius von (Begr.), Kommentar zum Bürgerlichen Gesetzbuch, Buch 2: Recht der Schuldverhältnisse §§ 241–243, Neubearbeitung 2015, Berlin 2015.
Zöller, Richard (Begr.), Zivilprozessordnung, 32. Aufl., Köln 2018.

K. Internationales Privatrecht und Internationales Zivilverfahrensrecht

Ferrari, Franco/Kieninger, Eva-Maria/Mankowski, Peter/Otte, Karsten/Saenger, Ingo/ Staudinger, Ansgar, Internationales Vertragsrecht, 3. Aufl., München 2018.
v. Hoffmann, Bernd/Thorn, Karsten, Internationales Privatrecht, 10. Aufl., München 2019.
Kegel, Gerhard/Schurig, Klaus, Internationales Privatrecht, 9. Aufl., München 2004.
Rauscher, Thomas, Internationales Privatrecht, 5. Aufl., Heidelberg u. a. 2017.
Reithmann, Christoph/Martiny, Dieter (Hrsg.), Internationales Vertragsrecht, 8. Aufl., Köln 2015.
Schack, Haimo, Internationales Zivilverfahrensrecht, 7. Aufl., Tübingen 2017.

L. Verfassungsrecht

Jarass, Hans/Pieroth, Bodo, Grundgesetz für die Bundesrepublik Deutschland, 15. Aufl.,
    München 2018.
Sachs, Michael, Grundgesetz, 8. Aufl., München 2017.

M. Steuerrecht

Blümich, EStG/KStG/GewStG, Kommentar, Loseblatt, München 2019, (Stand: 148. Erg-Lfg.)
Bunjes, Umsatzsteuergesetz, Kommentar, 18. Aufl., München 2019.
Frotscher, Gerrit/Geurts, Matthias, EStG, Kommentar, Loseblatt, Freiburg 2019 (Stand: 212.
    Erg.-Lfg.).
Frotscher, Gerrit/Drüen, Klaus-Dieter, KStG/GewStG/UmwStG, Kommentar, Loseblatt, Freiburg
    2019 (Stand: 150. Erg.-Lfg.).
Hanken, Jörg/Kleinhietpaß, Guido/Lagarden, Martin, Verrechnungspreise, 2. Aufl. 2016.
Haase, Florian, Internationales und Europäisches Steuerrecht, 5. Aufl. 2017.
Rau, Günter/Dürrwächter, Erich/Flick, Hans/Geist, Reinhold, Umsatzsteuergesetz, Kommentar,
    Loseblatt, Köln 2019 (Stand: 183. Erg.-Lfg.).
Schwarz, Christian/Stein, Stefan, Quantitative Verrechnungspreise, 2018.
Tipke, Klaus/Lang, Joachim, Steuerrecht, 23. Aufl. 2018.
Vögele, Alexander (Hrsg.), Geistiges Eigentum – Intellectual Property, München 2014.
Wassermeyer, Franz/Baumhoff, Hubertus (Hrsg.), Verrechnungspreise international
    verbundener Unternehmen, Köln 2014.

1. Kapitel: Einführung in das Lizenzvertragsrecht

A. Begriff und Bedeutung der Lizenz

I. Lizenzbegriff und Abgrenzungen

Der Begriff der Lizenz ist schillernd und der juristische Anwendungsbereich **1**
vielfältig. Die Verwendung des Lizenzbegriffs zieht sich durch die unterschied-
lichsten Rechtsgebiete insbesondere auch des öffentlichen Rechts. Der Begriff
leitet sich aus dem Lateinischen (*licere*) ab und bedeutet, dass etwas erlaubt, eine
bestimmte Handlung gestattet wird. Die Lizenz bezeichnet also eine **Erlaub-
niserteilung.**[1]

   Die Spannbreite der **Erscheinungsformen** von **Lizenzen im weiten Sinne** **2**
reicht von öffentlich-rechtlichen Abgasemissionslizenzen im Umweltrecht,[2] bestimmten Konzessionen (etwa nach §§ 29 – 40 GWO) über die Lizenz der Europäischen Zentralbank zum Druck von Eurogeldnoten, über Lizenzen z. B. im Bereich des Sports zur Erlaubnis der Teilnahme an Wettkämpfen (z. B. „Bundesliga-
Lizenz" nach der Lizenzierungsordnung der DFL für die Teilnahme am Spielbe-
trieb der 1. und 2. Bundesliga), Trainerlizenzen (z. B. des DFB für Fußballtrainer),
Fluglizenzen (z. B. die Sportpilotenlizenz nach der VO EU 805/2011) bis hin zu den
Lizenzen im Telekommunikationsbereich (z. B. UMTS-Mobilfunklizenzen gemäß
§§ 52 ff. TKG, RL 2002/20/EG) und im Rundfunkbereich (§§ 20, 25, 26 RStV, §§ 52, 55,
57 TKG und nach den Landesmediengesetzen)[3] bis hin zu den **privatrechtlichen
Lizenzen des Immaterialgüterrechts** (z. B. Patent- und Markenlizenzen, urheberrechtliche Nutzungsrechte). Auch **Persönlichkeitsrechte** können in gewis-
sem Umfang über die Vergabe von Lizenzen verwertet werden.[4] Wirtschaftlich
bedeutsam ist auch das sog. **Character Merchandising**, also die Verwertung von
fiktiven Figuren etwa aus der Literatur (einschl. Comics), aus Spielfilmen und
Computerspielen. Solche Figuren werden aber zumeist design- und/oder urheberrechtlich geschützt sein, so dass insoweit die Lizenzierungsgrundsätze der
jeweiligen Schutzrechte anzuwenden sind.

   Unter dem Sammelbegriff des **Lizenzvertragsrechts** wird aber gemeinhin **3**
nicht die Fülle der Regeln über öffentlich-rechtlich begründete Lizenzen und

---

1 Büscher/Dittmer/Schiwy/*Schmoll* Teil 3 Kap. 17 Rn. 2.
2 Dazu z. B. *Salje* in: Schulte/Schröder, Handbuch des Technikrechts, 2. Aufl., 2011, S. 137 ff.
3 S. etwa Büscher/Dittmer/Schiwy/*Schiwy* Teil 2 Kap. 12 Rn. 49; Büscher/Dittmer/Schiwy/*Schiwy*/
Brockmann Teil 2 Kap. 15 Rn. 44 ff.
4 S. dazu 2. Kapitel Abschnitt E.

Obergfell/Hauck

https://doi.org/10.1515/9783110622829-006

Konzessionen verstanden, sondern damit ist die Gesamtheit der Rechtsregeln zumeist des Zivilrechts, aber z. B. auch des zwischen dem Öffentlichen Recht und dem Zivilrecht angesiedelten Kartellrechts, gemeint, durch die der Rechtsrahmen gesetzt wird, der von den Vertragsparteien bei ihren **zivilrechtlichen Lizenzvereinbarungen** zu berücksichtigen ist. Dieser vornehmlich zivilrechtliche Rechtsrahmen ist Gegenstand dieses Lehrbuchs. Die dabei behandelte **Lizenz im engeren Sinne** bezeichnet grundsätzlich die **vertragliche Gestattung der Nutzung eines bestimmten immaterialgüterrechtlichen Gegenstands.** So erlaubt die Patentlizenz dem Lizenznehmer die Nutzung der Erfindung[5] und die Einräumung etwa des Nutzungsrechts der öffentlichen Zugänglichmachung durch den Urheber führt dazu, dass dessen Vertragspartner das betreffende Werk im Wege des Upload ins Internet einstellen darf.[6] Zwei Einschränkungen dieser allgemeinen Definition sind bereits an dieser Stelle angezeigt: Zum einen kann es sich bei dem lizenzierten Gegenstand auch um einen nicht durch das Immaterialgüterrecht geschützten, sonstigen Gegenstand handeln, wie insbesondere Know-how. Denn insoweit existiert keine spezialgesetzlich geregelte Ausschließlichkeit, derer sich der Lizenzgeber durch die Lizenzierung begeben könnte.[7] Auch ist die Wirksamkeit des Lizenzvertrags nicht davon abhängig, dass überhaupt ein lizenzierbarer Gegenstand existiert – fehlt dieser, handelt es sich um eine **Leerübertragung.**[8] Zum anderen kann eine Lizenzierung auch unter bestimmten Voraussetzungen im Wege der **Zwangslizenz** erreicht werden.[9]

4   Die Regelungskomplexe des Lizenzvertragsrechts lassen sich im Wesentlichen in drei große Bereiche einteilen. Erstens geht es um **Vertragsrecht.** Denn beim Lizenzvertrag handelt es sich um einen schuldrechtlichen Vertrag, der mangels näherer Regulierung durch die immaterialgüterrechtlichen Sondergesetze in weitem Umfang den allgemeinen schuldvertragsrechtlichen Bestimmungen des BGB zu folgen hat.[10] Zweitens geht es um immaterielle Güter und vornehmlich um **Immaterialgüterrechte** als Gegenstände einer Lizenzierung. Denn die einzelnen immaterialgüterrechtlichen Gesetze (PatG, GebrMG, MarkenG, DesignG, UrhG) stecken den Rahmen ab, innerhalb dessen die Lizenzvertragsparteien ihr Vertragswerk privatautonom gestalten können.[11] Drittens geht es um

---

5 S. ausführlicher dazu im 2. Kapitel Rn. 1 ff.
6 Zum Urhebervertragsrecht s. im 2. Kapitel Rn. 47 – 51.
7 S. dazu näher im 2. Kapitel Rn. 17 ff.
8 BGH GRUR 2012, 910 Rn. 17 – Delcanto-Hits (UrhR). Siehe dazu *Hoffmann* ZGE 6 (2014), 1.
9 S. dazu näher im 3. Kapitel Rn. 14 ff. sowie zu den kartellrechtlichen Zwangslizenzen im 6. Kapitel ab Rn. 134.
10 Dazu näher im 3. Kapitel Rn. 1 ff., 50 ff., 105 ff.
11 S. u. 3. Kapitel Rn. 1 – 13.

die Anwendungsbereiche und scharfen Grenzen des **Kartellrechts** wie auch des **Insolvenzrechts** in Bezug auf die Lizenzierung solcher Rechte.[12] Zuletzt berührt die Lizenzierung der genannten Rechte auch das **Steuerrecht**, was für Unternehmen von einer nicht zu unterschätzenden Bedeutung sein kann.[13]

II. Praktische Bedeutung der Lizenzierung

Lizenzverträge haben eine äußerst **große Praxisbedeutung.** Die Lizenzertei- 5
lung ist *das* Mittel der wirtschaftlichen Verwertung eines Immaterialgüterrechts oder auch eines sonstigen wirtschaftlich verwertbaren Gegenstands. Es ermöglicht dem Patentinhaber, Urheber und Markeninhaber oder sonstigen Rechteinhaber, das Immaterialgut durch einen Dritten auswerten zu lassen und – vor allem über die Lizenzgebühr – am wirtschaftlichen Erfolg der Nutzung durch seinen Vertragspartner zu partizipieren.[14] Daher führen die Vorzüge der Lizenzierung gegenüber der Vollrechtsübertragung, soweit diese überhaupt möglich ist,[15] in der Praxis dazu, dass der Abschluss von Lizenzverträgen weit verbreitet ist und sogar häufiger als die Vollrechtsübertragung selbst stattfindet. Dabei hat sich in der Praxis der **Lizenzvertrag als eigenständiger und nicht spezialgesetzlich geregelter Vertragstyp** entwickelt (**Vertrag sui generis**), der sich nicht ohne Weiteres in das vom BGB vorgegebene System der Vertragstypen einordnen lässt.[16] Dies ist jedoch unproblematisch – auch wenn es aus dogmatischer Sicht unbefriedigend sein sollte –, denn gerade die damit verbundene **Flexibilität der Vertragsgestaltung** dürfte zum Erfolg dieser Möglichkeit der Verwertung von immateriellen Gütern beigetragen haben, vor allem bei grenzüberschreitenden Sachverhalten.[17]

III. Motive für die Lizenzierung

Der Lizenzgeber wird dann zum Instrument der Lizenzerteilung greifen, wenn ihm 6
diese Art der Verwertung gegenüber der Vollrechtsübertragung Vorteile bietet.

---

12 Siehe dazu die umfassende Darstellung im 5. und 6. Kapitel.
13 Vgl. dazu das 7. Kapitel.
14 S. zu den Motivationen der Lizenzerteilung die nachfolgende Rn.
15 Im Urheberrecht ist die Vollrechtsübertragung gemäß § 29 Abs. 1 UrhG ausgeschlossen.
16 Umfassend dazu im 3. Kapitel Rn. 5 – 10.
17 Zum Internationalen Lizenzvertragsrecht s. näher im 3. Kapitel Rn. 141 ff.

Die beiden wichtigsten **Vorzüge der Lizenzierung** gegenüber der Vollrechts-übertragung liegen einerseits darin, dass der Lizenzgeber sein Recht weiter in Händen hält und, je nach Vertragsgestaltung, zu einem späteren Zeitpunkt selbst weiter auswerten oder möglicherweise im Falle der Leistungsstörung zurückholen kann,[18] und andererseits darin, dass er weiterhin am wirtschaftlichen Erfolg der Lizenzauswertung durch Vereinbarung umsatzabhängiger Lizenzgebühren[19] partizipiert. Gerade diese finanziellen Gründe werden den Rechteinhaber zumeist dazu bewegen, das betreffende Recht zu lizenzieren statt zu übertragen. Denn der Lizenzgeber hat ein Interesse an der **Amortisation seiner Kosten** bei der Entwicklung des Lizenzgegenstands. Es können sich auch ganz praktische Vorteile für den Lizenzgeber, z. B. einen Erfinder, dadurch ergeben, dass er selbst nicht den Kostenaufwand für die Umwandlung seiner patentierten Erfindung in ein marktreifes Produkt tragen muss, weil der Lizenznehmer ihm dies abnimmt. Oft ist der Lizenzgeber auch in technisch-organisatorischer Hinsicht – abgesehen von den zu investierenden finanziellen Mitteln – nicht in der Lage, seinen Lizenzgegenstand selbst auszuwerten. Auch Erwägungen der **Steuerersparnis** können eine Rolle spielen.[20] Schließlich kann die Lizenzerteilung auch ein **Mittel der Streitbeilegung** sein.[21]

7   Zu einem **Lizenzaustausch** – auch als **Kreuzlizenzierung/cross licensing** bezeichnet – als Mittel der Streitbelegung und -vermeidung kommt es etwa dann, wenn sich Unternehmen als Wettbewerber auf einem technologisch hochentwickelten Markt gegenüberstehen. Man denke an den Mobilfunkbereich, wo selbst kleinste Komponenten durch eine große Zahl an Patenten geschützt sein können. Hier kommt es quasi unvermeidlich zu Schutzrechtsverletzungen. Jede Partei kann also ohne Weiteres sowohl Verletzter als auch Verletzer sein bzw. werden. Aus ökonomischer Sicht macht die zeit- und kostenintensive Durchsetzung von Schutzrechten in einer solchen Situation kaum einen Sinn,[22] so dass sich die Unternehmen nicht selten darauf einigen, den Streit durch die gegenseitige Erteilung von – in der Regel einfachen – Lizenzen aus der Welt zu schaffen oder schon im Vorfeld zu vermeiden.

8   Die Erteilung von Lizenzen kann auch der **alleinige Geschäftszweck** eines Unternehmens sein, welches über ein Schutzrechtsportfolio verfügt, vor allem

---

18 Zur Problematik der Leistungsstörungen s. näher im 3. Kapitel ab Rn. 117. Ein echter „Rückruf" ist nur im Urheberrecht möglich; s. im 2. Kapitel Rn. 44, 49.
19 Zu den Lizenzgebühren s. im 3. Kapitel Rn. 66 ff.
20 Zu Motiven der Erteilung von Lizenzen insb. bei Patenten s. auch im 4. Kapitel Rn. 3 ff. S. insgesamt zum Steuerrecht das 7. Kapitel.
21 S. näher Büscher/Dittmer/Schiwy/*Schmoll* Teil 3 Kap. 17 Rn. 89 – 100.
22 Umfassend dazu *Hauck* WRP 2013, 1446.

in Bezug auf Patente und Patentanmeldungen.[23] Solche Unternehmen werden auch als Patent Assertion Entities (PAEs) oder Non-Practicing Entities (NPEs) bezeichnet, auch die Bezeichnung „Patent-Trolle" ist gebräuchlich.[24] Die Tätigkeit solcher Unternehmen kann ein erhebliches Störpotential für produzierende Unternehmen entwickeln. Besonders relevant ist diese Problematik bei **standardessentiellen Patenten** und somit im Bereich des Kartellrechts.[25] Mit derartigen Unternehmen dürfen freilich Einrichtungen nicht gleichgesetzt werden, die ebenfalls selten oder kaum ihre Schutzrechte selbst auswerten, jedenfalls im Bereich einer eigenen Produktion. Dies gilt namentlich für Universitäten und außeruniversitäre Forschungseinrichtungen. Bezeichnungen wie „Non-Practicing Entities" wohnt also eine problematische Unschärfe inne.

B. Arten der Lizenzerteilung

Der Lizenzgeber kann **einfache oder ausschließliche Lizenzen** erteilen.[26] Die 9 Lizenz kann zudem territorial, zeitlich oder inhaltlich beschränkt sein.[27] Die einschlägigen Bestimmungen der **§§ 15 Abs. 2 PatG, 22 Abs. 2 GebrMG, 30 Abs. 1 MarkenG, 31 Abs. 1 UrhG, 31 DesignG** bestätigen zum einen, dass es sich bei den betreffenden Schutzrechten um **lizenzierbare Rechte** handelt, und regeln – zumindest teilweise – zum anderen die **Lizenzerteilung.** So findet sich z.B. in § 15 Abs. 1 PatG (und in ähnlicher Weise auch § 30 Abs. 1 MarkenG) die Regelung dazu, dass einfache und ausschließliche Lizenzen erteilt werden können, wie auch zu ihrer geographischen Reichweite. § 31 Abs. 1 S. 2 UrhG regelt in gleicher Weise die Art der Lizenzerteilung als Möglichkeit der Einräumung von einfachen und ausschließlichen Nutzungsrechten. Außerdem nennt der Gesetzgeber hier weitere Beschränkungsmöglichkeiten durch Einräumung eines räumlich, zeitlich oder inhaltlich beschränkten Nutzungsrechts.

23 Zu den lizenzfähigen Gegenständen bei den gewerblichen Schutzrechten s.u. 2. Kapitel ab Rn. 2.
24 S. dazu auch unten im 4. Kapitel Rn. 7.
25 S. dazu im 6. Kapitel ab Rn. 134 ff.
26 Vgl. dazu die folgenden Rn. 10 – 15.
27 Dazu unten Rn. 16.

I. Einfache und ausschließliche Lizenzen

10 Einfache und ausschließliche Lizenzen unterscheiden sich durch ihre Reichweite. So ist die **ausschließliche Lizenz** mit der **Erlaubnis zur alleinigen Benutzung** weitergehend als die **einfache Lizenz**, die nur **eine Nutzungsbefugnis unter** möglicherweise vielen **anderen Nutzungsbefugnissen** gewährt.

11 Der Lizenznehmer, der Inhaber einer **ausschließlichen Lizenz** ist, hat eine starke Rechtsposition, die derjenigen des Stammrechtsinhabers angenähert ist. Dem Inhaber des Stammrechts verbleibt im Ergebnis – und wenn er nicht (als Urheber gemäß § 31 Abs. 3 S. 2 UrhG) von der Möglichkeit zum Vorbehalt der eigenen Nutzung Gebrauch macht[28] – eine rein formale Rechtsposition ohne jegliches Benutzungsrecht. Denn der Lizenznehmer kann im Rahmen der ihm eingeräumten ausschließlichen (nicht notwendig aber unbegrenzten) Lizenz den Lizenzgegenstand umfassend auswerten und alle anderen von der Nutzung desselben Lizenzgegenstands ausschließen. Das alleinige Benutzungs- und Verbietungsrecht wirkt zugunsten des Lizenznehmers daher auch gegen den Inhaber des lizenzierten Rechts.[29] Zu beachten ist jedoch, dass es auch bei ausschließlichen Lizenzen mehrere Lizenznehmer in Bezug auf das betreffende Immaterialgut geben kann, denn derartige Lizenzen können etwa beschränkt auf ein bestimmtes Gebiet ausschließlich erteilt werden (ausschließliche Gebietslizenz). Innerhalb dieses Vertragsgebietes gibt es dann nur einen Lizenznehmer und dessen Stellung ist insoweit **exklusiv.** Andere Vertragsgebiete können jedoch gleichermaßen exklusiv an andere Lizenznehmer „vergeben" werden. Diese starke Rechtsposition umfasst auch die **Aktivlegitimation des Inhabers einer ausschließlichen Lizenz.**[30] In § 31 Abs. 3 UrhG beschreibt der Gesetzgeber die Nutzungsbefugnis für das Urheberrecht in der Weise, dass das ausschließliche Nutzungsrecht seinen Inhaber berechtigt, „das Werk unter Ausschluss aller anderen Personen auf die ihm erlaubte Art zu nutzen und Nutzungsrechte einzuräumen". Seine Rechtsposition erlaubt es dem Inhaber von ausschließlichen Lizenzen also zudem, seinerseits **Unterlizenzen** (Sublizenzen) zu vergeben. Im Urheberrecht ist dabei allerdings die Bindung an die **Zustimmung des Urhebers gemäß § 35 UrhG** zu beachten.

12 Ein Unterfall der ausschließlichen Lizenz ist die **alleinige Lizenz.** Auch bei Vereinbarung dieses Lizenztyps gibt es nur einen Lizenznehmer. Anders als bei der ausschließlichen Lizenz bleibt jedoch daneben auch der Lizenzgeber zur

---

28 S.u. Rn. 12.
29 Vgl. z.B. für Patentlizenzen BeckOKPatR/*Loth/Hauck* PatG § 15 Rn. 44.
30 BGH GRUR 1992, 310, 311 – Taschenbuchlizenz (UrhR); Büscher/Dittmer/Schiwy/*Schmoll* Teil 3 Kap. 17 Rn. 94; BeckOKPatR/*Loth/Hauck* PatG § 15 Rn. 44.

Nutzung des betreffenden Lizenzgegenstands befugt. Für den Urheber ist diese Möglichkeit der Vertragsgestaltung explizit in § 31 Abs. 3 S. 2 UrhG erwähnt.

Die Befugnisse des Lizenznehmers, der Inhaber einer **einfachen Lizenz** ist, 13 sind deutlich enger. So kann der Lizenznehmer sich nicht gegen die Nutzung desselben Lizenzgegenstands durch andere Lizenznehmer wehren. § 31 Abs. 2 UrhG formuliert dies für das Urheberrecht in der Weise, dass der Inhaber eines einfachen Nutzungsrechts berechtigt ist, „das Werk auf die erlaubte Art zu nutzen, ohne dass eine Nutzung durch andere ausgeschlossen ist". Beispiele für typischerweise eingeräumte einfache Lizenzen sind im Softwarebereich zu finden, aber auch im Filmlizenzvertragsrecht, nämlich bei der Kinoauswertung durch Filmtheater. **Creative Commons-Lizenzen** sind denklogisch als einfache Lizenzen ausgestaltet.[31] Inhaber einfacher Lizenzen haben im Gegensatz zu Inhabern ausschließlicher Lizenzen **keine Aktivlegitimation**, können also nicht selbst gegen einen Schutzrechtsverletzer aus dem lizenzierten Schutzrecht klagen.[32]

Bei der sog. **Negativlizenz** liegt lediglich ein Verzicht des Inhabers vor, Ver- 14 bietungs- und Ersatzansprüche geltend zu machen.[33] Eine solche Erteilung ist zulässig,[34] in der Praxis ist sie vor allem bei Berührung mit dem US-Recht und insbesondere im Patentrecht üblich. Denn Verletzungsstreitigkeiten werden nicht allein durch die Erteilung von Kreuzlizenzen beigelegt,[35] sondern häufig auch durch einen sog. **covenant not to sue**, also eine Art Nichtangriffsverpflichtung. Da durch eine solche Verpflichtung jedoch kein positives Benutzungsrecht begründet wird, handelt es sich nach überwiegender Ansicht im deutschen Patentrecht nicht um eine eigentliche Lizenz im Sinne des § 15 Abs. 2 PatG, während im US-Patentrecht selbstverständlich vom Vorliegen einer Lizenz ausgegangen wird.[36]

In den Kontext der Unterscheidung von ausschließlicher und einfacher Lizenz 15 gehört auch die Diskussion um die **Rechtsnatur der Lizenz.** Während für die **ausschließliche Lizenz** ein **dinglicher Charakter** nahezu ausnahmslos anerkannt wird, ist dies bei der einfachen Lizenz nicht der Fall. Der Meinungsstand lässt sich so zusammenfassen, dass die **einfache (nicht-ausschließliche) Lizenz** im Gegensatz zur ausschließlichen Lizenz lediglich einen **schuldrechtli-**

---

31 S. dazu unten Rn. 17.
32 LG Mannheim GRUR-Prax 2015, 413 (UrhR); Büscher/Dittmer/Schiwy/*Schmoll* Teil 3 Kap. 17 Rn. 99; *Stumpf/Groß* Rn. 409 ff.
33 BGH GRUR 1982, 411, 412 – Verankerungsteil (PatR).
34 OLG Jena 28.4.2005 2 U 743/03 = BeckRS 2007, 10493.
35 S.o. Rn. 7.
36 Umfassend dazu *Hauck* ZGE 5 (2013), 203, insb. auch dazu, dass die besseren Gründe dafür sprechen, einen covenant not to sue als „echte" Lizenz anzusehen und auch die Regelung des § 15 Abs. 3 PatG (Sukzessionsschutz) insoweit anzuwenden.

chen Anspruch auf Nutzung des betreffenden Immaterialgutes darstellt und daher auch keinen dinglichen Charakter aufweist. Dies gilt jedenfalls für **gewerbliche Schutzrechte**,[37] während für das **Urheberrecht** umgekehrt gerade ein **dinglicher Charakter der einfachen Nutzungsrechte** angenommen wird.[38] Doch existiert hier kein einheitliches Meinungsbild.[39] Bedeutung hat dieser Streit vor allem im insolvenzrechtlichen Kontext und bei der Frage des Schicksals der Lizenz bei Beendigung des Lizenzvertrags. Nähere Ausführungen dazu finden sich daher im 5. Kapitel (dort Rn. 10, 28) und im 3. Kapitel (dort Rn. 4, 116).

II. Beschränkungen der Lizenz

16 Beschränkungen der Lizenz sind vor allem bei technischen Schutzrechten verbreitet. Ausgehend von der Vertragsinhaltsfreiheit der Parteien ist insoweit ein **weiter Gestaltungsspielraum** anzuerkennen. Beschränkungen sind daher nicht nur in **territorialer und zeitlicher Hinsicht** möglich. Vorgaben können etwa auch die dem Lizenznehmer gestatteten Benutzungshandlungen in inhaltlicher Hinsicht betreffen, so dass **Herstellungs-,**[40] **Vertriebs-,**[41] **Gebrauchs-, Import- und Exportlizenzen**[42] möglich sind. **Betriebslizenzen** betreffen dagegen Einschränkungen in Bezug auf die Person des Lizenznehmers bzw. der Produktionsstätte, die Lizenz wird insbesondere zumeist an die Aufrechterhaltung des Geschäftsbetriebs gebunden.[43] Von **Quotenlizenzen** spricht man bei mengenmäßigen Vorgaben respektive Beschränkungen der Lizenz,[44] wogegen sich **Mindestlizenzen, Stücklizenzen** und **Pauschallizenzen** auf Regelungen nach der Art der Lizenzabrechnung beziehen. Ein **Verstoß** gegen eine beschränkt eingeräumte Lizenz ist sowohl eine **vertragliche Pflichtverletzung** i.S.v. § 280 Abs. 1 BGB als auch eine **Immaterialgüterrechtsverletzung**, z.B. eine **Patentverletzung** i.S.v. § 15 Abs. 2 S. 2 PatG. Welche inhaltliche Ausgestaltung der Lizenz und insbesondere welche Art der Beschränkung gewollt ist, bestimmt sich primär nach

---

37 S.u. 3. Kap. Rn. 4 dortige Fn. 21.
38 So BGH GRUR 2009, 946 Rn. 20 – Reifen Progressiv; Dreier/Schulze/*Schulze* § 31 UrhG Rn. 52; *Schack* Rn. 604; Wandtke/Bullinger/*Wandtke/Grunert* § 31 UrhG Rn. 31; s. auch *Rehbinder/Peukert* Rn. 819 („quasi-dingliches Recht").
39 Vgl. auch die Ausführungen zur Geltung des Abstraktionsprinzips im Urheberrecht im 3. Kapitel Rn. 2–4 sowie im 2. Kapitel Rn. 48.
40 BGH GRUR 1959, 528, 531 – Autodachzelt (PatR); BGH GRUR 1966, 576, 578 ff. – Zimcofot (PatR).
41 Vgl. BGH 1967, 676, 679 ff. – Gymnastiksandale (PatR).
42 Vgl. BGH GRUR 1971, 243, 246 – Gewindeschneidevorrichtungen (PatR).
43 RGZ 134, 91; LG Düsseldorf InstGE 5, 168 – Flaschenkasten (PatR).
44 Vgl. BGH GRUR 1969, 560 – Frischhaltegefäß (PatR).

Obergfell/Hauck

dem Inhalt des Lizenzvertrags und ist durch Auslegung gemäß §§ 133, 157 BGB zu ermitteln. Bei allen Lizenzverträgen ist die aus dem Urheberrecht stammende **Übertragungszwecklehre** zu beachten, wonach der Lizenzgeber im Zweifel nur so viele Rechte übertragen bzw. einräumen möchte, wie der Lizenznehmer zur Ausübung des vertragsbedingten Zwecks benötigt.[45]

III. Sonstige Lizenzarten

Eine besondere Erscheinung im Urheberrecht sind die sog. **Creative Commons-** **Lizenzen** (CC-Lizenzen). Sie stehen im Zusammenhang mit der Idee des **Open Content** und sollen unter bestimmten Bedingungen einen unentgeltlichen Zugriff auf das Werk ermöglichen. Dabei soll es jedem interessierten Nutzer ohne explizite Erlaubnis des Urhebers grundsätzlich gestattet sein, das Werk **frei** zu **vervielfältigen** und zu **verbreiten** und zumeist auch es zu **bearbeiten**, doch niemand soll das (bearbeitete) Werk anschließend selbst monopolisieren dürfen.[46] Die von der gemeinnützigen Creative Commons-Organisation bereit gestellten sechs Creative-Commons-Lizenztypen sehen verschiedene Einschränkungen vor; so ist nach der wichtigsten Einschränkung der häufig verwendeten „CC BY"-Lizenz die Quelle (Urheber, Rechteinhaber und Lizenz) zu nennen und nach der „CC BY-ND"-Lizenz darf das Werk außerdem nicht bearbeitet werden.[47] CC-Lizenzen können auf die nicht-kommerzielle Nutzung beschränkt werden.[48] Urheberrechtlich ist die Einräumung einer **unentgeltlichen einfachen Lizenz** nach der ausdrücklichen und zu diesem Zweck geschaffenen Regelung in **§ 32 Abs. 3 S. 3 UrhG** möglich.[49] In vertragsrechtlicher Hinsicht handelt es sich bei den CC-Lizenzen um **AGB**, die gemäß § 305 BGB in den Vertrag einbezogen sein müssen.[50] Der Vertragsschluss steht unter der **auflösenden Bedingung** der Einhaltung der Lizenzbedingungen und endet entsprechend bei Verstoß gegen die jeweilige CC-Lizenz – dies nach der Rechtsprechung mit der Konsequenz eines automatischen Rechterückfalls.[51]

17

---

45 S. dazu auch im 2. Kapitel Rn. 49.
46 *Schack* Rn. 611.
47 S. näher *Dörre* GRUR-Prax 2014, 516.
48 Zum Begriff der nicht-kommerziellen Nutzung s. LG Köln MMR 2014, 478, 479 (UrhR).
49 Dreier/Schulze/*Schulze* § 32 UrhG Rn. 80. S. auch *Schack* Rn. 611.
50 Dazu näher *Dörre* GRUR-Prax 2014, 516.
51 OLG Köln BeckRS 2014, 21041; LG Berlin MMR 2011, 763; s. auch *Schack* Rn. 612. Zur problematischen Frage des automatischen Rechterückfalls s. im 3. Kapitel Rn. 3.

2. Kapitel: Immaterialgüterrechtliche und sonstige Vertragsgegenstände

Vertiefungsliteratur (Auswahl): *Ann*, Privatrecht und Patentrecht? – Gedanken zur rechtssystematischen Einordnung eines Fachs, GRUR Int. 2004, 696; *Ahn*, Der vermögensrechtliche Zuweisungsgehalt des Persönlichkeitsrechts, Berlin 2009; *Buchmüller*, Das nicht eingetragene Gemeinschaftsgeschmacksmuster, GRUR 2015, 629; *Beater*, Sportberichterstattung zwischen Gemeinfreiheit und unternehmerischen Ausschlussrechten, AfP 2008, 345; *Bullinger/Jani*, Fußballübertragung in der virtuellen Welt – Lizenz erforderlich oder nicht?, ZUM 2008, 897; *Busche*, Mittelbare Patentverletzung – zu den dogmatischen Grundlagen eines Rechtsinstituts, GRUR 2009, 236 f.; *Dittl*, Unentgeltliche Kurzberichterstattung über Sportveranstaltungen im Fernsehen, Baden-Baden 2013; *Dück*, Markenrechtlicher Schutz des DFB-Adlers, GRUR 2015, 546; *Fezer*, Immaterialgüterrechtlicher und lauterkeitsrechtlicher Veranstaltungsschutz (Teil 1), WRP 2012, 1173; *Haberstumpf*, Die Paradoxien des Werkbegriffs. Können fiktionale Figuren urheberrechtlich geschützt sein?, ZGE 6 (2012), 284; *Hacker*, Stokke und Marke, WRP 2015, 399; *Hauck*, Grenzen des Geheimnisschutzes, WRP 2018, 1032; *ders.*, Was lange währt … – Das Gesetz zum Schutz von Geschäftsgeheimnissen (GeschGehG) ist in Kraft, GRUR-Prax, 2019, 223; *Heermann*, Stellung und Stellenwert des Hausrechts bei der audiovisuellen Verwertung von Sportveranstaltungen (Teil 1), WRP 2012, 17; *ders.*, Neues zum Leistungsschutzrecht für Sportveranstalter, GRUR 2015, 232; *Helle*, Das kommerzielle Persönlichkeitsrecht im Rechtsverkehr, AfP 2013, 288; *Höch*, Weißer Rauch aus Straßburg – keine Lizenzgebühr für Werbung mit Namen von Prominenten, K&R 2015, 230; *Kainer*, Sportveranstalterrecht – Ein neues Immaterialgüterrecht?, Tübingen 2014; *Kappl*, Vom Geschmacksmuster zum eingetragenen Design, GRUR 2014, 326; *Kaulmann*, Der Schutz des Werbeslogans vor Nachahmungen, GRUR 2008, 854; *Kitzberger*, Die werbliche Nutzung von Bildnissen und Namen von Profisportlern, ZUM 2011, 200; *Nestler*, „Übliche Markenlizenzraten" – die Suche nach belastbaren Quellen für einen angemessenen Wert, BB 2015, 811; *Obergfell*, Abschied von der „Silberdistel": Zum urheberrechtlichen Schutz von Werken der angewandten Kunst, GRUR 2014, 621; *dies.*, Urheberpersönlichkeitsrechte als Exklave der Privatautonomie? Zur Zulässigkeit rechtsgeschäftlicher Verfügungen über Werkänderungen, Urheberbenennung und Erstveröffentlichungshoheit, ZGE 3 (2011), 202; *dies.*, Urheberrecht und Geschmacksmuster, in: Gärditz/Pahlow (Hrsg.), Hochschulerfinderrecht, Heidelberg u.a. 2011, S. 195; *Obergfell/Stieper*, Kompetenzverschiebungen, in: Dreier/Hilty (Hrsg.), Vom Magnettonband zu Social Media. Festschrift 50 Jahre Urheberrechtsgesetz (UrhG), München 2015, S. 223; *Peukert*, hartplatzhelden.de – Eine Nagelprobe für den wettbewerbsrechtlichen Leistungsschutz, WRP 2010, 316; *Ratjen*, Verwertungsrechte an aufgezeichneten Sportveranstaltungen, Göttingen 2010; *Scharen*, Die Behandlung der (sog.) mittelbaren Patentverletzung in der Rechtsprechung des Bundesgerichtshofs, GRUR 2008, 944; *Unseld*, Die Übertragbarkeit von Persönlichkeitsrechten, GRUR 2011, 982; *Verweyen/Richter*, Urheberrechtsschutz für Design – Erste Instanzrechtsprechung nach der BGH-Entscheidung „Geburtstagszug", MMR 2015, 156; *Zurth*, Werkgenuss durch Streaming, InTeR 2014, 135.

https://doi.org/10.1515/9783110622829-007

A. Technische Schutzrechte und Know-how; Daten

I. Patentrecht und Recht der Arbeitnehmererfindungen

Ein Patent wird gemäß § 1 Abs. 1 PatG für **Erfindungen auf dem Gebiet der** 1
Technik erteilt, die **neu** sind, auf einer **erfinderischen Tätigkeit** beruhen und
gewerblich anwendbar sind. Der für das Patentrecht zentrale Begriff „Erfindung" wird im PatG nicht definiert. Nach der Rechtsprechung des BGH ist darunter eine „Lehre (Anweisung, Regel) zum planmäßigen Handeln unter Einsatz
beherrschbarer Naturkräfte zur unmittelbaren Herbeiführung eines kausal übersehbaren (konkreten[1]) Erfolgs"[2] zu verstehen, im Ergebnis somit eine **Lehre zum**
technischen Handeln.[3] Keine Erfindungen sind die – nicht abschließend – in
§ 1 Abs. 3 PatG genannten Phänomene. Dagegen werden die Begriffe „Neuheit",
„erfinderische Tätigkeit" sowie „gewerbliche Anwendbarkeit" in den §§ 3 bis 5
PatG behandelt. Eine große Bedeutung kommt dabei der „erfinderischen Tätigkeit" zu, vor allem bei der Frage, ob überhaupt eine patentfähige Erfindung
vorliegt.[4] Dahingehend ist anerkannt, dass nur eine über das routinemäßige,
handwerkliche Können des sog. Durchschnittsfachmanns hinausgehende geistig-
schöpferische Leistung diese Voraussetzungen erfüllen kann.[5] Ob eine erfinderische Tätigkeit vorliegt, ist ausgehend vom **Stand der Technik** zu beurteilen. Insoweit gibt es eine Verknüpfung zum in § 3 PatG geregelten Neuheitserfordernis.
Patentierungsausschlüsse finden sich in §§ 1a Abs. 1, 2, 2a Abs. 1 PatG.

Die im Folgenden verwendete (Kurz-)Bezeichnung „Patent" entspricht der 2
allgemein üblichen Wortwahl,[6] obschon genauer vom **Recht aus dem Patent** die
Rede sein müsste. Denn dieses Recht ist es letztendlich, welches nach der Erteilung den eigentlichen Inhalt des gewerblichen Schutzrechts „Patent" ausmacht.
Es wird in § 15 Abs. 1 PatG auch ausdrücklich genannt. Die **Lizenzierbarkeit** des
Rechts aus dem Patent ergibt sich unproblematisch aus § 15 Abs. 2 i.V.m. Abs. 1
PatG. In § 15 Abs. 1 PatG werden noch weitere lizenzierbare Rechte genannt, auch
diese sollen nachfolgend dargestellt werden. Eingegangen wird ferner auf Besonderheiten bei Arbeitnehmererfindungen.

---

1 Dies klarstellend BeckOK PatR/*Einsele* § 1 Rn. 35.
2 Vgl. etwa BGH GRUR 1969, 672 – Rote Taube (PatR).
3 *Kraßer/Ann* § 1 A II Rn. 15; Benkard/*Bacher* § 1 Rn. 43.
4 Umfassend zu diesem Rechtsbegriff Benkard/*Asendorf/Schmidt* § 4 Rn. 10 ff.; BeckOK PatR/
Einsele § 4 Rn. 6 ff.
5 Benkard/*Asendorf/Schmidt* § 4 Rn. 2, unter Hinweis auf BGH GRUR 1958, 107, 110 – Mehrfachschelle (PatR).
6 *Kraßer/Ann* § 1 A I Rn. 13.

1. Das Recht aus dem Patent

3 Das Recht aus dem Patent entsteht mit Erteilung des Patents,[7] wenn also für die betreffende Erfindung sowohl die gesetzlichen Erfordernisse der Patentierbarkeit vorliegen, als auch vom Anmelder die verwaltungsrechtlichen Vorgaben erfüllt werden (vgl. etwa §§ 34 ff. PatG, dazu noch unten Rn. 11), um letztendlich das gewerbliche Schutzrecht „Patent" erteilt zu bekommen.[8]

4 Aus dem **Recht aus dem Patent** folgt die Wirkung, die dem Patent durch §§ 9, 10 PatG zugeschrieben wird: der Inhaber erhält ein (sog. negatives) Ausschließungs- oder Verbietungsrecht. Das folgt nicht nur aus § 9 S. 2 PatG, sondern insbesondere auch aus der Formulierung „allein" in § 9 S. 1 PatG, denn auf die damit manifestierte Alleinstellung des Patentinhabers kommt es gerade an. Dagegen ist es selbstverständlich, dass der Erfinder/Patentinhaber seine Erfindung selbst nutzen darf, dafür bedarf es keines Patents. § 10 PatG schützt den Inhaber zudem gegen **mittelbare Patentverletzungen.**[9] Die Grenzen der Wirkungen eines Patents werden durch die §§ 9b und c, 11 bis 13 PatG bestimmt.

5 Dass ein Patent Gegenstand einer Lizenzvereinbarung sein kann, wurde eingangs bereits erwähnt.[10] Bei **europäischen Patenten** ist in jedem Vertragsstaat, für den es erteilt wurde, das jeweilige nationale Recht anwendbar (Art. 2 Abs. 2 EPÜ). Daher gilt für die Lizenzierung des deutschen Teils eines europäischen Patents ebenfalls § 15 PatG. Für **ergänzende Schutzzertifikate** gemäß § 16a PatG gilt, dass sich die Lizenzierung des Patents (sog. **Grundpatent**) auch auf diese erstreckt (vgl. § 16a Abs. 3 PatG).

2. Erfinderrecht und Recht auf das Patent

6 Aus § 15 Abs. 2 i.V. m. Abs. 1 PatG ergibt sich zudem, dass auch das **Erfinderrecht** lizenzierbar ist. Dieses Recht findet sich auch in § 6 PatG, dort in der Form des Rechts auf das Patent (dazu noch unten Rn. 10). Es entsteht unmittelbar kraft Gesetzes durch den tatsächlichen Vorgang des Schaffens einer fertigen Erfindung.[11] Dieses **Erfinderprinzip** liegt dem deutschen Patentrecht seit 1936 zugrunde, zuvor galt das **Anmelderprinzip.**

---

7 Genauer: mit der Veröffentlichung der Patenterteilung im Patentblatt, vgl. § 58 Abs. 1 S. 3 PatG.
8 Die Erteilung selbst ist ein privatrechtsgestaltender Verwaltungsakt, *Ann* GRUR Int. 2004, 696, 698.
9 Dazu umfassend *Busche* GRUR 2009, 236; *Scharen* GRUR 2008, 944.
10 Zu Patentlizenzverträgen noch ausführlich im 4. Kapitel Abschnitt B (ab Rn. 2).
11 BeckOK PatR/*Fitzner* § 6 Rn. 3; *Kraßer/Ann* § 19 II Rn. 19. Zu den Anforderungen an eine fertige Erfindung *Kraßer/Ann* § 13 Rn. 21 ff.

Erfinder ist, wer die technische Lehre (s. o. Rn. 1) entwickelt hat. Entschei- 7
dend für die Erfindereigenschaft ist die Umsetzung eines schöpferischen Ge-
dankens auf technischem Gebiet als **geistige Leistung.** Erfinder sein kann
deshalb nur eine **natürliche Person**, hier besteht eine Parallele zum Schöpferprinzip im Urheberrecht. Juristische Personen (Körperschaften, Anstalten, Stif-
tungen etc.) können zwar Anmelder sein oder das Recht an der Erfindung als
Rechtsnachfolger erwerben, Erfinder sein können sie jedoch nicht. Weil die Erfindung Realakt ist, muss ein Erfinder nicht geschäftsfähig sein.[12] Auch insoweit
besteht eine gewisse Parallele zu den Voraussetzungen an eine persönlich-geis-
tige Schöpfung im Urheberrecht.[13]

Das Erfinderrecht ist dem Erfinder ausschließlich zugeordnet, es umfasst 8
persönlichkeitsrechtliche[14] und vermögensrechtliche Aspekte (sog. **Doppelnatur
des Erfinderrechts**[15]). Dafür, dass das Erfinderrecht *auch* ein vermögenswertes
Recht ist, spricht gerade die Tatsache der Lizenzierbarkeit. Sind mehrere Personen gemeinsam Erfinder (Miterfinder), gilt § 6 S. 2 PatG. Bei mehreren unabhängigen Erfindern im Falle einer **Parallelerfindung**[16] gilt dagegen gemäß § 6 S. 3
PatG das **Anmelderprinzip** (auch „first-to-file"-Grundsatz, als Ausnahme zum
o. g. Erfinderprinzip). Entscheidend ist dann der Zeitrang der Anmeldung und
nicht der Zeitpunkt der Erfindung. Bei einer **Erfindungsgemeinschaft** nach
§ 6 S. 2 PatG handelt es sich um eine **Gemeinschaft nach Bruchteilen** i. S. v. § 741
BGB.[17] Nur dann, wenn von vorneherein eine entsprechende Vereinbarung (im
Ergebnis insbesondere ein Gesellschaftsvertrag) existiert, ist von einer **Gesellschaft bürgerlichen Rechts** als Gesamthandsgemeinschaft auszugehen und die
§§ 705 ff. BGB sind anzuwenden.[18] Dies gilt entsprechend für die **Patentgemeinschaft**, deren Mitglieder also nicht notwendig selbst die Erfinder sind,
sondern gemeinschaftliche Erwerber und somit als Rechtsnachfolger Inhaber der
Erfindung bzw. der Anmeldung oder des erteilten Patents.

---

12 *Kraßer/Ann* § 19 II Rn. 10.
13 Vgl. dazu OLG Frankfurt GRUR 2014, 863 (UrhR). S. zum Urheberrecht unten ab Rn. 36.
14 Es dient dem Schutz der persönlichen Erfinderinteressen und ist ein besonderes (auch: be-
nanntes) Persönlichkeitsrecht, eines Rückgriffs auf das allgemeine Persönlichkeitsrecht aus Art. 2
Abs. 1 i. V. m. 1 Abs. 1 GG bedarf es daher nicht.
15 Benkard/*Melullis* § 6 Rn. 9.
16 Diese Bezeichnung passt besser als der häufig anzutreffende Begriff „Doppelerfindung" (vgl.
etwa Schulte/*Moufang* § 6 Rn. 25), da es letztendlich eben nur eine einzige Erfindung gibt; so
zutreffend Busse/*Keukenschrijver* § 6 Rn. 33; *Kraßer/Ann* § 19 IV Rn. 45.
17 BGH GRUR 2006, 401 – gummielastische Masse II (PatR); Schulte/*Moufang* § 6 Rn. 22.
18 Vgl. zu gemeinschaftlichen Erfindungen und zu einzelnen Problemen von Patentgemein-
schaften *Henke* Die Erfindungsgemeinschaft, 2005, passim; *Hauck* GRUR-Prax 2014, 430.

9   Sind die §§ 741 ff. BGB anzuwenden, darf zwar jeder Miterfinder die Erfindung selbst nutzen (vgl. § 743 Abs. 2 BGB). Er ist allein aber nicht zur sonstigen Verwertung berechtigt und darf insbesondere keine Lizenzen an Dritte erteilen. Dies kann nur die Gemeinschaft der Erfinder selbst, notwendig ist dafür ein entsprechender **Verwaltungsbeschluss** gemäß §§ 744 f. BGB. Nur die Erfinder- oder Patentgemeinschaft kann also Lizenzgeber sein, es sei denn, die Mitglieder haben etwas Abweichendes vereinbart.

10   Ebenfalls mit der Erfindung entsteht beim Erfinder das **Recht auf das Patent** als Teil der vermögensrechtlichen Natur des Erfinderrechts. In § 6 PatG wird es ausdrücklich genannt. Es entsteht – eben als Teil des Erfinderrechts –, wenn jemand eine patentfähige Erfindung macht (s. dazu schon oben Rn. 6). Dies heißt aber auch, dass es erlischt, wenn die Erfindung später ihre Patentierbarkeit verliert.[19]

3. Anspruch auf Patenterteilung

11   Zuletzt gibt es den Anspruch auf Erteilung des Patents, der ebenfalls in § 15 Abs. 1, 2 PatG als ein lizenzierbares Recht genannt wird. Dieser öffentlich-rechtliche Anspruch steht gemäß § 7 Abs. 1 PatG dem Anmelder gegenüber dem Patentamt – im Ergebnis gegen die Bundesrepublik Deutschland[20] – zu, sobald eine Erfindung vorliegt, der Antrag auf Patenterteilung beim Patentamt gestellt wurde (sog. **Patentanmeldung**[21]) und die weiteren formellen und materiellen Patenterteilungsvoraussetzungen erfüllt sind, deren Vorliegen Gegenstand der patentamtlichen Prüfung ist. Das Patent *muss* in diesem Fall erteilt werden, es handelt sich um eine gebundene Entscheidung der Behörde ohne Ermessensspielraum.[22] Dem Anmelder steht in der Phase zwischen Anmeldung und Erteilung des Schutzrechts eine Rechtsstellung zu, die als **Anwartschaftsrecht** bezeichnet werden kann.[23] Die Lizenzfähigkeit der **europäischen Patentanmeldung** ist in Art. 73 EPÜ gesondert geregelt.

---

19 *Kraßer/Ann* § 19 IV Rn. 36.

20 So ist das Deutsche Patent- und Markenamt (DPMA) eine Bundesoberbehörde im Geschäftsbereich des Bundesministeriums der Justiz und für Verbraucherschutz (BMJV).

21 Häufig ist insoweit auch von der Patentanmeldung als Lizenzgegenstand die Rede, vgl. etwa *Osterrieth* Rn. 355. Das „Erfinderrecht" soll auch dann lizenzierbar sein, wenn eine Anmeldung nicht beabsichtigt ist, vgl. BGH GRUR 1980, 750 – Pankreaplex II (PatR). Dann handelt es sich im Ergebnis um eine Lizenzierung von Know-how, dazu noch unten ab Rn. 17.

22 BGH GRUR 1970, 601 – Fungizid (PatR).

23 Umfassend dazu *Hofmann* Immaterialgüterrechtliche Anwartschaftsrechte, 2009, S. 265 ff., auch zur abweichenden Ansicht.

Hauck

4. Arbeitnehmererfindungen

Das Arbeitnehmererfinderrecht ist keine Regelung zu einem eigenständigen 12 Schutzrecht. Vielmehr handelt es sich um besondere Regelungen zu patent- oder gebrauchsmusterfähigen Erfindungen[24] innerhalb eines Sondergesetzes, des **Gesetzes über Arbeitnehmererfindungen** (ArbnErfG). Die Besonderheit besteht darin, dass die patent- und/oder gebrauchsmusterfähige Erfindung von einem Arbeitnehmer während eines bestehenden Arbeitsverhältnisses gemacht wird (vgl. § 2 ArbnErfG).

Der wesentliche Unterschied gegenüber „normalen" Erfindungen liegt darin, 13 dass die Person des Erfinders verschieden sein kann von der Person des Anmelders und späteren Patentinhabers. Denn Arbeitnehmererfindungen stehen im **Spannungsfeld** zwischen dem patentrechtlichen Erfinderprinzip und der arbeitsrechtlichen Zuordnung eines Arbeitserfolges zum Arbeitgeber. Dieser tätigt die Investitionen und stellt häufig den Arbeitnehmer gerade ein, um etwas zu erfinden; daher gebührt dem Arbeitgeber grundsätzlich auch der Ertrag. Andererseits setzt die Erfindung eine besondere (persönlich-)geistige Leistung voraus. Folglich ist Grundidee des Arbeitnehmererfindungsrechts, dass der Arbeitgeber die **Diensterfindungen** gemäß § 4 Abs. 2 ArbnErfG – also die Erfindungen, die der Arbeitnehmer während eines bestehenden Arbeitsverhältnisses macht – in Anspruch nehmen und somit „an sich ziehen" kann, dafür aber eine gesonderte Vergütung schuldet.

Von den Diensterfindungen – auch als **gebundene Erfindungen** bezeich- 14 net – sind die **freien Erfindungen** zu unterscheiden. Dies sind Erfindungen, die dem außerbetrieblichen Lebensbereich des Arbeitnehmers zuzuordnen sind (im Sinne einer negativen Definition). Sie haben also nichts mit dem Arbeitsverhältnis zu tun. Auf solche Erfindungen sind allein die §§ 18, 19 ArbnErfG anzuwenden.

Gemäß § 5 ArbnErfG hat der Arbeitnehmer dem Arbeitgeber die Dienster- 15 findung zu **melden.** Diese kann schließlich vom Arbeitnehmer in Anspruch genommen werden (§§ 6, 7 ArbnErfG), wodurch beim Arbeitnehmer ein Anspruch auf eine **angemessene Vergütung** entsteht (§ 9 ArbnErfG).[25] Der Arbeitgeber kann die Erfindung aber auch **freigeben** (§ 8 ArbnErfG), dann kann der Arbeitnehmer über die Erfindung frei verfügen, sie etwa selbst zum Patent anmelden. Besonderheiten gelten bei Erfindungen an Hochschulen (vgl. § 42 ArbnErfG), bei

---

24 Geregelt wird außerdem der Umgang mit technischen Verbesserungsvorschlägen, die jedoch nicht schutzrechtsfähig sind, vgl. § 3 ArbnErfG. Sondervergütungen dafür werden häufig tarifvertraglich vereinbart.

25 Vgl. zu weitergehenden Problemen zum Vergütungsanspruch des Arbeitnehmers bei Erfindungen, die auch urheberrechtlich geschützt sein können BGH GRUR 2002, 149 – Wetterführungspläne II (ArbnErfR, UrhR).

der Auflösung des Arbeitsverhältnisses (hier gelten die Rechte aus dem ArbnErfG weiter) und bei Eröffnung des Insolvenzverfahrens über das Vermögen des Arbeitgebers nach Inanspruchnahme der Diensterfindung (§ 27 ArbnErfG).

16   **Hochschulerfindungen** sind beim Vorliegen der dargestellten allgemeinen Voraussetzungen Diensterfindungen. Es handelt sich hierbei um Erfindungen der an einer Hochschule Beschäftigten (gemäß § 42 S. 1 ArbnErfG). Die Einrichtungen, für die die Sonderregelungen gelten, sind Universitäten, Hochschulen und Fachhochschulen. Neben der generellen Geltung der Regelungen des ArbnErfG sind allerdings einige **Besonderheiten** zu beachten (§ 42 S. 1 Nr. 1 bis 5 ArbnErfG). So liegt die Entscheidung, ob Informationen über die Erfindung veröffentlicht werden oder nicht, allein beim Erfinder. Dieser hat die **positive Veröffentlichungsfreiheit**, § 42 S. 1 Nr. 1 ArbnErfG. Danach kann der Erfinder nach vorheriger rechtzeitiger Anzeige an seinen Arbeitgeber seine Erfindung veröffentlichen. Er kann aber auch in Ausübung der sog. **negativen Veröffentlichungsfreiheit**, § 42 S. 1 Nr. 2 ArbnErfG, die Offenbarung ablehnen und muss demzufolge die Erfindung nicht anzeigen. Beabsichtigt der Erfinder jedoch später die Veröffentlichung, so hat er sie anzuzeigen. Der Hochschulerfinder behält in jedem Fall ein nichtausschließliches Nutzungsrecht – und somit eine **gesetzliche Lizenz** – für seine Lehr- und Forschungstätigkeit, § 42 S. 1 Nr. 3 ArbnErfG, auch wenn die Hochschule einem Dritten eine ausschließliche Lizenz erteilen sollte. Als Vergütung erhält der Hochschulerfinder 30 % der durch die Verwertung erzielten Einnahmen (§ 42 S. 1 Nr. 4 ArbnErfG).

II. Geheimnisschutz als Ergänzung und Alternative zum Patentschutz

17 Eine Erfindung auf dem Gebiet der Technik ist aber nicht allein deshalb wirtschaftlich werthaltig, weil dafür ein Schutzrecht erteilt wurde, etwa ein Patent oder ein Gebrauchsmuster. Vielmehr kann der Erfinder seine Erfindung auch dann nutzen und verwerten, wenn sie keinen staatlichen Schutz genießt. Verzichtet der Erfinder aber auf einen solchen Schutz, ist seine Position – die eben keine rechtlich abgesicherte ist – freilich (besonders) angreifbar. Denn jeder, der (zulässigerweise[26]) Kenntnis von der nicht sondergesetzlich geschützten Erfindung erhält, kann diese nutzen, ohne dass sich der Erfinder dagegen zur Wehr setzen könnte. Es fehlt dann die **Ausschließungswirkung** des Patents/Gebrauchsmusters, die gerade die Besonderheit dieses Ausschließlichkeits- und Ausschließungsrechts ausmacht (dazu schon oben Rn. 4). So gibt es für Patent-

---

26 Zum insofern möglicherweise relevanten Schutz von Geschäftsgeheimnissen unten ab Rn. 20.

Hauck

verletzungen besondere Vorschriften in den §§ 139 ff. PatG, auf deren Grundlage der Patentinhaber insbesondere Unterlassungs- und Schadensersatzansprüche geltend machen kann.

Der Verzicht auf einen Patentschutz kann mehrere Gründe haben. Zum einen **18** sind der Erwerb und die Aufrechterhaltung eines Patents mit Kosten verbunden (vgl. § 17 Abs. 1 PatG), die gerade für Einzelerfinder aber auch für kleine und mittlere Unternehmen eine nicht unerhebliche Belastung sein können. Dies gilt vor allem dann, wenn noch gar nicht klar ist, ob die Erfindung tatsächlich wirtschaftlich erfolgreich ausgebeutet werden kann.

Zum anderen muss die Erfindung mit der Anmeldung beim Patentamt **of-** **19** **fenbart** werden (§ 34 PatG), schon um geprüft werden zu können, und das Patentamt veröffentlicht die Anmeldung seinerseits – und somit auch die angemeldete Erfindung – 18 Monate nach deren Eingang. Bei dieser Offenlegung der zum Schutz angemeldeten technischen Lehre handelt es sich quasi um die (eigentliche) Gegenleistung des Erfinders für die ihm durch das Patent verliehene Monopolstellung hinsichtlich deren Verwertung. Dies bedeutet aber auch, dass die Öffentlichkeit detailliert Kenntnis von der Erfindung – also von der technischen Lehre, die geschützt werden soll – erhält und dadurch in die Lage versetzt wird, alternative Technologien zu entwickeln, die womöglich sogar wirtschaftlich erfolgreicher sind. Auch die begrenzte **Schutzdauer** von (maximal) 20 Jahren (vgl. § 16 Abs. 1 S. 1 PatG, verlängerbar um allenfalls fünf Jahre gemäß § 16a Abs. 1 PatG durch ein **ergänzendes Schutzzertifikat**) kann gegen einen Patentschutz sprechen, denn nach deren Ende kann jeder die bereits offenbarte Erfindung frei nutzen. Zuletzt kann die Sinnhaftigkeit einer Patenterteilung für ein Unternehmen auch dadurch in Frage gestellt werden, dass eine nicht unerhebliche Anzahl erteilter Patente nachträglich mit Wirkung *ex tunc*[27] wieder vernichtet wird.[28]

Der „Erwerb" eines technischen Schutzrechts bringt also keineswegs nur **20** Vorteile für den Inhaber mit sich. Eine alternative Strategie des Erfinders kann daher darin bestehen, seine (potentiell) vermögenswerte Stellung dadurch zu schützen, dass niemand unberechtigterweise davon Kenntnis erhält. Ziel ist somit die **Geheimhaltung** des (insb. patentierbaren) technischen Wissens, welches gerade in der Praxis auch als **Know-how** bezeichnet wird. Dabei handelt es sich freilich nicht um eine Legaldefinition, jedenfalls nicht des deutschen und euro-

---

27 Etwa durch Widerruf (§ 21 Abs. 3 S. 1 PatG) oder Nichtigerklärung (§ 22 PatG).
28 Vgl. dazu die Darstellung bei *Hess/Müller-Stoy/Wintermeier* Mitt. 2014, 439, die für angegriffene deutsche Patente und deutsche Teile europäischer Patente im Zeitraum von 2010 bis 2013 eine Vernichtungsquote bei BGH und BPatG von fast 80 % nachgewiesen haben.

päischen Rechts. In Deutschland war bis zur Umsetzung des GeschGehG[29] insoweit auch häufig von **Unternehmensgeheimnissen** die Rede, womit – quasi als Untergruppen – sowohl **Betriebs-** als auch **Geschäftsgeheimnisse** gemeint waren, denn diese Begrifflichkeiten waren in § 17 UWG bis zu dessen Aufhebung genannt. Dabei verstand man unter Betriebsgeheimnissen **technische Kenntnisse** (so auch das überwiegende Verständnis von Know-how), während der Begriff Geschäftsgeheimnisse die **kaufmännischen Kenntnisse** innerhalb eines Unternehmens meinte.[30] Unbeschadet dieser neuen Begrifflichkeit dürfte die Praxis gerade bei nicht offenkundigen technischen Informationen auch weiterhin von Know-how sprechen[31], dieser Begriff wird daher auch im Folgenden (weiter) verwendet.

21   Im US-Recht wird der Know-how-Begriff ähnlich verstanden, häufig ist insoweit auch von **Trade Secrets** die Rede. Solche nicht offenkundige Informationen werden im Uniform Trade Secrets Act spezialgesetzlich geschützt. Ein Trade Secret wird dort (Sec. 1 [4]) definiert als

> „information, including a formula, pattern, compilation, program, device, method, technique, or process, that: (i) derives independent economic value, actual or potential, from not being generally known to, and not being readily ascertainable by proper means by, other persons who can obtain economic value from its disclosure or use, and (ii) is the subject of efforts that are reasonable under the circumstances to maintain its secrecy."

22   Voraussetzungen der Geheimniseigenschaft nach dem nunmehrigen GeschGehG sind, dass die betreffenden Informationen **nicht offenkundig** (vgl. näher dazu § 2 Nr. 1 Buchst. a GeschGehG[32]) und Gegenstand von den Umständen nach **an-**

---

29 Gesetz zum Schutz von Geschäftsgeheimnissen (vgl. BGBl. I S. 466), in Umsetzung der Richtlinie (EU) 2016/943 des Europäischen Parlaments und des Rates vom 8. Juni 2016 über den Schutz vertraulichen Know-hows und vertraulicher Geschäftsinformationen (Geschäftsgeheimnisse) vor rechtswidrigem Erwerb sowie rechtswidriger Nutzung und Offenlegung (ABl. L 157 v. 15.6.2016, S. 1).

30 Umfassend zu diesen Begriffen Ann/Loschelder/Grosch/*Ann* Kap. 1 Rn. 1 ff., insb. Rn. 18 ff.; Ann/Loschelder/Grosch/*Loschelder* Kap. 1 Rn. 68 ff.; *Ann/Hauck/Maute* Rn. 18 ff. Beispiele für einzelne Geheimnisse in den vorgenannten Quellen und bei MüKo-UWG/*Brammsen*, 2. Aufl. 2014, § 17 Rn. 30.

31 Anders als im GeschGehG taucht der Begriff „Know-how" in der Richtlinie (EU) 2016/943 auf, sogar – prominent – im Titel. Die dortige Formulierung deutet darauf hin, dass unter „vertrauliche[m] Know-How [...]" *technische* Informationen zu verstehen sind.

32 Die Informationen dürfen „weder insgesamt noch in der genauen Anordnung und Zusammensetzung ihrer Bestandteile den Personen in den Kreisen, die üblicherweise mit dieser Art von Informationen umgehen, allgemein bekannt oder ohne Weiteres zugänglich [sein] und daher von wirtschaftlichem Wert [sein]".

gemessenen Geheimhaltungsmaßnahmen durch ihren rechtmäßigen Inhaber sind und dass ein **berechtigtes Interesse an der Geheimhaltung** besteht (§ 2 Nr. 1 Buchst. b und c GeschGehG). Diese Anforderungen sind freilich allein von Bedeutung für die Anwendung des GeschGehG und insbesondere der dort erstmals im deutschen Recht normierten zivilrechtlichen Rechtsfolgen in Fällen der unrechtmäßigen Erlangung, Nutzung oder Offenlegung von Geschäftsgeheimnissen (§§ 4, 6ff. GeschGehG). Bei der Bestimmung des Lizenzgegenstandes „Know-how" sind die Parteien dagegen frei. Zu beachten ist aber, dass, wenn es sich um Informationen iSd § 2 GeschGehG handelt und der Inhaber und Lizenzgeber den gesetzlichen Schutz nicht verlieren will, die og „angemessenen Geheimhaltungsmaßnahmen" auch vom Lizenznehmer nachzuweisen sind. Denn bei Lizenzierung ist auch dieser „rechtmäßiger Inhaber" iSv § 2 Nr. 1 GeschGehG. Entsprechende **Geheimhaltungsvereinbarungen**[33] sind dann also unerlässlich.

Auch wenn in Bezug auf Geschäftsgeheimnisse/Know-how häufig und selbst- **23** verständlich von „Lizenzierung" gesprochen wird,[34] ist dies ungenau, denn lizenzierbar sind nach dem schon beschriebenen Verständnis (s. oben 1. Kapitel Rn. 3f.) nur Ausschließlichkeitsrechte. Bei der Know-how-„Lizenzierung" handelt es sich dagegen nicht um einen Verzicht auf die Geltendmachung einer Ausschließlichkeitswirkung (denn eine solche gibt es nicht), sondern vielmehr um eine **Zugangseröffnung**, ein tatsächliches Zurverfügungstellen von Wissen auf Zeit.[35] Infolgedessen wird der Know-how-Schutz auch als **Zugangsschutz** bezeichnet, gerade auch zur Unterscheidung von den gesetzlichen Ausschließlichkeitsrechten.[36] Unbeschadet dessen und orientiert an den Gepflogenheiten der Praxis soll im Folgenden gleichwohl auch bei Know-how von Lizenzierung die Rede sein. Nach aA sollen Geschäftsgeheimnisse (und damit auch Know-how nach dem hier beschriebenen Verständnis) seit dem GeschGehG Immaterialgüterrechte sein[37]. Andere sprechen von einem „Quasi-Schutzrecht"[38]. Dies ist im Ergebnis jedoch abzulehnen.[39]

Der Schutz von Know-how ist aber nicht nur eine Alternative zum Patent- **24** oder Gebrauchsmusterschutz. Denkbar ist auch, dass gewisse vermögenswerte

---

33 S. dazu auch 4. Kapitel Rn. 9
34 Vgl. etwa Pfaff/Osterrieth/*Osterrieth* B. I. Rn. 4ff.; Pfaff/Osterrieth/*Winzer* B. III. Rn. 387ff.; Ann/Loschelder/Grosch/*Maaßen*/*Wuttke* Kap. 5 Rn. 37.
35 Wird das Know-how endgültig überlassen, handelt es sich um eine Veräußerung und nicht um eine Lizenzierung, vgl. dazu Ann/Loschelder/Grosch/*Maaßen*/*Wuttke* Kap. 5 Rn. 6ff.
36 So Ann/Loschelder/Grosch/*Ann* Kap. 1 Rn. 6.
37 *Kiefer*, WRP 2018, 910.
38 *Gärtner/Goßler*, Mitt. 2018, 204, 206.
39 *Hauck*, WRP 2018, 1032.

Kenntnisse gar nicht patentierbar sind (vgl. etwa § 1 Abs. 3 PatG) und es auch sonst keinen immaterialgüterrechtlichen Schutz gibt, wie etwa für Rezepturen.[40] In einem solchen Fall ist der Schutz des vermögenswerten Know-hows durch Geheimhaltung für das betreffende Unternehmen die einzig mögliche Strategie. Auch dann gilt, dass ein solcher Schutz sogar unverzichtbar ist, da der **Verlust der Geheimniseigenschaft unumkehrbar** ist. Dass gegen etwaige Täter auf der Grundlage von §§ 6 ff. (zivilrechtlich) und § 23 (strafrechtlich) GeschGehG vorgegangen werden kann, ist wegen dieser Tatsache nur ein schwacher Trost, da somit allenfalls Nachahmer abgeschreckt werden können. Inwieweit der Schutz von Geschäftsgeheimnissen durch das GeschGehG insgesamt gestärkt werden wird, bleibt ohnehin abzuwarten.

25   Die **Lizenzierbarkeit** von Know-how steht außer Zweifel, dies ergibt sich schon aus der grundgesetzlich geschützten Vertragsfreiheit. Die Tatsache, dass es insoweit keine spezialgesetzliche Regelung gibt, ist also unerheblich. Dabei sind Know-how-Lizenzverträge ebenso anzutreffen, wie Patentlizenzverträge, die mit einer Lizenzierung von Know-how einhergehen (also „gemischte" Verträge), weil die tatsächliche Ausbeutung einer lizenzierten technischen Lehre ohne ebenfalls zur Verfügung gestellte besondere (technische) Kenntnisse häufig gar nicht möglich ist.[41]

III. Daten

26 Viele Unternehmen, aber auch Universitäten und außeruniversitäre Forschungs-einrichtungen verfügen über Daten, die für andere Unternehmen interessant sein könnten; man denke etwa an **Forschungsdaten.** Insbesondere die Entwickler von Systemen Künstlicher Intelligenz sind auf große Mengen an Daten ange-wiesen, um diese Systeme zu trainieren.[42] Solche Daten(-sätze) werden häufig eine enge Verbindung zum Know-how aufweisen, auch wenn nicht unbedingt die Anforderungen an „Geschäftsgeheimnisse" nach dem GeschGehG erfüllt werden (dazu oben Rn. 22). Für die Frage der Lizenzierung ist dies indes irrelevant. Die Daten sind im Ergebnis die Grundlage des daraus gewonnenen Know-hows. Wie beim Know-how auch, ist der **Schutz solcher Datenbestände** im Ergebnis ein

---

40 Rezepte und Rezeptsammlungen sind weder Erfindungen auf dem Gebiet der Technik noch persönliche geistige Schöpfungen i. S. v. § 2 UrhG (dazu etwa BeckOK UrhG/*Wegner* § 1 VerlG Rn. 13). Die ökonomische Bedeutung von Rezepturen lässt sich freilich nicht leugnen, man denke nur an die Lebensmittelindustrie.
41 Zu Patent- und Know-how-Lizenzverträgen s. noch unten 4. Kapitel Rn. 2 ff.
42 Umf. dazu *Hauck/Cevc*, ZGE 11 (2019), 135, insb. 141 ff.

rein faktischer. Dies ist bei der Vertragsgestaltung zwingend im Blick zu behalten. Der Wert der Daten resultiert vor allem aus dem exklusiven Zugang zu ihnen. Solche Daten können ohne weiteres lizenziert werden, auch wenn es – wie bei Know-how/Geschäftsgeheimnissen – keine gesetzlichen Regelungen gibt. Ein besonderer Fokus muss dabei auf dem **zulässigen Umfang der Datennutzung** durch den Lizenznehmer liegen. Ebenso ist sicherzustellen, dass die Daten nach Vertragsbeendigung nicht weitergenutzt werden. Auch die Rückgabe der Datenträger etc. sollte vertraglich detailliert geregelt werden. Dass eine Weitergabe an Dritte ohne Zustimmung des originären Inhabers unzulässig ist, versteht sich von selbst, könnte im Vertrag jedoch auch klargestellt werden.[43]

IV. Gebrauchsmusterrecht

Aus der gängigen Bezeichnung des Gebrauchsmusters als „kleines Patent"[44] lässt 27 sich ziemlich genau ablesen, was die Bedeutung dieses gewerblichen Schutzrechts ausmacht. Denn geschützt werden ebenfalls neue Erfindungen auf dem Gebiet der Technik, die gewerblich anwendbar sind. Die maßgeblichen gesetzlichen Regelungen finden sich im Gebrauchsmustergesetz (GebrMG), die Ähnlichkeiten mit dem PatG sind erheblich.[45] Beim Schutzgegenstand gibt es jedoch den wesentlichen Unterschied zum Patentrecht, dass Verfahren gemäß § 2 Nr. 3 GebrMG nicht geschützt werden können. Auch die Schutzdauer ist kürzer, sie beträgt gemäß § 23 Abs. 1 GebrMG (maximal) zehn Jahre, beginnend – wie beim Patent – mit dem Anmeldetag.

Während im Patentrecht der absolute Neuheitsbegriff gilt, ist das **Neu-** 28 **heitserfordernis** im Gebrauchsmusterrecht **relativ.** Neuheitsschädlich ist nur die vorherige Offenbarung durch schriftliche Beschreibung oder inländische Benutzung (§ 3 Abs. 1 S. 1 GebrMG). Mündliche Beschreibungen oder Veröffentlichungen in sonstiger Art und Weise werden dagegen nicht berücksichtigt. Die **Neuheitsschonfrist** beträgt sechs Monate, § 3 Abs. 1 S. 3 GebrMG.

In Bezug auf die Qualität der Erfindung ist die Begrifflichkeit in PatG und 29 GebrMG ebenfalls unterschiedlich. Während im Gebrauchsmusterrecht vom „erfinderischen Schritt" die Rede ist, verlangt § 1 Abs. 1 PatG eine „erfinderische

---

43 Vgl. zu Klauseln in Patent- und Know-how-Lizenzverträgen, die für die Vertragsgestaltung zur Lizenzierung von Daten als Vorbild dienen können, noch unten 4. Kapitel Rn. 2 ff.
44 Vgl. etwa *Bunke* GRUR 1957, 110.
45 Vgl. etwa § 11 GebrMG zu den Wirkungen eines Gebrauchsmusters, das ebenfalls ein Ausschluss- und Ausschließlichkeitsrechts ist, und §§ 24 ff. GebrMG zu den Ansprüchen des Rechteinhabers bei Schutzrechtsverletzungen.

Tätigkeit". Dabei galt lange Zeit die Ansicht, dass der **erfinderische Schritt** schneller erreicht und der Gebrauchsmusterschutz einfacher zu erlangen war als der Patentschutz. Denn ein Hauptziel für die Einführung des Gebrauchsmusters war gerade die Eröffnung eines Schutzes für technische Neuerungen von geringerer Bedeutung. In jüngerer Zeit wird jedoch auf diese sprachliche Differenzierung zunehmend verzichtet, wobei es für die notwendige Qualität der erfinderischen Leistung beim Gebrauchsmusterschutz (auch) keine exakte Messlatte gibt.[46] Die beim Gebrauchsmuster entscheidende Frage ist vielmehr, inwieweit der Stand der Technik bereits Vorbilder und Anregungen für die vorgeschlagene Lösung geboten hat.[47] Die eigentliche Bedeutung des Gebrauchsmusters dürfte ohnehin weniger im Schutz „geringerer" erfinderischer Leistungen liegen, sondern vielmehr in der **Überbrückungsfunktion** (Rn. 30). Auch der **Abzweigung** gem. § 5 GebrMG kommt eine erhebliche praktische Bedeutung zu.

30   Anmeldung und Eintragung des Schutzrechts erfolgen beim DPMA in das **Gebrauchsmusterregister.** Das Amt prüft die angemeldete Erfindung lediglich anhand der Ausschlusstatbestände des § 2 GebrMG. Erfindungen, deren Veröffentlichung oder Verwertung gegen die guten Sitten verstoßen, werden daher nicht geschützt (§ 2 Nr. 1 GebrMG). Dieser eingeschränkte materielle Prüfungsumfang und die geringeren Anforderungen an die Neuheit führen dazu, dass das Gebrauchsmuster anders als das Patent ein im Ergebnis **ungeprüftes Schutzrecht** ist. Es entsteht bereits mit der Eintragung in das Gebrauchsmusterregister, § 11 GebrMG. Einen Erteilungsakt gibt es – anders als beim Patent – nicht. Ausnahmsweise, nämlich im Fall des Löschungsanspruchs eines Dritten, begründet die Eintragung noch keinen Schutzrechtsanspruch (§ 13 GebrMG). Die Vorteile dieses Schutzrechts gegenüber dem Patent bestehen daher insbesondere in den **geringeren Kosten,** die schon infolge des erheblich weniger aufwändigen Verwaltungsverfahrens vor dem Patentamt anfallen. Die Erlangung des Gebrauchsmusterschutzes geht zudem wegen des nur eingeschränkten Prüfverfahrens **schneller.** So werden Patentschutz und Gebrauchsmusterschutz für eine Erfindung häufig **parallel** beantragt, durch das schneller erteilte Gebrauchsmuster kann dann die Zeitspanne bis zur Erteilung des Patents **überbrückt** werden.[48]

31   Für die Lizenzierung gilt das oben zum Patent Gesagte, die Regelungen in **§ 22 Abs. 2, 3 GebrMG** entsprechen im Wesentlichen § 15 Abs. 2, 3 PatG. Daher sind das Recht auf das Gebrauchsmuster und das Recht auf Eintragung ebenso

---

46 Benkard/*Goebel/Engel* § 1 GebrMG Rn. 13 f.
47 Benkard/*Goebel/Engel* § 1 GebrMG Rn. 13 f.
48 BeckOK PatR/*Einsele* § 1 GebrMG Rn. 4.

lizenzierbare Rechte, wie das eigentliche mit der Eintragung entstandene Gebrauchsmuster, wobei in Bezug auf letzteres genauer vom **Recht aus dem Gebrauchsmuster** gesprochen werden müsste.

Wiederholungsfragen   32
1. Was versteht man im deutschen Patentrecht unter dem Erfinderprinzip? Rn. 6
2. Warum spricht man von der Doppelnatur des Erfinderrechts? Rn. 8
3. Darf der bruchteilsberechtigte Mitinhaber eines Patents Lizenzen an Dritte erteilen? Rn. 9
4. Welche Art von Lizenz steht einem Hochschulerfinder in jedem Fall zu? Rn. 16
5. Nennen Sie die Voraussetzungen der Geheimniseigenschaft von Know-how nach dem Ge-
    schGehG! Rn. 22

B. Urheber- und Verlagsrecht

I. Rechtsquellen und urheberrechtliche Ausgangsbasis

Wenn als möglicher Lizenzierungsgegenstand[49] das Urheber- und Verlagsrecht in   33
einem Atemzug genannt wird, dann soll damit ausgedrückt werden, dass es
sich im Kern um eine gemeinsame immaterialgüterrechtliche Materie mit **ge-
meinsamer gesetzlicher Ausgangsbasis** im **Urheberrechtsgesetz** bei spezifi-
scher **Ausdifferenzierung des Verlagsvertrags** durch das **Verlagsgesetz** handelt. Beide Bereiche haben eine bedeutende gemeinsame Schnittmenge sowohl
hinsichtlich der Schutzvoraussetzungen als auch hinsichtlich des Schutzum-
fangs. Mit anderen Worten: Verlagsverträge sind in aller Regel **urheberrechtliche
Nutzungsverträge** und damit urheberrechtliche Lizenzverträge.[50] Schutzgegenstand von Verlagsverträgen wie auch von Filmverträgen, Design- und Software-
verträgen (um nur einige wenige Vertragstypen zu nennen) ist jeweils ein urheberrechtlich geschütztes Werk. Zwar kann ein Verlagsvertrag auch zum Zwecke
der Nutzung eines urheberrechtlich nicht geschützten, sog. gemeinfreien Gegenstands geschlossen werden (§§ 39, 40 VerlG), doch ist die Verlegung ausschließlich gemeinfreier Werke ohne einen kommentierenden (urheberrechtlich
geschützten) Begleittext o.Ä. in der Praxis eher der Ausnahmefall. Urheberrechtliche Grundsätze spielen damit ganz überwiegend in die verlegerische Praxis
hinein.

---

49 Zur Lizenzierbarkeit des Urheberrechts s.u. Rn. 47, zur Lizenzierbarkeit von Leistungs-
schutzrechten s.u. Rn. 51.
50 S. zum Urhebervertragsrecht unten Rn. 47–50.

34   Primäre **Rechtsquelle** des deutschen Urheberrechts ist das **Urheberrechts-gesetz** vom 9.9.1965 **(UrhG).**[51] Das Gesetz regelt u. a. umfassend vor allem den urheberrechtlichen Schutzgegenstand, den Inhalt und die Grenzen des Schutz-rechts sowie die Grundsätze des Urhebervertragsrechts (also auch die Frage der Lizenzierbarkeit) und der Rechtsdurchsetzung.[52] Daneben enthält das UrhG Regelungen über Leistungsschutzrechte wie z. B. der ausübenden Künstler, der Tonträgerhersteller oder der Datenbankhersteller.[53] Inspiriert und befördert wur-de das deutsche Urheberrecht ursprünglich durch das internationale Konven-tionsrecht und hierbei – allen völkerrechtlichen Staatsverträgen voran – durch die (Revidierte) Berner Übereinkunft zum Schutz von Werken der Literatur und Kunst (RBÜ).[54] Heute ist das Urheberrechtsgesetz nicht nur vom – mittlerweile durch den WIPO Copyright Treaty (WCT)[55] modernisierten – internationalen Ur-heberrecht beeinflusst, sondern es ist vor allem geprägt durch die **Vorgaben des europäischen Sekundärrechts** und die dazu in immer rascherer Folge sich fortentwickelnde **Rechtsprechung des EuGH.** Neben den thematisch engeren Richtlinien[56] hat die Richtlinie 2001/29/EG vom 22.5.2001 zur Harmonisierung bestimmter Aspekte des Urheberrechts und der verwandten Schutzrechte in der Informationsgesellschaft (InfoSoc-RL)[57] einen raumgreifenderen Regelungsan-spruch. Mit ihrer europaweiten Harmonisierung der Verwertungsrechte und der Schranken belässt die InfoSoc-RL den Mitgliedstaaten nur noch geringen ge-setzgeberischen und judikativen Handlungsspielraum.[58] So sind die Schranken des Art. 5 InfoSoc-RL erschöpfend aufgeführt und abschließend, weshalb der nationale Gesetzgeber keine zusätzlichen Schranken schaffen darf.[59] Auch das Vervielfältigungsrecht gemäß Art. 2 InfoSoc-RL, das Recht der öffentlichen Wie-dergabe einschließlich der öffentlichen Zugänglichmachung gemäß Art. 3 InfoSoc-RL und das Verbreitungsrecht gemäß Art. 4 InfoSoc-RL sind ebenfalls vollharmonisiert.[60] Nur wenn der Anwendungsbereich der InfoSoc-RL nicht be-

---

51 BGBl. 2003 I S. 1273, zuletzt geändert im August 2015: BGBl. I S. 1474.

52 S. dazu näher unten Rn. 42–46.

53 S. unten Rn. 41 und 51.

54 BGBl. 1973 II S. 1071, geändert: BGBl. 1985 II S. 81, für Deutschland in Kraft getreten am 22.1. 1974.

55 BGBl. 2003 II S. 754 und 2011 II S. 856, für Deutschland in Kraft getreten am 14.3.2010.

56 S. den Überblick bei Dreier/Schulze/*Dreier* Einl. Rn. 52.

57 ABl. (EG) 2001 Nr. L 167 S. 10.

58 S. näher *Obergfell/Stieper* FS UrhG, 2015, S. 223, 224 ff.

59 EuGH v. 29.7.2019, Rs. C-476/17, ECLI:EU:C:2019:624, Rn. 58 u. 63–65 – Pelham/Hütter. Siehe auch Erwägungsgrund 32 InfoSoc-RL.

60 So zu Art. 2 lit. c InfoSoc-RL EuGH v. 29.7.2019, ECLI:EU:C:2019:624, Rs. C-476/17 Rn. 84 f. – Pelham/Hütter; zum Recht der öffentlichen Wiedergabe EuGH GRUR 2014, 360 Rn. 37 – Svensson/

Obergfell

rührt ist – wie z. B. im Fall der unmittelbaren Wiedergabe einer persönlichen Darbietung an ein anwesendes Publikum[61] – verbleibt ein Handlungsspielraum des nationalen Gesetzgebers.[62] Jüngste Vorgaben enthält die **Richtlinie (EU) 2019/790 vom 17.4.2019 über das Urheberrecht und die verwandten Schutzrechte im digitalen Binnenmarkt** und zur Änderung der Richtlinien 96/9/EG und 2001/29/EG.[63]

Das **Verlagsgesetz** vom 19.6.1901 **(VerlG)**[64] ist im Vergleich zum UrhG das **35** ältere und zugleich das speziellere Gesetz. Es regelt als einziges eigenes und spezielles Urhebervertragsgesetz die mit dem **Verlagsvertrag** zusammenhängenden Fragen. Damit beschränkt sich der Regelungsgehalt des VerlG – allerdings nicht abschließend, sondern in gewissen Aspekten nur lückenhaft – auf das verlagsrechtliche Urhebervertragsrecht. Gerade die Vergütungsvorschriften der §§ 32 ff. UrhG finden aber beispielsweise auch im Anwendungsbereich des VerlG Anwendung.[65] Allgemein gesprochen setzt das VerlG auf den urheberrechtlichen Schutzbedingungen des UrhG auf und gestaltet das auch im Verlagsrecht umfänglich geltende Urhebervertragsrecht durch überwiegend **dispositive Vorschriften** für verlagsrechtliche Verträge aus. Die vertragsschließenden Parteien können von den Regelungen des VerlG abweichen, nicht aber von den zwingenden Regelungen des UrhG.

II. Urheberrecht

1. Schutzgegenstand

Das Urheberrecht schützt **schöpferische Gestaltungen** (Werke) insbesondere **36** auf dem Gebiet von **Literatur, Kunst und Wissenschaft** (§ 1 UrhG). In Abgrenzung zum Patentrecht wird das Urheberrecht häufig als „Kulturrecht" bezeichnet.[66] Dies mag im Kern richtig sein, doch umfasst der urheberrechtliche

---

Retriever Sverige; zum Verbreitungsrecht BGH GRUR 2009, 840 Rn. 21 – Le Corbusier-Möbel II. Siehe insgesamt *Raue* GRUR Int. 2012, 402, 405; *Stieper*, in: Grabitz/Hilf/Nettesheim (Hrsg.), Das Recht der europäischen Union, 57. EL, August 2015, Art. 118 AEUV Rn. 7, dortige Fn. 7.
61 Siehe Erwägungsgrund 23 S. 2 der InfoSoc-RL.
62 *Obergfell/Stieper* FS UrhG, 2015, S. 223, 225.
63 ABl. EU Nr. L 130, S. 92ff.
64 RGBl. S. 217, zuletzt geändert im März 2002: BGBl. I S. 1155, ursprünglich in Kraft getreten am 1.1.1902.
65 Ulmer-Eilfort/Obergfell/*Obergfell* 1. Teil Kap. A Rn. 18. S. auch unten Rn. 48 u. 50.
66 So z. B. in der 17. Aufl. von *Rehbinder/Peukert* Rn. 3 (s. auch Rn. 101 in der 18. Aufl.); sinngemäß auch bei *Schack* Rn. 17, 68; *Ulmer* Urheber- und Verlagsrecht, 3. Aufl., S. 21.

Schutzbereich (spätestens seit der Umsetzung der Software-RL von 1991[67] durch die Ergänzung von Computerprogrammen in § 2 Abs. 1 Nr. 1 UrhG und die Einfügung der Spezialvorschriften der §§ 69a bis f UrhG) auch technische Gegenstände. Mit den weit zu verstehenden Begriffen der Literatur, Kunst und Wissenschaft will der Gesetzgeber den Anwendungsbereich des Urheberrechts ohnehin nur grob abstecken.[68] Rechtliches Zuordnungssubjekt ist der **Urheber**, also gemäß § 7 UrhG der Schöpfer des Werkes. Zentrales Schutzobjekt ist das **Werk i.S.v. § 2 UrhG.** Das Urheberrecht gewährt dem Urheber ein umfassendes **Ausschließlichkeitsrecht**, das wie das Sacheigentum *erga omnes*-Wirkung entfaltet (also gegenüber jedermann geltend gemacht werden kann) und damit einen dinglich-gegenständlichen Charakter hat.[69] Auch wenn es sich um ein ubiquitäres, zwar oftmals auf einem Werkträger verkörpertes, aber eben nicht mit dem körperlichen Gegenstand gleichzusetzendes Recht handelt (vgl. § 44 Abs. 1 UrhG), unterfällt es im verfassungsrechtlichen Sinne dem **Eigentumsschutz** gemäß Art. 14 Abs. 1 GG.[70] Art. 17 Abs. 2 EU-GRCh nennt den Schutz des geistigen Eigentums explizit.[71]

37   Die **Schutzvoraussetzungen** sind im Werkbegriff gebündelt. Gemäß § 2 Abs. 2 UrhG sind Werke nur **persönliche geistige Schöpfungen.** Nach h.M. müssen vier Kriterien erfüllt sein, damit eine persönliche geistige Schöpfung bejaht werden kann. Erstens muss es sich um eine **persönliche Gestaltung**, d.h. eine Gestaltung handeln, die von Menschenhand herrührt.[72] Das bedeutet nicht, dass sich der gestaltende Mensch nicht der Technik bedienen dürfte, solange seine gestalterische Lenkung den Gestaltungsprozess dominiert.[73] Damit lassen sich aber beispielsweise industriell hergestellte und lediglich zum Kunstwerk erhöhte Gegenstände, sog. Ready Mades, wie auch in der Natur bloß auf-

---

67 Richtlinie 91/250/EWG des Rates v. 14.5.1991 über den Rechtsschutz von Computerprogrammen, ABl. (EWG) 1991 Nr. L 122 S. 42; ersetzt durch die konsolidierte Fassung der RL 2009/24/EG, ABl. (EG) 2009 Nr. L 111 S. 16.
68 Büscher/Dittmer/Schiwy/*Obergfell* § 1 UrhG Rn. 2; Dreier/Schulze/*Schulze* § 1 UrhG Rn. 4.
69 *Rehbinder/Peukert* Rn. 7.
70 BVerfG GRUR 1980, 44, 46 – Kirchenmusik (UrhR); BVerfG GRUR 1972, 481, 483 – Kirchen- und Schulgebrauch (UrhR); Sachs/*Wendt* Art. 14 GG Rn. 24.
71 Siehe näher *Bernsdorff*, in: Meyer (Hrsg.), Charta der Grundrechte der Europäischen Union, 4. Aufl. 2014, Art. 17 Rn. 15. Zur Verdrängung der nationalen Grundrechte durch die europäischen Grundrechte im Falle der ausschließlichen Umsetzung von Mindestvorgaben in Richtlinien siehe *Raue* GRUR Int. 2012, 402, 405 f.
72 Büscher/Dittmer/Schiwy/*Obergfell* § 2 UrhG Rn. 3 f.; Fromm/Nordemann/*A. Nordemann* § 2 UrhG Rn. 21; *Wandtke* 2. Kap. Rn. 1.
73 Fromm/Nordemann/*A. Nordemann* § 2 UrhG Rn. 21; Schricker/Loewenheim/*Leistner* § 2 UrhG Rn. 40.

gefundene Objets Trouvés ausscheiden.[74] Zweitens ist nur dann ein Werk gegeben, wenn dieses auch einen **geistigen Gehalt** aufweist.[75] Die rein sportliche Leistung (z. B. im Rahmen eines Fußballspiels) ist daher als solche urheberrechtlich nicht geschützt.[76] Auch die allein technisch-funktional vorgegebene Gestaltung fällt aus dem urheberrechtlichen Werkbegriff heraus.[77] Drittens muss die gestalterische Idee einen konkreten Ausdruck in einer für andere Menschen **sinnlich wahrnehmbaren Form** erlangt haben.[78] Das zumeist am schwierigsten zu beurteilende, aber zentrale Kriterium ist das der Individualität.[79] Denn eine persönliche geistige Gestaltung genießt nur für den Fall urheberrechtlichen Werkschutz, dass sie viertens auch eine **individuelle Schöpfung** darstellt. Nach h. M. sollen die individuellen Züge der Persönlichkeit des Urhebers im Werk zum Ausdruck kommen, sich im Werk widerspiegeln.[80] Der EuGH beschreibt die urheberrechtlich schutzfähige Schöpfung („eigene geistige Schöpfung")[81] als Ergebnis einer **freien kreativen Entscheidung.**[82] Es müsse sich um ein Original und damit um eine eigene geistige Schöpfung seines Urhebers handeln und die betreffende Gestaltung müsse „eine solche geistige Schöpfung zum Ausdruck bringen".[83] In negativer Hinsicht lassen sich urheberrechtliche Werke von lediglich handwerklich kunstfertigen Gestaltungen abgrenzen,[84] obwohl die Abgren-

---

74 *Schack* Rn. 183.

75 Büscher/Dittmer/Schiwy/*Obergfell* § 2 UrhG Rn. 5; Dreier/Schulze/*Schulze* § 2 UrhG Rn. 11 f.; Schricker/Loewenheim/*Leistner* § 2 UrhG Rn. 45.

76 EuGH GRUR 2012, 156 Rn. 98 – Premier League (UrhR); *Schack* Rn. 748.

77 EuGH GRUR 2012, 814 Rn. 39 u. 46 – SAS Institute (UrhR); BGH GRUR 2012, 58 Rn. 19 – 22 u. 25 – Seilzirkus (UrhR); *Peifer* GRUR Int. 2014, 1100, 1102.

78 BGH GRUR 1985, 529, 529 – Happening (UrhR); BGH GRUR 1962, 531, 533 – Bad auf der Tenne II (UrhR); Büscher/Dittmer/Schiwy/*Obergfell* § 2 UrhG Rn. 6; Dreier/Schulze/*Schulze* § 2 UrhG Rn. 13; Schricker/Loewenheim/*Leistner* § 2 UrhG Rn. 47; *Wandtke* 2. Kap. Rn. 2. Kritisch *Haberstumpf* ZGE 4 (2012), 284, 289 ff.

79 Schricker/Loewenheim/*Leistner* § 2 UrhG Rn. 50. Der EuGH spricht von Originalität: s. z.B. EuGH GRUR 2012, 386 Rn. 37 f. u. 40 – Football Dataco/Yahoo (UrhR); s. auch EuGH GRUR 2009, 1041 Rn. 45 – Infopaq/DDF (UrhR). Dadurch ergibt sich allerdings kein inhaltlicher Unterschied zum deutschen Merkmal der Individualität; s. *Peifer* GRUR Int. 2014, 1100, 1101 ff.

80 EuGH GRUR 2012, 166 Rn. 88 u. 94 – Painer/Standard (UrhR); s. aus der Literatur: Büscher/ Dittmer/Schiwy/*Obergfell* § 2 UrhG Rn. 7; Schricker/Loewenheim/*Leistner* § 2 UrhG Rn. 51; Wandtke/Bullinger/*Bullinger* § 2 UrhG Rn. 21; strg. ist dabei, ob eine *Prägung* durch die Persönlichkeit des Urhebers erforderlich ist; dagegen z. B. Fromm/Nordemann/*A. Nordemann* § 2 UrhG Rn. 22.

81 EuGH GRUR 2009, 1041 Rn. 37 – Infopaq/DDF (UrhR).

82 EuGH GRUR 2012, 166 Rn. 89 f. u. 94 – Painer/Standard (UrhR); EuGH GRUR 2012, 386 Rn. 38 – Football Dataco/Yahoo (UrhR).

83 EuGH GRUR 2019, 73, 74 Rn. 35 ff. – Levola/Smilde.

84 *Peifer* GRUR Int. 2014, 1100, 1102.

Obergfell

zung oftmals schwierig ist. Denn ein ästhetisch-qualitatives Urteil darf bei der Prüfung des Individualitätskriteriums nicht gefällt werden.[85] Weder die Qualität noch die Quantität, weder der Zweck noch der Zeit- oder Kostenaufwand noch – anders als beim Patent – die objektive Neuheit entscheiden darüber, ob eine Gestaltung als urheberrechtliches Werk i. S. v. § 2 Abs. 2 UrhG zu qualifizieren ist.[86]

38 In § 2 Abs. 1 UrhG zählt der Gesetzgeber die wichtigsten **Werkarten** auf, nämlich Sprachwerke, Musikwerke, choreographische Werke, Werke der bildenden und angewandten Kunst sowie Bauwerke, fotografische Werke (Lichtbildwerke), Filmwerke und Darstellungen wissenschaftlicher oder technischer Art. Der Katalog der Werkarten ist nicht abschließend. Daher ist es durchaus denkbar, dass neue Werkarten entstehen oder anerkannt werden. Da der Schutz und grundsätzlich auch sein Umfang nicht von einer Einordnung in eine bestimmte Werkart abhängt, ist es unerheblich, ob eine neuartige Gestaltungsform als neue Werkart, als Ausprägung einer gesetzlich aufgelisteten Werkart oder auch als eine Kombination aus verschiedenen Werkarten bewertet wird. Entscheidend ist allein, dass die Voraussetzungen des Werkbegriffs, also der persönlichen geistigen Schöpfung gemäß § 2 Abs. 2 UrhG erfüllt sind. Dies gilt umso mehr, als der BGH nun seine erhöhten Schutzanforderungen für Werke der angewandten Kunst aufgegeben hat.[87]

39 Ein urheberrechtlich geschütztes Werk kann auch dadurch entstehen, dass ein bestehendes Werk in schöpferischer Weise (i. S. v. § 2 Abs. 2 UrhG) bearbeitet wird. Häufigstes Anwendungsbeispiel ist die Übersetzung eines Sprachwerks. Das Ergebnis der **Bearbeitung** wird gemäß § 3 UrhG „wie selbständige Werke" geschützt. Der Schöpfer erhält ein (abhängiges) **Bearbeiterurheberrecht.** Für die Verwertung ist nach § 23 S. 1 UrhG allerdings die Einwilligung des Schöpfers des bearbeiteten (Original-)Werks erforderlich. In bestimmten Fällen (wie z. B. bei der Verfilmung) ist die Einwilligung gemäß § 23 S. 2 UrhG bereits für die Bearbeitung selbst Zulässigkeitsvoraussetzung. Schließlich können als **Sammelwerke** gemäß § 4 Abs. 1 UrhG bereits die **Auswahl und Anordnung** von Werken, Daten oder anderen unabhängigen Elementen geschützt werden, wenn diese Auswahl und Anordnung selbst als persönliche geistige Schöpfung i. S. v. § 2 Abs. 2 UrhG zu bewerten ist.

40 **Inhaber des Urheberrechts** ist stets der Schöpfer des Werkes.[88] Dies wird durch das in § 7 UrhG verankerte **Schöpferprinzip** festgelegt. Damit wird eine

---

85 Schricker/Loewenheim/*Leistner* § 2 UrhG Rn. 67.
86 Büscher/Dittmer/Schiwy/*Obergfell* § 2 UrhG Rn. 9 – 12; Schricker/Loewenheim/*Leistner* § 2 UrhG Rn. 66 – 69.
87 BGH GRUR 2014, 175 Rn. 26 – Geburtstagszug (UrhR). S. dazu näher *Obergfell* GRUR 2014, 621 ff.
88 *Wandtke* 3. Kap. Rn. 1.

juristische Person nach deutschem Recht niemals originäre Inhaberin des Urheberrechts, sondern allenfalls Inhaberin abgeleiteter Nutzungsrechte.[89] Wirken mehrere schöpferisch zusammen, werden sie unter den Voraussetzungen des § 8 UrhG als **Miturheber** behandelt und es steht ihnen das Urheberrecht am gemeinsam geschaffenen Werk gemeinsam zu. Für **Urheber in Arbeits- oder Dienstverhältnissen** (§ 43 UrhG) und **Urheber von Software** (§ 69b UrhG) gilt im Kern dasselbe, nämlich das Schöpferprinzip,[90] doch wird die Zuordnung der Nutzungsbefugnisse an den Arbeitgeber besonders geregelt.[91] Anders als im allgemeinen Fall der Urheber in Arbeits- oder Dienstverhältnissen ordnet die Sonderregelung des § 69b UrhG an, dass bei der Schaffung eines Computerprogramms durch einen Arbeitnehmerurheber die Ausübung der betreffenden vermögensrechtlichen Befugnisse an diesem Computerprogramm (mangels anderer Vereinbarung) ausschließlich dem Arbeitgeber zusteht. Dies wird häufig als gesetzliche Lizenz,[92] dagegen von anderen als gesetzliche Auslegungsregel[93] interpretiert.

Neben den urheberrechtlich geschützten Werken regelt das UrhG den Schutz 41 sog. verwandter Schutzrechte oder **Leistungsschutzrechte.** Relativ nah an den urheberrechtlichen Schutz angenähert ist der Schutz der ausübenden Künstler gemäß §§ 73 ff. UrhG, durch den die **künstlerische Darbietung** eines Werkes gewürdigt und gegen Übernahmen und Angriffe Dritter verteidigt wird.[94] In praktischer Hinsicht nah, aber hinsichtlich des Schutzgrundes entfernt sind die Leistungsschutzrechte des Tonträgerherstellers (§ 85 UrhG),[95] des Filmherstellers (§ 94 UrhG)[96] und auch des Veranstalters (§ 81 UrhG),[97] des Sendeunterneh-

89 So auch für den Hauptregisseur nach europäischem Recht EuGH GRUR 2012, 489 Rn. 72 – Luksan/van der Let (UrhR) m. Anm. *Obergfell*.
90 S. zu Arbeitnehmerurhebern BGH GRUR 2011, 59, 60 Rn. 10 – Lärmschutzwand; *Wandtke* 3. Kap. Rn. 4; zu Softwareurhebern Büscher/Dittmer/Schiwy/*Haberstumpf* § 69b UrhG Rn. 1; Fromm/Nordemann/*Czychowski* § 69b UrhG Rn. 1.
91 Zur Unterscheidung von Pflichtwerken und „freien" Werken des Arbeitnehmers und der Frage einer Anbietungspflicht bei Letzteren s. näher Wandtke/Bullinger/*Wandtke* § 43 UrhG Rn. 30 – 36, der eine Anbietungspflicht bzgl. freier Arbeitnehmerwerke zutreffend ablehnt. Zur Werkschöpfung im Hochschulbereich s. *Obergfell* in: Gärditz/Pahlow (Hrsg.), Hochschulerfinderrecht, 2011, S. 195, 207 Rn. 16.
92 BGH GRUR 2002, 149, 151 – Wetterführungspläne II (UrhR); Büscher/Dittmer/Schiwy/ *Haberstumpf* § 69b UrhG Rn. 1; Wandtke/Bullinger/*Grützmacher* § 69b UrhG Rn. 1; *Wandtke* 4. Kap. Rn. 154.
93 Fromm/Nordemann/*Czychowski* § 69b UrhG Rn. 2; Schricker/Loewenheim/*Loewenheim/ Spindler* § 69b UrhG Rn. 11.
94 S. im Einzelnen dazu *Schack* Rn. 659 – 692; *Wandtke* 7. Kap. Rn. 4 – 28.
95 Dazu *Schack* Rn. 698 – 703; *Wandtke* 7. Kap. Rn. 30 – 35.
96 S. *Schack* Rn. 710 – 717a.
97 Dazu *Schack* Rn. 693 – 697; *Wandtke* 7. Kap. Rn. 29.

mens (§ 87 UrhG),[98] des Datenbankherstellers (§§ 87a ff. UrhG)[99] und neuerdings des Presseverlegers (§§ 87 f/g UrhG).[100] Diese Leistungsschutzrechte dienen dem **Investitionsschutz**. Sie unterscheiden sich erheblich vom Urheberrecht und haben eine deutlich kürzere Schutzdauer. Weiter sind zu nennen die Leistungsschutzrechte, die das UrhG für wissenschaftliche Ausgaben (§ 70 UrhG), nachgelassene Werke (§ 71 UrhG) und Lichtbilder (§ 72 UrhG) zuerkennt.[101]

2. Schutzinhalt

42 Nach der im deutschen Urheberrecht herrschenden **monistischen Konzeption** sind in dem durch das UrhG gewährten Schutz Verwertungsrechte und Urheberpersönlichkeitsrechte verwoben. Urheberrechtlicher Monismus bedeutet also, dass das Urheberrecht ein einheitliches Recht mit verwertungsrechtlichen *und* persönlichkeitsrechtlichen Implikationen darstellt.[102] Gemäß **§ 11 S. 1 UrhG** schützt das UrhG den Urheber „in seinen geistigen und persönlichen Beziehungen zum Werk und in der Nutzung des Werkes". Wird in diese verwertungs- oder urheberpersönlichkeitsrechtlichen Schutzbereiche des Urheberrechts widerrechtlich eingegriffen, kann der Urheber gemäß § 97 UrhG insbesondere Unterlassung verlangen und bei schuldhaftem Eingriff auch auf Schadensersatz klagen.

a) Verwertungsrechte

43 Die Verwertungsrechte werden dem Urheber umfassend zugeordnet. Da nicht absehbar ist, welche technischen Verwertungsmöglichkeiten sich entwickeln, hat der Gesetzgeber zu Recht einen nicht abschließenden Katalog in § 15 UrhG aufgenommen, der nach körperlichen (Abs. 1) und unkörperlichen Verwertungsformen (Abs. 2) unterscheidet. In der ihm originär zugeordneten ausschließlichen Befugnis des Urhebers stehen die **Vervielfältigung** (§ 16 UrhG), **Verbreitung** (§ 17 UrhG), **öffentliche Zugänglichmachung** (§ 19a UrhG) und **Sendung** (§ 20 UrhG) des Werkes. Der Urheber hat zudem das originäre **Ausstellungsrecht** (§ 18 UrhG), **Vortrags-, Aufführungs- und Vorführungsrecht** (§ 19 UrhG) sowie schließlich

98 S. *Schack* Rn. 704–709; *Wandtke* 7. Kap. Rn. 36–40.
99 S. *Schack* Rn. 743–746; *Wandtke* 7. Kap. Rn. 50–52.
100 S. *Schack* Rn. 718–718f.; *Wandtke* 7. Kap. Rn. 41–46.
101 Siehe dazu *Schack* Rn. 719–727, 733–737 und 738–740; siehe auch *Wandtke* 7. Kap. Rn. 53–55.
102 *Rehbinder/Peukert* Rn. 22 u. 154; *Schack* Rn. 343; *Wandtke* 1. Kap. Rn. 35 und 3. Kap. Rn. 10.

Obergfell

die **Zweitverwertungsrechte** der §§ 21, 22 UrhG.[103] Zu beachten ist jedoch, dass sich das Verbreitungsrecht gemäß § 17 Abs. 2 UrhG erschöpft, also nach Inverkehrbringen des Werkoriginals oder von Vervielfältigungsstücken mit Zustimmung des Urhebers hinsichtlich dieses Werkstücks nicht mehr tauglicher Lizenzierungsgegenstand sein kann. Der EuGH hat diesen Grundsatz auf Software ausgedehnt.[104] Ausgenommen aus dem Bereich der durch Lizenzverträge (mit gegenständlich-urheberrechtlicher Wirkung)[105] regelbaren Verwertung sind zudem die diversen durch die urheberrechtlichen Schranken erlaubten Nutzungen.[106]

b) Urheberpersönlichkeitsrechte

Die letztlich im Allgemeinen Persönlichkeitsrecht wurzelnden und vor allem in   44
den Vorschriften der §§ 12 bis 14 UrhG eine spezielle Ausformung erfahrenden Urheberpersönlichkeitsrechte gewähren dem Urheber die alleinige Befugnis darüber zu bestimmen, ob, wie und wann sein Werk aus der Geheimsphäre in die Öffentlichkeit entlassen wird (**Veröffentlichungsrecht gemäß § 12 UrhG**);[107] der Urheber hat zudem das Recht auf **Anerkennung seiner Urheberschaft** und auf **Urheberbenennung (§ 13 UrhG)**.[108] Gemäß **§ 14 i.V.m. § 39 UrhG** kommt dem Urheber außerdem ein **Entstellungsschutz** zu, der besonders im Filmbereich, im Bereich der Bildenden Kunst und im Architektenrecht Praxisbedeutung hat.[109] Urheberpersönlichkeitsrechtlichen Charakter haben auch andere Normen wie z.B. die **Rückrufrechte** der §§ 41, 42 UrhG. Obwohl nach h.M. über Urheberpersönlichkeitsrechte nur begrenzt rechtsgeschäftliche Verfügungen möglich sind,[110] lässt dies nicht den Schluss zu, dass sie für das Lizenzvertragsrecht ohne Bedeutung seien. Ganz im Gegenteil: Gerade um Änderungen am Werk durch den Lizenznehmer zu ermöglichen und eine Verletzung von § 14 i.V.m. § 39 UrhG zu

---

103 Die Europäische Grundlage bilden Art. 2–4 InfoSoc-RL. S. insgesamt zu den Verwertungsrechten *Schack* Rn. 410–466; *Wandtke* 3. Kap. Rn. 27–42.
104 EuGH GRUR 2012, 904 – UsedSoft.
105 Zur Trennung von Verpflichtung und Verfügung im Urheberrecht s.u. Rn. 48.
106 Siehe näher *Hofmann* UFITA 2014/II, 381, 388 u. dortige Fn. 26. S. zu den Schranken unten Rn. 45.
107 BGH GRUR 2011, 134 Rn. 46 – Perlentaucher (UrhR); KG GRUR-RR 2008, 188, 190 – Günter-Grass-Briefe (UrhR); OLG Köln GRUR-RR 2005, 337, 338 – Dokumentarfilm Massaker (UrhR).
108 BGH GRUR 2007, 691 Rn. 693 – Staatsgeschenk (UrhR).
109 Vgl. z.B. Rechtsprechung zu den „Bahnhofsfällen": BGH ZUM 2012, 33, 34 – Stuttgart 21 (UrhR); LG Berlin GRUR 2007, 964 – Hauptbahnhof (UrhR); s.a. *Obergfell* GRUR-Prax 2010, 233 ff.
110 S. zur h.M. etwa Dreier/Schulze/*Schulze* Vor § 12 UrhG Rn. 12. Kritisch dazu *Obergfell* ZGE 3 (2011), 202, 214 ff.

vermeiden, sollte in den zulässigen Grenzen eine vertragliche Regelung getroffen werden. Grundlage hierfür ist § 39 UrhG. Aber auch in anderen Zusammenhängen (z. B. bei der Benennung, hinsichtlich der Rückrufmöglichkeiten etc.) sind die Urheberpersönlichkeitsrechte stets mitzubedenken.

3. Grenzen des urheberrechtlichen Schutzes

45 Als Ausprägung der Inhalts- und Schrankenbestimmung i. S. v. Art. 14 Abs. 1 S. 2 GG wie auch der Sozialbindung gemäß Art. 14 Abs. 2 GG grenzen die **urheberrechtlichen Schranken (§§ 44a ff. UrhG)** das Urheberrecht ein.[111] Denn sie erlauben demjenigen, der zu dem Kreis der durch die Schranke privilegierten Nutzer gehört, das Werk **ohne Zustimmung des Urhebers** zu nutzen. Der Abschluss eines Lizenzvertrags ist also nicht notwendig, um das Werk in der betreffenden Weise nutzen zu können. Umgekehrt kann in der Regel lizenzvertraglich auch nicht mit gegenständlich-urheberrechtlicher[112] Wirkung eine schrankenprivilegierte Nutzung ausgeschlossen werden.[113] In vielen Fällen (wie z. B. bei der Privatkopie gemäß § 53 Abs. 1 UrhG oder der Wiedergabe an elektronischen Leseplätzen gemäß § 52b UrhG[114]) muss für die Schrankennutzung allerdings eine – als Pauschalvergütung durch die Verwertungsgesellschaften[115] eingezogene – **Vergütung** geleistet werden. Andere Schranken sind (wie die Zitierfreiheit gemäß § 51 UrhG)[116] **vergütungsfrei.** Manche Schranken hat der Gesetzgeber unter den Vorbehalt gestellt, dass nicht eine Lizenzvereinbarung entgegensteht oder die Nutzung bereits vertraglich zu angemessenen Bedingungen gestattet wird (so z. B. § 52b S. 1 und § 53a Abs. 1 S. 3 UrhG). Die Schrankenprivilegierung erlaubt allerdings nicht jede Nutzung, sondern nur die unveränderte Nutzung bei Angabe der Quelle (§§ 62, 63 UrhG). Maßstab für die Prüfung urheberrechtlicher Schranken ist grundsätzlich Art. 5 InfoSoc-RL (insbesondere auch der in Abs. 5 normierte **Dreistufentest**), an dem sich eine richtlinienkonforme Auslegung unserer deutschen Schrankenbestimmungen orientieren muss.[117] Die neue Richtlinie (EU)

---

111 S. insgesamt zu den Schranken *Stieper*, Rechtfertigung, Rechtsnatur und Disponibilität der Schranken des Urheberrechts, 2009; s. auch *Schack* Rn. 512–586 f.; *Wandtke* 5. Kap. Rn. 1–27.
112 In schuldrechtlicher Hinsicht kann hingegen eine entsprechende Verpflichtung gemäß § 311 Abs. 1 BGB vereinbart werden. So zutreffend *Hofmann* UFITA 2014/II, 381, 389 u. 402 ff.
113 *Stieper*, Rechtfertigung, Rechtsnatur und Disponibilität der Schranken des Urheberrechts, S. 171 ff. S. a. *Gräbig* GRUR 2012, 331, 336 f.; *Hofmann* UFITA 2014/II, 381, 388 u. dortige Fn. 26.
114 Dazu EuGH GRUR 2014, 1078 – TU Darmstadt/Ulmer (UrhR).
115 Zum Recht der Verwertungsgesellschaften s. *Wandtke* 6. Kap.
116 Die Zitierfreiheit wurde ausgeweitet durch BVerfG ZUM 2000, 687 – Germania 3 (UrhR).
117 S. *Obergfell/Stieper* FS UrhG, 2015, S. 223, 229.

Obergfell

2019/790 vom 17.4.2019 über das Urheberrecht und die verwandten Schutzrechte im digitalen Binnenmarkt und zur Änderung der Richtlinien 96/9/EG und 2001/29/EG[118] enthält verschiedene neue Schranken wie z.B. die Schranke für das Text and Data Mining (Art. 3 der CDSM-Richtlinie). Bereits zuvor hat das Urheberrechts-Wissensgesellschafts-Gesetz[119] die neuen Schranken der §§ 60a ff. eingeführt.[120] Auch die Vorschrift des § 5 UrhG, welche die **Gemeinfreiheit amtlicher Werke** anordnet (und damit dogmatisch ebenfalls als Schranke zu betrachten ist),[121] und die Vorschrift zur **Schutzdauer** (§ 64 UrhG: 70 Jahre nach dem Tod des Urhebers) sind als Grenzen des Urheberrechts zu nennen.

Für die eigens in den §§ 69a ff. UrhG geregelten **Computerprogramme** gelten auch im Bereich der Schranken Sonderbestimmungen, die einen Rückgriff auf die allgemeinen Schranken der §§ 44a ff. UrhG unzulässig machen. Die für Software einschlägigen Schranken sind abschließend in den §§ 69d und e UrhG benannt. Ohne Zustimmung erlaubt sind danach insbesondere das Anfertigen einer (!) **Sicherungskopie** gemäß § 69d Abs. 2 UrhG und das Ermitteln der zugrundeliegenden Programmidee in Form des sog. **reverse engineering** gemäß § 69d Abs. 3 UrhG.[122] **46**

4. Unübertragbarkeit des Urheberrechts, Lizenzierbarkeit und Urhebervertragsrecht

In seinem vertragsrechtlichen Ausgangspunkt unterscheidet sich das Urheberrecht ganz wesentlich von den gewerblichen Schutzrechten. Denn das **Urheberrecht** ist als solches unter Lebenden **nicht übertragbar** (§ 29 Abs. 1 UrhG). Es geht – wie sich logischerweise aus der Geltung der Schutzdauer von 70 Jahren *post mortem auctoris* (§ 64 UrhG) ergibt – allein im Erbgang (durch Verfügung von Todes wegen oder im Wege der gesetzlichen Erbfolge) auf eine andere Person oder Personenmehrheit über (§§ 28, 29 Abs. 1 UrhG). Daraus folgt, dass auch die einzelnen **Verwertungs- und Urheberpersönlichkeitsrechte** als solche **nicht** auf **47**

---

118 ABl. EU Nr. L 130, S. 92 ff.
119 Gesetz zur Angleichung des Urheberrechts an die aktuellen Erfordernisse der Wissensgesellschaft vom 1.9.2017, BGBl. 2017 I, S. 3346.
120 S. dazu z.B. *Obergfell* ZGE 10 (2018), 261 ff.; *Spindler* ZGE 10 (2018), 273 ff.; *Staats* ZGE 10 (2018), 310 ff.; *Upmeier* ZGE 10 (2018), 301 ff.
121 Büscher/Dittmer/Schiwy/*Obergfell* § 5 UrhG Rn. 2.
122 S. näher *Rehbinder/Peukert* Rn. 599.

einen Dritten **übertragen** werden können.[123] Die Verkehrsfähigkeit auch im Bereich des Urheberrechts wird mittelbar jedoch dadurch erreicht, dass die urheberrechtlichen Verwertungsrechte **lizenzierbar** sind, d. h. an ihnen gemäß § 31 UrhG einfache und ausschließliche **Nutzungsrechte** hinsichtlich bekannter und unbekannter[124] Nutzungsarten eingeräumt werden können.[125] Dem Inhaber eines **einfachen Nutzungsrechts** wird dabei erlaubt, das Werk in einer bestimmten Art neben anderen zu nutzen (**positives Benutzungsrecht**, § 31 Abs. 2 UrhG). Demgegenüber darf der Inhaber eines **ausschließlichen Nutzungsrechts** das Werk „unter Ausschluss aller anderen Personen auf die ihm erlaubte Art" nutzen und selbst Nutzungsrechte einräumen (§ 31 Abs. 3 UrhG). Zudem hat der Inhaber eines ausschließlichen Nutzungsrechts die Aktivlegitimation zur Verteidigung gegen Urheberrechtsverletzungen und damit neben seinem **positiven Benutzungsrecht** auch ein **negatives Abwehrrecht**.[126] Auch wenn die Verwendung der Bezeichnung „Nutzungsrecht" im urheberrechtlichen Kontext üblich ist und weitgehend der gesetzlichen Terminologie entspricht,[127] ist das urheberrechtliche Nutzungsrecht der Sache nach (und vorbehaltlich der nur gebundenen Rechtseinräumung) eine Lizenz im oben beschriebenen Sinne.[128] Nutzungsrechte können gemäß § 31 Abs. 1 S. 2 UrhG inhaltlich, zeitlich und räumlich begrenzt werden.[129] Gemäß § 29 Abs. 2 UrhG sind neben der Einräumung von Nutzungsrechten auch „schuldrechtliche Einwilligungen und Vereinbarungen zu Verwertungsrechten sowie die in § 39 geregelten Rechtsgeschäfte über Urheberpersönlichkeitsrechte" erlaubt. Während die Einräumung von Nutzungsrechten dinglichgegenständlichen Charakter hat und i.S.e. Verfügung gegenüber jedermann

---

123 Büscher/Dittmer/Schiwy/*Haberstumpf* § 29 UrhG Rn. 1; Dreier/Schulze/*Schulze* § 29 UrhG Rn. 15 u. 19, § 31 UrhG Rn. 3; Fromm/Nordemann/*J. B. Nordemann* § 29 UrhG Rn. 7; *Rehbinder/Peukert* Rn. 789.
124 §§ 31a, 32c UrhG sehen für Verträge über unbekannte Nutzungsarten bestimmte Sonderregelungen vor. Anders als früher sind derartige Verträge heute grundsätzlich zulässig. S. auch die Übergangsregelung des § 137 l UrhG. Dazu insgesamt *Wandtke* 4. Kap. Rn. 69–77.
125 Zur dogmatischen Konstruktion s.u. Rn. 49. Zu einfachen und ausschließlichen Lizenzen s. bereits allgemein oben im 1. Kapitel Rn. 10–15; im urheberrechtlichen Kontext *Zurth*, Rechtsgeschäftliche und gesetzliche Nutzungsrechte im Urheberrecht, 2016, S. 10 ff., 23–28 und zur Frage der Dinglichkeit einfacher Nutzungsrechte *Zurth*, a.a.O., S. 28–58.
126 Fromm/Nordemann/*J. B. Nordemann* § 31 UrhG Rn. 96; *Rehbinder/Peukert* Rn. 807 u. 830.
127 Anders aber z.B. § 32a Abs. 2 S. 1 UrhG, der von „Lizenzkette" spricht. Auch in § 69e Abs. 1 Nr. 1 UrhG ist ausnahmsweise vom „Lizenznehmer" die Rede.
128 S.o. im 1. Kap. Rn. 1 und 3. Zur Terminologie s. Dreier/Schulze/*Schulze* § 31 UrhG Rn. 4; Fromm/Nordemann/*J. B. Nordemann* § 31 UrhG Rn. 25. Zur historischen Entwicklung s. *Pahlow*, Lizenz und Lizenzvertrag, S. 95 ff.
129 S. näher *Rehbinder/Peukert* Rn. 823–829; *Wandtke* 4. Kap. Rn. 22–34.

Obergfell

wirkt,[130] sind auch bloß schuldrechtliche Rechtsgeschäfte mit Wirkung *inter partes* möglich.[131] Rechtsgeschäftliche Verfügungen über urheberpersönlichkeitsrechtliche Befugnisse sind jedenfalls in begrenztem Umfang möglich.[132] Eine Beschränkung der Verfügungsbefugnis des Inhabers ausschließlicher Nutzungsrechte ergibt sich aus dem zwingenden Zweitverwertungsrecht gemäß § 38 Abs. 4 UrhG.[133]

Das **Urhebervertragsrecht**, für das es anders als ursprünglich geplant **48** kein eigenes Urhebervertragsgesetz gibt, sondern das sich (neben den Sondervorschriften der §§ 69a – 69d und der §§ 88 – 90, 93 UrhG) auf die Vorschriften der **§§ 31 ff. UrhG** beschränkt, sorgt dafür, dass der Urheber die Verwertung seines Werks nicht selbst übernehmen muss, sondern durch Verwerter (Verleger, Filmproduzenten, Sendeunternehmen etc.) vornehmen lassen kann, indem er ihnen Nutzungsrechte an seinen Werken einräumt. Im Urhebervertragsrecht finden sich die Regeln, nach denen diese Nutzungsrechtseinräumungen durch den Urheber oder auch einen Inhaber von seinerseits abgeleiteten Nutzungsrechten vonstatten gehen.[134] Das Urhebervertragsrecht wurde in den Jahren 2002 und 2016 umfangreichen Reformen unterzogen.[135] Erstmals macht das europäische Richtlinienrecht mit den Vorschriften in Art. 18 bis 23 CDSM-RL Vorgaben für das Urhebervertragsrecht. Im Urhebervertragsrecht gilt der Grundsatz der **Vertragsfreiheit** und ein Rückgriff sowohl auf das allgemeine Vertragsrecht als auch auf allgemeine schuldrechtliche Vorschriften des BGB ist notwendig.[136] Auch das **Trennungsprinzip**, das zur gedanklichen Trennung von Verpflichtung und Verfügung führt, ist im Bereich der Urheberrechtsverträge anzuwenden.[137] Jede Verfügung geht mit einem Verpflichtungsgeschäft einher. Dabei mag das Verpflich-

---

130 Dreier/Schulze/*Schulze* § 31 UrhG Rn. 17; Fromm/Nordemann/*J. B. Nordemann* § 29 UrhG Rn. 14 u. § 31 UrhG Rn. 8; *Kraßer* GRUR Int. 1973, 230, 232; Schricker/Loewenheim/*Ohly* § 31 UrhG Rn. 7.

131 Zur schuldrechtlichen Gestattung Fromm/Nordemann/*J. B. Nordemann* § 29 UrhG Rn. 24; *Rehbinder/Peukert* Rn. 893 – 895.

132 Büscher/Dittmer/Schiwy/*Haberstumpf* § 31 UrhG Rn. 4; Dreier/Schulze/*Schulze* § 29 UrhG Rn. 20 u. § 39 UrhG Rn. 9 ff. S. dazu insgesamt eingehend *Obergfell* ZGE 3 (2011), 202, 214 ff.

133 S. dazu *Rehbinder/Peukert* Rn. 853.

134 Fromm/Nordemann/*J. B. Nordemann* Vor §§ 31 ff. UrhG Rn. 4.

135 Zur Urhebervertragsrechtsreform von 2016 s. näher *Obergfell/Zurth* ZGE 9 (2017) 21 ff.; sowie zu den vorangehenden Reformarbeiten *Obergfell/Zurth* ZGE 8 (2016) 1 ff. Zur Urhebervertragsrechtsreform von 2002 s. die Zwischenbilanz bei *Obergfell* (Hrsg.), Zehn Jahre reformiertes Urhebervertragsrecht, 2013.

136 Fromm/Nordemann/*J. B. Nordemann* Vor §§ 31 ff. UrhG Rn. 5 u. 163 ff.; *Wandtke* 4. Kap. Rn. 5. S. näher unten 3. Kapitel Rn. 1.

137 Dreier/Schulze/*Schulze* § 31 UrhG Rn. 15 – 17; Fromm/Nordemann/*J. B. Nordemann* § 31 UrhG Rn. 26 u. 29; *Rehbinder/Peukert* Rn. 899; s.u. 3. Kapitel Rn. 2.

tungsgeschäft einem bürgerlich-rechtlichen Vertragstyp ähneln, doch kann es wegen der Besonderheiten nur als Nutzungsvertrag *sui generis* qualifiziert werden.[138] Umstritten ist, ob auch im Urheberrecht das **Abstraktionsprinzip** Geltung beansprucht.[139] Nach h. M., der sich nun auch der BGH angeschlossen hat, soll auf Urheberrechtsverträge – wie im Verlagsrecht – das **Kausalitätsprinzip** anzuwenden sein mit der Konsequenz, dass bei Wegfall des Verpflichtungsgeschäfts auch das Verfügungsgeschäft hinfällig wird und die Nutzungsrechte an den Urheber zurückfallen.[140]

49   Die **dogmatische Konstruktion der Nutzungsrechtseinräumung** ist wegen der urheberrechtlichen Besonderheit der Unübertragbarkeit des Urheberrechts schwierig und bis heute im Detail umstritten.[141] Es wird von „konstitutiver Rechtseinräumung",[142] „gebundener Rechtsübertragung"[143] und „gebundener Rechtseinräumung"[144] gesprochen. Einigkeit besteht allein darüber, dass eine translative Übertragung von Verwertungsrechten bzw. erstmals aus den urheberrechtlichen Verwertungsrechten abgeleiteten Nutzungsrechten, also ein vollständiger und endgültiger Übergang dieser Rechte vom Urheber auf einen Dritten, ausgeschlossen ist.[145] Dies erklärt sich aus der Unübertragbarkeit auch der Verwertungsrechte. Das Nutzungsrecht entsteht bei seiner Einräumung überhaupt erst beim Verwerter und führt gewissermaßen zu einer Belastung des unübertragbaren Verwertungsrechts als Stammrecht.[146] Es wird in diesem Zusammenhang auch von dem beim Urheber verbleibenden **Mutterrecht** und dem abge-

---

138 *Wandtke* 4. Kap. Rn. 5; s. zur Einordnung des Lizenzvertrags *McGuire*, Die Lizenz, S. 640 – 676; sowie unten im 3. Kapitel Rn. 5 ff.

139 Dies bejahen z. B. nach ausführlicher Diskussion *McGuire*, Die Lizenz, S. 289 – 324; *Zurth*, Rechtsgeschäftliche und gesetzliche Nutzungsrechte im Urheberrecht, 2016, S. 206 – 217.

140 BGH GRUR 2012, 916 Rn. 19 f. – M2Trade (UrhR); Büscher/Dittmer/Schiwy/*Haberstumpf* § 31 UrhG Rn. 3; Fromm/Nordemann/*J. B. Nordemann* § 31 UrhG Rn. 30; *Rehbinder/Peukert* Rn. 812; Schricker/Loewenheim/*Ohly* § 31 UrhG Rn. 17; Wandtke/Bullinger/*Wandtke/Grunert* Vor §§ 31 ff. UrhG Rn. 49 f. Zur Frage der Insolvenzfestigkeit s. u. 5. Kapitel ab Rn. 1.

141 Ausführlich dazu *Zurth*, Rechtsgeschäftliche und gesetzliche Nutzungsrechte im Urheberrecht, 2016, S. 16 – 73. Allgemein zur Verfügung über Geistiges Eigentum *Pahlow*, Lizenz und Lizenzvertrag, S. 406 – 416.

142 Dreier/Schulze/*Schulze* § 29 UrhG Rn. 15 u. § 31 UrhG Rn. 11; Fromm/Nordemann/ *J. B. Nordemann* § 29 UrhG Rn. 17; Schricker/Loewenheim/*Schricker/Ohly* § 31 UrhG Rn. 9.

143 *Forkel* Gebundene Rechtsübertragungen, S. 178 ff.; *Schack* Rn. 593; *Wandtke* 4. Kap. Rn. 16.

144 *Rehbinder/Peukert* Rn. 994.

145 Dreier/Schulze/*Schulze* § 29 UrhG Rn. 15 u. § 31 UrhG Rn. 11; Fromm/Nordemann/ *J. B. Nordemann* § 29 UrhG Rn. 16; *Rehbinder/Peukert* Rn. 878; *Schack* Rn. 594; Schricker/Loewenheim/*Ohly* § 29 UrhG Rn. 8 f.; *Wandtke* 4. Kap. Rn. 16.

146 Fromm/Nordemann/*J. B. Nordemann* § 29 UrhG Rn. 17; *Rehbinder/Peukert* Rn. 897; *Schack* Rn. 594; s. auch Büscher/Dittmer/Schiwy/*Haberstumpf* § 31 UrhG Rn. 2.

Obergfell

spaltenen, aber noch verbundenen **Tochterrecht** gesprochen, aus dem sich weitere **Enkelrechte** ableiten können.[147] Ein gutgläubiger Erwerb findet nicht statt.[148] Es gilt wie auch sonst im Immaterialgüterrecht der Grundsatz des Sukzessionsschutzes (§ 33 UrhG).[149] Wichtig ist zu beachten, dass auch im Rahmen eines Lizenzvertragsverhältnisses besondere Schutzregelungen greifen, die ein „untrennbares Band"[150] zwischen Urheber und Werk sichern sollen. So sind **Weiterübertragungen von Nutzungsrechten** gemäß § 34 Abs. 1 UrhG und auch die **Einräumung weiterer Nutzungsrechte** aus einem ausschließlichen Nutzungsrecht gemäß § 35 Abs. 1 UrhG nur **mit Zustimmung des Urhebers** möglich.[151] Dieselbe urheberschützende Motivation liegt dem **Übertragungszweckgedanken** (früher allgemein als Zweckübertragungslehre bezeichnet) zugrunde, der in § 31 Abs. 5 UrhG normiert wurde und als Zweifelsregel dafür Sorge tragen will, dass Nutzungsrechte, die nach dem Vertragszweck nicht benötigt werden, soweit wie möglich beim Urheber zurückbleiben.[152] Nach der Rechtsprechung des BGH kann dieser Leitgedanke allerdings deshalb nicht i. S. v. § 307 Abs. 2 Nr. 1 BGB als Maßstab für eine Inhaltskontrolle von AGB dienen, weil es sich um eine Auslegungsregel zur Bestimmung der vertraglichen (also privatautonom zu gestaltenden und nicht inhaltlich gemäß §§ 307 ff. BGB prüfbaren) Hauptleistungspflicht handelt.[153] Außerdem ist nach herrschender Auffassung ein gewisser **Kernbereich des Urheberpersönlichkeitsrechts** der Disposition des Urhebers entzogen.[154] Die während eines Lizenzvertragsverhältnisses aufrechterhaltene (urheberpersönlichkeitsrechtliche) Verbindung zwischen Urheber und Werk kommt auch dadurch zum Ausdruck, dass der Urheber die **Möglichkeit des Rückrufs** hat, nämlich entweder bei Nichtausübung der Nutzungsrechte (§ 41 UrhG) oder bei gewandelter Überzeugung (§ 42 UrhG).[155]

§ 11 S. 2 UrhG enthält den Programmsatz, dass das Urheberrecht der **Sicherung einer angemessenen Vergütung** für die Nutzung des Werkes dient. Der Urheber soll – wie es der schon vor Inkrafttreten des UrhG entwickelte **Betei-** | 50

---

147 Dreier/Schulze/*Schulze* § 29 UrhG Rn. 16; *Pahlow* GRUR 2010, 112 ff.; Schricker/Loewenheim/ *Ohly* § 31 UrhG Rn. 47.

148 *Wandtke* 4. Kap. Rn. 54.

149 S. dazu unten 3. Kapitel Rn. 25 ff.

150 *Rehbinder/Peukert* Rn. 878.

151 S. dazu *Wandtke* 4. Kap. Rn. 58–62.

152 *Rehbinder/Peukert* Rn. 980–982; *Schack* Rn. 615; *Wandtke* 4. Kap. Rn. 35–42.

153 BGH GRUR 2012, 1031 Rn. 17–21 – Honorarbedingungen für Freie Journalisten (UrhR). Dezidiert a. A. *Wandtke* 4. Kap. Rn. 37–39.

154 Dreier/Schulze/*Schulze* § 29 UrhG Rn. 19 u. § 39 UrhG Rn. 3; *Wandtke* 4. Kap. Rn. 18. S. aber oben Rn. 47 a. E.

155 S. dazu *Rehbinder/Peukert* Rn. 951–958.

ligungsgrundsatz fordert – tunlichst angemessen an den aus seiner Schöpfung gezogenen Früchten beteiligt werden.[156] Im Zuge der Urhebervertragsrechtsreform[157] wurden mit den **§§ 32, 32a UrhG** explizite (vertragliche) **Vergütungsansprüche** in das Gesetz aufgenommen. Danach hat der Urheber Anspruch auf eine angemessene Vergütung. Soweit die vertraglich vereinbarte Vergütung nicht bestimmt ist, wird eine angemessene Vergütung als vereinbart fingiert (§ 32 Abs. 1 S. 2 UrhG). Wurde demgegenüber zwar eine Vergütung bestimmt, deren Höhe aber nicht angemessen ist, so hat der Urheber einen Anspruch gemäß § 32 Abs. 1 S. 3 UrhG auf Einwilligung in eine Vertragsänderung, die auf eine Anpassung der Vergütung zielt. Die **Angemessenheit der Vergütung** ist nach § 32 Abs. 2 UrhG zu ermitteln und ergibt sich entweder (vorrangig gemäß § 32 Abs. 4 UrhG) aus **Tarifvertrag, gemeinsamen Vergütungsregeln** gemäß § 36 UrhG oder anhand dessen, was „im Geschäftsverkehr **nach Art und Umfang der eingeräumten Nutzungsmöglichkeit**, insbesondere nach Dauer und Zeitpunkt der Nutzung, unter Berücksichtigung aller Umstände **üblicher- und redlicherweise zu leisten** ist" (§ 32 Abs. 2 S. 2 UrhG).[158] Stellt sich im Nachhinein heraus, dass die zum Zeitpunkt des Vertragsschlusses noch angemessene Vergütung „unter Berücksichtigung der gesamten Beziehungen des Urhebers zu dem anderen in einem auffälligen Missverhältnis zu den Erträgen und Vorteilen aus der Nutzung des Werkes steht", so kann der Urheber gemäß **§ 32a Abs. 1 UrhG** eine **nachträgliche Vertragsanpassung** hinsichtlich der Vergütung verlangen (sog. **Fairness-Ausgleich**).[159] Dabei ist es nicht Anspruchsvoraussetzung, dass der Beitrag des Urhebers (oder auch ausübenden Künstlers) ursächlich für die aus der Nutzung gezogenen Erträge und Vorteile ist.[160] Die Ansprüche aus den §§ 32, 32a UrhG beanspruchen gemäß § 32b UrhG auch international zwingende Geltung.[161] Im Zusammenhang mit einer Nutzung auf Grundlage von § 31a UrhG, also eines Vertrags über unbekannte Nutzungsarten, hat der Urheber gemäß § 32c UrhG einen Anspruch auf angemessene Vergütung, sobald sein Werk in einer später bekannt gewordenen Nutzungsart verwertet wird.[162]

---

156 BGHZ 17, 266, 282 – Grundig-Reporter (UrhR).
157 Zur Bewährung der Reform von 2002 s. die Beiträge bei *Obergfell* Zehn Jahre reformiertes Urhebervertragsrecht, 2013. Zur Urheberverlagsrechtsreform von 2016 s. *Obergfell/Zurth* ZGE 9 (2017) 21 ff.
158 S. zur Übersetzervergütung BGH GRUR 2009, 1148 – Talking to Addison (UrhR); BGH GRUR 2011, 328 – Destructive Emotions (UrhR); s. insgesamt näher *Wandtke* 4. Kap. Rn. 93–128.
159 S. zu einzelnen Aspekten der Prüfung BGH GRUR 2012, 496 Rn. 25–34 – Das Boot (UrhR); s. insgesamt näher *Wandtke* 4. Kap. Rn. 109–116.
160 BGH GRUR 2012, 1248 Rn. 42 – Fluch der Karibik (UrhR).
161 S.u. 3. Kapitel Rn. 150.
162 Zu den Anwendungsschwierigkeiten s. *Wandtke* 4. Kap. Rn. 123–125.

Sämtliche urheberrechtlichen **Leistungsschutzrechte** (die Rechte der aus- 51
übenden Künstler wie auch die Investitionsschutzrechte) sind **lizenzierbar.**
Hinsichtlich der an das Urheberrecht angenäherten Leistungsschutzrechte der
ausübenden Künstler können wie dort gemäß § 79 Abs. 2 UrhG **Nutzungsrechte
eingeräumt** werden. Die Verwertungsrechte der §§ 77, 78 UrhG sind gemäß § 79
Abs. 1 UrhG allerdings (anders als beim Urheberrecht) **vollständig übertragbar.**
Die Persönlichkeitsrechte des ausübenden Künstlers gemäß §§ 74 f. UrhG sind
hingegen unübertragbar.[163] Auch die anderen Leistungsschutzrechte sind über-
tragbar (translativ) und zugleich können Nutzungsrechte eingeräumt werden (§ 85
Abs. 2 S. 1 u. 2 UrhG, § 87 Abs. 2 S. 1 u. 2 UrhG, § 87 g Abs. 1 UrhG, § 94 Abs. 2 S. 1 u. 2
UrhG, anders allerdings § 87e UrhG). Die **entsprechende Anwendung** einiger
(nicht aller!) **urhebervertragsrechtlichen Vorschriften** wird angeordnet in den
Verweisungsvorschriften der §§ 79 Abs. 2 (→ §§ 31, 32 – 32b, 33 – 42, 43 UrhG), § 85
Abs. 2 S. 3 (→ §§ 31, 33, 38 UrhG), § 87 Abs. 2 S. 3 (→ §§ 31, 33, 38 UrhG), § 94 Abs. 2
S. 3 (→ §§ 31, 33, 38 UrhG) und 87 g Abs. 1 UrhG (→ §§ 31, 33 UrhG).

III. Verlagsrecht

Mit dem Verlagsrecht im objektiven Sinne ist die Gesamtheit der Regelungen des 52
VerlG gemeint.[164] Das **Verlagsrecht im subjektiven Sinne** bezeichnet demgegenüber die konkrete Rechtsposition, nämlich das i. d. R. **ausschließliche Nutzungsrecht als Ausschnitt des Urheberrechts.**[165] Gemäß § 8 VerlG beinhaltet
das Verlagsrecht in der Regel das ausschließliche Recht zur Vervielfältigung und
Verbreitung. Die urhebervertragsrechtlichen Vorschriften der §§ 31 ff. UrhG und
insbesondere die gegenüber § 22 VerlG vorrangigen Vergütungsvorschriften der
§§ 32 ff. UrhG sind auch im Bereich des Verlagsrechts anwendbar.[166] Das VerlG
stellt im Wesentlichen dispositive und spezielle Bestimmungen zur Verfügung,
die eingreifen, wenn die Vertragsparteien keine eigene Regelung getroffen haben, und die in der Praxis häufig abbedungen werden.[167] Wegen dieser Verzah-
nung von Urheber- und Verlagsrecht findet das UrhG umfassend Anwendung.
Anwendbare Vorschriften aus dem UrhG betreffen alle wesentlichen Aspekte des
Urheberrechtsschutzes, nämlich z. B. den Schutzgegenstand, die Urheberschaft,

163 *Rehbinder/Peukert* Rn. 887.
164 S. o. zur Rechtsquelle Rn. 35.
165 Ulmer-Eilfort/Obergfell/*Obergfell* 1. Teil Kap. A Rn. 7.
166 S. näher Ulmer-Eilfort/Obergfell/*Obergfell* 1. Teil Kap. A Rn. 7 u. 17 f.
167 *Rehbinder/Peukert* Rn. 1052; *Schack* Rn. 1128; Ulmer-Eilfort/Obergfell/*Obergfell* 1. Teil Kap. A
Rn. 2.

den Inhalt und die Schranken des Urheberrechts.[168] Zu beachten ist dabei allerdings, dass die urheberrechtliche Werkqualität nicht Voraussetzung für den Abschluss eines Verlagsvertrags ist, sondern dass auch gemeinfreie Werke Gegenstand eines Verlagsvertrags sein können.[169]

53 Das VerlG legt eine im Wesentlichen dispositive **rechtliche Ordnung des Verlagsvertragsverhältnisses** vor. Es regelt das Entstehen des Verlagsrechts, den Inhalt des Verlagsrechts und des Verlagsvertrags mit den Verpflichtungen der Vertragsparteien, Beginn und Ende der verlagsvertraglichen Beziehungen und Abgrenzungen des Verlagsvertrags.[170] **Vertragsgegenstand** eines Verlagsvertrags ist gemäß **§ 1 S. 1 VerlG** die Verpflichtung des Verfassers, dem Verleger ein **Werk der Literatur oder Tonkunst zur Vervielfältigung und Verbreitung** für dessen eigene Rechnung **zu überlassen.** Nach § 1 S. 2 VerlG ist der Verleger seinerseits verpflichtet, das Werk zu vervielfältigen und verbreiten und zwar gemäß § 14 S. 1 VerlG „in der zweckentsprechenden und üblichen Weise".[171]

---

54 **Wiederholungsfragen**
1. In welchem Verhältnis stehen Verlagsrecht und Urheberrecht? Rn. 33, 35 und 52
2. Wodurch zeichnet sich ein urheberrechtlich geschütztes Werk aus? Was unterscheidet es von anderen immaterialgüterrechtlichen Schutzgegenständen? Rn. 36 f., 1, 58–60, 72
3. Nennen Sie eine vergütungspflichtige und eine vergütungsfreie urheberrechtliche Schranke! Rn. 45
4. Was genau kann der Urheber hinsichtlich seines Werkes „übertragen" bzw. einräumen und was nicht? Was verbirgt sich hinter dem sog. Übertragungszweckgedanken? Rn. 47 und 49
5. Durch welchen Mechanismus versucht der Gesetzgeber eine angemessene Vergütung des Urhebers sicherzustellen? Rn. 50

C. Designrecht

55 Mit der stetigen Erweiterung weltweiter Freihandelsabkommen steigt kontinuierlich die Zahl konkurrierender Waren am Markt und infolgedessen die Konkurrenz zwischen den Herstellern. Um sich von Produkten anderer Marktteilnehmer entscheidend abzuheben und letztlich zu behaupten, ist es obligatorisch geworden, die Produkte attraktiv und einzigartig zu gestalten. Es kommt dem Konsumenten aufgrund der Fülle von verfügbaren nationalen und internationalen Waren nicht

---

168 S. Ulmer-Eilfort/Obergfell/*Obergfell* 1. Teil Kap. A Rn. 20–38.
169 Vgl. §§ 39, 40 VerlG; Ulmer-Eilfort/Obergfell/*Obergfell* 1. Teil Kap. A Rn. 20.
170 S. den Kurzüberblick bei Ulmer-Eilfort/Obergfell/*Obergfell* 1. Teil Kap. A Rn. 10–16.
171 Zum Verlagsvertrag noch ausführlicher s.u. 4. Kapitel ab Rn. 45.

mehr lediglich auf deren Qualität, Funktionalität und Gebrauchsfähigkeit an. Vielmehr berücksichtigt der Abnehmer in gesteigertem Maße die Schönheit, Modernität, Individualität und Benutzerfreundlichkeit. Für den Markterfolg eines Produktes und damit seinem finanziellen Wert für dessen Hersteller ist neben der Funktionsfähigkeit der Ware damit auch deren **ästhetische Form und Farbgestaltung** zu einem eigenständig zu berücksichtigenden **Wettbewerbsfaktor** aufgestiegen, welcher zunehmend Inhalt von Lizenzen nach § 31 Abs. 1 DesignG ist.

Die äußere Gestaltung eines Erzeugnisses kann jedoch nicht nur Lizenzge- **56** genstand, sondern auch attraktiv für **Nachahmungen** werden. In der Regel ist einem erfolgreichen Design ein **zeit- und kostenintensiver Entwicklungsprozess** aus Formgebung, Technik und Marketing vorgeschaltet,[172] der durch unternehmenseigene Nutzung des Designs oder Lizenzvergabe amortisiert werden soll. Es beeinträchtig daher empfindlich die **Marktpositionierung** eines Unternehmens sowie den Anreiz und Ertrag zur Lizenzierung, wenn der Wert des Designs durch unberechtigte Nutzung geschwächt wird. Unmittelbar entscheidend für die Attraktivität einer Lizenz über das Design ist demnach der Schutz vor der Übernahme von Form- und Farbgestaltungen eines Produktes durch Dritte. Grundlage für die erfolgreiche Auswertung eines entworfenen Designs bilden das Designgesetz (I.) sowie die Gemeinschaftsgeschmacksmusterverordnung (II.).

I. Das Designgesetz

Der Begriff „Designrecht" galt in Deutschland vor dem 1.1.2014 als Oberbegriff **57** aller gesetzlichen Schutzmöglichkeiten für das äußere Erscheinungsbild eines Gegenstandes, ob mittels Urheberrecht, Markenrecht oder dem wettbewerbsrechtlichen Leistungsschutz.[173] Die konkrete ästhetische Gestaltung von Flächen- und Raumformen, die das optische Geschmacksempfinden anspricht,[174] wurde bis dato als **Geschmacksmuster** bezeichnet. Aufgrund allgemeiner Internationalisierung und der bereits fortschreitenden Etablierung im Sprachgebrauch der Gesetzesadressaten wurde dieser Begriff mit Inkrafttreten des Gesetzes zur Modernisierung des Geschmacksmustergesetzes[175] am 1.1.2014 in **„eingetragenes**

---

172 *Nirk* S. 105.
173 Eichmann/Jestaedt/Fink/Meiser/*Eichmann/Jestaedt* Kap. A Rn. 1.
174 *Rehmann* Rn. 8.
175 Gesetzes zur Modernisierung des Geschmacksmustergesetzes sowie zur Änderung der Regelungen über die Bekanntmachungen zum Ausstellungsschutz vom 10.10.2013, BGBl. I S. 3799; daneben trat am 2.1.2014 die Verordnung zur Ausführung des Designgesetzes (DesignV) mit ergänzenden Verfahrensvorschriften in Kraft, BGBl. I S. 18.

Design" geändert.[176] Neben dieser rein sprachlichen Neuerung wurde auch ein eigenständiges Nichtigkeitsverfahren eingeführt, wie es bei anderen gewerblichen Schutzrechten bereits üblich war. Auch wurden kleine Änderungen zur Sammelanmeldung und Bekanntmachungen zum Ausstellungsschutz vorgenommen. Das grundsätzliche Schutzkonzept des vorherigen Geschmacksmustergesetzes ist jedoch unverändert geblieben.

1. Abgrenzung zu anderen Schutzrechten

58 Durch das Designgesetz wird gemäß § 1 Nr. 1 DesignG die eingetragene zwei- oder dreidimensionale Erscheinungsform eines industriellen oder handwerklichen Erzeugnisses oder eines Teiles davon[177] geschützt, wie beispielsweise Bekleidung, Schmuck, Möbelstücke, Geschirr, Schreibutensilien, Fahrräder, Werkzeug, Spielzeug oder Verpackungen. Gegenstand des Schutzes ist damit eine **Schöpfung ästhetischer Natur**, wobei es auf das **innovative gewerbliche Leistungsergebnis** und nicht reine Designbemühungen ankommt.[178] Demgegenüber stellt das Urheberrecht kein gewerbliches Schutzrecht dar, sondern schützt unabhängig von Form- und Eintragungsvoraussetzungen eine persönliche geistige Schöpfung, deren entscheidendes Schutzkriterium in ihrer Individualität liegt.[179] Das Werk muss sich zwar auch in einer konkreten Form niedergeschlagen haben, um überhaupt wahrnehmbar zu sein. Entscheidend ist hier jedoch die dahinter stehende, von der Persönlichkeit des Urhebers geprägte Schöpfungshöhe.[180] Grundsätzlich stellt das Designrecht aufgrund einer anderen Schutzrichtung, unterschiedlichen Schutzvoraussetzungen und Rechtsfolgen damit ein Aliud zum Urheberrecht dar.[181]

---

176 Siehe zur Begründung den Gesetzentwurf der Bundesregierung zur Modernisierung des Geschmacksmustergesetzes, BT-Drucks 17/13428, S. 22; zur Änderung des Schutzrechtsnamens auch *Kappl* GRUR 2014, 326, 327 f.

177 Diese Voraussetzung erfüllen weder Tiere noch der menschliche Körper, Pflanzen oder sonstige organische Naturprodukte, weshalb das DPMA die Anmeldung des vermeintlichen Erzeugnisses „Aussehen/Erscheinungsbild Dobermann [...]" – nebst fotografischer Abbildung eines auf bestimmte Weise gezüchteten Hundes als Musterdarstellung – mangels Designfähigkeit ablehnte, BPatG GRUR-RS 2016, 12459 (DesignR).

178 Wandtke/*Wandtke* 1. Kap. Rn. 77.

179 S. hierzu näher oben Rn. 37; *Obergfell* GRUR 2014, 621; Wandtke/Bullinger/*Bullinger* § 2 UrhG Rn. 21 ff.

180 Büscher/Dittmer/Schiwy/*Obergfell* § 2 UrhG Rn. 7 f.; Dreier/Schulze/*Schulze* § 2 UrhG Rn. 20; Schricker/Loewenheim/*Loewenheim* § 2 UrhG Rn. 50 ff.

181 EuGH GRUR 2019, 1185 Rn. 50 ff. – Cofemel/G-Star (UrhR); BGH GRUR 2014, 175 Rn. 39 – Geburtstagszug (UrhR); *Obergfell* GRUR 2014, 621, 627.

Herbort

Überschneidungen ergeben sich jedoch dort, wo ein Erzeugnis aufgrund 59
seiner **besonders individuellen optischen Aufmachung** ein urheberrechtlich geschütztes Werk der angewandten Kunst gemäß § 2 Abs. 1 Nr. 4 UrhG
darstellt. Ebenfalls möglich sind Überschneidungen mit dem Markenschutz, wenn
das Produkt die Voraussetzungen einer (Form-)Marke erfüllt.[182] Da die jeweiligen Schutzvoraussetzungen an das Urheber- und Markenrecht wesentlich strenger als beim Designschutz sind, werden diese nur in Ausnahmefällen erfüllt
sein[183] – obgleich der BGH mit seiner „Geburtstagszug"-Entscheidung die
Schutzvoraussetzungen von Gebrauchskunst neu definiert hat.[184] Die Schutzrechte finden dann **nebeneinander Anwendung.**[185] Aus unternehmerischer
Perspektive kommt allen diesen Schutzrechten ein eigenständiger Vorteil zu. So
bietet das Designrecht mit seinem Eintragungserfordernis unmittelbare **Rechtssicherheit.** Gleichfalls können Urheber- und Markenschutz aufgrund längerer
Schutzdauer und umfangreicherer Abwehrrechte höchst attraktiv sein, so dass
nicht selten durch Hersteller oder Lizenznehmer versucht wird zu begründen,
dass ihr Erzeugnis Werkcharakter aufweist oder eine Formmarke darstellt.[186]

2. Das Recht aus dem Design

Gemäß § 2 Abs. 1 DesignG wird als eingetragenes Design nur ein Design geschützt, 60
das neu ist und Eigenart hat. Was genau das Design, d. h. die **äußere Erscheinungsform eines Erzeugnisses** ist, ergibt sich gemäß § 1 Nr. 1 DesignG insbesondere aus den Merkmalen der Linien, Konturen, Farben, der Gestalt, der
Oberflächenstruktur oder der Werkstoffe des Erzeugnisses selbst oder seiner
Verzierung. Ausgeschlossen vom Schutz des DesignG sind Erscheinungsmerk

---

182 Hierzu näher unten Rn. 72.
183 Für generell möglich erachtet wird dies in BGH GRUR 2014, 175 – Geburtstagszug (UrhR);
hierzu ausführlich *Obergfell* GRUR 2014, 621; *Verweyen/Richter* MMR 2015, 156; verneint wurde ein
urheberrechtlich schutzfähiges Werk hingegen noch in BGH GRUR 2012, 58 – Seilzirkus (UrhR).
184 BGH GRUR 2014, 175 Rn. 33–41 – Geburtstagszug (UrhR); in zwei nachfolgenden Entscheidungen wurden die neuen Maßstäbe hinsichtlich einer ausreichenden Gestaltungshöhe zwar
bereits angewendet, im Ergebnis wurden urheberrechtliche Ansprüche dennoch mangels Werkqualität (OLG Schleswig MMR 2015, 49 Rn. 6 ff. – Geburtstagszug II (UrhR)) bzw. eines zu geringen
Schutzbereichs (OLG Nürnberg GRUR 2014, 1199, 1202 – Kicker-Stecktabelle (UrhR)) abgelehnt.
185 Zur Kumulation von Urheber- und Geschmacksmusterschutz/Designschutz siehe EuGH
GRUR 2011, 216 – Flos/Semeraro (DesignR); BGH GRUR 2004, 941, 942 – Metallbett (DesignR); OLG
Düsseldorf GRUR-RR 2001, 294, 296 – Spannring (UrhR); Dreier/Schulze/*Schulze* § 2 UrhG Rn. 174;
Wandtke/Bullinger/*Bullinger* § 2 UrhG Rn. 98.
186 Gestärkt wurde diese Möglichkeit durch BGH GRUR 2014, 175 – Geburtstagszug (UrhR); zu
den praktischen Auswirkungen siehe *Verweyen/Richter* MMR 2015, 156, 158.

male jedoch insbesondere dann, wenn sie ausschließlich durch eine **technische Funktion** bedingt sind, vgl. § 3 Abs. 1 Nr. 1 DesignG. Für die Beurteilung ist nach Maßgabe aller Einzelfallumstände zu ermitteln, ob die technische Funktion der einzige die Erscheinung bestimmende Faktor war und gestalterische Erwägungen dabei keine Rolle gespielt haben – auf die Sicht eines „objektiven Beobachters" und die Frage, ob alternative Gestaltungsmöglichkeiten bestanden hätten, kommt es nach Ansicht des EuGH nicht an.[187]

a) Neuheit und Offenbarung

61 Ein Design gilt gemäß § 2 Abs. 2 DesignG als neu, wenn vor dem Anmelde- oder Prioritätstag kein identisches Design offenbart worden ist. Identität ist auch dann anzunehmen, wenn sich die Merkmale nur in unwesentlichen Einzelheiten unterscheiden. Die Voraussetzung fehlender Offenbarung ist jedoch nicht im strengen Wortsinn zu verstehen.[188] § 5 S. 1 DesignG definiert zunächst, dass ein Design offenbart ist, wenn es bekannt gemacht, ausgestellt, im Verkehr verwendet oder auf sonstige Weise der Öffentlichkeit zugänglich gemacht wurde. Relativierend wird jedoch ergänzt, dass eine Offenbarung dann nicht vorliegt, wenn die jeweiligen in der Europäischen Union tätigen **Fachkreise im normalen Geschäftsverkehr** keine Kenntnis von dem vorveröffentlichten Formenschatz haben konnten. Zwar gilt grundsätzlich der **weltweite Neuheitsbegriff**, so dass es nicht auf den Ort der Offenbarung ankommt – auch Offenbarungshandlungen außerhalb der Union können grundsätzlich neuheitsschädlich sein.[189] Dennoch soll der Schutz ästhetischer Gestaltungen nicht an vorveröffentlichten Designs scheitern, die beim Entwurf des anzumeldenden Designs keine Berücksichtigung ge-

---

187 EuGH GRUR 2018, 612 Rn. 32, 38– Zentrierstifte (PatR, DesignR); deutschen Gerichte (u. a. OLG Düsseldorf GRUR 2018, 143 – Luftliege (GGV); OLG Hamburg GRUR-RS 2017, 144709 – Rollenetiketten (GGV); OLG Düsseldorf GRUR-RR 2012, 200 – Tablet-PC I (GGV)) hatten bisher die Theorie der (gangbaren) Designalternative angewendet, was dem Schutzhindernis praktisch die Bedeutung nahm; wird die technische Funktion von Produktmerkmalen in einer Patentschrift unter Verwendung einer dem Design im Wesentlichen entsprechenden Zeichnung beschrieben, kann hierin beispielsweise ein Indiz für eine ausschließlich technische Bedingtheit von Merkmalen gesehen werden, OLG Frankfurt a.M. GRUR 2019, 67 Ls. 2 – Penisextensionsvorrichtung (PatR, DesignR).
188 Gesetzentwurf der Bundesregierung zum Geschmacksmusterreformgesetz, BT-Drucks 15/1075, S. 35.
189 EuGH GRUR 2014, 368 Rn. 33 – Gartenpavillon (GGV); BGH GRUR 2009, 79 Rn. 22 – Gepäckpresse (GGV); OLG Frankfurt a.M. GRUR-RR 2004, 320, 321f. – Kanton-Messe (DesignR); Büscher/Dittmer/Schiwy/*Auler* Art. 7 GGV Rn. 4; Günther/Beyerlein/*Beyerlein* § 2 DesignG Rn. 10; *Rehmann* Rn. 27.

Herbort

funden haben können, weil sie bereits vor so langer Zeit oder an einem so entfernt liegenden Ort offenbart wurde, dass die EU-internen Fachkreise hiervon keine Kenntnis haben konnten.[190] Der EuGH betonte bereits die starke Einzelfallabhängigkeit, so dass unter bestimmten Umständen auch die Zugänglichmachung gegenüber nur einem Unternehmen ausreicht, damit es Fachkreisen des entsprechenden Wirtschaftskreises bekannt sein kann.[191] Ein Design gilt demnach als neu, wenn seine schutzbegründenden Gestaltungsmerkmale im Anmelde- oder Prioritätszeitpunkt den inländischen Fachkreisen weder bekannt sind noch bei zumutbarer Beachtung der auf den **einschlägigen oder benachbarten Gewerbegebieten** vorhandenen Gestaltungen bekannt sein konnten.[192] Unter anderem gilt der chinesische Markt für die Entwicklung und Herstellung von Haushaltsgeräten als derart wichtig, dass anzunehmen ist, inländische Fachkreise werden mindestens die dortigen amtlichen Bekanntmachungen registrierter Schutzrechte in ihre Beobachtung einbeziehen.[193]

b) Eigenart

Das Merkmal der Eigenart ersetzt seit der Umsetzung der Richtlinie 98/71/EG **62** über den Schutz von Mustern und Modellen[194] im Jahre 2004 das Erfordernis der Eigentümlichkeit des Erzeugnisses. Das Designobjekt muss sich demnach nicht mehr vom Durchschnittskönnen eines Mustergestalters abheben oder durch be-

---

190 Gesetzentwurf der Bundesregierung zum Geschmacksmusterreformgesetz, BT-Drucks 15/1075, S. 35; bereits zur Notwendigkeit der Bekanntheit im hiesigen Kulturkreis, vgl. RGZ 87, 369, 371 – Schnürhaken (DesignR).
191 EuGH GRUR 2014, 368 Rn. 34–36 – Gartenpavillon (GGV).
192 In der Rechtsprechung wurde ein solches Verständnis bereits früh konkretisiert, vgl. BGH GRUR 1969, 90, 94 – Rüschenhaube (DesignR); BGH GRUR 1978, 168, 169 – Haushaltsschneidemaschine I (DesignR); BGH GRUR 2000, 1023, 1026 – 3-Speichen-Felgenrad (DesignR). Im Regierungsentwurf zum Geschmacksmusterreformgesetz ist diese Begründung anschließend übernommen worden, BT-Drucks 15/1075, S. 36. Die öffentliche Zugänglichmachung beurteilt sich zudem unabhängig von der Art des Erzeugnisses, in welches ein älteres Muster aufgenommen oder bei dem es verwendet werden sollte, EuGH GRUR 2017, 1244 Rn. 103 f. – Duschabflussrinne (GGV).
193 BGH GRUR 2009, 79 Rn. 23 – Gepäckpresse (GGV); nicht ausreichend für eine zumutbare Kenntniserlangung ist die Veröffentlichung lediglich einer die Gestaltung enthaltenen Werbeanzeige, vgl. BGH GRUR 2004, 427, 428 – Computergehäuse (DesignR); *Rehmann* Rn. 29 f.
194 Richtlinie 98/71/EG des Europäischen Parlaments und des Rates vom 13. Oktober 1998 über den rechtlichen Schutz von Mustern und Modellen, ABl. (EU) 1998 Nr. L 289 S. 28.

sondere Originalität oder gar Gestaltungshöhe auszeichnen,[195] sondern gemäß § 2 Abs. 3 DesignG lediglich in seiner Erscheinungsform und dessen prägenden Merkmalen aus Sicht der informierten Benutzers **vom Gesamteindruck vorbekannter Designs abweichen.**[196] Abzustellen ist dabei ausschließlich auf andere Designs, die vor dem Anmeldetag offenbart worden sind. Bei der Beurteilung sind einerseits vergleichsweise geringere Anforderungen an den gestalterisch abweichenden Gesamteindruck zu stellen, je höher die **Designdichte** in einer Erzeugnisklasse ist oder andererseits je geringer die Freiheit des Entwerfers angesichts weitgehender Vorgaben durch den Verwendungszweck ist.[197] Umgekehrt erfordert geringere Designdichte größere Abweichungen im Gesamteindruck.[198] Indem es letztlich nur noch auf den **Grad der Unterschiedlichkeit** ankommt, hat sich auch das vormals strittige Verhältnis zum Urheberrecht gelöst.[199] Darüber hinaus wird nach den gesetzlichen Bestimmungen weder eine gewerbliche Verwertbarkeit noch ein Benutzungszwang gefordert.[200]

c) Neuheitsschonfrist

63 Gemäß § 6 DesignG besteht ausnahmsweise eine Neuheitsschonfrist. Dies bedeutet, dass das, was der Entwerfer oder sein Rechtsnachfolger in den zwölf Monaten vor dem Anmelde- oder Prioritätstag der Öffentlichkeit selbst zugänglich gemacht hat, bei der Beurteilung von Neuheit und Eigenart des angemeldeten Designs außer Betracht bleibt.[201]

---

195 BGH GRUR 2014, 175 Rn. 37– Geburtstagszug (UrhR); BGH GRUR 2010, 718 Rn. 32 – Verlängerte Limousine (GGV); *Berlit* GRUR 2004, 635, 636; Günther/Beyerlein/*Beyerlein* § 2 DesignG Rn. 20 f.; *Rehmann* Rn. 37.

196 EuGH GRUR 2014, 774 Rn. 25 – RMF/Dunnes (GGV); Eichmann/Jestaedt/Fink/Meiser/*Eichmann/Jestaedt* § 2 DesignG Rn. 29 f.; *Buchmüller* GRUR 2015, 629, 630.

197 BGH GRUR 2013, 285 Rn. 31 f. – Kinderwagen II (GGV); OLG Frankfurt a. M. GRUR-RR 2018, 331 Rn. 19 ff. – Küchenmesser (DesignR); OLG Frankfurt a. M. GRUR-RR 2016, 234 Ls – Einkaufswagenchip (DesignR).

198 EuG BeckRS 2017, 126292 Rn. 24 – Rühland (GGV); OLG Düsseldorf GRUR-RS 2016, 10002 – Pendelleuchte (GGV); *Rehmann* Rn. 4; entsprechend noch zur Eigentümlichkeit siehe Begründung zu § 2 GeschmMG im Regierungsentwurf zum Geschmacksmusterreformgesetz, BT-Drucks 15/1075, S. 34.

199 Wandtke/Bullinger/*Bullinger* § 2 UrhG Rn. 98.

200 *Nirk* S. 25.

201 *Rehmann* Rn. 92.

Herbort

d) Schutzentstehung und Wirkung

Das Recht aus dem Design entsteht – im Gegensatz zum urheberrechtlichen 64
Schutz – nicht mit der Schöpfung des Erzeugnisses, sondern gemäß § 27 Abs. 1
DesignG mit der **Eintragung** in das beim Deutschen Patent- und Markenamt
(DPMA) in Jena geführte Register. Die Gesamtlaufzeit des Designschutzes beträgt
maximal 25 Jahre ab dem Anmeldetag.[202] Ab dem fünften Jahr nach der Eintragung muss wiederum in 5-Jahresabschnitten eine Aufrechterhaltungsgebühr
gezahlt werden.

Durch die Eintragung eines Designs entsteht gemäß § 38 Abs. 1 DesignG das 65
ausschließliche (positive) Recht, gewerbsmäßig ein Erzeugnis, das die De-
signmerkmale aufweist, herzustellen, anzubieten, in Verkehr zu bringen, einzu-
führen, auszuführen, zu gebrauchen sowie zu einem der vorgenannten Zwecke
zu besitzen. Gleichzeitig weist der Schutz einen **negativen Inhalt** auf, indem der
Rechteinhaber die Nutzung des Designs durch Dritte ausschließen oder verbieten
kann. In den §§ 42 ff. DesignG wird dies unter anderem konkretisiert durch Ansprüche auf Beseitigung und Unterlassung der Beeinträchtigung. Da Dritten die
Nachahmung auch unabhängig vom Kenntnisstand bezüglich des Schutzes untersagt ist, entfaltet die Eintragung abstrakte **Sperrwirkung**.[203] Alle diese Rechte
stehen grundsätzlich dem **Entwerfer oder seinem Rechtsnachfolger**, ausnahmsweise dem Arbeitgeber zu, vgl. § 7 DesignG.

e) Übertragung und Lizenzierung

Der **Ausschließlichkeitscharakter** des eingetragenen Designs kommt insbe- 66
sondere durch die §§ 29 ff. DesignG zum Ausdruck. In diesem Abschnitt werden die Rahmenbedingungen zur Nutzung des Designs als **Gegenstand des
Vermögens** geregelt.[204] Grundsätzlich kann das eingetragene Design gemäß § 29
Abs. 1 DesignG privatautonom auf Dritte übertragen werden. Gehört das eingetragene Design zu einem Unternehmen oder zu einem Teil eines Unternehmens,
stellt § 29 Abs. 2 DesignG trotz der **Nichtakzessorietät** die Zweifelsregel auf,
dass das Design von der Übertragung oder dem Übergang des Unternehmens
miterfasst wird. Daneben ist in § 31 Abs. 1 DesignG ausdrücklich auch die **Vergabe
von Lizenzen** vorgesehen. Der Rechtsinhaber kann einfache oder ausschließliche

---

202 Mit der Anmeldung ist eine zur Bekanntmachung geeignete Wiedergabe des Musters ein-
zureichen – fehlt diese oder ist ein Datenträger z.B. leer, wird dieser Tag nicht als wirksamer
Anmeldetag anerkannt, BPatG GRUR-RS 2016, 127539 – Tragbarer Datenträger (DesignR).
203 Wandtke/Bullinger/*Bullinger* § 2 UrhG Rn. 98.
204 Zur Vertragspraxis s. die Vertragsmuster bei Hoffmann/Kleespies/*Hoffmann/Richter*
Rn. F 2596 ff.

Lizenzen für das gesamte Gebiet oder einen Teil der Bundesrepublik Deutschland erteilen. Gemäß § 31 Abs. 3 DesignG kann der Lizenznehmer die vorangehend genannten Rechte aus dem Design trotz der Lizenzerteilung jedoch nicht eigenmächtig geltend machen, sondern ist auf die **Zustimmung des Rechteinhabers** oder bei einer ausschließlichen Lizenz auf dessen Untätigbleiben nach Aufforderung angewiesen.

3. Ergänzender wettbewerbsrechtlicher Leistungsschutz

67 Neben dem designrechtlichen Schutz kann grundsätzlich auch ein ergänzender wettbewerbsrechtlicher Leistungsschutz nach § 4 Nr. 3 UWG gegen den Vertrieb eines nachgeahmten Erzeugnisses geltend gemacht werden.[205] Hierzu muss einerseits die **Gefahr einer Herkunftstäuschung** gegeben sein und andererseits der Nachahmer unterlassen, zumutbare und geeignete **Maßnahmen zur Vermeidung** der Herkunftstäuschung vorzunehmen.

II. Die Gemeinschaftsgeschmacksmusterverordnung

68 Selbstständig neben dem nationalen Schutz eines Designs besteht seit 2002 die Möglichkeit, den Schutz gemeinschaftsweit als eingetragenes Geschmacksmuster durchzusetzen. Für das Gemeinschaftsgeschmacksmuster ist das Amt der Europäischen Union für Geistiges Eigentum (EUIPO)[206] in Alicante zuständig. Der Schutz nach der autonom geltenden Gemeinschaftsgeschmacksmusterverordnung (GGV) ist inhaltlich **nahezu deckungsgleich** mit dem des DesignG. Eine Besonderheit zum nationalen Schutz des Design besteht einerseits gemäß Art. 33 GGV (Wirkung gegenüber Dritten)[207] und andererseits gemäß Art. 1 Abs. 2, 11, 16, 19 Abs. 2 GGV. Hiernach wird für drei Jahre ab der ersten Veröffentlichung in der EU

---

205 BGH GRUR 2006, 79 Rn. 18 – Jeans I (UWG); BGH GRUR 2009, 79 Rn. 26 – Gebäckpresse (UWG); BGH WRP 2018, 950 Rn. 46 – Ballerina (GGV); OLG Düsseldorf GRUR-RR 2009, 142, 143 – Crocs (UWG). Während die ergänzende Anwendung des lauterkeitsrechtlichen Nachahmungsschutzes bei anderen Sonderschutzrechten strittig ist, ergibt sich dies für das Design ausdrücklich aus Art. 96 Abs. 1 GGV, hierzu ausführlich Köhler/Bornkamm/Feddersen/*Köhler* § 4 UWG Rn. 3.6, 3.6a und 3.8.
206 Vor der Umbenennung im Zuge der Verordnung (EU) 2015/2424 mit Wirkung zum 23.03.2016 lautete die Bezeichnung Harmonisierungsamt für den Binnenmarkt (HABM).
207 Nach Ansicht des EuGH ist die Norm dahin auszulegen, dass der Lizenznehmer Ansprüche wegen Verletzung des eingetragenen Geschmacksmusters, das Gegenstand der Lizenz ist, geltend machen kann, obwohl die Lizenz nicht in das Gemeinschaftsgeschmacksmusterregister eingetragen worden ist, GRUR 2016, 1163 Rn. 25, 32 – Thomas Philipps/Grüne Welle (GGV).

Herbort

ohne etwaige Formerfordernisse ein **Nachahmungsschutz für kurzlebige Er-zeugnisse** gewährt. Dieses formlose Schutzrecht wurde aufgrund von Forderungen der Industrie und Kreativen geschaffen, um auch kurzlebige Erzeugnisse ohne ein aufwändiges und kostspieliges Eintragungsverfahren territorial möglichst weitreichend zu schützen.[208]

D. Marken und Domainnamen

Neben der optisch-ästhetischen, kommt auch der **kennzeichenbasierten Individualisierung** von Waren oder des Warenanbieters ein eigenständiger unternehmerischer Wert zu. Die Produkt- oder Unternehmenskennzeichnung – meist mittels Worten, aber auch in olfaktorischer oder räumlicher Form möglich – dient in erster Linie als **Herkunftshinweis** und **Unterscheidungsmerkmal** am Markt.[209] Je nach Art der Verwendung kann die Kennzeichnung aber auch werbenden Effekt haben oder eine **Qualitätsassoziation** erzeugen.[210] Diese Eigenschaften des Kennzeichens bedeuten für ihren Rechtsinhaber in der Regel einen unmittelbaren finanziellen Nutzen, wodurch sie sich als eigener Lizenzgegenstand etabliert haben.[211] Die Lizenzierung gerade auch für Produktsparten, die nicht zum Kerngeschäft des Kennzeicheninhabers gehören, ist ein effektives und lukratives Instrument der eigenen Unternehmensführung und -erweiterung. Die entscheidende Voraussetzung für die erfolgreiche Auswertung eines Kennzeichens mittels Nutzungsübertragung an einen Lizenznehmer bildet eine von Gesetzes wegen sichergestellte Abwehr von unberechtigten Nutzungshandlungen Dritter. Grundlage hierfür ist je nach verwendetem Kennzeichen das nationale (I.) und internationale Markenrecht (II. und III.) oder das Domainrecht (IV.).

69

---

208 *Buchmüller* GRUR 2015, 629.
209 Ebenfalls anzutreffen ist eine Zusammenfassung beider Eigenschaften unter dem Oberbegriff „Identifikationsfunktion", s. Ekey/Bender/Fuchs-Wissemann/*F. Ekey* E 2 Rn. 3.
210 Ekey/Bender/Fuchs-Wissemann/*F. Ekey* E 2 Rn. 4. Zur Berücksichtigung dieser Nebenfunktionen bei der Beurteilung einer unberechtigten Benutzung des Kennzeichens *ders.* § 14 MarkenG Rn. 142 ff.: Während früher in Verletzungsverfahren nur die Beeinträchtigung der Herkunftsfunktion relevant war, haben seit der L'Oréal-Entscheidung des EuGH auch die übrigen Funktionen an Bedeutung gewonnen, vgl. EuGH GRUR 2009, 756 Rn. 58 – L'Oréal/Bellure (MarkenR); EuGH GRUR 2011, 1124 Rn. 38 ff. – Interflora (MarkenR); EuGH GRUR 2010, 445 Rn. 77 ff. und 91 – Google und Google France (MarkenR).
211 Zu Markenlizenzverträgen noch ausführlich im 4. Kapitel Rn. 23 ff.

I. Das nationale Markenrecht

70 Mit dem **Markenrechtsmodernisierungsgesetz** (MaMoG)[212] hat das nationale Markengesetz jüngst seine bisher umfangreichste Umgestaltung erfahren – auch wenn die materiell rechtlichen Änderungen hierbei nur einen vergleichsweise kleinen Raum einnehmen.[213] Das MaMoG, das in weiten Teilen am 14. Januar 2019 in Kraft trat, dient der Umsetzung der neuen europäischen Markenrechtsrichtlinie[214], die wiederum die Koexistenz verschiedener Markensysteme und eine verstärke Kooperation der nationalen Markenämter mit dem EUIPO fördern und das Nebeneinander von Unionsmarke und nationaler Marke weiter angleichen soll.

71 Unter das Markenrecht im weiteren Sinne fallen neben Marken – die gerne als Synonym für jegliche Art von Kennzeichenrechten genutzt werden – auch **geschäftliche Bezeichnungen** (Unternehmenskennzeichen und Werktitel, § 1 Nr. 2 i.V.m. § 5 MarkenG) und **geographische Herkunftsangaben** (§ 1 Nr. 3 i.V.m. § 126 MarkenG). Marken i.S.d. § 1 Nr. 1 MarkenG stellen die gängigste Kennzeichenform dar. Ihnen kommt damit auch die praktisch größte Relevanz als Lizenzgegenstand zu.

1. Abgrenzung von Marken und anderen Schutzrechten

72 Als Marke schutzfähig sind gemäß § 3 Abs. 1 MarkenG alle Zeichen, die geeignet sind, Waren oder Dienstleistungen eines Unternehmens von denjenigen anderer Unternehmen zu unterscheiden (**abstrakte Unterscheidungseignung**). Hierunter fallen insbesondere Wörter einschließlich Personennamen, Abbildungen, Buchstaben, Zahlen, Klänge (zuvor: Hörzeichen), dreidimensionale Gestaltungen einschließlich der Form einer Ware oder ihrer Verpackung sowie sonstige Aufmachungen einschließlich Farben und Farbzusammenstellungen. **Vom Markenschutz ausgenommen** werden nach Abs. 2 solche Zeichen, die ausschließlich aus Formen oder anderen charakteristischen Markmalen bestehen, die durch

---

212 Gesetz zur Umsetzung der Richtlinie (EU) 2015/2436 des Europäischen Parlaments und des Rates vom 16. Dezember 2015 zur Angleichung der Rechtsvorschriften der Mitgliedstaaten über die Marken vom 11.12.2018, BGBl. I S. 2357; neben den Änderungen zum Markgengesetz enthält das Gesetz auch die nötigen Anpassungen der Markenverordnung, die ergänzende Verfahrensvorschriften enthält.
213 Eine Übersicht über die wichtigsten Änderungen findet sich bei *Hacker* GRUR 2019, 113 und *Berlit* GRUR-Prax 2019, 1.
214 Richtlinie (EU) 2015/2436 des europäischen Parlaments und des Rates vom 16.12.2015 zur Angleichung der Rechtsvorschriften der Mitgliedstaaten über die Marken. Zur Umsetzung der Richtlinienvorgaben auf Unionsebene wurde die Gemeinschaftsmarkenverordnung durch die Änderungsverordnung (EU) 2015/2424 am 23.03.2016 von der Unionsmarkenverordnung ersetzt.

die Art der Ware selbst bedingt, zur Erreichung einer technischen Wirkung erforderlich sind oder die der Ware einen wesentlichen Wert verleihen.[215] Damit unterscheiden sich Marken vom **eingetragenen Design** dadurch, dass sie nicht das Produkt selbst darstellen, sondern die Marke vom Erzeugnis unabhängig ist. Überschneidungen mit dem Design können in der Regel nur im Fall der **Formmarke** bestehen. Um den Formmarkenschutz in Einklang mit den Wertungen des Designrechts zu bringen, hat der EuGH wiederholt bestätigt, dass die genannten Schutzhindernisse[216] weit auszulegen sind.[217] Auch wird es höchst selten vorkommen, dass eine Marke die nötige Schöpfungshöhe aufweist, um ein urheberrechtlich geschütztes Werk i. S. d. Urheberrechtsgesetzes darzustellen. Vielmehr wird ein markenrechtlicher Schutz häufig gerade deshalb angestrebt, weil es den unternehmerischen Identifikations- oder Werbemaßnahme an Werkqualität fehlt.[218]

2. Das Recht aus der Marke

Sobald eine Marke entstanden ist, gewährt sie ihrem Inhaber gemäß Art. 14 Abs. 1 MarkenG das **ausschließliche Recht**, diese zu nutzen. Gemäß § 30 MarkenG fällt hierunter auch ausdrücklich eine Verwertung mittels **Lizenzvergabe.**[219] Gleichzeitig können Dritte von den in § 14 Abs. 2 MarkenG genannten Handlungen ausgeschlossen werden. Der genannte Schutz kann gemäß § 4 MarkenG durch drei Varianten erreicht werden. **73**

a) Marke kraft Verkehrsgeltung oder notorisch bekannte Marke

Zunächst kann Schutz durch die Benutzung des Zeichens im geschäftlichen Verkehr entstehen, soweit das Zeichen innerhalb der beteiligten Verkehrskreise als Marke **Verkehrsgeltung** erworben hat (§ 4 Nr. 2 MarkenG) oder durch die im Sinne des Artikels 6bis der Pariser Verbandsübereinkunft zum Schutz des gewerblichen Eigentums (Pariser Verbandsübereinkunft) **notorische Bekanntheit** **74**

---

215 EuGH EuZW 2015, 827 Rn. 57 – Nestlé/Cadbury (MarkenR).
216 Die absoluten Schutzhindernisse für produktabhängige Formmarken sind auf europäischer Ebene in Art. 4 Abs. 1 Buchst. e MarkenRL 2015 (zuvor Art. 3 Abs. 1 Buchst. e MarkenRL 2008) geregelt.
217 EuGH GRUR 2014, 1097 Rn. 31 f. – Hauck/Stokke u. a. (MarkenR); zuvor bereits EuGH GRUR 2010, 1008 Rn. 52 – Lego (MarkenR); EuGH GRUR 2002, 804 Rn. 79–84 – Philips (MarkenR). S. auch die Darstellung zum Schutzausschluss bei Formmarken von *Hacker* WRP 2015, 399.
218 Zu diesem Problem bei Werbeslogans *Kaulmann* GRUR 2008, 854.
219 S. hierzu im 4. Kapitel ab Rn. 23.

einer Marke (§ 4 Nr. 3 MarkenG). Für den Fall, dass eine dieser Varianten einschlägig ist, werden die sogleich dargestellten Schutzhindernisse nach §§ 8 ff. MarkenG überwunden. Diese sind dann nicht zu prüfen.

b) Registermarke

75 Am praktisch häufigsten und aufgrund der Formalanforderungen rechtssichersten ist jedoch die Anmeldung und Eintragung des Zeichens in das vom Deutschen Patent- und Markenamt (DPMA) geführte Register, vgl. § 4 Nr. 1 MarkenG. Zwingende Voraussetzung der Eintragung ist, dass keine **absoluten Schutzhindernisse** nach § 8 MarkenG vorliegen. Im Zuge des MaMoG ist als Eintragungsvoraussetzung die **graphische Darstellbarkeit** weggefallen. Von der Eintragung als Marke sind nach Abs. 1 nunmehr nur solche Zeichen ausgeschlossen, die nicht geeignet sind im Register so dargestellt zu werden, dass die zuständigen Behörden und das Publikum den Gegenstand des Schutzes klar und eindeutig bestimmen können. Hierdurch ist die Rechtslage für unkonventionelle Markenformen (insbesondere Mustermarken, Multimediamarken und Hologrammmarken) verbessert worden.[220] Daneben muss das Zeichen unter anderem auch ein Mindestmaß an **konkreter Unterscheidungskraft** besitzen (Abs. 2 Nr. 1), um der Eintragung zugänglich zu sein. Ebenfalls besteht ein absolutes Schutzhindernis, wenn anzunehmen ist, dass das Zeichen derzeit oder künftig zur Beschreibung von Produkten benötigt werden wird (**notwendiges Freihaltebedürfnis**, Abs. 2 Nr. 2).

76 Liegen auch die weiteren in § 8 Abs. 2 MarkenG benannten Hindernisse nicht vor,[221] hat jedermann, der die verwaltungsrechtlichen Erfordernisse gemäß § 32 MarkenG für die Anmeldung seines Zeichens beim DPMA erfüllt, einen **Anspruch**

---

220 Hierdurch gelten materiell-rechtlich nunmehr die Kriterien, die durch den EuGH bereits in GRUR 2003, 134 – Sieckmann (MarkenR) aufgestellt wurden. In formeller Hinsicht ergibt sich jedoch die Schwierigkeit, welche allgemein zugänglichen Technologien (ErwG 13 der MarkenRL) tatsächlich als geeignetes Mittel zur Darstellung dient/ dienen kann; zu möglichen Problemen bei der Lesbarkeit vgl. BPatG GRUR-RS 2016, 127539 – Tragbarer Datenträger (DesignR).
221 Von wirtschaftlich hoher Bedeutung erweist sich beispielsweise der langjährige Streit hinsichtlich des markenrechtlichen Schutzes des DFB-Adlers. Nachdem durch den DFB anlässlich der Fußball-Weltmeisterschaft 2014 Verletzungsverfahren bestritten wurden, vgl. nur OLG München GRUR 2015, 590 – Adler im Kreis (MarkenR), sieht sich der DFB selbst einem Nichtigkeits- und Löschungsverfahren aufgrund des absoluten Schutzhindernisses gemäß § 8 Abs. 2 Nr. 6 MarkenG (Eintragungsausschluss für Staatswappen, Staatsflaggen oder andere staatliche Hoheitszeichen) ausgesetzt, s. hierzu die ausführliche Auseinandersetzung von *Dück* GRUR 2015, 546 sowie den Praxishinweis von *Marz* GRUR-Prax 2015, 126.

Herbort

auf die Eintragung als Marke, vgl. § 33 Abs. 2 S. 2 MarkenG. Das Recht aus der Marke entsteht dann mit der Eintragung in das vom DPMA in Jena geführte Register. Die **Schutzdauer** der Marke beträgt gemäß § 47 Abs. 1 MarkenG 10 Jahre ab dem Tag der Anmeldung und kann beliebig oft gegen Zahlung einer Aufrechterhaltungsgebühr in 10-Jahresabschnitten verlängert werden. Der Schutz besteht damit **bei fristgerechter Zahlung unbegrenzt**, was die Marke von den technischen Schutzrechten oder dem Design unterscheidet. Als Ausgleich besteht jedoch ein **Benutzungszwang** gemäß § 26 MarkenG, um Rechte aus der Marke geltend machen zu können. Gemäß § 43 Abs. 1 MarkenG kann Widerspruch gegen die Eintragung einer fremden Marke nur erhoben werden, wenn die eigene Marke innerhalb der letzten fünf Jahre vor Veröffentlichung der Eintragung der fremden Marke ernsthaft im Inland benutzt worden ist.[222] Bestehen berechtigte Gründe für die Nichtbenutzung, kann die Marke unter Umständen dennoch aufrechterhalten werden, wie das EuG jüngst, in einer Konstellation annahm, in welcher der Inhaber seine Marke lizenzieren wollte, wegen böswilliger Intrigen Dritter aber keine Lizenznehmer fand. In diesem Fall sei es auch unzumutbar, die Benutzung der eigentlich für Lizenzen gedachten Marke durch eigene Herstellung aufzunehmen.[223]

Trotz Vorliegen aller formalen Voraussetzung kann der Marke auch nach Eintragung ein **relatives Schutzhindernis** entgegenstehen. Diese werden nicht von Amts wegen geprüft, sondern von älteren Markenrechtsinhabern geltend gemacht. Liegt ein **Kollisionstatbestand** nach § 9 MarkenG vor, weil die eingetragene Marke identisch oder ähnlich mit einer älteren Marke ist und hierdurch eine **Verwechslungsgefahr** oder unlautere Beeinträchtigung zu befürchten ist, kann ein Löschungsanspruch begründet sein. **77**

c) Erschöpfung

Die Rechte nach § 14 MarkenG können vom Markeninhaber nicht geltend gemacht werden, wenn gemäß § 24 Abs. 1 MarkenG **Erschöpfung** eingetreten ist. Hat der Markeninhaber Waren mit seiner Marke versehen und sind diese von ihm selbst oder mit seiner Zustimmung in den Verkehr gebracht worden, so kann er auf den Vertrieb dieser gekennzeichneten Einzelstücke keinen Einfluss mehr nehmen.[224] **78**

---

222 Zur Frage, ob die Benutzung von Individualmarken durch Lizenznehmer als „Gütezeichen" markenmäßig und rechtserhaltend ist, EuGH GRUR 2017, 816 Rn. 51 – Internationales Baumwollzeichen (GMV).
223 EuG BeckRS 2018, 32905 Rn. 52 – C=commodore (UMV); zur Unzumutbarkeit zuvor bereits EuGH GRUR 2017, 702 Rn. 53 – Häupl/Lidl (MarkenR).
224 Ekey/Bender/Fuchs-Wissemann/*V. Ekey* § 24 MarkenG Rn. 1.

Den **wirtschaftlichen Wert** der Ware soll er grundsätzlich dadurch realisieren können, dass ihm allein die Entscheidung über das **erstmalige Inverkehrbringen** zugewiesen ist.[225]

d) Gewährleistungsmarke

79 Mit dem MaMoG neu in §§ 106a – 106 h MarkenG aufgenommen wurden Bestimmungen zur Gewährleistungsmarke.[226] Diese Marke dient nicht als Herkunftshinweis auf bestimmte Unternehmen. Vielmehr sollen hierdurch Produkte einer bestimmten, vom Markeninhaber gewährleisteten Qualität, von solchen Produkten, die eine derartige Gewährleistung nicht aufweisen, unterschieden werden.[227] Der Inhaber einer Gewährleistungsmarke nimmt mithin die Rolle eines Zertifizierers ein. Zur Absicherung des Neutralitätsgebots darf er nicht mit dem Zeichennutzer identisch sein und muss als späterer Lizenzgeber sicherstellen, dass die Güte vom Lizenznehmer auch tatsächlich eingehalten wird.

e) Übertragung und Lizenzierung

80 Während eine Marke zu Zeiten des Warenzeichengesetzes (bis 1995) stringent an das zugehörige Unternehmen gebunden war und deshalb gar nicht selbstständig im Rahmen einer Lizenz übertragen werden konnte, gilt die Marke nunmehr gemäß §§ 27–30 MarkenG ausdrücklich als **eigenständiger Vermögensgegenstand** eines Unternehmens und kann aufgrund der **Nichtakzessorietät** privatautonom auf Dritte übertragen werden. Gemäß Art. 30 Abs. 1 MarkenG kann sowohl das durch Eintragung, die Benutzung oder die notorische Bekanntheit einer Marke begründete Recht **Gegenstand einer Lizenz** sein. Dabei kann die Lizenz für alle oder nur für einen Teil der Waren oder Dienstleistungen, für die die Marke Schutz genießt, vergeben werden. Auch territorial kann zwischen einer Lizenz für einen Teil oder das Gebiet der Bundesrepublik Deutschland insgesamt unterschieden werden. Die analoge Anwendung der §§ 27 ff. MarkenG **auf geschäftliche Bezeichnungen, insbesondere Unternehmenskennzeichen,** wird

---

225 EuGH GRUR 2005, 507 Rn. 40 – Peak Holding/Axolin-Elinor (MarkenR).
226 Auf Unionsebene gibt es diese Markenform bereits seit 2017; zur Unionsgewährleistungsmarke vgl. *Dissmann/Somboonvong* GRUR 2016, 657.
227 Bisher wurden solche „Gütezeichen" in Deutschland als Individual- oder als Kollektivmarken eingetragen; zur (fehlenden) Täuschungsgefahr bei der lizenzierten Verwendung einer Individualmarke als Gütezeichen, vgl. EuGH GRUR 2017, 816 Rn. 53 ff. – Internationales Baumwollzeichen (GMV).

Herbort

überwiegend abgelehnt.[228] Ausnahmen können bestehen, wenn die Bezeichnung sich soweit verselbstständigt hat, dass sie einen eigenen Vermögenswert darstellt.[229] Die Lizenzierung geographischer Herkunftsangaben wird hingegen nach allgemeiner Meinung abgelehnt.[230]

Nach § 30 Abs. 3 MarkenG kann der Lizenznehmer bei einer Verletzung der Markenrechte nur mit **Zustimmung des Markeninhabers** Klage erheben. Hieraus ergibt sich, dass trotz der Vergabe einer Lizenz der Markeninhaber auch Inhaber der Ansprüche bleibt.[231] Selbst wenn der Lizenznehmer nach § 30 Abs. 3 MarkenG zur Rechtsverfolgung ermächtigt ist, muss er bei erfolgreicher Rechtsdurchsetzung die Zahlung an den Markeninhaber verlangen.[232] Im Zuge des MaMoG wurde in § 30 Abs. 3 MarkenG jedoch der Zusatz eingefügt, dass der Inhaber einer ausschließlichen Lizenz abweichend von Satz 1 Klage wegen Verletzung einer Marke erheben kann, wenn der Inhaber der Marke nach förmlicher Aufforderung nicht selbst innerhalb einer angemessenen Frist Klage wegen Verletzung einer Marke erhoben hat. Auf Leistung an sich selbst kann der Lizenznehmer nur dann klagen, wenn ihm vom Markeninhaber zusätzlich zur Zustimmung nach § 30 Abs. 3 MarkenG auch eine materiell-rechtliche Einziehungsermächtigung erteilt oder der Schadensersatzanspruch des Markeninhabers an ihn abgetreten worden ist.[233] Ebenfalls neu eingefügt wurde in § 30 Abs. 6 MarkenG nunmehr die Möglichkeit, dass das DPMA auf Antrag des Markeninhabers oder des Lizenznehmers die Erteilung (oder Änderung) einer Lizenz in das Register einträgt, wenn die Zustimmung des anderen Teils nachgewiesen wird.[234] Der Eintrag kann auf Antrag mit entsprechenden Nachweisen wieder gelöscht werden.

81

---

228 BGH GRUR 2002, 972, 974 – FROMMIA (MarkenR); Ingerl/Rohnke/*Ingerl/Rohnke* Vor § 27 MarkenG Rn. 6 f.; Ströbele/Hacker/Thiering/*Hacker* § 27 MarkenG Rn. 76 und § 30 MarkenG Rn. 161.

229 Fezer/*Fezer* Vor § 27 MarkenG Rn. 3 und § 30 MarkenG Rn. 105.

230 Fezer/*Fezer* Vor § 27 MarkenG Rn. 3; Ingerl/Rohnke/*Ingerl/Rohnke* § 30 MarkenG Rn. 9; Ströbele/Hacker/Thiering/*Hacker* § 30 MarkenG Rn. 164.

231 BGH GRUR 2012, 630 Rn. 51 – CONVERSE II (MarkenR).

232 BGH GRUR 2007, 877 Rn. 32 – Windsor Estate (MarkenR).

233 Büscher/Dittmer/Schiwy/*Büscher* § 14 MarkenG Rn. 638. Als eigenständiger Problemkomplex ergibt sich im nächsten Schritt die Frage, wonach sich die Höhe des Schadensersatzes bei einer Markenrechtsverletzung bemisst; für eine ökonomisch angemessene Bewertung von Markenlizenzen fehlt es an einer pauschalen Bandbreite üblicher Markenlizenzraten, vgl. die Darstellung möglicher Quellen für eine Lizenzbewertung von *Nestler* BB 2015, 811, 812 ff.

234 Art. 23 Abs. 1 GMV (mittlerweile Art. 27 Abs. 1 UMV), der die Wirkung einer Registereintragung gegenüber Dritten regelt, wurde durch den EuGH dahingehend ausgelegt, dass der Lizenznehmer Ansprüche wegen Verletzung der eingetragenen Marke, die Gegenstand der Lizenz ist, geltend machen kann, obwohl die Lizenz nicht in das Gemeinschaftsmarkenregister eingetragen worden ist, EuZW 2016, 297 Rn. 26 – Hassan/Breiding Vertriebsgesellschaft (GMV).

Herbort

82 Gemäß § 31 MarkenG kann auch die bereits angemeldete aber noch nicht eingetragene Marke Gegenstand einer Rechtsübertragung sein. Denn die Markenanmeldung stellt eine anwartschaftsähnliche vermögenswerte Rechtsposition dar, die selbständig übertragbar ist. Trotz der **Nichtakzessorietät** stellt § 27 Abs. 2 MarkenG eine Vermutung dahingehend auf, wonach im Zweifel eine Verbindung von Marke und Geschäftsbetrieb besteht, so dass die zu einem Betrieb gehörende Marke mit dessen Übertragung ebenfalls übergeht. Die Vergabe von Markenlizenzen kann im Zusammenhang mit einer **Produktlizenz** oder **Produktionslizenz** oder (wie v. a. bei Konsumgütern häufiger anzutreffen) an Hersteller anderer, zielgruppenverwandter Erzeugnisse erfolgen.

3. Ergänzender wettbewerbsrechtlicher Leistungsschutz

83 Neben dem markenrechtlichen Schutz kann in bestimmten Fällen auch ein ergänzender wettbewerbsrechtlicher Leistungsschutz nach § 4 Nr. 3 UWG zum Schutz von Kennzeichen geltend gemacht werden. Grundsätzlich ist im Anwendungsbereich der Bestimmungen des Markengesetzes für einen solchen lauterkeitsrechtlichen Schutz zwar kein Raum.[235] Anders verhält es sich aber, wenn kein Schutz für eine Kennzeichnung, sondern ein **konkretes Leistungsergebnis** geltend gemacht wird.[236]

II. International registrierte Marke

84 Der Anmelder oder Inhaber einer nationalen Heimatmarke kann den Schutz dieser Marke auf Antrag auf beliebig viele Mitgliedstaaten des **Madrider Abkommen über die internationale Registrierung von Marken** (MMA)[237] ausdehnen. Hierfür bedarf es eines entsprechenden Antrags über das DPMA an die WIPO in Genf. Die Prüfung erfolgt durch das internationale Büro in jedem Land, in dem Schutz begehrt wird. Im Ergebnis erhält der Anmelder hierdurch Bündel

---

235 OLG Karlsruhe GRUR-RR 2013, 518, 520 – Rillen-Design (UWG); speziell zu geografischen Herkunftsangaben BGH GRUR 2016, 741 Rn. 13 – Himalaya Salz (MarkenR). Ausführlich zum strittigen Verhältnis von Markenschutz und Leistungsschutz Köhler/Bornkamm/Feddersen/*Köhler* § 4 UWG Rn. 3.9 – 3.11a.
236 BGH GRUR 2007, 339 Rn. 23 – Stufenleitern (UWG); BGH GRUR 2008, 793 Rn. 26 – Rillenkoffer (MarkenR, UWG); BGH GRUR 2009, 1162 Rn. 40 – DAX (MarkenR, UWG).
237 Madrider Abkommen über die internationale Registrierung von Marken vom 14.4.1891, zuletzt revidiert in Stockholm am 14.7.1967, BGBl. 1970 II S. 293, 418.

Herbort

nationaler Markenrechte. Hierbei handelt es sich zwar um einen aufwändigeren Vorgang als für eine Unionsmarke, gleichzeitig können aber gezielt benötigte Länder ausgewählt und insbesondere später isoliert übertragen werden, was gerade für eine Lizenzierung große praktische Relevanz hat.

III. Die Unionsmarkenverordnung

Neben dem nationalen und international gebündelten Schutz einer Marke besteht seit 1993 mit der Unionsmarkenverordnung (UMV)[238] auch ein **einheitliches europäisches Markenrecht** für das gesamte EU-Gebiet. Das Recht der Gemeinschaftsmarke ist ein **autonomes gemeinschaftsrechtliches System**, das eigenständig neben demjenigen der Heimatmarke und der IR-Marke steht.[239] Die **räumlichen Geltungsbereiche** können sich jedoch überschneiden, weshalb auch bei einer rein nationalen Anmeldung die gemeinschaftsweiten Marken in die Prüfung einzubeziehen sind. Zuständig für die Prüfung und Registrierung der Unionsmarke ist das EUIPO. 85

IV. Domainnamen

Über die unmittelbare Kennzeichnung einer Ware oder eines Unternehmens hinaus hat das Internet mit sog. Domains als Alternativbezeichnung für Homepage-Adressen eine neue Form von Kennzeichen hervorgebracht, die in der Praxis eine **erhebliche wirtschaftliche Bedeutung** erlangt haben.[240] Die Abrufbarkeit von Waren oder Unternehmensinformationen sowie Bestellmöglichkeiten über eine Homepage kann entscheidend über die Wahl der Domain beeinflusst werden. Je prägnanter, individueller und gleichzeitig einfacher diese gestaltet ist, desto eher werden Internetnutzer diese (wiederholt) aufsuchen. 86

Für die Entstehung einer geschützten Domain bedarf es lediglich ihrer **Registrierung** bei der DENIC (Deutsches Network Information Center e.G.).[241] Hierbei 87

---

238 Verordnung (EU) 2015/2424 des Europäischen Parlaments und des Rates vom 16. Dezember 2015, ABl. (EU) 2015 Nr. L 341/21. Im Zuge der großen europäischen Markenrechtsreform wurde die bis zum 23.03.2016 geltende Gemeinschaftsmarkenverordnung (GMV) ersetzt.
239 EUG GRUR Int. 2001, 338 Rn. 47 – electronica (GMV); EuG GRUR 2006, 498 Rn. 30 – Weisse Seiten (GMV); EuG GRUR Int. 2002, 600 Rn. 53 – ELLOS (GMV).
240 *Götting* § 57 Rn. 1.
241 Für die Vergabe und Verwaltung von Domains besteht eine weltweite Zuständigkeit der ICANN (Internet Corporation for Assigned Names and Numbers), der europäische Bereich wurde

handelt es sich um einen rein formalen Vorgang, der einem starren Prioritätsprinzip folgt. Weder findet eine inhaltliche Prüfung noch eine Prüfung der Berechtigung des Anmelders durch die DENIC statt. Im Unterschied zur Markenanmeldung muss für die Registrierung keine hinreichende Unterscheidungskraft oder entgegenstehende Freihaltebedürfnisse festgestellt werden, so dass grundsätzlich auch **generische Begriffe** der Registrierung zugänglich sind.[242] Jedoch lässt sich die DENIC nach § 3 Abs. 1 S. 1 ihrer Domainbedingungen bei der Registrierung versichern, dass der Anmelder die Vereinbarkeit der Bezeichnung mit **Rechten Dritter** überprüft hat und sich dabei keine Anhaltspunkte für die Verletzung von Rechten Dritter ergeben hat.

88   Im Gegensatz zum Patent-, Design- oder Markenrecht begründet die Registrierung jedoch **kein absolutes Recht.**[243] Durch die Vergütungszahlungen an die DENIC wird lediglich ein relativ wirkendes vertragliches Nutzungsrecht erworben. Hierbei handelt es sich zwar um einen rechtlich **geschützten Vermögenswert**, aber eben **kein Vermögensrecht**, welches einen Absolutheitsanspruch gewährt.[244] Dass eine Domain nur einmal vergeben werden kann, mag zwar faktisch zu einer ausschließlichen Stellung führen. Dieser Umstand resultiert jedoch aus rein technischen, nicht rechtlichen Gründen.[245]

89   Eine Domain kann daher lediglich als relativ wirkendes **vertragliches Nutzungsrecht** übertragen werden.[246] Ob die Domain als eigener Lizenzgegenstand zweckmäßig ist, ist fraglich. Inhaltlich unterscheidet sich die Nutzungsüberlassung im Umfang letztlich nicht von einer Vollübertragung – die Domain kann als Internetadresse rein faktisch ohnehin nicht gleichzeitig von Dritten genutzt werden. Möglich ist jedoch, dass die Domain durch die Art ihrer Benutzung und der damit begründeten Verkehrsauffassung Schutz als nicht eingetragene Marke,[247] Unternehmenskennzeichen,[248] Werktitel für eine Homepage[249] oder als

---

dem RIPE-NCC (Réseaux Européens Network Coordination Center) übertragen, wobei die EURid für die Organisation des Register der Top-Level-Domain „.eu" zuständig ist.

242 Im Einzelfall kann jedoch in der Verwendung eines beschreibenden Begriffs als Domainname eine irreführende Alleinstellungsbehauptung liegen, vgl. BGH GRUR 2001, 1061 – mitwohnzentrale.de (UWG).

243 BVerfG GRUR 2005, 261 – ad-acta (MarkenR); BGH GRUR 2002, 622, 626 – shell.de (MarkenR); BGH GRUR 2005, 969, 970 – Domain-Pfändung (ZPO).

244 *Götting* § 62 Rn. 4 f.

245 BGH GRUR 2005, 969, 970 – Domain-Pfändung (ZPO).

246 Siehe hierzu auch § 6 Abs. 1 der DENIC-Domainbedingungen.

247 Bisher existiert noch keine Rechtsprechung zu einer aus einer Domain hervorgegangenen Benutzungsmarke. Potential hierzu weisen aber eBay, Google, Yahoo! oder Amazon auf, vgl. Stöckel/*Pütz-Poulalion* Teil 4C S. 426.

Herbort

Name²⁵⁰ erlangt.²⁵¹ Hierdurch wird ihr Anwendungsfeld erweitert und eine Lizenzierung sinnvoll.

Wiederholungsfragen   90
1. In welchem Verhältnis stehen Design-, Urheber- und Markenschutz an einem Gegenstand?
    Was sind die jeweiligen Vorteile der Schutzrechte für einen Unternehmer? Rn. 58, 69 und 72
2. Können neben Marken i. e.S. gemäß § 1 Nr. 1 MarkenG auch geschäftliche Bezeichnungen
    und geographische Herkunftsangaben lizenziert werden? Rn. 80

E. Sonstige lizenzierbare Rechte

I. Persönlichkeitsrechte

Es zählt zweifelsohne zum Medien- und Werbealltag, sich die positiven Assozia-   91
tionen mit oder die Neugierde bezüglich einer (bekannten) Person zunutze zu
machen und die Verbraucher zum Konsum zu ermuntern, indem mittels attrak-
tivem Konterfei, bekanntem Namen oder Unterschrift, vertrauter Stimme oder
anziehender Privatgeschichte ein positives Image auf das beworbene Produkt
umgeleitet wird.²⁵² Daher werden Lizenzen nicht nur für die gesetzlich ausdrücklich geregelten Immaterialgüterrechte vergeben, deren Übertragbarkeit an
Dritte sich bereits dem Gesetzeswortlaut selbst entnehmen lässt.²⁵³ Vielmehr ist
auch die Lizenzierung der **äußeren und inneren Persönlichkeitsmerkmale**
einer Person von wirtschaftlichem Interesse, wenn diese eine anerkannte
Rechtsposition darstellen und ihnen – aufgrund entsprechender **Nachfrage am
Markt** – auch ein tatsächlicher Vermögenswert zukommt. Diese Voraussetzungen
weisen Name und Bildnis einer Person auf, da sie als besondere Persönlichkeitsrechte nach § 12 BGB und §§ 22 ff. KUG geschützt sind. Auch andere Persönlichkeitsdetails, wie die Stimme, das eigene Wort, der individuelle Gesamtein-

---

248 BGH GRUR 2004, 619, 620 – kurt-biedenkopf.de (Name); BGH GRUR 2005, 262, 263 – soco.de
(MarkenR).
249 BGH GRUR 2009, 1055 – airdsl (MarkenR); OLG Dresden NJWE-WettbR 1999, 130, 131 f. –
dresden-online (MarkenR).
250 BGH GRUR 2004, 619, 620 – kurt-biedenkopf.de (Name).
251 Stöckel/*Pütz-Poulalion* Teil 4C S. 426.
252 BGH GRUR 2000, 709, 713 – Marlene Dietrich (Bildnis, Name); *Thalmann* GRUR 2018, 476;
ders. Die Nutzung von Personen des öffentlichen Interesses zu Werbezwecken, 2016; *Ahn* Der
vermögensrechtliche Zuweisungsgehalt des Persönlichkeitsrecht, 2009, S. 20 f.; *Forkel* GRUR 1988,
491.
253 S. oben Abschnitte A bis D zu Patenten, Urheberrechten, Designrechten und Marken.

druck, das sog. Image, und die Privatsphäre sind aufgrund richterrechtlicher Entwicklung durch das allgemeine Persönlichkeitsrecht nach Art. 2 Abs. 1 i.V. m. 1 Abs. 1 GG grundsätzlich rechtlich abgesichert. Nicht alle Persönlichkeitsmerkmale sind aber gleichsam vermögenswert. Demnach eignet sich z. B. der Schutz der Ehre von vornherein nicht als Lizenzierungsgegenstand.[254]

1. (Lizenz-)Gegenstand und Rechtsgrundlage der verschiedenen Persönlichkeitsrechte

92 Für die **erfolgreiche Eigenvermarktung** einer Person mittels Lizenzvergabe stehen die vorangehend genannten Persönlichkeitsmerkmale zur Auswahl, die durch unterschiedliche Rechtsgrundlagen vor fremder Einwirkung geschützt sein können. Aufgrund dieses Rechtsschutzes ist es für einen Unternehmer überhaupt erst nötig, sich um eine Lizenz für etwaige Vermarktungstätigkeiten zu bemühen. Im Umkehrschluss macht dies die Lizenz aber auch werthaltig.

a) Bildnis

93 Das älteste unter den gesetzlich anerkannten Persönlichkeitsrechten stellt das **Recht am eigenen Bild** nach §§ 22 ff. KUG dar. Bereits 1907 wurde dieses Recht als Teil des Kunsturhebergesetzes (KUG) eingeführt, um dem zunehmenden Einsatz von Fototechniken sowie den Vervielfältigungs- und Verbreitungsmöglichkeiten durch die Massenmedien zu begegnen.[255] Geschützt wird durch § 22 S. 1 KUG die erkennbare Wiedergabe des äußeren Erscheinungsbildes einer Person in jedem zwei- oder dreidimensionalem Medium.[256] Eine Erkennbarkeit kann selbst dann gegeben sein, wenn eine Person nur in Schattenrissen o. ä. gezeigt wird, wenn Gesichtszüge, Silhouette, Statur, Haltung oder Haarschnitt so markant sind, dass sie auf eine konkrete Person hinweisen.[257] Liegt ein Bildnis vor, so ist dessen Verbreitung oder öffentliche Zurschaustellung, d. h. auch die **Nutzung für Werbemaßnahmen**, grundsätzlich nur mit **Einwilligung** des Abgebildeten zulässig.[258] Eine Ausnahme hierzu bildet § 22 S. 2 KUG, wonach im Zweifel eine Ein-

---

254 *Hager* AcP 196 (1996), 168, 201; *Wandtke* GRUR 2000, 942, 948.

255 Wandtke/Bullinger/*Fricke* § 22 KUG Rn. 1.

256 BGH GRUR 1962, 211 – Hochzeitsbild (Bildnis); Schricker/Loewenheim/*Götting* § 22 KUG/§ 60 UrhG Rn. 14.

257 BGH GRUR 1958, 408 – Herrenreiter (Bildnis); BGH GRUR 1962, 211 – Hochzeitsbild (Bildnis); BGH GRUR 1979, 732, 733 – Fußballtor (Bildnis).

258 Ob und in welcher Weise das eigene Bildnis für Werbezwecke zur Verfügung gestellt werden soll, ist laut ständiger Rspr. ein wesentlicher Bestandteil des Persönlichkeitsrechts, BGH GRUR

willigung erteilt wurde, wenn jemand dafür entlohnt wurde, dass er sich abbilden ließ. Wurden Aufnahmen projektbezogen angefertigt, kann eine Einwilligung jedoch auch hier nicht für unbeschränkte Nutzungshandlungen oder gar jedwede Weitergabe angenommen werden.[259]

Praktisch relevanter ist die Ausnahme nach § 23 Abs. 1 Nr. 1 KUG, wonach es **94** für die Nutzung von Bildnissen aus dem Bereich der Zeitgeschichte gar keiner Einwilligung bedarf. Hauptsächlich fällt hierunter die bebilderte Berichterstattung über Vorgänge und Personen – ob tagesaktuell oder historisch – an welcher ein **öffentliches Informationsinteresse** besteht. Grundsätzlich nicht erfasst von dieser Ausnahme ist die Verwendung von Bildnissen zu Werbe- oder sonstigen kommerziellen Zwecken.[260] Zugunsten eines Unternehmers, der ein Produkt mittels Bildnis bewerben möchte, greift § 23 Abs. 1 Nr. 1 KUG daher nicht. Die Einwilligung – praktischerweise in Form einer Lizenz – ist damit unumgänglich. Im Gegenzug kann der Unternehmer aber auch sicher sein, dass Dritte das Bildnis ebenfalls nicht frei nutzen und damit den Lizenzwert schmälern können. Mehrfach hat der BGH darauf hingewiesen, dass die für die Beurteilung der Verwendung von Bildnissen im Rahmen von Werbeanzeigen entwickelten Grundsätze gleichermaßen für eine redaktionelle Bildberichterstattung gelten, die (auch) der Eigenwerbung dient.[261] Um der Bedeutung und Tragweite der Presse- und Meinungsfreiheit Rechnung zu tragen, haben Gerichte den Begriff der Zeitgeschichte jedoch nicht allein auf Vorgänge von historischer oder politischer Bedeutung bezogen, sondern auf alle Fragen von allgemeinem gesellschaftlichem Interesse. In Einzelfällen wurde daher angenommen, dass die Verfolgung von kommerziellen Interessen gleichsam auch einen **Informationsgehalt bezüglich tagesak-**

2007, 139 Rn. 19 – Rücktritt des Finanzministers (Bildnis); BGH GRUR 2009, 1085, 1087 Rn. 26 – Wer wird Millionär? (Bildnis); BGH GRUR 2010, 546 Rn. 14 – Der strauchelnde Liebling (Bildnis); BGH NJOZ 2011, 1724 Rn. 12 – Markt und Leute (Bildnis) und jüngst OLG Dresden GRUR-RR 2018, 532 Rn. 17 (Bildnis) sowie OLG Köln GRUR-RR 2019, 452 Rn. 20 – Böhmermann (Bildnis) und OLG Köln MDR 2020, 112 Rn. 46 – Traumschiffkapitän (Bildnis).

259 Wandtke/Bullinger/*Fricke* § 22 KUG Rn. 18.

260 BGH GRUR 1956, 427, 429 – Paul Dahlke (Bildnis); BGH GRUR 1961, 138, 140 – Familie Schölermann (Bildnis); BGH GRUR 1979, 732, 734 – Fußballtor (Bildnis); BGH GRUR 1992, 557, 558 – Talkmaster-Foto (Bildnis); BGH GRUR 1997, 125, 126 – Künstlerabbildung in CD-Einlegeblatt (Bildnis); BGH GRUR 2000, 709, 714 – Marlene Dietrich (Bildnis, Name); BGH GRUR 2000, 715, 717 – Der blaue Engel (Bildnis); BGH GRUR 2002, 690, 691 – Marlene Dietrich (Bildnis); Wandtke/Bullinger/*Fricke* § 23 KUG Rn. 37.

261 BGH GRUR 2013, 196 Rn. 11 – Playboy am Sonntag (Bildnis); BGH GRUR 2009, 1085, 1087 Rn. 26 – Wer wird Millionär? (Bildnis); BGH NJW-RR 1995, 789 – Chris-Revue (Bildnis); OLG Köln GRUR-RR 2019, 452 Rn. 21 ff. – Böhmermann (Bildnis); OLG Köln GRUR-RR 2019, 396 Rn. 31 ff. – Krebserkrankung (Bildnis); LG Köln ZUM 2018, 889 Rn. 20 – 22 (Bildnis).

tueller oder historischer Ereignisse aufweisen kann, so dass es einer Erlaubnis- oder Lizenzeinholung nicht bedarf.[262] Die mit der Bildnisnutzung verbundene Beeinträchtigung des Persönlichkeitsrechts muss dann unter Umständen hingenommen werden, wenn sich die Werbemaßnahme einerseits in **satirisch-spöttischer Form** mit einem in der Öffentlichkeit diskutierten Ereignis auseinandersetzt, an dem der Betroffene beteiligt war, und es nicht zur **Ausnutzung eines imagebedingten Werbewertes** kommt oder der Eindruck erweckt wird, als identifiziere sich oder empfehle der Abgebildete das beworbene Produkt.[263] Dieser Abwägungspraxis der deutschen Gerichte ist auch der EGMR in zwei Verfahren gegen die Werbung eines Tabakherstellers gefolgt.[264] Die Beurteilung hängt nach Ansicht des EGMR nicht nur von Inhalt, Form und Wirkung der Veröffentlichung ab. Entscheidend sei auch, ob mit dem Einsatz des Persönlichkeitsmerkmals ein Beitrag zu einer Debatte von allgemeinem Interesse geleistet wird, inwieweit die betroffene Person bereits in der Öffentlichkeit stand und wie sie sich dort in der Vergangenheit präsentiert hat.

b) Name

95 Neben dem Bildnisschutz kommt jedem **Namensträger nach § 12 BGB** auch der Schutz davor zu, dass jemand den gleichen Namen unbefugt gebraucht und dadurch ein schutzwürdiges Interesse verletzt.[265] Unter besonderen Umständen kann dieser Schutz sogar bereits isoliert für die Verwendung des Vornamens

---

262 BVerfG ZUM 2001, 232, 233 – Abschiedsmedaille Willy Brandt (Bildnis); BGH GRUR 1979, 425, 427 – Fußballspieler (Bildnis); BGH GRUR 1996, 195, 197 – Abschiedsmedaille (Bildnis); BGH GRUR 2007, 139 Rn. 15 f. – Rücktritt des Finanzministers (Bildnis); BGH GRUR 2010, 546 Rn. 15 – Der strauchelnde Liebling (Bildnis); OLG Frankfurt NJW 1989, 402, 403 – Boris Becker (Bildnis); OLG Köln GRUR-RR 2019, 452 Rn. 18, 33–39 – Böhmermann (Bildnis); abgelehnt u.a. in BGH GRUR 2013, 196 Rn. 11 – Playboy am Sonntag (Bildnis); BGH GRUR 2009, 1085, 1087 Rn. 21 – Wer wird Millionär? (Bildnis); BGH GRUR 1997, 125, 127 – Künstlerabbildung in CD-Einlegeblatt (Bildnis); OLG Köln MDR 2020, 112 Rn. 46 – Traumschiffkapitän (Bildnis); LG Köln ZUM-RD 2013, 340, 343 (Bildnis); zur Rechtsprechungsanalyse der werblichen Nutzung von Merkmalen von Prominenten/Profisportlern, vgl. *Thalmann* GRUR 2018, 476; *Kitzberger* ZUM 2011, 200.
263 BGH GRUR 2007, 139 – Rücktritt des Finanzministers (Bildnis); BGH GRUR 2008, 1124 – Zerknitterte Zigarettenschachtel (Name); BGH WRP 2008, 1527 Rn. 19 – Schau mal, Dieter (Name); OLG Köln GRUR-RR 2019, 452 Rn. 41 ff. – Böhmermann (Bildnis); *Peukert* Güterzuordnung als Rechtsprinzip, 2008, S. 180; s. insgesamt die kritische Analyse der Zulässigkeit solcher satirischer Auseinandersetzungen von *Götting* GRUR Int. 2015, 657.
264 EGMR AfP 2015, 323 – Bohlen vs. Germany (Name) und AfP 2015, 327 – Ernst August v. Hannover vs. Germany (Name); kritisch zu diesen Entscheidungen aufgrund verbleibender Rechtsunsicherheit *Höch* K&R 2015, 230.
265 *Schertz* ZUM 2003, 631, 638.

Herbort

gelten, wenn schon der alleinige Gebrauch des Vornamens beim angesprochenen Verkehr die Erinnerung an einen bestimmten Träger weckt.[266]

Während die Veröffentlichung von Abbildungen einer Person grundsätzlich 96 von einer Einwilligung abhängig ist, ist die namentliche Erwähnung einer Person oder die öffentliche Aussage über sie **regelmäßig einwilligungsfrei** zulässig. Erst wenn jemand eigenmächtig den Ruf eines anderen, sein Ansehen und die ihm in der Öffentlichkeit entgegengebrachte Wertschätzung zur Förderung seiner eigenen materiellen Interessen ausnutzt, ist die Grenze zur freien Namensnutzung überschritten. Es muss grundsätzlich von der persönlichen Entscheidung des Betreffenden abhängen, ob er sich dafür zur Verfügung stellen will oder nicht.[267] Demnach steht auch die **werbemäßige Namensverwendung** unter einem Erlaubnis- bzw. Lizenzvorbehalt. Dies sollte umso strenger gehandhabt werden, als die Verwertung des Namens nicht der vorangehenden einvernehmlichen Zusammenarbeit mit dem Merkmalsträger (wie z.B. bei der Herstellung eines Fotos) bedarf.[268] Entsprechend den Grundsätzen beim Recht am eigenen Bild[269] kann jedoch auch die ungewollte Verwendung des Namens im Rahmen einer Werbemaßnahme aufgrund eines **besonderen Interesses der Öffentlichkeit** an einer Berichterstattung, die mitunter auch kommerzielle Interessen verfolgt, hinzunehmen sein.[270]

c) Wort, Stimme und Gesamteindruck (Image)

Im Gegensatz zur Bildnis- und Namensnutzung besteht für das eigene geschrie- 97 bene Wort, die Stimme oder den markanten persönlichen Gesamteindruck, das sog. Image, **keine spezielle Normierung.** Praktisch sind auch diese Persönlichkeitsmerkmale jedoch von großer Bedeutung als Lizenzierungsgegenstand, da sie als Werbeelement zur Förderung materieller Interessen effektiv eingesetzt werden können.[271] Die Abwehr einer unberechtigten Nutzung erfolgt hier anhand des **allgemeinen Persönlichkeitsrechts** nach Art. 2 Abs. 1 i.V.m. 1 Abs. 1 GG. Die

---

266 BGH GRUR 2008, 1124, 1125 – Zerknitterte Zigarettenschachtel (Name); BGH GRUR 1983, 262, 263 – Uwe (Name); OLG München GRUR 1960, 394 – Romy (Name); LG München GRUR-RR 2001, 161, 163 (Name).
267 BGH GRUR 1959, 430, 432 – Caterina Valente (Name); BGH GRUR 1981, 846, 847 – Rennsportgemeinschaft (Name, PersR).
268 *Peukert* ZUM 2000, 710, 715.
269 BGH GRUR 1959, 430, 432 – Caterina Valente (Name).
270 EGMR AfP 2015, 323 – Bohlen vs. Germany (Name); EGMR AfP 2015, 327 – Ernst August v. Hannover vs. Germany (Name); BGH GRUR 2008, 1124 – Zerknitterte Zigarettenschachtel (Name); BGH WRP 2008, 1527 Rn. 19 – Schau mal, Dieter (Name).
271 Auch bei fiktiven Figuren: BGH GRUR 2014, 258 – Pippi Langstrumpf-Kostüm (UrhR).

Persönlichkeit ist – unabhängig davon, ob auch noch eine Ehrverletzung mit dem Eingriff verbunden ist – als Ganzes davor geschützt, ohne Einverständnis des Trägers kommerziell eingesetzt zu werden.[272] Im Umfang besteht der gleiche Schutz wie bei einer Bildnis- oder Namensverwertung, da die Intensität der Persönlichkeitsrechtsbeeinträchtigung den anderen Fallkonstellationen in nichts nachsteht.[273]

d) Privatsphäre

98 Mittlerweile als eigener Markt hat sich in den Medien der Einblick in das Privatleben Dritter mittels **Homestories, Exklusivinterviews**[274] oder der Berichterstattung über **Events** wie Hochzeiten, Geburten oder Geburtstage etabliert. Diese Aspekte der Privatsphäre sind zwar weniger deutlich konturiert als die vorgenannten Persönlichkeitsmerkmale, haben sich jedoch **als eigener Werbeträger verselbstständigt.** Geschützt ist die Privatsphäre grundsätzlich über Art. 2 Abs. 1 i.V.m. 1 Abs. 1 GG, wonach jedermann das Recht zukommt, darüber zu entscheiden, ob und wie er in der Öffentlichkeit – über sein Bildnis hinaus – medial in Erscheinung treten will.[275] An seine Grenzen stößt dieses Recht zwar dort, wo ein gewichtiges Informationsinteresse der Öffentlichkeit an einem Thema mit gesellschaftspolitischer Relevanz besteht. In der Regel wird der Umfang der Publizität von Privatem aber ebenso wie die anderen Persönlichkeitsmerkmale durch eine **individuelle Dispositionsbefugnis** gesteuert. Die Privatsphäre ist als eigenständig geschützte Rechtsposition damit ebenfalls als (abstraktes) **Vermögensrecht** zu charakterisieren.

99 Ob der Privatsphäre aber tatsächlich ein **wirtschaftlicher Wert** erwächst, ist nicht derart klar zu bestimmen, wie beim Bildnis oder bei anderen abgrenzbareren Persönlichkeitsmerkmalen. Vielmehr ist dies eine faktische Frage des **konkreten Marktmechanismus.**[276] Entscheidend ist, ob der **Zutritt zu einem bestimmten Bereich** der Privatsphäre oder die öffentliche Erörterung oder Zurschaustellung eines bestimmten Informationsgehaltes aufgrund gesteigerten Interesses hieran üblicherweise nur gegen ein entsprechendes Entgelt gewährt wird. In diesem Fall hat das Persönlichkeitsdetail einen konkreten Vermögenswert, der entsprechend für eine Lizenz von Bedeutung ist. Die nötige **Werbewirkung** mit

---

272 BGH GRUR 1956, 427, 428 – Paul Dahlke (Bildnis); BGH GRUR 1981, 846, 847 – Rennsportgemeinschaft (Name, PersR).
273 OLG Hamburg GRUR 1989, 666 – Heinz Erhard (Stimme).
274 BGH GRUR 1995, 224 – Erfundenes Exclusiv-Interview (PersR).
275 Götting/Schertz/Seitz/*Götting* § 40 Rn. 4.
276 Götting/Schertz/Seitz/*Götting* § 40 Rn. 5.

der Konsequenz, dass diese Gelder auch gewinnbringend bezahlt werden, kommt in der Regel aber nur der Privatsphäre Prominenter zu.

Welche Folgen die unautorisierte Ausnutzung des Werbewertes von Privaten 100 hat, ist bisher zwar nur bezüglich Namens- und Bildnisrechten entwickelt worden, kann auf die Privatsphäre aber in gleicher Weise angewendet werden.[277]

2. Kommerzialisierung des Persönlichkeitsrechts im Rechtsverkehr

Ursprünglich wurden die einzelnen Persönlichkeitsrechte ausschließlich als 101 **Abwehrrechte** ausgestaltet, die dem Betroffenen einen „autonomen Bereich eigener Lebensgestaltung zugestehen, in dem er seine Individualität unter Ausschluss anderer entwickeln und wahrnehmen kann."[278] Kern der allgemeinen und auch besonderen Persönlichkeitsrechte ist damit der **immaterielle Achtungsanspruch**, der unauflöslich mit der Person des Betroffenen verbunden und nicht auf Dritte übertragbar ist.[279] Darüber hinaus weisen die Persönlichkeitsrechte im Hinblick auf die wirtschaftliche Verwertbarkeit der Persönlichkeit aber auch hiervon zu trennende **vermögenswerte Bestandteile** auf.[280] Aufgrund verbesserter technischer Möglichkeiten, etwaige Persönlichkeitsmerkmale zu vervielfältigen und zu verbreiten, hat auch die wirtschaftliche Nutzbarmachung an Ausmaß zugenommen. Insbesondere Identitätsmerkmale werden häufig zum Zweck der **Absatzförderung** von Waren und Dienstleistungen instrumentalisiert.[281] Dabei können die Persönlichkeitsmerkmale an dem Produkt selbst angebracht werden – auf T-Shirts, Aufklebern oder Tragetaschen[282] – oder das Produkt selbst darstellen, wie es z. B. bei Exklusivinterviews[283] der Fall ist. Daneben können auch durch Verwendung des Namens oder der Stimme Empfehlungen von populären Personen für ein Produkt oder Dienstleister ausgespro-

---

277 *Hoppe* Persönlichkeitsschutz durch Haftungsrecht, 2001, S. 73; *Wandtke* GRUR 2000, 942, 947.

278 BGH GRUR 1996, 923, 925 – Caroline von Monaco II (Bildnis).

279 BGH GRUR 1968, 552, 554 – Mephisto (PersR); BGH GRUR 2000, 709, 712 – Marlene Dietrich (Bildnis, Name); BGH GRUR 2000, 715, 716 – Der blaue Engel (Bildnis); Dreier/Schulze/*Specht* § 22 KUG Rn. 37; Götting/Schertz/Seitz/*Götting* § 10 Rn. 1, 16; Wandtke/*Boksanyi* Band 4, Teil 3 Kap. 2 § 1 Rn. 2; Wandtke/Bullinger/*Fricke* § 22 KUG Rn. 12.

280 Endgültig anerkannt wurde diese Trennung in BGH GRUR 2000, 709, 712 – Marlene Dietrich (Bildnis, Name); BGH GRUR 2000, 715, 716 – Der blaue Engel (Bildnis); BVerfG GRUR 2006, 1049 – Werbekampagne mit blauem Engel (Bildnis); in diese Richtung bereits BGH GRUR 1968, 552, 554 – Mephisto (PersR); RGZ 74, 308, 311 – Graf Zeppelin (Name, Bildnis).

281 *Ahn* Der vermögensrechtliche Zuweisungsgehalt des Persönlichkeitsrecht, S. 20.

282 BGH GRUR 1987, 128 – Nena (Bildnis).

283 BGH GRUR 1995, 224 – Erfundenes Exclusiv-Interview (PersR).

chen werden. Diese Vermarktungspraxis ist mittlerweile derart weit verbreitet, dass jegliche Personen mit Öffentlichkeitsbezug, Politiker, Teilnehmer an Fernsehformaten, sogar Päpste, hiervon betroffen sind.[284] Letztlich soll hierdurch eine gewisse **Gütevorstellung ausgelöst** werden, so dass Persönlichkeitsdetails in nicht unerheblichem Umfang zur **Wertschöpfung** eines Produktes beitragen können.[285]

102   Es entspricht damit der Lebenswirklichkeit, dass sich die persönlichen Merkmale von ihrem Träger lösen können und damit de facto zum **Gegenstand des Rechtsverkehrs** werden.[286] Hiermit einher geht ein starkes **praktisches Bedürfnis**, dass der Einzelne grundsätzlich auch in der freien Entscheidung darüber geschützt wird, ob und unter welchen Voraussetzungen er seine kennzeichnenden Persönlichkeitsmerkmale selbst gewinnbringend einsetzen oder den Geschäftsinteressen eines Dritten dienstbar machen will.[287] Höchstrichterlich anerkannt ist, dass dem Träger bei unbefugter Verwendung seiner kennzeichnenden Persönlichkeitsmerkmale, unabhängig von der Schwere des Eingriffs, **Bereicherungs- oder Schadensersatzansprüche** zustehen.[288] Für eine Lizenzierung ist jedoch nicht die Abwehr unerwünschter Kommerzialisierung von Interesse, sondern vielmehr die rechtliche **Absicherung einer bewusst angestrebten Eigenvermarktung.**[289]

---

284 *Ahn* Der vermögensrechtliche Zuweisungsgehalt des Persönlichkeitsrechts, S. 21 m.w.N.

285 Götting/Schertz/Seitz/*Schertz* § 39 Rn. 3.

286 *Ullmann* in: Beuthien, Persönlichkeitsgüterschutz vor und nach dem Tode, 2002, S. 18, 22; *Peukert* ZUM 2000, 710, 719; *Unseld* GRUR 2011, 982, 984.

287 BGH GRUR 1956, 427, 428 f. – Paul Dahlke (Bild); BGH GRUR 1981, 846, 847 – Rennsportgemeinschaft (Name); BGH GRUR 2000, 709, 712 – Marlene Dietrich (Bildnis, Name); *Götting* GRUR Int. 2015, 657, 663; *Ohly* Volenti non fit iniuria – Die Einwilligung im Privatrecht, 2002, S. 152; *Wandtke* GRUR 2000, 942, 948 f.

288 BGH GRUR 1956, 427, 429 – Paul Dahlke (Bildnis); BGH GRUR 1959, 430, 432 – Caterina Valente (Name); BGH GRUR 1961, 138, 140 – Familie Schölermann (Bildnis); BGH GRUR 1979, 732, 734 – Fußballtor (Bildnis); BGH GRUR 1992, 557, 558 – Talkmaster-Foto (Bildnis); BGH GRUR 2000, 709, 713 – Marlene Dietrich (Bildnis, Name); BGH GRUR 2008, 1124 f. Rn. 11 – Zerknitterte Zigarettenschachtel (Name). Demgegenüber verneint der BGH, dass die aus einer Persönlichkeitsrechtsverletzung resultierenden Geldentschädigungsansprüche vererbt werden können (BGH GRUR 2014, 702 – Berichterstattung über trauernden Entertainer (PersR), bestätigt durch BGH ZUM-RD 2017, 386 Rn. 4 (PersR)), auch wenn der Anspruch noch zu Lebzeiten des Geschädigten anhängig oder rechtshängig geworden ist, BGH NJW 2017, 3004 Rn. 12 ff. (PersR).

289 *Peukert* Güterzuordnung als Rechtsprinzip, S. 175.

Herbort

Ob und wie die kommerziell verwertbaren Persönlichkeitsmerkmale **auf** 103
Dritte übertragen werden können, ist jedoch nicht abschließend geklärt.[290] In
frühen Entscheidungen des BGH wurden die **vermögenswerten Bestandteile**
bereits als Ausschließlichkeitsrechte eingeordnet, was grundsätzlich auch eine
freie Übertragbarkeit nahe legt.[291] Die vertretenen Gegenstimmen[292] sind seit
der „Marlene"-Entscheidung, in welcher ausdrücklich anerkannt wurde, dass die
vermögenswerten Persönlichkeitsrechte zumindest vererblich sind, nur noch
schwer haltbar. Offen gelassen hat der BGH allerdings die Frage, ob eine **Übertragung auch unter Lebenden** frei möglich ist.[293] Dies ist aus verfassungs-
rechtlicher Sicht zwar nicht zwingend geboten,[294] eine Verneinung der Frage
ginge in ihrer Wertung jedoch gänzlich an den **faktischen Gegebenheiten des
Marktgeschehens** und auch den Interessen der Merkmalsträger vorbei.[295] Im
Übrigen wäre diese Handhabung inkonsequent angesichts dessen, dass vermögenswerten Persönlichkeitsmerkmalen seitens der Rechtsprechung ausdrücklich
ein **bereicherungsrechtlicher Zuweisungsgehalt** zugesprochen wurde. Von einer **grundsätzlichen Übertragbarkeit** von Persönlichkeitsmerkmalen unter Lebenden ist daher auszugehen.[296]

Nach wie vor ungeklärt ist jedoch, in welchem **Umfang eine Lizenzver-** 104
gabe möglich ist. Während technische Schutzrechte, Marken oder das Recht an
einem Design bereits nach dem Gesetzeswortlaut der vollständigen dinglichen
Übertragung auf einen Dritten zugänglich sind, ist dies aufgrund der ungleich-
artigen Regelungsgegenstände nicht in entsprechendem Umfang für Persönlichkeitsmerkmale anzunehmen. Vielmehr muss für Persönlichkeitsrechte zwischen
schuldrechtlichen und dinglichen Lizenzen unterschieden werden, da die

---

290 Grundlegend zu Übertragung persönlichkeitsrechtlicher Befugnisse sowie der anzustre-
benden Reichweite einer Kommerzialisierung, *Ohly* Volenti non fit iniuria – Die Einwilligung im
Privatrecht, S. 151–161.
291 BGH GRUR 1956, 427, 429 – Paul Dahlke (Bildnis); BGH GRUR 1968, 552, 554 – Mephisto
(PersR); BGH GRUR 1992, 557, 558 – Talkmaster-Foto (Bildnis); offen gelassen in BGH GRUR 1987,
128 – Nena (Bildnis).
292 Wegen des persönlichkeitsrechtlichen Charakters schlechthin unübertragbar: *Schack* AcP
195 (1995), 594, 600; *Pietzko* AfP 1988, 209, 216 ff.; ursprünglich auch *Helle* Besondere Persönlichkeitsrechte im Privatrecht, 1991, S. 51 f., nunmehr aber offenbar a. A., siehe *ders.* AfP 2013, 288.
293 BGH GRUR 2000, 709, 712 – Marlene Dietrich (Bildnis, Name).
294 BVerfG GRUR 2000, 446 – Caroline von Monaco (Bildnis).
295 In diesem Sinne schon *Lausen* ZUM 1997, 86, 92; Dreier/Schulze/*Specht* § 22 KUG Rn. 36.
296 Dreier/Schulze/*Specht* § 22 KUG Rn. 36; *Beuthien* NJW 2003, 1220, 1222; *Peukert* ZUM 2000,
710, 719 f.; *Unseld* GRUR 2011, 982, 984 f.; *Wandtke* GRUR 2000, 942, 949; so bereits vor der
„Marlene"-Entscheidung *Beuthien/Schmölz* K&R 1999, 397; *Ernst-Moll* GRUR 1996, 558, 562; *Forkel*
GRUR 1988, 491, 499; *Hahn* NJW 1997, 1348, 1350; *Lausen* ZUM 1997, 86, 92; *Ullmann* AfP 1999, 209,
210 f.; kritisch *Peifer* GRUR 2002, 495, 499.

ideellen und vermögensrechtlichen Belange hier – entsprechend dem **monistischen Modell** des Urheberrechts – ineinandergreifen.[297] Eine völlige Loslösung der Persönlichkeitsmerkmale von seinem Träger – selbst wenn nur vermögenswerte Teile verwertet werden sollen – ist daher nicht möglich.[298] Zu Recht weitestgehend anerkannt ist aber, dass die Persönlichkeit **in Gestalt schuldrechtlicher Lizenzen** vermarktet werden kann.[299] Dies ist die am wenigsten einschneidende und zugleich interessengerechteste Variante, da das abgeleitete Recht unter der **Kontrolle des Merkmalsträgers** bleibt, auf diese Weise aber zumindest überhaupt darüber verfügt werden kann.[300] Ein Rückgriff auf die modellhaften Regelungen des Urheberrechts nach §§ 31 ff. UrhG, wonach bei gewandelter Überzeugung sogar ein Rückruf möglich ist, vgl. § 42 UrhG, und die Weiterübertragung von einer Zustimmung abhängig gemacht wird, vgl. § 34 Abs. 1 S. 1 UrhG, wird bereits seit längerer Zeit vertreten[301] und würde in begrüßenswerter Weise für mehr Rechtssicherheit sorgen.

II. Formate

105 In der Praxis werden Lizenzen auch zur Verwendung von Showformaten vergeben, wie z. B. im Falle von *„Deutschland sucht den Superstar"* und *„Wer wird Millionär?"*. Unter einem **Format** ist die Gesamtheit aller charakteristischen Merkmale zu verstehen, die eine Grundstruktur der verschiedenen Folgen prägen und damit zugleich dem Publikum ermöglichen, sie als Teil einer Sendereihe einzuordnen.[302] Diese Merkmale sind etwa der Titel, das Logo, der den Gesamtablauf bestimmende Grundgedanke, die Art und Weise einer Moderation, die Benutzung bestimmter auffallender Sprachwendungen, die Ausstattung, die Dauer sowie ein bestimmter Stil der Kameraführung, der Beleuchtung und des Schnitts einer Sendung.[303] Während in der Literatur die **urheberrechtliche Schutzfähigkeit** von Formaten umstritten ist, hat der BGH das Vorliegen eines Werkes i. S. d. § 2 UrhG abgelehnt, weil ein solches lediglich das Ergebnis der

---

297 Götting/Schertz/Seitz/*Götting* § 10 Rn. 16; *Forkel* GRUR 1988, 491, 497.

298 *Unseld* GRUR 2011, 982, 985.

299 BGH GRUR 1993, 151, 152 (Name).

300 Dreier/Schulze/*Specht* § 22 KUG Rn. 36; *Forkel* GRUR 1988, 491, 497; *Helle* AfP 2013, 288; *Wandtke* GRUR 2000, 942, 949.

301 Götting/Schertz/Seitz/*Götting* § 10 Rn. 16; *Forkel* GRUR 1988, 491, 499; *Lausen* ZUM 1997, 86, 92 f.; *Unseld* GRUR 2011, 982, 986.

302 BGH GRUR 2003, 876, 877 – Sendeformat (UrhR).

303 Vgl. BGH GRUR 2003, 876, 877 – Sendeformat (UrhR).

schöpferischen Formung eines bestimmten Stoffs sein kann, nicht hingegen in einer „vom Inhalt losgelösten bloßen Anleitung zur Formgestaltung gleichartiger anderer Stoffe" liege.[304] Dies steht im Einklang mit dem Grundsatz, dass Idee[305] sowie Stil, Technik und Methode der Darstellung[306] nicht schutzfähig sind. Zwar kann die einem Roman oder Drehbuch und damit einer Fernsehserie zugrunde liegende **Fabel**, also der Handlungsgegenstand oder Erzählstoff, schutzfähig sein.[307] Showformate stellen jedoch regelmäßig **keine fiktive Welt** dar, so dass keine inhaltlichen Elemente zu einer Verbindung der einzelnen Sendungen führen.[308] In Betracht gezogen wird ein Urheberschutz aber wiederum bei Dokumentationsserien mit hohem Inszenierungsgrad wie bei sog. Doku-Soaps, da ein hinreichender Gestaltungsspielraum verbleibe.[309]

Möglich ist jedenfalls, dass einzelne Elemente eines Formats Schutz genießen, wie etwa die Musik sowie die (grafische) Gestaltung von Einspielfilmen oder der Kulisse. Ferner ist der **Titel** eines Showformats nach § 5 Abs. 3 MarkenG geschützt. Ein **lauterkeitsrechtlicher Schutz** über § 4 Nr. 3 UWG wurde von der Rechtsprechung hingegen nur selten gewährt.[310] Entsprechendes ist für Nr. 13 des Anhangs zu § 3 Abs. 3 UWG anzunehmen. **106**

III. Veranstaltungen

Lizenzen werden außerdem auch zur **audiovisuellen Übertragung** von Veranstaltungen, vor allem Sportveranstaltungen, eingeräumt. Dabei besteht trotz der praktischen Relevanz und finanziellen Bedeutung für die Medienlandschaft eine gewisse Rechtsunsicherheit. Es gibt für die Veranstaltung an sich nämlich regelmäßig **kein** – etwa dem Urheberrecht vergleichbares – **absolutes Schutz-** **107**

---

304 Vgl. BGH GRUR 2003, 876, 878 – Sendeformat (UrhR); i.E. ebenso schon BGH GRUR 1981, 419, 420 – Quizmaster (UrhR); a. A. *Heinkelein/Fey* GRUR Int. 2004, 378, 383 f. auch mit Nachweisen zu weiterer Rspr.
305 Vgl. zur Show-Idee OLG München ZUM 1999, 244, 246 f. – Augenblix (UrhR).
306 Vgl. dazu BGH GRUR 1977, 547, 550 – Kettenkerze (GeschmMR); Schricker/Loewenheim/ *Loewenheim* § 2 UrhG Rn. 71.
307 OLG München GRUR 1990, 674, 675 f. – Forsthaus Falkenau (UrhR); zur Fabel s. auch BGH GRUR 1999, 984, 987 – Laras Tochter (UrhR).
308 BGH GRUR 2003, 876, 878 – Sendeformat (UrhR).
309 So Fezer/Büscher/Obergfell/*Hertin* Formatschutz (S 6) Rn. 33.
310 Vgl. etwa OLG München ZUM 1999, 244, 247 f. (UrhR); OLG München NJW-RR 1993, 619; OLG München GRUR 1990, 674, 676 – Forsthaus Falkenau (UrhR) zu § 1 UWG a. F.; LG Münster BeckRS 2010, 16557 zum Konzept einer Restaurantkette; offen gelassen von BGH GRUR 2003, 876, 878 – Sendeformat (UrhR); s. dazu auch *Eickmeier/Fischer-Zernin* GRUR 2008, 755, 757 f.

recht, das lizenziert werden könnte.[311] Vielmehr ergibt sich eine äußerst komplexe Rechtslage. Dies ist unbefriedigend, wenn man sich vor Augen führt, dass allein die Vereine der Bundesliga im deutschen Profifußball aus dem Verkauf der Fernsehübertragungsrechte 1,159 Mrd. EURO in der Saison 2017/2018 erwirtschafteten.[312]

1. Gegenstand und Form der medialen Übertragung

108   Vereinbarungen über **„Übertragungsrechte"** bedeuten die entgeltliche Erteilung der Erlaubnis gegenüber Dritten, Veranstaltungen aufzuzeichnen, live oder zeitversetzt auszustrahlen und gewerblich zu verwerten.[313] Dabei werden in der Praxis häufig Exklusivrechte eingeräumt. Für die rechtliche Einordnung dieser Lizenzen[314] muss zunächst einerseits nach dem **Gegenstand** und andererseits nach der **Form** der Medienübertragung differenziert werden.

109   Die größte wirtschaftliche Bedeutung kommt **Sportveranstaltungen**, insb. Fußballspielen, zu. In Deutschland haben sich die Sportclubs der Bundesliga und der 2. Bundesliga der Männer zur DFL (Die Liga – Fußballverband e.V.) zusammengeschlossen. Diese wiederum vermarktet die Rechte zur audiovisuellen Übertragung durch eine Tochtergesellschaft, die Sportcast GmbH. Die Rundfunkunternehmen greifen bei der Fernsehübertragung auf das von diesem Unternehmen bereitgestellte Basissignal zurück und ergänzen es. Sie treten insofern also nicht in direkten vertraglichen Kontakt mit den Clubs. Kennzeichnend für derartige Sportereignisse ist, dass die Betrachtung der Veranstaltung nur durch das Betreten der abgeschlossenen Sportstätte möglich ist. Bei anderen Sportver-

---

311 Ein Leistungsschutzrecht de lege ferenda hält der EuGH für möglich, vgl. EuGH GRUR 2012, 156 Rn. 100 – Premier League (UrhR); dafür Wandtke/Ohst/*Frisch* Band 3 Kap. 5 Rn. 20; *Fezer* WRP 2012, 1321, 1328 f.; skeptisch hingegen *Heermann* WRP 2012, 132 (138); umfassend *Heermann* GRUR 2012, 791; *ders.* GRUR 2015, 232; *Hilty/Henning-Bodewig* Leistungsschutzrechte zugunsten von Sportveranstaltern?, 2007, passim; *Paal*, Leistungs- und Investitionsschutz für Sportveranstalter, 2014, passim. Der zwischenzeitliche Vorschlag zum Leistungsschutzrecht für Sportveranstalter in einem Art. 12a der Richtlinie über das Urheberrecht im digitalen Binnenmarkt (COM(2016) 0593 – C8–0383/2016 – 2016/0280(COD), vgl. http://www.europarl.europa.eu/doceo/document/ A-8-2018-0245_DE.html?redirect#title1) hat sich nicht durchgesetzt. Der EuGH hat jedoch entschieden, dass nationale Rechtsordnungen den Sendeunternehmen Ausschließlichkeitsrechte gewähren können, die Direktübertragungen von Sportveranstaltungen über das Internet umfassen, sofern dies nicht den Schutz der Urheberrechte beeinträchtigt, vgl. EuGH GRUR 2015, 477 Rn. 37 – C More Entertainment AB/Sandberg.
312 Vgl. https://de.statista.com/statistik/daten/studie/6750/umfrage/entwicklung-der-tv-einnah men-der-bundesliga/.
313 Wandtke/Ohst/*Frisch* Band 3 Kap. 5 Rn. 10; *Hausmann* BB 1994, 1089, 1091.
314 Dazu allgemein 3. Kapitel Rn. 1 ff.

anstaltungen, etwa bei einem Fahrradrennen oder Marathonlauf, müssen Zuschauer hingegen keine Eintrittskarte erwerben, sondern können das Ereignis von frei zugänglichen Orten verfolgen.

Die klassische **Form** der zur Sportveranstaltung zeitlich parallelen Medien- 110 übertragung sind das Fernsehen und das Radio. Aber auch Live-Ticker im Internet erfreuen sich großer Beliebtheit. Außerdem wird in anderen Medien, etwa Printmedien wie Zeitungen, im Anschluss an das Ereignis zusammenfassend berichtet.

Inwiefern durch diese Übertragung und Berichterstattung Rechte überhaupt 111 beeinträchtigt werden und wer als Inhaber dieser Rechte in Betracht kommt, ist Gegenstand einer andauernden rechtswissenschaftlichen Diskussion.

2. Übertragungsrechte als schuldrechtliche Gestattungen

Geht man davon aus, dass kein absolutes Schutzrecht existiert, an dem Lizen- 112 zen eingeräumt werden können (wie etwa gemäß § 31 UrhG, § 30 MarkenG), sind „Übertragungsrechte" lediglich als **Einwilligung in den Eingriff eines Rechts** oder als **Verzicht auf die Geltendmachung von Verbotsansprüchen** zu deuten.[315] Werden **„Exklusivrechte"** vereinbart, kommt der Erlaubnis somit keine etwa dem § 31 Abs. 3 UrhG vergleichbare Wirkung gegen Dritte (erga-omnes-Wirkung) zu, sondern der Veranstalter verpflichtet sich lediglich gegenüber seinem Vertragspartner, keine weiteren Rechte einzuräumen.[316] Folglich kann zwischen mehreren Vertragsabschlüssen keine Priorität gelten, sondern die Übertragungsrechte mehrerer Berechtigter sind gleichwertig.[317] Werden diese Ansprüche gerichtlich durchgesetzt und existieren mehrere, sich widersprechende Titel, ist dieses Problem auf vollstreckungsrechtlicher Ebene zu lösen. Faktisch kann der Schuldner dann nur einen Gläubiger befriedigen und muss dem anderen Schadensersatz wegen Nichterfüllung zahlen.[318]

a) Hausrecht

Der BGH sieht die rechtliche Grundlage der Übertragungsrechte im Hausrecht 113 des Veranstalters, das sich aus dessen **Eigentum bzw. Besitz** am Grundstück des

---

315 BGH GRUR 2011, 436 Rn. 21 – Hartplatzhelden.de; BGH GRUR 1990, 702, 705 – Sportübertragungen (KartellR); OLG München GRUR-RR 2017, 355 Rn. 38 – Videoberichterstattung im Amateurfußball (UWG).
316 BGH GRUR 1990, 702, 706 – Sportübertragungen (KartellR).
317 OLG Hamburg GRUR-RR 2007, 181, 184 – Slowakischer Fußball (UrhR).
318 OLG Hamburg GRUR-RR 2007, 181, 185 f. – Slowakischer Fußball (UrhR).

Veranstaltungsortes ableitet.[319] Das Hausrecht ermöglicht seinem Inhaber zunächst die Kontrolle über sein Eigentum bzw. seinen Besitz und damit die Aufrechterhaltung der Ordnung (**Ordnungsfunktion**), also auch die freie Entscheidung über den Zutritt, so dass die Zutrittsgestattung von Bedingungen abhängig gemacht werden kann.[320] Da bei Fußballspielen das Hausrecht den Clubs zusteht, räumen diese der Sportcast GmbH die Befugnis zur Vergabe von entsprechenden Befugnissen an Medienunternehmen ein.

114   Dieses Abstellen des BGH auf das Hausrecht steht in Einklang mit seiner Rechtsprechung, nach der das Fotografieren eines auf einem fremden Grundstück errichteten Gebäudes und das Verwerten dieser Fotografien das Eigentum an dem Grundstück beeinträchtigen, sofern das Grundstück zur Anfertigung der Fotografien betreten wird, wenngleich die Sachsubstanz unberührt bleibt und der Eigentümer nicht daran gehindert wird, mit dem Grundstück weiterhin nach Belieben zu verfahren.[321] Demgegenüber verletzt die Darstellung von Ausschnitten eines Amateurfußballspiels im Internet durch Zuschauer, die das Gelände betreten durften und das Spiel gefilmt und diese Aufnahme öffentlich zugänglich gemacht haben, nicht ohne Weiteres das Hausrecht.[322]

115   Die Konsequenz aus dem Abstellen auf das Hausrecht ist ferner, dass **kein Schutz** gegenüber Aufnahmen besteht, die von einem Standort außerhalb der Veranstaltungsstätte geschaffen werden, und dass das Hausrecht Veranstaltern von Sportereignissen auf nicht eng umgrenzter Fläche (z. B. Marathonlauf) daher nur bedingt hilft.[323] Außerdem können Ansprüche allenfalls gegen die übertragenden Medienunternehmen, nicht jedoch gegen diese Übertragung konsumierende Dritte (z. B. Nutzer von Streaming-Angeboten) bestehen.[324] Überwiegend wird auch ein **nachwirkendes Hausrecht** verneint, so dass keine Verbotsansprüche gegen unbefugt angefertigte Aufnahmen bestehen, die die Sphäre des

---

319 BGH GRUR 2006, 249 Rn. 23 ff. – Hörfunkrechte (KartellR); BGH GRUR 1990, 702, 705 – Sportübertragungen (KartellR); krit. *Beater* AfP 2008, 345, 345.
320 BGH GRUR 2006, 249 Rn. 24 f. – Hörfunkrechte (KartellR); OLG München GRUR-RR 2017, 355 Rn. 40, 43 – Videoberichterstattung im Amateurfußball (UWG); *Fezer* WRP 2012, 1173, 1178.
321 BGH GRUR 2011, 323 Rn. 10 f. – Preußische Gärten und Parkanlagen.
322 Vgl. BGH GRUR 2011, 436 Rn. 22 – Hartplatzhelden.de.
323 Wandtke/Ohst/*Frisch* Band 3 Kap. 5 Rn. 12; *Sack* GRUR 2016, 782, 787; *Kainer* Sportveranstalterrecht, S. 145 ff. *Heermann* WRP 2012, 17, 19 f.; *ders.* GRUR 2015, 232, 235, relativiert diesen Einwand, da eine Akkreditierung von Fernsehteams auch bei großflächigen Veranstaltungen für die wichtigen Aufnahmebereiche möglich sei.
324 *Heermann* WRP 2012, 17, 18; *Zurth* InTeR 2014, 135, 138; anderes gilt nach Auffassung des EuGH bei urheberrechtlichem Schutz, vgl. EuGH GRUR 2017, 610 Rn. 69 ff. – Stichting Brein/Wullems.

Hausrechtsinhabers verlassen haben.[325] Das Hausrecht wirkt nur präventiv, nicht repressiv.[326]

Die **Intensität des Eingriffs** in das Hausrecht hängt von der Form der 116 Übertragung ab. Die Berichterstattung live mittels Hörfunk wiegt schwerer beispielsweise als das Zuschauen eines Journalisten, der anschließend einen zusammenfassenden Bericht schreibt.[327] Für Letzteres ist daher kein besonderes Entgelt zu entrichten. Dies gilt auch für den Live-Ticker, weil der Unterhaltungswert hier kaum vermittelt und somit der Veranstalter in seiner Verwertung nicht maßgeblich gehindert wird.[328] Eine unter Verletzung des Eigentumsrechts erfolgte Informationserlangung und -verwertung lässt sich sachenrechtlich nicht sanktionieren.[329]

b) Wettbewerbsrechtlicher Leistungsschutz

In Betracht kommt auch ein wettbewerbsrechtlicher Schutz. Es besteht ein 117 **Wettbewerbsverhältnis** zwischen einem Medienunternehmen und dem Veranstalter.[330] Jedoch bedeutet die Aufzeichnung einer Veranstaltung noch **keine Nachahmung** i. S. d. § 4 Nr. 3 UWG.[331] Die öffentliche Wiedergabe von Veranstaltungen kann nach § 3 Abs. 1 UWG allenfalls unlauter sein, wenn das Hausrecht verletzt wurde oder der Veranstalter in seiner Verwertungsmöglichkeit und in seinem wesenseigenen Tätigkeitsbereich beeinträchtigt wird.[332] Der BGH bejahte einen Verstoß gegen § 1 UWG a.F. durch die Tonbandaufnahme einer gewerblich durchgeführten Unterhaltungsdarbietung.[333]

---

325 *Heermann* WRP 2012, 17, 19.
326 *Fezer* WRP 2012, 1173, 1179; *Winter* ZUM 2003, 531, 538.
327 Vgl. BGH GRUR 2006, 249 Rn. 28 – Hörfunkrechte (KartellR).
328 Wandtke/Ohst/*Frisch* Band 3 Kap. 5 Rn. 151.
329 OLG München BeckRS 2015, 119932 Rn. 33.
330 Vgl. BGH GRUR 1963, 575, 576 – Vortragsabend; OLG Stuttgart MMR 2009, 395, 395 – Hartplatzhelden.de; OLG München ZUM-RD 1997, 290, 292.
331 BGH GRUR 2011, 436 Rn. 16 f. – Hartplatzhelden.de: eigenständige Leistung; ebenso *Peukert* WRP 2010, 316, 318 ff.; für einen lauterkeitsrechtlichen Schutz hingegen *Fezer* WRP 2012, 1321, 1325 f.; differenzierend Fezer/Büscher/Obergfell/*Becker* Veranstaltungsschutzrecht (S. 16) Rn. 43.
332 Vgl. BGH GRUR 2011, 436 Rn. 19 f. – Hartplatzhelden.de; siehe auch *Dittl* Unentgeltliche Kurzberichterstattung über Sportveranstaltungen im Fernsehen, S. 59 ff.; *Kainer* Sportveranstalterrecht, S. 224 ff.
333 Vgl. BGH GRUR 1963, 575, 576 – Vortragsabend.

c) Eingerichteter und ausgeübter Gewerbebetrieb

118 Subsidiär zum UWG wird ein Eingriff in das Recht am eingerichteten und ausgeübten Gewerbebetrieb des Veranstalters in Betracht gezogen.[334]

3. Urheberrecht und urheberrechtlicher Leistungsschutz

119 Auf Grund der Schwächen des schuldrechtlichen Schutzes ist für den Veranstalter das Urheberrecht von großem Interesse. Die Veranstaltung an sich stellt kein urheberrechtliches Werk dar.[335] Veranstaltungen der Darbietungen von ausübenden Künstlern (z. B. Konzerte) sind gemäß § 81 UrhG geschützt (**Leistungsschutzrecht des Veranstalters**). Ausübender Künstler ist aber nur, wer ein Werk oder eine Ausdrucksform der Volkskunst darbietet (§ 73 UrhG). Vor allem Sportler tun dies nicht,[336] weshalb § 81 UrhG für Sportveranstaltungen ausscheidet. Auch ein Leistungsschutzrecht aus § 87 UrhG (**Sendeunternehmer**) erwirbt der Veranstalter nicht, weil er sich nicht mit eigener Sendetätigkeit unmittelbar an die Öffentlichkeit wendet.[337]

120 Heutzutage erfolgt jedoch regelmäßig – auch bei einer Liveübertragung – eine kurzzeitige **technische Fixierung der Aufnahme**, die dann wiederum nur minimal zeitversetzt gesendet wird. Zu fragen ist also, inwiefern diese Fixierung urheberrechtlichen Schutz genießt. Hier wird sogar teilweise für die Übertragung von Bundesligaspielen ein Werkschutz nach § 2 Abs. 1 Nr. 6 UrhG auf Grund der Möglichkeiten, die die moderne Aufzeichnungs- und Bildbearbeitungstechnik bietet, befürwortet.[338] Da der Gegenstand der aufnehmenden Kameraführung jedoch weitgehend durch das Spielgeschehen bestimmt wird, begegnet dies Bedenken.[339] Lehnt man den Werkschutz ab, besteht dennoch ein Schutz der Erstfixierung von **Laufbildern** (§§ 95, 94 UrhG).[340] Filmhersteller in diesem Sinne und

---

334 So OLG München ZUM-RD 1997, 290, 293. *Beater* AfP 2008, 345, 346, befürwortet sogar den Vorrang dieses Rechts gegenüber dem Hausrecht und dem lauterkeitsrechtlichen Schutz.

335 Vgl. EuGH GRUR 2012, 156 Rn. 98 f. – Premier League.

336 Insbesondere ist das Fußballspiel kein urheberrechtlich geschütztes Werk, s. 2. Kapitel Rn. 37; differenzierend für eSportler *Brtka* GRUR-Prax 2017, 500, 501.

337 *Bullinger/Jani* ZUM 2008, 897, 898; *Kainer* Sportveranstalterrecht, S. 123 ff.; a. A. LG Frankfurt a. M. ZUM 2016, 67, 68.

338 So etwa *Bullinger/Jani* ZUM 2008, 897 899; ebenso LG Frankenthal BeckRS 2019, 24116 Rn. 22; LG Frankfurt a. M. ZUM 2016, 67, 68; LG Bremen, Urt. v. 30.5.3013, 7 O 1648/12, Rn. 19; LG Bielefeld BeckRS 2011, 24901; zumindest für Teilpassagen *Ratjen/Langer* ZUM 2012, 299, 300.

339 *Heermann* WRP 2012, 132, 133.

340 Wandtke/Ohst/*Frisch* Band 3 Kap. 5 Rn. 104; *Bullinger/Jani* ZUM 2008, 897, 899; *Ratjen/Langer* ZUM 2012, 299, 300.

Zurth

damit Rechteinhaber ist für die Bundesligaübertragung die Sportcast-GmbH.[341] Sofern die Aufnahme hingegen vom Fernsehunternehmen durchgeführt wird, mag dieses der Filmhersteller sein.[342] Kritisiert wird daran jedoch neben einer Ungleichbehandlung mit der echten Liveübertragung, dass durch die Fixierung keine schutzwürdige organisatorische und wirtschafte Leistung erfolgt.[343]

Beachtet werden muss ferner, dass eine zur Verfügung gestellte **Auftaktse-** **quenz**, **abgespielte Hymnen** und verschiedene **Grafiken** urheberrechtlichen Schutz genießen können.[344] Der Kommentar eines Reporters wird jedoch regelmäßig nicht als Sprachwerk (§ 2 Abs. 1 Nr. 1 UrhG) schutzfähig sein.[345]   121

4. Kein Anspruch von Rundfunkunternehmen auf Zutritt

Medienunternehmen haben **keinen Anspruch aus Kartell- oder Verfassungsrecht auf Zutritt** zu den Veranstaltungen und Erlaubnis der Übertragung. Sie müssen daher **Lizenzen** erwerben. Wenngleich Sportereignissen eine wichtige gesellschaftliche Funktion zukommt, weil sich aus ihnen Identifikationsmöglichkeiten ergeben und sie Gegenstand einer breiten Kommunikation in der Bevölkerung sind, hat der BGH einen Anspruch aus Art. 5 Abs. 1 S. 2 GG abgelehnt.[346] Außerdem nutze der Veranstalter seine marktbeherrschende Stellung nicht i. S. v. § 19 GWB missbräuchlich aus, wenn er für die mediale Übertragung ein Entgelt verlangt. Ebenso begeht der Veranstalter keine unlautere gezielte Mitbewerberbehinderung i. S. v. § 4 Nr. 4 UWG, wenn er die Akkreditierung zur Fernsehübertragung von der Zahlung eines Entgelts oder der Zurverfügungstellung für das eigene Videoportal abhängig macht.[347]   122

5. Übertragung von Großereignissen als „Zwangslizenz" (§ 4 RStV)

Rechte haltende Pay-TV-Fernsehsender müssen frei empfangbaren Sendern die Fernsehübertragung von Ereignissen von erheblicher gesellschaftlicher Bedeutung zu angemessenen Bedingungen ermöglichen (§ 4 Abs. 1 RStV). § 4 Abs. 2 RStV   123

---

341 *Bullinger/Jani* ZUM 2008, 897, 900. Ob die DFL unmittelbar als Hersteller behandelt werden kann, ist str., s. dazu *Heermann* WRP 2012, 132, 134.
342 Vgl. OLG München ZUM-RD 1997, 290, 293.
343 So *Ratjen* Verwertungsrechte an aufgezeichneten Sportveranstaltungen, S. 36 f.
344 EuGH GRUR 2012, 156 Rn. 149 – Premier League.
345 *Ratjen* Verwertungsrechte an aufgezeichneten Sportveranstaltungen, S. 3.
346 BGH GRUR 2006, 249 Rn. 30 – Hörfunkrechte (KartellR).
347 OLG München GRUR-RR 2017, 355 Rn. 34 ff. – Videoberichterstattung im Amateurfußball (UWG); vgl. auch OLG München GRUR-RR 2019, 67 – Videoberichterstattung im Amateurfußball II.

enthält eine Aufzählung derartiger Großereignisse. Dazu gehört z. B. das Endspiel des DFB-Pokals. In der Praxis haben frei empfangbare Sender jedoch überwiegend ohnehin die einschlägigen Rechte inne. Hingegen wird die Champions League mittlerweile nur noch im Pay-TV übertragen. Allerdings setzt § 4 Abs. 2 Nr. 5 RStV für das Finalspiel eine deutsche Beteiligung voraus, die dort in letzter Zeit leider zur Rarität verkommen ist.

6. Kurzberichterstattung als „gesetzliche Lizenz" (§ 5 Abs. 1 RStV)

124 Keiner Lizenz bedarf ein Fernsehunternehmen für eine Kurzberichterstattung über Veranstaltungen und Ereignisse, die öffentlich zugänglich und von allgemeinem Informationsinteresse sind (§ 5 Abs. 1 RStV). Für die Ausübung des Rechts auf Kurzberichterstattung kann der Veranstalter das allgemein vorgesehene Eintrittsgeld sowie Ersatz seiner entstandenen Aufwendungen verlangen (§ 5 Abs. 6 RStV). Wird die Veranstaltung berufsmäßig durchgeführt, steht dem Veranstalter jedoch ein billiges Entgelt zu (§ 5 Abs. 7 RStV).

---

125 **Wiederholungsfragen**
1. **In welchen Fällen darf das Bildnis oder der Name einer Person auch ohne deren Einwilligung zu Werbezwecken genutzt werden? Rn. 94 und 96**
2. **Inwiefern kommt ein Schutz von Veranstaltungen nach dem UrhG in Betracht? Rn. 115 ff.**

---

3. Kapitel: Vertragsrecht (Lizenzvertrag und Lizenz)

Vertiefungsliteratur (Auswahl): *Adolphsen/Daneshzadeh Tabrizi*, Zur Fortwirkung zurückgerufener Nutzungsrechte, GRUR 2011, 384; *Ahrens/McGuire*, Modellgesetz für Geistiges Eigentum, München 2011; *Becker*, Anmerkung zu BGH, Urteil vom 19. Juli 2012 – I ZR 70/10 – M2Trade, ZUM 2012, 786; *Dieselhorst*, Zur Dinglichkeit und Insolvenzfestigkeit einfacher Lizenzen, CR 2010, 69; *Dietrich/Szalai*, Anmerkung zu BGH, Urteil vom 19. Juli 2012 – I ZR 70/10 – M2Trade, MMR 2012, 687; *Haberstumpf*, Josef Kohler und die Erschöpfungslehre, ZGE 4 (2014), 470; *Haedicke*, Die Gewährleistungshaftung bei Patentveräußerungs- und Patentlizenzverträgen und das neue Schuldrecht, GRUR 2004, 123; *Hans*, Markenlizenzverträge: Beendigungs- und Störungsfragen, GWR 2016, 437; *Hauck*, Gebrauchthandel mit digitalen Gütern, NJW 2014, 3616; *ders.*, Digitale Inhalte – Verkehrsfähigkeit oder Lizenzketten?, ZGE 9 (2017) 47; *ders.*, Der Erschöpfungsgrundsatz im Patent- und Urheberrecht – Aktuelle Rechtsprechung des U.S. Supreme Court im Kontext europäischer Entwicklungen, EuZW 2017, 645; *Hilty*, Kontrolle der digitalen Werknutzung zwischen Vertrag und Erschöpfung, GRUR 2018, 865; *Hoeren/Jakopp*, Der Erschöpfungsgrundsatz im digitalen Umfeld – Notwendigkeit eines binnenmarktkonformen Verständnisses, MMR 2014, 646; *Hoffmann*, Die so genannte „Leerübertragung" im Immaterialgüterrecht, ZGE 6 (2014), 1; *Jaeger/Metzger*, Open Content-Lizenzen nach deutschem Recht, MMR 2003, 431; *Kraßer/Schmidt*, Der Lizenzvertrag über technische Schutzrechte aus der Sicht des deutschen Zivilrechts, GRUR Int. 1982, 324; *Obergfell/Zurth*, Die Angemessenheit vertraglicher Urhebervergütungen und ihre gesetzlichen Sicherungsmechanismen. Zur Reform der Reform des Urhebervertragsrechts, ZGE 8 (2016) 1; *dies.*, Nach der Reform der Reform: Das neue Urhebervertragsrecht, ZGE 9 (2017) 21; *Ory*, Das neue Urhebervertragsrecht, AfP 2002, 93; *Pahlow*, Das einfache Nutzungsrecht als schuldrechtliche Lizenz, ZUM 2005, 865; *Peter*, Urheberrechtliche Erschöpfung bei digitalen Gütern, ZUM 2019, 490; *Raeschke-Kessler/Christopeit*, Sukzessionsschutz für Lizenzketten (UrhG), ZIP 2013, 345; *Rauer/Ettig*, Zum Fortbestand von Unterlizenzen bei Wegfall der Hauptlizenz, WRP 2012, 1198; *Schricker*, Zum neuen deutschen Urhebervertragsrecht, GRUR Int. 2002, 797; *Slopek/Graber*, Same same but different – Parallelimporte von Medizinprodukten, GRUR Int. 2018, 894; *Stickelbrock*, Urheberrechtliche Nutzungsrechte in der Insolvenz, WM 2004, 549; *Stieper*, Anmerkung zu EuGH, Urteil vom 3. Juli 2012 – C-128/11 – UsedSoft, ZUM 2012, 668; *Weber*, Rahmenverträge und gemeinsame Vergütungsregeln nach Urhebervertragsrecht – aus der Praxis des ZDF, ZUM 2013, 740; *Wiebe*, Von der Erschöpfung der „virtuellen Kopie" zur Erschöpfung der Lizenz? ZUM 2017, 44; *Zurth*, Bereicherungsrechtliche Implikationen im Immaterialgüterrecht, GRUR 2019, 143.

https://doi.org/10.1515/9783110622829-008

A. Bürgerlichrechtliche Einordnung von Lizenzverträgen

I. Bedeutung des BGB-Schuldrechts für Lizenzverträge

1 Ein kodifiziertes allgemeines Lizenzvertragsrecht, das wie ein „Allgemeiner Teil"
auf alle unterschiedlichen Lizenzverträge grundsätzlich anwendbar wäre,[1] existiert ebenso wenig wie detailliertere lizenzvertragliche Regelungen in den Spe-
zialgesetzen (mit Ausnahme der verlagsrechtlichen Bestimmungen des VerlG)
oder aber im Besonderen Teil des BGB-Schuldrechts. Im PatG, UrhG, MarkenG,
DesignG etc. ist jeweils allein die mit wenigen weiteren Regelungsaspekten verbundene lizenzrechtliche Grundnorm zu finden, welche die gesetzgeberische
Weichenstellung fixiert, dass die betreffenden Rechte überhaupt lizenzierbar
sind. So spricht der Gesetzgeber in den Bestimmungen der § 15 Abs. 2 PatG, § 22
Abs. 2 GebrMG, § 30 Abs. 1 MarkenG, § 31 Abs. 1 UrhG, § 31 DesignG explizit (und
mit im Kern vergleichbarer Formulierung) aus, dass die betreffenden Rechte
ganz oder teilweise Gegenstand von ausschließlichen oder nicht ausschließlichen
Lizenzen sein können.[2] Wichtige vertragsrechtliche Probleme, wie Fragen des
Vertragsschlusses,[3] der **Leistungsstörungen** und der **Gewährleistung,** der
Kündigung oder sonstiger **Beendigungsgründe,** werden allerdings (wiederum
mit Ausnahme des VerlG[4] und teilweise mit Ausnahme des UrhG[5]) in den die
Lizenzierung der jeweiligen Immaterialgüterrechte betreffenden Vorschriften
grundsätzlich nicht behandelt.[6] Die Konsequenz dieser Lücken in den lizenz-
rechtlichen Regelungen der Spezialgesetze ist, dass auf die **Bestimmungen des**

---

1 Siehe aber den Vorschlag von *Ahrens/McGuire* Modellgesetz für Geistiges Eigentum, 2011,
S. 113 ff. und 118 ff., der allgemeine Bestimmungen für die Lizenzierung von Gewerblichen
Schutzrechten und (davon gesondert) Urheberrechten vorsieht.
2 S. oben 1. Kapitel Rn. 9.
3 Siehe aber die urheberrechtlichen Formvorschriften der §§ 31a Abs. 1 S. 2 und 40 Abs. 1 S. 1
UrhG. Zum Vertragsschluss s. näher unten Rn. 11.
4 Zu den Regelungen des VerlG, die nicht den Vertragsschluss, aber zentrale schuldvertragliche
Fragen behandeln, s. 2. Kapitel Rn. 52 f. und 4. Kapitel Rn. 40 ff.
5 Ein gesetzliches Kündigungsrecht normiert § 40 Abs. 1 S. 2 und 3 UrhG für Verträge, durch den
sich der Urheber zur Einräumung von Nutzungsrechten an noch ganz unbestimmten künftigen
Werken verpflichtet. Spezielle Beendigungsgründe werden z. B. durch die Rückrufrechte der §§ 41
und 42 UrhG wegen Nichtausübung und gewandelter Überzeugung normiert. Auch § 34 Abs. 3 S. 2
und 3 UrhG gibt dem Urheber bei einer Unternehmensveräußerung die Möglichkeit des Rückrufs,
wenn die Nutzungsrechtsausübung durch den Erwerber für ihn unzumutbar ist oder sich die
Beteiligungsverhältnisse ändern.
6 Unter Annahme des Lizenzvertrags als eines pachtähnlichen Vertrags s. zu Mängelgewähr-
leistung und Vertragsbeendigung durch Kündigung, Rücktritt und Rückruf *Pahlow,* Lizenz und
Lizenzvertrag, S. 299–321.

BGB zurückzugreifen ist. Denn das PatG, MarkenG, UrhG und alle weiteren immaterialgüterrechtlichen Spezialgesetze enthalten Sonderprivatrecht, das bei Lückenhaftigkeit durch die Regelungen des allgemeinen Zivilrechts zu ergänzen ist. Der Lizenzvertrag ist ein **gegenseitiger Vertrag** und damit ein **synallagmatisches Schuldverhältnis i. S. d. §§ 320 ff. BGB.**[7] Soweit die Lizenzvertragsparteien nicht privatautonom die Konsequenzen bestimmter Störungen in der Vertragsabwicklung regeln, z. B. durch vertragliche Rücktrittsrechte, findet daher das BGB-Schuldrecht Anwendung.[8]

II. Trennungs- und Abstraktionsprinzip im Lizenzvertragsrecht

Beim Lizenzvertrag ist wie auch im allgemeinen Zivilrecht zwischen **Verpflich-** 2 **tung und Verfügung** zu unterscheiden (**Trennungsprinzip**).[9] Auf der schuldrechtlichen Verpflichtungsebene werden die einzelnen Leistungspflichten der Vertragsparteien vereinbart, wie insbesondere die Verpflichtung des Lizenzgebers, dem Lizenznehmer das vertragsgegenständliche Recht zu verschaffen.[10] Erst auf der Verfügungsebene wird dieses Recht übertragen bzw. eingeräumt. Oft fällt beides in einer einzigen Vertragsurkunde, die sowohl die Verpflichtung zur Rechtseinräumung als auch deren Vollzug in einer einheitlichen Rechteklausel enthält, zusammen.[11] Die gedankliche Trennung beider Ebenen ist allerdings dann von Bedeutung, wenn auf der schuldrechtlichen Verpflichtungsebene Fehler unterlaufen, die zur Unwirksamkeit führen, oder wenn die schuldrechtliche Verpflichtung nachträglich beseitigt wird. Kontrovers diskutiert wird die Frage der Anwendbarkeit des bürgerlichrechtlichen **Abstraktionsprinzips** auf Lizenzverträge. Nach dem Abstraktionsprinzip sind Verpflichtungs- und Verfügungsebene rechtlich isoliert zu behandeln, d. h. die Unwirksamkeit auf Verpflichtungsebene hat keine unmittelbare Auswirkung auf die Verfügungsebene.[12]

---

7 Büscher/Dittmer/Schiwy/*Schmoll* Teil 3 Kap. 17 Rn. 41. Zur Rechtsnatur des Lizenzvertrags s. u. ab Rn. 5.
8 Dazu noch umfassend unten in den Abschnitten C (Rn. 50 ff.) und D (Rn. 105 ff.).
9 *Schack* Rn. 591; *Wandtke* 4. Kap. Rn. 5.
10 S. u. Rn. 6.
11 S. u. 8. Kapitel Ziff. 1.2 des Patent- und Know how-Lizenzvertrags und Ziff. 3.1 des Markenlizenzvertrags.
12 Dies bedeutet z. B., dass ein nach Anfechtung gemäß § 142 Abs. 1 BGB *ex tunc* unwirksamer Kaufvertrag keine Verpflichtung zur Verschaffung des Eigentums an der Kaufsache begründen kann, aber die bereits gemäß § 929 BGB vollzogene Eigentumsübertragung wirksam bleibt.

3   Im **Urheberrecht** wird jedoch seit Langem die Meinung vertreten, das im Verlagsrecht gemäß § 9 Abs. 1 VerlG geltende **Kausalitätsprinzip**[13] sei zum Schutz des Urhebers auch im Urheberrecht anwendbar mit der Folge, dass die zuvor vom Urheber oder Rechteinhaber eingeräumten Nutzungsrechte automatisch mit der Beendigung des urheberrechtlichen Lizenzvertrags an den Urheber zurückfallen.[14] Eine gesonderte Rückübertragung wäre demnach nicht erforderlich. Dagegen lässt sich neben systematischen Argumenten vor allem das Argument des Verkehrsschutzes anführen.[15] Der BGH hat sich mittlerweile der im Schrifttum überwiegenden Meinung angeschlossen, die auch im Urheberrecht das verlagsrechtliche Kausalitätsprinzip anwenden will.[16] Dennoch bleiben dogmatische Zweifel, weil das zivilrechtliche Regel-Ausnahme-Verhältnis in sein Gegenteil verkehrt wird und die speziellen Schutzvorschriften des Urheberrechts, die – wie **§§ 41 Abs. 5, 42 Abs. 5 und 40 Abs. 3 UrhG** – zum Schutz des Urhebers explizit den **automatischen Rückfall von Nutzungsrechten** oder wie neuerdings **§ 40a UrhG nach zehn Jahren die automatische Entstehung eines Rechts zur anderweitigen Verwertung**[17] anordnen, gerade darauf hindeuten, dass das Abstraktionsprinzip grundsätzlich auch im Urheberrecht gilt.[18] Im Ergebnis sprechen daher entgegen der h.M. in Rechtsprechung und Literatur die besseren Argumente für eine Anwendung des Abstraktionsprinzips auch im Urheberrecht.[19]

4   Für die **gewerblichen Schutzrechte** hat diese Diskussion nur insoweit Relevanz, wie eine Verfügungsebene überhaupt anzuerkennen ist. Denn wenn man

---

13 S. dazu näher Ulmer-Eilfort/Obergfell/*Ulmer-Eilfort* § 9 VerlG Rn. 12; s. auch im 4. Kapitel Rn. 48.

14 S. nur Büscher/Dittmer/Schiwy/*Haberstumpf* § 31 UrhG Rn. 3; Dreier/Schulze/*Schulze* § 31 UrhG Rn. 18; Schricker/Loewenheim/*Ohly* § 31 UrhG Rn. 17; Wandtke/Bullinger/*Wandtke/Grunert* Vor §§ 31 ff. UrhG Rn. 6 und 49; im Ergebnis nur für das primäre Urhebervertragsrecht (Verträge zwischen Urheber und Verwerter) ebenso Fromm/Nordemann/*J. B. Nordemann* § 31 UrhG Rn. 32 ff.

15 S. zur urheberrechtlichen Diskussion der Frage der Geltung des Abstraktionsprinzips *Obergfell* S. 81–88; *Schack* Rn. 589–591. Siehe auch Fromm/Nordemann/*J. B. Nordemann* Vor §§ 31 ff. Rn. 230 ff. und § 31 UrhG Rn. 30 ff. (für Verträge zwischen Verwertern).

16 So für den Fall der wirksamen Kündigung wegen Zahlungsverzugs BGH GRUR 2012, 916 Rn. 17 ff. – M2Trade (UrhR); sowie für den Fall der einvernehmlichen Vertragsaufhebung BGH GRUR 2012, 914 – Take Five (UrhR). Früher ging der BGH noch in die gegenteilige Richtung BGHZ 27, 90, 95 f. – Privatsekretärin (UrhR).

17 S. dazu näher *Obergfell/Zurth* ZGE 9 (2017) 21, 35 ff.; sowie zu vorangehenden Reformvorschlägen *Obergfell/Zurth* ZGE 8 (2016) 1, 41 ff.

18 So zu Recht *Schack* Rn. 590.

19 Ebenfalls für eine Anwendung des Abstraktionsprinzips im Urheberrecht plädieren *McGuire*, Die Lizenz, S. 289–324; *Zurth*, Rechtsgeschäftliche und gesetzliche Nutzungsrechte im Urheberrecht, 2016, S. 206–217.

die **einfache Lizenz**[20] für ein rein schuldrechtliches Phänomen hält,[21] stellt sich die Frage einer Abstraktion von Vornherein nicht. Freilich handelt es sich gerade dabei um eines der am heftigsten umstrittenen Probleme des Lizenzvertragsrechts überhaupt. Eine große Relevanz besitzt dieser Streit im Kontext der Insolvenz insbesondere des Lizenzgebers; daher wird auf diesen Streit auch im 5. Kapitel umfassend eingegangen.[22] Für die nahezu ausnahmslos als dinglich angesehene **ausschließliche Lizenz** über gewerbliche Schutzrechte lässt sich der Streitstand so zusammenfassen, dass insoweit das Abstraktionsprinzip gilt. Zu beachten ist jedoch, dass auch ausschließliche Lizenzen inhaltlich beschränkt erteilt werden können, etwa in zeitlicher und räumlicher Hinsicht. Wie *Kraßer* zutreffend feststellt, kann daher die Frage der abstrakten Wirksamkeit einer solchen Lizenz nur einzelfallbezogen und insbesondere nur unter Berücksichtigung der inhaltlichen Vorgaben des Verpflichtungsgeschäfts – und somit des Lizenzvertrags – beantwortet werden.[23]

III. Rechtsnatur des Lizenzvertrags

Ein zentrales Problem des Lizenzvertragsrechts besteht darin, dass der überwie- 5
gend als **Dauerschuldverhältnis**[24] charakterisierte Lizenzvertrag sich zwar in die bürgerlichrechtliche Systematik der gegenseitigen Verträge gemäß §§ 320 ff. BGB einordnen lässt, dass er aber nicht den Status eines gesetzlichen Vertragstypus hat. Wegen der nur lückenhaften spezialgesetzlichen Regelung des Lizenzvertragsrechts[25] ist in weitem Umfang ein Rückgriff auf die Vorschriften des BGB notwendig. Für Fragen des Vertragsschlusses ist dies unproblematisch, weil ein einheitliches Regularium zur Verfügung steht.[26] Gerade für Fälle der Gewährleistung, in denen der Lizenzgeber die vereinbarte Leistung mangelhaft

---

20 S. zu den Lizenztypen 1. Kapitel ab Rn. 9 ff.

21 Busse/*Hacker* PatG § 15 Rn. 59; Benkard/*Ullmann/Deichfuß* PatG § 15 Rn. 99; BeckOKPatR/*Loth/Hauck* PatG § 15 Rn. 48, jeweils mit umfassenden Nachweisen zum Streitstand.

22 Dort unter Rn. 10, 28. Zu vergleichbaren Problemen bei der Einzelzwangsvollstreckung vgl. 5. Kapitel Rn. 118 ff.

23 *Kraßer* Patentrecht (Voraufl.) § 41 I 1 (S. 936 f.).

24 So die h.M.; s. z.B. Büscher/Dittmer/Schiwy/*Schmoll* Teil 3 Kap. 17 Rn. 46; *Stumpf/Groß* Kap. A Rn. 20; einen solchen „Automatismus" aber ablehnend *Hauck* GRUR-Prax 2014, 437, 438 f., insbesondere in Bezug auf insolvenzrechtliche Folgen, weil es denkbar ist, dass auch Lizenzverträge durch eine einmalige Handlung – das Zurverfügungstellen der betreffenden immaterialgüterrechtlich geschützten Leistung – erfüllt werden können.

25 S.o. Rn. 1.

26 S.u. Rn. 11.

erbringt, ist allerdings unklar, welches der vertragstypenorientierten BGB-Ge-
währleistungsrechte (Kaufgewährleistungs- oder Mietgewährleistungsrecht oder
sonstiges Gewährleistungsrecht?) genau heranzuziehen ist. Diese Frage führt zu
der dogmatischen und gleichermaßen praxisrelevanten Kernfrage nach der
Rechtsnatur des Lizenzvertrags. Sollte sich etwa herausstellen, dass der Lizenzvertrag kaufvertraglicher Natur ist,[27] wäre insgesamt auf die kaufrechtlichen Regelungen der §§ 433 ff. BGB zurückzugreifen. Denn wenn zumindest eine Ähn-
lichkeit zu einem der BGB-Vertragstypen festzustellen ist, käme eine analoge
Anwendung der betreffenden bürgerlichrechtlichen Regeln in Betracht.[28]

6   Zur Beantwortung der Frage nach der Rechtsnatur des Lizenzvertrags kann
sinnvollerweise nur von einem gedachten **idealtypischen Lizenzvertrag** ausgegangen werden. Die zahllosen Ausdifferenzierungen der in der Praxis vorkommenden Patent-, Marken-, Design- und Urheberrechtslizenzverträge sind nur
dann für die Frage der Rechtsnatur relevant, wenn sie sich zu einem lizenzver-
tragstypischen „gemeinsamen Nenner" verdichten lassen. Denn die Rechtsnatur
bestimmt sich anhand der charakteristischen Vertragspflichten und vertragsty-
pischen Besonderheiten.[29] Aus diesem Blickwinkel begründet der Lizenzvertrag
ein synallagmatisches Schuldverhältnis, dessen **Vertragszweck** darin liegt, eine
entgeltliche Nutzungsmöglichkeit auf bestimmte Dauer sicherzustellen. Dazu
muss der Lizenzgeber dem Lizenznehmer die entsprechenden Rechte verschaffen und der Lizenznehmer soll diese Lizenzen auch nutzen, weil zumeist hieran
auch die Lizenzgebühren gekoppelt sind.[30] Außerdem stehen die Vertragsparteien
in einem während der Vertragslaufzeit fortdauernden Treueverhältnis zueinander.
Im Unterschied zur Vollrechtsübertragung[31] **verbleibt das Immaterialgüterrecht beim Lizenzgeber** und der Lizenznehmer erhält nur abgeleitete Rechte.[32]
Vor dem Hintergrund dieser Charakteristika unterscheidet sich der Lizenzvertrag
trotz punktueller Ähnlichkeiten erheblich von den bürgerlichrechtlichen Vertragstypen.[33] Keiner der für die gesetzlichen Vertragstypen geschaffenen bürgerlich-rechtlichen Regelungszusammenhänge lässt sich bruchlos auf Lizenzver-

---

27 So das Reichsgericht in RGZ 76, 235.
28 Den Lizenzvertrag als pachtähnlichen Vertrag betrachtend und daher – in modifizierter
Weise – die entsprechenden Vorschriften des Pacht- und Mietrechts anwendend *Pahlow*, Lizenz
und Lizenzvertrag, S. 299–321.
29 Beispiele für die inhaltliche Gestaltung von Lizenzverträgen finden sich im 8. Kapitel.
30 S. zur Hauptpflicht des Lizenzgebers unten Rn. 53, zur Frage der Auswertungspflicht unten
Rn. 93 f. und zu den Lizenzgebühren unten Rn. 66 ff.
31 Diese ist zwar beim Patent und der Marke möglich, wegen § 29 Abs. 1 UrhG aber nicht beim
Urheberrecht.
32 S. dazu näher unten Rn. 7.
33 Dazu sogleich die folgenden Rn. 7 ff.

träge übertragen. Der Lizenzvertrag ist mit seinen spezifischen Wesensmerkmalen daher als **Vertrag *sui generis***, als Nutzungsvertrag eigener Art, zu qualifizieren.[34] Die analoge Anwendung einzelner oder mehrerer kauf-, miet- oder pachtrechtlicher[35] oder sonstiger sondervertragsrechtlicher Vorschriften ist allerdings denkbar.[36]

Auch wenn die Lizenzierung von Filmwerken umgangssprachlich häufig als „Kauf der Filmrechte" bezeichnet wird, haben Filmlizenzverträge, aber auch alle anderen Lizenzverträge, **nicht die Rechtsnatur eines Kaufvertrags.** Vom Kauf unterscheidet sich der Lizenzvertrag nämlich dadurch, dass der **Inhaber des Vollrechts nicht wechselt** und nicht wie beim Kauf das Eigentum am Vertragsgegenstand vollständig auf den Erwerber übergehen soll.[37] Auch wenn man einwenden mag, dass der Lizenznehmer bei der ausschließlichen Lizenz abgeleitete Nutzungsrechte in größtmöglichem Umfang erhält, bleibt es doch auch hier bei Nutzungsrechten, die vom – in der Hand des Lizenzgebers verbleibenden – Vollrecht abhängig sind. Das wird besonders deutlich im Fall des urheberrechtlichen Lizenzvertrags, der durch die (vor allem an den Vorschriften der §§ 34 und 35 UrhG ablesbare) enge Verbindung zwischen Urheber und lizenziertem Werk gekennzeichnet ist.[38] Es gilt aber ebenso für alle anderen immaterialgüterrechtlichen Lizenzverträge, auch wenn die Erteilung einer ausschließlichen Lizenz bei gewerblichen Schutzrechten der Vollübertragung des betreffenden Rechts zumindest nahekommt.[39]

Auch die Möglichkeiten einer **Rechtsnatur der Miete oder der Pacht scheiden aus.** Zwar besteht die Gemeinsamkeit der dauerhaften entgeltlichen Gebrauchsüberlassung, doch bezieht sich der Mietvertrag lediglich auf Sachen, also gemäß § 90 BGB auf körperliche Gegenstände, und die Einordnung als Rechtspacht, die sich auch auf unkörperliche Gegenstände beziehen kann, scheitert am pachtrechtlichen **Übergabeerfordernis.**[40] Gegen eine Einordnung sowohl als Mietvertrag als auch als Pachtvertrag spricht aber vor allem, dass die lizenzrecht-

7

8

---

34 Benkard/*Ullmann/Deichfuß* PatG § 15 Rn. 81; Büscher/Dittmer/Schiwy/*Schmoll* Teil 3 Kap. 17 Rn. 45; *Kraßer/Schmidt* GRUR Int. 1982, 324, 328; Ströbele/Hacker/Thiering/*Hacker* § 30 MarkenG Rn. 26. S. ausführlich zur Einordnung des Lizenzvertrags *McGuire*, Die Lizenz, S. 640 – 676; *Pahlow*, Lizenz und Lizenzvertrag, S. 255 – 271, 359 – 373, 390 – 403.
35 So etwa *Pahlow*, Lizenz und Lizenzvertrag, S. 264 – 266.
36 S. dazu unten Rn. 117 ff.
37 Büscher/Dittmer/Schiwy/*Schmoll* Teil 3 Kap. 17 Rn. 42; *Stumpf/Groß* Rn. 20.
38 Dazu näher oben 2. Kapitel Rn. 47.
39 Gerade bei Patentlizenzen wird bei einer ausschließlichen Lizenz davon ausgegangen, dass der Lizenznehmer, soweit wie die Lizenz reicht, in die Rechtsposition des Lizenzgebers „einrückt", vgl. etwa Busse/*Hacker* § 15 Rn. 64.
40 Büscher/Dittmer/Schiwy/*Schmoll* Teil 3 Kap. 17 Rn. 43.

liche **Besonderheit der einfachen Lizenz** weder im Miet- noch im Pachtrecht abzubilden wäre.[41]

9 Vom **Nießbrauch** unterscheidet sich der Lizenzvertrag dadurch, dass der Nießbrauch wegen der Bestimmungen der §§ 1059, 1061 BGB nicht die **Verkehrsfähigkeit des Nutzungsgegenstands** gewährleisten kann, die im Lizenzvertragsrecht gegeben ist.[42] Wegen der Begrenzung der Nießbrauchsbestellung auf die Bestellung an übertragbaren Rechten (§ 1069 Abs. 2 BGB) scheidet im Übrigen ein Nießbrauch an Urheberrechten aus.

10 Schließlich könnte man daran denken, den Lizenzvertrag wegen der gegenseitigen Treuepflichten der Lizenzvertragsparteien als **Gesellschaftsvertrag** zu qualifizieren. Eine solche Einordnung kommt aber schon deshalb nicht in Frage, weil sich die Lizenzvertragsparteien nicht gemäß § 705 BGB zur Erreichung eines gemeinsamen Zwecks zusammentun, sondern gerade ganz unterschiedliche Interessen verfolgen. Diese können zwar in bestimmten Punkten gleichlaufend sein (z. B. das Interesse an einer möglichst guten wirtschaftlichen Auswertung des Lizenzgegenstands), sie verlaufen aber überwiegend komplementär (so insbesondere das gegenläufige Interesse hinsichtlich der Lizenzgebühren).[43] Im Unterschied dazu ziehen bei der Gesellschaft bürgerlichen Rechts alle Gesellschafter im Kern am selben Strang, um einen möglichst großen wirtschaftlichen Erfolg der von ihnen gemeinsam gebildeten Personengemeinschaft zu erzielen.

IV. Zustandekommen von Lizenzverträgen

11 Ausgangspunkt ist, dass auch bei Lizenzverträgen **Vertragsabschluss-** und **Vertragsinhaltsfreiheit** herrschen.[44] Fragen des Vertragsschlusses sind für Lizenzverträge nicht spezialgesetzlich geregelt (s.o. Rn. 1). Es gelten die bürgerlichrechtlichen Bestimmungen des Allgemeinen Teils des BGB (§§ 104 ff. BGB) und insbesondere die **Bestimmungen über Willenserklärungen.**[45] Wie jeder andere vollkommen zweiseitig verpflichtende Vertrag kommt daher auch ein Lizenzver-

---

41 Büscher/Dittmer/Schiwy/*Schmoll* Teil 3 Kap. 17 Rn. 43.

42 Büscher/Dittmer/Schiwy/*Schmoll* Teil 3 Kap. 17 Rn. 44. Henn/Pahlow/*Pahlow* § 8 Rn. 10.

43 Büscher/Dittmer/Schiwy/*Schmoll* Teil 3 Kap. 17 Rn. 44; *Stumpf/Groß* Rn. 22. Ein gesellschaftsähnlicher Charakter ist aber denkbar, Henn/Pahlow/*Pahlow* § 9 Rn. 120.

44 *Wandtke* 4. Kap. Rn. 5. Vgl. aber zu den kartellrechtlichen Grenzen die Darstellung im 6. Kapitel und insbesondere die Ausführungen zu den kartellrechtlichen Zwangslizenzen (dort ab Rn. 134).

45 Plastisch insoweit *Henn* Patent- und Know-how-Lizenzvertrag, 5. Aufl. 2003, Rn. 23: „Der Patentlizenzvertrag ist ein Vertrag wie jeder andere".

trag durch Angebot („Antrag", § 145 BGB) und Annahme (§ 147 BGB) zustande. Im Einzelfall relevant können etwa die Regeln zur Wirksamkeit und zur Auslegung von Willenserklärungen (§§ 130 bis 133, 157 BGB) sein, zu den Willensmängeln und insbesondere zur Anfechtung von Willenserklärungen (§§ 116 bis 124 BGB) sowie zur Stellvertretung (§§ 164 ff. BGB). Einer **bestimmten Form** bedarf es grundsätzlich nicht. Die in Art. 72 EPÜ und Art. 39 GPÜ geregelten Formvorgaben beziehen sich auf die Vollübertragung von Patenten und Patentanmeldungen und nicht auf den Abschluss eines Lizenzvertrags. Allerdings können beim **Abschluss urheberrechtlicher Lizenzverträge** die **Formvorschriften** der §§ 31a Abs. 1 S. 1 und 40 Abs. 1 S. 1 UrhG zu beachten sein, wonach zum einen Verträge mit dem Urheber[46] zur Einräumung von Nutzungsrechten bezüglich **unbekannter Nutzungsarten** (einschließlich der Verpflichtung dazu) der Schriftform bedürfen[47] und zum anderen ein Schriftformerfordernis zu beachten ist, soweit mit dem Vertrag die Verpflichtung des Urhebers begründet wird, Nutzungsrechte über **künftige Werke**, die – wie es der Gesetzgeber ausdrückt – „überhaupt nicht näher oder nur der Gattung nach bestimmt sind", einzuräumen.

B. Vertragsrecht und Immaterialgüterrecht

I. Vertragliche Lizenzen

Im vorangehenden Abschnitt wurden grundsätzliche Fragen der Einordnung des schuldrechtlichen Verpflichtungsgeschäfts bei Lizenzverträgen erörtert. Das **lizenzvertragsrechtliche Verfügungsgeschäft** wird demgegenüber durch die **immaterialgüterrechtlichen Regelungen** der einzelnen Spezialgesetze bestimmt. Ausgangspunkte sind die einschlägigen Bestimmungen der **§ 15 Abs. 2 PatG, § 22 Abs. 2 GebrMG, § 30 Abs. 1 MarkenG, § 31 Abs. 1 UrhG, § 31 DesignG.** Hierdurch wird jeweils zum einen gesetzlich angeordnet, dass es sich bei den betreffenden Schutzrechten um **lizenzierbare Rechte** handelt, und zum anderen die **Lizenzerteilung** etwas näher geregelt.[48] So regelt z. B. § 15 Abs. 1 PatG (und in

12

---

46 Ausgehend vom Schutzzweck des § 31a Abs. 1 S. 1 UrhG greift das Schriftformerfordernis nur bei Verträgen, die der Urheber selbst mit einem Nutzungsrechtserwerber abschließt; auf Lizenzverträge eines Lizenzgebers, der selbst nur über abgeleitete Nutzungsrechte verfügt, ist § 31a Abs. 1 UrhG nicht anwendbar; vgl. Dreier/Schulze/*Schulze* § 31a UrhG Rn. 11 und 63; Fromm/Nordemann/*J. B. Nordemann* Vor §§ 31 ff. UrhG Rn. 239.
47 Gemäß § 31a Abs. 1 S. 2 UrhG entfällt das Schriftformerfordernis nur dann, wenn es sich um die unentgeltliche Einräumung eines einfachen Nutzungsrechts für jedermann handelt.
48 S. zur Lizenzerteilung auch bereits oben 1. Kapitel Rn. 9 ff.

ähnlicher Weise auch § 30 Abs. 1 MarkenG) die Art der Lizenzerteilung (einfache und ausschließliche Lizenz) und die geographische Reichweite (die Bundesrepublik oder deren Teil) einer nach dem deutschen PatG zu erteilenden Lizenz. § 31 Abs. 1 S. 2 UrhG regelt ebenfalls die Art der Lizenzerteilung (einfache und ausschließliche Lizenz) und nennt weitere Beschränkungsmöglichkeiten (Einräumung eines räumlich, zeitlich oder inhaltlich beschränkten Nutzungsrechts).

13   Die **immaterialgüterrechtlichen Regelungen** gehen den bürgerlich-rechtlichen Bestimmungen als **speziellere Bestimmungen** vor. Die immaterialgüterrechtlichen Regelungen formen gewissermaßen die Lizenzen gesetzlich aus, stecken also den Rahmen ab, innerhalb dessen der Lizenzgeber privatautonom über seine Rechte verfügen kann. Im Urheberrecht legt der Gesetzgeber z. B. in § 29 UrhG fest, dass eine lebzeitige Verfügung i. S. d. Übertragung des Urheberrechts nicht möglich ist. Ebenso lässt sich aus den verschiedenen (auch urheberpersönlichkeitsrechtlich geprägten) urheberschützenden Vorschriften wie z. B. §§ 34 Abs. 1, 35 Abs. 1 UrhG ableiten, dass Lizenzen grundsätzlich nicht ohne Zustimmung des Urhebers weiterübertragen werden können und Unterlizenzen, die vom Inhaber des ausschließlichen Nutzungsrechts eingeräumt werden sollen, ebenfalls grundsätzlich der Zustimmung des Urhebers bedürfen. Würde ein Vertrag mit gegenteiligem Wortlaut geschlossen, so könnte dieser auf der Verfügungsebene keine Wirkung entfalten. So wie bei der Gestaltung des Immobilienkaufvertrags der Vertragsfreiheit der Kaufvertragsparteien durch den **sachenrechtlichen Typenzwang** dadurch Grenzen gezogen werden, dass ein isolierter Verkauf von Gebäude und Grundstück nicht möglich ist, wird auch durch die Immaterialgüterrechte ein bestimmter gesetzlicher Rahmen abgesteckt, der bei der Lizenzvertragsgestaltung beachtet werden muss. Die gesetzliche Ausformung der konkreten Lizenzierungsmöglichkeiten setzt der privat-autonomen Lizenzvertragsgestaltung also Grenzen. Umgekehrt bleibt den Lizenzvertragsparteien grundsätzlich die Freiheit, ihren Vertrag eigenständig und in Abbedingung dispositiver vertragsrechtlicher Vorschriften zu gestalten. Es gilt die grundrechtlich geschützte **Vertragsfreiheit** wie auch bei anderen schuldrechtlichen Verträgen und der Rechtsinhaber hat die Verfügungsfreiheit hinsichtlich seiner Immaterialgüterrechte. Anders ist die Situation, sobald eine gesetzliche Zwangslizenz[49] oder gesetzliche Lizenzen[50] greifen. Hier wendet sich das Blatt von der Vertragsfreiheit zum **Kontrahierungszwang** (so bei der Zwangslizenz) und zum **abweichenden Kontrahierungsverbot** (so im Falle gesetzlicher Lizenzen).

---

49 Dazu die folgenden Rn. 14 ff.
50 S. u. Rn. 23.

Obergfell/Hauck

II. Gesetzliche Zwangslizenzen und gesetzliche Lizenzen

1. Gewerbliche Schutzrechte

In Abgrenzung zu den praktisch bedeutsamen und noch ausführlich darzustel-   14
lenden **kartellrechtlichen Zwangslizenzen**[51] soll an dieser Stelle zunächst in
aller Kürze auf die **immaterialgüterrechtlich geregelten Zwangslizenzen**
eingegangen werden. So regelt § 24 Abs. 1 PatG, dass „das Patentgericht" – erst-
instanzlich zuständig ist insoweit das BPatG – unter bestimmten Voraussetzungen und „im Einzelfall" – einfache Lizenzen zur gewerblichen Benutzung einer
Erfindung erteilen kann. Die Parallelvorschrift für Gebrauchsmuster findet sich in
§ 20 GebrMG. In der bundesdeutschen Rechtspraxis ist die Bedeutung der (patentrechtlichen) Zwangslizenz zunächst gering geblieben. Bis 2016 war eine einzige Entscheidung des BPatG zur Erteilung einer Zwangslizenz ergangen, die jedoch vom BGH letztinstanzlich wieder aufgehoben worden war.[52] *Kraßer* war
jedoch bereits vor dieser Entscheidung zu Recht der Ansicht, dass die praktische
Bedeutung größer sei, weil allein durch die Existenz der Regelung Lizenzver-
weigerungen weitgehend verhindert würden.[53]

In dem durchaus aufsehenerregenden Urteil vom 31.8.2016 entschied das   15
BPatG zugunsten des Antragstellers/Lizenzsuchers in Bezug auf die Gestattung
der Benutzung der streitpatentgemäßen Erfindung im Wege einer einstweiligen Verfügung.[54] Es bejahte insbesondere – wie nach § 24 Abs. 1 Nr. 2 PatG erforderlich –, dass das „öffentliche Interesse" die Verfügbarkeit des betreffenden
Arzneimittels (ein HIV-Medikament) „gebietet"[55]. Das Gericht stellte zudem klar,
dass das Angebot des Lizenzsuchers nicht den Anforderungen genügen muss, die
an eine kartellrechtliche Zwangslizenz beziehungsweise an den kartellrechtlichen
Zwangslizenzeinwand[56] gestellt werden. Außerdem sei für den Erlass einer
einstweiligen Verfügung zur Erlaubnis der Benutzung neben der **Dringlichkeit
iSd § 85 Abs. 1 PatG** die prozessuale Dringlichkeit (iSd §§ 935, 940 ZPO) keine
zusätzliche Voraussetzung.[57] Im Beschwerdeverfahren bestätigte der BGH die

---

51 Dazu unten 6. Kapitel Abschnitt D (ab Rn. 131).
52 Vgl. BGH GRUR 1996, 190 – Interferon-gamma/Polyferon (PatR).
53 *Kraßer* Patentrecht (Voraufl). § 34 IV b) 3 (S. 834).
54 BPatG GRUR 2017, 373 – Isentress (PatR).
55 BPatG GRUR 2017, 373 Rn. 61 ff. – Isentress (PatR). Krit. dazu, insb. wegen der Nichtberück-
sichtigung der Vorgaben von § 24 Abs. 5 PatG durch das BPatG *Stierle*, GRUR 2017, 383, 384. Im Fall
ging es um Patientengruppen, denen nach Ansicht der Gerichte keine gleichwertige alternative
Therapie zur Verfügung stand.
56 Dazu unten 6. Kapitel ab Rn. 136. S. zu Unterschieden und Gemeinsamkeiten der Zwangsli-
zenzarten *Weisser*, GWR 2017, 134.
57 BPatG GRUR 2017, 373 Rn. 57 ff., 106 ff. – Isentress (PatR).

Entscheidung zur vorläufigen Erteilung einer Zwangslizenz.[58] So könne ein **öffentliches Interesse an der Erteilung einer Zwangslizenz** für einen pharmazeutischen Wirkstoff auch dann bestehen, wenn nur eine relativ kleine Gruppe von Patienten betroffen ist. Dies gilt insbesondere dann, wenn diese Gruppe einer besonders hohen Gefährdung ausgesetzt wäre, falls das in Rede stehende Medikament nicht mehr verfügbar wäre.[59]

16   Voraussetzung der patentrechtlichen Zwangslizenz ist zum einen, dass sich der Lizenzsucher „innerhalb eines angemessenen Zeitraumes erfolglos bemüht hat, vom Patentinhaber die Zustimmung zu erhalten, die Erfindung zu angemessenen geschäftsüblichen Bedingungen zu benutzen" (§ 24 Abs. 1 Nr. 1 PatG). Zudem muss gemäß § 24 Abs. 1 Nr. 2 PatG das bereits erwähnte **öffentliche Interesse** an der Erteilung bestehen. Die Konkretisierung dieses unbestimmten Rechtsbegriffs obliegt der Rechtsprechung.[60] Dass diese Voraussetzungen gegeben sind, hat der Lizenzsucher im Prozess zu beweisen.[61] Anerkannt ist, dass ein öffentliches Interesse durch die missbräuchliche Ausnutzung des Patents begründet wird, wobei auch andere, namentlich technische, (gesamt-)wirtschaftliche, sozialpolitische und medizinische Gesichtspunkte in Frage kommen.[62]

17   In den folgenden Absätzen des § 24 PatG werden **Sonderfälle** der gesetzlichen Zwangslizenz geregelt. In Absatz 2 geht es um den Spezialfall einer **abhängigen Erfindung**, Absatz 3 übernimmt die dort normierten Voraussetzungen für **Sortenschutzrechte**. Die Anforderungen der Erteilung einer Zwangslizenz sind insgesamt höher als bei Absatz 1. Denn zusätzlich zu den dortigen Voraussetzungen, auf die jeweils verwiesen wird, muss die abhängige Erfindung einen „wichtigen technischen Fortschritt von erheblicher wirtschaftlicher Bedeutung" aufweisen. Für **Halbleitertechnologien** werden in Absatz 4 die Erteilungsvoraussetzungen noch weiter heraufgesetzt.

18   Absatz 5 betrifft den Spezialfall der vom Patentinhaber nicht oder nicht überwiegend ausgeübten Erfindung, Absatz 6 das Prozedere der Erteilung der Zwangslizenz, wenn die Voraussetzungen der Absätze 1 oder 2, 3, 4, 5 erfüllt sind.[63] Die Erteilung ist nur eingeschränkt oder etwa (auch) unter Bedingungen und Auflagen möglich. Für das **Zwangslizenzverfahren** vor dem BPatG gelten im Wesentlichen die für das Nichtigkeitsverfahren maßgeblichen Vorschriften, §§ 81

---

58 BGH GRUR 2017, 1017 – Raltegravir (PatR).
59 BGH GRUR 2017, 1017 Rn. 49 ff. – Raltegravir (PatR)
60 *Kraßer/Ann* § 34 Rn. 109; BeckOKPatR/*Wilhelmi* PatG § 24 Rn. 25.
61 BGH GRUR 1996, 190, 192 – Interferon-gamma/Polyferon (PatR).
62 BeckOKPatR/*Wilhelmi* PatG § 24 Rn. 28 m.w.N.
63 Busse/*Hacker* PatG § 24 Rn. 64.

bis 84 PatG, sowie die allgemeinen Vorschriften über patentrechtliche Verfahren.[64]

In § 24 Abs. 6 S. 4 PatG wird ferner der **Vergütungsanspruch des Patent-** 19 **inhabers** gegen den Lizenzsucher geregelt.[65] Dazu stellte das BPatG im Hauptsacheverfahren zum og Verfahren (Isentress/Raltegravir) unter anderem fest, dass der zwischenzeitliche **Widerruf** des streitgegenständlichen Patents mit Wirkung *ex nunc* den **Vergütungsanspruch** für die Vergangenheit unberührt lasse.[66] Maßgeblich sei – wie auch bei vertraglichen Lizenzen –, ob das betreffende Schutzrecht tatsächlich respektiert wurde.[67] Nach § 24 Abs. 6 S. 6 PatG ist eine **Rücknahme der Zwangslizenz** möglich. Zuletzt wird in Absatz 7 klargestellt, dass die patenrechtliche Zwangslizenz nicht isoliert, sondern nur zusammen mit dem Betrieb, der mit der Auswertung der Erfindung befasst war, übertragen werden kann.

Für **Marken** fehlt es dagegen nicht nur an einer vergleichbaren gesetzlichen 20 Regelung, sondern Zwangslizenzen werden insoweit sogar umgekehrt als **unzulässig** angesehen. Gesetzlich ist dieser Grundsatz ausdrücklich insbesondere in Art. 21 TRIPs verankert. Dies erklärt sich daraus, dass sich Marken insoweit grundlegend von anderen Immaterialgüterrechten unterscheiden, als bei jenen die Nutzung durch Dritte in der Regel auch ohne die Zustimmung des Inhabers möglich und sinnvoll ist. Dagegen kann die wesentliche Herkunftsfunktion der Marke schon nicht erfüllt werden, wenn dem Inhaber nicht die alleinige Kontrolle darüber zusteht, von wem und wofür die Marke verwendet wird.[68]

2. Urheberrecht

Das Urheberrecht kennt mit den §§ 5 Abs. 3 S. 2, 42a und 87 Abs. 5 UrhG zwar einige 21 gesetzliche Zwangslizenzen, doch sind diese zum Teil nur von begrenzter praktischer Bedeutung. Dies trifft insbesondere die **Zwangslizenz zugunsten von Tonträgerherstellern gemäß § 42a UrhG.** Dadurch wird im Ergebnis die Freiheit der Verfügung über die Verwertungsrechte des Urhebers (des Komponisten oder sonstigen Schöpfers des Musikwerks) eingeschränkt, da dieser unter den dort geregelten Voraussetzungen verpflichtet ist, auch anderen Tonträgerherstellern das Vervielfältigungs- und Verbreitungsrecht an seinem geschützten Werk einzuräumen. Die praktische Bedeutung der Vorschrift ist jedoch deshalb gering,

---

64 *Kraßer/Ann* § 34 Rn. 119.
65 Vgl. dazu BPatG GRUR 2018, 803 – Isentress II (PatR).
66 BPatG GRUR 2018, 803 Rn. 26 ff. – Isentress II (PatR).
67 BPatG GRUR 2018, 803 Rn. 28 f. – Isentress II (PatR).
68 S. dazu nur BeckOK MarkenR/Kur Einleitung MarkenR Rn. 297.

weil dann, wenn der Urheber – wie meist – Mitglied einer Verwertungsgesellschaft ist, ohnehin aufgrund des Wahrnehmungszwangs der Verwertungsgesellschaft die betreffenden Rechte Dritten eingeräumt werden müssen.[69]

22 Die Zwangslizenz aus **§ 87 Abs. 5 UrhG** führt demgegenüber zu einem **Kontrahierungszwang**, der andernfalls nicht ohne Weiteres bestehen würde. Denn die hierdurch gebundenen **Sendeunternehmen** und **Kabelunternehmen**, die zum gegenseitigen **Vertragsabschluss über die Kabelweitersendung gemäß § 20b UrhG** verpflichtet sind, würden mangels Verwertungsgesellschaftenpflichtigkeit der Senderechte für Sendeunternehmen (§ 20b Abs. 1 S. 2 UrhG)[70] nicht unbedingt einen Vertrag abschließen müssen.[71]

23 Auch der im Jahre 2003 für **private Normwerke** neu geschaffenen **Zwangslizenzbestimmung des § 5 Abs. 3 S. 2 und 3 UrhG** kommt größere praktische Bedeutung zu. Diese Zwangslizenz war deshalb notwendig geworden, weil durch den sog. Ersten Korb der Urheberrechtsreform im Jahr 2003[72] den Schöpfern von privaten Normwerken im Unterschied zu der vorher geltenden Rechtslage[73] (zur Sicherung der Selbstfinanzierung der für den Staat unverzichtbaren privaten Normungsgremien) ein Urheberrecht grundsätzlich zuerkannt, aber wegen des **besonderen öffentlichen Informationsinteresses** eine Zwangslizenz zugunsten von Verlegern eingeführt wurde.[74] Private Normwerke sind Regelwerke, die von privaten meist in Vereinsform agierenden Normungsgremien erarbeitet werden, wie z. B. die DIN-Normen oder die VOB.[75] Bei privaten Normwerken wird allerdings danach differenziert, ob die privaten Normwerke in einem amtlichen Werk (wie z. B. einer bauordnungsrechtlichen Gesetzesvorschrift) lediglich referenziert oder ob sie in das amtliche Werk mit ihrem vollständigen Wortlaut übernommen werden. Der Urheberrechtsschutz an privaten Normwerken entfaltet gemäß § 5 Abs. 3 nur im ersten Fall Wirkung und für diesen Fall greift auch die Zwangslizenz des § 5 Abs. 3 S. 2 und 3 UrhG. Das bedeutet, dass der Urheber (solange er nicht bereits einem Dritten ein ausschließliches Nut-

---

69 Fromm/Nordemann/*Schaefer* § 42a UrhG Rn. 7.
70 Dreier/Schulze/*Dreier* § 20b UrhG Rn. 1.
71 S. näher Büscher/Dittmer/Schiwy/*Mohme* § 87 UrhG Rn. 14; Wandtke/Bullinger/*Ehrhardt* § 87 UrhG Rn. 26.
72 Gesetz zur Regelung des Urheberrechts in der Informationsgesellschaft vom 10.9.2003, BGBl. I 2003, S. 1774.
73 Nach BGH GRUR 1990, 1003 – DIN-Normen (UrhR), sollten die auf Grundlage der Landesbauordnung durch amtliche Erlasse und Bekanntmachungen „als technische Baubestimmung bauaufsichtlich eingeführten" DIN-Normen gemäß § 5 Abs. 1 UrhG a.F. urheberrechtsfrei sein.
74 S. Büscher/Dittmer/Schiwy/*Obergfell* § 5 UrhG Rn. 4, 20–22 und 25 m.w.N.
75 Büscher/Dittmer/Schiwy/*Obergfell* § 5 UrhG Rn. 9f.

zungsrecht eingeräumt hat)[76] gezwungen wird, mit jedem **Verleger**, der dies wünscht, einen **Lizenzvertrag über die Einräumung des Vervielfältigungs- und Verbreitungsrechts** hinsichtlich des privaten Normwerks **zu angemessenen Bedingungen** abzuschließen.[77]

3. Gesetzliche Lizenzen

Besondere praktische Relevanz haben die im UrhG (z. B. in den §§ 45a Abs. 2, 46 Abs. 4, 47 Abs. 2, 49 Abs. 1 S. 2, 3; § 52; § 52a Abs. 4 oder § 54) geregelten **gesetzlichen Vergütungsansprüche** des Urhebers, die auch als **gesetzliche Lizenzen** bezeichnet werden.[78] Sie sind Teil des gesetzlichen Kompromisses, bestimmte Nutzungshandlungen im Rahmen von urheberrechtlichen Schranken erlaubnisfrei zuzulassen, aber hierfür jeweils eine Vergütung für den Urheber zu verlangen, die nicht vom Urheber, sondern im Wege eines Pauschalvergütungssystems über Verwertungsgesellschaften eingezogen und ausgeschüttet werden. Da es bei den hierbei zahlreich auftretenden rechtlichen Fragen jedoch nicht um lizenzvertragliche Probleme im hier behandelten Sinne geht, ist insoweit auf die urheberrechtliche Literatur zu verweisen.[79]

24

III. Lizenzen und Sukzessionsschutz

1. Gewerbliche Schutzrechte und Know-how

Dass bei gewerblichen Schutzrechten ein **Inhaberwechsel** stattfindet, ist in der Praxis kein ungewöhnlicher Vorgang. So werden etwa Patente oder ganze Patentportfolios von Unternehmen veräußert, wenn bestimmte Geschäftsbereiche eingestellt werden, die Schutzrechte also quasi nicht mehr benötigt werden. Ein prominentes Beispiel ist die Veräußerung der Schutzrechte aus dem Bereich Mobilfunk der Robert Bosch GmbH im Jahre 2007 an das Unternehmen IPCom, einer sog. **Patentverwertungsgesellschaft**.[80] Das Portfolio umfasste mehrere

25

---

76 Gemäß § 5 Abs. 3 S. 3 UrhG trifft den Inhaber ausschließlicher Nutzungsrechte in diesem Fall die Pflicht anstelle des Urhebers.
77 S. zur Frage der Angemessenheit der Vertragsbedingungen Büscher/Dittmer/Schiwy/*Obergfell* § 5 UrhG Rn. 26.
78 So etwa Dreier/Schulze/*Dreier* Vorbemerkung (§§ 44a bis 63a) Rn. 11; *Wandtke* 5. Kap. Rn. 5. Von „gesetzlichen Nutzungsrechten als Parallelerscheinung" spricht *Zurth*, Rechtsgeschäftliche und gesetzliche Nutzungsrechte, S. 76 – 148.
79 S. z.B. *Wandtke* 5. Kap. Rn. 20 ff.; *Schack* Rn. 474 ff.
80 S. zu Patentverwertungsgesellschaften noch unten 4. Kapitel Rn. 7.

hundert Patente, viele davon waren bzw. sind standard-essentiell.[81] Bosch war ab Mitte der 1980er Jahre ein Pionier auf diesem Gebiet der Technik gewesen,[82] hatte den betreffenden Geschäftsbereich jedoch später eingestellt bzw. veräußert. Patente werden zudem häufig aus der Insolvenzmasse von Unternehmen herausgekauft.

26   Eine wichtige Frage in diesem Zusammenhang ist, wie sich eine solche Veräußerung auf bereits bestehende Lizenzverträge und Lizenzen auswirkt, inwieweit die Rechtsposition des Lizenznehmers also geschützt ist. Da die Veräußerung von Schutzrechten zu einer **Sukzession** (lat. successio = Nachfolge) in Bezug auf das Stammrecht führt, stellt sich die Frage eines möglichen **Sukzessionsschutzes.** Denn würde ein Patent ohne Anerkennung eines Sukzessionsschutzes übertragen, wären sämtliche vom Veräußerer zuvor erteilte Lizenzen an dem Patent wertlos, weil sie wegen der **Relativität der lizenzvertraglichen Vereinbarung** gegenüber dem Erwerber keine Wirkung entfalten würden.

27   Dass ein solcher **Sukzessionsschutz bei Patentlizenzen** erforderlich ist, wird durch den Gesetzgeber in § 15 Abs. 3 PatG anerkannt. Selbstverständlich ist dies freilich nicht, obwohl schon *Josef Kohler* in den Anfängen des Lizenzvertragsrechts für einen diesbezüglichen Lizenznehmerschutz plädiert hatte.[83] Denn § 15 Abs. 3 PatG wurde erst 1987 im Zuge der Gebrauchsmusternovelle in das PatG aufgenommen, als Reaktion des Gesetzgebers auf die Entscheidung „Verankerungsteil" des BGH von 1982. Der seinerzeit zuständige Kartellsenat hatte einen Sukzessionsschutz für einfache Patentlizenzen mangels einer gesetzlichen Regelung abgelehnt.[84] Die Relevanz gerade für einfache Patentlizenzen ergibt sich daraus, dass diese – anders als ausschließliche Lizenzen – nicht als dingliche Rechte angesehen werden, sondern als rein schuldrechtliche Rechtsposition.[85] Der BGH vertrat seinerzeit die Auffassung, dass für den Inhaber einer einfachen Patentlizenz nicht zwingend derart große Nachteile entstünden, so dass ein Sukzessionsschutz *praeter legem* konstruiert werden müsse.[86]

28   Gemäß § 15 Abs. 3 PatG gilt nunmehr jedoch ausdrücklich: „Ein Rechtsübergang oder die Erteilung einer Lizenz berührt nicht Lizenzen, die Dritten

---

81 Zu den – kartellrechtlichen – Problemen bei standard-essentiellen Patenten s. unten 6. Kapitel ab Rn. 135.

82 Vgl. dazu Mitteilung der Kommission v. 10. Dezember 2009, MEMO/09/549.

83 *Kohler* Patentrecht, 1878, S. 158; *ders.* ArchBürgR 10 (1895), 241, 272 f.; zur damaligen Diskussion um *Kohlers* Forderung s. *Pahlow* ZUM 2005, 865, 868.

84 BGH GRUR 1982, 411 (KartellR, PatR).

85 S. zur Rechtsnatur von Lizenzen auch 1. Kapitel Rn. 15, 5. Kapitel Rn. 28.

86 BGH GRUR 1982, 411, 412 f. – Verankerungsteil (KartellR, PatR); dagegen etwa *M. Brandi-Dohrn* GRUR 1983, 146.

Obergfell/Hauck

vorher erteilt worden sind". Das Gesetz unterscheidet insbesondere nicht zwischen einfachen und ausschließlichen Lizenzen, wodurch dem Streit um die Rechtsnatur von Lizenzen – jedenfalls für gewerbliche Schutzrechte – einiges an Brisanz genommen wird. Entsprechendes regelt § 22 Abs. 3 GebrMG für **Gebrauchsmuster.**

Für **Marken(-lizenzen)** wurde etwas später – im Jahr 1995 – eine vergleich- 29 bare gesetzliche Regelung geschaffen. So schützt nunmehr § 30 Abs. 5 MarkenG die Lizenznehmer im Falle des Rechtsübergangs (**Sukzessionsschutz**). Insgesamt entscheidet sich der Gesetzgeber mit den genannten Normen eindeutig für die Schutzwürdigkeit von Lizenznehmern bei der Veräußerung von Schutzrechten.

Für **Know-how-Lizenzen** ist ein Sukzessionsschutz dagegen abzulehnen. 30 Insoweit gibt es keine gesetzliche Regelung. Dazu unterscheiden sich derartige Lizenzen (und Lizenzverträge) auch deshalb insbesondere von Patentlizenzen, weil es sich dabei nicht um eine „echte" Lizenzierung wie bei Ausschließlichkeitsrechten handelt. Denn der Know-how-Inhaber, der eben nicht Inhaber eines absoluten Rechts ist, verfügt nicht über Ausschließlichkeits- und insbesondere Ausschließungsbefugnisse, derer er sich mittels der Lizenzerteilung begeben könnte.[87] Eine Lösung bietet hier die **Vertragsgestaltung.** So könnte etwa die Veräußerung von bereits lizenziertem Know-how von der Zustimmung des Lizenznehmers abhängig gemacht werden. Dieser könnte dann mit dem Erwerber eine Vereinbarung treffen, wonach die bestehenden Lizenzen anzuerkennen sind. Alternativ könnte sich der Know-how-Inhaber verpflichten, dem Erwerber vertraglich eine Verpflichtung zur weiteren Überlassung des betreffenden Know-hows an den „Lizenznehmer" aufzuerlegen.

2. Urheberrecht

Auch im Urheberrecht wird durch **§ 33 UrhG** ein Sukzessionsschutz anerkannt. 31 Das bedeutet, dass ausschließliche und einfache Nutzungsrechte gegenüber später eingeräumten Nutzungsrechten wirksam bleiben. Der Regelung liegt der Gedanke zugrunde, dass der Urheber nicht mehr Rechte einräumen kann als er selbst in Händen hält. Hat der Urheber seinem Vertragspartner die ausschließlichen Nutzungsrechte an seinem Werk eingeräumt, so hat dies grundsätzlich Bestand gegenüber einem vermeintlichen Rechtserwerb eines Dritten, dem der Urheber eben keine ausschließlichen Nutzungsrechte an demselben Lizenzgegenstand (Nutzung desselben Werks in derselben Nutzungsart für dieselbe Nutzungszeit und dasselbe Nutzungsgebiet) gewähren kann. Die Motivation des Ge-

---

87 Dazu schon oben 2. Kapitel Rn. 17 ff.

setzgebers ging bei Schaffung der Norm des (damals nach seinem Wortlaut noch auf einfache Nutzungsrechte beschränkten) § 33 UrhG dahin, den Inhaber eines einfachen Nutzungsrechts vor unbilligen Ergebnissen zu schützen, wobei er insbesondere berücksichtigte, dass der Nutzungsrechtsinhaber auf die Auswertung des erworbenen Nutzungsrechts zur Deckung der ihm entstandenen Kosten angewiesen sein wird.[88] Der Gesetzgeber erweiterte im Jahr 2002 die Bestimmung des § 33 UrhG durch die Klarstellung, dass der Sukzessionsschutz auch für ausschließliche Nutzungsrechte greift.[89] Er schuf zugleich einen Satz 2, mit dem er den Sukzessionsschutz für Fälle des Inhaberwechsels und des Rechtsverzichts weiter ausbaute. Im Ergebnis **umfasst der Sukzessionsschutz** damit unterschiedslos **einfache und ausschließliche Nutzungsrechte** in allen Fällen, in denen eine Übertragung des Urheberrechts oder ein Verzicht auf das Urheberrecht überhaupt gemäß § 29 UrhG möglich ist, aber auch in den Fällen, in denen der Inhaber eines ausschließlichen Nutzungsrechts dieses weiterüberträgt.[90]

32   Diese im Sukzessionsschutz des § 33 UrhG gebündelte gesetzgeberische Wertentscheidung hat in jüngerer Zeit besondere Bedeutung erlangt für die Lösung von Problemen, die sich im Zusammenhang mit sog. **Lizenzketten** ergeben.[91] Der Inhaber eines ausschließlichen Nutzungsrechts (**Hauptlizenz** oder **Tochterrecht**) kann gemäß § 35 UrhG selbst weitere Nutzungsrechte (**Sublizenzen** oder **Enkelrechte**) einräumen, so dass sich eine Lizenzkette[92] bildet, doch benötigt er hierzu die Zustimmung des Urhebers. Abgesehen vom streitträchtigen **Zustimmungserfordernis**[93] entstehen in der Praxis häufig Probleme dadurch, dass ein Nutzungsrecht in der durch Sublizenzierungen entstehenden Kette wegfällt. Ob mit dem Wegfall eines Nutzungsrechts (z.B. durch Rückruf) zugleich die von diesem abgeleiteten Nutzungsrechte erlöschen, ist Gegenstand eines bereits lange herrschenden Streits in der Literatur. Gerade hinsichtlich des automatischen Wegfalls der Sublizenz hilft der gesetzlich normierte Sukzessionsschutz nicht unmittelbar weiter, weil § 33 S. 2 UrhG nach seinem Wortlaut nur dann anwendbar ist, wenn der Inhaber des Tochterrechts dieses überträgt oder auf es verzichtet.

---

88 Vgl. BT-Drucks IV/270, S. 56.
89 Dieses Ergebnis wurde zuvor nach h.M. durch eine analoge Anwendung von § 33 UrhG a.F. erzielt; vgl. Dreier/Schulze/*Schulze* § 33 UrhG Rn. 2.
90 BGH GRUR 1986, 91, 93 – Preisabstandsklausel; Dreier/Schulze/*Schulze* § 33 UrhG Rn. 9.
91 Siehe dazu eingehend *Zurth*, Rechtsgeschäftliche und gesetzliche Nutzungsrechte im Urheberrecht, 2016, S. 219–229.
92 Vgl. § 32a Abs. 2 S. 1 UrhG.
93 Das Zustimmungserfordernis der §§ 34 Abs. 1 und 35 Abs. 1 UrhG gilt gemäß § 90 S. 1 UrhG jedoch nicht im Bereich des Filmvertragsrechts.

Der **BGH** hat in einer Serie von Entscheidungen die vom Gesetzgeber getrof- **33** fene Wertung des Sukzessionsschutzes über den engen Wortlaut hinaus auf verschiedene **weitere Konstellationen** übertragen. Den Auftakt in dieser Rechtsprechungsserie machte der BGH mit der Entscheidung **„Reifen Progressiv"**, bei der es um den Urheber eines Computerprogramms ging, der ein ausschließliches Nutzungsrecht gemäß § 41 UrhG zurückrief, da über das Vermögen des Lizenznehmers ein Insolvenzverfahren eröffnet wurde und dieser sein Nutzungsrecht nicht mehr ausübte. Der BGH kommt hier zu dem zutreffenden Ergebnis, dass die erteilte Sublizenz vom Rückruf des Tochterrechts unberührt bleibt[94] und stützt dieses Ergebnis maßgeblich auf die Wertung des § 33 S. 2 UrhG.[95] Auch wenn der Gesetzgeber bei der Änderung der Vorschrift in § 33 UrhG im Jahr 2002 bewusst (um einen Eingriff in die urheberrechtliche Dogmatik zu vermeiden) keine Regelung zum Bestand von Sublizenzen treffen wollte,[96] lässt sich die in § 33 UrhG getroffene Wertung auch auf die Problematik der Sublizenz übertragen. Wesentliches Argument dafür ist der Umstand, dass eine Sublizenz gemäß § 35 Abs. 1 S. 1 UrhG gerade nur mit Zustimmung des Urhebers eingeräumt werden kann, so dass der Urheber den Bestand dieses Nutzungsrechts hinnehmen muss.[97] Außerdem beeinträchtigt die Existenz eines einfachen Nutzungsrechts den Urheber nicht erheblich, er wird insbesondere nicht an der weiteren Verwertung seines Werkes gehindert, weshalb die Interessen des Lizenznehmers an einer Fortsetzung der Nutzung letztlich überwiegen.[98]

Zu dem gleichen Ergebnis des Bestands der Sublizenz kam der BGH auch in **34** zwei weiteren Entscheidungen. In der Entscheidung **„M2Trade"** ging es um ein Tochterrecht, das nicht durch Rückruf, sondern durch Kündigung im Hauptlizenzverhältnis erlosch.[99] In seiner Entscheidungsbegründung stützte sich der BGH wiederum maßgeblich auf § 33 S. 2 UrhG und argumentierte, der Sukzessionsschutz schütze das Vertrauen auf den Fortbestand eines Rechts und ermögliche die Amortisierung getätigter Investitionen.[100] Dabei berücksichtigte er, dass der plötzliche Wegfall eines Nutzungsrechts die wirtschaftliche Existenz eines Unternehmens zerstören kann, wenn dieses seine Tätigkeit gerade auf die

---

94 BGH GRUR 2009, 946 Rn. 17 – Reifen Progressiv (UrhR).
95 BGH GRUR 2009, 946 Rn. 19 – Reifen Progressiv (UrhR); kritisch Fromm/Nordemann/ *J. B. Nordemann* § 31 UrhG Rn. 36.
96 Vgl. BT-Drucks. 14/6433, S. 16.
97 BGH GRUR 2009, 946 Rn. 24 – Reifen Progressiv (UrhR); zust. *Dieselhorst* CR 2010, 69, 70.
98 BGH GRUR 2009, 946 Rn. 23 f. – Reifen Progressiv (UrhR); zust. *Rehbinder/Peukert* Rn. 903.
99 BGH GRUR 2012, 916 – M2Trade (UrhR).
100 BGH GRUR 2012, 916 Rn. 24 – M2Trade (UrhR).

Nutzungsbefugnis ausgerichtet hat.[101] Daher müssen bei der Abwägung die Interessen des Lizenznehmers überwiegen, der den Wegfall des Tochterrechts regelmäßig weder beeinflussen noch vorhersehen kann.[102]

35   In der parallel ergangenen Entscheidung **„Take Five"** urteilte der BGH zudem, dass eine weitere ausschließliche Lizenz nicht automatisch erlischt, wenn das vorangehende ausschließliche Nutzungsrecht wegen eines zwischen den Parteien des Hauptlizenzverhältnisses getroffenen Vergleichs entfällt.[103] Der Gedanke des Sukzessionsschutzes sei auch auf ausschließliche Nutzungsrechte anzuwenden[104] und im Rahmen einer Interessenabwägung sei zu berücksichtigen, dass der Urheber der Rechteeinräumung zugestimmt hat.[105] Damit führt der BGH seine „Reifen Progressiv"-Rechtsprechung konsequent fort, weil es für den Inhaber eines Nutzungsrechts unerheblich ist, ob die Hauptlizenz wegen eines Rückrufs oder aus anderen Gründen erlischt, die nicht in seiner Sphäre liegen.[106] Aus dieser Entscheidungsserie mag man die Prognose ableiten, dass der BGH auch bei anderen Konstellationen des Wegfalls der Hauptlizenz der Sublizenz grundsätzlich Bestandskraft zumisst.[107] Wegen der stärker persönlichkeitsrechtlich aufgeladenen Rückrufregelung des § 42 UrhG ist jedoch strittig, ob dies auch für den Wegfall der Hauptlizenz infolge eines Rückrufs nach § 42 UrhG wegen gewandelter Überzeugung des Urhebers anzunehmen ist.[108]

36   In der **Literatur** wurde die Rechtsprechung des BGH zum Bestand der Sublizenz überwiegend begrüßt.[109] Uneinheitlich wird die Frage beantwortet, ob die Ergebnisse auch auf das Patent- und Markenrecht zu übertragen sind.[110] Die rechtliche Situation ist zwar in insofern anders, als der Inhaber einer ausschließlichen Patentlizenz keine Zustimmung des Patentinhabers für die Vergabe

---

101 BGH GRUR 2012, 916 Rn. 24 – M2Trade (UrhR).
102 BGH GRUR 2012, 916 Rn. 24 – M2Trade (UrhR).
103 BGH GRUR 2012, 914 Rn. 13 – Take Five (UrhR).
104 BGH GRUR 2012, 914 Rn. 16 – Take Five (UrhR).
105 BGH GRUR 2012, 914 Rn. 19 – Take Five (UrhR).
106 BGH GRUR 2012, 914 Rn. 22 – Take Five (UrhR).
107 So auch *Raeschke-Kessler/Christopeit* ZIP 2013, 345, 348; *Rauer/Ettig* WRP 2012, 1198, 1200.
108 Für einen automatischen Rückfall sämtlicher Sublizenzen *Dietrich/Szalai* MMR 2012, 687, 689; dagegen *Dieselhorst* CR 2010, 69, 71.
109 Etwa *Dieselhorst* CR 2010, 69, 70; *Haedicke* Mitt. 2012, 429, 433; *Rauer/Ettig* WRP 2012, 1198 (1200); *Reber* ZUM 2009, 855, 856f.; *Scholz* GRUR 2009, 1107, 1108ff.; gegen einen Fortbestand der Sublizenz jedoch Schricker/Loewenheim/*Ohly* § 31 Rn. 22; *Adolphsen/Daneshzadeh Tabrizi* GRUR 2011, 384, 388f.
110 So auch *Becker* ZUM 2012, 786; *Haedicke* Mitt. 2012, 429, 433; a.A. *Dammler/Melullis* GRUR 2013, 781, 784ff.; *Hauck* GRUR-Prax 2013, 437 (jedenfalls kein Schluss von einer derartigen Annahme auf die Insolvenzfestigkeit solcher Verträge).

Obergfell/Hauck

von Unterlizenzen benötigt.[111] Jedoch findet sich auch im Patentrecht ein ausdrücklich normierter Sukzessionsschutz in § 15 Abs. 3 PatG. Schließlich erwähnt der BGH in den Entscheidungen „M2Trade" und „Take Five", dass der für das Patentrecht zuständige X. Zivilsenat keine Bedenken gegen die gefundenen Ergebnisse eingewendet hatte.[112] Dies mag darauf hindeuten, dass eine ähnlich gelagerte patentrechtliche Sachverhaltskonstellation vom BGH entsprechend entschieden würde, sicher ist dies aber freilich nicht.[113]

IV. Lizenzen und Erschöpfung

1. Inhalt und Entwicklung des Erschöpfungsgrundsatzes

Der immaterialgüterrechtliche **Grundsatz der Erschöpfung** ist eines der **fun-** 37
damentalen Prinzipien im Recht des geistigen Eigentums überhaupt. Umso
mehr erstaunt es, dass sich nur in wenigen Gesetzen eine Regelung dazu findet: in
§ 24 MarkenG, in § 17 Abs. 2 und (speziell für Computerprogramme) § 69c Nr. 3 S. 2
UrhG sowie in § 48 DesignG.

Durch den Erschöpfungsgrundsatz soll ein **Ausgleich** gefunden werden 38
zwischen den Interessen des Inhabers eines Immaterialgüterrechts – etwa ein
Urheber oder ein Patentinhaber – und den Interessen des Sacheigentümers, wie
dem Erwerber eines Buches oder eines Gegenstandes, welcher mittels eines patentgeschützten Verfahrens hergestellt wurde. Denn fraglich ist, ob der Urheber
bzw. Patentinhaber kraft seiner Ausschließlichkeitsbefugnisse auf die weitere
Verbreitung des betreffenden Gegenstands Einfluss nehmen kann, ob er etwa den
Weiterverkauf eines gebrauchten Buches verhindern kann. Grundsätzlich müsste
dies möglich sein, denn gemäß § 17 Abs. 1 UrhG steht allein dem Urheber das
Recht zu, „das Original oder Vervielfältigungsstücke des Werkes der Öffentlichkeit anzubieten oder in Verkehr zu bringen". Entsprechendes folgt aus § 9 S. 2 Nr. 1
PatG. Andererseits darf jedoch der Eigentümer des Buches – also eines Werkexemplars im urheberrechtlichen Sinne – gemäß § 903 BGB mit seinem Eigentum
nach Gutdünken verfahren, er muss es also auch problemlos weiterveräußern
dürfen.

Dieses **Spannungsverhältnis** zwischen Sacheigentum und geistigem Eigen- 39
tum kann durch den Erschöpfungsgrundsatz aufgelöst werden, der sowohl im
Bereich der gewerblichen Schutzrechte als auch im Urheberrecht anerkannt ist.

---

111 BGH GRUR 1955, 338, 340; Busse/*Hacker* § 15 PatG Rn. 81; *Dammler/Melullis* GRUR 2013, 781,
782.
112 BGH GRUR 2012, 914 Rn. 15 – Take Five (UrhR); BGH GRUR 2012, 916 Rn. 23 – M2Trade (UrhR).
113 S. zum patentrechtlichen Sukzessionsschutz oben Rn. 25 ff.

Danach kann der Inhaber eines Immaterialgüterrechts die Weiterverbreitung des betreffenden Gegenstands nicht verhindern, wenn dieser ursprünglich durch ihn oder mit seiner Zustimmung durch einen Dritten in Verkehr gebracht wurde. Dem Interesse der Allgemeinheit an der **Verkehrsfähigkeit von Waren** wird insoweit also ein Vorrang eingeräumt. Im Ergebnis sollen die Befugnisse des Rechtsinhabers nicht weiter reichen, als zur Erlangung einer angemessenen Gegenleistung erforderlich ist. Wenn das erstmalige Inverkehrbringen berechtigterweise erfolgt ist, hatte der Rechtsinhaber aber bereits Gelegenheit, sich seine „Belohnung" zu verdienen (**Belohnungsgedanke**). In geographischer Hinsicht ist anerkannt, dass es ausreicht, wenn der Gegenstand im Gebiet des EWR in Verkehr gebracht wurde, es gilt der **Grundsatz der EWR-weiten Erschöpfung.**

40   Für das deutsche Recht des geistigen Eigentums sind vor allem die Arbeiten *Josef Kohlers* in der zweiten Hälfte des 19. Jahrhundert für die Entwicklung des Erschöpfungsrundsatzes maßgeblich, beginnend mit seinem Buch „Das Autorrecht" von 1880. Bezogen auf die Rechte des Schöpfers eines urheberrechtlich geschützten Werkes formuliert *Kohler* dann 1907 konkret: „Ist ein [Werk-]Exemplar durch den Berechtigten [...] Eigentum eines Dritten geworden und so in den Verkehr gekommen (berechtigtes Exemplar), so ist sein Umlauf frei: das Autorrecht ist erschöpft ...".[114] Das RG hat diese Ansicht alsbald übernommen und in Leitentscheidungen wie „Kölnisch Wasser",[115] „Guajakol-Karbonat"[116] sowie „Königs Kursbuch"[117] höchstrichterlich bestätigt.[118] Vom BGH wurde dies nicht in Frage gestellt. Vielmehr wurde der allein im UrhG geregelte Erschöpfungsgrundsatz als **allgemeiner Rechtsgedanke** bezeichnet, der ebenso für gewerbliche Schutzrechte gelte.[119]

41   Zu beachten ist jedoch, dass sich nicht sämtliche ausschließlichen Befugnisse des Rechteinhabers erschöpfen, sondern – und dies ist vor allem im urheberrechtlichen Kontext von erheblicher Relevanz – **allein das Verbreitungsrecht** des Inhabers. Dies ist so auch ausdrücklich in §§ 17 Abs. 2, 69c Nr. 3 S. 2 UrhG geregelt. Zwar hat der BGH davon in einem Fall eine Ausnahme zugelassen und die Erschöpfungswirkung auch auf das Vervielfältigungsrecht des Inhabers erstreckt.[120] Dies war jedoch den Besonderheiten des Einzelfalles geschuldet, weil

---

114 *Kohler* Urheberrecht an Schriftwerken und Verlagsrecht, 1907, S. 181 f.
115 RGZ 50, 229 (Warenzeichenrecht).
116 RGZ 51, 130 (PatR)
117 RGZ 63, 394 (UrhR).
118 Umfassend zur Entwicklung der *Kohler'schen* Lehre *Haberstumpf* ZGE 6 (2014), 470.
119 BGH GRUR 1980, 38 – Fullplastverfahren (PatR).
120 BGH GRUR 2001, 51 – Parfumflakon (UrhR).

nur so die Verkehrsfähigkeit des betreffenden Gegenstands sichergestellt werden konnte.

Das **Markenrecht** kennt in § 24 Abs. 1 MarkenG eine eigenständige Regelung 42 zur Erschöpfung der Rechte des Inhabers einer Marke oder einer geschäftlichen Bezeichnung. Es gilt ebenfalls der Grundsatz der EWR-weiten Erschöpfung.[121] Eine **Einschränkung** dazu findet sich jedoch in § 24 Abs. 2 MarkenG. Danach kann sich der Kennzeicheninhaber dem weiteren Vertrieb der markierten Waren **aus berechtigen Gründen** auch dann **widersetzen**, wenn die Erschöpfung der Kennzeichenrechte nach § 24 Abs. 1 MarkenG an sich eingetreten ist. Ein berechtigter Grund liegt insbesondere dann vor, wenn nach dem Inverkehrbringen der Waren deren Zustand verändert oder verschlechtert wird. Dies leuchtet ein, denn eine solche Qualitätsminderung wird der Verkehr unmittelbar mit dem Markeninhaber in Verbindung bringen. Diese Regelung findet ihr Vorbild in Art. 7 Markenrechts-RL von 1989 (RL 89/104/EG).

Der Erschöpfungsgrundsatz ist auch in anderen Rechtsordnungen anerkannt, namentlich im **US-amerikanischen Immaterialgüterrecht.**[122] Dort ist er 43 in 17 U.S.C. 109(a) Copyright Act 1976 kodifiziert, seine Geltung für sämtliche Rechte des geistigen Eigentums ist anerkannt. Im Urheberrecht wird insoweit von der **First-Sale Doctrine** gesprochen, während im Patentrecht die Bezeichnung **Doctrine of Patent Exhaustion** gebräuchlich ist. Der US Supreme Court hatte den Erschöpfungsgrundsatz schon seit dem 19. Jahrhundert anerkannt.[123] Voraussetzung ist auch hier, dass der immaterialgüterrechtlich geschützte Gegenstand durch den Schutzrechtsinhaber bzw. mit seiner Zustimmung in Verkehr gebracht wurde (subject of a prior authorized sale).[124]

Eine grundsätzliche Bedeutung hatte der Erschöpfungsgrundsatz des US- 44 Rechts in einem Rechtsstreit zu Sortenschutzrechten, die zudem einen lizenzvertraglichen Schwerpunkt aufwies. So stellte sich in der Sache **„Bowman v. Monsanto",** über die der Supreme Court 2013 zu entscheiden hatte,[125] die Frage, ob der Käufer von Saatgut (und zugleich Lizenznehmer) gegen seine lizenzvertraglichen Verpflichtungen verstoßen hat, oder ob er sich erfolgreich auf die Er-

---

121 Die Frage der Erschöpfung bei Markenrechten hat etwa bei der Problematik der Parallelimporte eine große praktische Bedeutung; vertiefend dazu *Böttcher* GRUR Int. 2009, 646.

122 S. rechtsvergleichend zu den aktuellen Entwicklungen im europäischen Recht *Hauck*, EuZW 2017, 645.

123 Vgl. Adams v. Burke, 84 U.S. 453 (1873) (PatR) und Bobbs-Merrill Co. v. Straus, 210 U.S. 339 (1908) (UrhR).

124 Geographisch ist die Geltung nicht auf das Gebiet der USA beschränkt, vgl. Impression Products, Inc. v. Lexmark International, Inc., 581 U.S. ___ (2017).

125 Bowman v. Monsanto Company et al., 569 U.S. 278 (2013).

schöpfung der Rechte des Lizenzgebers berufen konnte. Vernon Hugh Bowman, ein Soja- und Maisfarmer, wurde von Saatguthersteller Monsanto verklagt. Bowman hatte bei Monsanto nach US-Recht patentgeschütztes Saatgut gekauft. In der Bezugsvereinbarung (licensing agreement) wurde ihm untersagt, das Saatgut in mehr als einer Saison zu verwenden und insbesondere von der Ernte Saatgut zur Wiederaussaat zurückzubehalten. Für die zweite Jahresaussaat kaufte Bowman wiederum Saatgut, das ebenfalls zugunsten von Monsanto patentgeschützt war, jedoch vorgeblich als Tierfutter verwendet wird, und säte dieses aus. Von dieser Ernte hielt Bowman einen Teil zurück und säte es erneut aus. Nach Ansicht des Gerichts konnte sich Bowman nicht auf Erschöpfung der Rechte des Klägers und Patentinhabers berufen. Denn ihm sei als Lizenznehmer lediglich ein **„right to use"** eingeräumt worden, also das Recht zum Gebrauch und Verbrauch einschließlich des Weiterverkaufs des betreffenden Produkts. Bowman habe aber durch die Wiederaussaat ein „neues Produkt" hergestellt, was jedoch über das „right to use" hinausgehe. Ein **„right to make"** – also ein **Vervielfältigungsrecht** – sei ihm durch den Lizenzgeber aber zu keinem Zeitpunkt eingeräumt worden und dieses Recht habe sich durch die Veräußerung des Saatguts auch nicht erschöpft („the exhaustion doctrine does not extend to the right to ‚make' a new product").[126]

2. Aktuelle Bedeutung

45 Die aktuelle Bedeutung des immaterialgüterrechtlichen Erschöpfungsgrundsatzes liegt vor allem im **Urheberrecht** und insbesondere bei der Frage der (entsprechenden) Anwendbarkeit auf Güter (wie Software), die nicht dauerhaft auf einem Trägermedium (z. B. CD-ROM) fixiert, also nicht verkörpert sind. Augenscheinlich gibt es dann aber schon kein Spannungsverhältnis zu den sachenrechtlichen Vorschriften (s. o.), das über die Anwendung des Erschöpfungsgrundsatzes aufzulösen wäre. Anders hat jedoch der EuGH in seiner Vorabentscheidung „UsedSoft/Oracle" von 2012[127] entschieden. Der Europäische Gerichtshof hat die entsprechende Vorlagefrage des Bundesgerichtshofs[128] im Ergebnis dahingehend beantwortet, dass die in § 69c Nr. 3 S. 2 UrhG – die Regelung geht auf Art. 4 Abs. 2 der RL 2009/24/EG („Software-Richtlinie") zurück – normierte Erschöpfung des Verbreitungsrechts des Software-Urhebers auch in einem solchen Fall anzuwenden sei. Dass die Ent-

---

126 Bowman v. Monsanto Company et al., 569 U.S. 278 (2013).
127 EuGH GRUR 2012, 904 (UrhR).
128 BGH GRUR 2011, 418 – UsedSoft (UrhR).

scheidung ein vielfältiges Echo pro und contra gefunden hat, sei erwähnt,[129] ohne dass dieses Problem an dieser Stelle vertieft werden könnte. Wie relevant die Frage und somit die Reichweite des Erschöpfungsgrundsatzes aber weiterhin ist, zeigt sich daran, dass zahlreiche Folgeprobleme noch nicht gelöst sind. Insbesondere war die Frage nach der Übertragbarkeit der Grundsätze des EuGH auf andere digitale Güter wie Hörbücher und E-Books lange Zeit höchstrichterlich unbeantwortet.[130] Nunmehr hat der EuGH jedoch entschieden, dass bei der Weitergabe von E-Books keine „digitale Erschöpfung" eintritt (EuGH ZUM 2020, 129 – Tom Kabinet).

Unbeantwortet bleibt allerdings bis heute die Frage, was nach Übertragung **46** von – letztlich – urheberrechtlichen Nutzungsrechten[131] mit dem Ausgangs-Lizenzvertrag passiert, denn dieser besteht ja weiterhin zwischen den ursprünglichen Vertragspartnern. Zu einer automatischen **Vertragsübernahme** kommt es jdf. nicht, denn dafür wäre ein dreiseitiges Rechtsgeschäft notwendig. Einen Ausweg könnte insoweit die extensive Auslegung von § 34 Abs. 1 UrhG bieten (Vermutung der Zustimmung des Lizenzgebers zur Übertragung nicht nur des Nutzungsrechts/der Lizenz, sondern auch des Vertrags).[132]

3. Erschöpfungsgrundsatz und Lizenzierung

Der Bezugspunkt des Erschöpfungsgrundsatzes zur Lizenzierung von Immate- **47** rialgüterrechten besteht vor allem darin, dass für den Eintritt der Erschöpfung bestimmter Befugnisse des Inhabers ein **berechtigtes Inverkehrbringen** des betreffenden Gegenstands Voraussetzung ist. Da dieses Inverkehrbringen auch durch Dritte geschehen kann, ist diese Voraussetzung insbesondere dann erfüllt, wenn ein Lizenznehmer im vertraglich zulässigen Umfang handelt, wenn etwa ein Hersteller patentgeschützter, weil mit einem patentierten Verfahren hergestellter Erzeugnisse die Gegenstände im vereinbarten Umfang auf den Markt bringt (s. auch oben das Beispiel aus dem US-Recht, Rn. 42). Stellt ein Lizenznehmer dagegen entgegen der lizenzvertraglichen Vereinbarung eine größere Anzahl von Vertragsgenständen her, um den „Überschuss" am Lizenzgeber und Patentinhaber vorbei zu verwerten, tritt in Bezug auf diese Gegenstände keine Erschöpfung

---

129 Vgl. etwa zustimmend *Hoeren/Jakopp* MMR 2014, 646; *Grützmacher* ZGE 5 (2013), 46 (50 ff.); ablehnend dagegen etwa *Haberstumpf* ZGE 6 (2014), S. 470, 481 ff.; *ders.* CR 2012, 561; *Krüger/ Biehler/Apel* MMR 2013, 760; *Stieper* ZUM 2012, 668; *Heydn* MMR 2012, 591.
130 Vgl. dazu etwa *Hauck* NJW 2014, 3616 mit Bezug insb. zur Entscheidung OLG Hamm 2014, 3659 (UrhR: Weiterverkauf „gebrauchter" Hörbücher).
131 Ausf. dazu *Hauck* ZGE 9 (2017) 47, 54 ff.
132 Umfassend dazu *Hauck* ZGE 9 (2017) 47, 64 ff.

ein und der Patentinhaber kann seine Rechte aus § 9 S. 2 PatG insoweit geltend machen.

48 Dies gilt entsprechend für Gegenstände, die mit einer **Marke** versehen werden und außerhalb des vertraglich vereinbarten Gebietes vom Lizenznehmer in Verkehr gebracht werden. Auch dann erschöpft sich das ausschließliche Recht des Markeninhabers gemäß § 14 MarkenG entgegen § 24 Abs. 1 MarkenG nicht, weil das Inverkehrbringen nicht berechtigt erfolgte.

49 Auch im **Urheberrecht** stellt sich die Frage der Erschöpfung insbesondere dann, wenn der Lizenznehmer Handlungen vornimmt, die dem Inhalt des Lizenzvertrags widersprechen. So kann sich gerade bei urheberrechtlich geschützten digitalen Inhalten die Frage stellen, inwieweit dem Erwerber und Lizenznehmer etwa die Weiterveräußerung untersagt werden kann, oder ob ihm dies schon allein deshalb nicht möglich ist, weil sich das Verbreitungsrecht des Urhebers mit dem erstmaligen Inverkehrbringen des betreffenden Gutes bereits erschöpft hat. Für diese Problematik kann nach oben verwiesen werden (Rn. 37 ff.).

C. Vertragspflichten

I. Vorbemerkung

50 Ein einziger Vertrag kann viele verschiedene Pflichten enthalten. Allgemein muss zwischen leistungsbezogenen und nicht-leistungsbezogenen Pflichten unterschieden werden. Leistungspflichten lassen sich unterteilen in Haupt- und Nebenleistungspflichten. **Hauptpflichten** (auch Hauptleistungspflichten genannt) sind diejenigen Pflichten, die zur rechtlichen Fixierung des Vertrags vereinbart werden.

51 **Nebenleistungspflichten** dienen der Vorbereitung, Unterstützung, Sicherung und Durchführung, also dem Erreichen und Sichern des Vertragszwecks.[133] Nebenleistungspflichten werden aus einer ergänzenden Vertragsauslegung (§ 157 BGB) sowie dem Grundsatz von Treu und Glauben (§ 242 BGB) abgeleitet, soweit sie nicht ausdrücklich vereinbart oder im Ausnahmefall gesetzlich geregelt sind (z. B. § 666 BGB).[134] Diese Nebenleistungspflichten (oder leistungsbezogenen Nebenpflichten) sind wiederum zu unterscheiden von (nicht leistungsbezogenen) **Nebenpflichten** i.S.d. § 241 Abs. 2 BGB. Letztere richten sich nicht auf die Er-

---

133 Palandt/*Grüneberg* § 241 BGB Rn. 5; Jauernig/*Mansel* § 241 BGB Rn. 9.
134 *Looschelders* SR AT § 1 Rn. 12.

Obergfell/Hauck/Zurth

bringung einer Leistung, sondern auf die Befriedigung eines sonstigen Gläubigerinteresses.[135] Dazu zählen vor allem Schutz- und Aufklärungspflichten.[136] Im Gegensatz zu Leistungspflichten begründen sie keinen Anspruch auf Erfüllung. Erst ihre Verletzung führt bestimmte Rechtsfolgen herbei. Die Unterscheidung zwischen Haupt-, Nebenleistungs- und Nebenpflichten erlangt Relevanz bei den Rechtsfolgen der Leistungsstörungen. Ferner bezieht sich die Einrede des § 320 BGB nicht auf Nebenleistungspflichten.[137] Dies erlangt Bedeutung für die insolvenzrechtliche Behandlung von Lizenzverträgen im Rahmen von § 103 InsO.[138]

Die immaterialgüterrechtlichen Regelungen zu Nutzungsrechten enthalten 52 kaum Vorgaben zum Inhalt der Vertragspflichten eines Lizenzvertrages. Für Lizenzverträge wird den Parteien somit ein **weiter Gestaltungsspielraum** eingeräumt.[139] Mitunter ist umstritten, ob eine gewisse Verpflichtung auch ohne ausdrückliche Vereinbarung angenommen werden kann. Zu empfehlen sind daher so viele Klarstellungen im Vertragswerk wie möglich.

II. Pflichten des Lizenzgebers

1. Einräumung der Lizenz

Die Einräumung der Lizenz stellt die **Hauptpflicht** des Lizenzgebers dar. Er 53 muss sicherstellen, dass das Schutzrecht frei von Rechten Dritter ist. Mitunter lassen sich Lizenznehmer von gegen sie gerichteten Verletzungsansprüchen vom Lizenzgeber freistellen (sog. Freistellungsklausel).[140] Als Nebenleistungspflicht hat der Lizenzgeber jegliche Gefährdung oder Beeinträchtigung der Lizenz zu unterlassen. Ist die Nutzungsbefugnis schuldrechtlich ausgestaltet, existiert eine ständige Pflicht des Lizenzgebers, das Nutzungsrecht aufrechtzuerhalten, während im Übrigen die Lizenzeinräumung in einem einmaligen Akt besteht.[141] Bei einer negativen Lizenz verzichtet der Lizenzgeber demgegenüber lediglich auf die Geltendmachung von Verbotsansprüchen.

---

135 *Medicus/Petersen* BR Rn. 208.
136 MüKo-BGB/*Bachmann* § 241 Rn. 33; Palandt/*Grüneberg* § 241 BGB Rn. 7.
137 Jauernig/*Stadler* § 320 BGB Rn. 7.
138 S. dazu Kap. 5 Rn. 16, 32, 43.
139 *Kraßer/Schmid* GRUR Int. 1982, 324, 326.
140 S. dazu etwa Fromm/Nordemann/*J. B. Nordemann* Vor §§ 31 ff. UrhG Rn. 40; *Andreas Stadler* CR 2006, 77, 81; beispielhaft Klausel 5.4 in Kap. 7 A.
141 S. dazu auch 5. Kapitel Rn. 32.

2. Eintragung der Lizenz

54 Ausschließliche Patenzlizenzen[142] können in das **Patentregister** eingetragen werden (§ 30 Abs. 4 S. 1 PatG).[143] Der Lizenzgeber muss dies jedoch nur nach ausdrücklicher Vereinbarung veranlassen. Der Antrag kann nämlich auch durch den Lizenznehmer gestellt werden (vgl. § 30 Abs. 4 S. 1 PatG). Die Lizenz an einer **Gemeinschaftsmarke** hat allerdings gegenüber Dritten in allen Mitgliedstaaten erst dann Wirkung, wenn sie eingetragen ist (Art. 23 Abs. 1 Verordnung (EG) Nr. 207/2009 (GMV)). Auch hier kann der Antrag aber ebenso vom Lizenznehmer gestellt werden (vgl. Art. 22 Abs. 5 GMV), so dass nicht ohne Weiteres von einer Verpflichtung des Lizenzgebers auszugehen ist.

3. Aufklärung

55 Der Lizenzgeber hat seinen Vertragspartner über sämtliche Umstände aufzuklären, die das Schutzrecht und damit auch die Lizenz gefährden oder beeinträchtigen können, wie beispielsweise schwebende oder drohende Streitigkeiten vor Gericht sowie Rechte Dritter an dem Schutzgegenstand (z.B. Nießbrauch).[144] Außerdem muss der Lizenznehmer angesichts des Sukzessionsschutzes (§ 33 UrhG, § 15 Abs. 3 PatG, § 30 Abs. 5 MarkenG) über bereits eingeräumte Rechte informiert werden, weil dies den Wert seiner Lizenz und die Verwertungsmöglichkeiten erheblich beeinflusst.[145]

4. Technische Unterstützung und Know-how

56 Als Nebenleistungspflicht kann es dem Lizenzgeber obliegen, den Lizenznehmer bzw. dessen Angestellte in die Nutzung der Technologie **einzuweisen** und Erfahrungen weiterzugeben, ggf. Schulungen durchzuführen, was vor allem dann gelten muss, wenn auf Grund großer Komplexität der Vertragszweck anders nicht erreicht werden kann.[146] So können unnötige Aufwendungen des Lizenznehmers vermieden werden.[147] Daher sollte dies auch ohne ausdrückliche Vereinbarung angenommen werden.[148] Zur Unterstützung gehört außerdem die Mitteilung von

---

142 Zu den Lizenztypen schon im 1. Kapitel Rn. 10 ff.

143 Eintragungen in das Patentregister haben nur deklaratorische Bedeutung, vgl. BPatG GRUR 1998, 662, 664 –Umwandlung eines Wirtschaftspatents; *Mes* § 30 PatG Rn. 10.

144 Wandtke/Ohst/*Fock* Band 1 Kap. 6 Rn. 183, 207.

145 Zurückhaltender Wandtke/Ohst/*Fock* Band 1 Kap. 6 Rn. 184.

146 Büscher/Dittmer/Schiwy/*Schmoll* Teil 3 Kap. 17 Rn. 194.

147 *Kraßer/Schmid* GRUR Int. 1982, 324, 331.

148 A.A. *Bartenbach* Rn. 1454; *Kraßer/Schmid* GRUR Int. 1982, 324, 331 f.

technischem oder nicht-technischem Wissen im Zusammenhang mit dem Schutzrecht.[149] Dieses Know-how bzw. ein Geschäftsgeheimnis i.S.d. § 2 Nr. 1 GeschGehG kann sogar Hauptgegenstand des Vertrages sein.[150]

5. Meistbegünstigung

Es kann vereinbart werden, dass der Lizenzgeber **Dritten zukünftig keine besseren Konditionen** gewährt (Meistbegünstigungsklausel oder *most favored licence clause*).[151] Tut er dies dennoch, werden die dem weiteren Lizenznehmer eingeräumten Bedingungen grundsätzlich **automatisch Teil des Lizenzvertrages**, der eine Meistbegünstigungsklausel enthält.[152] Diese Vertragsänderung bleibt unangetastet, wenn der spätere Lizenzvertrag aufgelöst oder sonst beendet wird.[153] Einhergehen muss damit grundsätzlich ein entsprechender Informationsanspruch des Lizenznehmers über den Abschluss und den Inhalt weiterer Lizenzverträge.[154] Eine Meistbegünstigung kann auch nur für einen bestimmten Aspekt oder Teilbereich des Lizenzvertrages vereinbart werden. Das Prinzip der Meistbegünstigung kann jedoch richtigerweise nicht ohne ausdrückliche Vereinbarung gelten.[155] Nähme man stets eine Pflicht zur Gleichbehandlung aller Lizenznehmer an,[156] würde dies faktisch eine Aufhebung der Vertragsfreiheit bedeuten.

57

6. Aufrechterhaltung und Verteidigung des Schutzrechts

Der Lizenzgeber muss für die Dauer der Vertragslaufzeit als Nebenleistungspflicht das Schutzrecht **aufrechterhalten.**[157] Dazu gehört auch die Verlängerung von Marken nach § 47 MarkenG und das Tragen der dafür anfallenden Gebühren sowie

58

---

149 Erdmann/Rojahn/Sosnitza/*Bartenbach/Kunzmann* Kap. 9 Rn. 150.
150 S. dazu 2. Kapitel Rn. 17 ff. und zum Patent- und Know-how-Lizenzvertrag 4. Kapitel ab Rn. 8 f.
151 Zur kartellrechtlichen Bewertung einer solchen Klausel unten 6. Kapitel Rn. 57.
152 BGH GRUR 1965, 591, 595 – Wellplatten; *Bartenbach* Rn. 1478.
153 Wandtke/Ohst/*Fock* Band 1 Kap. 6 Rn. 196.
154 *Bartenbach* Rn. 1481; Wandtke/Ohst/*Fock* Band 1 Kap. 6 Rn. 195.
155 So auch *Bartenbach* Rn. 1395; Erdmann/Rojahn/Sosnitza/*Bartenbach/Kunzmann* Kap. 9 Rn. 162; a. A. *Pahlow* Lizenz und Lizenzvertrag, S. 325 f.
156 So Büscher/Dittmer/Schiwy/*Schmoll* Teil 3 Kap. 17 Rn. 192.
157 Fitzner/Lutz/Bodewig/*Loth/Hauck* § 15 PatG Rn. 48; *Bartenbach* Rn. 1374; *Bredies* Patentlizenzvertragsrecht, S. 49; *Groß* Rn. 266; *Kraßer/Ann* § 41 Rn. 14. Anders bei Zwangslizenzen, vgl. BPatG GRUR 2018, 803 Rn. 57 – Isentress II.

die Zahlung der Jahresgebühren beim Patent (§§ 17, 20 Abs. 1 Nr. 2 PatG).[158] Insbesondere darf er – unabhängig davon, ob er mit dinglicher Wirkung *kann* – nicht auf das Recht **verzichten**. Der Lizenzgeber ist darüber hinaus verpflichtet, sämtliche Prozesse zur Aufrechterhaltung des Schutzrechts, etwa im Falle einer Löschungsklage, zu führen.[159] Dies muss jedenfalls gelten, solange gewisse Erfolgsaussichten bestehen.[160] Demgegenüber steht ihm eine Übertragung des Schutzrechts frei.[161]

59   Zu unterscheiden ist diese Pflicht zur Aufrechterhaltung des Schutzrechts von einer Pflicht, die Lizenz dauerhaft zu vermitteln. Letztere besteht nach hier vertretener Ansicht nicht, weil die Lizenzeinräumung einen einmaligen Akt darstellt.[162]

60   **Schutzrechtsverletzungen** durch Dritte muss der Lizenzgeber nicht verfolgen.[163] Der Inhaber eines einfachen Nutzungsrechts kann dies schon deshalb nicht verlangen, weil für derartige Rechtspositionen die Unabhängigkeit von Nutzungen Dritter gerade charakteristisch ist. Schließlich könnte der Schutzrechtsinhaber einem Dritten ein Nutzungsrecht auch schenken (**Freilizenz/Gratislizenz**).[164] Richtigerweise ist der Lizenzgeber auch nach Vergabe einer ausschließlichen Lizenz nicht zur Verfolgung von Schutzrechtsverletzungen verpflichtet.[165] Vielmehr ist der Inhaber einer ausschließlichen Lizenz seinerseits dazu befugt.[166] Im Markenrecht muss der Lizenznehmer dafür die Erlaubnis des Markeninhabers einholen (§ 30 Abs. 3 MarkenG). Nähme man dort eine schuldrechtliche Pflicht zur Erteilung dieser Erlaubnis oder zur Ergreifung eigener Maßnahmen an, würde dies den Sinn und Zweck der Norm konterkarieren.

---

158 Vgl. OLG Düsseldorf BeckRS 2010, 15660 (PatR); *Bartenbach* Rn. 1374 f., 1378; *Groß* Rn. 201, 270; *Henn/Pahlow* § 9 Rn. 63; *Kraßer/Schmid* GRUR Int. 1982, 324, 330 f.

159 Büscher/Dittmer/Schiwy/*Schmoll* Teil 3 Kap. 17 Rn. 188; *Bartenbach* Rn. 1385; *Kraßer/Schmid* GRUR Int. 1982, 324, 331; *Traumann* GRUR 2008, 470, 471.

160 *Groß* Rn. 269.

161 *Kraßer/Schmid* GRUR Int. 1982, 324, 330; für das Markenrecht differenzierend *Traumann* GRUR 2008, 470, 472.

162 S. dazu Kap. 5 Rn. 32.

163 Jedenfalls zur Zwangslizenz BPatG GRUR 2018, 803 Rn. 57 – Isentress II (PatR).

164 *Kraßer/Schmid* GRUR Int. 1982, 324, 331; vgl. auch BGH GRUR 1965, 591, 595 – Wellplatten (PatR). Der Lizenzgeber darf den Lizenznehmer jedoch nicht durch willkürliche Lizenzvergabe schädigen (s. Rn. 63).

165 *Bartenbach* Rn. 1387; *Kraßer/Schmid* GRUR Int. 1982, 324, 331; a. A. RGZ 54, 272, 274 f. (PatG); Ströbele/Hacker/Thiering/*Hacker* § 30 MarkenG Rn. 63; *Ingerl/Rohnke* § 30 MarkenG Rn. 58; *Traumann* GRUR 2008, 470, 471.

166 Dazu BGH GRUR 1999, 984, 985 – Laras Tochter (UrhR); BGH GRUR 1995, 338, 340 – Kleiderbügel (PatR).

Im Jahr 1965 entschied der BGH, dass **aus einer Meistbegünstigungsklau-** 61
sel grundsätzlich eine Nebenpflicht erwächst, gegen Verletzer vorzugehen.[167] Dies
könne jedoch vom Lizenznehmer nicht eingeklagt werden, sondern habe Auswirkungen auf den bestehenden Lizenzvertrag, weil sich der Lizenzgeber wie nach
der Vergabe einer Gratislizenz behandeln lassen müsse.[168] Diese Erwägungen
des BGH werden bis heute im Schrifttum zitiert und entsprechen der modernen
herrschenden Auffassung. Eine generelle Klagepflicht außerhalb von Lizenzverträgen mit Meistbegünstigung hat der BGH damals allerdings abgelehnt.[169] Darüber hinaus verlangte er vom Lizenzgeber auf Grund des Kostenrisikos bei Ge-
richtsverfahren kein sofortiges Einschreiten gegen alle Verletzer, sondern ließ ein
Vorgehen „nach geraumer Zeit" gegen zwei mögliche Verletzer genügen.[170]

7. Betätigungsverbot

In gewissen kartellrechtlichen Grenzen[171] kann der Lizenzgeber dazu verpflich- 62
tet werden, das auf der Lizenz beruhende Produkt **nicht selbst zu vertreiben** und
dem Lizenznehmer keine Konkurrenz zu machen. Wurde eine ausschließliche
Lizenz eingeräumt, folgt das Betätigungsverbot schon daraus. Ein Filmwerk kann
jedoch gemäß § 88 Abs. 2 S. 2 UrhG nach zehn Jahren anderweitig verwertet
werden. Demgegenüber bestimmt im Verlagsrecht § 2 Abs. 1 VerlG ausdrücklich
ein Betätigungsverbot. Nach § 7 Abs. 1 S. 2 des Musterverlagsvertrages über ein
wissenschaftliches Werk[172] darf ein Autor ein zum vertragsgegenständlichen Werk
in Konkurrenz tretendes Werk nur mit Zustimmung des Verlages veröffentlichen.
Auch außerhalb von § 2 Abs. 1 VerlG und ausdrücklichen Vereinbarungen müssen
das Interesse des Verlegers an einer Enthaltung des Verfassers und die Freiheit
des geistigen Schaffens abgewogen werden, so dass regelmäßig ein Betätigungsverbot nur besteht, wenn das neue Werk denselben Gegenstand behandelt,
sich an denselben Abnehmerkreis richtet und dem anderen Werk ernsthafte
Konkurrenz machen kann.[173] So kann auch das **Selbstplagiat** vertragswidrig

---

167 BGH GRUR 1965, 591, 595 – Wellplatten (PatR); zur Meistbegünstigungsklausel s. Rn. 57.
168 BGH GRUR 1965, 591, 595 – Wellplatten (PatR).
169 Vgl. BGH GRUR 1965, 591, 595f. – Wellplatten (PatR).
170 Vgl. BGH GRUR 1965, 591, 596 – Wellplatten (PatR).
171 Dazu unten 6. Kapitel ab Rn. 31.
172 Abgedruckt bei Ulmer-Eilfort/Obergfell VerlR 4. Teil Kap. C II.
173 BGH GRUR 1973, 426, 427 – Medizin-Duden; vgl. auch OLG Köln GRUR-RR 2012, 325, 328 –
Newton-Bilder; zum Herausgebervertrag OLG Frankfurt GRUR-RR 2005, 361, 361 – Alles ist möglich. S. auch Ulmer-Eilfort/Obergfell/*Obergfell* § 2 VerlG Rn. 20 ff.; sowie unten im 4. Kapitel Rn. 49.

sein.[174] Allgemein muss der Lizenzgeber schließlich alles unterlassen, was den Vertragszweck zu beeinträchtigen droht.[175] Das OLG München hielt jedoch eine AGB-Klausel für unwirksam, die ein Veröffentlichungsverbot von konkurrierenden Werken für die gesamte Vertragslaufzeit festlegte, da sich der Ausverkauf einer Auflage über Jahre hinziehen und der Verlag die Laufzeit des Verlagsvertrags durch Nachdrucke beeinflussen könne.[176]

63   Demgegenüber ist der Lizenzgeber in der **Vergabe weiterer Lizenzen** frei, sofern er noch kein ausschließliches Nutzungsrecht eingeräumt hat. Dies gilt auch für die Gestaltung weiterer Lizenzverträge, sofern mit bisherigen Lizenznehmern keine Meistbegünstigungsklausel vereinbart wurde. Nach überwiegender Ansicht soll es gegen Treu und Glauben (§ 242 BGB) verstoßen, wenn der Lizenzgeber willkürlich eine Vielzahl von **Gratislizenzen vergibt**.[177] Dies muss jedoch vor dem Hintergrund der **Privatautonomie** präzisiert werden. Eine unmittelbare Drittwirkung von Grundrechten im Zivilrecht existiert schließlich nicht, sondern Art. 3 Abs. 1 GG findet lediglich mittelbar über Generalklauseln Anwendung. Nur ausnahmsweise existiert demzufolge hier ein Gleichbehandlungsgrundsatz; so etwa im Arbeitsrecht, das eine willkürliche Schlechterstellung einzelner Arbeitnehmer innerhalb einer Gruppe verbietet,[178] und im Allgemeinen Gleichbehandlungsgesetz (AGG). Allenfalls wenn der Lizenzgeber seinen Vertragspartner zu schädigen beabsichtigt, vor allem ohne sachlichen Grund Dritten wesentlich günstigere Konditionen gewährt (Willkür), kann eine Haftung aus Vertragsverletzung (§ 280 Abs. 1 BGB) angenommen werden.

8. Weiterentwicklung

64   Möglich ist eine Vereinbarung, nach der der Lizenzgeber das Schutzrecht weiterzuentwickeln hat und um Verbesserungen bemüht sein muss. Ohne eine entsprechende Klausel ist dies aber nicht automatisch Vertragsbestandteil.[179] Im markenrechtrechtlichen Schrifttum wird hingegen mitunter vom Lizenzgeber verlangt, er

---

174 *Schack* Rn. 1073.
175 Zur Auswertung eines Filmbühnenstoffs im Fernsehen BGH GRUR 1969, 364 366 f. – Fernsehauswertung.
176 OLG München ZUM 2007, 751, 753 f.; a. A. Fromm/Nordemann/*J. B. Nordemann* Vor §§ 31 ff. UrhG Rn. 48; zum Wettbewerbsverbot eines Produzenten gegenüber einer Sendeanstalt OLG Düsseldorf GRUR-RR 2002, 121, 122 f. – Das weite Land.
177 So *Groß* Rn. 285, 381; *Kraßer/Schmid* GRUR Int. 1982, 324, 330; ähnlich *Bartenbach* Rn. 1395; *Pahlow* Lizenz und Lizenzvertrag, S. 326.
178 BAG NJW 2007, 2939, 2940; BAG NZA 2006, 265, 265.
179 Büscher/Dittmer/Schiwy/*Schmoll* Teil 3 Kap. 17 Rn. 191; *Groß* Rn. 287 f.; *Osterrieth* Rn. 792.

Zurth

müsse die Marke optisch fortentwickeln und dem geänderten Zeitgeschmack anpassen.[180]

9. Geheimhaltung

Bei Patentlizenzverträgen muss der Lizenzgeber alle Kenntnisse und Maßnah- 65 men, die nicht in der Patentanmeldung offenbart wurden, geheim halten.[181] Allgemein vertragsrechtlich besteht eine Pflicht zur Geheimhaltung des Vertragsinhalts und der Einzelheiten der vertraglichen Beziehung nicht stets, sondern nur bei besonderen Umständen, die dies fordern.[182] Für das Verhältnis zwischen Lizenzgeber und -nehmer ist dies nicht ohne Weiteres anzunehmen.

III. Pflichten des Lizenznehmers

1. Zahlung des Lizenzentgelts

Die Zahlung eines Lizenzentgelts stellt die **Hauptpflicht** des Lizenznehmers 66 dar.[183] Vergütet werden muss jede Handlung, die in den Schutzbereich eines Schutzrechts fällt, vor allem also die Herstellung und Verbreitung des Produkts. Auch die Reparatur eines Gegenstandes kann unter Umständen zu einer vergütungspflichtigen Neuherstellung werden.[184]

Es ist **stets von der Vereinbarung eines Entgelts** für die Einräumung einer 67 Lizenz auszugehen. Im Zweifelsfall muss also ein Entgelt entrichtet werden, so dass eine unentgeltliche Lizenz regelmäßig nur bei einer entsprechenden ausdrücklichen Vereinbarung angenommen werden kann.[185] Dieses Entgelt liegt i.d.R. in einer Geldzahlung, also einer Gebühr. Häufig werden daher Lizenzentgelt und Lizenzgebühr gleichgesetzt.

Die genaue rechtliche Qualifizierung der Lizenzgebühr richtet sich nach der 68 Einordnung des Lizenzvertrages, so dass im Einzelfall Regeln des Kauf-, Gesellschafts-, Miet- oder Pachtrechts Anwendung finden können.[186]

---

180 So *Traumann* GRUR 2008, 470, 473.
181 *Groß* Rn. 278.
182 Vgl. Staudinger/*Olzen* § 241 BGB Rn. 521ff.; Bamberger/Roth/Hau/Poseck/*Sutschet* § 241 BGB Rn. 88.
183 S. aber zum Verlagsvertrag im 4. Kapitel Rn. 53.
184 Vgl. BGH GRUR 2004, 758, 762 – Flügelradzähler (PatR).
185 Vgl. *Kraßer/Schmid* GRUR Int. 1982, 324, 331.
186 BGH WM 2004, 596, 598.

a) Formen der Lizenzgebühr

69 Auch wenn das Gesetz keine genauen Vorgaben zur Gestaltung von Lizenzgebühren enthält, wurden in Schrifttum und Praxis einige Kategorien herausgearbeitet. Bei der Vertragsgestaltung bleibt eine **Kombination** mehrerer Typen möglich.

aa) Fest-/Umsatzlizenzgebühr

70 **Festlizenzgebühren** (auch Pauschalgebühren oder Grundlizenzgebühren genannt) berechnen sich unabhängig vom Verwertungsumfang. Die Gesamtsumme kann zu einem bestimmten Zeitpunkt als Ganzes oder auf mehrere Zeitpunkte verteilt gezahlt werden. Üblich ist hingegen die prozentuale Beteiligung des Lizenzgebers am Umsatz des Lizenznehmers, also die **Umsatzlizenzgebühr**, die periodisch entrichtet wird.[187] Dann müssen sich die Parteien darauf einigen, was genau unter dem „Umsatz" zu verstehen ist, d.h. ob und welche Kosten des Lizenznehmers von dessen Bruttoerlös abzuziehen sind. Im Zweifel sollten nur die unabhängig vom konkreten Schutzrecht bestehenden Elemente vom Bruttoerlös abgezogen werden, wie z.B. Steuern, Zölle, Verpackungs- und Frachtkosten.[188] Möglich ist hier auch, eine gleitende Entwicklung oder Staffelung der Gebühr zu vereinbaren. Liegt keine abweichende Vereinbarung vor, richtet sich die Bestimmung nach der dem Kunden gestellten Rechnung, **nicht nach dem tatsächlichen Zahlungseingang** beim Lizenznehmer. Somit entfällt bei einer nach dem Verkaufspreis berechneten Lizenzgebühr die Zahlungspflicht des Lizenznehmers nicht schlechthin, wenn die Abnahme der Ware verweigert, das Geschäft rückgängig gemacht oder der Kaufpreis nicht gezahlt wird.[189]

bb) Stück-/Wert-/Gewinnlizenzgebühr

71 Wird keine pauschale, sondern eine anteilige Lizenzgebühr vereinbart, kann diese anhand des Umsatzes pro erzeugtem oder hergestelltem Produktstück (**Stücklizenzgebühr**), des Verkaufswertes der Produkte (**Wertlizenzgebühr**) oder des sich ergebenen Gewinns (**Gewinnlizenz**) berechnet werden.[190] Üblich ist eine Berechnung auf Basis des **Handelsabgabepreises**, also des Nettopreises, den der Handel

187 *Ingerl/Rohnke* § 30 MarkenG Rn. 66; *Groß* Rn. 103; vgl. auch BGH WM 2004, 596, 598; BGH GRUR 1998, 561, 562 – Umsatzlizenz (PatR).
188 Erdmann/Rojahn/Sosnitza/*Bartenbach/Kunzmann* Kap. 9 Rn. 198; vgl. auch *Binder* GRUR 2012, 1186, 1196.
189 BGH GRUR 1998, 561, 562f. – Umsatzlizenz (PatR).
190 Büscher/Dittmer/Schiwy/*Schmoll* Teil 3 Kap. 17 Rn. 134.

für den Einkauf des Produkts bezahlt.[191] Bei preisgebundenen Artikeln (z. B. Bücher, Zeitschriften) wird stattdessen auch der **Nettoladenverkaufspreis** herangezogen.[192]

cc) Unterlizenzgebühr

Der Lizenznehmer kann unter Umständen seinerseits Lizenzen vergeben. Im 72
Zweifel muss dabei der Hauptlizenznehmer bzw. Unterlizenzgeber ein **Entgelt auch für Nutzungshandlungen des Unterlizenznehmers** entrichten.[193] Es ist grundsätzlich davon auszugehen, dass der Hauptlizenznehmer für die Nutzung durch den Unterlizenznehmer die gleichen Gebühren wie für eigene Nutzungshandlungen zu zahlen hat, es sei denn, er erbringt eine zusätzliche Leistung, für die ihm ein gewisses Entgelt zusteht, wie z. B. Schulungen.[194] Wird eine Festgebühr vereinbart, ist damit im Zweifel auch das Recht zur Vergabe von Unterlizenzen abgegolten.[195]

dd) Mindestlizenzgebühr

Möglich ist auch, zumindest einen Teil der über einen längeren Zeitraum zu er- 73
wartenden Gesamtvergütung in einer **Mindesthöhe** festzulegen, so dass der Lizenznehmer einen gewissen wirtschaftlichen Ertrag sicherstellen kann. Die Anrechnung erfolgt jedoch nur, wenn sie ausdrücklich vereinbart wurde.[196] Häufig geben Lizenznehmer eine Prognose über den zu erwartenden Produktabsatz ab, die dann Grundlage für die Festlegung von Mindestlizenzgebühren durch den Lizenzgeber ist.[197] Die Vereinbarung einer garantierten Summe ist vor allem in der Film- und Verlagsbranche üblich.[198]

Die Zahlung der Mindestgebühr wird regelmäßig auf verschiedene Zeitpunkte 74
verteilt (z. B. Vertragsunterzeichnung, Markteinführung).[199] Eine Mindestlizenzgebühr sollte vor allem im Falle der Einräumung eines **ausschließlichen Nut-**

---

191 *Brandt* S. 93.
192 *Brandt* S. 93.
193 BGH GRUR 2011, 328 Rn. 32 – Destructive Emotions (UrhR); Erdmann/Rojahn/Sosnitza/
Bartenbach/Kunzmann Kap. 9 Rn. 194.
194 Wandtke/Ohst/*Fock* Band 1 Kap. 6 Rn. 271; vgl. auch *Bartenbach* Rn. 1880; *Groß* Rn. 234 ff.
195 Wandtke/Ohst/*Fock* Band 1 Kap. 6 Rn. 272.
196 *Groß* Rn. 114.
197 *Brandt* S. 92.
198 MünchAnwHB-GewRS/*Straßer* § 48 Rn. 18.
199 *Brandt* S. 92.

zungsrechts verlangt werden, weil der Lizenzgeber hier auf Einnahmen aus eigener wirtschaftlicher Verwertung verzichtet.[200] Im Falle einer Mindestlizenz trägt der Lizenznehmer das Risiko eines Fehlschlags bei den erwarteten Umsätzen, wenngleich nicht ausgeschlossen ist, dass im Einzelfall bei nachträglicher Änderung des Preisgefüges, das zur Zeit des Vertragsabschlusses bestanden hat, auch die Anpassung einer vereinbarten Mindestlizenz in Erwägung zu ziehen ist.[201]

b) Höhe der Lizenzgebühr

75 Die Höhe einer Lizenzgebühr wird regelmäßig den entscheidenden Streitpunkt zwischen den Parteien darstellen, kann aber nicht pauschal beschrieben werden. Sie richtet sich zunächst nach der **Parteivereinbarung** und bei Unklarheiten oder dem Fehlen ausdrücklicher vertraglicher Regelungen nach einer **Auslegung** des Lizenzvertrages (§§ 133, 157 BGB). Ergibt auch diese keine Aufschlüsse, liegt die Höhe im **billigen Ermessen des Lizenzgebers** (§§ 316, 315 BGB). Überschreitet der Lizenzgeber die Grenzen der Billigkeit, erfolgt die Bestimmung durch das **Gericht** (§ 319 BGB), nicht jedoch schon dann, wenn das Gericht eine andere Festsetzung für richtig hält.[202]

76 Die Angemessenheit einer Lizenzgebühr kann vor allem anhand von **branchenüblichen Vergütungssätzen und Tarifen** bestimmt werden.[203] Orientierung bieten also bisher abgeschlossene Lizenzverträge des Lizenzgebers, branchenübliche Lizenzgebühren sowie zusammengestellte Lizenzsätze der wissenschaftlichen Literatur.[204] Zumindest müssen Kosten des Lizenzgebers kompensiert werden, was insb. für die Entwicklung und Anmeldung des Schutzrechts gilt.[205] Die Frage der Angemessenheit einer Lizenzgebühr spielt maßgeblich auch eine Rolle für die Schadensberechnung im Wege der **Lizenzanalogie.** Dementsprechend können die

200 Büscher/Dittmer/Schiwy/*Schmoll* Teil 3 Kap. 17 Rn. 135.
201 BGH GRUR 2001, 223, 225 – Bodenwaschanlage (PatR).
202 BGH GRUR 2005, 757, 760 – PRO-Verfahren (UrhR); *Bredies* Patentlizenzvertragsrecht, S. 53. Alternativ wird auf § 287 ZPO abgestellt, vgl. BPatG GRUR 2018, 803 Rn. 81 – Isentress II (PatR).
203 Vgl. BGH GRUR 2006, 136 Rn. 27 – Pressefotos (UrhR); LG München I ZUM-RD 2019, 224, 228 (UrhR).
204 Wandtke/Ohst/*Fock* Band 1 Kap. 6 Rn. 245. Nach Auffassung des OLG München kommt dem Ergebnis von Vertragsverhandlungen nach vorangegangener Urheberrechtsverletzung jedoch keine Indizwirkung für andere Verträge zu, da der Rechteinhaber bei diesen Verhandlungen aus einer erheblich stärkeren Position als bei gewöhnlichen Verhandlungen heraus agieren könne (OLG München GRUR 2019, 828 Rn. 46 – Lizenzanalogie bei Stadtplänen; a. A. OLG Frankfurt a. M. GRUR-RR 2019, 460 Rn. 35 f. – Kartografie-Kachel).
205 Büscher/Dittmer/Schiwy/*Schmoll* Teil 3 Kap. 17 Rn. 133.

Zurth

zur Lizenzanalogie von der Rechtsprechung entwickelten Gesichtspunkte auch hier angewendet werden.[206]

Lizenzgebühren werden häufig auf Basis des **Handelsabgabepreises** bzw. **Nettoladenverkaufspreis** berechnet.[207] Wenngleich die Lizenzgebühren von den Umständen des Einzelfalls und zahlreichen Berechnungsfaktoren abhängig sind, sollen sie sich üblicherweise zwischen 5% und 20% vom Handelsabgabepreis bzw. 5% bis 10% vom Nettoladenverkaufspreis bewegen.[208] Für Markenlizenzen sind Gebühren zwischen 1% und 5% des Umsatzes üblich.[209] Der BGH hat die Angemessenheit einer Vergütung in Höhe von 8% des Bruttoverkaufswerts für ein chemisches Verfahren nicht infrage gestellt.[210] Erfährt das Produkt eine Wertsteigerung durch das Zusammenwirken mehrerer Schutzrechte, wirkt sich dies auf die Gebühr an dem einzelnen Schutzrecht mindernd aus.[211] Für Übersetzer belletristischer Werke hat der BGH eine Vergütung in Höhe von 2% des Nettoladenverkaufspreises bei Hardcover-Ausgaben und 1% bei Taschenbuchausgaben sowie eine hälftige Beteiligung an den Nettoerlösen aus der Einräumung von Rechten an Dritte (Nebenrechte) als grundsätzlich angemessen eingestuft.[212] Erhält der Übersetzer ein Garantiehonorar, liegen die Werte bei 0,8% bzw. 0,4% und gelten erst ab dem 5000. Exemplar. Ebenso hat der BGH die Vergütungen für Übersetzer von Sachbüchern beurteilt.[213] Das OLG Nürnberg hat die vom BGH entwickelte Vergütungsberechnung auf Jugendbuchübersetzungen übertragen.[214] Im Verlagswesen wird häufig eine Beteiligung des Autors von 10%

77

---

206 So hält die Rechtsprechung etwa einen auf Grundlage von § 287 ZPO geschätzten Schaden i.H.v. 200 Euro für das Einstellen eines Musiktitels in eine Internet-Tauschbörse für angemessen, vgl. BGH GRUR 2016, 176 Rn. 65 – Tauschbörse I; BGH GRUR 2016, 184 Rn. 48 – Tauschbörse II; BGH GRUR 2016, 191 Rn. 51 – Tauschbörse III; OLG Frankfurt ZUM 2014, 970. LG Köln ZUM 2016, 301, 304, gewährte für den Upload eines Hörbuchs in ein Filesharing-Netzwerk 450 Euro.
207 S. Rn. 71.
208 So *Brandt* S. 93. Zu Patenten an Arzneimitteln im Grundsatz auch BPatG GRUR 2018, 803 Rn. 42 – Isentress II (PatR), das auf Grund der Umstände des Einzelfalls dann jedoch 4% für eine Zwangslizenz gewährt (Rn. 36, 81 ff.).
209 *Ingerl/Rohnke* § 30 MarkenG Rn. 69. OLG Düsseldorf GRUR-RR 2003, 209, 210 f. – Meißner Dekor: 10% des Nettoumsatzes bei Lizenzanalogie.
210 Vgl. BGH GRUR 1980, 841, 844 – Tolbutamid (PatR); BGH GRUR 1967, 655, 660 – Altix (PatR).
211 BGH GRUR 1982, 301, 302 – Kunststoffhohlprofil II (GebrMR); BPatG GRUR 2018, 803 Rn. 54 – Isentress II (PatR).
212 Vgl. BGH GRUR 2011, 328 Rn. 18 ff. – Destructive Emotions (UrhR); BGH ZUM-RD 2011, 212 (UrhR); BGH GRUR 2009, 1148 Rn. 36 ff. – Talking to Addison (UrhR).
213 Vgl. BGH ZUM-RD 2010, 16 Rn. 36 ff. (UrhR).
214 Vgl. OLG Nürnberg ZUM 2015, 515, 519 (UrhR).

für angemessen und üblich betrachtet, in der Literatur wird dies jedoch teilweise für zu undifferenziert gehalten.[215]

78 Allerdings verbietet sich eine allzu schematische Betrachtung. Die Höhe der Lizenzgebühr ist **abhängig von verschiedenen Faktoren,** die sich vor allem daraus ergeben, auf welches Schutzrecht sich die Lizenz bezieht.

c) Lizenz am Urheberrecht

79 Das UrhG statuiert in § 32 Abs. 1 ausdrücklich den Anspruch des Urhebers auf eine angemessene Vergütung. Diese Norm ist mit der Berufsfreiheit (Art. 12 Abs. 1 GG) der Verwerter vereinbar.[216] Zunächst sind **gemeinsame Vergütungsregeln** vorgesehen, die durch Vereinigungen von Urhebern mit Vereinigungen von Werknutzern oder einzelnen Werknutzern aufgestellt werden (§§ 32 Abs. 2 S. 1, 36 Abs. 1 UrhG). Vorgesehen ist in diesem Zusammenhang auch eine Schlichtungsstelle (§ 36a UrhG). Die gemeinsamen Vergütungsregeln sollen die Umstände des jeweiligen Regelungsbereichs berücksichtigen, insb. die Struktur und Größe der Verwerter. Derartige Vereinigungen müssen repräsentativ, unabhängig und entsprechend ermächtigt sein (§ 36 Abs. 2 UrhG). Eine Vergütungsregel gilt daher grundsätzlich nur dann bundesweit, wenn die an der Aufstellung beteiligte Vereinigung bundesweit tätig ist.[217] Bisher existieren Gemeinsame Vergütungsregeln etwa für freie hauptberufliche Journalisten an Tageszeitungen,[218] für Autoren belletristischer Werke, für Kameraleute bei Kinofilmen zwischen dem Berufsverband Kinematografie und der Constantin Film Produktion sowie zwischen dem Verband Deutscher Drehbuchautoren und ProSiebenSat1 TV Deutschland.

80 In **Tarifverträgen** enthaltene Regelungen gehen gemeinsamen Vergütungsregeln vor (§ 36 Abs. 1 S. 3 UrhG). Wie zu gemeinsamen Vergütungsregeln (vgl. § 32 Abs. 2 S. 1 UrhG) geht das Gesetz unwiderlegbar davon aus, dass die in Tarifverträgen vereinbarten Vergütungen **stets angemessen** sind (vgl. § 32 Abs. 4 UrhG).

---

215 Dazu Dreier/Schulze/*Schulze* § 32 UrhG Rn. 48; *Schricker* GRUR Int. 2002, 797, 807.

216 BVerfG GRUR 2014, 169 – Übersetzerhonorare.

217 OLG Brandenburg ZUM 2015, 253, 255. Das OLG Brandenburg beschränkte den Anwendungsbereich der Gemeinsamen Vergütungsregeln für freie hauptberufliche Journalistinnen und Journalisten an Tageszeitungen daher auf die von den beteiligten Landesverbänden des Bundesverbandes Deutscher Zeitungsverleger repräsentierten Bundesländer. Dies gelte auch angesichts der strukturellen Besonderheiten der von den Vergütungsregeln nicht umfassten Regionen (OLG Brandenburg ZUM 2015, 253, 256).

218 Dazu OLG Köln GRUR-RR 2014, 321 – Lokalreporter. Die Vergütungsregeln gelten für Text- und Bildbeiträge.

So bestimmt etwa § 18 Abs. 6 lit. d) des Manteltarifvertrages für Redakteure und Redakteurinnen an Tageszeitungen:[219]

> „Als angemessen gilt eine Vergütung von mindestens 40 % des aus der Verwertung erzielten, hilfsweise des üblicherweise erzielbaren, um Aufwand und Mehrwertsteuer verminderten Nettoerlöses. Zum Aufwand zählen die direkten Herstellungs-, Marketing- und Vertriebskosten. Die Vergütung für die Nutzung der Rechte des Redakteurs/der Redakteurin ist durch Einzelabrechnung oder durch eine Monatspauschale möglich."

Existieren weder gemeinsame Vergütungsregeln noch Tarifverträge, ist die Ver- **81** gütung **angemessen**, wenn sie im Zeitpunkt des Vertragsschlusses dem entspricht, was im Geschäftsverkehr nach Art und Umfang der eingeräumten Nutzungsmöglichkeit, insbesondere nach Dauer, Häufigkeit, Ausmaß und Zeitpunkt der Nutzung, unter Berücksichtigung aller Umstände üblicher- und redlicherweise zu leisten ist (§ 32 Abs. 2 S. 2 UrhG).

Zunächst sind also die **vergütungsrelevanten Umstände** des Einzelfalls **82** zu ermitteln. Die Angemessenheit hängt primär vom Ausmaß der Verwertung des Werkes ab, während der Arbeitsaufwand nicht unmittelbar zu berücksichtigen ist.[220] Daher sind für die Vergütung entscheidend vor allem die Ausschließlichkeit des Nutzungsrechts und im Fall dieser die Existenz bereits vergebener einfacher Nutzungsrechte.[221] Die Gesetzesbegründung stellt auch auf Marktverhältnisse, Investitionen, Risikotragung, Kosten, Zahl der hergestellten Werkstücke oder öffentlichen Wiedergaben sowie zu erzielende Einnahmen ab.[222] Auch Ruf und Erfahrung des Urhebers,[223] die Bedeutung des Beitrags zum Gesamtwerk[224] sowie die Qualität eines Werkes[225] spielen eine Rolle. Weitere Faktoren sind Struktur und Größe des Verwerters sowie die Notwendigkeit umfangreicher Lizenzeinholung.[226] Hervorzuheben ist, dass es bei alledem auf die **eingeräumte Nutzungsmöglichkeit**, nicht hingegen auf den tatsächlichen Umfang der Nutzung ankommt.[227] Die Angemessenheitsprüfung versagt hingegen bei vom Urheber zu erbringenden finanziellen Leistungen; etwa wenn bei Werken, für die keine echte

---

219 Wie auch andere Tarifverträge abgedruckt in Beck-Texte im dtv, Urheber- und Verlagsrecht, 18. Auflage, 2019, Ordnungsnummer 10c.
220 BGH GRUR 2009, 1148 Rn. 55 – Talking to Addison (UrhR).
221 HK-UrhR/*Kotthoff* § 32 UrhG Rn. 32.
222 Vgl. BT-Drucks 14/6433, S. 14.
223 HK-UrhR/*Kotthoff* § 32 UrhG Rn. 32.
224 Vgl. OLG München GRUR-RR 2011, 245, 247 – Tatort-Vorspann (UrhR).
225 *Ory* AfP 2002, 93, 98.
226 BGH GRUR 2009, 1148 Rn. 54 – Talking to Addison (UrhR).
227 HK-UrhR/*Kotthoff* § 32 UrhG Rn. 33; vgl. auch BGH GRUR 2009, 1148 Rn. 27 – Talking to Addison (UrhR); anders noch zum ersten Entwurf des § 32 UrhG BT-Drucks. 14/6433, S. 15.

Nachfrage besteht (z. B. Dissertationen), der Urheber nicht nur keine Vergütung erhält, sondern auf Grund seines Druckkostenzuschusses sogar Verluste macht.[228]

83   In einem zweiten Schritt ist die **branchenübliche Höhe** festzustellen. Branchen sind z. B. das Buchverlagswesen, Zeitungen und Zeitschriften, Rundfunk sowie Film.[229] Eine Branchenüblichkeit kann nur angenommen werden, wenn eine einheitliche und gefestigte Praxis – ggf. mit Hilfe eines Sachverständigengutachtens – nachgewiesen werden kann.[230] Auch wenn eine bestimmte Vergütung branchenüblich ist, besagt dies noch nicht, dass sie – in einem dritten Schritt – auch **redlich** ist, denn dafür muss sie die Interessen des Urhebers neben den Interessen des Verwerters gleichberechtigt berücksichtigen.[231] Eine Pauschalvergütung oder eine Kombination aus Pauschal- und Absatzvergütung ist nur redlich, wenn eine angemessene Beteiligung am voraussichtlichen Gesamtertrag der Verwertung gewährleistet wird.[232]

84   Wird die Unangemessenheit einer vereinbarten Vergütung festgestellt, bestimmt das **Gericht** eine angemessene Vergütung gemäß § 287 Abs. 2 ZPO nach den oben genannten Grundsätzen unter Würdigung aller Umstände des Einzelfalls nach freier Überzeugung und billigem Ermessen.[233] Gleiches gilt, wenn eine branchenübliche Vergütung nicht auszumachen ist. Dabei sind vom Gericht unter Umständen Vergütungsregeln anderer Berufsgruppen als Vergleichsmaßstab heranzuziehen.[234] Das Gericht muss sich ferner danach richten, was eine Schiedsstelle im vorangegangenen oder in vergleichbaren Verfahren vorgeschlagen hat.[235] Ferner können Tarife von Verwertungsgesellschaften Anhaltspunkte bieten.[236] Das OLG Karlsruhe hat ferner die vereinbarten Vergütungssätze von Gemeinsamen Vergütungsregeln (§ 36 UrhG) auf die Zeit vor deren Inkrafttreten herangezogen.[237] Im Übrigen sollte die Redlichkeit einer Vergütung vor allem nach der Schöpfungshöhe des Werkes, den zu erzielenden Erträgen und dem Umfang der Nutzungsrechte bestimmt werden.[238]

---

228 Berger/Wündisch/*Berger* § 2 Rn. 58; *Schack* Rn. 1076.
229 Berger/Wündisch/*Berger* § 2 Rn. 88.
230 HK-UrhR/*Kotthoff* § 32 Rn. 37; *Schricker* GRUR Int. 2002, 797, 806.
231 BGH ZUM-RD 2010, 16 Rn. 23; BGH GRUR 2009, 1148 Rn. 22 – Talking to Addison (UrhR).
232 BGH GRUR 2012, 1031 Rn. 32 – Honorarbedingungen Freie Journalisten (UrhR); BGH GRUR 2009, 1148 Rn. 24 – Talking to Addison (UrhR).
233 BGH GRUR 2009, 1148 Rn. 31 – Talking to Addison (UrhR).
234 BGH GRUR 2009, 1148 Rn. 32 f. – Talking to Addison (UrhR).
235 BGH GRUR 2013, 717 Rn. 18 – Covermount.
236 Schricker/Loewenheim/*Schricker*/*Haedicke* § 32 UrhG Rn. 30.
237 Vgl. OLG Karlsruhe GRUR-RR 2015, 365 Rn. 49 ff. – Freier Journalist. Das Gericht hat dabei den zeitlichen Abstand zum Inkrafttreten berücksichtigt.
238 Berger/Wündisch/*Berger* § 2 Rn. 98 ff.

Der Urheber kann im Falle der Unangemessenheit eine **Vertragsanpassung** 85
verlangen (§ 32 Abs. 1 S. 3 UrhG). Der Zahlungsanspruch kann dabei unmittelbar
geltend gemacht werden, indem die Klage auf die Einwilligung in die Vertragsänderung und die Zahlungsklage verbunden werden.[239] Ist keine Höhe vertraglich
bestimmt, gilt die angemessene Vergütung als vereinbart (§ 32 Abs. 1 S. 2 UrhG).
Die Vergütungsregeln sind **zwingendes Recht** (§ 32 Abs. 3 S. 1 UrhG). Möglich ist
jedoch, im Wege des open content sein Werk der Allgemeinheit zur Verfügung zu
stellen, indem einfache Lizenzen unentgeltlich eingeräumt werden (§ 32 Abs. 3
S. 3 UrhG). Art. 18 Abs. 1 der neuen Richtlinie über das Urheberrecht im Digitalen
Binnenmarkt verlangt eine angemessene Vergütung, beschränkt sich jedoch auf
ausschließliche Nutzungsrechte.

Für § 32 UrhG kommt es nur auf eine **ex-ante-Betrachtung** der Vergütungs- 86
höhe an.[240] Nach Vertragsschluss entstehende grobe Missverhältnisse sind hier
irrelevant. Stattdessen schafft § 32a UrhG Abhilfe, der auf ein **nachträgliches
„auffälliges Missverhältnis"** abstellt. Dieses ist jedenfalls gegeben, wenn die
tatsächliche Vergütung nur 50 % der eigentlich angemessenen ausmacht.[241] Auch
Art. 20 der neuen Richtlinie über das Urheberrecht im Digitalen Binnenmarkt
schreibt nunmehr vor, dass Urheber zusätzliche Zahlungen verlangen können,
wenn die ursprüngliche Vergütung im Vergleich zu den späteren einschlägigen
Einnahmen und Gewinnen „unverhältnismäßig niedrig" ist.

Der Begriff der Angemessenheit der Vergütung des Verfassers im Verlagsrecht 87
(§ 22 Abs. 2 VerlG) entspricht dem des § 32 UrhG.[242] Trotz seines vermeintlich
spezielleren Zuschnitts steht § 22 VerlG neben § 32 UrhG und wird von diesem zum
Teil überlagert.[243] Denn § 32 UrhG stellt zum einen umfangreichere Regelungen
bereit und bietet zum anderen den Vorteil der fehlenden Dispositivität.

---

239 BT-Drucks 14/8058, S. 18; BGH GRUR 2009, 939 Rn. 35 – Mambo No. 5; OLG Karlsruhe GRUR-
RR 2015, 365 Rn. 39 – Freier Journalist.
240 BGH ZUM-RD 2010, 16 Rn. 20; BGH GRUR 2009, 1148 Rn. 19 – Talking to Addison.
241 Vgl. BT-Drucks 14/8058, S. 19; ausführlich zum Begriff des auffälligen Missverhältnisses
Schricker/Loewenheim/*Schricker/Haedicke* § 32a UrhG Rn. 19 f. Dabei wird überwiegend davon
ausgegangen, dass § 32a UrhG nicht nur das auffällige Missverhältnis beseitigen, sondern einen
Anspruch auf die angemessene Vergütung verleihen soll (so etwa OLG Stuttgart ZUM-RD 2019, 20,
63; OLG Nürnberg ZUM 2015, 515, 518 f.; LG Hamburg ZUM 2015, 587, 595; Dreier/Schulze/*Schulze*
§ 32a UrhG Rn. 41; a. A. HK-UrhR/*Kotthoff* § 32a UrhG Rn. 21).
242 Ulmer-Eilfort/Obergfell/*Obergfell* § 22 VerlG Rn. 1.
243 Ulmer-Eilfort/Obergfell/*Obergfell* § 22 VerlG Rn. 4.

d) Lizenz an technischen Schutzrechten

88 Bei technischen Schutzrechten bilden neben der Bedeutung des Patents[244] **technische Kriterien** (kostenreduzierende Herstellungsmethode, verbesserte Produkteigenschaften), **Schutzrechtskriterien** (Schutzumfang, Risiko einer Nichtigkeitsklage), **Marktkriterien** (Marktzutrittsschranken, zu erwartender Erfolgt des Produkts) und **Vertragskriterien** (Ausschließlichkeit der Lizenz sowie territoriale, zeitliche oder inhaltliche Beschränkungen)[245] den Maßstab für die Angemessenheit.[246] Je größer die wirtschaftlich-technische Bezugsgröße, also der Wert der Produkte, auf die sich die Lizenz bezieht, desto geringer sind die Lizenzsätze und umgekehrt.[247] Ist Bezugspunkt für die Lizenz also nur ein Einzelteil und nicht das Gesamtprodukt, erhöht (nicht senkt!) dies die Entgelthöhe. Als Hilfsmittel zur Berechnung zieht das Schrifttum häufig die auf Grundlage der §§ 11, 12 ArbnErfG erlassenen **Richtlinien zur Vergütung von Arbeitnehmererfindungen** heran.[248] *Bartenbach* hingegen hält diese auf Grund der mangelnden Aktualisierung seit 1983 für nicht mehr zeitgemäß.[249] Es mindert die Lizenzgebühr, wenn der Verkauf durch aufwändige Marketingmaßnahmen, Werbekampagnen oder durch den guten Ruf des Lizenznehmers unterstützt wird.[250] Andererseits wirkt es sich bei einer Zwangslizenz erhöhend aus, dass die Lizenz nicht einem selbstgewählten Lizenznehmer, sondern einem Konkurrenten gewährt werden muss, was den eigenen Produktabsatz mindert.[251] Darüber hinaus ist in Fällen, in denen der Lizenznehmer die Möglichkeit behält, sich durch einen erfolgreichen Angriff gegen den Rechtsbestand des Patents von der Zahlungspflicht für nachfolgende Zeiträume zu befreien, eine angemessene Erhöhung der Lizenzgebühr vorzunehmen.[252]

e) Lizenz an der Marke

89 Für die Höhe einer angemessenen Lizenzgebühr im Markenrecht sind der Bekanntheitsgrad des Kennzeichens oder der ihm verkörperte Wert sowie die konkrete Branche relevant.[253]

---

244 BPatG GRUR 2018, 803 Rn. 39 – Isentress II (PatR).

245 S. auch BPatG GRUR 2018, 803 Rn. 60, 74, 76 – Isentress II.

246 Büscher/Dittmer/Schiwy/*Schmoll* Teil 3 Kap. 17 Rn. 137.

247 Erdmann/Rojahn/Sosnitza/*Bartenbach*/*Kunzmann* Kap. 9 Rn. 184 ff.; vgl. auch BPatG GRUR 2018, 803 Rn. 68 – Isentress II.

248 So etwa Büscher/Dittmer/Schiwy/*Schmoll* Teil 3 Kap. 17 Rn. 138.

249 Vgl. *Bartenbach* Rn. 1787.

250 BPatG GRUR 2018, 803 Rn. 71 f. – Isentress II (PatR).

251 BPatG GRUR 2018, 803 Rn. 58 f. – Isentress II.

252 BPatG GRUR 2018, 803 Rn. 55 – Isentress II.

253 *Ingerl/Rohnke* § 30 MarkenG Rn. 69.

f) Fälligkeit des Entgelts

Eine Leistung ist grundsätzlich **sofort** fällig (§ 271 Abs. 1 BGB), hier also mit der 90
Vornahme der Nutzungshandlung. In Lizenzverträgen finden sich jedoch regelmäßig abweichende Vereinbarungen. Hat der Lizenznehmer dem Lizenzgeber
eine Abrechnung vorzulegen, tritt vorher keine Fälligkeit ein.[254] Auch im Übrigen kann keine Fälligkeit angenommen werden, **solange nicht alle in die Ent-
geltberechnung einfließenden Faktoren bestimmbar** sind. Als Zeitpunkt der
Fälligkeit können vor allem vereinbart werden der Vertragsschluss, die Produkt-
herstellung, der Weiterverkauf, die Rechnungsstellung an den Kunden oder der
Eingang der Zahlung des Kunden beim Lizenznehmer.[255] Im Zweifel entsteht die
Lizenzgebühr für hergestellte Sachen nicht mit Vertragsschluss und Rechnungsstellung an den Abnehmer, sondern erst bei Eingang des Kaufpreises beim Lizenznehmer.[256] Bei Verlagsverträgen ist gemäß § 22 VerlG das Honorar fällig mit
der Ablieferung des Werkes. Diese Norm ist jedoch dispositiv.[257]

Da für die Entrichtung des Entgelts regelmäßig eine Zeit nach dem Kalender 91
vereinbart ist oder sich die Fälligkeit nach einem Ereignis nach dem Kalender
berechnen lässt, tritt **Verzug** des Lizenznehmers dementsprechend ohne eine
Mahnung des Lizenzgebers ein (§ 286 Abs. 2 Nr. 1, 2 BGB).

2. Buchführung und Rechnungslegung

Ist die vereinbarte Vergütung abhängig vom Absatz bzw. Umsatz des Lizenzneh- 92
mers, muss dieser dem Lizenzeber die **Berechnung ausführlich darlegen.** Er
ist somit verpflichtet, über die Nutzungshandlungen eine geordnete Zusammen-
stellung der Rechnungen mitzuteilen und, soweit Belege erteilt zu werden pfle-
gen, Belege vorzulegen (vgl. § 259 Abs. 1 BGB). Im Verlagsrecht folgt das schon aus
§ 24 VerlG. Dies ergibt sich aber auch sonst per se als Nebenleistungspflicht.[258]
Während nach früherer Rechtslage der Urheber Auskunft nur auf Grund klarer
Anhaltspunkte für einen Anspruch aus § 32a UrhG verlangen konnte,[259] gewährt
ihm § 32d UrhG nun einmal jährlich grundsätzlich einen Anspruch auf Auskunft
und Rechenschaft über den Umfang der Werknutzung und die hieraus gezogenen
Erträge und Vorteile. Die Unterlagen müssen so vorgelegt werden, dass der Li-

254 Wandtke/Ohst/*Fock* Band 1 Kap. 6 Rn. 248; *Groß* Rn. 134.
255 Vgl. Wandtke/Ohst/*Fock* Band 1 Kap. 6 Rn. 248; *Groß* Rn. 110.
256 BGH GRUR 1998, 561, 562 – Umsatzlizenz (PatR).
257 Ulmer-Eilfort/Obergfell/*Obergfell* § 23 VerlG Rn. 5.
258 BGH GRUR 2002, 801, 803 f. – Abgestuftes Getriebe (ArbnER); Fitzner/Lutz/Bodewig/*Loth*/
Hauck § 15 PatG Rn. 59.
259 BGH GRUR 2012, 1248 Rn. 23 – Fluch der Karibik.

zenzgeber die Richtigkeit und Vollständigkeit seines Zahlungsanspruchs überprüfen kann.[260] Die Einsicht braucht allerdings nicht dem Lizenzgeber selbst,
sondern kann im Falle eines berechtigten Geheimhaltungsinteresses auch einer
unabhängigen, von Berufs wegen zur Verschwiegenheit verpflichteten Person
gewährt werden.[261] Jedenfalls im Fall einer Stücklizenz besteht kein Anspruch auf
Bucheinsicht aus § 810 BGB.[262]

3. Ausübungspflicht

93 Für den Lizenzgeber ist von großem Interesse, dass eine Verwertung tatsächlich erfolgt. Nur so kann die Bekanntheit des Lizenzgegenstandes erhöht werden.
Marken müssen sogar zur Rechtserhaltung ernsthaft benutzt werden (§§ 25, 26
MarkenG). Und vor allem, wenn eine **Umsatzlizenzgebühr** vereinbart wurde,
empfiehlt es sich für den Lizenzgeber, den Lizenznehmer zur Ausübung der Lizenz zu verpflichten. §§ 1 S. 2, 14 S. 1 VerlG enthalten sogar eine gesetzliche
Ausübungspflicht. Eine Ausnahme statuiert § 47 VerlG.[263]

94 Aber auch ohne ausdrückliche Vereinbarung kann sich als Nebenleistungspflicht[264] eine Ausübungspflicht für den Lizenznehmer ergeben. Dies betrifft
den Beginn und den Umfang der Verwertung, ggf. auch die Einleitung gewisser
Werbemaßnahmen.[265] Ob dem Lizenznehmer nach den Umständen des Einzelfalls eine derartige Verpflichtung zugemutet werden kann, richtet sich nach verschiedenen Indizien, die **in einer Gesamtschau abgewogen** werden müssen. Je
mehr Befugnisse vom Schutzrechtsinhaber auf den Lizenznehmer übertagen sind,
desto eher kann eine derartige Pflicht begründet werden.[266] So spielt zunächst
der Umfang einer Lizenz eine maßgebliche Rolle. Im Falle einer **ausschließlichen
Lizenz** wird grundsätzlich eine Ausübungspflicht angenommen, z. B. bei einer
Verteilung des Einspielergebnisses unter den Vertragsparteien im Rahmen eines

260 BGH GRUR 1994, 898, 900 – Copolyester (ArbnER); Benkard/*Ullmann/Deichfuß* § 15 PatG
Rn. 145.
261 BGH GRUR 1994, 898, 900 – Copolyester (ArbnER).
262 Dazu BGH GRUR 1961, 466, 469 – Gewinderollkopf (PatR); vgl. auch BPatG GRUR 2018, 803
Rn. 64 – Isentress II (PatR).
263 Zur Bestimmung dessen Anwendungsbereichs s. BGH GRUR 2005, 148, 150 ff. – Oceano Mare
(VerlR); Ulmer-Eilfort/Obergfell/*Ulmer-Eilfort* § 47 VerlG Rn. 11 ff.
264 A. A. *Stickelbrock* WM 2004, 549, 557: Hauptpflicht.
265 Wandtke/Ohst/*Fock* Band 1 Kap. 6 Rn. 275.
266 Wandtke/Ohst/*Fock* Band 1 Kap. 6 Rn. 277.

Zurth

Filmverleihvertrages.[267] Dies gilt aber regelmäßig nicht, wenn eine einmalige Pauschalgebühr oder sonst feste Zahlungen vereinbart sind.[268] Denn sinnvoll ist eine Ausübungspflicht vor allem bei einer **Umsatzlizenzgebühr.** Anders kann es lediglich liegen, wenn der Schutzrechtsinhaber ein **überragendes nicht unmittelbar finanzielles Interesse** hat, wie z. B. an der Bekanntheit seines Werkes.[269] Nur im Falle eines derartigen Interesses oder wenn die Vergütung des Lizenzgebers in besonderem Maße von den Verkaufszahlen abhängt, kann eine Ausübungspflicht für den **einfachen Lizenznehmer** angenommen werden. Wird eine Mindestlizenzgebühr vereinbart, legt dies nahe, dass das finanzielle Anliegen des Lizenzgebers dadurch vorerst gestillt ist.[270] Die Zumutbarkeit einer Ausübungspflicht muss ferner verneint werden, wenn der Lizenzgegenstand sich als technisch nicht verwertbar erweist oder der Lizenznehmer „sehenden Auges dem Ruin entgegenwirtschaften" würde.[271]

4. Geheimhaltung

Im Patentrecht muss der Lizenznehmer – auch unabhängig vom neuen Gesch- GehG[272] – alle Kenntnisse und Maßnahmen, die nicht in der Patentanmeldung offenbart wurden, geheimhalten.[273] Eine besondere Bedeutung kommt der Geheimhaltung in Lizenzverträgen über Know-how und Geschäftsgeheimnisse zu. In diesen besteht eine ungeschriebene Geheimhaltungspflicht für den Lizenznehmer.[274] Da die Geheimhaltung entscheidend für die Alleinstellung des Lizenzgebers und damit den Vermögenswert des Know-how bzw. Geschäftsgeheimnisses ist, sollte der Lizenzgeber angesichts seines großen Interesses an der Geheim-

95

---

267 BGH GRUR 2003, 173, 175 – Filmauswertungspflicht (UrhR); *Obergfell* ZUM 2003, 292, 295; allgemein zum Fall der Stücklizenz im Patentrecht BGH GRUR 2000, 138, 138 f. – Knopflochnähmaschinen; Busse/Keukenschrijver/*Hacker* § 15 PatG Rn. 152.
268 *Bartenbach* Rn. 1897; Wandtke/Ohst/*Fock* Band 1 Kap. 6 Rn. 276.
269 Dem Urheber wird bei Nichtausübung auch ein Rückrufrecht gewährt wird (§ 41 UrhG). Mit Blick auf diese Vorschrift haben die Gerichte eine formularmäßige Klausel, wonach ein Verlag zur Auswertung der vom Autor übertragenen Rechte nicht verpflichtet war, wegen einer erheblichen Abweichung vom Grundgedanken des § 41 UrhG für unangemessen und somit unwirksam gehalten (§ 307 Abs. 2 Nr. 1 BGB), vgl. OLG Hamm, Urt. v. 27.1.2011, 4 U 183/10 Rn. 75; LG Braunschweig ZUM 2012, 66 (73); LG Rostock ZUM 2010, 828 (831).
270 Wandtke/Ohst/*Fock* Band 1 Kap. 6 Rn. 278.
271 BGH GRUR 1978, 166, 166 – Banddüngerstreuer (PatG); ähnlich BGH GRUR 1970, 40, 42 – Musikverleger (UrhR).
272 S. dazu Kap. 2 Rn. 20 ff.
273 *Groß* Rn. 278; zur Geheimhaltung allgemein s. Rn. 65.
274 Fitzner/Lutz/Bodewig/*Loth/Hauck* § 15 PatG Rn. 57; *Bartenbach* Rn. 2830.

haltung den Lizenznehmer auf eine ausschließliche Nutzung des Wissens für die jeweiligen Vertragszwecke ausdrücklich verpflichten.[275] Es sollte außerdem vereinbart werden, welche Dritte der Lizenznehmer an dem Wissen teilhaben lassen darf.[276] Ein Verstoß gegen Geheimhaltungspflichten führt zugleich dazu, dass das Nutzen oder Offenlegen eines Geschäftsgeheimnisses i. S. d. § 2 Nr. 1 GeschGehG nach § 4 Abs. 2 Nr. 2, 3 GeschGehG unzulässig wird. Wird lizenziertes Know-how offenbart, ohne dass der Lizenzgeber dafür verantwortlich ist, bleibt die Pflicht des Lizenznehmers zur Zahlung der Lizenzgebühren bestehen.[277]

5. Qualitätssicherung

96 Der Lizenzeber kann den Lizenznehmer zur Einhaltung von **Qualitätsvorgaben** verpflichten, was vor allem dann für ihn von Interesse ist, wenn die Produkte mit seinem Namen oder seiner Marke versehen sind.[278] Dazu können auch **Bezugspflichten** dienen, wonach der Lizenznehmer Materialien und Maschinen zur Herstellung nur vom Lizenzgeber oder von durch diesen zu bestimmenden Dritten beziehen darf.[279] Relevanz erlangt dies vor allem für Verfahrenspatente.[280]

6. Wettbewerbs- und Angriffsverbot

97 Vereinbart werden kann, dass der Lizenznehmer für die Dauer des Lizenzvertrages **keine Konkurrenzprodukte** zum Lizenzgegenstand herstellen darf.[281]

98 Auch ein **Nichtangriff** auf das Schutzrecht kann bestimmt werden, so dass etwa im Patentrecht eine Nichtigkeitsklage oder im Urheberrecht eine Feststellungsklage bzgl. der Schutzfähigkeit verboten wird.[282] Ist eine derartige Nichtangriffsklausel wirksam, steht der Klageerhebung der Einwand **unzulässiger Rechtsausübung** entgegen.[283] Ohne ausdrückliche Vereinbarung wird eine derartige Bestimmung aber nur in engen Ausnahmefällen nach § 242 BGB anzunehmen sein, etwa wenn der Lizenznehmer bei Vertragsschluss Kenntnis von

275 *Bartenbach* Rn. 2831.
276 *Bartenbach* Rn. 2832.
277 Fitzner/Lutz/Bodewig/*Loth*/*Hauck* § 15 PatG Rn. 53.
278 Büscher/Dittmer/Schiwy/*Schmoll* Teil 3 Kap. 17 Rn. 157; *Winzer* Teil 2 Rn. 165.
279 Büscher/Dittmer/Schiwy/*Schmoll* Teil 3 Kap. 17 Rn. 160. Zu solchen Bezugspflichten auch unten 6. Kapitel Rn. 52.
280 *Groß* Rn. 197.
281 Büscher/Dittmer/Schiwy/*Schmoll* Teil 3 Kap. 17 Rn. 166; *Bartenbach* Rn. 2116.
282 Büscher/Dittmer/Schiwy/*Schmoll* Teil 3 Kap. 17 Rn. 172, 175.
283 BGH GRUR 1990, 667, 667 – Einbettungsmasse (PatR); BGH GRUR 1965, 135, 137 – Vanal-Patent (PatR); BGH GRUR 1953, 385, 386 (PatR).

der Anfechtbarkeit hatte, ein besonderes Treueverhältnis vorliegt[284] oder eine Gratislizenz als Gegenleistung für ein Unterlassen einer Anfechtung eingeräumt wurde.[285]

Sowohl für Wettbewerbs- als auch Angriffsverbote sind jedoch kartellrecht- **99** liche Grenzen zu beachten.[286]

7. Verteidigung des Schutzrechts

Der Inhaber einer ausschließlichen Lizenz ist nicht verpflichtet, das Schutzrecht **100** gegen Angriffe oder unberechtigte Nutzungen Dritter zu verteidigen.[287] Er muss dem Schutzrechtsinhaber jedoch von ihm bekannten Verletzungen **unverzüglich berichten.**[288]

8. Lizenzvermerk

Der Lizenznehmer kann dazu verpflichtet werden, auf den Produkten einen **101** Hinweis zu dem Lizenzgeber und dessen Technologie anzubringen.[289]

IV. Keine Abhängigkeit der Pflichten vom Schutzrechtsbestand

Die Pflichten aus dem Lizenzvertrag entfallen nicht schon im Falle des **bloßen** **102** **Vorliegens von Nichtigkeits-, Versagungs- oder Löschungsgründen**, solange die Nichtigkeit des lizenzierten Schutzrechts nicht rechtskräftig feststeht und das Schutzrecht von den Mitbewerbern respektiert wird.[290]

Dies gilt nach Auffassung der Rechtsprechung ebenfalls, wenn ein **Schutz-** **103** **recht rückwirkend für nichtig erklärt** wird, so dass für die Zeit vor dem Eintritt der Rechtskraft der Nichtigerklärung insb. Lizenzgebühren zu zahlen sind

---

284 Dazu BGH GRUR 1989, 39, 40 – Flächenentlüftung (PatR).
285 Vgl. *Bartenbach* Rn. 2044 ff.; Wandtke/Ohst/*Fock* Band 1 Kap. 6 Rn. 293, 295; gegen ein Angriffsverbot per se auch BGH GRUR 1971, 243, 245 – Gewindeschneidevorrichtungen.
286 Dazu unten 6. Kapitel Rn. 63 ff.
287 *Kraßer/Schmid* GRUR Int. 1982, 324, 334.
288 *Groß* Rn. 205; *Osterrieth* Rn. 857; *Kraßer/Schmid* GRUR Int. 1982, 324, 334.
289 Benkard/*Ullmann/Deichfuß* § 15 PatG Rn. 147; Büscher/Dittmer/Schiwy/*Schmoll* Teil 3 Kap. 17 Rn. 182.
290 Vgl. BGH GRUR 2005, 935, 937 – Vergleichsempfehlung II (PatR); BGH GRUR 2002, 787, 789 – Abstreiferleiste (PatR); BGH GRUR 1983, 237, 238 f. – Brückenlegepanzer (PatR); Wandtke/Ohst/ *Fock* Band 1 Kap. 6 Rn. 266.

und nicht zurückgezahlt werden müssen.[291] Einerseits könne der Lizenzgeber regelmäßig eine verbindliche Zusage eines Schutzrechtbestands nicht geben und andererseits sei das Interesse des Lizenznehmers weniger auf die Teilhabe an einer unanfechtbaren Vorzugsstellung als vielmehr auf eine faktisch bestehende Monopolstellung und deren wirtschaftliche Vorteile gerichtet.[292] Eine Sonderregelung enthält § 52 Abs. 3 Nr. 2 MarkenG. Die Parteien können die Problematik des Wegfalls des lizenzierten Schutzrechts schon durch entsprechende Vereinbarungen im Lizenzvertrag lösen. Im Übrigen zieht der BGH jedoch lediglich eine Kündigung ex nunc nach § 314 Abs. 1 BGB in Betracht.[293] Fällt nur eines von mehreren lizenzierten Schutzrechten weg, ist eine Anpassung nach § 313 BGB vorzunehmen.[294]

104   Zulässig ist die Vereinbarung eines **Entgelts für den Zeitraum nach Ablauf des Schutzrechts**, wenn dem Lizenznehmer ein ausdrückliches Kündigungsrecht eingeräumt wird,[295] sich die Gebührenzahlung nur formell darüber hinaus erstreckt, z. B. wegen einer Stundung, oder das Schutzrecht kausal für den Produkteverkauf nach seinem Ende ist.[296]

D. Anwendung der allgemeinen zivilrechtlichen Regeln

I. Vorbemerkung

105 Ob und welche allgemeinen zivilrechtlichen Regelungen über Abschluss, Ausgestaltung, Durchführung und Schicksal eines Rechtsgeschäfts auch auf Lizenzverträge Anwendung finden, lässt sich nicht bezüglich aller Lizenzgegenstände und aller Regelungsinhalte kollektiv beurteilen. Abhängig davon, was den konkreten Vertragsgegenstand darstellt und ob die Parteien über die Bedeutung einer Vertragsregelung uneinig sind, Mängelrechte geltend gemacht werden oder

---

291 Vgl. BGH GRUR 2005, 935, 937 Vergleichsempfehlung II (PatR); BGH GRUR 1983, 237, 239 – Brückenlegepanzer (PatR); BGH GRUR 1969, 677, 678 – Rüben-Verladeeinrichtung (PatR); zust. *Winzer* Teil 2 Rn. 125; ebenso, wenn das vermeintliche Werk nicht gemäß § 2 UrhG schutzfähig ist (vgl. BGH GRUR 2012, 910 Rn. 17 ff. – Delcantos Hits); für eine Rückabwicklung hingegen *Zurth* GRUR 2019, 143, 147; für standardessenzielle Patente ebenso *Altmeyer/Weber* GRUR 2017, 1182; eingehend *Hoffmann* ZGE 6 (2014), 1.
292 Vgl. BGH GRUR 1983, 237, 239 – Brückenlegepanzer (PatR).
293 Vgl. BGH GRUR 2012, 910 Rn. 20 – Delcantos Hits (UrhR).
294 Wandtke/Ohst/*Fock* Band 1 Kap. 6 Rn. 269.
295 EuGH GRUR 2016, 917 Rn. 40 – Genentech/Hoechst (KartR); EuGH GRUR Int. 1990, 458 Rn. 13 – Ottung/Klee & Weilbach (KartR).
296 Erdmann/Rojahn/Sosnitza/*Bartenbach/Kunzmann* Kap. 9 Rn. 247.

Zurth/Herbort

Schadensersatz eingefordert wird, können andere Nomen zur Anwendung kommen. Ursächlich für die fehlende Möglichkeit einer pauschalen Unterordnung ist die **Rechtsnatur des Lizenzvertrages**. Als **Vertrag sui generis**[297] oszilliert dieser zwischen verschiedenen bürgerlich-rechtlichen Vertragstypen, so dass die Vorschriften des Kauf-, Miet- und Pachtrechts regelmäßig nur ausschnittsweise herangezogen werden können.[298] Auch ist es möglich, dass Parallelen zum Rechtskauf, zum Werklieferungsvertrag oder zum Recht der Gesellschaft bestehen.[299] Welche allgemeinen zivilrechtlichen Regelungen anwendbar sind, ist letztlich **anhand des Einzelfalls mittels Auslegung** zu bestimmen.[300] Je nachdem welcher Vertragsbestandteil strittig ist oder welches Begehren von einem der Vertragsparteien geltend gemacht wird, kann der Lizenzvertrag in diesem Gesichtspunkt einem anderen speziellen Vertragstypus ähnlich sein und mithin anderen Bestimmungen unterliegen.

Ausnahmsweise finden einige Normen des allgemeinen Zivilrechts auch oh-   **106** ne vorherige Auseinandersetzung mit dem individuellen Lizenzvertrag Anwendung. Dies betrifft gesetzliche Regelungen bezüglich solcher Eigenschaften, die jedem Lizenzvertrag naturgemäß immanent sind, so dass eine genaue Prüfung der konkreten Vertragsgestaltung dann in der Regel obsolet ist. Entsprechend verhält es sich mit den meisten Regeln zur Pacht nach §§ 581 ff. BGB. Diese können direkt herangezogen werden, da Lizenzverträge typischerweise durch eine **Gebrauchsüberlassung auf Zeit** charakterisiert sind.[301] Auch handelt es sich beim Lizenzvertrag um ein **Dauerschuldverhältnis**, wodurch bei Vertragsbeendigung kein Rücktritt, sondern grundsätzlich die Vorschriften zur Kündigung einschlägig sind.[302] Mittels §§ 323 f. BGB kann nur vor Ausführung des Lizenzvertrages eine

---

297 S. ausführlich zur Rechtsnatur oben Rn. 5 – 10, insbesondere Rn. 6.
298 BGH GRUR 1951, 471, 473 (UrhR); BGH GRUR 1958, 136, 137 – Sympatol (PatR); BGH GRUR 1970, 547, 548 – Kleinfilter (PatR).
299 Eichmann/Jestaedt/Fink/Meiser/*Eichmann/Jestaedt* § 31 DesignG Rn. 2; Fitzner/Lutz/Bodewig/*Loth/Hauck* § 15 PatG Rn. 36.
300 BGH GRUR 1965, 298, 301 – Reaktions-Meßgerät (PatR); BGH GRUR 1998, 561, 562 – Umsatzlizenz (PatR); BGH BeckRS 2011, 19381 Rn. 13 (BGB); Ekey/Bender/Fuchs-Wissemann/*Pahlow* § 30 MarkenG Rn. 20; zu Lizenzen für die Benutzung von Musik/Film/E-Books in der Cloud, vgl. Zech ZUM 2014, 3, 7.
301 BGH GRUR 2006, 435 Rn. 21 – Softwarenutzungsrecht (InsoR); Benkard/*Ullmann/Deichfuß* § 15 PatG Rn. 83; Ekey/Bender/Fuchs-Wissemann/*Pahlow* § 30 MarkenG Rn. 20; Ingerl/Rohnke/ *Ingerl/Rohnke* § 30 MarkenG Rn. 52; Ströbele/Hacker/Thiering/*Hacker* § 30 MarkenG Rn. 29.
302 Ekey/Bender/Fuchs-Wissemann/*Pahlow* § 30 MarkenG Rn. 21; Kraßer/Ann/*Ann* § 41 Rn. 64.

Lösung hiervon erreicht werden.[303] Ebenfalls ohne nähere Befassung mit der konkreten Vertragsgestaltung sind die Vorschriften nach §§ 275 ff., 320 ff. BGB anwendbar.[304] Diese gelten unmittelbar, weil ein Lizenzvertrag auf den **Austausch von Leistungen** gerichtet ist.[305] Zu beachten ist jedoch, dass nur weil hier die grundsätzliche Anwendbarkeit einer Norm nicht in Frage steht, sich in der Begründung oder Prüfung der Tatbestandsmerkmale dennoch beachtenswerte Unterschiede zu anderen Vertragsarten ergeben können.

II. Auslegung

107 Um zu beurteilen, welchen Inhalt die Parteien konkret vereinbart haben, muss der Vertrag in Bezug auf die strittige Regelung ausgelegt werden. Hierbei gelten auch für Lizenzverträge die zu §§ 133, 157 BGB entwickelten allgemeinen Regeln.[306] Vorrangig muss dabei der **Wortlaut und der hierdurch zum Ausdruck gebrachte Parteiwille** berücksichtigt werden.[307] Lässt sich hieraus kein eindeutiges Ergebnis ableiten, so können auch Begleitumstände und ein Verhalten der Parteien nach Vertragsschluss eine Rolle spielen.[308] Fehlt es dennoch an einem eindeutigen Parteiwillen, so ist die weitere Auslegung nicht auf die Feststellung hypothetischer subjektiver Vorstellungen der Parteien, sondern auf eine **vernünftige Interessenabwägung** auf rein objektiver Grundlage zu richten.[309] Im Vergleich zur Auslegung anderer Vertragstypen ist beim Lizenzvertrag besonders zu berücksichtigen, dass dieser regelmäßig ein **Wagnisgeschäft** darstellt, da

---

303 Wurde der Vertrag bereits in Vollzug gesetzt, tritt an die Stelle des Rücktrittsrechts ein Kündigungsrecht, Fitzner/Lutz/Bodewig/*Loth/Hauck* § 15 PatG Rn. 52, 72; Ekey/Bender/Fuchs-Wissemann/*Pahlow* § 30 MarkenG Rn. 24; *Hans* GWR 2016, 437 s. näher unten Rn. 131–140.
304 BGH GRUR 1951, 471, 472 (UrhR).
305 Eichmann/Jestaedt/Fink/Meiser/*Eichmann/Jestaedt* § 31 DesignG Rn. 2.
306 OLG Düsseldorf BeckRS 2017, 102027 Rn. 88 – Lichtemittierende Vorrichtung (PatR); Büscher/Dittmer/Schiwy/*Haberstumpf* Vor §§ 31 ff. UrhG Rn. 11; Fitzner/Lutz/Bodewig/*Loth/Hauck* § 15 PatG Rn. 38; Ströbele/Hacker/Thiering/*Hacker* § 30 MarkenG Rn. 46; s. bereits oben Rn. 11.
307 BGH GRUR 2020, 57 Rn. 20 – Valentins (MarkenR); Ingerl/Rohnke/*Ingerl/Rohnke* § 30 MarkenG Rn. 56.
308 BGH GRUR 1998, 561, 562 – Umsatzlizenz (PatR); BGH GRUR 1996, 121, 122 – Pauschale Rechteeinräumung (UrhR); Eichmann/Jestaedt/Fink/Meiser/*Eichmann/Jestaedt* § 31 DesignG Rn. 18.
309 BGH GRUR 1959, 384, 387 – Postkalender (BGB); BGH GRUR 1961, 307, 309 – Krankenwagen II (BGB); BGH GRUR 2006, 56 Rn. 37 – BOSS-Club (MarkenR).

der zukünftige wirtschaftliche Erfolg unsicher ist.[310] Die **Risikoverteilung** zwischen den Vertragsparteien muss also vor diesem Hintergrund anhand einer Gesamtwürdigung der Umstände vorgenommen werden. Ohne weitere Anhaltspunkte kann jedenfalls nicht angenommen werden, dass der Lizenzgeber neben den vielen Unwägbarkeiten, die mit solchen Verträgen und ihrer gewinnbringenden Durchführung verbunden sind, generell auch das Risiko der Bonität der Abnehmer des Lizenznehmers mittragen soll.[311]

Je nach Lizenzgegenstand dürfen neben diesen allgemeinen Grundsätzen **108** nicht die spezifischen Auslegungsgrundsätze der Spezialgesetze vernachlässigt werden. Bei Lizenzen über urheberrechtlich geschützte Werke erlangt demnach die **Übertragungszwecktheorie**[312] nach § 31 Abs. 5 UrhG Bedeutung, die entsprechend auch bei den übrigen Lizenzgegenständen zu beachten ist.[313] In dieser Auslegungsregel kommt zum Ausdruck, dass die urheberrechtlichen Befugnisse zur Sicherung der Ertragsbeteiligung tendenziell soweit wie möglich beim Urheber verbleiben, so dass bei Verträgen des Urhebers über sein Urheberrecht im Zweifel keine weitergehenden Rechte eingeräumt werden als der Zweck des Nutzungsvertrages dies erfordert.[314] Allgemein gehaltene Formulierungen können daher durch den Vertragszweck eine einengende Auslegung erfahren.[315] Im Zweifel gebührt der Vorzug derjenigen Auslegung, die eine Nichtigkeitsfolge vermeidet.[316]

---

310 BGH GRUR 1957, 595, 596 – Verwandlungstisch (PatR); BGH GRUR 1975, 598, 600 – Stapelvorrichtung (PatR); BGH GRUR 1982, 481, 482 – Hartmetallkopfbohrer (PatR); Eichmann/Jestaedt/Fink/Meiser/*Eichmann/Jestaedt* § 31 DesignG Rn. 28; Mes/*Mes* § 15 PatG Rn. 17.
311 BGH GRUR 1998, 561, 562f. – Umsatzlizenz (PatR); Ingerl/Rohnke/*Ingerl/Rohnke* § 30 MarkenG Rn. 56.
312 Teilweise auch noch als „Zweckübertragungslehre" bezeichnet, hiergegen ausdrücklich *Rehbinder/Peukert* Rn. 915. Der BGH verwendet in seiner neueren Rechtsprechung den Begriff „Übertragungszweckgedanke", s. BGH GRUR 2013, 1213 Rn. 32 – SUMO (UrhR); BGH GRUR 2014, 556 Rn. 13 – Rechteeinräumung Synchronsprecher (UrhR).
313 Fitzner/Lutz/Bodewig/*Loth/Hauck* § 15 PatG Rn. 38.
314 BGH GRUR 1981, 196, 197 – Honorarvereinbarung (UrhR); BGH GRUR 982, 727, 730 – Altverträge (UrhR); BGH GRUR 1996, 121, 122 – Pauschale Rechtseinräumung (UrhR).
315 BGH GRUR 1996, 121, 122 – Pauschale Rechtseinräumung (UrhR); BGH GRUR 2011, 946 Rn. 18 – KD (BGB); Büscher/Dittmer/Schiwy/*Haberstumpf* Vor §§ 31ff. UrhG Rn. 10, § 31 UrhG Rn. 15; Eichmann/Jestaedt/Fink/Meiser/*Eichmann/Jestaedt* § 31 DesignG Rn. 19.
316 BGH GRUR 2011, 946 Rn. 18 – KD (BGB); BGH GRUR 2013, 397 Rn. 46 – Peek & Cloppenburg III (MarkenR, UWG).

III. Formfreiheit

109 Der Abschluss des Lizenzvertrages ist **grundsätzlich formfrei** möglich.[317] Etwas anderes kann sich nach §§ 125 ff. BGB ergeben, wenn mit der Lizenzeinräumung gleichsam ein formbedürftiges Geschäft abgeschlossen wird oder eine anderslautende Parteiabrede getroffen wurde.[318] Nicht fernliegend ist insoweit, dass die Lizenzeinräumung mit einem Grundstückskaufvertrag über die Produktionsstätte zusammengefasst wird, wodurch das Formerfordernis nach § 311b Abs. 1 S. 1 BGB greift, oder die Lizenzerteilung unentgeltlich erfolgen soll und damit eine formbedürftige Schenkung gemäß § 518 Abs. 1 S. 1 BGB darstellt.[319]

IV. Allgemeine Geschäftsbedingungen

110 Die Parteien sind nicht nur hinsichtlich der Form des Vertrages, sondern grundsätzlich auch in der Gestaltung der einzelnen Regelungen frei. Nimmt eine Vertragspartei diese Freiheit jedoch für sich allein in Anspruch, indem sie vorformulierte Vertragsbedingungen einbringt, so muss der Vertragspartner vor einer unangemessenen Benachteiligung geschützt werden. Diesen Zweck verfolgen die §§ 305 ff. BGB, indem die Abbedingung dispositiven Rechts mittels einseitig verwendeter **Allgemeiner Geschäftsbedingungen** (AGB) nur innerhalb der dort aufgezeigten Grenzen möglich ist. Auch zwischen Lizenznehmer und Lizenzgeber besteht ein solches Regulierungsbedürfnis, weshalb die Regelungen über AGB grundsätzlich auch bei Lizenzverträgen zu beachten sind.[320]

111 Bezüglich der **wirksamen Einbeziehung** der AGB ergeben sich regelmäßig keine Unterschiede zu den speziellen Vertragstypen.[321] Es bedarf für eine Vielzahl von Verträgen vorformulierte Vertragsbedingungen, welche eine Vertragspartei der anderen bei Vertragsabschluss stellt, vgl. § 305 Abs. 1 BGB. Gemäß § 310 Abs. 1 BGB finden die weiteren Einbeziehungsvoraussetzungen nach § 305 Abs. 2 und 3

---

317 Beispielsweise durch kausales Schuldanerkenntnis, LG München BeckRS 2018, 14973 Rn. 36 (PatR); *Groß* Kap. B Rn. 46. Hierzu bereits oben Rn. 11.
318 Eichmann/Jestaedt/Finkt/Meiser/*Eichmann/Jestaedt* § 31 DesignG Rn. 34; Ströbele/Hacker/Thiering/*Hacker* § 30 MarkenG Rn. 39.
319 BGH GRUR 2000, 788, 790 – Gleichstromsteuerschaltung (PatR); Ingerl/Rohnke/*Ingerl/Rohnke* § 30 MarkenG Rn. 53.
320 *Unseld* GRUR 2011, 982, 987.
321 *Fammler* S. 16 f.

Herbort

BGB (ausdrücklicher oder sichtbarer Hinweis, Kenntnisnahmemöglichkeit und Einverständnis) bei **AGB gegenüber Unternehmern** i.S.d. § 14 BGB keine Anwendung. Dies wird auf Seiten des Lizenznehmers regelmäßig anzunehmen sein. Zu beachten ist, dass es sich auch dann um AGB handelt, wenn zwischen mehreren (feststehenden) **Regelungsalternativen** gewählt werden kann.[322] Daneben wird gemäß § 310 Abs. 1 BGB aufgrund der Unternehmerstellung des Lizenznehmers in der Regel auch die Prüfung der (meisten) **Klauselverbote** der §§ 308 f. BGB ausgeschlossen sein. Die Prüfung der AGB erschöpft sich letztlich in einer **Inhaltskontrolle** anhand der **Generalklausel**.[323] Gemäß § 307 Abs. 1 BGB sind Bestimmungen in AGB dann unwirksam, wenn sie den Vertragspartner des Verwenders entgegen den Geboten von Treu und Glauben **unangemessen benachteiligen.** Im Zweifel ist dies gemäß § 307 Abs. 2 BGB bei Bestimmungen gegeben, die mit dem wesentlichen Grundgedanken der gesetzlichen Regelung, von der abgewichen wird, nicht zu vereinbaren sind oder bei Bestimmungen, die wesentliche Rechte oder Pflichten, die sich aus der Natur des Vertrags ergeben, so einschränken, dass die Erreichung des Vertragszwecks gefährdet ist.

Bei der Beurteilung der **unangemessenen Benachteiligung** können Unter- 112 schiede zwischen den gewerblichen Schutzrechten einerseits, und Urheberrechten sowie Persönlichkeitsrechten andererseits auftreten. Je größer die persönlichkeitsrechtliche Komponente des Vertragsgegenstandes ist, umso geringer ist der zulässige Umfang einer **vorweggenommenen oder pauschalen Rechteübertragung.** Als unwirksam wurden daher jedenfalls solche Lizenzbestimmungen in AGB eingestuft, die den Nutzern vorab und in pauschaler Weise eine Veränderung des urheberrechtlich geschützten Werks gestatten.[324]

V. Nichtigkeitsgründe

1. Gesetzliche Verbote und Sittenwidrigkeit
Im Übrigen gelten auch für den Lizenzvertrag die allgemeinen Nichtigkeitsrege- 113 lungen nach §§ 134, 138 und 139 BGB.[325] In Betracht kommt demnach – wenn auch nur im Ausnahmefall – ein Verstoß gegen § 134 BGB i.V.m. § 5 Abs. 1 S. 2 Nr. 1 UWG, wenn die Lizenzvereinbarung über die Nutzung eines fremden Namens zu einer

---

322 Zur Wahl des Berechnungszeitpunktes von Zinsen im Monats/Viertel-/Halb-/Jahrestakt, s. BGH NJW 1992, 503, 504 (BGB); zur Wahl zwischen einer fünf- oder zehnjährigen Laufzeit, s. BGH NJW 1996, 1676. 1677 (BGB).
323 *Fammler* S. 17.
324 Jaeger/*Metzger* MMR 2003, 431, 435.
325 *Groß* Kap B Rn. 50 – 53; Benkard/*Ullmann*/*Deichfuß* § 15 PatG Rn. 23.

Täuschung der Allgemeinheit und einer schwerwiegenden Verwirrung des Verkehrs führt.[326] Die **Sittenwidrigkeit** kann sich auch daraus ergeben, dass der Erwerb des Schutzrechts zweckfremd der wettbewerbswidrigen Behinderung dient.[327] Ebenfalls möglich wäre ein Verstoß gegen die guten Sitten, wenn eines besonders **krasses Missverhältnis** zwischen Leistung und Gegenleistung besteht, das durch die Ausnutzung der Unerfahrenheit eines Vertragspartners erreicht wurde. Allerdings ist auch hier zu berücksichtigen, dass den Parteien der **Wagnischarakter** der Lizenz[328] im Hinblick auf die unsichere zukünftige Geschäftsentwicklung des Lizenznehmers bekannt sein müsste. Grenzen der Lizenzgestaltung bzw. der Wirksamkeit einer Vereinbarung können sich auch aus **kartell- oder lauterkeitsrechtlichen Gründen** ergeben.[329]

2. Anfechtung

114 Grundsätzlich können auch Lizenzverträge aufgrund eines **Irrtums nach §§ 119 ff. BGB** anfechtbar sein.[330] Der Unterschied zu den speziell geregelten Vertragsarten liegt in den zur Anfechtung berechtigenden Gründen. Ebenso wie im Rahmen von Kaufverträgen die Fehlvorstellung über den Wert einer Sache einen unbeachtlichen Motivirrtum darstellt,[331] so berechtigt bei Lizenzverträgen die Fehlvorstellung über die **Chance der Verwertbarkeit** nicht zur Anfechtung.[332] In Frage kommt bei Lizenzen aber eine Anfechtung wegen **arglistiger Täuschung nach § 123 Abs. 1 BGB**, wenn der Verkäufer wesentliche Tatsachen verschweigt oder falsch darstellt. Zwar weist das Lizenzgeschäft grundsätzlich einen **Wagnischarakter** auf. Dies allein führt aber nicht zu einer pauschalen Beschränkung des Anfechtungsrechts nach § 123 Abs. 1 BGB.[333]

115 Bei eintragungsbedürftigen Schutzrechten können z.B. der Stand des Eintragungsverfahrens, Widersprüche oder Löschungsklagen, aber auch erfolglose

---

326 BGH GRUR 1951, 324, 326 – Piek Fein (MarkenR); BGH GRUR 1970, 528, 531 – Migrol (MarkenR); BGH GRUR 2002, 703, 704 f. – VOSSIUS & PARTNER (UWG); Ströbele/Hacker/Thiering/*Hacker* § 30 MarkenG Rn. 119.

327 BGH GRUR 1995, 117, 120 f. – NEUTREX (MarkenR); BGH GRUR 2002, 967, 969 – Hotel Adlon (MarkenR).

328 BGH GRUR 1957, 595, 596 – Verwandlungstisch (PatR); BGH GRUR 1982, 481, 482 – Hartmetallkopfbohrer (PatR).

329 Siehe die ausführliche Auflistung bei Ströbele/Hacker/Thiering/*Hacker* § 30 MarkenG Rn. 119 ff.

330 Fitzner/Lutz/Bodewig/*Loth*/*Hauck* § 15 PatG Rn. 75; Mes/*Mes* § 15 PatG Rn. 79–82.

331 MüKo-BGB/*Armbrüster* § 119 Rn. 139.

332 RGZ 33, 103, 104; Ingerl/Rohnke/*Ingerl*/*Rohnke* § 30 MarkenG Rn. 76.

333 BGH GRUR 1975, 598, 600 – Stapelvorrichtung (PatR).

Aktivprozesse des Lizenzgebers gegen Verletzer eine solche **relevante Tatsache** darstellen.[334] Auch ein ablehnender Zwischenbescheid des Patentamts ist offenbarungspflichtig, wenn der Verkäufer mit der Möglichkeit rechnen musste, dass der Käufer ohne sein Verschweigen das Patent nicht oder nicht zu den gleichen Bedingungen erwirbt.[335] Ebenfalls wurde ein Anfechtungsgrund bejaht, wenn der Lizenzgeber im Rahmen des Vertragsschlusses auf einen bestehenden Patentschutz hinweist, tatsächlich aber lediglich eine Anmeldung erfolgt ist.[336] Der Lizenznehmer kann in einem solchen Fall gemäß §§ 280 Abs. 1, 241 Abs. 2, 311 Abs. 2 BGB oder § 823 Abs. 2 BGB i.V.m. § 263 StGB verlangen, so gestellt zu werden, als ob der Vertrag nicht geschlossen worden wäre.[337] Neben dem Ersatz eines **Vertrauensschaden** (ohne Begrenzung auf das Erfüllungsinteresse), kann der Lizenznehmer, wenn er den Vertrag ohne die Täuschung überhaupt nicht oder nicht so geschlossen hätte, auch die **Aufhebung des Gesamtvertrages** oder die **Nichtanwendbarkeit einzelner Bestimmungen** fordern.[338] Auf den Lizenzvertrag sind gleichfalls die Normen zur Anspruchsminderung anwendbar. Ist dem Lizenznehmer ein **Mitverschulden** vorzuwerfen, weil er z.B. darauf verzichtet hat, wesentliche Unterlagen zu überprüfen, kann sein Schadensersatzanspruch nach § 254 BGB gemindert oder sogar ausgeschlossen sein.[339]

Von der Nichtigkeitsfolge ist aufgrund des zivilrechtlichen **Abstraktionsprinzips**[340] zunächst nur das **Verpflichtungsgeschäft** betroffen. Das **dingliche Erfüllungsgeschäft** kann jedoch mittels individueller Parteivereinbarung in seinem Bestand von der rechtlichen Wirksamkeit des Schuldgrundes abhängig gemacht werden, z.B. indem eine rechtsgeschäftliche Bedingung hinzugefügt wird.[341] Lässt sich der Parteivereinbarung ein solcher Anhaltspunkt auf die Verbindung beider Geschäfte zu einer **rechtlichen Einheit** entnehmen, kann der Wille der Parteien gemäß § 139 BGB angenommen werden, dass die Nichtigkeit des Kausalgeschäftes auch das Verfügungsgeschäft der Lizenzerteilung erfassen soll.[342]

116

334 Ingerl/Rohnke/*Ingerl/Rohnke* § 30 MarkenG Rn. 77.
335 RG GRUR 1938, 846, 848 (PatR); BGH GRUR 1982, 481, 482 – Hartmetallkopfbohrer (PatR).
336 BGH GRUR 1998, 650, 651 – Krankenhausmüllentsorgungsanlage (PatR).
337 Benkard/*Ullmann/Deichfuß* § 15 PatG Rn. 20.
338 BGH GRUR 1998, 650, 652 – Krankenhausmüllentsorgungsanlage (PatR); BGH NJW 1962, 1196, 1198 (BGB).
339 Benkard/*Ullmann/Deichfuß* § 15 PatG Rn. 21; Ingerl/Rohnke/*Ingerl/Rohnke* § 30 MarkenG Rn. 77.
340 Dazu ausführlich oben Rn. 2–4.
341 BGH NJW 1952, 60, 61 (BGB).
342 BGH NJW 1967, 1128, 1130 (ErbR); Ingerl/Rohnke/*Ingerl/Rohnke* § 30 MarkenG Rn. 75.

VI. Leistungsstörungen

117 Insbesondere für den Umgang mit Leistungsstörungen ergeben sich Besonderheiten in der Anwendung der allgemeinen zivilrechtlichen Regelungen. Absolut maßgeblich ist hier die konkrete Ausgestaltung der Lizenzübertragung. Entsprechend der divergierenden Ansichten zur Rechtsnatur von Lizenzverträgen ist umstritten, ob kauf-, werk- oder pachtrechtliche **Mängelgewährleistungsregeln** oder nur das **allgemeine Leistungsstörungsrecht** Anwendung findet.[343] Vor der Schuldrechtsmodernisierung wurde angeführt, dass die kaufrechtlichen Gewährleistungsansprüche gemäß § 459 BGB a.F. einer nur sechsmonatige Verjährungsfrist unterliegen, was dem komplexen Lizenzvertrag nicht gerecht werde.[344] Diese Kritik ist mit der zweijährigen Frist nach § 438 Abs. 1 Nr. 3 BGB zumindest mittlerweile überholt.

118 Insbesondere bei **ausschließlichen Lizenzen** wird angenommen, dass die Parallelen zum **Rechtskauf** so groß sind, dass Ansprüche sich nach § 453 BGB i.V.m. mit den kaufrechtlichen Vorschriften richten.[345] Demgegenüber kann ein werkvertraglicher Charakter überwiegen, wenn der Lizenzvertrag über einen noch zu erschaffenden oder anzumeldenden Vertragsgegenstand geschlossen wurde und die Leistungsstörung aus dieser Schaffens- oder Eintragungsphase herrührt.[346]

119 Regelmäßig wird es jedoch keiner abschließenden Entscheidung darüber bedürfen, ob stattdessen die Bestimmungen aus dem Pachtvertrag anzuwenden sind,[347] da §§ 434 ff. BGB, §§ 633 ff. BGB und §§ 581 Abs. 2 i.V.m. 536 ff. BGB eine entsprechende Regelung hinsichtlich **zugesicherter Eigenschaften** enthalten. Zugrunde liegt letztlich allen Vorschriften der Gedanke, dass derjenige, der derartige Zusicherungen macht, für eine Beseitigung mittels Nacherfüllung sowie **Kaufpreisminderung, Rücktritt**[348] oder **Schadensersatz** wegen Schlecht- oder Nichterfüllung einzustehen hat, wenn die Eigenschaften nicht vorliegen. Mit

---

343 Siehe Nachweise in Fn. 3, 4, und 5 bei *Haedicke* GRUR 2004, 123; Ekey/Bender/Fuchs-Wissemann/*Pahlow* § 30 MarkenG Rn. 20; *Groß* Kap. E Rn. 290; Kraßer/Ann/*Ann* § 41 Rn. 64.
344 *Haedicke* GRUR 2004, 123, 125.
345 *Haedicke* GRUR 2004, 123, 125; Eichmann/Jestaedt/Fink/Meiser/*Eichmann*/*Jestaedt* § 31 DesignG Rn. 28; Benkard/*Ullmann*/*Deichfuß* § 15 PatG Rn. 39; Mes/*Mes* § 15 PatG Rn. 51.
346 Büscher/Dittmer/Schiwy/*Haberstumpf* Vor §§ 31 ff. UrhG Rn. 12.
347 Ströbele/Hacker/Thiering/*Hacker* § 30 MarkenG Rn. 64.
348 Regelmäßig wird ein bereits in Vollzug gesetztes Dauerschuldverhältnis vorliegen, so dass an die Stelle des Rücktritts ein Kündigungsrecht nach § 314 BGB tritt, vgl. Fitzner/Lutz/Bodewig/*Loth*/*Hauck* § 15 PatG Rn. 52, 72; Ekey/Bender/Fuchs-Wissemann/*Pahlow* § 30 MarkenG Rn. 24.

Rücksicht auf die gleichliegenden Interessen beim Fehlen zugesicherter Eigenschaften des Lizenzgegenstandes, ist unabhängig der konkreten Einordnung dieser Grundgedanke auf den Lizenzvertrag entsprechend anzuwenden.[349]

In der praktischen Umsetzung werden sich die Probleme daher kaum in der 120 leicht unterschiedlichen Ausgestaltung der Mängelrechte nach kauf-, werk- bzw. pachtrechtlichen Vorschriften erschöpfen, sondern vielmehr in der Frage, ob, wann und welche Eigenschaften überhaupt zugesichert wurden und deren Fehlen demnach einen **Mangel** begründen. Grundsätzlich liegt ein Mangel vor, wenn die Ist- von der Sollbeschaffenheit abweicht. Was demnach als Mangel im Rahmen eines Lizenzvertrages geltend gemacht werden kann, hängt von den **vereinbarten Pflichten beider Vertragsparteien** ab – und ist damit primär wieder eine Frage des konkreten Einzelfalles und nicht der Normanwendung. Neben individuellen Vereinbarungen hierüber, besteht in der Regel ein Katalog an Grundpflichten, der den Verträgen aller Lizenzgegenstände gemein ist.[350]

Zunächst können Vereinbarungen über **erst anzumeldende Schutzrechte** 121 oder über **künftige Gestaltungen** getroffen werden. Hier kommt es darauf an, welche Bedeutung die Parteien der Herbeiführung eines wirksamen Schutzes oder der **inhaltlichen Gestaltungsfreiheit** beigemessen haben.[351] Bei der Lizenz über ein noch zu erschaffendes urheberrechtlich geschütztes Werk haftet der Urheber grundsätzlich nicht für die **wissenschaftliche und künstlerische Qualität**, so dass Unstimmigkeiten hierüber keinen Mangel darstellen.[352] Allerdings können auch bei schöpferischen Werken bis zu einem gewissen Grad Beschaffenheitsvorgaben gemacht werden, bei deren Abweichen eine Gewährleistungshaftung begründet sein kann.[353] Bei den Gewerblichen Schutzrechten sind derartige **Qualitätsvereinbarungen** üblich und von unmittelbarer wirtschaftlicher Bedeutung, was die ausdrückliche Erwähnung in den § 31 Abs. 2 Nr. 5 DesignG und § 30 Abs. 2 Nr. 5 MarkenG deutlich macht. Ausnahmsweise kann auch ohne ausdrückliche Regelung ein Qualitätsmangel angenommen werden, wenn die Abweichung eine Rufschädigung zur Folge haben kann.[354]

Bei den eintragungsbedürftigen Schutzrechten wie dem Patent, Kennzeichen 122 und Design haftet der Lizenzgeber regelmäßig dafür, dass der Vertragsgegen-

---

349 BGH GRUR 1970, 547, 548 – Kleinfilter (PatR); im Ergebnis spricht sich *Pahlow* daher für eine Beurteilung nur nach den allgemeinen Leistungsstörungsregeln gemäß §§ 323 ff. BGB aus, siehe Ekey/Bender/Fuchs-Wissemann/*Pahlow* § 30 MarkenG Rn. 24.
350 S. ausführlich zu den Pflichten von Lizenzgeber und Lizenznehmer Rn. 53 ff. und 66 ff.
351 Eichmann/Jestaedt/Fink/Meiser/*Eichmann/Jestaedt* § 31 DesignG Rn. 30.
352 KG ZUM-RD 1999, 337 (UrhR); Büscher/Dittmer/Schiwy/*Haberstumpf* Vor §§ 31 ff. UrhG Rn. 12.
353 BGHZ 19, 382, 384 – Kirchenfenster (UrhR); BGH GRUR 1966, 390, 391 – Werbefilm (UrhR).
354 Ekey/Bender/Fuchs-Wissemann/*Pahlow* § 30 MarkenG Rn. 70.

stand im **Zeitpunkt des Vertragsabschlusses bereits eingetragen** ist oder die **Schutzdauer** für die Dauer des Vertrags verlängert wird.[355] Dies gilt auch, wenn das Schutzrecht von vornherein gar nicht entstehen konnte, weil eine **Eintragungsvoraussetzung**, beispielsweise die Neuheit des Patents oder Designs oder die Unterscheidungskraft der Marke gänzlich fehlt.[356] Etwas anderes kann sich ergeben, wenn die **Wettbewerber** das Schutzrecht auch ohne Eintragung oder Bestehen aller Schutzvoraussetzungen respektieren[357] oder aufgrund besonderer Umstände Wettbewerber gar nicht vorhanden sind.[358]

123   Allgemein haftet der Lizenzgeber für seine **materielle Berechtigung** sowie seine **Verfügungsberechtigung**.[359] Bei Marken ist zudem von Bedeutung, ob **relative Schutzhindernisse** bestehen, die zu einer späteren Löschung der Eintragung führen können.[360] Des Weiteren muss der Lizenzgeber regelmäßig für die **Aufrechterhaltung und Verteidigung** des eingetragenen Schutzrechts sorgen.[361] Eine Pflicht zum Vorgehen gegen Rechtsverletzungen durch Dritte besteht jedoch nur, wenn der Lizenzgeber einen einfachen Lizenznehmer nicht ermächtigt hat, selbst gegen Verletzer vorzugehen.[362] Bei einer **ausschließlichen Lizenz** trifft den Lizenzgeber darüber hinaus eine sog. **Enthaltungspflicht**. Demnach ist er verpflichtet, die eigene Benutzung des Lizenzgegenstandes zu unterlassen.[363] Für den zukünftigen Bestand des lizenzierten Rechts haftet der Lizenzgeber jedoch nicht ohne entsprechend vereinbarte Garantie.[364]

124   Auch der Charakter des Lizenzvertrages als **gewagtes Geschäft**[365] kann sich auf die Beurteilung eines Mangels auswirken. Der Lizenzgeber haftet weder für **Fabrikationsreife**[366] noch für einen **geschäftlichen Erfolg**,[367] so dass der Li-

---

355 Eichmann/Jestaedt/Fink/Meiser/*Eichmann/Jestaedt* § 31 DesignG Rn. 28; *Grohmann* GRUR Prax 2019, 27, 28.

356 BGH GRUR 1957, 595 – Verwandlungstisch (PatR); BGH GRUR 1960, 44, 46 – Uhrgehäuse (PatR); BGH GRUR 1978, 308, 310 – Speisekartenwerbung (DesignR); BGH GRUR 1993, 40, 41 – Keltisches Horoskop (UrhG).

357 BGH GRUR 1977, 107, 109 – Werbespiegel (GmbHR); BGH GRUR 1983, 237, 239 – Brückenlegepanzer (PatR); BGH GRUR 1978, 310 (DesignR); BGH GRUR 1993, 40, 41 f. – Keltisches Horoskop (UrhG).

358 BGH GRUR 1983, 237, 239 – Brückenlegepanzer (PatR).

359 Büscher/Dittmer/Schiwy/*Trimborn* § 15 PatG Rn. 17.

360 Ströbele/Hacker/Thiering/*Hacker* § 30 MarkenG Rn. 64; *Haedicke* GRUR 2004, 123, 126 f.

361 RGZ 155, 306, 314 f. – Funkverband (PatR); Mes/*Mes* § 15 PatG Rn. 50 ; Kraßer/Ann/*Ann* § 41 Rn. 14.

362 Mes/*Mes* § 15 PatG Rn. 55.

363 Dreier/Schulze/*Schulze* Vor § 31 UrhG Rn. 41 - 43.

364 Fitzner/Lutz/Bodewig/*Loth*/*Hauck* § 15 PatG Rn. 50 a. E., 51.

365 S. hierzu bereits oben Rn. 107.

366 RG GRUR 1932, 865, 867 (PatR); BGH GRUR 1955, 338, 341 – Brillengläser (PatR).

zenzgeber bei deren Ausbleiben nicht verschuldensunabhängig hierfür einzustehen hat.[368]

Neben dem **subjektiven Fehlerverständnis** können bei den Vertragstypen 125 des allgemeinen Zivilrechts auch **objektiv zu bestimmende Eigenschaften** einen Mangel begründen. Es liegt dann ein Mangel vor, wenn der Vertragsgegenstand sich nicht für die vorausgesetzte oder gewöhnliche Verwendung eignet und eine Beschaffenheit aufweist, die bei Vertragsgegenständen der gleichen Art üblich ist und erwartet werden kann. Aufgrund der großen individuellen Prägung von Lizenzverträgen, werden solche objektiv anhand vergleichbarer Verträge zu bestimmenden Eigenschaften in der Regel kaum gegeben sein.[369] Der Mangel bestimmt sich primär anhand der Vereinbarungen.

War es dem Lizenzgeber **von Anfang an unmöglich**, das Nutzungsrecht im 126 vereinbarten Umfang einzuräumen, z. B. weil das Schutzrecht unbekannterweise bereits erloschen war, so wird er von seiner Leistungspflicht gemäß § 275 Abs. 1 BGB frei. Gleichsam entfällt die Gegenleistungspflicht des Lizenznehmers gemäß § 326 Abs. 1 Hs. 1 BGB.[370]

In bestimmten Konstellationen kann es unbillig oder nicht sachgerecht 127 sein, dass Gewährleistungsrechte in Form der Mängelbeseitigung, Kaufpreisminderung oder des Schadensersatzes eingreifen. Unter anderem in Hinblick auf entgegenstehende Rechte Dritter, die der Lizenzgeber weder kannte noch kennen konnte, kommt eine Vertragsanpassung nach den Grundsätzen über die **Störung der Geschäftsgrundlage** gemäß § 313 BGB in Betracht.[371] Eine solche Anpassung kann dann verlangt werden, wenn sich Vertragsgrundlagen nach Vertragsabschluss schwerwiegend verändert haben.[372]

---

367 BGH GRUR 1974, 40, 43 – Bremsrolle (BGB); BGH GRUR 1978, 166, 167 – Banddüngerstreuer (PatR); BGH GRUR 2001, 223, 226 – Bodenwaschanalage (PatR); LG München InstGE 9, 257 – Meerwasserentsalzungsanlage (PatR).

368 BGH GRUR 2012, 910 Rn. 13 ff. – Delcantos Hits (UrhR); Büscher/Dittmer/Schiwy/*Trimborn* § 15 PatG Rn. 14; Eichmann/Jestaedt/Finkt/Meiser/*Eichmann/Jestaedt* § 31 DesignG Rn. 28.

369 KG ZUM-RD 1999, 337 (UrhR).

370 Ekey/Bender/Fuchs-Wissemann/*Pahlow* § 30 MarkenG Rn. 23; *Groß* Kap. B Rn. 64.

371 BGH GRUR 2001, 223, 225 – Bodenwaschanlage (PatR); *Groß* Kap. B Rn. 85; Ströbele/Hacker/Thiering/*Hacker* § 30 MarkenG Rn. 65.

372 BGH GRUR 2009, 1162 Rn. 70 – DAX (MarkenR); die Kündigung eines Lizenzvertrags infolge der Änderung einer gefestigten höchstrichterlichen Rechtsprechung setzt voraus, dass diese Rechtsprechung nach der gemeinschaftlichen Vorstellung der Parteien auf den konkret in Rede stehenden Sachverhalt anwendbar ist, BGH GRUR 2018, 609 Rn. 17 – Krankenhausradio (UrhR).

Herbort

VII. Haftung

128 Verletzt der Lizenznehmer eine Verpflichtung aus dem Lizenzvertrag, so stehen dem Lizenzgeber grundsätzliche die normalen schuldvertraglichen Ansprüche zu. Hierzu zählen insbesondere die Nacherfüllung gemäß § 439 BGB, Schadens- und Aufwendungsersatz nach §§ 280 ff. BGB[373] sowie Unterlassung nach § 1004 Abs. 1 S. 2 BGB (analog).[374] Erscheint ein Lizenzgegenstand nach Beendigung eines Lizenzverhältnisses weiterhin in einer Online-Anzeige, so besteht gegenüber dem ehemaligen Lizenznehmer jedoch dann kein Unterlassungsanspruch, wenn dieser den Webseitenbetreiber bereits ausdrücklich zur Löschung aufgefordert hat.[375] Liegt ein Fall der **anfänglichen Unmöglichkeit** vor und hat der Lizenzgeber dies zu vertreten, so stehen dem Lizenznehmer Ansprüche nach § 311a Abs. 2 S. 1 BGB zu.[376] Vermögensnachteile, die durch rechtswidrige und schuldhafte Vorenthaltung der Schutzrechte durch einen Nichtberechtigten verursacht wurden (z. B. weil Benutzungs- und Verletzungshandlungen aus den Schutzrechten aufgrund der Vorenthaltung nicht verfolgt werden konnten) können ggf. als Eingriff in ein sonstiges Recht über § 823 Abs. 1 BGB ersetzt verlangt werden.[377]

VIII. Rückabwicklung

129 Ist ein einmal geschlossener Lizenzvertrag, ob aufgrund einer formalen oder inhaltlichen Unwirksamkeit, mit Wirkung ex tunc nichtig, so kann für die Rückabwicklung und den **Bereicherungsausgleich** auf §§ 812, 818 BGB zurückgegriffen werden.[378] Da der Gebrauch des Schutzrechts nicht in natura herausgegeben werden kann, ist nach § 818 Abs. 2 BGB **Wertersatz** zu leisten. Dieser entspricht in

---

373 Siehe zu den speziellen Gründen eines Schadensersatzanspruchs aufgrund arglistiger Täuschung, bei Leistungsstörungen oder unberechtigter Kündigung Rn. 115, 121 ff. und 140.

374 LG Mannheim GRUR-RR 2009, 277, 278 – Pan European License (GWB).

375 EuGH MMR 2016, 410 Rn. 44 – Daimler/Együd (MarkenR); der BGH hatte die Sorgfaltspflichten ehemaliger Lizenznehmer zuvor in der Weise präzisiert, dass erforderlichenfalls auf unmittelbar handelnde Dritte einzuwirken ist, BGH GRUR 2015, 258 Rn. 70 – CT-Paradies (UrhR).

376 Ekey/Bender/Fuchs-Wissemann/*Pahlow* § 30 MarkenG Rn. 23; *Groß* Kap. B Rn. 64; Mes/*Mes* § 15 PatG Rn. 51.

377 BGH GRUR 1970, 296 – Allzweck-Landmaschinen (PatentR); OLG Düsseldorf GRUR 2018, 1037 Rn. 160 – Flammpunktprüfungsvorrichtung (PatentR).

378 BGH GRUR 2002, 787, 788 – Abstreiferleiste (PatR); Mes/*Mes* § 15 PatG Rn. 87; zu den bereicherungsrechtlichen Implikationen im Immaterialgüterrecht s. auch *Zurth* GRUR 2019, 143.

der Regel der angemessenen und üblichen Lizenzgebühr,[379] meist in Form einer **prozentualen Umsatzlizenz.**[380] Der Wertersatz bestimmt sich grundsätzlich objektiv,[381] so dass vertragliche Abreden über nutzungsunabhängige Lizenzen unberücksichtigt bleiben. Möglich ist es dadurch nicht nur, dass der Bereicherungsanspruch im Einzelfall unter der vertraglich vereinbarten Lizenzgebühr bleibt,[382] sondern auch über eine vertragliche Vereinbarung hinausgeht.[383] Die hieraus erwachsende Begünstigung für einen der Vertragspartner ist typische Folge einer **objektiven Wertbemessung** und damit bereicherungsrechtlich grundsätzlich nicht ungewöhnlich. Im Rahmen einer gerichtlichen Auseinandersetzung wird es dennoch begründungsbedürftig sein, warum die frei ausgehandelte Lizenzvereinbarung nicht den tatsächlichen Wert des Lizenzgegenstandes widerspiegelt.[384] Dabei ist für die Bemessung des Wertes darauf zu achten, dass der **entscheidende Zeitpunkt** der Abschluss des unwirksamen Lizenzvertrages und nicht die letzte mündliche Verhandlung ist.

Neben den Bereicherungsausgleich kann bei einer Rückabwicklung aufgrund 130 einer Anfechtung wegen arglistigen Täuschung (§ 123 Abs. 1 BGB) auch ein Anspruch auf **Schadensersatz** nach § 823 Abs. 2 BGB i.V.m. § 263 StGB treten, wobei beide Möglichkeiten gleichwertig nebeneinanderstehen.[385] Anhand der Differenzhypothese ist zu prüfen, ob überhaupt ein Schaden entstanden ist, d.h. ob die Zahlungen des Lizenznehmers an den Lizenzgeber nicht den Wert der Nutzung des Schutzrechtes erreichen, weil die Leistung zum Beispiel für seine Zwecke nicht voll brauchbar ist.[386]

---

379 BGH GRUR 1987, 520, 523 – Chanel No. 5 I (MarkenR); BGH GRUR 2000, 685, 686 – Formunwirksamer Lizenzvertrag (PatR); BGH GRUR 2011, 1156, 1158 – Der grüne Punkt (MarkenR); BGH GRUR 2002, 787, 788 f. – Abstreiferleiste (PatR); BGH GRUR 2009, 515 Rn. 41 – Motorradreiniger (MarkenR).
380 BGH GRUR 2000, 685, 686 – Formunwirksamer Lizenzvertrag (PatR).
381 BGH GRUR 2006, 136 Rn. 26 – Pressefotos (UrhR); BGH GRUR 2009, 515 Rn. 41 – Motorradreiniger (MarkenR); Mes/*Mes* § 15 PatG Rn. 87.
382 BGH GRUR 2009, 407 Rn. 25 ff. – Whistling for a train (UrhR).
383 BGH GRUR 2000, 685, 687 – Formunwirksamer Lizenzvertrag (PatR).
384 Ingerl/Rohnke/*Ingerl/Rohnke* § 30 MarkenG Rn. 78.
385 BGH GRUR 1998, 650, 652 – Krankenhausmüllentsorgungsanlage (PatR).
386 Ingerl/Rohnke/*Ingerl/Rohnke* § 30 MarkenG Rn. 79.

IX. Kündigung

131 Wie eingangs (oben Rn. 103) bereits festgestellt, endet der Lizenzvertrag vor Ablauf der vorgesehenen Laufzeit ausschließlich durch eine Kündigung.[387] Unabhängig von der individuellen Vertragsausgestaltung besitzt der Lizenzvertrag den Charakter eines **Dauerschuldverhältnisses**, bei welchem ein Rücktritt mit Rückabwicklung des in Vollzug gesetzten Leistungsaustauschs nicht in Betracht kommt.[388]

1. Ordentliche Kündigung

132 Die Voraussetzungen und Fristen für eine **ordentliche Kündigung** können von den Parteien im Rahmen der Vertragsfreiheit grundsätzlich individuell bestimmt werden. Falls diesbezüglich keine ausdrückliche Regelung getroffen wurde, muss entsprechend durch Auslegung ermittelt werden, ob die Parteien diese Möglichkeit gänzlich ausschließen wollten.[389] Hierfür kann beispielsweise die Vereinbarung einer **festen Laufzeit** sprechen. Ist der Vertrag dagegen auf **unbestimmte Zeit** geschlossen und lässt sich ihm auch nichts Gegenteiliges entnehmen, liegt nahe, dass die Parteien die Kündigungsmöglichkeit zulassen wollten. Insbesondere bei Lizenzgegenständen mit potentiell unbegrenzter Schutzdauer, wie es bei Marken und urheberrechtlich geschützten Werken der Fall ist, kann davon ausgegangen werden, dass die ordentliche Kündigung nicht ausgeschlossen sein sollte.[390] Es kann dann in entsprechender Anwendung der §§ 584, 624, 723 BGB ordentlich gekündigt werden.[391] Hinsichtlich der **Kündigungsfrist** kann sich bei fehlender Regelung hierüber an § 584 Abs. 1 S. 2 BGB orientiert werden, wonach die Kündigung ein halbes Jahr vor Ende des Pachtjahres erfolgen muss.[392] Einzubeziehen in die Fristbestimmung sind jedoch immer auch die Interessen des

---

387 BGH GRUR 1959, 616, 617 – Metallabsatz (BGB); BGH NJW 1987, 2004, 2006 (BGB).

388 Fitzner/Lutz/Bodewig/*Loth/Hauck* § 15 PatG Rn. 52; Ingerl/Rohnke/*Ingerl/Rohnke* § 30 MarkenG Rn. 82; speziell zu Beendigungs- und Störungsfragen bei Markenlizenzverträgen, *Hans* GWR 2016, 437. S. zum Dauerschuldcharakter auch oben Rn. 5.

389 BGH GRUR 2018, 297 Rn. 30, 35 – media control (MarkenR); Ekey/Bender/Fuchs-Wissemann/ *Pahlow* § 30 MarkenG Rn. 43.

390 OLG Hamburg GRUR 1989, 912, 914 – Spiegel-Fotos (UrhG).

391 BGH GRUR 2018, 297 Rn. 36 – media control (MarkenR); BGH GRUR 2006, 56 Rn. 42 – BOSS-Club (MarkenR). Zur theoretischen, aber seltenen Möglichkeit des Ausgleichsanspruchs bei Beendigung des Lizenzverhältnisses nach den Grundsätzen zur entsprechenden Anwendung des § 89b HGB, vgl. BGH GRUR 2010, 1107, 1109 – Joop (MarkenR).

392 OLG Hamburg GRUR 1989, 912, 914 – Spiegel-Fotos (UrhG); Ströbele/Hacker/Thiering/*Hacker* § 30 MarkenG Rn. 78.

Lizenznehmers an der **Amortisation seiner Aufwendungen,** so dass die Frist im Einzelfall auch länger zu bemessen sein kann.[393] Wurde der Lizenzvertrag für länger als 30 Jahre geschlossen oder wurde die ordentliche Kündigung ausgeschlossen, so ist gemäß §§ 581 Abs. 2, 544 BGB dennoch nach Ablauf von 30 Jahren eine Kündigung möglich.[394]

2. Außerordentliche Kündigung

Aus der Natur des Lizenzvertrages als Dauerschuldverhältnis ergibt sich das 133 Recht zur außerordentlichen Kündigung – soweit nicht die speziellen Kündigungsvorschriften des Verlagsrechts[395] greifen – ausdrücklich aus § 314 BGB.[396] Diese Möglichkeit kann vertraglich nicht eingeschränkt, jedoch erweitert werden. Demnach werden in Lizenzverträgen regelmäßig zusätzliche Gründe benannt, die ebenfalls zur außerordentlichen Kündigung – meist des Lizenzgebers – berechtigen. Die gesetzlich vorgesehene außerordentliche Kündigung kommt dann zum Tragen, wenn Tatsachen vorliegen, aufgrund derer dem kündigenden Teil unter Berücksichtigung aller Umstände des Einzelfalls und unter Abwägung der Interessen beider Vertragsteile die Fortsetzung des Vertrages bis zu dessen vereinbarter Beendigung nach Treu und Glauben **nicht länger zugemutet werden kann.**[397] Das ist insbesondere dann anzunehmen, wenn zwischen den Parteien die **Vertrauensgrundlage durch vorsätzliche oder grob fahrlässige Verletzung wesentlicher Vertragspflichten beeinträchtigt** ist und damit das Einvernehmen zwischen den Vertragspartnern endgültig zerstört wurde.[398]

Entscheidend dafür, ob eine außerordentliche Kündigung begründet ist, ist 134 mithin der Pflichtenkatalog der Vertragsparteien. **Auf Seiten des Lizenznehmers** zählen zu den Verhaltensweisen, die geeignet sind, das Vertrauen zwischen den Parteien nachhaltig zu erschüttern, schwerwiegende und wiederholte Wettbe-

---

393 OLG Stuttgart GRUR-RR 2004, 8, 13 – BOSS; offengelassen in BGH GRUR 2006, 56 Rn. 42 – BOSS-Club (MarkenR).
394 Ingerl/Rohnke/*Ingerl/Rohnke* § 30 MarkenG Rn. 83; Ströbele/Hacker/Thiering/*Hacker* § 30 MarkenG Rn. 80.
395 Vgl. das Kündigungsrecht des Verlegers gemäß § 18 VerlG und das Kündigungsrecht des Verfassers bei periodischen Sammelwerken; s. dazu insgesamt Ulmer/Eilfort/Obergfell/*Ulmer-Eilfort* § 18 VerlG und § 45 VerlG; s. auch unten 4. Kapitel Rn. 59.
396 Fitzner/Lutz/Bodewig/*Loth/Hauck* § 15 PatG Rn. 72.
397 BGH GRUR 1955, 338 f. – Beschlagfreie Brillengläser (PatR); BGH GRUR 1958, 175, 177 – Wendemanschette (PatR); BGH GRUR 1992, 112, 114 – pulp wash (MarkenR); BGH GRUR 1997, 610, 611 – Tinnitus-Masker (PatentR); BGH GRUR 2001, 1134, 1138 – Lepo Sumera (UrhR); BGH GRUR 2002, 703, 705 – VOSSIUS & PARTNER (UWG); BGH GRUR 2020, 57 Rn. 49 ff. –Valentins (MarkenR).
398 Benkard/*Ullmann/Deichfuß* § 15 PatG Rn. 211.

werbsverstöße – insbesondere dann, wenn sie den Ruf der anderen Vertragspartei beeinträchtigen können –, wiederholter Verzug mit Zahlungen von Lizenzgebühren oder mehreren Lizenzgebührenraten oder Beeinträchtigungen des Wertes des Lizenzgegenstandes, z. B. durch eine negative Medienpräsenz.[399] **Ein relevanter Pflichtverstoß auf Seiten des Lizenzgebers** ist anzunehmen, wenn er einem Dritten vertragswidrig weitere Lizenzen einräumt oder Verletzungen durch Dritte in erheblichem Umfang duldet, ohne dem Lizenznehmer die eigene Prozessführung zu gestatten. Ebenfalls als relevanter Verstoß kann sich die **Nichterfüllung wichtiger Nebenpflichten** auswirken, wie beispielsweise die Übergabe von Rezepturen.[400]

135   Grundsätzlich sind die Interessen beider Vertragspartner gegeneinander abzuwägen. Liegen mehrere weniger schwerwiegende Verstöße vor, können auch diese **in ihrer Gesamtheit** betrachtet das Vertrauensverhältnis unheilbar erschüttern.[401] In Ausnahmefällen können auch **rein objektive Umstände** eine Unzumutbarkeit begründen. Bei schwerwiegenden Änderungen der Marktverhältnisse oder rechtlichen Rahmenbedingungen (z. B. ein Werbeverbot für das Lizenzprodukt) ist zu prüfen, ob dieses Risiko von beiden Parteien zu tragen ist oder derartige Entwicklungen gerade nur die Sphäre einer Partei betreffen.[402]

3. Einschränkungen und formale Anforderungen

136   Trotz des Vorliegens berechtigter Kündigungsgründe kann das Recht zur wirksamen Ausübung nach **Treu und Glauben** gemäß § 242 BGB eingeschränkt sein. Tritt erstmals eine schuldhafte Vertragsverletzung auf oder liegt diese bei **vernünftiger und objektiver Betrachtung** lediglich in einer nachlässigen oder zu großzügigen Auslegung der getroffenen vertraglichen Vereinbarungen, ist diesem Verhalten zunächst mit einer **Abmahnung** zu begegnen, da eine Unzumutbarkeit der Fortsetzung des Vertragsverhältnisses erst dann anzunehmen ist, wenn der Versuch gescheitert ist, den anderen Teil zur Aufgabe seines pflichtwidrigen Verhaltens und zur Rückkehr zur Vertragstreue zu bewegen (vgl. §§ 581 Abs. 2, 543 Abs. 3 und § 314 Abs. 2 BGB).[403] Die **Nachfrist** muss so bemessen sein, dass sie der anderen Vertragspartei erlaubt, die Vertragspflichtverletzung zu beheben.[404]

---

399 Ekey/Bender/Fuchs-Wissemann/*Pahlow* § 30 MarkenG Rn. 46.
400 Ingerl/Rohnke/*Ingerl/Rohnke* § 30 MarkenG Rn. 85.
401 BGH GRUR 2002, 703, 705 – VOSSIUS & PARTNER (UWG).
402 Ingerl/Rohnke/*Ingerl/Rohnke* § 30 MarkenG Rn. 85.
403 BGH GRUR 1997, 610, 611 – Tinnitus-Masker (PatR); OLG Dresden GRUR 1998, 69, 70 – Dachbahnen-Produktion (MarkenR); Fitzner/Lutz/Bodewig/*Loth/Hauck* § 15 PatG Rn. 72.
404 BGH GRUR 1992, 112, 114 – pulp-wash (MarkenR).

Die Abmahnung ist dann nicht erforderlich, wenn die Vertrauensgrundlage nicht wieder hergestellt werden kann, etwa bei wiederholten, schwerwiegenden Verletzungen. [405]

Ebenfalls kann es Einschränkungen bezüglich des **Zeitpunkts der Kündigung** geben. So kann die **Kündigung zur „Unzeit"** ausgeschlossen sein, was z. B. anzunehmen ist, wenn dem Lizenznehmer dadurch das Weihnachtsgeschäft genommen wird.[406] Gleichsam kann auch das **Hinauszögern einer Kündigung** zu einer Verwirkung führen. Ein länger als zwei Monate zurückliegender Vertragsverstoß kann regelmäßig nicht mehr als Grund für eine fristlose Kündigung dienen.[407] Allerdings kann beim Auftreten neuer Verstöße auch der bereits in der Vergangenheit liegende Vertragsverstoß in einer Gesamtschau mitberücksichtigt werden.[408] 137

Waren dem Kündigenden bestimmte **Kündigungsgründe** zum Zeitpunkt der Kündigungserklärung noch nicht bekannt, so können diese **nachgeschoben** werden.[409] Dasselbe gilt für Gründe, die erst nach der Kündigung aufgetreten sind. Allerdings entfaltet die Kündigung dann erst ab dem Zeitpunkt Wirkung, in welchem die später entstandenen Kündigungsgründe geltend gemacht wurden.[410] 138

Grundsätzlich wirkt sich eine einmal ausgesprochene Kündigung auf den gesamten Lizenzvertrag aus. Eine **Teilkündigung** des Vertrages ist davon abhängig, ob einerseits trennbare Lizenzgegenstände vorliegen, beispielsweise weil der Vertrag über mehrere Gegenstände geschlossen wurde, und andererseits, ob das Vertrauensverhältnis nur in Bezug auf einen Vertragsgegenstand beeinträchtigt ist.[411] Selbst wenn diese beiden Voraussetzungen gegeben sind, kann sich dennoch ein Kündigungsrecht für den anderen Vertragspartner ergeben, wenn sich für diesen erhebliche Nachteile aus dem Fortbestand nur noch eines Teilvertrages ergeben.[412] 139

Im Fall der außerordentlichen Kündigung steht dem Kündigenden ein **Schadensersatzanspruch aufgrund schuldhafter Veranlassung** der Vertrags- 140

---

405 BGH GRUR 1992, 112, 114 – pulp-wash (MarkenR).

406 Ingerl/Rohnke/*Ingerl/Rohnke* § 30 MarkenG Rn. 88.

407 OLG Karlsruhe GRUR 1992, 162, 163 – Schleifvorrichtung (PatR).

408 BGH GRUR 1955, 338, 339 – Brillengläser (PatR); OLG Karlsruhe GRUR 1992, 162, 163 – Schleifvorrichtung (PatR).

409 BGH NJW 1963, 2068, 2070 (HGB); BGH GRUR 1997, 610, 612 – Tinnitus-Masker (PatR).

410 BGH NJW 1958, 1136, 1137 (HGB); BGH GRUR 1997, 610, 612 – Tinnitus-Masker (PatR); Benkard/*Ullmann/Deichfuß* § 15 PatG Rn. 217.

411 Benkard/*Ullmann/Deichfuß* § 15 PatG Rn. 218.

412 BGH GRUR 1964, 326, 329 f. – Subverleger (VerlR); Ingerl/Rohnke/*Ingerl/Rohnke* § 30 MarkenG Rn. 86.

beendigung zu.[413] Die zur Kündigung veranlasste Partei ist so zu stellen, als sei der Vertrag ordnungsgemäß weitergeführt worden.[414] Praktisch bedeutet dies, dass dem Lizenzgeber ein Anspruch auf die Lizenzgebühren bis zum frühest-möglichen Zeitpunkt der ordentlichen Vertragsbeendigung zusteht.[415] Ist eine ordentliche Kündigung ausgeschlossen, so wird Schadensersatz für die gesamte Laufzeit geschuldet.[416] Daneben kommt auch ein Verzugsschaden, insbesondere in Form des Zinsverlustes, in Betracht, wenn die verzögerte Bezahlung von Li-zenzgebühren den Kündigungsgrund darstellt. Der Lizenznehmer wiederum kann einen Anspruch auf Ersatz des ihm aufgrund der Vertragsbeendigung entgange-nen Gewinnes geltend machen.[417] In entsprechender Anwendung der § 628 Abs. 2 BGB kann auch der Ersatz von Aufwendungen verlangt werden, wenn sich diese bei Durchführung des Vertrages amortisiert hätten.[418]

E. Internationales Lizenzvertragsrecht

I. Grundbegriffe und Rechtsquellen des Internationalen Lizenzvertragsrechts

1. Abgrenzungen
a) Kollisionsrecht

141 Lizenzverträge haben heute beinahe regelmäßig Auslandsberührung. Gemäß Art. 3 EGBGB ist damit das Kollisionsrecht auf den Plan gerufen. Das Kollisions-recht regelt den **räumlichen Geltungsbereich** von **Sachnormen.** Sachnormen sind im Unterschied zu Kollisionsnormen solche Bestimmungen, die einen Sachverhalt unmittelbar materiellrechtlich regeln können, wie z. B. eine be-stimmte patentrechtliche Regelung des PatG oder urhebervertragsrechtliche Be-stimmung des UrhG. **Kollisionsnormen** bestimmen wiederum, welches Sach-recht von mehreren denkbaren Sachrechten Anwendung findet. Verlangt etwa ein französischer Filmregisseur Unterlassung der Entstellung seines Filmwerks durch Ausstrahlung einer nachkolorierten Fassung seines Films in Deutschland, dann beantwortet das Kollisionsrecht die Frage, ob das französische oder das deut-sche Urheberrecht anzuwenden ist. Im Wege der **Qualifikation** ist zu bestimmen, welchem Rechtsgebiet ein Regelungsinstitut in kollisionsrechtlicher Hinsicht

---

413 BGH GRUR 1959, 616, 618 – Metallabsatz (BGB).
414 BGH GRUR 1956, 93, 96 – Bioglutan (BGB).
415 Ekey/Bender/Fuchs-Wissemann/*Pahlow* § 30 MarkenG Rn. 46.
416 BGH GRUR 2011, 455 Rn. 32 – Flexitanks (BGB); BGH NJW 2008, 3436 Rn. 13 ff. (HGB).
417 Ingerl/Rohnke/*Ingerl/Rohnke* § 30 MarkenG Rn. 90.
418 BGH GRUR 1979, 768, 769 – Mineralwolle (PatR).

zuzuordnen ist (z. B., ob die urheberrechtliche Verfügung dem Vertragsstatut oder dem Urheberrechtsstatut unterfällt).[419]

b) Einheitsrecht

Das **Einheitsrecht** umgeht die Schwierigkeiten der kollisionsrechtlichen Ermitt- 142 lung des anwendbaren Sachrechts elegant dadurch, dass es eine einheitliche Regelungsordnung von Sachnormen schafft, die in allen Vertragsstaaten gleichermaßen Anwendung finden.[420] Es beruht auf völkerrechtlichen Verträgen. Vom Kollisionsrecht ist es gerade deshalb zu unterscheiden, weil es Sachnormen enthält und damit eine materiellrechtliche Ordnung schafft.[421] Als ein wichtiges Beispiele für schutzrechtsübergreifende Übereinkommen auf dem Gebiet des Immaterialgüterrechts ist die **Pariser Verbandsübereinkunft zum Schutz des gewerblichen Eigentums** (PVÜ, *Paris Convention for the Protection of Industrial Property*) vom 20. März 1883 zu nennen.[422] Die PVÜ gilt noch immer unter anderem in allen Mitgliedstaaten der Europäischen Union wie auch des Europäischen Wirtschaftsraums und unterliegt der Verwaltung der **Weltorganisation für geistiges Eigentum** (WIPO). Regelungsgegenstand der PVÜ sind das Patent-, Kennzeichen- und Musterrecht ebenso wie das Lauterkeitsrecht. Als zweites wichtiges, urheberrechtliches Übereinkommen ist die **Revidierte Berner Übereinkunft zum Schutz von Werken der Literatur und Kunst** (RBÜ) zu nennen, die in ihrer Urfassung aus dem Jahr 1886 stammt.[423] Aus der neueren Generation staatsvertraglicher Übereinkommen zum Immaterialgüterrecht sind vor allem das **Übereinkommen über handelsbezogene Aspekte der Rechte des geistigen Eigentums** aus dem Jahr 1994 (*Agreement on Trade-Related Aspects of Intellectual Property Rights*, TRIPs)[424] und die WIPO-Verträge (wie z. B. der WIPO-Copyright Treaty von 1996)[425] zu nennen.[426] Dabei verdrängen TRIPs und die WIPO-Verträge

---

419 S. näher Reithmann/Martiny/*Obergfell* Rn. 6.1047. S. allg. zur Qualifikation *Rauscher* Rn. 442 ff.
420 S. Ulmer-Eilfort/Obergfell/*Obergfell* 1. Teil Kap. M Rn. 2.
421 So auch *Schack* Rn. 1017.
422 RGBl. 1903, S. 147. In Deutschland trat die PVÜ am 1.5.1903 in Kraft.
423 BGBl. 1973 II, S. 1069, in der BRD in Kraft getreten in der Pariser Fassung von 1971, die zuletzt am 28.9.1979 geändert wurde. S. dazu *Schack* Rn. 948 – 965.
424 BGBl. 1994 II, S. 1730. Es trat in Deutschland am 1.1.1995 in Kraft; vgl. BGBl. 1995 II, S. 456. Dazu näher *Schack* Rn. 997 – 1003.
425 Deutsche Fassung: ABl. (EG) 1998 Nr. C 165, S. 9, BGBl. 2011 II, S. 856. Dazu *Schack* Rn. 1005 f.
426 S. für weitere Beispiele auf dem Gebiet des Internationalen Urheberrechts Reithmann/Martiny/*Obergfell* Rn. 6.1140 f.; *Schack* Rn. 966 ff.

streng genommen nicht die alten Immaterialgüterrechtskonventionen, sondern inkorporieren sie zu einem großen Teil.[427]

c) Fremdenrecht

143 Ebenfalls keinen kollisionsrechtlichen Charakter hat das **Fremdenrecht**, welches die Frage der Anwendung inländischen Sachrechts auf Ausländer – anders formuliert: die Frage, ob Ausländern z. B. urheberrechtlicher Schutz gewährt wird – beantworten will.[428] Die Vorschriften des §§ 120 ff. UrhG enthalten beispielsweise Fremdenrecht und regeln den persönlichen Anwendungsbereich der Vorschriften des deutschen UrhG.[429]

d) Internationale Zuständigkeit

144 Vom Kollisionsrecht ist außerdem die vorrangig[430] zu prüfende Frage danach abzugrenzen, welches Gericht für die Entscheidung über einen bestimmten Sachverhalt mit Auslandsberührung zuständig ist. Dies ist eine Frage des Internationalen Prozessrechts, die sich seit dem 10.1.2015 primär nach der EU-Verordnung Nr. 1215/2012 des Europäischen Parlaments und des Rates vom 12.12.2012 über die gerichtliche Zuständigkeit und die Anerkennung und Vollstreckung von Entscheidungen in Zivil- und Handelssachen (EuGVVO)[431] bestimmt. Für Urheber- und Immaterialgüterrechtsverletzungen ist der **Gerichtsstand der unerlaubten Handlung gemäß Art. 7 Nr. 2 EuGVVO** maßgeblich, wonach das Gericht zuständig ist, **an dessen Ort das schädigende Ereignis eingetreten** ist; der zuständigkeitsbegründende Tatort ist dabei als Handlungs- und Erfolgsort zu verstehen, wobei zwischen Handlungs- und Erfolgsort vom Kläger frei gewählt

---

427 S. zum sog. „Bern Plus"-Ansatz für das Verhältnis von TRIPs und WCT zur RBÜ Ulmer-Eilfort/Obergfell/*Obergfell* 1. Teil Kap. M Rn. 2.

428 S. näher *Schack* Rn. 908 f.; Wandtke/Bullinger/*v. Welser* Vor §§ 120 ff. UrhG Rn. 2.

429 Büscher/Dittmer/Schiwy/*Obergfell* Vor §§ 120 ff. UrhG Rn. 1; Limper/Musiol/*Neumann* Kap. 1 Rn. 255; *Obergfell* S. 198 ff.

430 Dies führt letztlich zu der dreistufigen Prüfung: Internationale Zuständigkeit – anwendbares Recht (Kollisionsrecht) – Fremdenrecht; s. auch Limper/Musiol/*Neumann* Kap. 1 Rn. 263 – 266; Wandtke/Bullinger/*v. Welser* Vor §§ 120 ff. UrhG Rn. 2.

431 ABl. (EU) 2012 Nr. L 351, S. 1, ersetzt VO Nr. 44/2001 über die gerichtliche Zuständigkeit und die Anerkennung und Vollstreckung von Entscheidungen in Zivil- und Handelssachen vom 22.12.2000, ABl. (EG) 2001 Nr. L 12, S. 1, die bis zum 9.1.2015 in Kraft war.

Obergfell

werden kann.[432] Bei der Anwendung dieser Zuständigkeitsregel ergeben sich Schwierigkeiten aus der **Ubiquität der Immaterialgüterrechte**, also dem Umstand, dass Immaterialgüterrechte – anders als eine Immobilie – an keinem festen Ort belegen sind.[433] Die Immaterialgüterrechtsverletzung im Internet führt z.B. dazu, dass prinzipiell überall, wo die betreffende Seite/Verlinkung abrufbar ist, ein „schädigendes Ereignis" i.S.d. EuGVVO eingetreten ist – mit der Konsequenz sog. fliegender Gerichtsstände.[434] Das Problem wollen manche dadurch in Griff bekommen, dass nur dort ein Handlungs- und Erfolgsort auszumachen sei, wo sich die Verletzungshandlung **bestimmungsgemäß** auswirkt.[435] Der EuGH hat sich gegen eine derartige Einschränkung ausgesprochen, aber eine territoriale Beschränkung des Schadens bestätigt.[436]

2. Rechtsquellen

Einschlägige Rechtsquellen des Kollisionsrechts finden sich für das Immaterialgüterrecht heute vornehmlich in der EG-Verordnung Nr. 593/2008 des Europäischen Parlaments und des Rates vom 17.6.2008 über das auf vertragliche Schuldverhältnisse anzuwendende Recht (**Rom I-VO**)[437] und in der EG-Verordnung Nr. 864/2007 des Europäischen Parlaments und des Rates vom 11.7.2007 über das auf außervertragliche Schuldverhältnisse anzuwendende Recht (**Rom II-VO**).[438] Eine Hauptschwierigkeit des Internationalen Lizenzvertragsrechts liegt gerade in dem Umstand, dass **Lizenzverträge als vertragliche Schuldverhältnisse**[439] grundsätzlich dem Regime der Rom I-VO unterfallen, dass aber hinsichtlich der der Lizenzierung zugrundeliegenden **Immaterialgüterrechte** die Rom II-VO möglicherweise Anwendung verlangt. Mit anderen Worten geht es um

---

432 S. näher *Schack* Rn. 815f.; *ders.* IZPR Rn. 334ff. Dies gilt nicht für die internationale Zuständigkeit bei Verletzung von Gemeinschaftsmarken nach Art. 97 Abs. 5 GMV, die nach der „Coty Germany/First Note"-Entscheidung des EuGH (GRUR 2014, 806 Rn. 37) am Handlungsort liegt.
433 S. zum Urheberrecht Büscher/Dittmer/Schiwy/*Obergfell* Vor §§ 120ff. UrhG Rn. 18.
434 BGH GRUR 2016, 1048 Rn. 18 – An Evening with Marlene Dietrich (UrhR); s. auch *Schack* Rn. 816; Ulmer-Eilfort/Obergfell/*Obergfell* 1. Teil Kap. M Rn. 27.
435 Vgl. etwa BGH GRUR 2007, 871, 872 – Wagenfeld-Leuchte (UrhR); *Danckwerts* GRUR 2007, 104, 107. Kritisch *Schack* Rn. 816.
436 EuGH GRUR Int. 2013, 1073, 1076 – Pinckney (UrhR).
437 ABl. (EG) 2008 Nr. L 177, S. 6; am 17.12.2009 in Kraft getreten. S. ausführlich zur Rom I-VO, ihrer Entstehungsgeschichte und ihrem Anwendungsbereich Reithmann/Martiny/*Martiny* Rn. 1.49–1.142.
438 ABl. (EG) 2007 Nr. L 199, S. 40; die Rom II-VO gilt für schadensbegründende Ereignisse, die seit dem 11.1.2009 eingetreten sind; s. zum zeitlichen Anwendungsbereich Reithmann/Martiny/*Obergfell* Rn. 6.1045.
439 S.o. Rn. 1.

das Zusammentreffen von Vertrags- und Immaterialgüterrechtsstatut.[440] Jedenfalls ergibt sich ein klassisches kollisionsrechtliches Problem, nämlich das Problem des sog. *renvoi*, für das Internationale Lizenzvertragsrecht grundsätzlich nicht, weil für den Anwendungsbereich sowohl der Rom I- als auch der Rom II-VO eine **Rück- und Weiterverweisung** gemäß Art. 20 Rom I-VO und Art. 24 Rom II-VO **ausgeschlossen** ist und damit beide Verordnungen ausschließlich auf **Sachnormen** verweisen.

II. Immaterialgüterrechtsstatut

146 Das Recht des Geistigen Eigentums wird im internationalen Kontext seit jeher vom sog. **Territorialitätsprinzip** beherrscht. Die grundlegende Aussage des Territorialitätsprinzips ist die Regel, dass Bestand und Reichweite der Rechte am Geistigen Eigentum dem Recht des Landes unterstehen, für dessen Gebiet Schutz begehrt wird. Konsequenz dieser Idee ist die Aufspaltung in ein Bündel von nationalen Schutzrechten.[441] Dadurch wird zwar nicht unmittelbar eine Kollisionsregel abzuleiten sein,[442] doch wurde hieraus früher die kollisionsrechtliche **Schutzlandanknüpfung** (*lex loci protectionis*) entwickelt.[443] Im Bereich des Urheberrechts konkurriert das Territorialitätsprinzip mit dem **Universalitätsprinzip**, das von den Vertretern der Gegenmeinung favorisiert wird und zu einer einheitlichen Anknüpfung am Ort der ersten Veröffentlichung bzw. eine Anwendung des Personalstatuts bei unveröffentlichten Werken führen soll (**Ursprungslandanknüpfung**, *lex loci origines*).[444]

147 Die Rom II-VO enthält heute eine explizite **Kollisionsnorm für Verletzungen von Rechten des Geistigen Eigentums** in **Art. 8 Abs. 1 Rom II-VO**, die gemäß Art. 3 Nr. 1 lit. a EGBGB dem deutschen autonomen Kollisionsrecht vorgeht. Als Rechte des Geistigen Eigentums sind gemäß Erwägungsgrund 26 der Rom II-VO insbesondere Urheberrechte, verwandte Schutzrechte, das *sui generis*-Datenbankschutzrecht und gewerbliche Schutzrechte zu verstehen. Die zuvor gewohnheitsrechtlich anerkannte Kollisionsregel der **Schutzlandanknüpfung** wird

---

440 Zur Abgrenzung s.u. Rn. 148.
441 S. näher Reithmann/Martiny/*Obergfell* Rn. 6.1061–6.1063.
442 Büscher/Dittmer/Schiwy/*Obergfell* Vor §§ 120 ff. UrhG Rn. 4; a. A. z. B. Dreier/Schulze/*Dreier* Vor § 120 UrhG Rn. 28; Limper/Musiol/*Neumann* Kap. 1 Rn. 271; zum Streitstand ausführlich *Obergfell* S. 219 ff.
443 S. dazu Reithmann/Martiny/*Obergfell* Rn. 6.1063 m.w.N.
444 In diesem Sinne insbesondere *Schack* Rn. 911–921; 1019 ff. und Rn. 1026 ff. Zur Diskussion s. näher Reithmann/Martiny/*Obergfell* Rn. 6.1064–1068.

Obergfell

von Art. 8 Abs. 1 Rom II-VO nunmehr als unionsrechtlich normiertes Grundprinzip für das Kollisionsrecht im Bereich des Geistigen Eigentums übernommen.[445] Für außervertragliche Schuldverhältnisse, die aus der Verletzung von Rechten des Geistigen Eigentums resultieren, ordnet Art. 8 Abs. 1 Rom II-VO die Anwendung des Rechts des Staates an, „für den der Schutz beansprucht wird". Die Frage nach dem auf eine Patent-, Marken- oder Urheberrechtsverletzung anwendbaren Recht wird – soweit nicht ein Fall des Art. 8 Abs. 2 Rom II-VO vorliegt – danach beantwortet, **für welches Staatsgebiet** Schutz gegenüber der betreffenden Immaterialgüterrechtsverletzung **begehrt** wird. Nach dem Schutzlandprinzip gemäß Art. 8 Abs. 1 Rom II-VO bestimmen sich sowohl die Folgen von Schutzrechtsverletzungen als auch Fragen der Entstehung, der Rechtsinhaberschaft, des Bestands und der Übertragung des Schutzrechts.[446] Eine **Rechtswahl** ist nach Art. 8 Abs. 3 Rom II-VO **ausgeschlossen** und dieser Ausschluss ist nicht auf deliktische Ansprüche beschränkt, sondern umfasst sämtliche außervertragliche Ansprüche, die aus der Verletzung von Rechten am Geistigen Eigentum resultieren (vgl. Art. 13 Rom II-VO). Soweit **einheitliche Unionsrechtsakte** (z. B. **Unionsmarke, Gemeinschaftsgeschmacksmuster**) vorliegen, greift deren Schutzregime; dies bestätigt **Art. 8 Abs. 2 Rom II-VO.** Nur soweit in diesen Unionsrechtsakten bestimmte Fragen nicht geregelt werden, ist gemäß Art. 8 Abs. 2 Rom II-VO an das **Recht des Handlungsortes** anzuknüpfen.[447]

III. Vertragsstatut

1. Ermittlung des auf Lizenzverträge anwendbaren Rechts

Das Vertragsstatut gilt grundsätzlich auch im Bereich des Internationalen Immaterialgüterrechts für Verträge, deren Inhalt die Einräumung von Rechten am Geistigen Eigentum ist. Gemäß **Art. 3 Rom I-VO** haben die Lizenzvertragsparteien die Möglichkeit, mit Hilfe einer **Rechtswahlklausel** das auf ihren Vertrag anwendbare Recht parteiautonom zu bestimmen.[448] Fehlt es an einer Rechtswahl, so ist **nach Art. 4 ff. Rom I-VO objektiv anzuknüpfen.** Maßgeblich ist für den **148**

445 S. insgesamt Reithmann/Martiny/*Obergfell* Rn. 6.1057 f.
446 BGH GRUR 2016, 1048 Rn. 24 – An Evening with Marlene Dietrich (UrhR); BGH GRUR 2015, 264 Rn. 24 – Hi Hotel II; BGH GRUR 2014, 559 Rn. 12 – Tarzan (UrhR); OLG Düsseldorf BeckRS 2014, 14418; LG Düsseldorf BeckRS 2018, 8351 Rn. 48 f. (PatR).
447 MüKo/*Drexl* IntImmGR Rn. 34; Reithmann/Martiny/*Obergfell* Rn. 6.1059.
448 S. dazu näher Reithmann/Martiny/*Martiny* Rn. 2.1 ff. Eine Rechtswahl ist im Rahmen des Immaterialgüterrechtsstatuts gemäß Art. 8 Abs. 3 Rom II-VO jedoch nicht möglich; s.o. Rn. 147.

Bereich der Lizenzverträge in der Regel die Kollisionsnorm des Art. 4 Rom I-VO.[449] Im Vorfeld der Schaffung der Rom I-VO wurde eine eigene Kollisionsregel für Verträge über Rechte an Geistigem Eigentum vorgeschlagen (vgl. Art. 4 Abs. 1 lit. f Rom I-VO-Entwurf), die sich aber letztlich nicht durchsetzen konnte, weshalb es heute im Katalog der Vertragstypen in Art. 4 Abs. 1 Rom I-VO an einer gesetzlich normierten speziellen Kollisionsregel für den immaterialgüterrechtlichen Lizenzvertragstypus fehlt.[450] Für die Ermittlung des auf internationale Lizenzverträge anwendbaren Rechts ist daher auf die **subsidiäre Anknüpfungsregel des Art. 4 Abs. 2 Rom I-VO** zurückzugreifen mit der Folge, dass wie bisher die charakteristische Leistung zu ermitteln und an den gewöhnlichen Aufenthaltsort (und das dort geltende Recht) der Vertragspartei anzuknüpfen ist, die die **charakteristische Leistung** erbringt.[451] Als charakteristische Leistung ist diejenige Vertragspflicht zu verstehen, die dem Schuldverhältnis sein spezifisches Gepräge gibt, es von anderen Verträgen unterscheidet.[452] Prinzipiell wird die **charakteristische Leistung** bei Lizenzverträgen in der **Gewährung der Lizenz** oder **Einräumung eines Nutzungsrechts** zu sehen sein, so dass grundsätzlich das Recht des gewöhnlichen Aufenthaltsorts[453] des Schutzrechtsinhabers bzw. Lizenzgebers anzuwenden ist.[454] Im Einzelfall ergeben sich aber oft Abweichungen von dieser Grundregel zur Anknüpfung von Verträgen über Rechte am Geistigen Eigentum. Ausnahmsweise kann über die **Ausweichklausel** des Art. 4 Abs. 3 Rom I-VO das Recht eines anderen Staates zur Anwendung kommen, zu dem eine **offensichtlich engere Verbindung** besteht (z.B. bei Vereinbarung bestimmter Zusatz- und insbesondere Auswertungspflichten des Lizenznehmers). Es kommt damit für die Ermittlung des anwendbaren Rechts immer auf den jeweiligen Einzelfall und die spezifischen Vertragspflichten der Lizenzvertragsparteien an. Wegen der Auswertungsverpflichtung des Verlegers besteht z.B. darüber Einigkeit, dass ein internationaler Verlagsvertrag an das Recht am gewöhnlichen

---

[449] Denkbar ist aber im Einzelfall auch, dass das Arbeitsvertragsstatut gemäß Art. 8 Rom I-VO greift.
[450] Dazu Reithmann/Martiny/*Obergfell* Rn. 6.1050f.
[451] S. ausführlich Reithmann/Martiny/*Obergfell* Rn. 6.1052–1055 (allgemein) und Rn. 6.1164–6.1224 (Urheberrechtsverträge); Reithmann/Martiny/*Hiestand* Rn. 6.1098–6.1107 (Lizenzverträge über gewerbliche Schutzrechte) jeweils m.w.N.
[452] Dazu ausführlich Reithmann/Martiny/*Martiny* Rn. 2.168–2.175.
[453] Als gewöhnlicher Aufenthalt gilt gemäß Art. 19 Abs. 1 Rom I-VO der Ort der Hauptniederlassung bei einer natürlichen Person und der Ort der Hauptverwaltung bei der juristischen Person.
[454] Reithmann/Martiny/*Hiestand* Rn. 6.1104 (Verträge über gewerbliche Schutzrechte); Reithmann/Martiny/*Obergfell* Rn. 6.1165f. (Urheberrechtsverträge).

Obergfell

Aufenthalt des Verlegers anzuknüpfen ist.[455] Schließlich sieht Art. 4 Abs. 4 Rom I-VO eine Lösung für den Fall vor, dass sich das anzuwendende Recht nicht ermitteln lässt (wie z. B. beim Lizenztausch). In diesem Fall soll das Recht des Staates angewendet werden, zu dem der Sachverhalt die **engste Verbindung** hat. Diese Kollisionsnorm greift allerdings nur dann, wenn eine Anknüpfung weder nach Art. 4 Abs. 1 i.V. m. Art. 4 Abs. 3 Rom I-VO noch nach Art. 4 Abs. 2 i.V. m. Art. 4 Abs. 3 Rom I-VO möglich ist.

2. Abgrenzung von Verpflichtungs- und Verfügungsstatut

Ein wichtiger Streit dreht sich um die Frage der Abgrenzung von Verpflichtungs- und Verfügungsstatut, wobei es darum geht, ob auf die immaterialgüterrechtliche Verfügung[456] ebenfalls das Vertragsstatut, also konkret die Kollisionsnorm des Art. 4 Rom I-VO, anzuwenden ist oder ob die Verfügung dem Immaterialgüterrechtsstatut des Art. 8 Rom II-VO unterfällt. Während für den Bereich der gewerblichen Schutzrechte bislang von der überwiegenden Ansicht eine getrennte Anknüpfung befürwortet wird,[457] ist die Frage insbesondere für das Urheberrecht umstritten.[458] So betrachten die Vertreter der **Einheitstheorie** verfügende und verpflichtende Elemente eines urheberrechtlichen Vertrags als so eng miteinander verbunden, dass dies zu einer **einheitlichen Anknüpfung** der schuldrechtlichen und dinglichen Komponenten nach dem Vertragsstatut führen solle.[459] Argumentativ stützt sich diese Ansicht hauptsächlich auf die Vermeidung einer zersplitterten Anknüpfung der Verfügung.[460] Demgegenüber fordern die Vertreter der **territorialen Spaltungstheorie** eine **gesonderte Anknüpfung** der beiden Vertragselemente des Verfügungs- und Verpflichtungsgeschäfts und favorisieren eine Anknüpfung der Verfügung nach dem Urheberrechtsstatut (Schutzland-

---

455 Fromm/Nordemann/*Nordemann-Schiffel* Vor §§ 120 ff. UrhG Rn. 90; Ulmer-Eilfort/Obergfell/*Obergfell* 1. Teil Kap. M Rn. 15. S. für weitere Beispiele Reithmann/Martiny/*Hiestand* Rn. 6.1100 ff. (Lizenzverträge über gewerbliche Schutzrechte); Reithmann/Martiny/*Obergfell* Rn. 6.1182 ff. (Filmverträge), Rn. 6.1210 ff. (Softwareverträge), Rn. 6.1216 ff. (Datenbankverträge), Rn. 6.1219 (Internetverträge).
456 S. dazu oben Rn. 2.
457 BGH GRUR 2002, 972, 973 – FROMMIA (MarkenR); MüKo/*Martiny* Art. 4 Rom I-VO Rn. 244; Reithmann/Martiny/*Obergfell* Rn. 6.1069.
458 S. insgesamt den Überblick über den Streitstand bei Reithmann/Martiny/*Obergfell* Rn. 6.1069 – 6.1074.
459 Dreier/Schulze/*Dreier* Vor § 120 UrhG Rn. 50; Fromm/Nordemann/*Nordemann-Schiffel* Vor §§ 120 ff. UrhG Rn. 83; MüKo/*Drexl* IntImmGR Rn. 184; Schricker/Loewenheim/*Katzenberger* Vor §§ 120 ff. UrhG Rn. 149.
460 S. z.B. Fromm/Nordemann/*Nordemann-Schiffel* Vor §§ 120 ff. UrhG Rn. 83.

prinzip).[461] Eine weitere Möglichkeit ergibt sich nach der **universalen Spaltungstheorie**, die dem Prinzip der Universalität folgend das Verfügungsstatut nach dem Recht des Ursprungslandes anzuknüpfen sucht und das schuldrechtliche Geschäft dem Vertragsstatut unterwirft.[462]

3. Grenzen des Vertragsstatuts

150 Als wichtige Grenzen des Vertragsstatuts sind insbesondere **Eingriffsnormen** i. S. v. Art. 9 Rom I-VO zu beachten. Das deutsche Urheberrecht enthält gemäß § 32b UrhG explizite Eingriffsnormen in den §§ 32, 32a UrhG.[463] Eingriffsnormen wirken in der Weise, dass sie sich auch gegenüber einem ansonsten geltenden Vertragsstatut durchsetzen. Wenn also beispielsweise auf einen deutsch-französischen Urheberrechtsstreit gemäß Art. 4 Abs. 2 Rom I-VO französisches Urhebervertragsrecht anzuwenden ist, kann dennoch unter den Voraussetzungen des § 32b UrhG der deutsche Vergütungsanspruch gemäß §§ 32, 32a UrhG „eingreifen" und anzuwenden sein, obwohl es ansonsten bei der Anwendung französischen Urhebervertragsrechts bleibt. Wie der BGH zutreffend entschieden hat, stellt die Auslegungsregel des § 31 Abs. 5 UrhG allerdings keine Eingriffsnorm dar. [464] Denn die im nationalen Recht zwingenden urheberrechtlichen Normen sind wegen des eng begrenzten Anwendungsbereichs des Art. 9 Rom I-VO nicht zugleich (international zwingende) Eingriffsnormen.[465] Eine weitere Grenze ergibt sich praktisch durch die Regelungen des Kartellrechts (s. dazu das 6. Kapitel) und des Insolvenzrechts (s. dazu das 5. Kapitel). Für das **Internationale Kartellrecht** ordnet **Art. 6 Abs. 3 Rom II-VO** das **Auswirkungsprinzip** an.

---

461 MüKo/*Martiny* Art. 4 Rom I-VO Rn. 246; Reithmann/Martiny/*Obergfell* Rn. 6.1073 f.
462 So insb. *Schack* Rn. 1039 ff.
463 Dazu eingehend Reithmann/Martiny/*Obergfell* Rn. 6.1225 – 6.1228.
464 BGH GRUR 2015, 264 Rn. 45 – Hi-Hotel II (UrhR).
465 Unzutreffend daher Dreier/Schulze/*Dreier* Vor § 120 UrhG Rn. 55; Limper/Musiol/*Neumann* Kap. 1 Rn. 310; wie hier Reithmann/Martiny/*Obergfell* Rn. 6.1226 – 6.1228; *Schack* Rn. 1291; Wandtke/Bullinger/*v. Welser* § 32b UrhG Rn. 2.

Obergfell

4. Kapitel: Besondere Lizenzvertragstypen

In diesem Kapitel werden die Besonderheiten einzelner Lizenzvertragstypen 1
dargestellt. Dabei wird vor allem anhand der konkreten Formulierungen in den
Musterverträgen aus dem 8. Kapitel (Patent- und Know-how-Lizenzvertrag, Markenlizenzvertrag) auf einzelne typische Klauseln näher eingegangen, die bereits
allgemein behandelt wurden, insbesondere im 3. Kapitel. Ebenfalls dargestellt
werden Besonderheiten weiterer Vertragstypen, wie etwa über die Lizenzierung
von Verlagsrechten und bei Filmverträgen. Zuletzt wird tiefergehend auf die Besonderheiten bei Verträgen zur Überlassung von Software eingegangen, einschließlich der Mängelrechte des Lizenznehmers.

A. Patent- und Know-how-Lizenzvertrag

I. Lizenzvertrag und Technologietransfer

Lizenzverträge über Patente und Patentanmeldungen (einschließlich Gebrauchs- 2
muster und -anmeldungen) bilden den geradezu klassischen Typus an Lizenzverträgen. Dazu kommen **gemischte Vereinbarungen**, wenn also neben den genannten Schutzrechten auch Know-how mitlizenziert wird, und reine Know-how-
Lizenzverträge.[1] Insgesamt können solche Verträge als **Technologietransfervereinbarungen** bezeichnet werden, denn das Hauptmotiv eines solchen Vertrags
besteht darin, einer anderen Partei (dem Lizenzsucher) den Zugang zu bestimmten
(gesetzlich oder faktisch geschützten[2]) technischen Kenntnissen zu ermöglichen.

Aus welchen Gründen ein Unternehmen überhaupt Lizenzverträge als Li- 3
zenzgeber abschließt, kann dabei nicht allgemein beantwortet werden, sondern hängt von der jeweiligen Strategie des Unternehmens ab, als Aufgabe des
Schutzrechtsmanagements (IP-Managements). Klarzustellen ist insoweit zunächst, dass besonders wertvolle Patente (sog. Basis- oder Kernpatente/core patents) kaum lizenziert werden dürften. Dies leuchtet ein, denn ein Unternehmen
wird eine Technologie, die aufgrund langjähriger kostenintensiver Forschungs-
und Entwicklungstätigkeit entwickelt wurde, kaum einem Wettbewerber als ty-
pischem Nachfrager zur Verfügung stellen, auch nicht zur Erzielung von Einnahmen. Die Lizenzierung von Kenntnissen, die für das Unternehmen selbst keine

---

1 Zur Problematik des Begriffs Lizenz in Bezug auf Know-how s. oben 2. Kapitel Rn. 23.
2 Zum bloßen faktischen Schutz von Know-how oben 2. Kapitel ab Rn. 17.

Hauck/Heim

https://doi.org/10.1515/9783110622829-009

besondere Bedeutung haben (brachliegende Technologien[3]), dürfte dagegen schon eher relevant sein; die wirtschaftliche Bedeutung solcher Lizenzen wird jedoch ebenfalls bezweifelt.[4]

4   Etwas anderes gilt freilich dann, wenn Lizenzen an Unternehmen erteilt werden, mit denen der Lizenzgeber nicht im Wettbewerb steht, etwa an Unternehmen einer nachgelagerten Marktstufe bei Herstellungs- und Vertriebslizenzen, oder wenn der Patentinhaber als reine Forschungseinrichtung bereits keine Verwertungsabsicht und -möglichkeit insbesondere im Sinne einer eigenen Produktion hat. Lizenzen können zudem an ausgegründete Gesellschaften (**Spin-offs**) erteilt werden, sofern diesen Unternehmen die betreffenden Schutzrechte nicht gleich vollständig übertragen werden. In der letztgenannten Konstellation könnten nach der Vollübertragung einfache Lizenzen an die Muttergesellschaft erteilt werden, so dass auch diese weiter die Technologien nutzen könnte (Rücklizenz).

5   Lizenzen haben ferner eine erhebliche Bedeutung als Baustein in Steueroptimierungsmodellen[5] auch wenn dies etwa der deutsche Gesetzgeber und die OECD zunehmend kritisch sehen.[6] Dabei werden Erträge aus der Lizenzierung von Schutzrechten in sog. **Lizenzboxen** (auch als Patent- oder IP-Boxen bezeichnet) erfasst. Grund dafür ist, dass Lizenzerträge in vielen Jurisdiktionen gesondert ausgewiesen und geringer besteuert werden als sonstige Einnahmen. Damit soll ein Anreiz zur Durchführung von F&E-Anstrengungen geschaffen werden.[7] Unternehmen können daher ein Interesse daran haben, zur Verminderung der Steuerlast sonstige Einnahmen zu Lizenzeinnahmen „umzuwandeln" und Gewinne auf diese Weise zu verlagern (Gewinnverschiebung), insbesondere auch grenzüberschreitend. Ein gangbarer Weg ist dabei die Erteilung von **Lizenzen innerhalb eines Konzerns.** So ist es in der Praxis und namentlich bei Großunternehmen nicht unüblich, dass sämtliche Schutzrechte in ein allein dafür gegründetes Tochterunternehmen eingebracht werden. Dieses erteilt dann den verschiedenen Konzerngesellschaften Lizenzen. Die (konzernangehörigen) Lizenznehmer zahlen die Lizenzgebühren an das betreffende Unternehmen und verringern so ihre Gewinne und damit ihre Steuerlast. Die Einnahmen der als Lizenzgeber fungierenden Konzerngesellschaft werden privilegiert besteuert,

---

3 So Immenga/Mestmäcker/*Fuchs* EU-Wettbewerbsrecht, Bd. 1, Abschn. IV. E. Rn. 5.

4 *Winzer* Lizenzvertrag, Teil 1 Rn. 35 ff.

5 Vgl. dazu etwa *Pinkernell* IStR 2013, 180.

6 *Creed* GRUR-Prax 2014, 364.

7 *Lehmann* DStR 2010, 1459. Siehe für konkrete Beispiele *Blöchle/Menninger* Mitt. 2015, 166; *Creed* GRUR-Prax 2014, 364 f.; *Vogel* IStR 2014, 542. S. zu steuerrechtlichen Fragen insgesamt das 7. Kapitel.

möglicherweise ist dieses Unternehmen ohnehin in einem Land mit entsprechend niedrigen Steuersätzen angesiedelt. Konzerninterne Lizenzen haben freilich über solche Überlegungen hinaus eine erhebliche Bedeutung (arm's length-Prinzip).

Für **Lizenzsucher** stellt sich die Situation insgesamt etwas anders dar. Ge- 6 rade kleine und mittlere Unternehmen haben häufig nicht die Möglichkeit, im Rahmen von Forschungs- und Entwicklungsarbeiten einschließlich der Patent- recherche durchweg rechtssicher festzustellen, ob nicht doch Schutzrechte Dritter verletzt werden.[8] Der Erwerb von (nicht ausschließlichen) Lizenzen für bestimmte „verletzungsaffine" Technologien kann hier die benötigte Rechtssicherheit und letztlich Handlungsfreiheit schaffen. Solche Lizenzen können daher auch als **Freedom-to-operate-Lizenzen** bezeichnet werden.

Ferner ist gerade bei kleinen und mittleren Unternehmen denkbar, dass sie 7 nicht über die notwendigen Ressourcen für umfassende eigene Forschungs- und Entwicklungsarbeiten verfügen oder diese zumindest nicht ökonomisch sinnvoll durchführen können. Dies gilt entsprechend für nur eingeschränkte eigene Ver- wertungsmöglichkeiten, jedenfalls auf bestimmten (geographischen) Märkten. Die Lizenzierung und somit Monetarisierung von Technologien kann insoweit eine Alternative darstellen. Ferner gibt es Schutzrechtsinhaber, die überhaupt nicht produzieren. Zu nennen sind hier Hochschulen, sonstige Forschungsein- richtungen sowie Unternehmen, deren (einziger) Geschäftszweck darin besteht, Schutzrechte – vor allem standardessentielle Patente und Patentanmeldungen[9] – zu erwerben und diese dann über die Lizenzierung zu verwerten. Letztere Un- ternehmen werden auch als **Patent Assertion Entities** (PAEs) oder **Non-Prac- ticing Entities** (NPEs) bezeichnet, auch die Bezeichnung als „Patent-Trolle" ist nicht unüblich, ohne auf die mit diesen Begriffen verbundenen Probleme und insgesamt auf diese Thematik hier näher eingehen zu können.[10] Kommt es zur Lizenzierung, weil dem (unberechtigten) Nutzer ansonsten ein Verletzungsver- fahren droht, wird mitunter auch von **stick licensing** gesprochen, in Unter- scheidung zum **carrot licensing**, womit der gänzlich freiwillige Erwerb einer Lizenz verstanden wird.

---

8 *Winzer* Lizenzvertrag, Teil 1 Rn. 37.
9 Dazu noch unten 6. Kapitel Rn. 136 ff.
10 Siehe zu diesem Phänomen etwa *Ann* IIC 2011, 877; *Schickedanz* GRUR Int. 2009, 901; *Ohly* GRUR Int. 2008, 787. S. dazu auch schon oben 1. Kapitel Rn. 8.

II. Besonderheiten bei Know-how

8 Bei Lizenzverträgen, die zum Zwecke des Technologietransfers abgeschlossen werden, muss nicht zwingend die Nutzung einer durch ein bestimmtes Immaterialgüterrecht geschützten Technologie – etwa einer patentgeschützten Erfindung – im Vordergrund stehen. Genauso wichtig kann für den Lizenzsucher der Zugang zum Know-how des Lizenzgebers in Bezug auf den Einsatz einer bestimmten Technologie sein, schon um ein Patent bestmöglich auswerten zu können. Neben reinen Patentlizenzverträgen kommt daher der (Mit-)Lizenzierung von Know-how in der Praxis eine nicht unerhebliche Bedeutung zu.[11]

9 Die besondere Herausforderung der Vertragsgestaltung bei Know-how-Lizenzen[12] besteht darin, das Know-how bestimmt genug zu beschreiben, die tatsächlichen Übertragungsmechanismen bezüglich der Kenntnisse zu regeln,[13] sowie den fortwährenden Schutz der betreffenden Informationen durch eine **dauerhafte Geheimhaltung**[14] sicherzustellen. Die gilt vor allem auch angesichts der Anforderungen in § 2 GeschGehG an ein „Geschäftsgeheimnis", worunter auch (technisches) Know-how zu verstehen ist.[15] In der Vertragsgestaltung nehmen die diesbezüglichen Klauseln daher einen wesentlichen Platz ein. Um eine **Offenbarung** der Informationen gegenüber unberechtigten Dritten zu verhindern, werden dem Lizenznehmer entsprechende **strafbewehrte Verpflichtungen** auferlegt. Die Besonderheit ist dabei, dass der Schutz der Informationen nicht nur während der Vertragslaufzeit sichergestellt werden muss – etwa angelehnt an die Schutzdauer eines lizenzierten Patents –, sondern auch zeitlich darüber hinaus und im Ergebnis solange, wie die Informationen nicht anderweitig bekannt werden und so ihren Wert verlieren (dazu auch unten Rn. 15). Ferner hat der Know-how-Inhaber ein Interesse daran, dass das zu lizenzierende Know-how auch im Stadium der Vertragsverhandlungen vertraulich behandelt wird. Insoweit ist der Abschluss einer eigenständigen Geheimhaltungsvereinbarung (**Nondisclosure agreement/NDA**) zu empfehlen.[16]

---

11 Reine Know-how-Lizenzverträge sollen in der Praxis dagegen seltener vorkommen, so Ann/Loschelder/Grosch/*Maaßen/Wuttke* Praxishandbuch Know-how-Schutz, Kap. 5 Rn. 51.

12 Umfassend zur Know-how-Lizenzierung Ann/Loschelder/Grosch/*Maaßen/Wuttke* Praxishandbuch Know-how-Schutz, Kap. 5 (S. 277 ff.).

13 *Winzer* Lizenzvertrag, Teil 1 Rn. 18.

14 Ann/Loschelder/Grosch/*Maaßen* Praxishandbuch Know-how-Schutz, Kap. 5 Rn. 2.

15 Dazu oben 2. Kapitel ab Rn. 17.

16 Siehe weitergehend zum Know-how-Schutz in der Praxis durch solche Vereinbarungen *v. Diringshofen* GRUR-Prax 2013, 397; *Schöwerling*, GRUR-Prax 2015, 52.

Hauck/Heim

III. Kreuzlizenzvereinbarungen

Patentlizenzverträge (oder entsprechend gemischte Verträge, s. oben) über nicht **10** ausschließliche Lizenzen[17] können auch wechselseitig zwischen (zwei oder mehreren) Unternehmen abgeschlossen werden. Die beteiligten Parteien sind dann sowohl Lizenzgeber als auch Lizenznehmer, man spricht daher von Kreuz- oder Crosslizenzen (auch „cross license", Patentlizenzaustausch[18]). Ein eigener Vertragstyp ist dies freilich nicht. Die Besonderheit gegenüber einer „regulären" Technologietransfervereinbarung besteht (allein) darin, dass die vereinbarte Gegenleistung nicht die Zahlung einer bestimmten Vergütung ist, sondern die Einräumung einer Lizenz. Besteht jedoch seitens einer Partei ein Übergewicht hinsichtlich der erbrachten Leistung (der lizenzierten Technologie), ist eine zusätzliche Zahlung von Lizenzgebühren oder eine Einmalzahlung nicht ausgeschlossen.[19]

Die praktische Bedeutung von Kreuzlizenzvereinbarungen ist erheblich,[20] **11** wobei die Motivation für eine solche gegenseitige Lizenzgewährung vielfältig sein kann. Zunehmend bedeutsam wird insoweit das Ziel der **Streitbeilegung** und zukünftigen **Streitvermeidung.** So werden solche Verträge häufig anlässlich einer (mutmaßlichen) Patentverletzung geschlossen, weil die Parteien einen langjährigen Streit vermeiden oder beenden wollen, bevor letztinstanzlich darüber entschieden wurde. Oder der Weg zu den Gerichten soll gänzlich vermieden werden. Solche Überlegungen können wiederum der Tatsache geschuldet sein, dass jedenfalls große Technologieunternehmen jeweils über große Schutzrechtsportfolios verfügen. Verletzt somit eine Partei ein Patent ist nicht ausgeschlossen, dass der Verletzte seinerseits im Rahmen seiner Tätigkeit zum Verletzer geworden ist und mit einer entsprechende Gegenreaktion zu rechnen hat. Ein solcher „Patentkrieg" geht im Ergebnis zumeist zulasten beider Parteien, ist also ökonomisch wenig sinnvoll.[21]

---

17 Ausschließliche Lizenzen dürften in der Praxis dagegen eher selten vorkommen, vgl. allgemein dazu *Winzer* Lizenzvertrag, Teil 1 Rn. 3.
18 Das EU-Kartellrecht erfasst diese Verträge als „wechselseitige Vereinbarungen", vgl. Art. 1 Abs. 1 lit. d TT-GVO. Dazu unten 6. Kapitel Abschnitt B (ab Rn. 31).
19 *Winzer* Lizenzvertrag, Teil 1 Rn. 42.
20 Umfassend *Wündisch/Bauer* GRUR Int. 2010, 641.
21 Vgl. zum Risiko einer *mutually assured destruction Hauck* WRP 2013, 1446, 1447 f.

IV. Vertragsgestaltung

12 Anhand des im 8. Kapitel unter A. vorgestellten Mustervertrags (als Synopse auf Deutsch und Englisch) soll nachfolgend noch auf einige Grundsätze der eigentlichen Vertragsgestaltung und insbesondere auf den typischen Aufbau am Beispiel eines Patent- und Know-how-Lizenzvertrags eingegangen werden. Einige der Regelungen werden zudem in den dortigen Fußnoten näher erläutert.

13 Im Anschluss an die Nennung der eigentlichen Vertragsparteien – gerade bei Großkonzernen ist dies eine nicht zu unterschätzende Festlegung – folgen die **Präambel** sowie die **Definition** der wesentlichen im Vertrag verwendeten Begriffe. Die Präambel ist wichtiger Bestandteil eines Vertrages, die zwar keine Verpflichtungen der Parteien regelt. In der Präambel finden sich jedoch regelmäßig wichtige Erläuterungen über den Hintergrund des Vertragsabschlusses, die Motivation und Absichten der Parteien. Diese Erläuterungen können bei der **Vertragsauslegung** herangezogen werden.[22] Zentrale und wiederkehrende Begriffe, die in dem Vertrag verwendet werden, sollten zudem definiert und sodann in dem Vertrag einheitlich verwendet werden. Dadurch wird sichergestellt, dass ein Begriff im Sinne der Definition ausgelegt und von den Vertragsparteien und Dritten (z. B. einem Gericht) verstanden wird. Als Mittel der Vertragstechnik haben sich Definitionen zudem bewährt, weil durch sie komplexe Regelungen im Vertrag verkürzt und lesbarer gemacht werden können.

14 Die Bedeutung der Festlegung des eigentlichen **Gegenstands der Lizenzierung** ist aus sich heraus einleuchtend. Dabei handelt es sich um den maßgeblichen Inhalt der Hauptleistungspflicht des Lizenzgebers. Um insoweit eine ausufernde Beschreibung innerhalb des Lizenzvertrags zu vermeiden, können weitergehende Erläuterungen zur lizenzierten Technologie sowie zum (mit-)lizenzierten Know-how in eine **Anlage** zum Vertrag verlagert werden. Gerade das lizenzierte Know-how kann dort konkret beschrieben werden, während innerhalb der Definition eine allgemeine Bezeichnung genügt. Die Konkretisierung ist insbesondere wichtig, um Inhalt und Umfang der Geheimhaltungspflicht – auch kartellrechtskonform[23] – bestimmen zu können. Üblicherweise legt der Lizenzgeber das zu lizenzierende Know-how dem Lizenznehmer erst nach Vertragsunterzeichnung und Zahlung einer ersten, signifikanten Rate offen, um sich zusätzlich abzusichern. Denn der eigentliche Wert des Know-hows liegt darin, dass es in seiner Gesamtheit nicht vorbekannt ist. Wichtig ist auch die konkrete Beschreibung des Umfangs der erteilten Lizenz – räumlich, ausschließlich oder

---

22 Vgl. z.B. OLG Karlsruhe GRUR-RR 2012, 405 (PatR); OLG München NJOZ 2008, 660 (PatR).

23 Ann/Loschelder/Grosch/*Maaßen*/*Wuttke* Praxishandbuch Know-how-Schutz, Kap. 5 Rn. 72.

nicht-ausschließlich, Anwendungsbereich, Berechtigung oder Nichtberechtigung zur Vergabe von Unterlizenzen, etc.

Es folgen Vereinbarungen zur Zulässigkeit von Weiterentwicklungen sowie zu 15 Art und Umfang der Vergütung als der vom Lizenznehmer geschuldeten Hauptleistung. Auf die Notwendigkeit einer Vereinbarung zum **Schutz vertraulicher Informationen** im Allgemeinen und des lizenzierten Know-hows im Besonderen wurde bereits eingegangen (oben Rn. 9).[24] Wichtig ist insoweit auch die Regelung zum Schicksal von Informationsträgern nach Beendigung des Vertrags, also etwa die Verpflichtung des Lizenznehmers zur **Rückgabe** genau benannter Unterlagen (Ordner, digitale Datenträger, etc.). in diesem Teil des Vertrages kann auch festgelegt werden, dass nur bestimmte Personen beim Lizenznehmer überhaupt Zugang zu den übermittelten Informationen erhalten dürfen und dass der Lizenznehmer seinerseits Sorge dafür zu tragen hat, dass seine Mitarbeiter die Vertraulichkeit nicht verletzen. Abgesichert wird eine solche Vereinbarung durch eine **Vertragsstrafe.** Insoweit sind die Vorgaben der §§ 339 ff. BGB, § 348 HGB zu beachten.

In den Vereinbarungen zu Gewährleistung und Haftung spiegelt sich vor al- 16 lem wieder, dass es sich bei Lizenzverträgen um **gewagte Geschäfte** handelt (dazu schon oben 3. Kap. Rn. 124), dass also der Lizenzgeber insbesondere für den wirtschaftlichen Erfolg des Einsatzes der lizenzierten Technologie nicht haftet. Einzustehen hat der Lizenzgeber aber freilich dafür, dass er tatsächlich Inhaber der betreffenden Rechte ist und diese auch im vereinbarten Umfang lizenzieren darf.[25]

Typisch ist die Verpflichtung des Lizenzgebers, die lizenzierten Schutzrechte 17 während der Laufzeit des Vertrages aufrecht zu erhalten. Dies ist ohne weiteres Teil seiner vertraglich geschuldeten Hauptleistungspflicht. Behält sich der Lizenzgeber jedoch vor, gegen Angriffe auf das Schutzrecht vorzugehen, oder das Schutzrecht sogar aufzugeben, ist jedenfalls eine Verpflichtung zur diesbezüglichen Information des Lizenznehmers in den Vertrag aufzunehmen zuzüglich der Möglichkeit des Lizenznehmers, die Rechte zu erwerben oder die Bemühungen zur **Aufrechterhaltung** übernehmen zu können. Eine gegenseitige Informationspflicht besteht zudem, wenn die lizenzierten Rechte durch Dritte angegriffen werden und wenn Dritte Rechtsverletzungen geltend machen.

Vergleichsweise ausführlich sind Vereinbarungen zur Vertragsbeendigung 18 und insbesondere zu **Sonderkündigungsrechten** zugunsten des Lizenzgebers. Dies ergibt sich aus der Tatsache, dass in der Regel eine feste Vertragslaufzeit

---

[24] Zu gängigen Geheimhaltungsvereinbarungen *Schöwerling* GRUR-Prax 2015, 52.
[25] Zu den Rechtsfolgen bei Unmöglichkeit der Rechteeinräumung s. 3. Kapitel Rn. 128.

Hauck/Heim

vereinbart wird, eine frühere Beendigung daher nur ausnahmsweise in Betracht kommen kann. Diese (grundsätzliche) Regelung schützt vor allem den Lizenznehmer, der für einen festgelegten längeren Zeitraum Planungssicherheit braucht für den Einsatz der lizenzierten Technologie. Denn er wird häufig über die Zahlung der Lizenzgebühren hinaus zusätzliche Investitionen tätigen, um mit der Technologie arbeiten zu können. Anerkannte Sonderkündigungsrechte sind etwa die Verletzung von Vertraulichkeitsvereinbarungen, die Nichtzahlung der Lizenzgebühren über einen gewissen Zeitraum und das Nichterreichen bestimmter Herstellungsmengen. Letzteres ist vor allem dann für den Lizenzgeber von Bedeutung, wenn die Höhe der Lizenzgebühren von den produzierten Stückzahlen abhängt. Ein wichtiger Grund kann zudem die Veräußerung von Unternehmensanteilen des Lizenznehmers an Dritte und insbesondere an Wettbewerber des Lizenzgebers sein, denn diesen soll selbstredend kein Zugriff auf die lizenzierten Technologien ermöglicht werden.

19 Vereinbart werden muss in diesem Zusammenhang zudem, welche Verpflichtungen dem Lizenznehmer nach wirksamer Vertragsbeendigung obliegen. Auch wenn er die (ehemals) lizenzierte Technologie in einem solchen Fall nicht mehr einsetzen darf, wird ihm aber jedenfalls ein zeitlich befristetes **Abverkaufsrecht** für bereits hergestellte Erzeugnisse einzuräumen sein – zumindest dann, wenn die Beendigung nicht ihren Grund in einer außerordentlichen Kündigung des Lizenzgebers wegen einer Vertragsverletzung durch den Lizenznehmer hat.

20 Unter „Verschiedenes" finden sich zuletzt diverse Bestimmungen, die allesamt zu den unverzichtbaren Standardvereinbarungen eines solchen Vertrags zählen. So sind **Schiedsklauseln** nicht nur gemäß § 1030 ZPO zulässig, sondern schon deshalb empfehlenswert, weil sich ein solches Verfahren außerhalb eines staatlichen Verfahrens und somit fernab der (Gerichts-)Öffentlichkeit abspielt.[26] Bei der Entscheidung für oder gegen eine Schiedsklausel sollte jedoch immer auch bedacht werden, dass Schiedsverfahren deutlich langwieriger und kostenintensiver sein können als Verfahren vor staatlichen Gerichten – zumindest in Deutschland – und dass auch immer die Frage der späteren Vollstreckbarkeit einer Entscheidung mitberücksichtigt werden sollte. Sinnvollerweise findet sich zusätzlich eine Vereinbarung über die **Verfahrenssprache** bei Durchführung eines solchen Verfahrens.

21 Eine **Rechtswahlklausel** ist jedenfalls bei Vereinbarungen mit Auslandsbezug zwingend zu treffen; eine solche Vereinbarung ist nach Art. 3 Rom-I-VO auch

---

[26] Dazu und zu weiteren Voraussetzungen Ann/Loschelder/Grosch/*Obergfell* Praxishandbuch Know-how-Schutz, Kap. 12 Rn. 61 ff.

Hauck/Heim

zulässig.[27] Dabei ist zu beachten, dass allein das auf den Lizenzvertrag anzuwendende **materielle Recht** festgelegt werden kann, nicht hingegen das **Verfahrensrecht**.[28] Denn dieses unterliegt zwingend dem **Recht des Verfahrensorts**, wobei dieser im Vertrag selbstredend ebenfalls festgelegt werden kann (**Gerichtsstandsklausel**). Liegt der Ort eines schiedsrichterlichen Verfahrens in Deutschland, handelt es sich um ein deutsches Schiedsverfahren und die §§ 1025 ff. ZPO stellen zwingend anzuwendendes Recht dar. Nach § 1042 Abs. 3 ZPO können die Parteien jedoch in gewissen Grenzen das Verfahren durch Bezugnahme auf die Verfahrensordnung einer institutionellen Schiedsgerichtsorganisation regeln. Das maßgebliche Verfahrensrecht für ausländische Schiedsverfahren, d. h. solchen, bei denen der Schiedsort im Ausland liegt, bestimmt sich nach ausländischem Recht.

Zu den Standardvereinbarungen zählen abschließend eine **salvatorische** 22 **Klausel** sowie die Feststellung, dass der betreffende Vertrag nebst Anlagen eine abschließende Regelung darstellt. Dazu gehört auch ein **Schriftformgebot** in Bezug auf Änderungen und Ergänzungen. Weil dieses Gebot ausschließlich schriftlich geändert werden kann, wird für die zahlreichen Vereinbarungen im Vertrag, durch die für bestimmte Handlungen die Schriftform zwingend festgelegt wird, die Wirkung einer **doppelten Schriftformklausel** erzielt. Denn anderenfalls könnten die Einzelvereinbarungen über die Schriftform durch eine mündliche Abrede übergangen werden, was so vermieden wird. Die **salvatorische Klausel** mit einer Erhaltungs- und Ersetzungsregelung schließt die Rechtsfolge des § 139 BGB aus, wonach im Zweifel bei Teilnichtigkeit einer Regelung Gesamtnichtigkeit anzunehmen ist.[29] Es kommt vielmehr zu einer **Beweislastumkehr.**[30]

---

27 Ann/Loschelder/Grosch/*Obergfell* Praxishandbuch Know-how-Schutz, Kap. 12 Rn. 25 f.
28 Vgl. auch Art. 3 Abs. 3, 4 Rom-I-VO. Umfassend dazu, v. a. auch zu den Besonderheiten bei Verletzung von Know-how, Ann/Loschelder/Grosch/*Obergfell* Praxishandbuch Know-how-Schutz, Kap. 12 Rn. 24 ff. Zum internationalen Lizenzvertragsrecht oben 3. Kapitel ab Rn. 141.
29 Vgl. hierzu allgemein BGH NJW 2005, 2225, 2226.
30 Vgl. BGH GRUR 2004, 353 – Tennishallenpacht. Zur Anwendung des § 139 BGB bei Lizenzverträgen siehe auch BGH GRUR Int. 1989, 689 – Süllhöfer/Bayer (PatR).

B. Markenlizenzvertrag

I. Die Marke als Lizenzgegenstand

23 Die Lizenzierung einer Marke[31] unterscheidet sich schon deshalb von einer Patent- und Know-how-Lizenzierung, weil es sich dabei nicht um einen Technologietransfer nach oben beschriebenem Verständnis handelt (vgl. Rn. 2). Infolgedessen ist etwa auch die Gruppenfreistellungsverordnung 316/2014 (TT-GVO) auf solche Verträge nicht anwendbar, sondern die **Gruppenfreistellungsverordnung 330/2010** über vertikale Vereinbarungen, um gegen das Kartellverbot (Art. 101 AEUV/§ 1 GWB) verstoßende Vereinbarungen gegebenenfalls freistellen zu können.[32] Andererseits ist auch ein geschütztes Kennzeichen ein Ausschließlichkeitsrecht, seine Benutzung ist also allein dem Rechteinhaber vorbehalten (vgl. etwa § 14 Abs. 1 MarkenG). Eine (berechtigte) Nutzung durch Dritte kann daher ebenfalls nur infolge einer Lizenzierung in Frage kommen.

24 Dass eine solche Rechteeinräumung selbstverständlich möglich ist, ergibt sich bereits aus der Vertragsfreiheit der Parteien. Ferner wird dies durch § 30 Abs. 1 MarkenG klargestellt und Einzelheiten zu den möglichen Lizenztypen – ausschließlich oder nicht ausschließlich[33] – und zu deren inhaltlicher Ausgestaltung werden geregelt.

II. Vertragsgestaltung

25 Wie an dem im 8. Kapitel abgedruckten Mustervertrag gut erkennbar ist, unterscheidet sich der Aufbau des Markenlizenzvertrags nicht wesentlich vom Patent- und Know-how-Lizenzvertrag. So beginnt der Vertrag ebenfalls mit der Präambel, in der bereits der vertragliche Rahmen verkürzt wiedergegeben werden kann, z.B. durch den Hinweis auf den **gegenständlichen und räumlichen Umfang der eingeräumten Lizenz.** Einige Besonderheiten gibt es aber durchaus, die vor allem der besonderen Funktion einer Marke geschuldet sind. Vor allem auf diesbezügliche Klauseln soll im Folgenden näher eingegangen werden, jeweils konkret bezogen auf den Inhalt des Muster-Markenlizenzvertrags.

---

31 Zu lizenzierbaren Kennzeichen ausführlich oben 2. Kapitel ab Rn. 69. Vgl. dort auch die Ausführungen zu geschäftlichen Bezeichnungen und geographischen Herkunftsangaben.
32 Siehe ausführlich zu dieser Verordnung und zur kartellrechtlichen Bewertung von Lizenzverträgen unten 6. Kapitel, insb. Abschnitt B.
33 Zu den Lizenztypen oben 1. Kapitel Rn. 9–14.

Unter Ziff. 2 werden die betroffenen Marken (Vertragsmarken) genannt. Da es **26** sich um Registermarken handelt, ist eine konkrete Benennung anhand der jeweiligen Registernummern unproblematisch möglich. Ziff. 3 betrifft die eigentliche **Einräumung der Lizenz**, die bei diesem Beispiel eine ausschließliche ist. Wegen der Funktionen einer Marke insbesondere in Bezug auf die Qualität der gekennzeichneten Produkte,[34] kann der Inhaber ein besonderes Interesse daran haben, die **Erteilung von Unterlizenzen** wenn nicht auszuschließen, so doch jedenfalls unter einen **Zustimmungsvorbehalt** zu stellen. Wichtig ist in diesem Zusammenhang vor allem die Vorgabe an den Lizenznehmer, den Unterlizenznehmern wiederum dieselben Verpflichtungen aufzuerlegen, denen er selbst vertraglich unterliegt, um eine Beeinträchtigung der Marke durch den oder die Unterlizenznehmer zu verhindern (vgl. Ziff. 3.3 des Mustervertrags im 8. Kapitel).

Bei der Lizenzierung von Marken spielen auch **Lizenzvermerke** und **Aus-** **27** **übungspflichten** eine wesentliche Rolle. Dass solche Klauseln insbesondere kartellrechtlich unbedenklich sind, ist seit der „Windsurfing International"-Entscheidung des EuGH im Jahr 1987[35] nicht mehr in Frage zu stellen. Dies gilt ebenso für **Mindestqualitätsanforderungen.**[36] Um sicherzustellen, dass die unter der Marke vertriebenen Produkte den Qualitätsvorstellungen des Lizenzgebers entsprechen, wird der Lizenznehmer zudem zur Vorlage von Produktmustern verpflichtet. Ihm wird ferner ausdrücklich verboten, Produkte unter der lizenzierten Marke in Verkehr zu bringen, die den Qualitätsanforderungen nicht entsprechen. Auch an diesen vertraglichen Vorgaben zeigt sich das besondere Interesse des Markeninhabers und Lizenzgebers, eine Beeinträchtigung der Marke durch minderwertige Produkte zu verhindern.

Dass die Marke vom Lizenznehmer tatsächlich ausgeübt werden muss, lässt **28** sich bereits mit den §§ 25 f. und insbesondere mit § 26 Abs. 2 MarkenG begründen (**Notwendigkeit der rechtserhaltenden Benutzung**). Darüber hinaus kann gerade die besondere Motivation des Markeninhabers darin bestehen, die Marke bekannter zu machen und damit „auf dem Markt" stärker präsent zu sein. Ein solches Vorhaben kann aber nur dann erfolgreich sein, wenn die Marke auch „sichtbar" ist. In der Literatur wird vertreten, dass die Ausübungspflicht nicht automatisch auch Werbemaßnahmen betrifft.[37] Um eine diesbezügliche Unsicherheit auszuschließen, wurde unter Ziff. 4.3 des Mustervertrags die Ausübungspflicht explizit auch auf solche Maßnahmen sowie auf die Teilnahme an Fachmessen ausgeweitet.

---

34 Zu den Funktionen einer Marke oben 2. Kapitel Rn. 69.
35 EuGH v. 25.2.1986, Slg. 1986, 611.
36 Vgl. Immenga/Mestmäcker/*Fuchs* EU-Wettbewerbsrecht, Bd. 1, Abschn. IV. E. Rn. 84.
37 Etwa *Ingerl/Rohnke* MarkenG, § 30 Rn. 70.

29   Die ebenfalls unter Ziff. 4.4 vereinbarten **Mindestmengen** in Bezug auf die Vertragsprodukte stehen nicht allein im Zusammenhang mit der genannten Ausübungspflicht, sondern zugleich auch mit der Vereinbarung der **absatzbezogenen Vergütung** (s. unter Ziff. 6.3. des Mustervertrags). Denn damit hat die Anzahl der unter der Marke verkauften Produkte für den Lizenzgeber einen unmittelbaren Einfluss auf die Höhe der Lizenzeinnahmen. Wie bedeutend diese Tatsache für den Lizenzgeber ist, zeigt sich auch daran, dass bei Nichteinhaltung bestimmter Verkaufsmengen ein **Sonderkündigungsrecht** zu seinen Gunsten besteht. Alternativ – quasi als milderes Mittel – ist vorgesehen, dass es anstelle einer Kündigung zur Umwandlung der ausschließlichen Lizenz zur einfachen Lizenz kommt. Dadurch erhält der Lizenzgeber die Möglichkeit, weitere Lizenzen in diesem Vertragsgebiet zu erteilen, um auf diese Weise die wirtschaftliche Verwertung seiner Marke(n) verbessern zu können.

30   Die unter Ziff. 5 festgelegten **Umwelt- und Qualitätsstandards** sind ebenfalls im Zusammenhang mit dem Interesse des Inhabers am Schutz des Markenimages zu sehen. Denn auch insoweit können unter der Marke vertriebene minderwertige Produkte den Wert der lizenzierten Marke schmälern. Diesbezügliche detaillierte Vorgaben werden aus Gründen der Übersichtlichkeit sinnvollerweise in einer Anlage und nicht im (Haupt-)Vertrag geregelt. Der Stellenwert, der insbesondere **Mindestqualitätsanforderungen** im Rahmen eines Markenlizenzvertrages zukommt, wird nicht zuletzt durch § 30 Abs. 2 Nr. 5 MarkenG verdeutlicht. Denn ein Verstoß des Lizenznehmers gegen eine solche vertragliche Vereinbarung ist nicht allein eine schuldvertragliche Pflichtverletzung, sondern zugleich eine Verletzung des Schutzrechts selbst, mit erheblich weitergehenden Ansprüchen des Markeninhabers.[38]

31   Die Vereinbarungen zu Art und vor allem Umfang der Lizenzgebühren wurden bereits erwähnt. Da neben einer jährlichen Mindestvergütung eine absatzbezogene Vergütung vereinbart wird, kommt auch den **Zahlungs- und Abrechnungsbedingungen** (Ziff. 7 des Mustervertrags) eine nicht unerhebliche Bedeutung zu. Um sicherzustellen, dass der Lizenznehmer über die verkauften Vertragsprodukte korrekt abrechnet, wird zudem das Recht des Lizenzgebers in den Vertrag aufgenommen, die Abrechnungen durch einen unabhängigen und zur Verschwiegenheit verpflichteten Wirtschaftsprüfer kontrollieren zu lassen. Verpflichtungen zur Rechnungslegung finden sich auch bei anderen Klauseln, so etwa bei Ziff. 4.3 hinsichtlich der Nachweise über Aufwendungen für Werbemaßnahmen.

---

38 Vgl. dazu *Fezer* § 30 Rn. 28 ff. Vergleichbare gesetzliche Vorschriften finden sich in § 15 Abs. 2 S. 2 PatG und in § 22 Abs. 2 S. 2 GebrMG. Vgl. dazu etwa *Kraßer/Ann* § 40 VI Rn. 42 ff.

Hauck/Heim

Die unter Ziff. 9 zulasten des Lizenzgebers vereinbarte **Verpflichtung zur** 32
Aufrechterhaltung der lizenzierten Marken findet sich entsprechend auch bei
anderen Schutzrechten, ebenso die nachfolgenden Regelungen zum Verhalten
bei einem Angriff auf die Marken durch Dritte. Auch die weiteren Klauseln sind
denen beim Patent- und Know-how-Lizenzvertrag vergleichbar, etwa zu Haf-
tungsfragen. Je nach Verhandlungsposition können diese Regelungen jedoch eher
lizenzgeber- oder lizenznehmerfreundlich gestaltet werden. Dies gilt ebenso für
die – gleichwohl unverzichtbaren – Standardvereinbarungen zum anwendbaren
Recht und zum Gerichtsstand (vgl. Ziff. 16). In Ziff. 14 des Mustervertrags findet
sich eine ausführliche Regelung zur **Vertragslaufzeit** mit dem Ausschluss des
Rechts zur ordentlichen Kündigung des Vertrags. Das **Recht zur außerordent-**
lichen Kündigung wird auf „wesentliche Vertragsverletzungen" beschränkt,
beispielhafte Fälle dafür werden aufgeführt. So findet sich unter Ziff. 14.3 auch der
Fall, dass der Lizenznehmer in „erhebliche finanzielle Schwierigkeiten" gerät. Im
Ergebnis soll dies den Lizenzgeber vor den Folgen einer Insolvenz des Lizenznehmers schützen. Da insolvenzabhängige Lösungsklauseln aber unwirksam
sind,[39] muss eine solche Klausel entsprechend „neutraler" formuliert werden.

C. Softwarelizenzvertrag (Softwareüberlassung)

Ein Softwarelizenzvertrag unterscheidet sich maßgeblich von den bisher hier 33
dargestellten Lizenzvertragstypen. Bei den möglichen Lizenzgegenständen kann
zunächst zwischen **Standard-** und **Individualsoftware** unterschieden werden.
Bei ersterer handelt es sich um Software, die für die Bedürfnisse einer Mehrzahl
von Kunden am Markt entwickelt wurde.[40] Letztere hingegen wird nicht für den
Massenvertrieb, sondern speziell vom Auftragnehmer für den Auftraggeber erstellt. Bei der Überlassung von Standardsoftware kann man sich zur Abgrenzung
daran orientieren, ob die Überlassung auf Dauer und gegen Zahlung eines einmaligen Entgelts erfolgt – dann unterliegt sie den Regeln des Kaufvertrags.[41] Erfolgt die Überlassung zeitlich befristet, gilt das Recht des Mietvertrags.[42] Letzteres gilt insbesondere dann, wenn die Software unmittelbar beim Rechteinhaber
(Anbieter) im Rahmen des Geschäftsmodells eines **Application Software Pro-**

39 Vgl. dazu 5. Kapitel Rn. 74.
40 Kilian/Heussen/*Czychowski/Siesmayer* Computerrechts-Handbuch (Stand 2018), 1. Abschnitt Kap. 20.4 Rn. 123.
41 Vgl. dazu BGH NJW 1988, 406 – Compiler.
42 Auer-Reinsdorff/Conrad/*Roth-Neuschild*, Handbuch IT- und Datenschutzrecht, § 13 Rn. 8.

vider (ASP)-**Vertrags** „erworben" wird (es handelt sich um eine „Fernnutzung"[43]). Bei einem solchen Cloud-Geschäftsmodell wird die Software nicht beim Anwender installiert, sondern ausschließlich auf dem Server des Anbieters betrieben. Dem Kunden werden während der Laufzeit des Vertrages „bloße" Zugriffsmöglichkeiten darauf über das Internet eingeräumt. Auch die laufende Wartung der Software erfolgt beim Anbieter. Insoweit wird auch von **Software as a Service** (SaaS) gesprochen, einer Weiterentwicklung des ASP-Vertragsmodells.[44]

34   Letztlich handelt es sich bei einem solchen Modell auch um keine Software*überlassung* mehr, sondern um die **Zugangsgewährung** zu einem Speichervolumen in der Cloud, wo das entsprechende standardisierte Computerprogramm abläuft (eine Software*bereitstellung*), und zudem zu einer bestimmten Speicherkapazität, die dem Lizenznehmer („Mieter") für ein Entgelt auf Zeit zur Verfügung gestellt wird. Eine weitere Leistung des Anbieters kann vor allem auch in der Datensicherung bestehen, wobei solche „Leistungsbündel" beliebig ausgestaltet sein können. Davon hängt dann der Inhalt des dem Lizenznehmer eingeräumten Nutzungsrechts ab. Häufig finden sich derartige Vertriebsformen auch als „Abomodell", wodurch eben auch sichergestellt wird, dass keine dauerhaft wirkenden, einen Verkauf begleitende Verfügungen über „Programmkopien" vorgenommen werden sollen, ebenso wie keine dauerhafte Einräumung von Nutzungsrechten. Dies wirkt sich dann auch auf die Frage der Erschöpfung aus (unten ab Rn. 38).

35   Höchst umstritten ist angesichts der Diskussion um die Sacheigenschaft von Software, ob sich die **Erstellung von Individualsoftware** nach Kauf- oder Werkvertragsrecht richtet. Hintergrund ist § 651 BGB, der für die Lieferung herzustellender oder zu erzeugender beweglicher Sachen die Vorschriften über den Kauf für anwendbar erklärt. Gelangt man über § 651 BGB zur Anwendung des Kaufrechts, tritt anstelle der Abnahme die Übergabe der Sache, so dass es sich empfehlen kann, eine Abnahme individualvertraglich zu vereinbaren. Für die Anwendung von Werkvertragsrecht spricht, wenn sich der Vertragszweck nicht auf die bloße Gebrauchsüberlassung beschränkt, sondern mit dem Erbringen einer planerischen Leistung vom Auftragnehmer ein darüber hinausgehender Erfolg geschuldet wird.[45] Für die Besonderheiten der Vertragsgestaltung im Zusammenhang mit Software sowie zu Open-Source-Lizenzen ist daher auf die (zahlreiche) einschlägige Literatur zu verweisen.[46]

---

43 So zutreffend Auer-Reinsdorff/Conrad/*Roth-Neuschild*, § 13 Rn. 37. S. zur Rechtsnatur des ASP-Vertrags auch. BGH NJW 2007, 2394.

44 Auer-Reinsdorff/Conrad/*Roth-Neuschild*, § 13 Rn. 38 f.

45 Allgemein Palandt/*Sprau* § 650 Rn. 4.

46 Siehe dazu Auer-Reinsdorff/Conrad (Hrsg.), Handbuch IT- und Datenschutzrecht, 3. Aufl., München 2019; *Marly* Praxishandbuch Softwarerecht, 7. Aufl., München 2018; *Schröder* Soft-

Auch bei Verträgen zur **Softwareüberlassung** kann das Element des Tech- 36
nologietransfers gegeben sein. So sind Softwareurheberrechte „Technologierechte" i.S.v. Art. 1 (1) lit. b. vi. der TT-GVO 316/2014, als einzige urheberrechtlich geschützte Leistung, und diesbezügliche Verträge sind „Technologietransfer-
Vereinbarungen" i.S. dieser Verordnung. Dies gilt jedoch nicht für die reine Vervielfältigung und den reinen Vertrieb geschützter Software, das heißt die Erstellung von Kopien für den Weiterverkauf. Diese fallen vielmehr (analog) unter die
Verordnung (EU) Nr. 330/2010 der Kommission („Vertikal-GVO") und die Leitlinien
für vertikale Beschränkungen.[47] TT-GVO und TT-Leitlinien gelten ebenfalls nicht
für die Lizenzierung von Software-Urheberrechten und den Vertrieb von Software über sogenannte **Schutzhüllenlizenzen** („shrink-wrap"-Lizenzen), bei denen davon ausgegangen wird, dass der Endkunde mit dem Öffnen der Verpackung
eine Reihe von Bedingungen, die in der Verpackung eines physischen Datenträ-
gers enthalten sind, automatisch akzeptiert, noch für die Lizenzierung von Software-Urheberrechten und den Vertrieb von Software durch Herunterladen aus
dem Internet.[48] Ob bei solchen Verträgen die Vertragsbedingungen aber tatsächlich wirksam einbezogen werden, ist fraglich, weil zumeist die Möglichkeit
zur Kenntnisnahme der Bedingungen vor Vertragsschluss gemäß § 305 Abs. 2 BGB
nicht gegeben sein dürfte.

Die oben angesprochene Frage der Rechtsnatur eines Vertrags zur Software- 37
überlassung kann auch nicht offenbleiben, denn aus der unterschiedlichen Einordnung unter einen bekannten und insb. gesetzlich geregelten Vertragstyp
können sich gänzlich verschiedene Rechtsfolgen ergeben. Allgemein lässt sich
diese Frage nicht beantworten, es kommt auf den Einzelfall an (dazu noch anschließend). Ein weiterer wesentlicher Unterschied solcher Verträge zu den anderen hier behandelten Vertragstypen ist ferner, dass auch Endverbraucher, und
somit Privatpersonen als **Verbraucher** i.S.v. § 13 BGB, mit ihnen unmittelbar in
Berührung kommen können, also selbst etwa Lizenznehmer sind. Dies führt
unter anderem dazu, dass die Vorschriften über die Wirksamkeit **Allgemeiner
Geschäftsbedingungen** (§§ 305 bis 310 BGB) unbeschränkt auf solche Verträge
anzuwenden sind, während bei Verträgen zwischen **Unternehmern** i.S.v. § 14
BGB eine Inhaltskontrolle gemäß § 310 Abs. 1 S. 1, 3 BGB nur eingeschränkt
möglich ist.

---

wareverträge, 4. Aufl., München 2015; *Redeker* (Hrsg.), Handbuch der IT-Verträge (Loseblattsammlung); *Schrey/Kugler* IT-Agreements in Germany, München 2011; *Gennen/Völkel* Recht der IT-
Verträge, Heidelberg 2009.
47 Tz. 62 TT-Leitlinien.
48 Tz. 62 TT-Leitlinien. Vgl. auch EuGH NJW 2015, 2174 (Einbeziehung von AGB durch „click
wrapping").

38   Nach wie vor in der Diskussion ist die Problematik von Softwarelizenzver-
trägen ausgehend von den Entscheidungen von EuGH und BGH zur Weiterveräußerung „gebrauchter" Software, wobei es im Ergebnis vielmehr um die
Weiterübertragung von Softwarelizenzen, also von urheberrechtlichen Nutzungsrechten geht.[49] Relevant ist insoweit die vertragstypologische Einordnung
eines Vertrags über die Überlassung von Software. Sieht man dies als (Rechts-)
Kauf[50] und den zugrundeliegenden Vertrag als Kaufvertrag i.S.v. § 433 BGB an –
dies gilt vor allem für **Standardanwendersoftware**[51] –, könnte man neben
der (analogen) Anwendbarkeit der §§ 433 ff. BGB etwa auch die Anwendung des
immaterialgüterrechtlichen **Erschöpfungsgrundsatzes**[52] bejahen, was – verkürzt
dargestellt[53] – dazu führen würde, dass „gebrauchte" Software weiterverkauft
werden darf und dass diesbezügliche Verbote in AGB unwirksam sind. Dies soll
selbst dann gelten, wenn die Software bei der Erstveräußerung nicht auf einem
Datenträger verkörpert war. Überwiegend wird somit schon dann von einem Kauf
ausgegangen, wenn die Software ohne zeitliche Beschränkung gegen die einmalige Zahlung eines Entgelts überlassen wird. Auf die Art der Überlassung – auf
separatem Datenträger oder online – kommt es im Ergebnis nicht an (dazu sogleich).[54]

39   Um dieses für den Veräußerer nicht wünschenswerte Ergebnis zu vermeiden, wurde in der Praxis, insbesondere im Anschluss an die Entscheidung
„UsedSoft/Oracle" des EuGH[55] sowie der Folgeentscheidung des BGH,[56] jedenfalls
im gewerblichen Bereich zunehmend dazu übergegangen, solche Verträge nur
noch **zeitlich begrenzt** abzuschließen. Eine solche **Softwareüberlassung „auf
Zeit"** kann im Ergebnis nicht als Kauf angesehen werden, sondern entspricht
vielmehr einer (pachtähnlichen) Lizenzierung. Keine Erschöpfung tritt zudem bei

---

49 Ausführlich dazu *Hauck*, ZGE 2017, 47, 57 ff.

50 Die Software selbst ist keine Sache i.S.v. § 90 BGB, unerheblich, ob sie auf einem Datenträger
verkörpert ist. Dazu *Redeker* NJOZ 2008, 2917, auch mit Nachweisen zur Gegenansicht.

51 Vgl. nur Kilian/Heussen/*Czychowski/Siesmayer* Computerrechts-Handbuch (Stand 2018),
1. Abschnitt Kap. 20.4 Rn. 121.

52 Für Software spezialgesetzlich normiert in § 69c Nr. 3 S. 2 UrhG in Umsetzung von Art. 4 Abs. 2
der Richtlinie 2009/24/EG („Softwarerichtlinie"). Zum Grundsatz der Erschöpfung allgemein oben
3. Kapitel ab Rn. 37.

53 Zu diesem Problemkreis siehe die folgende Randnummer mit den dort genannten Nachweisen.

54 Kritisch dazu *Hauck* NJW 2014, 3616. Vgl. dazu auch BGH GRUR 2015, 1108 – Green-IT.

55 EuGH GRUR 2012, 904. Vgl. dazu etwa *Krüger/Biehler/Apel* MMR 2013, 760; *Stieper* ZUM 2012,
668; *Haberstumpf* CR 2012, 561; *Heydn* MMR 2012, 591; *Schneider/Spindler* CR 2012, 489.

56 BGH GRUR 2014, 264 – UsedSoft II. Vgl. dazu etwa *Leistner* WRP 2014, 995; *Stieper* GRUR 2014,
264; *Marly* CR 2014, 145.

der oben beschriebenen Softwarebereitstellung in einer Cloud ein (Rn. 34). Aber auch dann, wenn bei der Softwareüberlassung von einer Lizenzierung auszugehen ist, erschöpfen sich darin die notwendigen vertraglichen Regelungen in diesem Bereich noch nicht. Denn derartige Verträge werden in der Regel von weiteren selbständigen Vereinbarungen begleitet, etwa über die Pflege der Software. Inhalt solcher **Software-Pflegeverträge** (auch als Wartungs- oder Betreuungsverträge bezeichnet) ist in der Regel die Erbringung von Anpassungsleistungen, vor allem das Installieren von „Upgrades" (Funktionsverbesserung) und/oder „Updates" (Anpassungen an rechtliche, betriebswirtschaftliche oder technische Änderungen),[57] aber auch Funktionsprüfungen und die Störungsbehebung, das Archivieren von Daten, Mitarbeiterschulungen etc.[58] Vertragstypologisch sind solche Vereinbarungen mit Dauerschuldcharakter entweder als Dienst- oder als Werkvertrag anzusehen, wobei die genaue Einordnung – vor allem für die Frage der Rechtsfolgen bei Leistungsstörungen – vom im Einzelfall vereinbarten Leistungsspektrum abhängt.[59]

Beim og Cloud-Modell (Softwarebereitstellung) können sich Ansprüche des **40** Mieters sowohl aus einem bestehenden Softwarepflegevertrag (Support- und Maintenance-Vertrag), als auch aus dem Gesetz ergeben, insbesondere aus den gesetzlichen Rechten des Mieters bei Mängeln der Software als Mietsache. Bei Mängeln besteht während der gesamten Mietdauer ein **Minderungsrecht** des Mieters gem. § 536 Abs. 1 BGB. Die Minderung der Miete (also des Entgelts für die Softwarebereitstellung) erfolgt kraft Gesetzes. Über die unverzügliche (§ 121 Abs. 1 BGB) **Mängelanzeige** hinaus (§ 536c Abs. 1 S. 1 BGB) ist daher eine Erklärung des Mieters nicht notwendig. In welchem Umfang das geschuldete Entgelt gemindert wird, hängt von der tatsächlichen Einschränkung des Gebrauchs ab. Das Minderungsrecht ist im Individualvertrag abdingbar, nicht jedoch formularvertraglich.[60] Kann der Vermieter wegen fehlender Mängelanzeige des Mieters den Mangel nicht beseitigen, ist nicht nur das Minderungsrecht, sondern sind auch Schadensersatz- und Kündigungsrechte ausgeschlossen (§ 536c Abs. 2 S. 2 BGB). Unabhängig vom Minderungsrecht besteht während der gesamten Mietdauer ein

---

57 Loewenheim/*Lehmann* Hdb. d. UrhR, § 76 Rn. 50. Gerade Updates können jedoch auch ohne besondere Vergütung als Teil der eigentlichen Hauptleistungspflicht des Lizenzgebers geschuldet sein (vgl. auch Rn. 40).

58 Kilian/Heussen/*Wieczorek* Computerrechts-Handbuch (Stand 2018), 1. Abschnitt Kap. 32.5 Rn. 189 ff.

59 *Redeker,* IT-Recht, 6. Aufl. 2017 Rn. 648 ff.; Kilian/Heussen/*Wieczorek* Computerrechts-Handbuch (Stand 2018), Abschnitt 1 Kap. 32.5 Rn. 5.

60 BGH NJW 2008, 2254; Auer-Reinsdorff/Conrad/*Roth-Neuschild*, § 13 Rn. 186; *Redeker,* IT-Recht, Rn. 606 f.

Anspruch auf unentgeltliche Mängelbeseitigung. Der Anspruchsinhalt hängt wiederum davon ab, was vertraglich als Leistungsgegenstand vereinbart wurde. So besteht seitens des Vermieters, wenn (nur) eine Gebrauchserhaltungspflicht vereinbart wurde, keine Modernisierungs- oder Aktualisierungspflicht (insb. zu updates). Die Software darf vielmehr technisch auf dem Stand zum Zeitpunkt des Vertragsschlusses gehalten werden.[61] Insoweit gäbe es dann keinen Anknüpfungspunkt für Mängelrechte. Dies gilt nicht, wenn Gegenstand des Vertrages die jeweils aktuellste Softwareversion ist[62] oder wenn die Pflege der Software Teil des vereinbarten Leistungsumfangs ist

41   Kommt der Lizenzgeber (Softwarevermieter) mit der Mängelbeseitigung in Verzug, kann der Mieter den Mangel selbst beseitigen und den Ersatz der erforderlichen Aufwendungen verlangen (§ 536a Abs. 2 BGB). Bei Cloudangeboten dürfte eine solche **Selbstvornahme** in aller Regel jedoch nicht möglich sein. Werden erhebliche Mängel trotz Fristsetzung mit entsprechender Androhung nicht beseitigt, steht dem Lizenznehmer (Softwaremieter) darüber hinaus ein **Kündigungsrecht** gem. § 543 Abs. 2 Nr. 1 BGB zu.

42   Auf **Schadensersatz** haftet der Vermieter nach § 536a Abs. 1 1. Fall BGB für anfängliche Mängel, und zwar verschuldensunabhängig. Damit handelt sich insoweit um eine Garantiehaftung. Dies ist bei der Softwarebereitstellung von erheblicher Relevanz, ist Software doch selten mangelfrei und die allermeisten Mängel werden auch schon bei Vertragsschluss vorhanden sein. Der eindeutige Wortlaut der gesetzlichen Bestimmungen lässt es nicht zu, die Haftung im Wege der Auslegung dann auszuschließen, wenn die Mängel auch bei Anwendung äußerster Sorgfalt für niemanden erkennbar waren. Auch eine Einschränkung der Haftung für bestimmte Schäden ist im Wege der Gesetzesauslegung kaum vorstellbar.[63] Die Schadensersatzhaftung ist demgemäß sehr weitgehend, wobei eine formularvertragliche Beschränkung auf eine Haftung für Verschulden möglich ist.[64]

43   Bei **Mängeln**, die erst **nach Vertragsschluss** auftreten, kommt es für den **Schadensersatzanspruch** darauf an, ob der Vermieter den „Umstand", infolgedessen der Mangel entstanden ist, zu **vertreten** hat (§ 536a Abs. 1 2. Fall BGB). Dies kann etwa dann der Fall sein, wenn die Software erst infolge eines Updates mangelhaft wird oder insgesamt wegen fehlerhafter Wartung. Zu vertreten hat der Vermieter Vorsatz und Fahrlässigkeit (§ 276 Abs. 2 BGB), wobei es – anders als bei

---

61 Redeker/*Gerlach*, Handbuch der IT-Verträge, Stand September 2019, Band I, Kap. 1.9 Rn. 78.
62 Auer-Reinsdorff/Conrad/*Roth-Neuschild*, § 13 Rn. 68.
63 *Redeker*, IT-Recht, Rn. 611.
64 Auer-Reinsdorff/Conrad/*Roth-Neuschild*, § 13 Rn. 171 f., 187.

§ 280 Abs. 1 BGB, der im Mietverhältnis bei Mängeln nicht anwendbar ist[65] – zu **keiner Beweislastumkehr** zugunsten des Mieters kommt (keine widerlegbare Vermutung des Vertretenmüssens). Zuletzt haftet der Lizenzgeber (Vermieter) auf Schadensersatz, wenn er mit der Mangelbeseitigung im Verzug ist (§ 536a Abs. 1 3. Fall iVm § 286 BGB). Dabei kann die Mängelanzeige selbst nur dann als **Mahnung** i. S. v. § 286 Abs. 1 BGB angesehen werden, wenn sie eine ernsthafte und bestimmte Aufforderung zur Mangelbeseitigung enthält.[66] Haftungsbeschränkungen in AGB in Bezug auf Schadensersatzansprüche sind an § 309 Nr. 7b BGB zu messen, auch im unternehmerischen Verkehr, der eine Beschränkung der Haftung bei grober Fahrlässigkeit verbietet.[67] Unwirksam ist ein Haftungsausschluss auch bei einfach fahrlässiger Verletzung, wenn eine für die Erreichung des Vertragszwecks wesentliche Leistungspflicht (sog. **Kardinalpflicht**) betroffen ist.[68] Der Vermieter haftet unabhängig von Mängeln für das Fehlen zugesicherter Eigenschaften (§ 536 Abs. 2 BGB). Eine Eigenschaft ist zugesichert, wenn der Vermieter durch eine ausdrückliche oder stillschweigende Erklärung, die Vertragsinhalt geworden ist, dem Mieter zu erkennen gibt, dass er für den Bestand der betreffenden Eigenschaft und alle Folgen ihres Fehlers einstehen will. Wie sich aus § 307 Abs. 2 Nr. 1 BGB ergibt, kann eine solche individuell vereinbarte Haftung durch AGB nicht ausgeschlossen werden.[69]

Wiederholungsfragen   44

1. Was versteht man unter einer „Lizenzbox"? Rn. 5
2. Was sind „Freedom-to-operate-Lizenzen? Rn. 6
3. Welcher Art von Vereinbarung kommt gerade bei der Lizenzierung von Know-how eine besondere Bedeutung zu? Rn. 9
4. Welche Motivation der Parteien steckt hinter sog. Kreuzlizenzen? Rn. 10 f.
5. Was versteht man unter einer Abverkaufsfrist? Rn. 19
6. Sind Mindestqualitätsanforderungen insb. in Markenlizenzverträgen (kartell-)rechtlich zulässig? Rn. 27, 30
7. Beschreiben Sie das Geschäftsmodell des Application Software Provider-Vertrags! Rn. 33.
8. Was versteht man unter Schutzhüllenlizenzen? Rn. 36
9. Beschreiben Sie den Unterschied zwischen „upgrades" und „updates" bei der Softwareüberlassung! Rn. 39
10. An welche Voraussetzungen ist das Minderungsrecht bei der Softwareüberlassung geknüpft? Rn. 40.

---

65 Dies gilt nicht, wenn es um die Verletzung von Nebenpflichten geht (vgl. § 241 Abs. 2 BGB).
66 MüKoBGB/*Häublein*, § 536a Rn. 11; Auer-Reinsdorff/Conrad/*Roth-Neuschild*, § 13 Rn. 177.
67 Auer-Reinsdorff/Conrad/*Roth-Neuschild*, § 13 Rn. 188 m.w.N.
68 *Redeker*, IT-Recht, Rn. 612; Auer-Reinsdorff/Conrad/*Roth-Neuschild*, § 13 Rn. 189f.
69 *Redeker*, IT-Recht, Rn. 613.

D. Verlagsvertrag

I. Gesetzliche Regelung des Verlagsvertrags

45 Der Verlagsvertrag ist der einzige Urheberrechtsvertrag,[70] der in einem eigenen Gesetz, dem **Verlagsgesetz von 1901**, detailliert geregelt ist. Dabei enthält das VerlG überwiegend **dispositive Regelungen**, die das Entstehen des Verlagsrechts, den Inhalt des Verlagsrechts und des Verlagsvertrags sowie die einzelnen Verpflichtungen der Vertragsparteien, Beginn und Ende der verlagsvertraglichen Beziehungen und Abgrenzungen des Verlagsvertrags betreffen.[71] Das Verlagsrecht bildet einen besonders geregelten Ausschnitt des allgemeinen Urheberrechts.[72] Allerdings bezieht sich das VerlG nur auf den **klassischen Verlagsvertrag** zwischen Verfasser und Verleger über ein Werk der Literatur oder der Tonkunst.[73] Bei den zahlreichen anderen Vertragstypen, die sich in der Praxis herausgebildet haben (Kunstverlagsvertrag, E-Book-Vertrag, etc.), ist jeweils zu prüfen, ob eine entsprechende Anwendung der verlagsrechtlichen Bestimmungen in Betracht kommt. Wegen der Besonderheiten, die sich bei der Vervielfältigung und Verbreitung von sog. periodischen Sammelwerken, also v. a. Zeitungen und Zeitschriften ergeben,[74] sehen die Vorschriften der §§ 41–46 VerlG[75] hierfür eigene verlagsrechtliche Regelungen vor.

II. Zweck und Gegenstand des Verlagsvertrags

1. Verwertung des Urheberwerks als Vertragszweck

46 Mithilfe des Verlagsvertrags wollen der Urheber (oder wie es im VerlG heißt: der Verfasser) und der Verleger die Verwertung eines Schrift- oder Musikwerks vertraglich sicherstellen und im Einzelnen regeln. **Vertragszweck ist die kommerzielle Verwertung des Werks durch den Verleger.** Für den Verfasser, der einen Verlagsvertrag abschließt, ist es wichtig, dass der Verleger sein Werk zur Veröf-

---

70 S. allgemein zum Urhebervertragsrecht oben 2. Kapitel Rn. 48–51.

71 S. auch den Überblick bei Ulmer-Eilfort/Obergfell/*Obergfell* 1. Teil Kap. A Rn. 10–16; Fromm/Nordemann/*Nordemann-Schiffel* Einl. VerlG Rn. 4–10.

72 Ulmer-Eilfort/Obergfell/*Obergfell* 1. Teil Kap. A Rn. 7. Zum Verhältnis der Vorschriften des VerlG zu den Vorschriften des UrhG s. o. 2. Kapitel Rn. 33–35, 52.

73 S. u. Rn. 47.

74 Die Presseverleger sind seit dem 1.8.2013 durch ein Leistungsschutzrecht gemäß §§ 87 f–e UrhG geschützt.

75 § 42 VerlG wurde aufgehoben und durch § 38 UrhG ersetzt.

Obergfell

fentlichung aufbereitet, hierfür wirbt und schließlich den Vertrieb des Werks auf eigenes unternehmerisches Risiko hin vornimmt. Der Verleger will hingegen mit dem Vertrieb des Werkes einen wirtschaftlichen Gewinn erzielen. Für ihn ist es entscheidend, dass er vom Verfasser die notwendigen Rechte eingeräumt bekommt, um das Werk ohne Verletzung des Urheberrechts verwerten zu können.

2. Vervielfältigung und Verbreitung des Werks als Gegenstand des klassischen Verlagsvertrags

Gegenstand des Verlagsvertrags ist dementsprechend gemäß **§ 1 S. 1 VerlG** die 47 Verpflichtung des Verfassers, dem Verleger ein **Werk der Literatur oder Tonkunst zur Vervielfältigung und Verbreitung** für dessen eigene Rechnung **zu überlassen.**[76] Nach § 1 S. 2 VerlG ist der Verleger verpflichtet, das ihm überlassene Werk zu vervielfältigen und verbreiten und diese Vervielfältigung und Verbreitung muss gemäß § 14 S. 1 VerlG „in der zweckentsprechenden und üblichen Weise" erfolgen.[77] Dieses Pflichtenverhältnis bildet das Wesen des Verlagsvertrags und nicht etwa die Einräumung einer dinglichen Rechtsposition durch den Verfasser.[78]

3. Werke der Literatur und Tonkunst

Der Gegenstand des Verlagsvertrags ist nach § 1 VerlG eingegrenzt auf **Werke** 48 **der Literatur und Tonkunst.** Es geht also um Schriftwerke und daneben um den Druck von Notenblättern (sog. **Papierrechte**), während der Vertrieb der Musik über sog. **Musikverlage** aus verlagsvertraglicher Sicht die Verwertung bloßer **Nebenrechte** darstellt, unabhängig davon, dass diese Nebenrechtsverwertung die wirtschaftlich relevantere ist.[79] Das bedeutet weiter, dass auf **Kunstverlagsverträge** über Bildbände mit Abbildungen von **Werken der bildenden Kunst oder der Fotografie** die Regelungen des VerlG nicht unmittelbar – und allenfalls entsprechend – anwendbar sind.[80]

Für den Abschluss eines Verlagsvertrags ist es nicht notwendig, dass das 49 in Verlag zu gebende Werk der Literatur und Tonkunst bereits existiert. Auch

---

[76] S. näher unten Rn. 51–53.
[77] Dazu näher unten Rn. 55–57.
[78] BGH ZUM 2011, 52 Rn. 17 – Concierto de Aranjuez (VerlR).
[79] Ulmer-Eilfort/Obergfell/*Ulmer-Eilfort* 1. Teil Kap. B Rn. 48 f.; *Schack* Rn. 1130.
[80] *Rehbinder/Peukert* Rn. 752; Ulmer-Eilfort/Obergfell/*Obergfell* 1. Teil Kap. A Rn. 11; Ulmer-Eilfort/Obergfell/*Ulmer-Eilfort* 1. Teil Kap. B Rn. 54; *Russ* § 1 VerlG Rn. 65; *Schack* Rn. 1130, 1199; Fromm/Nordemann/*Nordemann-Schiffel* § 1 VerlG Rn. 10.

Obergfell

künftige Werke können – wie § 11 Abs. 2 VerlG zeigt – Gegenstand eines Verlagsvertrags sein.[81] Und schließlich ist die urheberrechtliche Schutzfähigkeit keine Voraussetzung für den Abschluss eines Verlagsvertrags, sondern dieser kann gemäß §§ 39, 40 VerlG auch über **gemeinfreie Werke** geschlossen werden.[82]

4. Abgrenzung des Bestellvertrags

50 Eine wichtige Abgrenzung enthält **§ 47 VerlG** zum Bestellvertrag, der die Verpflichtung zur Herstellung eines Werkes **nach einem genau vom Besteller vorgeschriebenen Plan** bezüglich Werkinhalt und Art und Weise der Behandlung dieses Inhalts begründet. Nach der Auslegungsregel des § 47 VerlG unterliegt der Bestellvertrag im Zweifel nicht den Regelungen des VerlG, sondern den bürgerlich-rechtlichen Vorschriften des **Werkvertrags**.[83] Praktische Konsequenz ist, dass für den Verleger die Auswertungsverpflichtung des § 1 S. 2 VerlG nicht greift.

III. Vertragspflichten des Verfassers

1. Überlassung des Werks durch Manuskriptablieferung

51 Der Verfasser geht mit Abschluss des Verlagsvertrags die vertragliche Hauptpflicht ein, dem Verleger sein Werk zur Vervielfältigung und Verbreitung zu überlassen. Dies impliziert ein Bündel von Teilpflichten. Zunächst muss das Werk in den Zugriffsbereich des Verlegers gelangen. Dies zunächst ganz praktisch: Der Verleger muss das Werk in Manuskriptform erhalten, um es für die Veröffentlichung aufbereiten zu können. In der Regel werden Manuskripte dem Verleger heute in digitaler Form – via CD-ROM, USB-Stick oder gänzlich unkörperlich per E-Mail-Anhang – übermittelt. Diese Ablieferungspflicht bezieht sich auf ein **Manuskript in druckreifem Zustand** gemäß § 10 VerlG. Die Druckreife stellt eine äußere Werkbeschaffenheit dar.[84] Sie umfasst nicht nur formale Eigenschaften (wie heute die digitalisierte Form oder die Abfassung des Textes in neuer Rechtschreibung), sondern auch die Einhaltung des vereinbarten Umfangs des Werks (d. h., das Werk muss in der Regel vollständig sein).[85] Weist das abgelieferte Werk nicht die **ver-**

81 *Rehbinder/Peukert* Rn. 763; *Russ* § 1 VerlG Rn. 20; Fromm/Nordemann/*Nordemann-Schiffel* § 1 VerlG Rn. 19.
82 Ulmer-Eilfort/Obergfell/*Obergfell* 1. Teil Kap. A Rn. 20.
83 Ulmer-Eilfort/Obergfell/*Ulmer-Eilfort* § 47 VerlG Rn. 5 f.; *Russ* § 47 Rn. 2–4; *Schack* Rn. 1193.
84 Ulmer-Eilfort/Obergfell/*Obergfell* § 10 VerlG Rn. 3; Fromm/Nordemann/*Nordemann-Schiffel* § 10 VerlG Rn. 2.
85 S. im Einzelnen Ulmer-Eilfort/Obergfell/*Obergfell* § 10 VerlG Rn. 4–8; *Schack* Rn. 1149.

tragsgemäße Beschaffenheit auf, so kann der Verleger gemäß § 31 VerlG vom Verlagsvertrag zurücktreten.[86]

2. Einräumung des Verlagsrechts

Außerdem trifft den Verfasser die Pflicht, dem Verleger die Nutzungsrechte ein- 52 zuräumen. Gemäß **§ 8 VerlG** hat der Verfasser dem Verleger das **Verlagsrecht zu verschaffen.** Die Verfügung liegt damit in der Einräumung des **Verlagsrechts** als ausschließliches Nutzungsrecht zur Vervielfältigung und Verbreitung.[87] In der verlagsrechtlichen Praxis werden zumeist zusätzlich umfangreiche Nebenrechtekataloge vereinbart, wobei die **Nebenrechte** weder vom Verlagsrecht gemäß § 8 VerlG noch von der Auswertungspflicht des Verlegers gemäß § 14 VerlG umfasst sind.[88] Handelt es sich um Nutzungsrechte bezüglich unbekannter Nutzungsarten sind die Vorgaben des § 31 a UrhG zu beachten.

Anders als im allgemeinen Zivilrecht herrscht nicht das Abstraktionsprin- 53 zip, sondern gemäß § 9 S. 1 VerlG gilt für Verlagsverträge das **Kausalitätsprinzip.** Das bedeutet, dass verlagsrechtliches Verpflichtungs- und Verfügungsgeschäft miteinander verknüpft sind. In diesem Sinne bestimmt **§ 9 S. 1 VerlG**, dass das Verlagsrecht mit der Ablieferung des Werkes an den Verleger entsteht und dass es mit der Beendigung des Vertragsverhältnisses erlischt.

3. Enthaltungsgebot

Damit der Verleger ungestört verwerten kann, muss sich der Verfasser gemäß 54 **§ 2 Abs. 1 VerlG** während der Dauer des Vertragsverhältnisses selbst der konkurrierenden Verwertung, nämlich „**jeder Vervielfältigung und Verbreitung** [...] **enthalten**, die einem Dritten während der Dauer des Urheberrechts untersagt ist." Dies ist im Grunde überflüssig, weil der Verleger schon aus eigenem Recht (seinem Verlagsrecht gemäß § 8 VerlG) gegen den Verfasser vorgehen könnte, wenn dieser mit einer Parallelverwertung dem Verleger Konkurrenz macht. Mit der Norm ist aber freilich das Problem des unerwünschten Wettbewerbs zwischen den Vertragsparteien angesprochen, das eine Abwägung der beiderseitigen Parteiinteressen erfordert. Auf der einen Seite hat der Verleger ein legitimes Interesse daran, den Vertragsgegenstand ungestört zu verwerten, mehr noch: er ist dazu vertraglich (und gesetzlich) verpflichtet. Auf der anderen Seite darf der Verfasser nicht in

---

86 S. dazu näher unten Rn. 64.
87 S. zu Inhalt und Umfang des Verlagsrechts Ulmer-Eilfort/Obergfell/*Ulmer-Eilfort* § 8 VerlG Rn. 6–27; *Russ* § 8 VerlG Rn. 18–36.
88 S. zu den Nebenrechten Ulmer-Eilfort/Obergfell/*Ulmer-Eilfort* § 8 VerlG Rn. 31–45.

seiner Schaffensfreiheit behindert werden, sondern es muss ihm möglich sein, in thematisch ähnlichen Bereichen anderweitig zu publizieren.[89] Neben der Vorschrift des § 2 VerlG greifen in der Praxis Wettbewerbsverbote aus dreierlei Quelle: aus Vertrag, aus dem Urheberrecht und dem Lauterkeitsrecht.[90]

IV. Vertragspflichten des Verlegers

1. Verlegerische Auswertungspflicht

55 Die charakteristische Pflicht des Verlagsvertrags ist die verlegerische **Auswertungspflicht.** Gemäß § 14 S. 1 VerlG ist der Verleger „verpflichtet, das Werk in der zweckentsprechenden und üblichen Weise zu vervielfältigen und zu verbreiten." Im Lizenzvertragsrecht ist diese gesetzlich bestimmte und den Vertrag charakterisierende Auswertungspflicht ein Solitär. Bei allen sonstigen Lizenzverträgen steht regelmäßig in Frage, ob den Lizenznehmer eine Auswertungsverpflichtung trifft, soweit diese nicht explizit im Vertrag festgeschrieben ist. Unter bestimmten Umständen wird eine Auswertungspflicht durch Auslegung der Vertragsvorschriften ermittelt.[91] Im Verlagsrecht steht außer Frage, dass der Verleger die Vervielfältigung und Verbreitung des vertragsgegenständlichen Werks als **Hauptpflicht** zu erledigen hat. Kommt er dieser Hauptpflicht nicht nach, so kann der Verfasser gemäß § 32 VerlG i.V.m. § 30 VerlG vom Verlagsvertrag zurücktreten.[92] Mit dem Rücktritt vom Vertrag fällt das Verlagsrecht gemäß § 9 S. 1 VerlG an den Verfasser zurück und er ist nicht darauf angewiesen, seine Nutzungsrechte wegen Nichtausübung gemäß § 41 UrhG zurückzurufen.

56 Umstritten ist die Frage, ob auch das **elektronische Publizieren** unter das Verlagsgesetz fällt. Streng nach dem Wortlaut des § 1 S. 2 VerlG ist nur die Vervielfältigung und Verbreitung gesetzlicher Gegenstand des Verlagsvertrags, nicht aber die **öffentliche Zugänglichmachung i.S.v. § 19a UrhG,** die dem Verleger bei einer Online-Publikation im Internet erlaubt werden müsste. Meist wird im Schrifttum eine Anwendung des VerlG auf das elektronische Publizieren verneint[93] oder allenfalls eine analoge Anwendung befürwortet,[94] es sprechen aber

---

89 S. dazu insgesamt Ulmer-Eilfort/Obergfell/*Obergfell* § 2 VerlG Rn. 1–6.

90 S. Ulmer-Eilfort/Obergfell/*Obergfell* § 2 VerlG Rn. 7–38; *Russ* § 2 VerlG Rn. 53–67; zu vertraglichen Wettbewerbsverboten Fromm/Nordemann/*Nordemann-Schiffel* § 2 VerlG Rn. 31–36.

91 S.o. im 3. Kapitel Rn. 94.

92 S.u. Rn. 64.

93 *Rehbinder/Peukert* Rn. 752.

94 Fromm/Nordemann/*Nordemann-Schiffel* § 1 VerlG Rn. 12.

Obergfell

doch gute Gründe für eine erweiternde Auslegung von § 1 VerlG.[95] Die Rechtsprechung geht – hinsichtlich der Preisbindung – mit der Einstufung von CD-ROMs als Verlagserzeugnisse in diese Richtung.[96] Allerdings hat der EuGH in steuerrechtlicher Hinsicht zwischen Büchern, die auf Papier gedruckt – also auf einem „physischen Träger" verkörpert„ – sind, und elektronischen Büchern unterschieden und die Anwendung des ermäßigten Mehrwertsteuersatzes nach Nr. 6 des Anhangs III der Mehrwertsteuerrichtlinie für E-Books verneint.[97] Hieraus kann jedoch wegen der andersartigen Wertung kein Rückschluss auf die Auslegung des verlagsrechtlichen Vervielfältigungs- und Verbreitungsbegriffs gezogen werden.

Welche die von § 14 S. 1 VerlG geforderte **„zweckentsprechende und übli-** **57** **che Weise"** der Vervielfältigung und Verbreitung des Werks darstellt, bestimmt sich nach den **Parteivereinbarungen** und sollten diese nicht aufschlussreich sein, so ist zu ermitteln, wie dies in der Verlagsbranche bei ähnlichen Werken gehandhabt wird.[98] Der Verleger trägt das wirtschaftliche Risiko der Verbreitung. Ihm muss daher ein entsprechender Freiraum gewährt werden, um die spezifisch unternehmerischen Entscheidungen zu treffen. So liegt es z. B. in seiner Entscheidungsmacht, ob er eine neue Auflage veranstaltet.[99] Es ist dem **Verleger** in diesem Sinne auch ein **weiter Ermessensspielraum** hinsichtlich der zweckentsprechenden und üblichen Weise der Verlegerauswertung zuzubilligen.[100]

2. Honorarzahlung

Keine Hauptpflicht, aber doch eine regelmäßig vereinbarte Vertragspflicht des **58** Verlegers ist die Pflicht zur Honorarzahlung. Die **Vergütung des Verfassers** ist zum einen in **§ 22 VerlG** vorgesehen, zum anderen schreibt die Vorschrift des **§ 32 UrhG** einen vertraglichen Vergütungsanspruch zwingend vor.[101] Der Verleger schuldet die **angemessene Vergütung.** Diese kann sich auch aus **Tarifvertrag**

---

95 Ulmer-Eilfort/Obergfell/*Obergfell* 1. Teil Kap. F Rn. 222 u. 259; Ulmer-Eilfort/Obergfell/*Ulmer-Eilfort* § 1 VerlG Rn. 45; *Russ* § 1 VerlG Rn. 90.
96 BGH ZUM-RD 1997, 261, 264.
97 EuGH CR 2015, 452 f.
98 BGH GRUR 1988, 303, 305 – Sonnengesang; Ulmer-Eilfort/Obergfell/*Ulmer-Eilfort* § 14 VerlG Rn. 2 f.; Fromm/Nordemann/*Nordemann-Schiffel* § 14 VerlG Rn. 2.
99 BGH ZUM 2005, 61, 65 – Oceano Mare (VerlR).
100 Ulmer-Eilfort/Obergfell/*Ulmer-Eilfort* § 14 VerlG Rn. 4; Wegner/Wallenfels/Kaboth Kap. 2 Rn. 73.
101 S. o. 2. Kapitel Rn. 50. Die Vorschrift des § 32 UrhG ist auch im Verlagsrecht zu beachten, s. o. im 2. Kapitel Rn. 35.

oder aus einer **gemeinsamen Vergütungsregel gemäß § 36 UrhG** (wie z. B. den „Gemeinsamen Vergütungsregeln für Autoren belletristischer Werke in deutscher Sprache")[102] ergeben. Die Vorschriften der §§ 32, 32a UrhG begründen einen Anspruch auf Vertragskorrektur.[103]

3. Sonstige Pflichten

59   Den Verleger trifft eine Reihe sonstiger Pflichten, wie etwa gemäß § 20 VerlG die Pflicht zur Korrektur. In der Vertragspraxis wird diese **Korrekturpflicht** aber regelmäßig auf den Verfasser übergewälzt. Der Verfasser kann unter den Voraussetzungen des **§ 12 VerlG** noch **Änderungen** am Werk vornehmen. Dem Verleger sind Änderungen am Werk hingegen gemäß **§ 39 UrhG** nur erlaubt, soweit es Treu und Glauben entspricht.

60   Dass der Verleger für das von ihm verbreitete Werk **Werbung** macht, gehört im Grunde zu seiner Auswertungsverpflichtung. Denn es entspricht nicht nur einem marktwirtschaftlichen Erfahrungssatz, dass der Absatz von Produkten auf dem Markt durch geeignete Marketingmaßnahmen gefördert wird, sondern es entspricht auch der verlegerischen Branchenübung, die Verlagserzeugnisse in geeigneter Weise zu bewerben. Auch hierbei hat der Verleger einen Ermessensspielraum hinsichtlich Art und Umfang der Werbemaßnahmen.[104]

61   Von dem Werk hat der Verleger dem Verfasser eine bestimmte Anzahl von **Freiexemplaren** zu überlassen (§ 25 VerlG). Außerdem muss er dem Verfasser weitere Exemplare zum Vorzugspreis anbieten (§ 26 VerlG).

V. Beendigung von Verlagsverträgen

62   Das Verlagsverhältnis endet regelmäßig durch **Zeitablauf.** Im Moment, in dem das befristete Verlagsrecht endet, erlöschen schuldrechtliches Vertragsverhältnis und dingliches Verlagsrecht (§ 14 S. 1 VerlG), d. h. Letzteres fällt wieder an den Verfasser zurück. Der Verlagsvertrag endet auch dann, wenn eine bestimmte Auflage vereinbart war und die Auflage vergriffen ist. Ansonsten endet ein für

---

102 Dazu Ulmer-Eilfort/Obergfell/*Obergfell* 1. Teil Kap. D Rn. 53 f.

103 S. näher im 2. Kapitel Rn. 50.

104 Ulmer-Eilfort/Obergfell/*Ulmer-Eilfort* § 14 VerlG Rn. 17–19; Fromm/Nordemann/*Nordemann-Schiffel* § 14 VerlG Rn. 8; *Russ* § 14 VerlG Rn. 20.

sämtliche Auflagen vereinbarter Verlagsvertrag regelmäßig mit **Ablauf der Schutzdauer.**[105]

Weitere Beendigungsgründe ergeben sich im Falle von (im VerlG eigens **63** geregelten) **Leistungsstörungen,** nämlich beim **Tod des Verfassers** (soweit das Werk noch nicht hergestellt und abgeliefert wurde) und beim **zufälligen Untergang des Werkes.** In beiden Fällen wird die Vertragserfüllung unmöglich. Die Verfasserpflicht zur Erstellung des Werkes ist eine höchstpersönliche Leistungspflicht, die gemäß § 275 Abs. 1 BGB nicht mehr erbracht werden kann, wenn der Verfasser stirbt, bevor er mit der Werkschöpfung begonnen hat. Für den Fall, dass der Verfasser vor seinem Tod aber mit dem Werk begonnen hat und ein Teil des Werks dem Verleger schon abgeliefert wurde, sieht der Gesetzgeber vor, dass der Vertrag aufrecht erhalten werden kann (**§ 34 VerlG**). Zweifelhaft ist allerdings, ob der Verleger das begonnene Werk durch einen anderen Verfasser vollenden lassen darf. Soweit dies vertraglich zuvor vereinbart wurde, ist die Einräumung des für eine Fortführung notwendigen Bearbeitungsrechts erfolgt und eine Vollendung durch einen Dritten zulässig.[106] Eine vom allgemeinen Leistungsstörungsrecht abweichende Regelung findet sich in **§ 33 VerlG,** wonach im Falle des zufälligen Untergangs des Werkes der Verfasser seinen Vergütungsanspruch behält und unter bestimmten Voraussetzungen „ein anderes im wesentlichen übereinstimmendes Werk" zu liefern hat. Hinsichtlich der **Insolvenz des Verlegers** gelten die Besonderheiten des **§ 36 VerlG.**

Schließlich regelt das VerlG bestimmte Situationen des **Rücktritts (§§ 17, 64 30 – 32, 35, 36 Abs. 3, 37, 38 VerlG)** und der **Kündigung (§§ 18, 45 VerlG).** Wichtig ist in der Praxis das Rücktrittsrecht des Verlegers gemäß § 31 VerlG i.V.m. § 30 VerlG wegen nicht **vertragsgemäßer Beschaffenheit.** Die vertragsgemäße Beschaffenheit bezieht sich sowohl auf die äußere Form als auch auf den vereinbarten Inhalt; sie kann z.B. fehlen, wenn ein Kinder- oder Schulbuch für den Adressatenkreis erkennbar ungeeignet, nämlich zu anspruchsvoll ist oder umgekehrt ein Universitätslehrbuch nicht den Anforderungen dieser Literaturgattung entspricht.[107] Kein Rücktrittsgrund i.S.v. § 31 VerlG folgt allerdings aus einer

---

105 S. *Rehbinder/Peukert* Rn. 761; a.A. *Schack* Rn. 1167, der im Einzelfall auch einen Verlagsvertrag über ein gemeinfreies Werk für sinnvoll erachtet. Ähnlich Fromm/Nordemann/*Nordemann-Schiffel* § 29 VerlG Rn. 7.
106 Ulmer-Eilfort/Obergfell/*Obergfell* § 34 VerlG Rn. 10.
107 S. die Beispiele bei Ulmer-Eilfort/Obergfell/*Ulmer-Eilfort* § 31 VerlG Rn. 1–10; Fromm/Nordemann/*Nordemann-Schiffel* § 31 VerlG Rn. 3.

Obergfell

mangelhaften wissenschaftlichen oder künstlerischen Qualität.[108] Ein weiterer wichtiger Rücktrittsgrund ergibt sich für den Verfasser aus § 32 VerlG i.V.m. § 30 VerlG, wenn der **Verleger seiner Auswertungspflicht nicht nachkommt.** Dies ist etwa der Fall, wenn der Verleger nicht innerhalb eines angemessenen Zeitraums mit der Herstellung von Vervielfältigungsstücken beginnt, obwohl ihm das vollständige Manuskript überlassen wurde, oder wenn er keine ausreichende Anzahl von Vervielfältigungsstücken herstellt.[109] **Außerordentliche Kündigungsrechte aus wichtigem Grund** stehen beiden Verlagsvertragsparteien **gemäß § 314 BGB** zu.[110] Daneben hat der Verleger ein Kündigungsrecht gemäß § 18 VerlG für den Fall, dass nach Abschluss des Verlagsvertrags der **Zweck des Werkes weggefallen** ist. Dabei ist ein strenger Prüfungsmaßstab anzulegen; klassisches Anwendungsbeispiel ist der Zweckfortfall hinsichtlich eines juristischen Gesetzeskommentars im Falle der Aufhebung des betreffenden Gesetzes.[111] Der Verfasser eines Beitrags für ein periodisches Sammelwerk (z.B. eine Fachzeitschrift) hat gemäß § 45 VerlG ein Kündigungsrecht, wenn der Beitrag nicht innerhalb eines Jahres nach der Ablieferung an den Verleger veröffentlicht wird.[112]

E. Filmlizenzvertrag

I. Zweck und Gegenstand von Filmlizenzverträgen

65 Durch Filmverträge bzw. Filmlizenzverträge in ihren unterschiedlichen Ausprägungen soll sowohl die **Herstellung eines Filmwerks** (oder auch eines Films)[113] als auch dessen umfangreiche **Verwertung** ermöglicht und **vertraglich geregelt** werden. „Den" einen Filmvertrag gibt es ebenso wenig wie es einen einzigen „Buchvertrag" oder „Aufführungsvertrag" gibt. Indessen hat sich in der filmrechtlichen Praxis (mangels dezidierter gesetzlicher Regelung) ein feines Netz

---

108 BGH GRUR 1960, 642, 644 – Drogistenlexikon (VerlR); OLG München ZUM 2007, 863, 865 (VerlR); Ulmer-Eilfort/Obergfell/*Ulmer-Eilfort* § 31 VerlG Rn. 11; *Schack* Rn. 1149; Fromm/Nordemann/*Nordemann-Schiffel* § 31 VerlG Rn. 5.
109 S. weitere Beispiele bei Ulmer/Eilfort/Obergfell/*Ulmer-Eilfort* § 32 VerlG Rn. 8.
110 Ulmer/Eilfort/Obergfell/*Ulmer-Eilfort* § 29 VerlG Rn. 2. Zur außerordentlichen Kündigung s. im 3. Kapitel Rn. 133 ff.
111 S. Ulmer/Eilfort/Obergfell/*Ulmer-Eilfort* § 18 VerlG Rn. 2.
112 Dazu näher Ulmer/Eilfort/Obergfell/*Ulmer-Eilfort* § 18 VerlG und § 45 VerlG Rn. 1–5 und 8f.
113 Gemäß § 95 UrhG werden sog. Laufbilder – Filme, die nicht den Werkcharakter eines Filmwerks i.S.v. § 2 Abs. 1 Nr. 6 UrhG haben, – im Wesentlichen den Filmwerken gleichgestellt. S. zum Filmbegriff und der Abgrenzung von Filmwerk und Laufbildern *Obergfell* S. 10–22.

von einzelnen urheberrechtlichen Filmvertragstypen herausgebildet,[114] die allesamt als urheberrechtliche Nutzungsverträge eigener Art (*sui generis*) qualifiziert werden können.[115] Gemeinsam ist ihnen die Nutzungsrechtseinräumung an den Filmhersteller oder Filmverwerter. Als Film*lizenz*verträge werden häufig insbesondere die Filmverwertungsverträge bezeichnet. Genau genommen sind aber auch die Filmproduktionsverträge Filmlizenzverträge, weil ebenso urheberrechtliche Nutzungsrechte eingeräumt werden. Gegenstand des jeweiligen Filmvertrags ist das **Filmwerk** als urheberrechtlich geschütztes Werk i.S.v. § 2 Abs. 2 UrhG.[116] Im Fall des **Filmproduktionsvertrags** (Verfilmungsvertrag, Regievertrag etc.) bildet die Verwendung urheberrechtlich relevanter Beiträge des Regisseurs oder anderer Filmschaffenden[117] und ggfs. die Einbeziehung von sog. vorbestehenden Werken (insbesondere die zu verfilmende Romanvorlage) zur Filmherstellung den Vertragsgegenstand.[118] Das Filmwerk soll als Komposition aller dieser bereits urheberrechtlich geschützter Einzelwerke und miturheberrechtlicher Schöpferbeiträge i.S.v. § 8 UrhG geschaffen werden können und zu diesem Zweck sollen die notwendigen Nutzungsrechte beim Filmproduzenten gebündelt werden. Im Fall von **Filmverwertungsverträgen**, die zwischen dem Filmproduzenten als Rechteinhaber und weiteren Verwertern geschlossen werden, ist die Einräumung bzw. Übertragung der Nutzungsrechte zur Filmauswertung der primäre Vertragsgegenstand, also z.B. die Einräumung von Senderechten, Kinovorführungsrechten oder Rechten der öffentlichen Zugänglichmachung für Internetnutzungen.

II. Filmrechtliche Sonderbestimmungen

1. Gesetzgeberische Motivation und Zweckbestimmung der §§ 88 ff. UrhG

Die Filmproduktion ist in aller Regel eine äußerst kostenträchtige Unternehmung. **66** Denn Low Budget-Eigenfilmproduktionen machen einen verschwindend geringen Anteil der deutschen Filmproduktion aus. Der Filmproduzent trägt für die Filmproduktion nicht nur die organisatorische Verantwortung, sondern auf ihm lastet

---

114 S.u. Rn. 66–67.
115 *Obergfell* S. 170.
116 Zu den Voraussetzungen des urheberrechtlichen Werkbegriffs s. oben 2. Kapitel Rn. 36–39.
117 Zu den Filmurhebern s.u. Rn. 67.
118 Die Filmherstellung und insb. der dazu erforderliche Rechteerwerb soll durch die Vorschriften der §§ 88, 89 UrhG erleichtert werden. S.u. Rn. 66 und 68f.

auch die wirtschaftliche Verantwortung für das Filmprojekt.[119] Ihm ist – gerade auch in Anerkennung dieser organisatorisch-wirtschaftlichen Leistung – ein eigenes **Filmherstellerleistungsschutzrecht gemäß § 94** UrhG zugeordnet.[120] Doch schützt ihn dieses Leistungsschutzrecht nur in bestimmten Grenzen (nämlich nur auf den Filmträger bezogen) gegen die unbefugte Verwertung durch Dritte. Die Probleme des Rechteerwerbs von den Filmurhebern bei der Filmproduktion und ihrer urheberpersönlichkeitsrechtlichen Abwehransprüche gegen eine Filmverwertung werden hierdurch nicht abgedeckt. Für den Filmproduzenten ist es entscheidend, alle notwendigen Nutzungsrechte der urheberrechtlich involvierten Filmschaffenden in der Hand zu halten, weil er andernfalls an einer späteren Auswertung gehindert ist, auf die er jedoch zur Amortisation seiner Kosten angewiesen ist. In Anerkennung dieses **Amortisationsinteresses** sieht der Gesetzgeber in den **§§ 88 – 93 UrhG** einige **Sonderregelungen** zur Privilegierung des Filmherstellers vor.[121] Dies sind insbesondere die Auslegungsregeln der §§ 88 f. UrhG, die zur Erleichterung eines umfassenden Rechteerwerbs beitragen sollen; dies sind ferner Vorschriften zur Erleichterungen der Weiterübertragung von Nutzungsrechten (§ 90 UrhG) und zur Erhöhung der Schwelle für urheberpersönlichkeitsrechtliche Ansprüche der Filmschaffenden (§ 93 UrhG).[122]

2. Filmurheberschaft

67 Das Kernproblem des Filmvertragsrechts – der möglichst lückenlose Rechteerwerb durch den Filmproduzenten – resultiert letztlich aus der Besonderheit des deutschen Urheberrechts, welches die Filmurheber nicht etwa enumerativ und abschließend gesetzlich festlegt und auch keine gesetzliche Vermutung der Filmurheberschaft enthält, sondern die Filmurheberschaft in jedem **Einzelfall** nach den allgemeinen Grundsätzen des **Schöpferprinzips** gemäß § 7 UrhG und den Maßgaben der **Miturheberschaft** nach § 8 UrhG oder auch der Bearbeitung gemäß § 3 UrhG ermittelt.[123] In der Praxis bedeutet dies, dass einige typische

---

119 Im Gesetz ist von „Filmhersteller" die Rede; s. zum Begriff des Filmherstellers Loewenheim/ *Schwarz/Reber* Handbuch des UrhR, § 42 Rn. 7–10; Büscher/Dittmer/Schiwy/*Lewke* § 94 UrhG Rn. 3; Fromm/Nordemann/*J. B. Nordemann* Vor §§ 88 ff. UrhG Rn. 22.
120 S. zum Inhalt des Leistungsschutzrechts des Filmherstellers Loewenheim/*Schwarz/Reber* Handbuch des UrhR, § 42 Rn. 26–34.
121 S. zur gesetzgeberischen Motivation die Amtl. Begr., BT-Drucks IV/270, S. 98. Dazu *Obergfell* S. 91–93.
122 S. den Überblick unten Rn. 68–70.
123 S. im Einzelnen *Obergfell* S. 27–55; s. auch Dreier/Schulze/*Schulze* § 89 UrhG Rn. 6–8; *Schack* Rn. 332 ff.

Filmurheber auszumachen sind, die in der Regel urheberrechtlich relevante Werkbeiträge in die Schaffung des Filmwerks gemäß § 8 UrhG einbringen. In erster Linie erbringt der **Filmregisseur** eine eigenschöpferische Gestaltungsleistung, die auch so dominierend sein kann, dass er als Alleinurheber des Filmwerks anzusehen ist.[124] Soweit der Regisseur weiteren Filmschaffenden – wie z. B. dem **Kameramann** oder dem **Cutter** – einen eigenen Gestaltungsspielraum belässt und dieser von dem jeweiligen Filmschaffenden individuell und schöpferisch ausgenutzt wird, können die betreffenden Filmschaffenden Film(mit)urheber werden.[125] Nicht Filmurheber, sondern ausübende Künstler gemäß § 73 UrhG sind die Filmschauspieler.[126] Der nicht eigenschöpferisch i. S. v. § 2 Abs. 2 UrhG tätige Filmhersteller ist als organisatorisch-wirtschaftlich Verantwortlicher selbst nicht Filmurheber, sondern Leistungsschutzberechtigter gemäß § 94 UrhG.[127]

3. Überblick über den Regelungsgehalt der §§ 88 ff. UrhG

Im Zentrum der filmrechtlichen Sonderbestimmungen stehen die **Auslegungs-** **regeln der §§ 88 und 89 UrhG.** Schließt der **Urheber eines vorbestehenden Werkes** (z. B. der Romanautor, dessen Werk verfilmt werden soll) einen Verfilmungsvertrag ab, so „liegt darin im Zweifel die Einräumung des ausschließlichen Rechts, das Werk unverändert oder unter Bearbeitung oder Umgestaltung zur Herstellung eines Filmwerkes zu benutzen und das Filmwerk sowie Übersetzungen und andere filmische Bearbeitungen auf alle Nutzungsarten zu nutzen" (§ 88 Abs. 1 UrhG). Dies schließt nach heutigem Recht[128] auch **unbekannte Nutzungsarten** ein, über die ebenfalls unter erleichterten Bedingungen (nämlich unter Ausschluss von § 31a Abs. 1 S. 3 und 4 sowie Abs. 2 bis 4 UrhG) verfügt werden kann. Gemäß § 88 Abs. 2 UrhG ist das **Wiederverfilmungsrecht** nicht von der Auslegungsregel umfasst, sondern der Urheber kann sein Werk zehn Jahre nach Vertragsschluss anderweitig filmisch nutzen. Selbstverständlich kann die konkrete vertragliche Bestimmung im Verfilmungsvertrag hiervon abweichen. In der Vertragspraxis herrschen ohnehin sog. **Buyout-Verträge** vor, mit denen sich der Filmhersteller sämtliche Nutzungsrechte für alle denkbaren Nutzungsarten bis hin zu den Themenparkrechten und den Merchandising-Rechten einräumen

68

---

124 EuGH GRUR 2012, 489 Tz. 48 – Luksan/van der Let (UrhR).
125 S. näher Dreier/Schulze/*Schulze* § 89 UrhG Rn. 9–21; *Obergfell* S. 41–45; *Schack* Rn. 336.
126 *Obergfell* S. 45; Fromm/Nordemann/*J. B. Nordemann* Vor §§ 88 ff. UrhG Rn. 1, 21.
127 *Obergfell* S. 45; Fromm/Nordemann/*J. B. Nordemann* Vor §§ 88 ff. UrhG Rn. 20, 22.
128 Die geltende Fassung wurde eingeführt mit Gesetz vom 26. 10. 2007 und trat zum 1. 1. 2008 in Kraft. S. zu den Änderungen der Bestimmung Dreier/Schulze/*Schulze* § 88 UrhG Rn. 2; Büscher/Dittmer/Schiwy/*Lewke* Vorbem. zu den §§ 88 bis 95 UrhG Rn. 9.

lässt. Die Zweckübertragungslehre (oder Übertragungszwecklehre) des § 31 Abs. 5 UrhG wird durch § 88 UrhG allerdings nicht ausgehebelt, sondern greift unvermindert.[129]

69   In ähnlicher Weise wird durch § 89 UrhG eine Auslegungsregel aufgestellt, wonach derjenige, der sich **zur Mitwirkung bei der Herstellung eines Filmes verpflichtet,** damit „für den Fall, dass er ein Urheberrecht am Filmwerk erwirbt, dem Filmhersteller im Zweifel das ausschließliche Recht ein[räumt], das Filmwerk sowie Übersetzungen und andere filmische Bearbeitungen oder Umgestaltungen des Filmwerkes auf alle Nutzungsarten zu nutzen". Die Auslegungsregel ist gleichfalls ausgedehnt auf unbekannte Nutzungsarten mit der Erleichterung der entsprechenden Rechtseinräumung (durch Ausschluss der Anwendung von § 31a Abs. 1 S. 3 und 4 sowie Abs. 2 bis 4 UrhG). Eine Parallelvorschrift für ausübende Künstler enthält § 92 UrhG.

70   **Vertragsrechtliche Erleichterungen** werden dem Filmhersteller weiter durch **§ 90 UrhG** eingeräumt. So sind bei der (auf die in §§ 88 Abs. 1 und 89 Abs. 1 UrhG genannten Rechte bezogenen) Übertragung von Nutzungsrechten und der Einräumung weiterer Nutzungsrechte, die beide für den Filmhersteller im Zuge der Filmauswertung relevant werden, die **Zustimmungserfordernisse der §§ 34, 35 UrhG nicht zu beachten.** Hinsichtlich dieser filmrelevanten Rechte finden auch die Vorschriften über die Rückrufrechte gemäß **§§ 41, 42 UrhG keine Anwendung,** so dass der Urheber nicht plötzlich durch Ausübung seiner Rückrufrechte dem Filmhersteller die notwendige Rechtebasis ganz oder teilweise entziehen kann. Schließlich sind auch die urheberpersönlichkeitsrechtlichen Hinderungsmöglichkeiten des Filmurhebers wie auch des ausübenden Künstlers eingeschränkt, weil sie gemäß § 93 UrhG nur „gröbliche Entstellungen oder andere gröbliche Beeinträchtigungen ihrer Werke oder Leistungen verbieten" können.[130]

III. Vertragstypen und Vertragspflichten

1. Filmproduktionsverträge

71   Will man die unterschiedlichen in der Praxis vorkommenden Filmvertragstypen systematisieren, so bietet sich eine Differenzierung nach Filmproduktions- und Filmverwertungsverträgen an.[131] Zur ersten Gruppe gehören insbesondere

---

129 Dreier/Schulze/*Schulze* § 88 UrhG Rn. 3; Büscher/Dittmer/Schiwy/*Lewke* § 88 UrhG Rn. 3.

130 S. die Beispiele für gröbliche Entstellungen in der Rechtsprechung KG GRUR 2004, 497, 499 – Schlacht um Berlin (UrhR); OLG Frankfurt GRUR 1989, 203, 205 – Wüstenflug (UrhR).

131 S. eingehend zu diesen beiden Vertragskategorien *Obergfell* S. 110–144 und 145–169; *Schack* Rn. 1235–1246; Fromm/Nordemann/*J. B. Nordemann* Vor §§ 88 ff. UrhG Rn. 55–113.

Obergfell

Verfilmungsverträge,[132] **Drehbuchverträge**,[133] **Filmmusikverträge**,[134] **Regie-verträge**,[135] und sonstige **Verträge mit den Filmschaffenden.** Für die Rechts-einräumung werden die Auslegungsregeln der §§ 88, 89 UrhG relevant. Anders als beim Verlagsvertrag ist der Filmproduzent, soweit er diese Verpflichtung nicht explizit im Vertrag übernimmt, grundsätzlich **nicht zur Auswertung** der ihm eingeräumten Nutzungsrechte **verpflichtet.**[136] Allerdings kann im Fall der aus-schließlichen Lizenz u.U. von einer Auswertungspflicht ausgegangen werden.[137]

2. Filmverwertungsverträge

Zur Verwertung werden klassischerweise für die In- und Auslandsauswertung 72 **Filmverleihverträge und Filmvertriebsverträge** abgeschlossen.[138] Der Film-verleiher schließt mit dem jeweiligen Kinobetreiber wiederum einen Filmvor-führungsvertrag.[139] Hinsichtlich der Zweit- und Parallelverwertungen werden verschiedene weitere Filmverwertungsverträge, wie z.B. Sendeverträge,[140] Video-bzw. DVD-Verträge,[141] Merchandisingverträge vereinbart.

Wiederholungsfragen 73
1. Was ist der Unterschied zwischen einem Verlagsvertrag und einem Bestellvertrag? Rn. 47 und 50
2. Welche verlagsrechtlichen Probleme ergeben sich bei elektronischen Publikationen? Rn. 56
3. Was bedeutet das Kausalitätsprinzip im Verlagsrecht und wo ist es geregelt? Rn. 53
4. Mit welchen Mitwirkenden sollte der Filmproduzent jeweils einen Filmvertrag schließen? Genügt es, wenn der Filmproduzent nur mit dem Regisseur einen Filmproduktionsvertrag schließt? Rn. 67
5. Was versteht man unter „Buyout-Verträgen" und sind davon auch sog. unbekannte Nutzungsarten umfasst? Rn. 68

---

132 Dazu näher Loewenheim/*Schwarz*/*Reber* Handbuch des UrhR, § 74 Rn. 18–108; *Obergfell* S. 111–125.
133 *Obergfell* S. 127 f.
134 Loewenheim/*Schwarz*/*Reber* Handbuch des UrhR, § 74 Rn. 116–121.
135 *Obergfell* S. 131–133.
136 Loewenheim/*Schwarz*/*Reber* Handbuch des UrhR, § 74 Rn. 64.
137 BGH GRUR 2003, 173, 175 – Filmauswertungspflicht (UrhR); dazu *Obergfell* ZUM 2003, 292, 295; s. auch allg. dazu im 3. Kapitel Rn. 93.
138 *Obergfell* S. 149–158; Fromm/Nordemann/*J. B. Nordemann* Vor §§ 88 ff. UrhG Rn. 69–82b.
139 Dazu *Obergfell* S. 158–164; *Schack* Rn. 1242 f.
140 S. ausführlich Loewenheim/*Castendyk* Handbuch des UrhR, § 75; *Schack* Rn. 1214–1227; Fromm/Nordemann/*J. B. Nordemann* Vor §§ 88 ff. UrhG Rn. 97–106.
141 *Schack* Rn. 1245 f.; Fromm/Nordemann/*J. B. Nordemann* Vor §§ 88 ff. UrhG Rn. 83–89.

Obergfell

5. Kapitel: Lizenzverträge und Lizenzen in der Insolvenz und Einzelzwangsvollstreckung

Vertiefungsliteratur (Auswahl): *Abel*, Filmlizenzen in der Insolvenz des Lizenzgebers und Lizenznehmers, NZI 2003, 121; *Bärenz*, Von der Erlöschenstheorie zur Theorie der insolvenzrechtlichen Modifizierung – zur Dogmatik der neuen BGH-Rechtsprechung zu § 103 InsO, NZI 2006, 72; *Berger*, Absonderungsrechte an urheberrechtlichen Nutzungsrechten in der Insolvenz des Lizenznehmers, FS Kirchhof, 2003, S. 1; *ders.*, Lizenzen in der Insolvenz des Lizenzgebers, GRUR 2013, 321; *ders.*, Der Lizenzsicherungsnießbrauch – Lizenzerhaltung in der Insolvenz des Lizenzgebers, GRUR 2004, 20; *Braegelmann*, „Chilling effect?" – Gefährdet die Rechtsprechung zur Insolvenzfestigkeit von Lizenzverträgen den Wirtschafts- und Forschungsstandort Deutschland?, ZInsO 2012, 629; *Dengler/Gruson/Spielberger*, Insolvenzfestigkeit von Lizenzen? Forschungsstandort Deutschland – so wohl kaum!, NZI 2006, 677; *Fischer*, Nicht ausschließliche Lizenzen an Immaterialgüterrechten in der Insolvenz des Lizenzgebers, WM 2013, 821; *Freier*, Insolvenz des Lizenzgebers und/oder Kooperationspartners – Risikominimierung durch Vertragsgestaltung NZI 2016, 857; *Ganter*, Patentlizenzen in der Insolvenz des Lizenzgebers, NZI 2011, 833; *Gilhuly/Posin/ Dillman*, Intellectually Bankrupt?: The Comprehensive Guide to Navigating IP Issues in Chapter 11, 21 ABI Law Review 1 (2013); *Hauck*, Patentlizenzverträge in der Insolvenz des Lizenzgebers, GRUR-Prax 2013, 437; *ders.*, Die Verdinglichung obligatorischer Rechte am Beispiel einfacher immaterialgüterrechtlicher Lizenzen, AcP 211 (2011), 626; *Heim*, Lizenzverträge in der Insolvenz – Anmerkungen zu § 108a InsO-E, NZI 2008, 338; *Hubmann*, Die Zwangsvollstreckung in Persönlichkeits- und Immaterialgüterrechte, FS Lehmann Band II (1956), 812; *Keller*, Einführung in das Insolvenzrecht – Teil 2, ZJS 2010, 178; *Koós*, Lizenzvereinbarungen in der Insolvenz. Möglichkeiten einer insolvenzfesten Gestaltung von Lizenzen nach der jüngsten BGH-Rechtsprechung, MMR 2017, 13; *Matthies*, Einführung in das Insolvenzrecht, Jura 2009, 165; *McGuire*, Nutzungsrechte an Computerprogrammen in der Insolvenz – Zugleich eine Stellungnahme zum Gesetzentwurf zur Regelung der Insolvenzfestigkeit von Lizenzen, GRUR 2009, 13; *Meyer-Löwy/Parzinger*, Zur Insolvenzfestigkeit von Lizenzen an US-amerikanischen Patenten („Qimonda AG"), ZIP 2015, 239; *Meyer-van Raay*, Der Fortbestand von Unterlizenzen bei Erlöschen der Haupt-lizenz, NJW 2012, 3691; *Pahlow*, Lizenz und Lizenzvertrag in der Insolvenz – Von einer un-befriedigenden Rechtslage und einer verbesserungsbedürftigen Reform, WM 2008, 2041; *ders.*, Lizenzvertrag und Insolvenz – Eine kritische Analyse der jüngeren Rechtsprechung, WM 2016, 1717; *Pinzger*, Zwangsvollstreckung in das Erfinderrecht, ZZP 60 (1936/37), 415; *Pleister/Wündisch*, Lizenzen in der Insolvenz – eine unendliche Geschichte?, ZIP 2012, 1792; *Schmid/Kampshoff*, Lizenzen in der Insolvenz – (Wie) kann sich der Lizenznehmer in der Insolvenz des Lizenzgebers absichern?, GRUR-Prax 2009, 50; *Schuster/Tobuschat*, Geschäftsgeheimnisse in der Insolvenz, GRUR-Prax 2019, 248; *Slopek*, Die Lizenz in der Insolvenz des Lizenzgebers – Endlich Rettung in Sicht?, WRP, 2010, 616; *Stickelbrock*, Urheberrechtliche Nutzungsrechte in der Insolvenz – von der Vollstreckung nach §§ 112 ff. UrhG bis zum Kündigungsverbot des § 112 InsO, WM 2004, 549; *Wimmer*, Neue Reformüberlegungen zur Insolvenzfestigkeit von Lizenzverträgen, ZIP 2012, 545; *Zimmermann*, Das Erfinderrecht in der Zwangsvollstreckung, GRUR 1999, 121.

https://doi.org/10.1515/9783110622829-010

A. Lizenzverträge in der Insolvenz

Eines der bedeutendsten lizenzrechtlichen Probleme der jüngeren Zeit ist die 1
vollstreckungsrechtliche Behandlung von Lizenzen. Dabei muss zwischen Einzelzwangsvollstreckung[1] und Gesamtvollstreckung unterschieden werden. Be-
feuert wurde die rechtswissenschaftliche Diskussion jeweils durch bedeutende
Insolvenzen im Technologie-, Medien- und Softwarebereich sowie durch Initia-
tiven zur Änderung der Gesetzeslage.

Im Gegensatz zur Einzelzwangsvollstreckung werden im Rahmen der **Ge-** 2
samtvollstreckung nicht einzelne Gläubiger individuell, sondern alle bekannten Gläubiger gemeinsam und gleichberechtigt befriedigt. Die Gesamtvollstreckung erfolgt durch das **Insolvenzverfahren nach der Insolvenzordnung**
(InsO). Während die Einzelzwangsvollstreckung sich ausschließlich nach der Zivilprozessordnung (ZPO) richtet, finden im Insolvenzverfahren die Vorschriften
der ZPO nur ergänzende Anwendung (vgl. § 4 InsO). Würde sich die Vollstreckung
in das Vermögen des Schuldners für den Fall, dass er zahlungsunfähig ist oder zu
werden droht, nach den Regelungen der Einzelzwangsvollstreckung richten,
würden die schnellsten Gläubiger vollständig befriedigt, wohingegen die anderen
nach dem Verbrauch des Schuldnervermögens leer ausgingen (**Prioritätsprin-**
zip). Das wird als unbillig empfunden. Der Gesetzgeber hat daher ein Verfahren
vorgesehen, das die Gläubiger gleichberechtigt behandelt und in dem – falls
notwendig – ein insolventes Unternehmen geordnet abgewickelt werden kann. Die
Insolvenz bedeutet für ein Unternehmen aber nicht unbedingt das Ende, denn das
Insolvenzfahren dient auch einer möglichen Sanierung und damit einem Neu-
anfang.[2] Das Insolvenzverfahren nach der InsO erfolgt im Übrigen auch bei der
Zahlungsunfähigkeit von Privatpersonen (vgl. § 304 Abs. 1 S. 1 InsO).

I. Das Insolvenzverfahren und seine Rechtswirkungen

Das Insolvenzverfahren gestaltet sich in drei Phasen:[3] die Eröffnung, das Ver- 3
fahren i.e.S. und die Nachhaftung. Zweck ist es, die Gläubiger gemeinschaftlich

---

1 Dazu noch unten ab Rn. 102.
2 *Reischl* Rn. 3f.
3 Hier wird ausschließlich das Regelinsolvenzverfahren behandelt. Besondere Bestimmungen
enthält das Gesetz zum Verbraucherinsolvenzverfahren (§§ 304ff. InsO), Nachlassinsolvenzver-
fahren (§§ 315ff. InsO) und Insolvenzverfahren über das Gesamtgut einer (fortgesetzten) Güter-
gemeinschaft (§§ 332ff. InsO). Außerdem besteht die Möglichkeit eines Insolvenzplans (§§ 217ff.
InsO).

zu befriedigen, indem das Vermögen des Schuldners verwertet und der Erlös verteilt oder in einem Insolvenzplan eine abweichende Regelung insbesondere zum Erhalt des Unternehmens getroffen wird (§ 1 S. 1 InsO). Es gilt ein **Gleichbehandlungsgrundsatz der Gläubiger** („par conditio creditorum").[4] Das Insolvenzrecht steht aber auch im öffentlichen Interesse, weil es größeren volkswirtschaftlichen Schaden verhindern kann.[5] Wer zur Zeit der Eröffnung des Insolvenzverfahrens einen begründeten Vermögensanspruch gegen den Schuldner hat, ist nach der Legaldefinition des § 38 InsO ein **Insolvenzgläubiger.** Ein Insolvenzgläubiger kann im Laufe des Verfahrens seine Ansprüche zur Insolvenztabelle anmelden, die von einem Insolvenzverwalter geführt wird. Jeder Gläubiger erhält dann einen Teil aus dem Verwertungserlös und damit in aller Regel auch nur einen Teil seiner eigentlich bestehenden Forderung. Dieser Teil fällt häufig recht gering aus.[6]

1. Eröffnung des Insolvenzverfahrens

4 Die Eröffnung erfolgt auf Antragstellung durch den Schuldner oder einen seiner Gläubiger (§§ 13 f. InsO) beim zuständigen Gericht. Dieses ist das **Insolvenzgericht**, in dessen Bezirk der Schuldner seinen allgemeinen Gerichtsstand (vgl. §§ 12 ff. ZPO), also insb. seinen Wohnsitz (§ 13 ZPO) oder Sitz (§ 17 Abs. 1 ZPO), bzw. seinen Mittelpunkt der selbständigen wirtschaftlichen Tätigkeit, hat (§ 3 Abs. 1 InsO). Insolvenzgericht ist stets ein Amtsgericht (vgl. § 2 InsO). Aus der Antragstellung ergeben sich noch keine wichtigen Rechtsfolgen für den Schuldner. Allerdings kann das Gericht vorläufige Sicherungsmaßnahmen anordnen (§ 21 InsO). Ist der Antrag **zulässig** (formgerechter Antrag beim zuständigen Gericht, Antragsberechtigung (§§ 13 f. InsO) und Insolvenzfähigkeit des Schuldners gemäß §§ 11 f. InsO)[7] sowie **begründet** (Eröffnungsgrund gemäß § 16 InsO: Zahlungsunfähigkeit, § 17 InsO, drohende Zahlungsunfähigkeit, § 18 InsO, oder Überschuldung, § 19 InsO) und sind die **Verfahrenskosten durch das Schuldnervermögen gedeckt** (§ 26 Abs. 1 InsO), eröffnet das Gericht das Insolvenzverfahren.

---

4 Dazu *Bork* Rn. 2; *Berger* GRUR 2013, 321, 322.

5 *Reischl* Rn. 6.

6 Nach einer Untersuchung des Instituts für Mittelstandsforschung Bonn aus dem Jahr 2009 zu Insolvenzen in Nordrhein-Westfalen liegt die durchschnittliche Quote bei 3,6 % (s. *Kranzusch/ Icks*, Die Quoten der Insolvenzgläubiger im Regel- und Insolvenzplanverfahren, IfM-Materialien Nr. 186).

7 *Keller* ZJS 2010, 40, 42.

Zurth

2. Insolvenzverfahren im engeren Sinne

Mit dem Eröffnungsbeschluss wird ein **Insolvenzverwalter** ernannt (§ 270 Abs. 1   5
S. 1 InsO). Das Gericht wählt regelmäßig aus einer Liste mit geeigneten Personen aus und berücksichtigt dabei Besonderheiten des konkreten Falles, wie z. B.
die Größenordnung des Verfahrens oder die Branche des Unternehmens (vgl.
auch § 56 Abs. 1 S. 1 InsO).[8] Der Insolvenzverwalter nimmt das zur Insolvenzmasse
gehörende Vermögen sofort in Besitz und Verwaltung (§ 148 Abs. 1 InsO) und
erstellt ein Verzeichnis der einzelnen Gegenstände (§ 151 ZPO). Aber es liegt an
der **Gläubigerversammlung** zu bestimmen, ob es zu einer Sanierung oder Zer-
schlagung kommen soll (§ 157 S. 1 InsO). Die Gläubiger treffen wesentliche Entscheidungen (vgl. §§ 157, 160 ff. InsO). Ferner kann ein **Gläubigerausschuss**
eingesetzt werden (vgl. §§ 67 Abs. 1, 68 Abs. 1 InsO). Die Mitglieder eines Gläubigerausschusses unterstützen und überwachen den Insolvenzverwalter (§ 69 S. 1
InsO). Eine zentrale Rolle spielt trotz der Gläubigerrechte eben dieser Insolvenzverwalter. So geht die **Verfügungsbefugnis** über das Schuldnervermögen auf ihn
über (§ 80 Abs. 1 InsO). Rechte an den Gegenständen der Insolvenzmasse können
nach der Eröffnung des Insolvenzverfahrens nicht wirksam erworben werden (§ 91
Abs. 1 InsO). Ferner melden bei ihm die Gläubiger ihre Forderungen an (§ 174
InsO), die dann in eine **Insolvenztabelle** eingetragen werden (§ 175 Abs. 1 InsO).
Das Besondere hieran ist, dass diese Eintragung für die Forderungen einen voll-
streckbaren Titel verleiht (§§ 178 Abs. 3, 201 Abs. 2 InsO).

a) Auflösung von Gesellschaften

Wesentliche Rechtfolge des Eröffnungsbeschlusses für Gesellschaften ist, dass sie   6
aufgelöst werden (§ 262 Abs. 1 Nr. 3 AktG, § 60 Abs. 1 Nr. 4 GmbHG, § 728 Abs. 1 S. 1
BGB, § 131 Abs. 1 Nr. 3 HGB, § 101 GenG).

b) Insolvenzmasse

Zentraler Begriff des Insolvenzrechts ist die Insolvenzmasse. Sie umfasst das   7
gesamte Vermögen, das dem Schuldner zur Zeit der Eröffnung des Verfahrens
gehört und das er während des Verfahrens erlangt (§ 35 Abs. 1 InsO). Darunter
fallen alle beweglichen und unbeweglichen **materiellen Vermögenswerte**, also
auch Forderungen, sowie **immaterielle Vermögenswerte** (z. B. die Firma i. S. d.
§§ 17 ff. HGB).[9] Sogar vermögenswerte Gegenstände ohne Rechtsqualität, wie

---

8 Vgl. *Foerste* Rn. 48a; *Reischl* Rn. 16, 215.
9 *Reischl* Rn. 233, 235.

bspw. Ideen und Geschäftsgeheimnisse, gehören dazu.[10] Auch Immaterialgüterrechte fallen in die Masse.[11] Zudem hat der BGH im Jahr 1955 entschieden, dass sogar eine nicht patentierte Erfindung dann in die Masse fällt, wenn der Erfinder seine Absicht, die Erfindung wirtschaftlich zu verwerten, kundgetan und damit zu erkennen gegeben hat, dass er selbst seine Erfindung als Vermögenswert ansieht.[12]

8   Für das **Urheberrecht** ist § 113 UrhG zu beachten. Da das Urheberrecht nicht übertragbar ist (§ 29 Abs. 1 UrhG), fällt es nicht ohne Weiteres in die Masse (§ 36 InsO i.V.m. §§ 851 Abs. 1, 857 Abs. 1 ZPO). Vollstreckt werden kann wegen Geldforderungen in das Urheberrecht daher nur mit Einwilligung des Urhebers[13] und nur insoweit, als er Nutzungsrechte nach § 31 UrhG einräumen kann (§ 113 S. 1 UrhG). Dies entspricht der Regelung des § 857 Abs. 3 ZPO.[14]

9   Veräußert der Insolvenzverwalter Gegenstände aus der Masse, tritt der Erlös als Surrogat an deren Stelle und wird Bestandteil der Insolvenzmasse.[15] Neben **unpfändbaren Gegenständen** (§ 36 Abs. 1 S. 1 InsO) gehören diejenigen Gegenstände nicht zur Insolvenzmasse, die der Insolvenzverwalter **freigegeben** hat. Dies darf er jedoch nur unter bestimmten Voraussetzungen, etwa wenn der Gegenstand nicht verwertbar ist oder keinen nennenswerten Erlös erwarten lässt oder so eine Belastung der Masse mit öffentlich-rechtlichen Pflichten, wie bspw. Steuern und Abgaben, vermieden wird.[16]

c) Aussonderung aus der Insolvenzmasse (§ 47 InsO)

10   Für das Lizenzvertragsrecht hingegen erlangt die Aussonderung Bedeutung. Aussonderungsfähige Gegenstände unterliegen nicht dem Insolvenzverfahren. Denn wenn eine Person ein **„dingliches oder persönliches Recht"** an einem Gegenstand geltend machen kann, gehört dieser nicht zur Insolvenzmasse (§ 47 S. 1 InsO). Sie kann dann gemäß § 47 InsO i.V.m. einem zivilrechtlichen Herausgabeanspruch (z.B. § 985 BGB) als Anspruchsgrundlage aussondern und somit versuchen, den Gegenstand vor einer Veräußerung zu bewahren. Es besteht eine Parallele zu § 771 ZPO.[17] Aussonderungsfähig sind damit **alle beschränkten**

---

10 *Becker* Rn. 379; *Schuster/Tobuschat* GRUR-Prax 2019, 248, 248.
11 Braun/*Bäuerle* § 35 InsO Rn. 31; HK-InsO/*Ries* § 35 Rn. 17; *Stickelbrock* WM 2004, 549, 550 f.
12 BGH GRUR 1955, 388, 389.
13 Die er nicht treuwidrig verweigern darf (dazu Berger/Wündisch/*Abel* § 11 Rn. 95 f.).
14 Dazu noch unten Rn. 118.
15 *Keller* ZJS 2010, 40, 45.
16 *Reischl* Rn. 268.
17 *Becker* Rn. 981; *Reischl* Rn. 281; *Matthies* Jura 2009, 165, 171.

Zurth

dinglichen Rechte, also bspw. die Grunddienstbarkeit (§§ 1018ff. BGB), der Nießbrauch (§§ 1030ff. BGB), die beschränkten persönlichen Dienstbarkeiten (§§ 1090ff. BGB), das dingliche Vorkaufsrecht (§§ 1094ff. BGB) sowie die Grundpfandrechte (Hypothek, §§ 1113ff. BGB, Grundschuld, §§ 1191ff. BGB, und Rentenschuld, §§ 1199ff. BGB).[18] Der Aussonderung unterliegt dann jedoch das Recht als solches und nicht der Gegenstand, auf den es sich bezieht.[19] Die Aussonderung führt dazu, dass der Insolvenzverwalter die beschränkten dinglichen Rechte anerkennen muss.[20] Auch **Immaterialgüterrechte** können ausgesondert werden,[21] obwohl sie nicht körperlich herausgegeben werden können.[22]

Außerdem können auch **schuldrechtliche Ansprüche** ein Aussonderungs- 11 recht begründen („persönliches Recht"). Dies kann jedoch nur dann gelten, wenn eine dingliche Komponente hinzukommt, d. h. der Gegenstand, auf den sich der Anspruch bezieht, muss haftungsrechtlich dem Vermögen des Gläubigers zuzuordnen sein.[23] Aussonderungskraft kommt bspw. dem Herausgabeanspruch des Vermieters (§ 546 BGB) zu, soweit er sich seinem Inhalt nach mit dem Herausgabeanspruch des § 985 BGB deckt.[24] Hingegen berechtigen Verschaffungsansprüche, also bspw. Ansprüche auf Erfüllung schuldrechtlicher Verträge, nicht zur Aussonderung, denn typisch für diese ist ja gerade, dass eine Leistung *aus der Masse* gefordert wird und sie nicht auf der Massefremdheit des Gegenstandes beruhen.[25] Die Parteien können ein Aussonderungsrecht nicht vertraglich herbeiführen.[26] Letztlich entscheidet eine wirtschaftliche Betrachtungsweise, was aussonderungsfähig ist.[27]

d) Befriedigung der Gläubiger

Zu unterscheiden ist die Aussonderung von der **Absonderung**, die lediglich zu 12 einer vorrangigen Befriedigung aus dem Erlös führt (§§ 49 – 52 InsO). Absonderungsberechtigt sind bspw. Inhaber von Pfandrechten (§ 50 Abs. 1 InsO) sowie

---

18 MüKo-InsO/*Ganter* § 47 Rn. 328; *Bork* Rn. 286.
19 *Gottwald/Adolphsen* § 40 Rn. 17; *Jaeger/Henckel* § 47 InsO Rn. 112.
20 Nerlich/Römermann/*Andres* § 47 InsO Rn. 47.
21 *Uhlenbruck/Brinkmann* § 47 InsO Rn. 67 f.; K. Schmidt/*Thole*, § 47 InsO Rn. 59.
22 S. auch Rn. 28.
23 MüKo-InsO/*Ganter* § 47 Rn. 340.
24 BGH NZI 2010, 901 Rn. 8 ff. Der Anspruch, bei Vertragsende den Mietgegenstand im vertragsgemäßen Zustand zurückzuerhalten, stellt daher eine bloße Insolvenzforderung dar.
25 MüKo-InsO/*Ganter* § 47 Rn. 347.
26 MüKo-InsO/*Ganter* § 47 Rn. 14, 340; Gottwald/*Adolphsen* § 40 Rn. 29.
27 *Matthies* Jura 2009, 161, 171.

Gläubiger nach einer Sicherungsübereignung und -abtretung (§ 51 Nr. 1 InsO). Nach der Verwertung durch den Insolvenzverwalter ist der absonderungsberechtigte Gläubiger – nach Abzug der Feststellungs- und Verwertungskosten – unverzüglich zu befriedigen (§ 170 Abs. 1 InsO). Das Absonderungsrecht setzt sich also am Erlös fort.[28] Unter Umständen wird die Verwertung aber auch durch den Gläubiger vorgenommen (vgl. §§ 168 Abs. 3 S. 1, 173 InsO).

13   Im Übrigen erfolgt die Befriedigung der Gläubiger aus dem Barvermögen sowie aus den Einnahmen der Veräußerung von Massegegenständen, Einräumung von Nutzungsrechten und Einziehung sowie der Veräußerung von Forderungen gegen Dritte.[29]

14   **Massegläubiger** nehmen hierbei eine bevorzugte Stellung ein. Denn wer eine Forderung erst nach Eröffnung des Insolvenzverfahrens begründet hat und somit Massegläubiger ist, erhält eine Zahlung aus der Insolvenzmasse, bevor diese unter den Insolvenzgläubigern aufgeteilt wird (vgl. § 53 InsO). Zu den Masseverbindlichkeiten zählen zunächst die Verfahrenskosten (§§ 53 f. InsO). Außerdem fallen darunter Kosten, die vom Insolvenzverwalter im Rahmen der Verwaltung, Verwertung und Verteilung der Insolvenzmasse verursacht wurden (§ 55 Abs. 1 Nr. 1 InsO) sowie Verbindlichkeiten aus gegenseitigen Verträgen, soweit deren Erfüllung zur Insolvenzmasse verlangt wurde oder für die Zeit nach der Eröffnung des Insolvenzverfahrens erfolgen musste (§ 55 Abs. 1 Nr. 2 InsO). Masseverbindlichkeiten werden nicht in die Tabelle eingetragen.

15   **Insolvenzgläubiger** ist demgegenüber, wer zur Zeit der Eröffnung des Insolvenzverfahrens einen begründeten Vermögensanspruch gegen den Schuldner hat (§ 38 InsO).[30] Alle Insolvenzgläubiger werden nach einer einheitlichen **Quote** befriedigt, so dass jeder den prozentual selben Teil seiner eigentlich bestehenden Forderung erhält. Bestimmte Gläubiger werden nachrangig befriedigt (vgl. § 39 InsO). Entscheidend für die Abgrenzung zwischen Masse- und Insolvenzgläubiger ist der Zeitpunkt des Bestehens einer Forderung, also der Abschluss des anspruchsbegründenden Tatbestands.[31] Bei Dauerschuldverhältnissen kommt es darauf an, ob die Quelle der laufenden Forderung in einem einheitlichen Recht in der Vergangenheit oder in einer wiederkehrenden Leistung (wie z. B. Miete, Pacht) liegt.[32]

---

28 Nerlich/Römermann/*Andres* § 49 InsO Rn. 33.
29 *Keller* ZJS 2010, 178, 183.
30 Vermögensansprüche in diesem Sinne sind auf Geld gerichtete Forderungen (vgl. § 45 S. 1 InsO). Höchstpersönliche Ansprüche und unvertretbare Handlungen fallen nicht darunter (*Keller* ZJS 2010, 178, 183).
31 Uhlenbruck/*Sinz* § 38 InsO Rn. 26.
32 *Häsemeye*r Rn. 16.16; *Reischl* Rn. 376.

Zurth

e) Nicht vollständig erfüllte gegenseitige Verträge (§§ 103 ff. InsO)

Eine wesentliche Rolle im Lizenzvertragsrecht nehmen die §§ 103 ff. InsO ein. Ist **16** ein gegenseitiger Vertrag zur Zeit der Eröffnung des Insolvenzverfahrens vom Schuldner und vom anderen Teil nicht oder nicht vollständig erfüllt, hat der Insolvenzverwalter ein **Wahlrecht**, ob an diesem Vertrag festgehalten werden soll (§ 103 InsO). **Vollständigkeit** liegt erst vor, wenn die geschuldeten Hauptleistungen nicht mehr dem Vermögen des Leistenden zuzurechnen und auch sonst sämtliche Pflichten erfüllt sind.[33] Erforderlich ist der Eintritt des Leistungserfolges, denn die Vornahme der Leistungshandlung genügt nicht.[34] Für die Frage der Erfüllung i. S. d. Insolvenzrechts ist auf die zu § 362 BGB entwickelten Grundsätze zurückzugreifen.[35] § 103 InsO gilt allerdings nur, wenn der Vertrag **von beiden Seiten** nicht vollständig erfüllt ist. Sobald ein Teil seine Leistung in Gänze erbracht hat, sind die Bestimmungen der §§ 103 ff. InsO nicht einschlägig. Problematisch ist jedoch, auf welche Pflichten aus einem komplexen lizenzvertraglichen Bündel abzustellen ist. Teilweise wurde vertreten, auch unerfüllte **Nebenleistungspflichten** für eine Anwendbarkeit von § 103 InsO genügen zu lassen.[36] Dem hat der für das Insolvenzrecht zuständige IX. Zivilsenat des BGH nun aber einen Riegel vorgeschoben. Er betont, dass die Vorschrift dem Vertragspartner des Insolvenzschuldners den durch das funktionelle Synallagma vermittelten Schutz aus §§ 320 ff. BGB erhalten solle.[37] Der Anwendungsbereich des § 103 InsO kann daher nur dann eröffnet sein, wenn auf beiden Seiten synallagmatische Pflichten noch nicht vollständig erfüllt sind, so dass Neben- und Nebenleistungspflichten außerhalb des Gegenseitigkeitsverhältnisses das Wahlrecht des Insolvenzverwalters unberührt lassen.[38] Das Synallagma umfasst bei gegenseitigen Verträgen nur die Hauptleistungspflichten sowie die sonstigen vertraglichen Pflichten, die nach dem Vertragszweck von wesentlicher Bedeutung sind, was durch Auslegung zu ermitteln ist.[39] Damit bleibt es den Vertragsparteien unbe-

---

33 *Reischl* Rn. 489.

34 OLG Naumburg ZInsO 2002, 677, 678; Uhlenbruck/*Wegener* § 103 InsO Rn. 59.

35 Vgl. OLG München GRUR 2013, 1125, 1132 – Technische Schutzrechte (PatR); Andres/Leithaus/ *Andres* § 103 InsO Rn. 14; *Dahl/Schmitz* BB 2013, 1032, 1033.

36 So LG München I GRUR-RR 2012, 142, 145 – Insolvenzfestigkeit (PatR) (anders aber später LG München I BeckRS 2014, 16898 (PatR)); Braun/*Kroth* § 103 InsO Rn. 19; *Graf/Wunsch* ZIP 2002, 2117, 2118; *Smid/Lieder* DZWIR 2005, 7, 18.

37 BGH NJW 2019, 2166 Rn. 21, 23.

38 BGH NJW 2019, 2166 Rn. 23; zust. *Riewe* NZI 2019, 590; *Wilhelm* BB 2019, 1618. Anders zuvor noch der I. Senat in BGH GRUR 2016, 201 Rn. 45 – Ecosoil (MarkenR).

39 BGH NJW 2019, 2166 Rn. 28, dort verneint für die Abnahme einer Mängelbeseitigungsleistung (Rn. 29). Auch das LG München I BeckRS 2014, 16898 (PatR) wollte Nebenleistungspflichten nur

nommen, Nebenpflichten zu synallagmatischen Pflichten zu erheben,[40] was auch hier die Bedeutung einer interessengerechten Vertragsgestaltung verdeutlicht. Etwa im Kaufrecht geht der BGH davon aus, dass die Abnahme der Kaufsache regelmäßig keine Gegenleistung für deren Lieferung darstellt und mit dieser folglich nur im Ausnahmefall synallagmatisch verknüpft ist.[41]

17   Haben beide Seiten noch nicht erfüllt, existieren die Ansprüche aus dem gegenseitigen Vertrag zwar weiterhin, sind mit dem Eröffnungsbeschluss aber **nicht mehr durchsetzbar.**[42] Der BGH vertrat früher die **Erlöschenstheorie,** wonach der Eröffnungsbeschluss das Erlöschen der Ansprüche bewirkte.[43] Diese Rechtsprechung hat er im Jahr 2002 ausdrücklich aufgegeben. Er nimmt keine Umgestaltung des Vertrages mehr an.

18   Verlangt der Insolvenzverwalter **Erfüllung,** bleibt es bei dem vereinbarten Inhalt der Einigung.[44] Der Erfüllungsanspruch der anderen Vertragspartei für den Zeitraum nach Eröffnungsbeschluss wird zu einer Masseverbindlichkeit i. S. d. § 55 Abs. 1 Nr. 2 InsO und damit vorrangig befriedigt. Aus der Masse wird also nur das bezahlt, was diese erhält.[45] **Lehnt der Verwalter hingegen ab,** bleibt der anderen Seite nur ein Schadensersatzanspruch statt der Leistung, der sämtliche aus der Nichterfüllung resultierende Schäden betrifft und lediglich eine einfache Insolvenzforderung darstellt.[46] Die Ablehnung bewirkt letztlich nur eine Klarstellung und unwiderrufliche Festlegung des bisherigen Zustandes, in dem sich der Vertrag seit der Eröffnung des Insolvenzverfahrens befindet.[47] Eine Umgestaltung des Vertrages erfolgt erst mit der Geltendmachung des Schadensersatzan-

---

berücksichtigen, wenn diese gegenseitige Hauptleistungspflicht betreffen und in einem direkten Sachzusammenhang zueinander stehen, wie dem Synallagma.

40 *Wilhelm* BB 2019, 1618.
41 Vgl. BGH NJW 2017, 1100 Rn. 29.
42 BGH NJW 2002, 2783, 2785; seitdem st. Rspr., vgl. BGH GRUR 2016, 201 Rn. 43 – Ecosoil; BGH NJW 2013, 1245 Rn. 20; BGH GRUR 2006, 435 Rn. 22 – Softwarenutzungsrecht. Anders bei Aufträgen, Geschäftsbesorgungen, Vollmachten (§§ 115, 116, 117 InsO).
43 Vgl. BGH NJW 1995, 1966, 1966 f.; BGH NJW 1988, 1790, 1791.
44 BGH NJW 2006, 2919 Rn. 12.
45 *Reischl* Rn. 478.
46 BGH NJW 2013, 1245 Rn. 8; *Adolphsen* DZWIR 2003, 228, 229; *Keller* ZJS 2010, 40, 47; *Smid/Lieder* DZWIR 2005, 7, 12. Es ist allerdings umstritten, ob der Anspruch aus §§ 280 Abs. 1, Abs. 3, 281 BGB oder aus § 103 Abs. 2 S. 1 InsO folgt (vgl. Jaeger/*Jacoby* § 103 InsO Rn. 242; Uhlenbruck/*Wegener* § 103 InsO Rn. 166). Ferner ist umstritten, ob auch entgangener Gewinn verlangt werden kann (vgl. Uhlenbruck/*Wegener* § 103 InsO Rn. 167). Daneben betrachtet eine a. A. den Anspruch des Gläubigers nicht als Sekundär-, sondern als Primäranspruch (vgl. Jaeger/*Jacoby* § 103 InsO Rn. 241 ff.).
47 BGH NJW 2003, 2744, 2747; HK-InsO/*Marotzke* § 103 Rn. 88; vgl. auch BGH NJW 2013, 1245 Rn. 8.

spruchs.[48] Der Gläubiger kann den Verwalter zur Ausübung seines Wahlrechts auffordern. Dieser hat dann unverzüglich zu erklären, ob er die Erfüllung verlangen will (§ 103 Abs. 2 S. 2 InsO). Kommt er der Aufforderung nicht nach, kann er auf Erfüllung nicht bestehen (§ 103 Abs. 2 S. 3 InsO).

Wichtige Anwendungsbereiche des § 103 InsO sind u. a. Kauf-, Tausch- und 19 Werkverträge.[49] Im Übrigen enthalten die darauf folgenden Normen Spezialbestimmungen:

Beachtet werden muss zunächst § 105 InsO zu **teilbaren Leistungen.** Sind 20 die geschuldeten Leistungen nämlich teilbar und hat der Vertragspartner seine Leistung zur Zeit der Eröffnung des Insolvenzverfahrens bereits teilweise erbracht, so stellt sein Anspruch in entsprechender Höhe in jedem Fall lediglich eine bloße Insolvenzforderung dar (§ 105 S. 1 InsO). Hinsichtlich des nach Insolvenzeröffnung zu leistenden Teils handelt es sich demgegenüber um eine Masseverbindlichkeit gemäß § 55 Abs. 1 Nr. 2 InsO (sofern der Verwalter sich für die Erfüllung des gegenseitigen Vertrages entscheidet).[50]

Ein ähnliches Prinzip gilt für Arbeits- und Dienstverhältnisse (vgl. § 108 Abs. 3 21 InsO). Diese bestehen nämlich gemäß § 108 Abs. 1 S. 1 InsO grundsätzlich fort. Ebenso bleiben **Miet- und Pachtverhältnisse** des Schuldners über unbewegliche Gegenstände oder Räume erhalten (§ 108 Abs. 1 S. 1 InsO). Hier gelten die §§ 108–112 InsO. Diese Normen sehen keine Wahlmöglichkeit des Verwalters vor. Ein Miet- oder Pachtverhältnis, das der Schuldner als Mieter oder Pächter eingegangen war, kann der Vermieter bzw. Verpächter nicht mehr wegen Zahlungsausfällen kündigen (§ 112 InsO). Die §§ 103–118 InsO sind nicht dispositiv (§ 119 InsO).

f) Insolvenzanfechtung

Im Übrigen sei hingewiesen auf das Institut der Insolvenzanfechtung (§§ 129 ff. 22 InsO). Dieses spielt jedoch für das Problem der Lizenzen in der Insolvenz keine entscheidende Rolle und ist auch nicht zwingend für das Grundlagenverständnis von Funktion und Wirkung des Insolvenzverfahrens. Die Insolvenzanfechtung darf nicht mit der Anfechtung nach §§ 119 ff., 142 ff. BGB verwechselt werden, sondern dient dazu, den Bestand der Insolvenzmasse zu erhalten und Maßnahmen rückgängig zu machen, durch die ein Insolvenzgläubiger sich vor Verfah-

---

48 *Berger* GRUR 2013, 321, 325; MüKo-InsO/*Huber* § 103 Rn. 22.
49 Jaeger/*Jacoby* § 103 InsO Rn. 64; *Keller* ZJS 2010, 40, 47.
50 *Keller* ZJS 2010, 40, 48.

renseröffnung Vorsprung vor anderen verschaffen wollte.[51] Daher wird die Insolvenzanfechtung hier nicht weiter vertieft.

g) Verfahrensbeendigung

23 Die Befriedigung der Masse- und Insolvenzgläubiger erfolgt durch den Insolvenzverwalter, der vor jeder Verteilung die Zustimmung des Gläubigerausschusses einzuholen hat, sofern ein solcher bestellt worden ist (§ 187 Abs. 3 InsO). Nach der vollständigen Verwertung der Insolvenzmasse findet die **Schlussverteilung** statt, der das Insolvenzgericht zuzustimmen hat (§ 196 InsO). Diese erfolgt auf Grundlage des Schlussberichts, der Schlussrechnung und des Schlussverzeichnisses des Insolvenzverwalters (vgl. § 188 InsO).[52] Es findet eine abschließende Gläubigerversammlung statt (Schlusstermin, § 197 InsO). Nach der Schlussverteilung beschließt das Insolvenzgericht die Aufhebung des Verfahrens (§ 200 Abs. 1 InsO).

3. Nachhaftungsphase

24 Der Zeitraum im Anschluss an die Verfahrensbeendigung wird Nachhaftungsphase genannt. Die Insolvenzgläubiger können ihre restlichen Forderungen gegen den Schuldner unbeschränkt geltend machen (§ 201 Abs. 1 InsO). Dies kann der Schuldner, sofern er eine natürliche Person ist, jedoch durch Beantragung der **Restschuldbefreiung** mit Wirkung gegen alle Insolvenzgläubiger[53] verhindern (§§ 201 Abs. 3, 286 ff. InsO). Er tritt seine pfändbaren Forderungen auf Bezüge aus einem Dienstverhältnis oder an deren Stelle tretende laufende Bezüge für sechs Jahre nach der Eröffnung des Insolvenzverfahrens an einen vom Gericht zu bestimmenden Treuhänder ab (§ 287 Abs. 2 InsO). Die Restschuldbefreiung bewirkt dann, dass Insolvenzforderungen zu unvollkommenen Verbindlichkeit, sog. Naturobligationen, werden, mithin nicht mehr eingefordert werden können.[54] Das Verfahren der Restschuldbefreiung gilt für juristische Personen nicht. Diese werden auf Grund des Eröffnungsbeschlusses schließlich aufgelöst.[55]

---

51 *Foerste* Rn. 288 f.; *Bork* Rn. 244; *Keller* ZJS 2010, 178, 178; *Matthies* Jura 2009, 165, 166, 170.
52 *Keller* ZJS 2010, 178, 184.
53 Ausnahmen sind in § 302 InsO aufgezählt.
54 BT-Drucks 12/2443, S. 194; BGH NJW 2008, 3640 Rn. 11.
55 S. Rn. 6.

Zurth

II. Insolvenz des Lizenzgebers

Für die insolvenzrechtliche Behandlung von Lizenzen ist zwischen zwei ver- 25
schiedenen Konstellationen zu unterscheiden. In Insolvenz geraten kann entweder der Lizenzgeber oder der Lizenznehmer. Ist ersteres der Fall, werden die
Folgen einer Erfüllungsablehnung nach § 103 Abs. 2 InsO durch den Insolvenzverwalter für den Lizenznehmer diskutiert. Auszugehen ist von dem Sachverhalt,
dass der Inhaber eines Schutzrechts in einem gegenseitigen Vertrag eine Lizenz
eingeräumt hat und die Laufzeit des Vertrages noch nicht abgelaufen ist. Unterschieden werden muss die Lizenz als Nutzungsrecht von dem zugrunde liegenden
Lizenzvertrag (**Trennungsprinzip**).[56]

1. Lizenz im Vermögen des Lizenznehmers

Wird ein Insolvenzverfahren über das Vermögen des Lizenzgebers eröffnet, fällt 26
das Schutzrecht in die Insolvenzmasse.[57] Die Lizenz hingegen ist eine Rechtsposition des Lizenznehmers und hat daher das Vermögen des Insolvenzschuldners
(also Lizenzgebers) verlassen, weshalb sie mit dem Eröffnungsbeschluss nicht Teil
der Masse wird (vgl. § 35 Abs. 1 InsO). Die Lizenz wird auch im Falle einer nach
§ 158 BGB bedingten Rechteeinräumung Teil des Vermögens des Lizenznehmers,
sogar wenn die Bedingung erst nach Insolvenzeröffnung eintritt.[58]

Das bedeutet aber noch nicht zwangsläufig, dass die Insolvenz des Lizenz- 27
gebers den Lizenznehmer in seiner Stellung unberührt lässt. Andererseits wird
sehr wohl das Interesse des Lizenznehmers an der Beständigkeit des Nutzungsrechts anerkannt. Auch die Rechtsprechung hat in den vergangenen Jahren versucht, die Lizenzrechte im Falle einer Insolvenz des Lizenzgebers zu stärken.[59] Es
werden verschiedene Lösungsansätze diskutiert.

---

56 S. zum Trennungsprinzip Kap. 3 Rn. 2.
57 S. Rn. 7 f. Eine Besonderheit gilt für das Urheberrecht.
58 BGH GRUR 2006, 435 Rn. 13 ff. – Softwarenutzungsrecht (UrhR).
59 Vgl. etwa BGH GRUR 2016, 201 Rn. 43 ff. – Ecosoil (MarkenR); OLG München GRUR 2013, 1125,
1131 – Technische Schutzrechte (PatR). Zu dieser Bewertung gelangen auch *Freier* NZI 2016, 857,
860; *Koós* MMR 2017, 13, 13; *Pahlow* WM 2016, 1717, 1720.

a) Aussonderung der Lizenz (§ 47 InsO)

28 Betrachtet man die Lizenz als dingliches Recht, kann sie gemäß § 47 InsO ausgesondert werden.[60] Trotz § 47 S. 2 InsO setzt die Geltendmachung der Aussonderung keinen Herausgabeanspruch voraus.[61] Letztlich geht es bei der Aussonderung nicht um die körperliche Entfernung eines Gegenstandes aus dem Machtbereich des Schuldners, sondern um die Geltendmachung eines Rechts an dem Gegenstand.[62] So kann das Aussonderungsrecht auch zur Verteidigung vorgebracht werden.[63] Die Aussonderung kann der Berechtigte nicht nur über eine Leistungs-, sondern auch über eine Feststellungsklage verfolgen.[64] Denkbar ist eine Aussonderung daher auch von Lizenzen, sofern man diesen eine entsprechende Rechtsnatur zuspricht. Der **ausschließlichen Lizenz** wird zwar ganz überwiegend ein dinglicher Charakter beigemessen.[65] Die Frage der Dinglichkeit der **einfachen Lizenz** ist hingegen äußerst umstritten, wobei auch in den einzelnen Rechtsgebieten unterschiedliche Streitstände auszumachen sind. Das Problem der Insolvenz des Lizenzgebers soll daher nicht allein anhand von § 47 InsO gelöst werden.

b) Anwendung von § 103 InsO auf Lizenzverträge

29 Unabhängig von § 47 InsO ist daher die Anwendung von § 103 InsO zu erörtern, dem im Schrifttum viel Aufmerksamkeit geschenkt wird. Bei schuldrechtlichen gegenseitigen Verträgen wird der Lizenznehmer nämlich durch die Möglichkeit einer Erfüllungsablehnung durch den Insolvenzverwalter (§ 103 InsO) bedroht. Verlöre der Lizenznehmer mit dem Lizenzvertrag sein Nutzungsrecht, könnte ihn dies auf Grund getätigter Investitionen und einer möglicherweise erfolgten Aus-

60 HK-InsO/*Lohmann* § 47 Rn. 14; BeckOK InsO/*Berberich*, § 108 InsO Rn. 81; *Fischer* WM 2013, 821, 830; *Haedicke* ZGE 2011, 377, 398 f.
61 MüKo-InsO/*Ganter* § 47 Rn. 5.
62 MüKo-InsO/*Ganter* § 47 Rn. 5.
63 HK-InsO/*Lohmann* § 47 Rn. 31.
64 MüKo-InsO/*Ganter* § 47 Rn. 479; HK-InsO/*Lohmann* § 47 Rn. 31; *Bork* Rn. 288.
65 Vgl. für das PatR: BGH GRUR 1982, 411, 413 – Verankerungsteil; Fitzner/Lutz/Bodewig/*Loth/ Hauck* § 15 PatG Rn. 39; *Kraßer/Ann* § 40 Rn. 33; UrhR: BGH GRUR 1959, 200, 202 – Der Heiligenhof; Fromm/Nordemann/*J. B. Nordemann* § 31 UrhG Rn. 92; Schricker/Loewenheim/*Schricker/Loewenheim* Vor § 28 UrhG Rn. 81; vgl. auch BGH GRUR 2010, 920 Rn. 36 – Klingeltöne für Mobiltelefone II; MarkenR: BGH GRUR 2007, 877 Rn. 29 – *Windsor Estate;* OLG Hamburg GRUR-RR 2005, 181, 182 – ZOMIG/AscoTop; *Ingerl/Rohnke* § 30 MarkenG Rn. 13. Zur Rechtsnatur der Lizenz s. auch Kap. 1 Rn. 15.

richtung des Unternehmens in eine wirtschaftliche Verlegenheit bringen.[66] Lizenzverträge unterscheiden sich von anderen auf Dauer angelegten Verträgen darin, dass die gewährte Leistung nicht substituierbar ist, sondern getätigte Investitionen gänzlich wirkungslos werden.[67]

Für die Anwendbarkeit des § 103 InsO spricht zunächst, dass der **Lizenz-** **30** **vertrag** entsprechend der Rechtspacht als Dauernutzungsvertrag eingeordnet wird.[68] Schließlich greifen auch die Spezialregelungen der §§ 108, 112 InsO nicht, so dass es bei der von § 103 InsO beschriebenen Lage bleibt.[69] Zwar bestehen gemäß § 108 Abs. 1 S. 1 InsO Miet- und Pachtverhältnisse des Schuldners über unbewegliche Gegenstände oder Räume fort. Entsprechendes gilt bei sonstigen Gegenständen für Miet- und Pachtverhältnisse, die der Schuldner als Vermieter oder Verpächter eingegangen war und die einem Dritten zur Sicherheit übertragen wurden, der ihre Anschaffung oder Herstellung finanziert hat (§ 108 Abs. 1 S. 2 InsO). **§ 108 InsO** kann jedoch **nicht analog** angewendet werden.[70] Der BGH hat dies nicht einmal in Betracht gezogen, sondern schlicht auf § 103 InsO abgestellt.[71] In dem Gesetzesentwurf der Bundesregierung zur InsO aus dem Jahr 1992 heißt es: „Abweichend vom geltenden Recht werden allerdings Miet- und Pachtverhältnisse über bewegliche Sachen und Rechte aus der Regelung über das Fortbestehen von Dauerschuldverhältnissen ausgenommen".[72] Miet- und Pachtverhältnisse über Rechte sollen also weiterhin dem Wahlrecht des Insolvenzverwalters unterfallen. Gegen eine Analogie spricht außerdem, dass der Gesetzgeber in § 108 Abs. 1 S. 2 InsO die Vorschrift erweiterte, dabei jedoch Lizenzen nicht be-

---

66 Vgl. auch BR-Drucks 600/07, S. 43, 56 f.; BeckOK InsO/*Berberich*, § 108 InsO Rn. 72.1; a. A. *Pleister/Wündisch* ZIP 2012, 1792, 1796 f.

67 *McGuire* GRUR 2012, 657, 658; *Wimmer* ZIP 2012, 545, 548.

68 Vgl. BGH GRUR 2016, 201 Rn. 43 – Ecosoil (MarkenR); BGH GRUR 2006, 435 Rn. 21 – Softwarenutzungsrecht (UrhR).

69 Ausdrücklich BGH GRUR 2016, 201 Rn. 43 – Ecosoil (MarkenR).

70 LG München I BeckRS 2014, 16898 (PatR); Wandtke/Bullinger/*Bullinger* § 108 InsO Rn. 4; Fitzner/Lutz/Bodewig/*Loth/Hauck* § 15 PatG Rn. 80; *Dahl/Schmitz* NZI 2007, 626, 627; *Fischer* WM 2013, 821, 821 f.; *Ganter* NZI 2011, 833, 837; *Graef* ZUM 2006, 104, 104; *Hauck* GRUR-Prax 2013, 437, 437; *Koós* MMR 2017, 13, 14; *Pahlow* WM 2008, 2041, 2045; *Plath* CR 2005, 613, 614; *Riewe* Insolvenz im urheberrechtlichen Lizenzvertrag, Duisburg u. a. 2008, S. 54 f.; *Scherenberg* Lizenzverträge in der Insolvenz des Lizenzgebers, Berlin 2005, S. 62 ff.; *Daneshzadeh Tabrizi* Lizenzen in der Insolvenz, Tübingen 2011, S. 116 f.; *Wiedemann* Lizenz und Lizenzverträge in der Insolvenz, Köln 2006, Rn. 1125; a. A. *Abel* NZI 2003, 121, 127; *Bausch* NZI 2005, 289, 293; *Fezer* WRP 2004, 793, 799 f.; *Koehler/Ludwig* WRP 2006, 1342, 1344 f.

71 Vgl. BGH GRUR 2016, 201 Rn. 43 ff. – Ecosoil (MarkenR); BGH GRUR 2006, 435 Rn. 21 – Softwarenutzungsrecht (UrhR).

72 BT-Drucks 12/2443, S. 146.

Zurth

rücksichtigte.[73] Auch vor Einführung der InsO im Jahr 1999 gab es in der bis dahin geltenden Konkursordnung (KO) keine ausdrückliche Regelung und mit dem neuen Gesetz fiel die Vermietung und Verpachtung von beweglichen Gegenständen, auf die eine Analogie in Bezug auf Lizenzen gestützt werden könnte, aus dem Anwendungsbereich heraus.[74]

31   Im Rahmen der viel beachteten Insolvenz des Unternehmens *Qimonda* haben das OLG München und in der Vorinstanz das LG München I – jedenfalls für den Fall der Unwiderruflichkeit der Lizenz – in Übereinstimmung mit einer Minderansicht in der Literatur[75] jedoch entschieden, dass der Lizenzgeber mit der Einräumung einer einfachen Lizenz seine Pflicht **vollständig erfüllt** habe, so dass § 103 InsO nicht angewendet werden könne.[76] Der BGH schloss sich dem in einem markenrechtlichen Verfahren an[77] und hatte bereits zum urheberrechtlichen Nutzungsrecht entschieden, dass es „nicht während der Dauer des Lizenzverhältnisses fortwährend in seinem Bestand" vermittelt wird.[78] Demgegenüber geht eine starke Ansicht in der Literatur davon aus, dass nach Einräumung einer Lizenz der Lizenzvertrag noch **nicht vollständig erfüllt** ist und § 103 InsO anwendbar bleibt.[79] Der Rechtsprechung wird vorgeworfen, sie unterlaufe die Beschränkung des § 108 InsO auf unbewegliche Sachen.[80] Dem kann freilich nicht gefolgt werden, weil die lizenzrechtliche Dogmatik unabhängig von einer Spezialvorschrift der InsO zu bestimmen ist. Allein aus der Unanwendbarkeit von § 108 InsO kann außerdem noch nicht auf eine zwingende Heranziehung von § 103 InsO geschlossen werden, weil diese Norm schließlich mit gewissen Tatbestandsvoraussetzungen formuliert wurde.

---

73 *Wiedemann* Lizenz und Lizenzverträge in der Insolvenz, Rn. 1125.
74 *Fischer* WM 2013, 821, 821 f.
75 *Dieselhorst* CR 2010, 69, 74 f.; *von Frentz/Masch* ZIP 2011, 1245, 1246; *Hirte* KSzW 2012, 268, 269; *Schwarz/Klingner* UFITA 138 (1999), 29, 44; *Seegel* CR 2013, 205, 207; jedenfalls für Kreuzlizenzen auch *Hauck* GRUR-Prax 2013, 437, 438 f.
76 OLG München GRUR 2013, 1125, 1131 ff. – Technische Schutzrechte (PatR); LG München I GRUR-RR 2012, 142, 143 ff. – Insolvenzfestigkeit (PatR); vgl. ferner zum Fall *Qimonda* KG ZIP 2012, 990. Dies übersieht *Deichfuß* NZKart 2016, 144.
77 Vgl. BGH GRUR 2016, 201 Rn. 44 f. – Ecosoil (MarkenR).
78 Vgl. BGH GRUR 2009, 946 Rn. 20 – Reifen Progressiv.
79 So Fitzner/Lutz/Bodewig/*Loth/Hauck* § 15 PatG Rn. 80; *Abel* NZI 2003, 121, 124; *Bauer/Sopp* ZUM 2004, 112, 119; *Berger* GRUR 2013, 321, 325; *Graef* ZUM 2006, 104, 105; *McGuire* GRUR 2009, 13, 17; *Pahlow* WM 2008, 2041, 2043; *Slopek* WRP 2010, 616, 617; *Smid/Lieder* DZWIR 2005, 7, 13; *Stickelbrock* WM 2004, 549, 558; differenzierend Wandtke/Bullinger/*Bullinger* § 108 InsO Rn. 5 ff.; Berger/Wündisch/*Abel* § 11 Rn. 154 ff.; *Brinkmann* NZI 2012, 735, 739 f.; zur Auffassung im US-amerikanischen Recht s. Rn. 108.
80 So *McGuire* GRUR 2013, 1133, 1134.

Zurth

Maßgeblich ist daher auf den Begriff der **Erfüllung** abzustellen. Hier ist 32 darauf hinzuweisen, dass es nach nunmehr ausdrücklicher Entscheidung des BGH nur auf die Hauptpflichten und die anderen wesentlichen, im Gegenseitigkeitsverhältnis stehenden Pflichten, nicht jedoch auf sämtliche **Nebenleistungspflichten** ankommt.[81] Es ist im Einzelfall auszulegen, welche Pflichten hierzu zählen. Ein Lizenzvertrag mag neben den Hauptpflichten durchaus zahlreiche weitere Pflichten auferlegen.[82] Auch wenn sich im Einzelfall wesentliche und noch nicht (vollständig) erfüllte Pflichten ergeben, kann nach hier vertretener Auffassung im Rahmen von § 103 InsO der Gesamtvertrag jedoch in erfüllte und unerfüllte Forderungen **aufgeteilt** werden.[83] Die Einräumung eines Nutzungsrechts erfolgt dabei in einem einmaligen Akt.[84] Insofern kann auch nicht mit einer Plicht des Lizenzgebers, die Nutzungsbefugnis aufrechterhalten, argumentiert werden.[85] Denn schließlich trifft ebenso den Veräußerer beim Kaufvertrag die Pflicht, die endgültig eingeräumte Rechtsposition des Käufers nicht zu gefährden oder zu beeinträchtigen.[86] Der **Rechtsprechung** ist daher im Hinblick auf den Schutz der Lizenz vor der Nichterfüllungswahl des Insolvenzverwalters nach § 103 Abs. 2 S. 1 InsO zuzustimmen, wenngleich diese bisher nicht dogmatisch einheitlich verlief. Der IX. Zivilsenat des BGH hatte in der Entscheidung „Softwarenutzungsrecht" § 103 InsO für anwendbar gehalten, da trotz des „dinglichen Rechtsübergang[s]" „die gegenseitigen Dauerleistungen für die Zukunft noch ausstanden".[87] Auch in der Entscheidung „Ecosoil" berücksichtigte der I. Zivilsenat Nebenleistungspflichten, hielt es aber für „nicht ersichtlich, dass [diese] offen sind".[88] Demgegenüber lag das LG München I bereits im Jahr 2014 auf der Linie der neuen Rechtsprechung des IX. Zivilsenats, da es Nebenleistungspflichten nur berücksichtigen wollte, wenn diese gegenseitige Hauptleistungspflichten betref-

---

81 S. Rn. 16.

82 S. 3. Kapitel Rn. 51 ff. Das OLG München legte bei seiner Entscheidung allerdings zugrunde, dass den insolventen Lizenzgeber in dem konkreten Fall keine Nebenleistungspflichten getroffen hätten (OLG München GRUR 2013, 1125, 1132 – Technische Schutzrechte (PatR)).

83 Vgl. BeckOK InsO/*Berberich*, § 108 InsO Rn. 84; Uhlenbruck/*Wegener* § 103 InsO Rn. 15 f.; *von Wilmowsky* NZI 2013, 377, 379; ähnlich wohl *Koós* MMR 2017, 13, 14; s. auch Berger/Wündisch/*Abel* § 11 Rn. 130; *Bausch* NZI 2005, 289, 294; *Pahlow* Lizenz und Lizenzvertrag, S. 357; gegen eine Aufteilung des Wahlrechts *Brandt* NZI 2001, 337, 342; *McGuire* Die Lizenz, S. 429 f.; wohl auch *Pahlow* WM 2016, 1717, 1722 f.

84 *Haedicke* GRUR-RR 2012, 145, 146.

85 So aber *Abel* NZI 2003, 121, 124; *Adolphsen* DZWIR 2003, 228, 229; *Bauer/Sopp* ZUM 2004, 112, 119; *Seegel* CR 2013, 205, 206; *Smid/Lieder* DZWIR 2005, 7, 13.

86 *Berger* GRUR 2013, 321, 325.

87 Vgl. BGH GRUR 2006, 435 Rn. 21 f. (UrhR).

88 BGH GRUR 2016, 201 Rn. 45 – Ecosoil (MarkenR).

fen und in einem direkten Sachzusammenhang, wie dem Synallagma, zueinander stehen.[89]

33 Das LG München I vertrat dann wiederum die Auffassung, dass – nach der Vertragsgestaltung im Einzelfall – ein Dauerschuldverhältnis vorliege, wenn es dem Lizenznehmer gerade um die Ausnutzung der Monopolstellung und um die Tätigkeit „unter dem Schutzschirm" dieses Monopolrechts gehe, so dass § 103 InsO Anwendung finde. [90] Komme es ihm demgegenüber auf seine eigene Handlungsfreiheit an, seien die Voraussetzungen des § 103 InsO nicht erfüllt. Die Gestaltung als Kreuzlizenzvertrag sowie die Einräumung lizenzgebührenfreier oder vollständig bezahlter, unbefristeter Nutzungsrechte sprächen gegen die Annahme eines Dauerschuldverhältnisses. Diese Differenzierung überzeugt nicht. Zunächst sollte bei der Auslegung nicht allein auf den Lizenznehmer abgestellt werden. Die Kriterien erscheinen außerdem zu unbestimmt, denn streng genommen wird die Monopolstellung durch den Lizenznehmer nur ausgenutzt, wenn er ein ausschließliches Nutzungsrecht innehat. Dass der Lizenznehmer eine dauerhafte Berechtigung durch eine einmalige Willenserklärung erhält, ist unabhängig vom Charakter des Entgelts. Daher müssen Leistung und Gegenleistung in ihrer Rechtsnatur voneinander getrennt bestimmt werden.

c) Zwischenergebnis

34 Lehnt der Insolvenzverwalter die Erfüllung ab, hat dies **auf den Bestand der Lizenz keinen Einfluss.**[91] Dabei spielt auch die Frage des **Abstraktions- oder Kausalitätsprinzips** keine Rolle, weil der Lizenzvertrag nicht erlischt, sondern die Ansprüche lediglich nicht durchsetzbar werden.[92] Die Anwendung des Kausalitätsprinzips wird häufig auf § 9 Abs. 1 VerlG gestützt.[93] Es liegt jedoch keine „Beendigung" i.S.d. § 9 Abs. 1 VerlG vor.[94] Im Übrigen führt eine Erfüllungsablehnung mangels materiell-rechtlicher Auswirkungen auf den Vertrag nicht zu

---

89 LG München I BeckRS 2014, 16898 (PatR).
90 LG München I BeckRS 2014, 16898 (PatR) = GRUR-Prax 2014, 459 (*Hauck*).
91 BGH GRUR 2006, 435 Rn. 22 – Softwarenutzungsrecht (UrhR); *Bausch* NZI 2005, 289, 294; *Koehler/Ludwi*g NZI 2007, 79, 84; *Pahlow* WM 2008, 2041, 2043; *Plath* CR 2005, 613, 615; *Weber/Hötzel* NZI 2001, 432, 434; a.A. LG Mannheim ZIP 2004, 576, 578; Fitzner/Lutz/Bodewig/*Loth/Hauck* § 15 PatG Rn. 81; *Berger* GRUR 2013, 321, 323.
92 *Fischer* WM 2013, 821, 823.
93 S. 3. Kapitel Rn. 3.
94 *Daneshzadeh Tabrizi* Lizenzen in der Insolvenz, S. 105 ff.; a.A. LG Mannheim ZIP 2004, 576, 578; *Seegel* CR 2013, 205, 206.

Zurth

einem bereicherungsrechtlichen Anspruch nach § 812 Abs. 1 S. 2, Alt. 1 BGB.[95] Auch ein Anspruch aus §§ 812 Abs. 1 S. 1, Alt. 1, 813 BGB entsteht nicht, weil die Einrede der mangelnden Durchsetzbarkeit im Zeitpunkt der Rechteeinräumung noch nicht bestand.[96] Die Nutzungsberechtigung des Lizenznehmers wird also nach der hier vertretenen Ansicht nicht gefährdet. Auf die Erfüllung von Nebenleistungspflichten, wie etwa die Weiterentwicklung des Schutzgegenstandes, kann dieser sich hingegen nicht verlassen.

2. Handlungsoptionen des Lizenznehmers

Da der Lizenznehmer sein Nutzungsrecht behält, muss er insofern auch weiter- 35 hin Lizenzgebühren entrichten. Weder Insolvenzeröffnung noch Erfüllungsablehnung schließen jedoch ein vertragliches **Kündigungs- oder Rücktrittsrecht** aus.[97] Eine Erfüllungsablehnung führt regelmäßig dazu, dass dem Lizenznehmer ein Festhalten am Vertrag unzumutbar wird.[98] Dies gilt selbst dann, wenn erst durch die Vertragsbeendigung eine Bedingung (§ 158 BGB) eintritt und der Lizenznehmer somit die Rechte erwirbt.[99] Auch wenn man mit der hier vertretenen Ansicht also davon ausgeht, dass der Lizenznehmer durch den Eröffnungsbeschluss und durch die Erfüllungsablehnung des Verwalters sein Nutzungsrecht nicht verliert, erhält er die Möglichkeit zur Kündigung gemäß § 314 BGB.

Der Lizenznehmer muss jedoch beachten, dass das Patent erlischt, wenn der 36 Insolvenzverwalter die Jahresgebühren nicht entrichtet (§§ 17, 20 Abs. 1 Nr. 2 PatG). Ihm bleibt nur, die Gebühren selbst zu übernehmen.[100] Entsprechendes gilt für Marken (vgl. § 47 Abs. 3, Abs. 6 MarkenG).

3. Handlungsoptionen des Insolvenzverwalters

Eine **Beendigung des Lizenzverhältnisses** ist häufig im Interesse des Verwal- 37 ters, weil eine Veräußerung des Schutzrechts oder eine Neulizenzierung einen höheren Ertrag versprechen.[101] Soll die Verwertung durch den insolventen Lizenzgeber fortgesetzt werden, wirkt sich der Sukzessionsschutz wirtschaftlich

---

95 BGH NJW 2003, 2744, 2747; Uhlenbruck/*Wegener* § 103 InsO Rn. 186; zum Lizenzvertrag LG Hamburg ZUM-RD 2008, 77, 81 (UrhR); *Koehler/Ludwig* NZI 2007, 79, 84.
96 *Pahlow* WM 2008, 2041, 2044.
97 BGH GRUR 2006, 435 Rn. 24 – Softwarenutzungsrecht (UrhR).
98 BGH GRUR 2006, 435 Rn. 24 – Softwarenutzungsrecht (UrhR).
99 BGH GRUR 2006, 435 Rn. 24 – Softwarenutzungsrecht (UrhR).
100 *Bausch* NZI 2005, 289, 294.
101 *Berger* GRUR 2013, 321, 321.

nachteilig aus.[102] Der Insolvenzverwalter kann daher die Erfüllung des Vertrages ablehnen (§ 103 Abs. 2 InsO), um den Lizenznehmer zur Beendigung des Lizenzverhältnisses zu bewegen. Zwingen kann er ihn nach hier vertretener Auffassung hingegen nicht. Die Erfüllungsablehnung stellt im Übrigen allenfalls dann einen Verstoß gegen Treu und Glauben (§ 242 BGB) dar, wenn sie die Existenz des Lizenznehmers bedroht und keine höherrangigen Masseinteressen entgegenstehen, was jedoch nur äußerst selten der Fall sein wird.[103] Dem Insolvenzverwalter steht ferner ein Kündigungsrecht zu, wenn der Lizenznehmer keine Lizenzgebühren mehr zahlt.[104]

III. Insolvenz des Lizenznehmers

38 Auch bei der Klärung der Folgen der Insolvenz des Lizenznehmers muss man sich das Trennungsprinzip vor Augen führen: Unterschieden wird zwischen den Rechten aus einer bereits eingeräumten Lizenz und dem Anspruch auf Lizenzeinräumung.

1. Lizenz in der Insolvenzmasse

39 Die Lizenz ist Teil der Insolvenzmasse, sofern sie pfändbar (§ 36 Abs. 1 S. 1 InsO), d. h. **übertragbar** (§§ 851 Abs. 1, 857 Abs. 1 ZPO) ist. Im **Urheberrecht** sind Nutzungsrechte nach der Regelung des § 34 UrhG übertragbar. Dennoch ist die Massezugehörigkeit von urheberrechtlichen Lizenzen problematisch, weil die Übertragung unter dem Zustimmungsvorbehalt des Urhebers steht (§ 34 Abs. 1 UrhG). Ungeachtet dessen geht die überwiegende Auffassung von einer Massezugehörigkeit aus.[105] Der Zustimmungsvorbehalt soll eine Einordnung in die Insolvenzmasse nicht verhindern, weil er für Unternehmensveräußerungen ausgenommen wird (§ 34 Abs. 3 S. 1 UrhG).[106] Jedoch stellt der Zustimmungsvorbehalt von der gesetzlichen Konstruktion aus gesehen die Regel dar.

40 Erteilt der Urheber von vornherein seine Zustimmung zur Übertragbarkeit, fallen Lizenzen unproblematisch in die Masse. Ein unveräußerliches Recht ist aber insofern pfändbar, als dessen Ausübung einem anderen überlassen werden

---

102 *Berger* GRUR 2013, 321, 321.
103 *Brandt* NZI 2001, 337, 342.
104 *Bausch* NZI 2005, 289, 294.
105 Vgl. *Russ* § 36 VerlG Rn. 29; Dreier/Schulze/*Schulze* § 34 UrhG Rn. 7; *Schack* Rn. 885.
106 *Berger* FS Kirchhof, S. 1, 5; *Wiedemann* Lizenzen und Lizenzverträge in der Insolvenz, Rn. 338 ff.; dahingehend auch Berger/Wündisch/*Abel* § 11 Rn. 106 f.

kann (§ 857 Abs. 3 ZPO).[107] In diesem Rahmen kann ein Gericht die Verwaltung des Nutzungsrechts anordnen (§ 857 Abs. 4 S. 2 ZPO).[108] Urheberrechtliche Nutzungsrechte fallen daher in die Insolvenzmasse.

Im **Patentrecht** ergibt sich eine ähnliche Problematik. Es wird davon aus- 41 gegangen, dass sich die Übertragbarkeit einer Lizenz gemäß §§ 398, 413 BGB nach dem Parteiwillen richtet.[109] Während ausschließliche Lizenzen übertragbar sein sollen,[110] werden einfache Lizenzen grundsätzlich als personen- oder betriebsgebunden betrachtet.[111] Andere weisen demgegenüber zu Recht darauf hin, dass es sich für beide Lizenzformen um eine Frage des Einzelfalls handelt.[112] Ähnlich ist die Auffassung im Markenrecht.[113] Sowohl im Patent- als auch im Markenrecht kann eine Übertragbarkeit ausdrücklich vereinbart werden. Damit kommt es ausschließlich auf den Parteiwillen und dessen Auslegung an.[114] Nimmt man eine Bindung an eine Person oder an einen Betrieb an, kann die Lizenz nicht zur Ausübung überlassen werden. Sie wird dann nicht Teil der Insolvenzmasse.

Fällt eine Lizenz nicht in die Insolvenzmasse, unterliegt sie nicht den Re- 42 gelungen der InsO, so dass das Lizenzverhältnis wie vor der Eröffnung des Insolvenzverfahrens fortgeführt wird. Wird sie hingegen Teil der Insolvenzmasse, erfolgt durch die Eröffnung des Insolvenzverfahrens oder durch die Erfüllungsablehnung – unabhängig von der Geltung des Abstraktionsprinzips – **kein automatischer Rechterückfall**, weil der Lizenzvertrag nicht erlischt, sondern die Vertragspflichten lediglich ihre Durchsetzbarkeit verlieren.[115]

Zu beachten ist, dass der Lizenzgeber – nach hier und überwiegend in der 43 Rechtsprechung vertretener Ansicht – mit der Einräumung des Nutzungsrechts seine Pflicht vollständig erfüllt, so dass der Lizenzvertrag im Hinblick auf diesen Vertragsteil nicht als beiderseitig unerfüllt eingeordnet werden. Im Patent- und Markenrecht muss der Lizenzgeber zwar als Nebenleistungspflicht das Schutz-

---

107 Auf diese Norm abstellend auch *Pahlow* Lizenz und Lizenzvertrag, S. 466 f.

108 Zur Vollstreckung in immaterialgüterrechtliche Nutzungsrechte s. auch Rn. 116 ff.

109 Busse/Keukenschrijver/*Hacker* § 15 PatG Rn. 77; Benkard/*Ullmann/Deichfuß* § 15 PatG Rn. 103.

110 BGH GRUR 1969, 560, 561 – Frischhaltegefäß.

111 BGH GRUR 1974, 463, 464 – Anlagengeschäft; Benkard/*Ullmann/Deichfuß* § 15 PatG Rn. 70; Fitzner/Lutz/Bodewig/*Loth/Hauck* § 15 PatG Rn. 41.

112 So Busse/Keukenschrijver/*Hacker* § 15 PatG Rn. 77; *Kraßer/Ann* § 40 Rn. 39; verallgemeinernd eine Übertragbarkeit ablehnend hingegen *Hauck* AcP 211 (2011), 626, 653.

113 Vgl. *Ingerl/Rohnke* § 30 Rn. 49; HK-MarkenG/*Pahlow* § 30 Rn. 52 f.

114 So auch *Daneshzadeh Tabrizi* Lizenzen in der Insolvenz, S. 92.

115 *Bärenz* NZI 2006, 72, 76; *Stickelbrock* WM 2004, 549, 559 f.; *Weber/Hötzel* NZI 2011, 432, 434; zur mangelnden Durchsetzbarkeit von Vertragspflichten auf Grund des Eröffnungsbeschlusses s. Rn. 17.

recht aufrechterhalten, verlängern und anfallende Gebühren zahlen.[116] Darüber hinaus wird bei Softwarelizenzen nicht selten eine Weiterentwicklung des Programms vereinbart. Auf Grundlage der neuen BGH-Rechtsprechung sind jedoch nur noch Hauptpflichten und die anderen wesentlichen, im Synallagma stehenden Pflichten für § 103 InsO relevant.[117] Etwa für die Weiterentwicklung von Software mag dies regelmäßig anzunehmen sein.[118] In jedem Falle ist eine Auslegung im Einzelfall vonnöten, ob und für welchen Vertragsteil **§ 103 InsO** in der Insolvenz des Lizenznehmers einschlägig ist bzw. ob unerfüllte Pflichten zumindest einer der beiden Vertragsparteien bestehen. Im Verlagsbereich erklärt § 36 Abs. 1 VerlG die Vorschrift des § 103 InsO ausdrücklich für anwendbar.

44 Für den Fall der Anwendbarkeit von § 103 InsO in der Insolvenz des Lizenznehmers steht die Frage nach der Zahlung der **Lizenzgebühren** im Vordergrund. Die Vorschrift des § 105 InsO ist bei Lizenzgebühren nach Zeitabschnitten anzuwenden.[119] Daher werden Ansprüche auf die Lizenzgebühr aus Zeiten vor Verfahrenseröffnung bloße Insolvenzforderungen, während im Falle der Fortsetzung des Lizenzvertrages nach entsprechender Entscheidung des Verwalters Lizenzgebühren aus der Masse zu entrichten sind (§ 55 Abs. 1 Nr. 2 InsO). Ohne Anwendung der §§ 103 ff. InsO stellen sämtliche Ansprüche auf Lizenzgebühren hingegen bloße Insolvenzforderungen dar.

a) Lizenzvertrag in der Insolvenz

45 Hält der Insolvenzverwalter am Lizenzvertrag fest, bleibt die Nutzungsberechtigung unangetastet, so dass der Verwalter die Lizenzgebühren aus der Masse vorrangig zu entrichten hat. Aber auch bei einer Erfüllungsablehnung bleibt die Lizenz zunächst regelmäßig als Teil der Insolvenzmasse bestehen. Dem Insolvenzverwalter steht zwar ein Wahlrecht in Bezug auf den schuldrechtlichen Lizenzvertrag zu, sofern die Voraussetzungen des § 103 InsO erfüllt sind. Die Erfüllungsablehnung bewirkt jedoch kein Erlöschen des Vertrages, sondern belässt diesen in dessen Zustand der fehlenden Durchsetzbarkeit.[120]

46 Die Erfüllungsablehnung hat also zunächst zur Folge, dass **keine Lizenzgebühren** aus der Masse zu zahlen sind, die **Lizenz dennoch erhalten** bleibt. Im Schrifttum wurden daher verschiedene Ansätze mit dem Ziel vorgeschlagen, dem Insolvenzverwalter sein Wahlrecht zu nehmen. Zu denken wäre auch hier an

116 S. Kap. 3 Rn. 58.
117 S. Rn. 16.
118 So auch BeckOK InsO/*Berberich*, § 108 InsO Rn. 85.
119 *Weber/Hötzel* NZI 2001, 432, 434.
120 S. Rn. 17.

Zurth

eine **Analogie zu § 108 Abs. 1 InsO.** Diese muss jedoch aus den bereits oben genannten Gründen abgelehnt werden.[121] Für § 108 Abs. 1 S. 2 InsO gilt dies erst recht, weil diese Norm nur den Fall betrifft, dass der Insolvenzschuldner Vermieter oder Verpächter ist.[122] Der Gesetzgeber hat die Norm ganz bewusst auf bestimmte Gegenstände beschränkt.[123] Wird ein Verleger insolvent, erklärt § 36 Abs. 1 VerlG die Vorschrift des § 103 InsO sogar ausdrücklich für anwendbar. Diese Norm belegt, dass der Gesetzgeber das Problem der Lizenz in der Insolvenz keineswegs vollständig übersehen hat, was ebenfalls gegen eine Analogie aus § 108 InsO spricht.[124] Schließlich wurde die Norm zur Anpassung an die eingeführte InsO im Jahr 1999 geändert.[125]

b) Bestand der Sublizenz

Möglich ist die Einräumung von weiteren Lizenzen durch einen Lizenznehmer 47 in einer Lizenzkette. Jedenfalls für das Urheberrecht ist festzuhalten, dass die Sublizenz unabhängig von Vorgängen im Hauptlizenzverhältnis bestehen bleibt – auch, wenn der Hauptlizenznehmer sein Nutzungsrecht verliert. Der BGH hat dies mittlerweile für verschiedene Konstellationen entschieden.[126] Der Fall „Reifen Progressiv"[127] betraf sogar die hier relevante Konstellation der Insolvenz des Hauptlizenznehmers. Der Urheber übte sein Rückrufrecht (§ 41 UrhG) aus, doch die Sublizenz blieb bestehen.

2. Handlungsoptionen des Lizenzgebers

Fraglich ist, wie der Lizenzgeber auf den für ihn ungünstigen Zustand des Be- 48 standes der Lizenz ohne Erhalt von Lizenzgebühren reagieren kann. Die Geltendmachung eines Aussonderungsanspruchs nach § 47 InsO scheidet aus.[128] Der Lizenzgeber ist nicht Inhaber des Nutzungsrechts und sein Schutzrecht vermittelt ihm kein Recht an der Lizenz.

---

121 Vgl. *Weber/Hötzel* NZI 2001, 432, 433; s. dazu Rn. 30.
122 *Berger* FS Kirchhof, S. 1, 6. Jedoch ist § 108 Abs. 1 S. 2 InsO anwendbar auf Sicherungseinräumung von Nutzungsrechten, vgl. Wandtke/Bullinger/*Bullinger* § 108 InsO Rn. 12; *Hausmann* ZUM 1999, 914, 923.
123 *Hausmann* ZUM 1999, 914, 922.
124 *Pahlow* WM 2008, 2041, 2045.
125 Ulmer-Eilfort/Obergfell/*Ulmer-Eilfort* § 36 VerlG Rn. 1.
126 Dazu s. 3. Kapitel Rn. 31 ff.
127 BGH GRUR 2009, 946.
128 *Adolphsen* DZWIR 2003, 228, 232; *Stickelbrock* WM 2004, 549, 560.

a) Kündigung durch den Lizenzgeber

49 Jedoch ist dem Lizenzgeber im Falle einer Erfüllungsablehnung durch den Verwalter ein **Kündigungsrecht** gemäß § 314 BGB auf Grund der Unzumutbarkeit der Vertragsfortsetzung zuzusprechen, weil der Eintritt des Vertragszwecks vereitelt wird.[129] Andere knüpfen dieses Recht an die mangelhafte Lizenzausübung[130] oder an den Wertverfall des Schutzrechts.[131] Im Falle einer ernsthaften und endgültigen Verweigerung, etwa nach § 103 Abs. 2 InsO, ist eine Fristsetzung oder Abmahnung nicht notwendig (§ 314 Abs. 2 S. 2 i.V.m. § 323 Abs. 2 Nr. 1 BGB). Im Verlagsrecht gewährt § 36 Abs. 3 VerlG dem Verfasser ausdrücklich ein Rücktrittsrecht, wenn zur Zeit der Eröffnung des Verfahrens die Vervielfältigung des Werkes noch nicht begonnen hat. Der Lizenzgeber kann den Insolvenzverwalter **zur Entscheidung drängen** (§ 103 Abs. 2 S. 2 InsO), so dass die Kündigungsmöglichkeit nicht beliebig hinausgezögert werden kann.

aa) Bei Geltung des Kausalitätsprinzips

50 Die Kündigung lässt den Lizenzvertrag und somit die Rechtsgrundlage der Lizenz entfallen. Geht man von der Geltung des **Kausalitätsprinzips** aus, folgt daraus ein **automatischer Wegfall** der Lizenz.[132] Fließen dem Lizenznehmer Einnahmen aus dem Lizenzgegenstand nach dem Verlust der Lizenz zu, muss er diese nach § 812 Abs. 1 S. 1, Alt. 2 BGB (Nichtleistungskondiktion) herausgeben. Bei diesem Anspruch handelt es sich um eine Masseverbindlichkeit (§ 55 Abs. 1 Nr. 3 InsO).

bb) Bei Geltung des Abstraktionsprinzips

51 Für den Fall der Geltung des **Abstraktionsprinzips** ergibt sich hingegen lediglich ein **bereicherungsrechtlicher Anspruch auf Rückgewähr** (§ 812 Abs. 1 S. 2, Alt. 1 BGB), der effektiv nur als Masseverbindlichkeit (§ 55 InsO) verwirklicht werden könnte. Allerdings ist § 55 Abs. 1 Nr. 3 InsO nicht anwendbar. Denn eine vor Eröffnung erlangte Bereicherung des Schuldners begründet keine Masseschuld, sondern eine Insolvenzforderung, auch wenn der Rechtsgrund erst nach Eröffnung wegfällt.[133] Der Anspruch kann daher nur wertmäßig geltend gemacht

---

129 *Schack* Rn. 888; *Bärenz* NZI 2006, 72, 75 f.
130 So *Pahlow* Lizenz und Lizenzvertrag, S. 472.
131 So *Cepl* NZI 2000, 357, 360.
132 S. Kap. 3 Rn. 3.
133 BGH NZI 2011, 143 Rn. 10; BGH NZI 2009, 475 Rn. 12; MüKo-InsO/*Hefermehl* § 55 Rn. 209, 212, 215; HK-InsO/*Lohmann* § 55 Rn. 25; Uhlenbruck/*Sinz* § 55 InsO Rn. 85; für einen effektiv durch-

werden (vgl. § 45 S. 1 InsO). Nach anderer Ansicht kann dem Lizenzgeber ein „dinglicher Anspruch auf Rückübertragung der Lizenz" gewährt werden, weil das Nutzungsrecht nach der Erfüllungsablehnung haftungsrechtlich dem Vermögen des Lizenzgebers zuzuordnen sei.[134] Eine dogmatische Grundlage für diesen Anspruch fehlt aber.

Der Lizenzgeber kann dem Lizenznehmer für den Fall der Geltung des Abstraktionsprinzips das Nutzungsrecht also nicht entziehen. Um weiterhin Lizenzgebühren zu erhalten, sollte sich der Lizenzgeber jedoch auf § 55 Abs. 1 Nr. 2, Alt. 2 InsO berufen dürfen.[135] Danach sind Masseverbindlichkeiten auch solche, deren Erfüllung von gegenseitigen Verträgen für die Zeit nach der Eröffnung des Insolvenzverfahrens erfolgen muss. Folglich stellen Verbindlichkeiten aus Dauerschuldverhältnissen, die bis zum Zeitpunkt der Ausübung des Wahlrechts anfallen, eine Masseverbindlichkeit gemäß § 55 InsO dar.[136] Sobald der Insolvenzverwalter die Erfüllung ablehnt, ist diese Norm freilich nicht mehr unmittelbar anwendbar. Allerdings ist Sinn und Zweck des § 55 Abs. 1 Nr. 2 InsO, dass für eine weiterhin der Masse zu Gute kommende Leistung eine Gegenleistung erbracht wird.[137] Da die Lizenz erhalten bleibt, sind also Lizenzgebühren analog § 55 Abs. 1 Nr. 2, Alt. 2 InsO als Masseverbindlichkeiten vorrangig zu befriedigen. Das Wahlrecht des Insolvenzverwalters bezieht sich schließlich nicht auf den Bestand der Lizenz, so dass dieser Umstand mit den von § 55 Abs. 1 Nr. 2, Alt. 2 InsO ins Auge gefassten Normen der §§ 103 ff. InsO, die ein Wahlrecht nicht vorsehen (v. a. § 108 InsO), vergleichbar ist. Dadurch droht die Masse aber in nicht unerheblichem Umfang geschmälert zu werden. Die vorrangige Befriedigung kann somit nur im Falle einer vereinbarten **Umsatzlizenzgebühr** gelten, also nur, wenn die Vergütung abhängig von den aus dem Lizenzgegenstand erzielten Erlösen erfolgt. Kann der Insolvenzverwalter die Lizenz aus wirtschaftlichen Gründen nicht nutzen, sind auch keine Lizenzgebühren vorrangig zu entrichten. Möchte der Lizenzgeber Zahlungen erhalten, sollte er von einer Kündigung des Lizenzvertrags absehen, um die Verbindlichkeiten aufrechtzuerhalten.

52

---

setzbaren bereicherungsrechtlichen Anspruch dennoch *Abel* NZI 2003, 121, 126; *Oeter/Ruttig* ZUM 2003, 611, 619 ff.

134 *Adolphsen* DZWIR 2003, 228, 232; *Wiedemann* Lizenzen und Lizenzverträge in der Insolvenz, Rn. 1445 ff.

135 So auch Wandtke/Ohst/*Fock* Band 1 Kap. 6 Rn. 394.

136 Andres/Leithaus/*Leithaus* § 55 InsO Rn. 9.

137 BGH NZI 2003, 373, 374; HK-InsO/*Marotzke* § 55 Rn. 17; Uhlenbruck/*Sinz* § 55 InsO Rn. 46.

b) Kündigungssperre (§ 112 InsO)?

53 Die Kündigung behält Bedeutung für den Fall der Geltung des Kausalitätsprinzips (etwa im Verlagsrecht, § 9 Abs. 1 VerlG) sowie für die Nebenleistungspflichten, bspw. die Aufrechterhaltung des Schutzrechts. Äußerst problematisch ist jedoch, ob die **Kündigungssperre des § 112 InsO**, die ausdrücklich nur für Miet- und Pachtverträge vorgesehen ist, auch für Lizenzverträge – ggf. analog – herangezogen werden kann.[138] Gemäß § 112 InsO kann der Vermieter bzw. Verpächter nach dem Antrag auf Eröffnung des Insolvenzverfahrens den Vertrag nicht mehr wegen eines Verzugs mit der Entrichtung der Miete bzw. Pacht kündigen, der in der Zeit vor dem Eröffnungsantrag eingetreten ist (Nr. 1), oder wegen einer Verschlechterung der Vermögensverhältnisse des Schuldners (Nr. 2). Erst recht müsste § 112 Nr. 2 InsO dann eine Kündigung auf Grund der Erfüllungsablehnung erfassen.

54 Für die Anwendung der Norm wird deren Sinn und Zweck angeführt, die Fortführung und Sanierung des Unternehmens zu erleichtern und ein Auseinanderfallen des Unternehmens zu verhindern.[139] In der Tat ist zuzugeben, dass der Lizenznehmer ohne das Nutzungsrecht in erhebliche wirtschaftliche Schwierigkeiten geraten kann.[140] Dem kann der Insolvenzverwalter aber dadurch gerecht werden, dass er die Erfüllung nicht ablehnt. Da die Einräumung einer Lizenz nach hier vertretener Ansicht **in einem einmaligen Akt** besteht,[141] kann § 112 InsO konsequenterweise nicht auf die Rechteeinräumung angewendet werden. Außerdem besteht ein Unterschied zur Überlassung von Grundstücken darin, dass das Schutzrecht durch eine zu befürchtende Untätigkeit des Lizenznehmers am Markt an Wert verlieren kann.[142] Eine Marke kann sogar gelöscht werden, wenn sie innerhalb eines ununterbrochenen Zeitraums von fünf Jahren nicht i.S.d. § 26 MarkenG ernsthaft benutzt wird (§ 49 Abs. 1 S. 1 MarkenG). Während im Miet- und Pachtrecht eine geringere Nutzung der Sache zu einer geringeren Abnutzung führt und damit vorteilhaft für den Vermieter bzw. Verpächter ist, liegt es beim Li-

---

138 Dafür HK-InsO/*Marotzke* § 112 Rn. 24; *Groß* Rn. 495; Wandtke/Ohst/*Fock* Band 1 Kap. 6 Rn. 396; *Abel* NZI 2003, 121, 123; *Adolphsen* DZWIR 2003, 228, 230; *Hausmann* ZUM 1999, 914, 917; *Stickelbrock* WM 2004, 549, 562; *Wiedemann* Lizenzen und Lizenzverträge in der Insolvenz, Rn. 1209 ff.; dagegen *Cepl* NZI 2000, 357, 360 f.; *Pahlow* Lizenz und Lizenzvertrag, S. 469 ff.; für eine Anwendbarkeit de lege ferenda *Heim* NZI 2008, 338, 343 ff.
139 *Abel* NZI 2003, 121, 123.
140 S. Rn. 29.
141 S. Rn. 32.
142 *Cepl* NZI 2000, 357, 360 f.; krit. dazu *Groß* Rn. 495.

Zurth

zenzvertrag auf Grund der häufig vom Nutzungsumfang abhängigen Vergütung genau anders herum.[143]

Besonderheiten gelten für **ausschließliche Nutzungsrechte im Urheber-** 55 **recht.** Denn werden diese nicht oder nur unzureichend ausgeübt und dadurch berechtigte Interessen des Urhebers erheblich verletzt, kann dieser das Nutzungsrecht zurückrufen (§ 41 Abs. 1 S. 1 UrhG). Hier gilt § 112 InsO keinesfalls.[144]

c) In der Lizenzkette

Um zu einer für ihn günstigen Lage in Bezug auf eine Sublizenz zu kommen, muss 56 der Lizenzgeber den **Hauptlizenzvertrag entsprechend gestalten.** Er kann allerdings nach Ansicht des BGH die Abtretung der Ansprüche auf Lizenzgebühren aus dem Sublizenzverhältnis gemäß § 812 Abs. 1 S. 1, Alt. 2 BGB verlangen, wobei es sich hierbei um eine vorrangig zu befriedigende Masseverbindlichkeit gemäß § 55 Abs. 1 Nr. 3 InsO handele.[145] Hierbei hat der I. Zivilsenat des BGH jedoch übersehen, dass § 55 Abs. 1 Nr. 3 InsO nur dann anwendbar ist, wenn die Bereicherung nach der Eröffnung des Insolvenzverfahrens erlangt wurde. Eine vor Verfahrenseröffnung erlangte Bereicherung des Schuldners begründet keine Masseschuld, sondern eine Insolvenzforderung,[146] so dass die bereicherungsrechtliche Konstruktion des BGH im Falle der Insolvenz des Sublizenzgebers versagt.[147] Das Argument, der Insolvenzverwalter des Hauptlizenznehmers greife durch Erfüllungsablehnung (§ 103 Abs. 2 S. 1 InsO) im Hauptlizenzverhältnis und Erfüllungswahl (§ 103 Abs. 1 InsO) im Sublizenzverhältnis in die Rechtsstellung des Hauptlizenzgebers ein, da die Erfüllungswahl gegenüber dem Sublizenznehmer als neue Unterlizenzierung zu werten sei und der Anspruch auf die Lizenzgebühr daher nach Eröffnung des Insolvenzverfahrens entstehe,[148] verfängt nicht. Denn nach § 38 InsO kommt es für die Abgrenzung zwischen Insolvenz- und Masseverbindlichkeit nicht auf die Entstehung, sondern allein auf die *Begründung* des Anspruchs an, die bereits vor Verfahrenseröffnung eintritt.[149] Die Erfüllungswahl des Insolvenzverwalters nach § 103 Abs. 1 InsO lässt einen Anspruch nicht neu entstehen.[150]

---

143 *Pahlow* Lizenz und Lizenzvertrag, S. 472.
144 *Ehle/Schwiddessen* MMR 2012, 355, 357.
145 BGH GRUR 2012, 916 Rn. 26 – M2 Trade (UrhR).
146 S. dazu Rn. 51.
147 S. ausführlich *Zurth* JbJZivWiss 2015, 295, 310 f.
148 So *Seegel* CR 2013, 205, 209 f.; ihr folgend *Hoffmann* ZGE 2015, 246, 282.
149 S. ausführlich *Zurth* GRUR 2019, 143, 149 f.
150 Uhlenbruck/*Wegener* § 103 InsO Rn. 133.

3. Handlungsoptionen des Insolvenzverwalters

57 Häufig hat der Insolvenzverwalter ein Wahlrecht bzgl. der Erfüllung des Lizenzvertrages gemäß § 103 InsO. Lehnt er die Erfüllung ab, behält er ein Nutzungsrecht, muss jedoch nach hier vertretener Ansicht Umsatzlizenzgebühren aus der Masse entrichten. Er kann dann allerdings keine Nebenleistungspflichten einfordern, wie etwa die Weiterentwicklung von Software oder die Aufrechterhaltung des Schutzrechts. Andererseits mag eine Ablehnung attraktiv sein, um eine vertragliche Ausübungspflicht abzuwenden. Er muss außerdem nach hier vertretener, weitgehend bestrittener Ansicht mit einer Kündigung durch den Lizenzgeber rechnen.

58 Im Übrigen kann der Insolvenzverwalter – wie auch schon vor Eröffnung des Insolvenzverfahrens – die Lizenz übertragen oder verpfänden, sofern dies rechtlich möglich ist (vgl. etwa § 34 UrhG).[151] Auch sonst kann er versuchen, mit Hilfe der Nutzungsberechtigung Erlöse am Markt zu erwirtschaften. Umstritten ist jedoch, ob die Verwertung in der Befugnis des Insolvenzverwalters gemäß § 166 InsO analog steht, wenn die Lizenz zur Sicherung an einen Sicherungsnehmer abgetreten worden ist, der ein Absonderungsrecht hat.[152] Handelt es sich um Rechtshandlungen, die für das Insolvenzverfahren von besonderer Bedeutung sind, muss der Insolvenzverwalter die Zustimmung des Gläubigerausschusses bzw. der Gläubigerversammlung einzuholen (§ 160 Abs. 1 InsO).

IV. Vergangene Reformbestrebungen

59 Die eben aufgezeigten Unklarheiten und Meinungsverschiedenheiten zur Behandlung von Lizenzen in der Insolvenz veranlassten den Gesetzgeber, sich der Problematik anzunehmen. Es gab bisher zwei Anläufe zu einer Änderung der InsO, die beide scheiterten. Anhand dieser Reformbestrebungen lassen sich die Komplexität der Problematik sowie die Schwierigkeit der Entwicklung von interessengerechten Lösungen nachvollziehen.

---

151 Dazu *Berger* FS Kirchhof, S. 1, 2f., 13f.; s. ferner oben Rn. 39, 41.
152 Dazu *Berger* FS Kirchhof, S. 1, 11f.

Zurth

1. Entwurf eines Gesetzes zur Entschuldung mittelloser Personen, zur Stärkung der Gläubigerrechte sowie zur Regelung der Insolvenzfestigkeit von Lizenzen (2007) (§ 108a InsO-E: Schuldner als Lizenzgeber)[153]

Bereits im Jahr 2007 war Teil eines Gesetzentwurfes der Bundesregierung die **60** Einführung eines § 108a InsO. Dieser sollte lauten:

> „Ein vom Schuldner als Lizenzgeber abgeschlossener Lizenzvertrag über ein Recht am geistigen Eigentum besteht mit Wirkung für die Insolvenzmasse fort. Dies gilt für vertragliche Nebenpflichten nur in dem Umfang, als deren Erfüllung zwingend geboten ist, um dem Lizenznehmer eine Nutzung des geschützten Rechts zu ermöglichen. Besteht zwischen der im Lizenzvertrag vereinbarten Vergütung und einer marktgerechten Vergütung ein auffälliges Missverhältnis, so kann der Insolvenzverwalter eine Anpassung der Vergütung verlangen; in diesem Fall kann der Lizenznehmer den Vertrag fristlos kündigen."

Die Norm betraf nur die Insolvenz des Lizenzgebers und sollte dem Insolvenz- **61** verwalter das Wahlrecht nach § 103 InsO entziehen. Die Einführung des § 108a InsO-E sollte „eine nachhaltige Stärkung des Wirtschafts- und Forschungsstandorts Deutschland" bewirken, weil Unternehmen von einer Flucht vor Rechtsunsicherheit sowie von einer Flucht auf Grund des drohenden Verlusts ihrer Nutzungsrechte im Falle der Insolvenz des Lizenzgebers abgehalten werden sollten.[154] Neben dieser **gesamtwirtschaftlichen Zielsetzung** sollte die Norm die Interessen von Lizenzgeber und Lizenznehmer in einen angemessenen Ausgleich bringen.[155]

Der **Bundesrat** begrüßte in seiner Stellungnahme vom 12.10.2007 die Rege- **62** lung in Satz 1 zur Insolvenzfestigkeit, hielt jedoch die Sätze 2 und 3 für „nicht sachgerecht".[156] Die praktische Anwendung der Norm hätte nach Ansicht des Bundesrates große Unsicherheiten mit sich gebracht, denn eine eindeutige Auslegung der schwammigen Tatbestandsmerkmale wäre kaum möglich gewesen.[157] Ferner sei eine Abgrenzung zwischen Haupt- und Nebenpflichten (Satz 2) schwierig und nur im Einzelfall möglich.[158] Vor allem kritisierte der Bundesrat die Anpassung der Vergütung (Satz 3) scharf, weil auf Grund des „Wagnischarakters"

---

153 Der Entwurf ist veröffentlicht unter BR-Drucks 600/07 sowie BT-Drucks 16/7416.
154 BR-Drucks 600/07, S. 43, 58; krit. *de Vries* ZUM 2007, 898, 902; die rechtliche Situation im Vergleich zu Japan und den USA beklagend *Dengler/Gruson/Spielberger* NZI 2006, 677, dazu noch unten ab Rn. 102. Zum Rechtsvergleich auch *Wimmer* ZIP 2012, 545, 547 f.
155 BR-Drucks 600/07, S. 43, 58.
156 BR-Drucks 600/07 (B), S. 5.
157 Vgl. BR-Drucks 600/07 (B), S. 5 f.; dennoch um eine Auslegung bemüht *Dahl/Schmitz* NZI 2007, 626, 629 ff.; *Daneshzadeh Tabrizi* Lizenzen in der Insolvenz, S. 152 ff.
158 BR-Drucks 600/07 (B), S. 5.

eines Lizenzvertrages der Lizenznehmer „den Großteil des Risikos" trage und ihm daher im Falle eines Erfolges auch die Erträge gebühren.[159] Eine derartige Regelung „würde die Lizenzfestigkeit massiv entwerten".[160]

63　　Die Deutsche Vereinigung für Gewerblichen Rechtsschutz und Urheberrecht (**GRUR**) sprach sich in ihrer Stellungnahme sogar für eine materiell-rechtliche Lösung in den einzelnen Immaterialgütergesetzen aus, um zugleich auch andere dogmatische Fragen klären zu können.[161] Unabhängig davon hat sich die **Literatur** der Kritik des Bundesrates an dem insolvenzrechtlichen Vorschlag des § 108a InsO-E weitgehend angeschlossen.[162] Außerdem fehle eine Regelung zur Insolvenz des Lizenznehmers. Eine Differenzierung sei nicht gerechtfertigt und ungeeignet für Kreuzlizenzen.[163] Ferner solle der Begriff „Geistiges Eigentum" auf Grund seiner dogmatischen Brisanz besser vermieden werden.[164] Die Argumentation, durch die Insolvenzfestigkeit der Lizenz erfolge eine **Ungleichbehandlung** der Gläubiger außerhalb von Lizenzverhältnissen,[165] überzeugt hingegen nicht, weil Lizenzen eine große wirtschaftliche Bedeutung zukommen kann, die völlig außer Verhältnis zur Rechtsunsicherheit steht.[166] Zu beobachten ist, dass trotz der zahlreichen Kritik die angestrebte Insolvenzfestigkeit als solche weitgehend begrüßt und unterstützt wurde.[167]

64　　Der Rechtsausschuss des Bundestages führte im April 2008 zwar noch eine öffentliche Anhörung von Sachverständigen durch. Der Vorschlag verlief jedoch im Sande. Auf Grund der sachlichen Diskontinuität erlangte der Entwurf des § 108a InsO-E keine Gesetzeskraft, weil er in der nachfolgenden Legislaturperiode nicht wieder aufgegriffen wurde.[168]

65　　Bemerkenswert ist sowie Ausstrahlungskraft für die rechtswissenschaftliche Diskussion und mögliche – gegenwärtig jedoch noch nicht absehbare – zukünftige Gesetzesinitiativen kann jedoch haben, dass im Rahmen der Diskussion zum

---

159 BR-Drucks 600/07 (B), S. 6.

160 BR-Drucks 600/07 (B), S. 6.

161 Vgl. GRUR 2008, 138, 139.

162 Vgl. *de Vries* ZUM 2007, 898, 903; *Heim* NZI 2008, 338, 342 f.; *Pahlow* WM 2008, 2041, 2047 f. Überwiegend ging auch die Stellungnahme der GRUR in diese Richtung (vgl. GRUR 2008, 138).

163 *Heim* NZI 2008, 338, 340.

164 *Heim* NZI 2008, 338, 341; a. A. *Pahlow* WM 2008, 2041, 2046.

165 So *Mitlehner* ZIP 2008, 450.

166 Dahingehend auch *Pahlow* WM 2008, 2041, 2046.

167 Für die Beibehaltung des Verwalterwahlrechts hingegen *Daneshzadeh Tabrizi* Lizenzen in der Insolvenz, S. 201 f.

168 *Berger* GRUR 2013, 321, 331; *Bullinger/Hermes* NZI 2012, 492, 495; *Pleister/Wündisch* ZIP 2012, 1792, 1795.

Zurth

Gesetzesvorschlag von 2007 weitgehend Einigkeit zur notwendigen Insolvenz-festigkeit der Lizenz bestand.

2. Referentenentwurf eines Gesetzes zur Verkürzung des Restschuldbefreiungsverfahrens, zur Stärkung der Gläubigerrechte und zur Insolvenzfestigkeit von Lizenzen (2012) (§ 108a InsO-RefE: Schuldner als Lizenzgeber)[169]

Einen weiteren Anlauf zur Regelung der Lizenz in der Insolvenz unternahm das **66** Bundesjustizministerium in der darauffolgenden Legislaturperiode. Am 23.1.2012 legte es einen Referentenentwurf vor, der erneut einen § 108a enthielt, welcher sich jedoch wesentlich vom Gesetzesentwurf aus dem Jahr 2007 unterschied. Eine wichtige Änderung lag in der Beibehaltung des Insolvenzverwalterwahlrechts. § 108a InsO-RefE lautete:

> „(1) Lehnt der Insolvenzverwalter nach § 103 die Erfüllung eines Lizenzvertrages ab, den der Schuldner als Lizenzgeber geschlossen hat, so kann der Lizenznehmer binnen eines Monats, nachdem die Ablehnung zugegangen ist, vom Verwalter oder einem Rechtsnachfolger den Abschluss eines neuen Lizenzvertrages verlangen, der dem Lizenznehmer zu angemessenen Bedingungen die weitere Nutzung des geschützten Rechts ermöglicht. Bei der Festlegung der Vergütung ist auch eine angemessene Beteiligung der Insolvenzmasse an den Vorteilen und Erträgen des Lizenznehmers aus der Nutzung des geschützten Rechts sicherzustellen; die Aufwendungen des Lizenznehmers zur Vorbereitung der Nutzung sind zu berücksichtigen, soweit sie sich werterhöhend auf die Lizenz auswirken.
>
> (2) Handelt es sich bei dem Vertrag, den der Schuldner als Lizenzgeber geschlossen hat, um einen Unterlizenzvertrag und lehnt der Insolvenzverwalter gegenüber dem Haupt-lizenzgeber die Erfüllung des Lizenzvertrages ab, so kann ein Unterlizenznehmer des Schuldners vom Hauptlizenzgeber den Abschluss eines Lizenzvertrages nach den in Absatz 1 genannten Bedingungen verlangen. Liegen Tatsachen vor, aus denen sich ernsthafte Zweifel ergeben, dass der Unterlizenznehmer seine Verpflichtungen aus dem Vertrag wird erfüllen können, so kann der Hauptlizenzgeber den Abschluss von einer Sicherheitsleistung ab-hängig machen.
>
> (3) Der Lizenznehmer ist berechtigt, bis zum Abschluss eines neuen Lizenzvertrages das lizenzierte Recht gemäß dem bisherigen Lizenzvertrag zu nutzen. Wird innerhalb von drei Monaten nach Zugang der Aufforderung des Lizenznehmers zum Neuabschluss des Lizenzvertrags kein neuer Lizenzvertrag abgeschlossen, so ist die weitere Nutzung nur zu-lässig, wenn
>
> 1. eine Vergütung gezahlt wird, deren Höhe sich nach den Anforderungen von Absatz 1 bemisst, und

---

169 Der Referentenentwurf ist abrufbar etwa unter http://rsw.beck.de/docs/librariesprovider5/rsw-dokumente/RefE_InsoII.

2. der Lizenznehmer spätestens innerhalb einer Ausschlussfrist von zwei Wochen nachweist, dass er gegen den Verwalter, im Fall des Absatzes 2 gegen den Hauptlizenzgeber, Klage auf Abschluss eines Lizenzvertrages erhoben hat.

Wenn die Parteien nichts anderes vereinbaren, wirkt der neue Vertrag auf den Zeitpunkt der Eröffnung des Insolvenzverfahrens zurück."

67   Kernstück dieses Konzepts war der neue Lizenzvertrag, der den alten aufheben sollte.[170] Bemerkenswert war dabei die Vergütungsanpassung.

68   Schon in dem vom Kabinett am 18.7.2012 beschlossenen und am 31.10.2012 vorgelegten **Regierungsentwurf**[171] war auf Grund der Kritik vor allem von Seiten der Wirtschaft die Norm **nicht mehr enthalten.**[172]

69   In der Literatur wurde u. a. bemängelt, dass die Regelung **nicht das Ziel des Lizenznehmerschutzes,** sondern der Beteiligung der Insolvenzmasse an den Erträgen aus der Lizenz verfolgte.[173] Der Insolvenzverwalter hätte mit einem Abbruch der Verhandlungen drohen können, um höhere Gebühren durchzusetzen, so dass der Referentenentwurf letztlich nicht zu einer echten Insolvenzfestigkeit geführt hätte.[174] Der Lizenznehmer hätte nach dem Referentenentwurf nämlich das Risiko der Angemessenheit der Lizenzgebühr im neuen Lizenzvertrag getragen. Hätte ein Gericht die Angemessenheit verneint, wäre der neue Vertrag ex tunc unwirksam gewesen und an den bereits abgesetzten Produkten wäre keine Erschöpfung eingetreten, was die Verhandlungsposition des Insolvenzverwalters enorm gestärkt hätte.[175] Es sei nicht gerechtfertigt, dem Lizenznehmer eine höhere finanzielle Last aufzulegen, da er die Insolvenz des Lizenzgebers nicht verantworte.[176] Problematisch war außerdem, dass § 108a Abs. 2 InsO-RefE die **Insolvenz in der Lizenzkette** nur für den Konkurs des Sublizenzgebers, nicht hingegen des Hauptlizenzgebers regelte. Hier wäre es bei einer Anwendung des Abs. 1 geblieben, so dass der Hauptlizenznehmer unter Umständen höhere Lizenzgebühren nach dem neu abgeschlossenen Hauptlizenzvertrag hätte entrichten müssen, diese aber nicht als Sublizenzgeber an seine Lizenznehmer hätte weitererreichen können.[177] Nicht nachvollziehbar ist, warum der Referentenentwurf zu

---

170 *Wimmer* ZIP 2012, 545, 554.
171 Der Entwurf ist veröffentlicht unter BR-Drucks 467/12 sowie BT-Drucks 17/11268.
172 *Pleister/Wündisch* ZIP 2012, 1792, 1795.
173 So *Hirte* KSzW 2012, 268, 269 f.
174 *Bullinger/Hermes* NZI 2012, 492, 498.
175 *McGuire* GRUR 2012, 657, 663; s. auch *Schmid* GRUR-Prax 2012, 75, 77.
176 *Verweyen* K&R 2012, 563, 565 f.
177 *Bullinger/Hermes* NZI 2012, 492, 498.

§ 108a Abs. 2 InsO-RefE mit keinem Wort[178] auf die BGH-Entscheidung „Reifen-Progressiv" aus dem Jahr 2009 einging, obwohl er sich mit seiner Annahme des Wegfalls der Sublizenz in Widerspruch zu dieser setzte. Die weit reichenden Neuerungen hätten nicht wenige Folgefragen ausgelöst, etwa zum Begriff der Angemessenheit, der schon im Rahmen von §§ 32, 32a UrhG Probleme mit sich brachte.

3. Ausblick

Die Literatur spricht sich nach wie vor trotz aller Kritik an den beiden bisherigen Gesetzesinitiativen ganz überwiegend für eine gesetzliche Regelung zur **Insolvenzfestigkeit** von Lizenzen aus.[179] Ein Tätigwerden des Gesetzgebers wird nicht zuletzt deshalb gefordert, um die komplexen und ungeklärten Probleme in der Schnittmenge von Insolvenz- und Immaterialgüterrecht lösen zu können.[180] Diese Forderung ist zu unterstützen. Schließlich kann der Gesetzgeber eine wesentlich differenziertere Lösung der Problematik erarbeiten als die Rechtsprechung, die letztlich auf eine Auslegung innerhalb des geltenden Rechts beschränkt ist.[181] In Betracht gezogen wird etwa eine Anlehnung an die Rechtslage in den USA.[182] Auf absehbare Zeit ist jedoch keine weitere Initiative des Gesetzgebers zu erwarten. Sollte ein erneuter Vorstoß dennoch erfolgen, wird diese zahlreiche Reaktionen und eine umfangreiche Diskussion auslösen, da es sich um eine Gemengelage verschiedenster Interessen und eine Problematik von großer wirtschaftlicher Bedeutung handelt. **70**

Echter Regelungsbedarf besteht indes für die Insolvenz des Lizenznehmers. Diese Problematik hat bisher im Gesetzgebungsverfahren und in der Literatur zu wenig Aufmerksamkeit erfahren. Vor allem für ausschließliche Nutzungsrechte sollte der Gesetzgeber eine sachgerechte Lösung finden. **71**

---

178 Vgl. Referentenentwurf, S. 41.
179 Vgl. Wandtke/Bullinger/*Bullinger* § 108 InsO Rn. 30; *Berger* GRUR 2013, 321, 333 f.; *Bullinger/ Hermes* NZI 2012, 492, 498; *McGuire* GRUR 2012, 657, 659; *Schmid* GRUR-Prax 2012, 75, 77; a. A. *Leithaus* NZI 2019, 1, 4; *von Wilmowsky* NZI 2013, 377.
180 So etwa *McGuire* GRUR 2013, 1133, 1134.
181 *McGuire* GRUR 2012, 657, 659.
182 S. auch ab Rn. 102; zur Diskussion *Hauck* GRUR Int. 2013, 335.

V. Vertragliche Gestaltungsmöglichkeiten

72 Auf Grund des Scheiterns der Gesetzesinitiativen zur Einführung eines § 108a InsO und der enormen Bedeutung der Thematik sahen sich Wissenschaft und Praxis genötigt, Lösungen auf vertraglicher Ebene zu finden. Diskutiert werden zahlreiche Optionen, von denen einige jedoch überwiegend für ungeeignet gehalten werden. Außerdem ist das Verbot der Umgehung von §§ 103–118 InsO (§ 119 InsO) zu beachten. Eine vertragliche Vereinbarung zur Herbeiführung einer Insolvenzfestigkeit, die an einen Insolvenztatbestand (Zahlungsunfähigkeit, Antragstellung, Verfahrenseröffnung) anknüpft, droht die Freiheit der Erfüllungswahl nach § 103 InsO zu beeinträchtigen.

73 Zu untersuchen sind vertragliche Gestaltungsmöglichkeiten sowohl zum Erhalt als auch zur Beendigung von Nutzungsrechten.

1. Lösungsklauseln

74 Lösungsklauseln ermöglichen dem Vertragspartner, sich vom Vertrag zu lösen, wenn gewisse Umstände eintreten. Sie sind in der Praxis **üblich.** Es kann an verschiedene Ereignisse angeknüpft werden, wobei nicht für alle eine Wirksamkeit angenommen wird. Zu unterscheiden sind **insolvenzunabhängige Lösungsklauseln**, die sich auf den Verzug oder sonstige Pflichtverletzungen, also keine insolvenzspezifischen Gesichtspunkte beziehen, und **insolvenzabhängige Lösungsklauseln**, die an den Insolvenzantrag oder an die Insolvenzeröffnung anknüpfen.[183]

a) Anknüpfung an den Verzug oder sonstige Pflichtverletzungen

75 Allgemein sind **insolvenzunabhängige Lösungsklauseln** außerhalb von § 112 InsO wirksam, weil § 119 InsO ihnen nicht entgegensteht.[184] Auch für das Lizenzvertragsrecht ist eine Anknüpfung an den Verzug des Schuldners möglich.[185] Für zulässig gehalten wird außerdem ein Kündigungsrecht, das sich für den Verzug auf den Zeitraum zwischen Antragstellung und Verfahrenseröffnung oder auf Masseverbindlichkeiten bezieht.[186] Ein entsprechendes Kündigungsrecht kann noch nach der Eröffnung des Insolvenzverfahrens ausgeübt werden.[187]

---

183 BGH NJW 2013, 1159 Rn. 9; MüKo-InsO/*Huber* § 119 Rn. 18.
184 BGH NJW 2013, 1159 Rn. 9; MüKo-InsO/*Huber* § 119 Rn. 19.
185 *Weber/Hötzel* NZI 2011, 432, 436.
186 So *Hausmann* ZUM 1999, 914, 919.

b) Anknüpfung an eine Verschlechterung der wirtschaftlichen Lage
Spricht man sich für eine analoge Anwendung des § 112 Nr. 2 InsO im Falle 76
der Insolvenz des Lizenznehmers aus,[188] können Verschlechterungen der Vermögenslage nach dem Insolvenzantrag ein Kündigungsrecht für den Lizenzgeber nicht begründen. Anders liegt es hingegen, wenn das Kündigungsrecht **für den Zeitraum vor der Antragstellung** gilt.[189] Der BGH scheint generell Klauseln, die Ereignisse vor der Antragstellung betreffen, nicht am Maßstab des § 119 InsO zu messen.[190] Eine Anknüpfung an eine Verschlechterung der wirtschaftlichen Lage ist also **möglich.**[191] Ein insolvenzspezifischer Umstand liegt jedoch in der Zahlungsunfähigkeit (§ 17 InsO), der drohenden Zahlungsunfähigkeit (§ 118 InsO) und in der Überschuldung (§ 119 InsO). Diese Tatbestände sind schließlich in der InsO enthalten.

c) Anknüpfung an den Insolvenzantrag oder die Insolvenzeröffnung
Mit der Stellung des Insolvenzantrages wird für den Fall der Insolvenz des Li- 77
zenznehmers die Vorschrift des § 112 InsO relevant, sofern man ihre analoge Anwendung zulässt.[192] Einen Lizenzvertrag kann der Lizenzgeber dann nach dem Insolvenzantrag nicht kündigen wegen eines Verzugs mit der Entrichtung der Lizenzgebühr, der in der Zeit vor dem Eröffnungsantrag eingetreten ist, oder wegen einer Verschlechterung der Vermögensverhältnisse des Schuldners.

Unabhängig davon wird aber § 119 InsO stets relevant. Denn diese Norm 78
betrifft nicht nur Umstände ab dem Zeitpunkt des Eröffnungsbeschlusses, sondern **schon ab der Antragstellung,** weil ansonsten das Wahlrecht nach § 103 InsO zu leicht unterlaufen werden könnte.[193] Nachdem die Zulässigkeit von **insolvenzabhängigen Lösungsklauseln** lange umstritten war, hat der BGH nunmehr im Jahr 2012 entschieden, dass diese **mit § 119 InsO unvereinbar** sind, weil sie dem Zweck des § 103 InsO, die Masse zu schützen und eine gleichmäßige Gläubigerbefriedigung zu erreichen, widersprechen.[194] Es kann daher keine Vereinbarung getroffen werden, nach der dem Gläubiger ein Kündigungsrecht für den

187 HK-InsO/*Marotzke* § 119 Rn. 2.
188 Dazu Rn. 53.
189 *Hausmann* ZUM 1999, 914, 919.
190 Vgl. BGH NJW 2013, 1159 Rn. 21.
191 HK-InsO/*Marotzke* § 119 Rn. 8; s. schon BGH NJW 1994, 449, 451: „konkursrechtlich unbedenklich".
192 Dazu Rn. 53.
193 BGH NJW 2013, 1159 Rn. 18 f.
194 BGH NJW 2013, 1159 Rn. 13 ff. m. zust. Anm. *Römermann*.

Fall der Antragstellung beim Insolvenzgericht eingeräumt wird. Aus der Tatsache, dass der Gesetzgeber die noch im Regierungsentwurf einer Insolvenzordnung[195] vorgesehene Regelung des § 137 Abs. 2 S. 1 InsO-E zum Verbot derartiger Klauseln nicht in das Gesetz übernommen hat, kann daher kein Umkehrschluss auf die Wirksamkeit von insolvenzabhängigen Lösungsklauseln vollzogen werden.[196] Immerhin ist zumindest in dieser Beziehung für die Praxis mittlerweile Rechtssicherheit geschaffen worden.

d) Anknüpfung an Erfüllungsablehnung

79   Erst recht unzulässig muss dann eine Klausel sein, die dem Vertragspartner ein Gestaltungsrecht (Kündigung oder Rücktritt) für den Fall der Erfüllungsablehnung einräumt.

80   Der **BGH** hat dies in einer Entscheidung aus dem Jahr 2005 jedoch bemerkenswert relativiert. Eine Klausel zur **Kündigung wegen Unzumutbarkeit** der Fortsetzung des Vertrages ist nämlich **wirksam**. Dies folgt schon aus § 314 Abs. 1 BGB. Die erforderliche Fristsetzung (§§ 314 Abs. 2, 323 Abs. 1 BGB) ist schließlich entbehrlich, wenn besondere Umstände vorliegen, die unter Abwägung der beiderseitigen Interessen die sofortige Beendigung rechtfertigen (§§ 314 Abs. 2 S. 3, 323 Abs. 2 Nr. 3 BGB). Eine derartige Klausel ist nicht gemäß § 119 InsO unwirksam.[197] Da diese Klausel letztlich einer gesetzlich vorgesehenen Lösungsmöglichkeit entspricht, unterliegt sie nicht der vom BGH vorgeschriebenen Unwirksamkeit insolvenzabhängiger Lösungsklauseln.[198] Nun soll nach Ansicht des BGH eine Unzumutbarkeit in diesem Sinne regelmäßig dann gegeben sein, wenn der Insolvenzverwalter die Erfüllung nach § 103 Abs. 2 InsO verweigert.[199] Dies läuft auf ein **Kündigungsrecht für den Fall der Erfüllungsablehnung** hinaus. Dennoch handelt es sich nach Auffassung des BGH nicht um eine von § 119 InsO untersagte Lösungsklausel, weil **keine unmittelbare Anknüpfung** an den Eröffnungsbeschluss oder die Erfüllungsverweigerung erfolge.[200] Diese Vertragsgestaltung unterlaufe das Wahlrecht nach § 103 InsO nicht, weil sie „nicht auf dieses

---

195 BT-Drucks 12/2443.
196 BGH NJW 2013, 1159 Rn. 13; ebenso Braun/*Kroth* § 119 InsO Rn. 11 f.; *Stickelbrock* WM 2004, 549, 562 f.
197 BGH GRUR 2006, 435 Rn. 25 – Softwarenutzungsrecht (UrhR).
198 Vgl. dazu BGH NJW 2013, 1159 Rn. 12 f.
199 Vgl. BGH GRUR 2006, 435 Rn. 24 – Softwarenutzungsrecht (UrhR).
200 BGH GRUR 2006, 435 Rn. 26 – Softwarenutzungsrecht (UrhR); zust. *Slopek* WRP 2010, 616, 620 f.; krit. *Koehler/Ludwig* WRP 2006, 1342, 1343; *Daneshzadeh Tabrizi* Lizenzen in der Insolvenz, S. 145 ff.

Ziel ausgerichtet" sei.[201] Der BGH setzt somit für einen Verstoß gegen § 119 InsO ein **finales Element** voraus. Die Entscheidung wird außerdem dahingehend interpretiert, dass ein derartiges Kündigungsrecht nur vereinbart werden kann, wenn nicht unmittelbar an die Verfahrenseröffnung angeknüpft wird, beide Parteien ein Kündigungsrecht haben und die Rechtsfolgen des vorgesehenen Bedingungseintritts (§ 158 BGB) unabhängig davon eintreten, welche der Parteien kündigt.[202] Für diese Rechtsprechung soll auch die Wertung des § 41 UrhG sprechen, weil die Wahl der Nichterfüllung faktisch zur Nichtausübung führe.[203] Zu beachten ist allerdings, dass § 41 UrhG nur für ausschließliche Nutzungsrechte gilt und zudem auf urheberrechtlichen Besonderheiten beruht.

Die Entscheidung des BGH betraf die Insolvenz des Lizenzgebers. Wendet 81 man für die Insolvenz des Lizenznehmers die **Kündigungssperre** des § 112 InsO analog an,[204] dann stellt diese Norm auch zwingendes Recht dar (§ 119 InsO), so dass Lösungsklauseln weitgehend unwirksam sind. Im Übrigen ist in jeder Konstellation die Knüpfung von Nachteilen, die über die üblichen mit einer Vertragsbeendigung verbundenen Nachteile hinausgehen, an den Umstand der Erfüllungsverweigerung unwirksam gemäß § 119 InsO, wie bspw. eine Vertragsstrafe.[205]

e) Beendigungsklauseln

Nicht anders zu beurteilen als Lösungsklauseln sind Beendigungsklauseln, die 82 kein Gestaltungsrecht einräumen, sondern eine **automatische Vertragsauflösung** vorsehen, weil der Regelungszweck der §§ 103 ff. InsO unabhängig davon berührt wird, ob die Vertragsbeendigung automatisch oder auf Grund eines Gestaltungsrechts herbeigeführt wird.[206] Beendigungsklauseln greifen sogar noch stärker in das Wahlrecht des Verwalters ein, weil die Vertragsbeendigung keines Zwischenaktes bedarf.[207]

---

201 BGH GRUR 2006, 435 Rn. 26 – Softwarenutzungsrecht (UrhR); a. A. *Koehler/Ludwig* WRP 2006, 1342, 1343.
202 So *Slopek* WRP 2010, 616, 620 f.
203 So *Weber/Hötzel* NZI 2011, 432, 436.
204 Dazu Rn. 53.
205 Vgl. BGH GRUR 2006, 435 Rn. 27 – Softwarenutzungsrecht (UrhR).
206 *Adolphsen* DZWIR 2003, 228, 230; vgl. auch BGH NJW 2013, 1159 Rn. 9, 13.
207 *Stickelbrock* WM 2004, 549, 562 f.

f) Direkte Umgehungsklauseln

83 Klauseln, die das Rücktritts-, Kündigungs- oder Wahlrecht des Insolvenzverwalters beschränken oder ausschließen (direkte Umgehungsklauseln), sind in jedem Fall unwirksam gemäß § 119 InsO.[208]

2. Verknüpfung von Lizenz und Lizenzvertrag

84 Lässt man den Parteien eine **Kündigungsmöglichkeit**, können die Rechtsfolgen der Ausübung des Gestaltungsrechts **auf die Lizenz erweitert** werden. Nach einer Kündigung oder einem Rücktritt entfällt deren Rechtsgrund. Es kann mittels einer auflösenden Bedingung eine Verknüpfung von Nutzungsrecht und Lizenzvertrag herbeigeführt werden.[209] Diese Vereinbarung ist auch in AGB möglich, weil die entsprechende Klausel der Inhaltskontrolle nach § 307 BGB standhält.[210]

85   Sofern man von einer Gesetzeslage ausgeht, die nicht ohnehin zu einem Erhalt der Lizenz in der Insolvenz des Lizenzgebers führt, können die Parteien demgegenüber den Bestand von Nutzungsrechten nicht durch die bloße Niederschrift ihres dahingehenden Willens vereinbaren. Denn § 103 InsO ist nicht abdingbar (§ 119 InsO). Allerdings kann im Anschluss an die BGH-Entscheidung „Softwarenutzungsrecht" nach dem Vorbild der dort streitgegenständlichen Klausel eine insolvenzfeste Ausgestaltung erreicht werden. Dort wurde ein **Übergang der urheberrechtlichen Nutzungs- und Vertriebsrechte** im Falle der Kündigung wegen Unzumutbarkeit der Vertragsfortsetzung **als aufschiebende Bedingung** (§ 158 Abs. 1 BGB) vereinbart.[211] Problematisch wird es in der Praxis jedoch, dies gegenüber dem Lizenzgeber durchzusetzen.[212] Im Urheberrecht ist ein Rechteübergang überhaupt nur denkbar, wenn der Lizenzgeber nicht zugleich der Urheber ist (vgl. § 29 Abs. 1 UrhG), so dass diese Konstruktion hier nur für Sublizenzverhältnisse zur Verfügung steht.

86   Darüber hinaus kann in allen immaterialgüterrechtlichen Bereichen im Hauptlizenzverhältnis der **Bestand von Sublizenzen** vereinbart werden.[213] Dies

---

208 *Reischl* Rn. 507.
209 BGH GRUR 1958, 504, 505 f. – Die Privatsekretärin (UrhR); *Schwarz/Klingner* GRUR 1998, 103 (109); vgl. auch BGH GRUR 1982, 369, 371 – Allwetterbad (UrhR); BGH GRUR 1982, 308, 309 – Kunsthändler (UrhR).
210 LG Frankfurt a. M. ZUM-RD 2006, 525, 528 (UrhR).
211 BGH GRUR 2006, 435; s. auch *Koós* MMR 2017, 13, 14.
212 Wandtke/Ohst/*Fock* Band 1 Kap. 6 Rn. 386; *Koehler/Ludwig* WRP 2006, 1342, 1344; *Slopek* WRP 2010, 616, 623; *Schmid/Kampshoff* GRUR-Prax 2009, 50, 51.
213 Vgl. OLG München GRUR 2013, 1125, 1133 – Technische Schutzrechte (PatR); *Weber/Hötzel* NZI 2011, 432, 436.

Zurth

verstößt nicht gegen § 119 InsO.[214] Eine Sublizenz bleibt ihrem Inhaber dann in jedem Fall erhalten, wenn die Hauptlizenz – aus welchen Gründen auch immer – wegfällt. Um weitere Schwierigkeiten zu vermeiden, ist in diesem Zusammenhang auch eine Regelung zu den sich daraus ergebenden Konsequenzen zu empfehlen, etwa zu einer möglichen Zahlung von Lizenzgebühren des Sublizenznehmers direkt an den Hauptlizenzgeber.

Der Hauptlizenzgeber kann allerdings in einem Lizenzvertrag auch durch- **87** setzen, dass – entgegen der Rechtsprechung des BGH zu urheberrechtlichen Lizenzketten[215] – die **Sublizenz mit der Hauptlizenz wegfällt.** Denn die Befugnis zur Einräumung von Sublizenzen beruht auf dem eigenen Nutzungsrecht des Sublizenzgebers, das wiederum entsprechend ausgestaltet werden kann. Ein gutgläubiger Erwerb ist mangels Rechtsscheintatbestandes ausgeschlossen.[216] Ist die Hauptlizenz ihrerseits nur bedingt (§ 158 BGB) eingeräumt, schlägt diese Bedingung auf das Sublizenzverhältnis durch.[217] Ebenso kann eine erforderliche Zustimmung zur Erteilung von Sublizenzen (etwa § 35 UrhG) an eine Vereinbarung im Sublizenzverhältnis zum Wegfall der Sublizenz mit der Hauptlizenz gebunden werden.[218]

3. Sicherungszession, Nießbrauch, Treuhand
Die vertragliche Herbeiführung einer Insolvenzfestigkeit der Lizenz im Falle der **88** Insolvenz des Lizenzgebers ist äußerst problematisch. Es werden verschiedene Lösungsmodelle vorgeschlagen und diskutiert.

a) Sicherungszession
Diskutiert wurde, den im Anschluss an die Erfüllungsverweigerung des Insol- **89** venzverwalters entstehenden **Schadensersatzanspruch** (§ 103 Abs. 2 S. 1 InsO) des Lizenznehmers mit einer Sicherungsabtretung des Schutzrechts (§§ 413, 398 BGB) abzusichern. Es erfolgt also eine **Übertragung unter der aufschiebenden Bedingung** (§ 158 Abs. 1 BGB) der mangelnden Erfüllung dieses Schadensersatzspruchs. Ausreichend ist, dass der Anspruch hinreichend genau be-

214 *Weber/Hötzel* NZI 2011, 432, 436.
215 Dazu 3. Kapitel Rn. 31 ff.
216 BGH GRUR 2011, 418 Rn. 15 – UsedSoft (UrhR); Wandtke/Bullinger/*Wandtke/Grunert* Vor §§ 31 UrhG Rn. 47; *Ulmer* § 83 III 2.; zum Erwerb eines Patents bzw. einer Marke Fitzner/Lutz/Bodewig/*Loth/Hauck* § 15 PatG Rn. 10; *Fezer* § 41 MarkenG Rn. 4.
217 *Wente/Härle* GRUR 1997, 96, 100; *Zurth* Nutzungsrechte im Urheberrecht, S. 228.
218 *Meyer-van Raay* NJW 2012, 3691, 3693; *Zurth* Nutzungsrechte im Urheberrecht, S. 226 f.

stimmt ist und seine Entstehung möglich erscheint.[219] Der Lizenznehmer als Sicherungsnehmer erhält ein **Absonderungsrecht** gemäß § 51 Nr. 1 InsO.[220] Nach überwiegender Ansicht liegt die Verwertungsbefugnis des Schutzrechts dann beim Lizenznehmer gemäß § 173 Abs. 1 InsO und nicht beim Insolvenzverwalter.[221] Übersteigt der Wert des Schutzrechts die Schadensersatzforderung wertmäßig, muss die Differenz an die Masse gezahlt werden.[222]

90   In der Praxis wird dieses Modell jedoch gegenüber dem Lizenzgeber nur schwer durchzusetzen sein, weil dieser das Schutzrecht dann **nicht anderweitig als Sicherungsmittel** und auch sonst schwerer verwerten kann.[223] Umstritten ist darüber hinaus, ob sie im Hinblick auf § 119 InsO überhaupt **zulässig** ist.[224] Unter Zugrundelegung der neueren BGH-Rechtsprechung mag einiges für die Zulässigkeit sprechen, weil eine derartige Vereinbarung nicht unmittelbar am Wahlrecht des Insolvenzverwalters anknüpft. Dies ändert aber nichts an ihrer Untauglichkeit. Schließlich kommt sie auf Grund von § 29 Abs. 1 UrhG auch für das Urheberrecht nicht infrage. Verlangen mehrere Inhaber von Patent- oder Markenlizenzen eine Sicherung, scheitert dieses Modell ebenso.

91   Möglich ist hingegen, dass sich Banken Sicherungen einräumen lassen, um einem Unternehmen den Erwerb von Lizenzen, etwa an Software, zu finanzieren.[225] Dieses kann dann seine Lizenz zur Sicherheit abtreten. Dann ist das Wahlrecht des Insolvenzverwalters nach § 108 Abs. 1 S. 2 InsO ausgeschlossen.[226] Dies betrifft die **Sicherung eines Dritten für den Fall der Insolvenz des Lizenznehmers.**

b) Treuhand

92 In eine ähnliche Richtung wie die Sicherungsabtretung weist das Treuhandmodell, in dem das Schutzrecht zur Absicherung des Schadensersatzanspruchs des Lizenznehmers **auf einen Dritten übertragen** wird, der dieses für beide Li-

219 *Slopek* WRP 2010, 616, 619; allgemein zur Sicherungsabtretung Palandt/*Heinrichs* § 398 BGB Rn. 11, 14.
220 *Hölder/Schmoll* GRUR 2004, 830, 831; *Hombrecher* WRP 2006, 219, 220.
221 Vgl. *Hombrecher* WRP 2006, 219, 220; *Koehler/Ludwig* WRP 2006, 1342, 1346; für das Treuhandmodell (dazu Rn. 92) auch *Bork* NZI 1999, 337, 341 f.; a. A. *Häcker* ZIP 2001, 995, 997 ff.
222 *Hombrecher* WRP 2006, 219, 220.
223 *Fischer* WM 2013, 821, 827; *Hombrecher* WRP 2006, 219, 221; *Koehler/Ludwig* WRP 2006, 1342, 1346; *Koós* MMR 2017, 13, 15.
224 Dafür: *Bork* NZI 1999, 337, 337, 340 f.; *Hombrecher* WRP 2006, 219, 221; dagegen: *Slopek* WRP 2010, 616, 620.
225 S. dazu *Brandt* NZI 2001, 337, 338.
226 S. dazu *Brandt* NZI 2001, 337, 341.

Zurth

zenzvertragsparteien **treuhänderisch verwaltet.**[227] Daher handelt es sich um eine **Doppeltreuhand.** Im Falle der Insolvenz des Lizenzgebers überträgt der Treuhänder entweder das Absonderungsrecht nach § 51 Nr. 1 InsO auf den Lizenznehmer oder verwertet das Schutzrecht selbst.[228]

Als einziger Vorteil gegenüber der klassischen Sicherungsabtretung wird **93** angeführt, hier könnten mehrere Lizenznehmer abgesichert werden.[229] Erfolgt die Lizenzierung an konkurrierende Unternehmen, werden sich diese aber nur selten einem gemeinsamen Treuhänder anvertrauen wollen.[230] Außerdem wird der Treuhänder regelmäßig zu entlohnen sein.[231] Ferner ist nicht sichergestellt, dass der Lizenznehmer eine Nutzungsbefugnis auch wirklich erhält.[232]

c) Nießbrauch

Ein anderer Vorschlag geht dahin, sich des beschränkten dinglichen und damit **94** insolvenzfesten Rechts des Nießbrauchs (§§ 1030 ff. BGB) zu bedienen. Da gemäß § 1068 Abs. 1 BGB ein **Nießbrauch auch an Rechten** bestellt werden kann, ist ein Nießbrauch an einem Immaterialgüterrecht oder an einer Lizenz grundsätzlich zulässig.[233] Der Nießbraucher ist gemäß §§ 1030, 1068 Abs. 2 BGB berechtigt, die **Nutzungen** des belasteten Gegenstandes zu ziehen, so dass der Nießbrauch an einem immateriellen Schutzrecht insofern einer Lizenz gleichkommt.[234] Gleichzeitig entsteht ein Aussonderungsrecht (§ 47 InsO). Der Vorschlag geht dahin, Lizenz und Nießbrauch nebeneinander zu bestellen, wobei die Verwertung primär auf Grundlage der Lizenz erfolgen und der **Nießbrauch erst im Falle der Erfüllungsverweigerung** durch den Insolvenzverwalter in der Insolvenz des Lizenzgebers (§ 103 Abs. 2 InsO) eine weitere Nutzung sicherstellen soll.[235] Die Sicherungsabrede soll so gestaltet werden, dass der Lizenznehmer seine Rechte aus dem Nießbrauch erst mit dem Sicherungsfall, also der Erfüllungsverweigerung, ausüben darf.[236] Bezweckt wird mit dieser Konstruktion, den Verwalter von einer

---

227 *Bausch* NZI 2005, 289, 291; *Bork* NZI 1999, 337, 337, 339; *Hölder/Schmoll* GRUR 2004, 830, 832; *Hombrecher* WRP 2006, 219, 222; *Slopek* WRP 2010, 616, 621.
228 *Hombrecher* WRP 2006, 219, 222.
229 Vgl. *Hombrecher* WRP 2006, 219, 222; *Koehler/Ludwig* WRP 2006, 1342, 1346.
230 *Pahlow* WM 2008, 2041, 2045.
231 *Koehler/Ludwig* WRP 2006, 1342, 1347; *Slopek* WRP 2010, 616, 621.
232 S. dazu *Berger* GRUR 2004, 20, 21; *Slopek* WRP 2010, 616, 621.
233 *Berger* GRUR 2004, 20, 21. Eingehend *Hauck* Nießbrauch an Rechten, S. 296 ff.
234 *Berger* GRUR 2004, 20, 21.
235 *Berger* GRUR 2004, 20, 22; *ders.* GRUR 2013, 321, 328. Für ein Nießbrauchmodell bei Kooperationen *Freier* NZI 2016, 857, 860.
236 *Berger* GRUR 2004, 20, 24.

Erfüllungsablehnung abzuhalten; einen Verstoß gegen **§ 119 InsO** soll dies aber nicht darstellen.[237] Mittels eines **Nießbrauchs an einer Lizenz** soll außerdem eine Sublizenz abgesichert werden können.[238]

95   Problematisch an dieser Lösung ist, dass der Nießbrauch ein grundsätzlich **umfassendes Recht** darstellt. Zwar können einzelne Nutzungsformen ausgeschlossen werden (§ 1030 Abs. 2 BGB). Zumindest für den Nießbrauch an Grundstücken gilt jedoch, dass im Gegensatz zur Grunddienstbarkeit (§§ 1018 ff. BGB) nur bestimmte Nutzungsarten ausgeschlossen werden dürfen, nicht aber der Nießbrauch auf einzelne Nutzungsarten beschränkt werden kann.[239] Es ist umstritten, inwiefern der Charakter eines umfassenden Nutzungsrechts erhalten bleiben muss, so dass äußerst unklar ist, ob der Nießbrauch ebenso **frei ausgestaltet** werden kann wie eine Lizenz.[240] Sollen außerdem **mehrere Lizenznehmer** mittels eines Nießbrauchrechts abgesichert werden, kann jeder dieser eine Ausübungsregelung verlangen (§ 1060 i.V. m. § 1024 BGB), was in der praktischen Umsetzung aufwendig und umständlich erscheint.[241] Hinzu kommt, dass der Nießbrauch – im Gegensatz häufig zur Lizenz[242] – **nicht übertragbar** ist (§ 1059 S. 1 BGB). Er erlischt ferner mit dem Tode des Nießbrauchers bzw. mit dessen Erlöschen (§ 1068 Abs. 2 i.V. m. § 1061 BGB). Diese Konstruktion versagt zudem bei Lizenzverträgen mit ausländischen Partnern.[243]

96   Hinzu kommt, dass ein **Nießbrauch am Urheberrecht** wegen dessen Unübertragbarkeit (§ 29 Abs. 1 UrhG) nicht möglich ist (§ 1069 Abs. 2 BGB).[244] Nach a. A. soll sich der Nießbrauch nur auf die Verwertungsrechte (§§ 15 ff. UrhG) beschränken können und damit zulässig sein,[245] was angesichts der monistischen

---

237 So *Berger* GRUR 2004, 20, 22; *Freier* NZI 2016, 857, 858; *Plath* CR 2005, 613, 616; *Daneshzadeh Tabrizi* Lizenzen in der Insolvenz, S. 141; a.A. *Ganter* NZI 2011, 833, 837 f.; *Koehler/Ludwig* WRP 2006, 1342, 1347; *Koós* MMR 2017, 13, 15; *Slopek* WRP 2010, 616, 620; *Scherenberg* Lizenzverträge in der Insolvenz des Lizenzgebers, S. 143 f.

238 *Berger* GRUR 2004, 20, 23.

239 Staudinger/*Heinze* § 1030 BGB Rn. 54 ff.; MüKo-BGB/*Pohlmann* § 1030 Rn. 118; *Hauck* Nießbrauch an Rechten, S. 334.

240 Dafür *Berger* GRUR 2004, 20, 23; dagegen *Fischer* WM 2013, 821, 826; *Freier* NZI 2016, 857, 858 f.; *Koehler/Ludwig* WRP 2006, 1342, 1347.

241 *Fischer* WM 2013, 821, 826; s. auch *Koós* MMR 2017, 13, 15.

242 Dazu Rn. 39, 41.

243 *Heim* NZI 2008, 338, 339.

244 Schricker/Loewenheim/*Schricker/Loewenheim* Vor §§ 28 ff. UrhG Rn. 73; Wandtke/Bullinger/*Hoche* § 29 UrhG Rn. 9; *Bausch* NZI 2005, 289, 291; *Pahlow* WM 2008, 2041, 2045; *Plath* CR 2005, 613, 616.

245 So *Berger* GRUR 2004, 20, 22 f.

Zurth

Konstruktion des Urheberrechts nicht überzeugt. Daher bleibt hier nur ein Nießbrauch an der Lizenz.

d) Verpfändung

Ebenso wird die Absicherung des Schadensersatzanspruchs des Lizenznehmers 97
aus § 103 Abs. 2 InsO mittels eines Pfandrechts am Schutzrecht als **Pfandrecht** an
einem Recht (§§ 1273 ff. BGB) für nicht sachgerecht gehalten. Schließlich ist das
Pfandrecht nicht auf die Nutzung eines Gegenstands gerichtet[246] und kommt nur
bei einem einzigen Lizenznehmer in Betracht.[247] Vielmehr ist eine Verwertung des
verpfändeten Schutzrechts vollstreckungsrechtlich wesentlich komplizierter als
schlichtweg die Nutzung fortsetzen zu können.[248] Die Vereinbarung eines direkten Übergangs auf den Lizenznehmer ist nicht möglich (§ 1277 S. 2 i.V.m. § 1229
BGB). Auch durch das Pfandrecht wird die Möglichkeit der Verwendung als at-
traktives Kreditsicherungsmittel genommen.[249] Überwiegend wird außerdem die
Bestellung eines Pfandrechts am Urheberrecht auf Grund dessen Unübertragbarkeit (§ 29 Abs. 1 UrhG) nach § 1274 Abs. 2 BGB für unzulässig erachtet.[250]

4. Zwischenfazit

Diese vier Vorschläge werden **überwiegend zu Recht für ungeeignet gehalten**, 98
die Problematik der insolvenzrechtlichen Behandlung von Lizenzen zu lösen. Die
Bundesregierung teilte in der Begründung zur ihrem Entwurf eines § 108a InsO
aus dem Jahr 2007 diese Auffassung in Bezug auf Sicherungsübertragung, Ver-
pfändung und Nießbrauch und vertrat zudem die Annahme, dass diese Ansätze
im angloamerikanischen Rechtskreis keine Akzeptanz finden würden.[251]

Wie aufgezeigt wurde, sind viele vertragliche Lösungsansätze zur Problematik 99
der Lizenz in der Insolvenz nicht praxistauglich, weil sie mit geltendem Recht unvereinbar und/oder gegenüber dem Vertragspartner nicht immer durchzusetzen
sind. Eine stichhaltige Lösung muss daher durch eine gefestigte Dogmatik oder den
Gesetzgeber gefunden werden.

---

246 *Slopek* WRP 2010, 616, 620; *Schmid/Kampshoff* GRUR-Prax 2009, 50, 51.
247 *Koós* MMR 2017, 13, 15.
248 Dazu *Hombrecher* WRP 2006, 219, 222.
249 *Bauer/Sopp* ZUM 2004, 112, 121; *Bausch* NZI 2005, 289, 291.
250 Vgl. Wandtke/Bullinger/*Hoche* § 29 UrhG Rn. 9; Schricker/Loewenheim/*Schricker/Loewen-
heim* Vor §§ 28 ff. UrhG Rn. 73; *Daneshzadeh Tabrizi* Lizenzen in der Insolvenz, S. 135 f.
251 Vgl. BR-Drucks 600/07, S. 57; zustimmend *Heim* NZI 2008, 338, 339.

5. Gesellschaftsrechtliche Lösung

100 Kaum diskutiert wurde bisher eine gesellschaftsrechtliche Lösung. Danach lagert der Lizenzgeber seine Schutzrechte in eine **eigens dafür gegründete Gesellschaft** aus, die vom Lizenzgeber in ihrem Bestand und damit auch von dessen Insolvenz unabhängig ist.[252] Diese Variante kann dahingehend modifiziert werden, dass der **Lizenznehmer an dieser Gesellschaft beteiligt** wird und der Lizenzgeber im Falle seiner Insolvenz ausscheidet.[253] Dies wird den Lizenznehmer aber in aller Regel nicht von der Zahlung einer Vergütung an den Ausscheidenden befreien.[254]

---

101 **Wiederholungsfragen**

1. Fallen immaterielle Schutzrechte und Lizenzen in die Insolvenzmasse? Welche Besonderheit gilt für das Urheberrecht? Rn. 7 f., 39 – 41

2. Inwiefern ist § 103 InsO auf Lizenzverträge anwendbar? Steht einer Anwendung die Norm des § 108 InsO entgegen? Rn. 30 – 32

3. Welche Optionen stehen im Falle der Insolvenz des Lizenzgebers dem Insolvenzverwalter offen? Rn. 37

4. Was bewirkt die Erfüllungsablehnung des Insolvenzverwalters im Falle der Insolvenz des Lizenznehmers? Rn. 46

5. Wie kann der Lizenzgeber auf eine Erfüllungsablehnung des Insolvenzverwalters im Falle der Insolvenz des Lizenznehmers reagieren? Inwiefern ist hier zwischen der Geltung des Kausalitäts- und des Abstraktionsprinzips zu unterscheiden? Rn. 49 – 52

6. Was sind insolvenzunabhängige und insolvenzabhängige Lösungsklauseln? Inwiefern sind diese zulässig? Rn. 74 – 78

7. Welche Lösungen der Problematik der Insolvenz des Lizenzgebers hat der BGH in seiner Entscheidung „Softwarenutzungsrecht" aufgezeigt? Rn. 80, 85

8. Was wird mit einer Vereinbarung bezweckt, die neben einer Lizenzeinräumung einen Nießbrauch an einem Schutzgegenstand bestellt? Wie bewerten Sie diese Konstruktion? Rn. 94 – 96

B. Lizenzen in der Insolvenz – Die Situation in den USA

I. Vorbemerkung

102 Häufig ist das Argument zu hören, der deutsche Gesetzgeber solle sich ein Beispiel an den Regelungen des US-Rechts nehmen um eine befriedigende Lösung für

---

252 BeckOK InsO/*Berberich*, § 108 InsO Rn. 87.1 ff.; *Schmid/Kampshoff* GRUR-Prax 2009, 50, 51.
253 Dazu *Freier* NZI 2016, 857, 859; *Schmid/Kampshoff* GRUR-Prax 2009, 50, 52.
254 *Freier* NZI 2016, 857, 859.

eine „Insolvenzfestigkeit" von Lizenzverträgen zu finden.[255] Und in der Tat ist im US-amerikanischen Insolvenzrecht in Title 11 des United States Code **(US Bankruptcy Code)** die Situation der **Lizenzgeberinsolvenz** so geregelt, wie es für das deutsche Recht immer wieder angemahnt und auch vorgeschlagen wurde.[256] Denn der Lizenznehmer kann trotz Nichterfüllungswahl des Insolvenzverwalters die weitere Vertragsdurchführung verlangen. Die folgende Darstellung widmet sich dieser Regelung im Überblick, wobei zugleich darauf eingegangen werden wird, welche Konstellationen sich trotz dieser Vorgaben letztendlich doch nicht lösen lassen, weil der insoweit maßgebliche **11 U.S.C. § 365(n)** eben nicht auf alle vorkommenden lizenzvertraglichen Szenarien angewendet werden kann.

§ 365(n) wurde 1988 in das US-Insolvenzrecht implementiert.[257] Der Gesetzgeber hat damit seinerzeit auf die „Lubrizol"-Entscheidung eines Bundesberufungsgerichts reagiert, in der – mangels einer anderweitigen gesetzlichen Regelung – eine solche Insolvenzfestigkeit verneint worden war.[258] Die Wirkungen der Norm und insbesondere die dadurch zu erreichende Insolvenzfestigkeit von Lizenzverträgen sind jedoch begrenzt, was sich vor allem aus dem Anwendungsbereich der Vorschrift ergibt. Im Ergebnis kann somit keineswegs davon gesprochen werden, dass Lizenzverträge über Immaterialgüterrechte im US-Recht insolvenzfest sind. **103**

II. Regelungsinhalt von 11 U.S.C. § 365(n)

Im Ausgangspunkt sind die auf Lizenzverträge anzuwendenden Regelungen durchaus mit dem deutschen Recht zu vergleichen, insbesondere mit den §§ 103 ff. InsO:[259] Wird der Lizenzgeber insolvent (er wird zum debtor, Insolvenzschuldner) steht dem Insolvenzverwalter (als trustee in bankruptcy[260]) ein **Wahlrecht** dahingehend zu, ob er den Lizenzvertrag weiterhin erfüllen möchte oder nicht. Dies ist freilich wie auch bei § 103 InsO keine lizenzvertragsspezifische Regelung, **104**

---

255 Vgl. etwa *Trips-Hebert* ZRP 2007, 225, 227; *Dengler/Gruson/Spielberger* NZI 2006, 677, 678.
256 Vgl. etwa § 108a Abs. 1 InsO-RefE vom 23.1.2012. Dazu Rn. 60, 66.
257 In Umsetzung des Intellectual Property Bankruptcy Protection Act.
258 Lubrizol Enterprises, Inc. v. Richmond Metal Finishers, 756 F.2d 1043 (4th Cir. 1985), cert. denied, 475 U.S. 1057 (1986).
259 Dazu umfassend Rn. 16 ff., 29 ff.
260 Möglich ist auch ein Insolvenzverfahren in Eigenverwaltung durch den Insolvenzschuldner als „debtor in possession". Die Ausführungen gelten dann entsprechend. Etwas Abweichendes kann sich aber aus dem Gesetz ergeben. So gelten manche Regelungen ausschließlich für Handlungen des Insolvenzverwalters, vgl. etwa § 365(a)(1) und wohl auch § 365(c). Letzteres ist aber umstritten; wie hier In re Footstar Inc., 323 B.R. 566, 573 (Bankruptcy S.D.N.Y. 2005).

sondern ergibt sich aus der allgemeinen Vorschrift des § 365(a) für **executory contracts.** Die Ausübung des Rechts bedarf der Zustimmung des Insolvenzgerichts, nicht jedoch des Insolvenzgläubigers. Anders als nach deutschem Recht kann der Lizenznehmer aber dann, wenn der Insolvenzverwalter die weitere Erfüllung des Lizenzvertrags ablehnt (**rejection**), die Durchführung des Vertrags für die vereinbarte Laufzeit verlangen[261] (**retention election**), ihm steht insoweit also ein **Widerspruchsrecht** zu, § 365(n)(1)(B). Alternativ kann er die Entscheidung des Insolvenzverwalters akzeptieren und den Vertrag als beendet ansehen, § 365(n)(1)(A). Ihm stehen dann Schadensersatzansprüche wegen der (außerordentlichen) Vertragsbeendigung als einer Vertragsverletzung (**breach of contract**) zu, die jedoch in der Insolvenz wenig werthaltig sein dürften. Auch der Lizenznehmer hat also ein Wahlrecht dahingehend, wie er auf die Entscheidung des Insolvenzverwalters reagieren möchte.

105   Verlangt der Lizenznehmer die weitere Vertragsdurchführung, darf er die lizenzierten Rechte wie vertraglich vereinbart ausüben und er hat das **vereinbarte Entgelt** weiter zu zahlen, § 365(n)(2)(A) und (B). Diese Verpflichtungen entstehen aber erst mit **schriftlicher Geltendmachung** durch den Lizenznehmer. Der Lizenznehmer behält auf diese Weise aber nicht notwendig alle Rechte aus dem Lizenzvertrag, sondern nur diejenigen, die ihm durch § 365(n)(1)(B) ausdrücklich zugestanden werden. Dies gilt ebenso bis zu dem Zeitpunkt in dem der Insolvenzverwalter sein Wahlrecht ausübt, § 365(n)(4). Eine Erweiterung der Verpflichtungen des Insolvenzverwalters kann sich jedoch aus § 365(n)(3) ergeben.

106   Nach § 365(n)(2) hat der Lizenznehmer weitere Bedingungen zu erfüllen, wenn er sich für die Aufrechterhaltung des Lizenzvertrags entscheidet. So muss er **auf sämtliche Aufrechnungsrechte verzichten**, die ihm aufgrund der Ablehnung der weiteren Vertragserfüllung wegen Vertragsbruchs gegen den Lizenzgeber zustehen könnten. Er muss zudem auf die Geltendmachung von Ansprüchen gegen den Lizenzgeber wegen der im Falle der Insolvenz möglichen Zahlung von Verwaltungsgebühren verzichten, die sich aus der Vertragsdurchführung ergeben könnten.

107   Trotz der Beibehaltung seiner Rechte aus dem Lizenzvertrag kann der Lizenznehmer aber vom Lizenzgeber (oder vom Insolvenzverwalter) nicht verlangen, dass ihm dieser technische Unterstützungsleistungen gewährt, bei Schutzrechtsklagen und Schutzrechtsverletzungen durch Dritte unterstützt oder die lizenzierten Patente aufrechterhält. Obwohl ein Lizenznehmer somit keine spezifische Erfüllung positiver Handlungspflichten durch den Lizenzgeber/Insolvenzschuldner erzwingen kann, kann er jedenfalls verlangen, dass ihm für die

---

261 Etwas anderes kann sich ggf. aus sonstigem Recht ergeben, vgl. 11 U.S.C. § 365(n)(1)(B)(ii).

Hauck

Ausübung der Rechte alle Verkörperungen der lizenzierten Schutzrechte – wie vertraglich vereinbart – überlassen und dass alle Ausschließlichkeitsrechte in Bezug auf die lizenzierten Schutzrechte anerkannt werden.

III. Anwendungsbereich von 11 U.S.C. § 365(a),(n)

1. Executory contracts

Voraussetzung ist zunächst – vergleichbar der Regelung in § 103 Abs. 1 InsO[262] – **108** dass es sich beim betreffenden Lizenzvertrag um einen **executory contract** handelt, denn § 365 ist allein auf noch nicht vollständig erfüllte Austauschverträge sowie auf **unexpired leases** anwendbar. Da dies bei Lizenzverträgen nicht automatisch angenommen werden kann,[263] muss es im Einzelfall festgestellt werden, zumeist auf Basis der „Countryman definition", auch als **material breach test** bezeichnet.[264] Danach ist ein executory contract ein

> „(c)ontract under which the obligation of both the bankrupt and the other party to the contract are so far unperformed that the failure of either to complete performance would constitute a material breach excusing the performance of the other".[265]

In der Regel werden Verpflichtungen in Lizenzverträgen sehr weitgehend als „noch nicht vollständig erfüllt" angesehen. So werden dafür etwa Verpflichtungen zur Aufrechterhaltung der lizenzierten Rechte durch den Lizenzgeber sowie Berichtspflichten des Lizenznehmers als ausreichend angesehen. Nicht ausreichend sind jedoch bloße noch nicht erfüllte Zahlungspflichten des Lizenznehmers.[266]

2. Erfasste Rechte

Die Regelung des § 365(n) – und somit eine mögliche Insolvenzfestigkeit – gilt **109** jedoch nicht für alle Verträge über die Lizenzierung von Immaterialgüterrechten. Das lizenzierte Recht muss vielmehr ein **right to intellectual property** im Sinne der Vorschrift sein. Welche Rechte darunter fallen ergibt sich aus Chapter 101 des Title 11, dort werden alle für das Insolvenzrecht maßgeblichen Begriffe definiert.

---

262 Dazu ausführlich oben ab Rn. 16.
263 Zu den dahingehenden Überlegungen im deutschen Recht *Hauck* GRUR-Prax 2013, 437, 438 f.
264 Vgl. nur *Menell* 22 Berkeley Tech. L. J. 755 f. (2007).
265 *Countryman* Executory Contracts in Bankruptcy, Part I (57 Minn Law Review 439, 460 (1973)).
266 Vgl. etwa In re Access Beyond Techs., Inc., 237 B.R. 32, 43 (D. Del. 1999).

Gemäß 11 U.S.C. § 101(35 A) meint der terminus intellectual property Unternehmensgeheimnisse (trade secrets), die unter Title 35 U.S.C. geschützten Patente, Sortenschutzrechte und Designs, Patentanmeldungen und sonstige Sortenschutzrechte, sowie Urheberrechte und sonstige unter Title 17 U.S.C. fallende Rechte wie Halbleitertopographien.

110   **Nicht erfasst** werden jedoch insbesondere **Kennzeichenrechte**, denn der dafür maßgebliche Lanham Act[267] ist gerade nicht erwähnt. Privilegiert werden somit ausschließlich technology licenses. Bei entsprechend „gemischten" Verträgen führt dies dazu, dass der Lizenznehmer dann nach entsprechender Ausübung seines Wahlrechts zwar die lizenzierte Technologie, nicht aber eine ebenfalls lizenzierte Marke weiternutzen darf.[268]

111   Wegen des Wortlauts von § 101(35 A) und insbesondere aufgrund der Bezugnahme auf die Rechte aus „title 35" und „title 17", ist die Anwendung von § 365(n) ferner auf Schutzrechte beschränkt, die durch Gesetze wie den United States Patent Act[269] und den Copyright Act[270] geschützt sind, also auf US-amerikanische Immaterialgüterrechte. Dies bedeutet im Umkehrschluss, dass Lizenzen, die auf **durch ausländisches Recht geschützten Immaterialgüterrechten** basieren, nicht erfasst werden.[271] Auch wenn fraglich ist, ob der Gesetzgeber tatsächlich Lizenzverträge über ausländische Immaterialgüterrechte weniger schützen wollte als solche, die über US-Schutzrechte abgeschlossen werden, ist diese Rechtslage aufgrund der eindeutigen Bezugnahme der Vorschrift auf allein die Regelungen des US-Immaterialgüterrechts hinzunehmen. Quasi im Umkehrschluss gilt – jedenfalls aus US-Sicht – der Grundsatz, dass deutsches Insolvenzrecht auf Lizenzverträge über US-amerikanische Immaterialgüterrechte nicht

---

[267] 15 U.S.C. §§ 1051 ff.

[268] Vgl. In re Exide Technologies, Inc., 2008 WL 522516 (D. Del. Feb. 27, 2008); In re Centura Software Corp., 281 B. R. 660 (Bank. N. D.Cal. 2002). Anders aber zuletzt Sunbeam Products, Inc. v. Chicago American Manufacturing, LLC, 686 F.3d 372 (7th Cir. 2012) = GRUR Int. 2012, 105. Da letztere Entscheidung gegen die bisherige Rechtsprechung der Bundesberufungsgerichte erging, wird insoweit abzuwarten sein, ob sich diese – unter wirtschaftlichen Erwägungen sinnvolle – Sichtweise durchsetzen wird oder wie sich ggf. der Supreme Court dahingehend äußern wird, falls es zu einem Verfahren kommt. Gegen eine Anwendbarkeit von 11 U.S.C. § 365(n) auf Kennzeichenrechte auch *Gilhuly/Posin/Dillman* 21 ABI Law Review 1, 34, 45 ff. (2013).

[269] 35 U.S.C. §§ 101 ff. (2006).

[270] 17 U.S.C. §§ 101–122 (2006).

[271] So auch *Gilhuly/Posin/Dillman* 21 ABI Law Review 1, 34, 42 f. (2013). Die Aussagen des Gerichts in der Entscheidung In re Qimonda, 462 B.R. 165 (Bankr. E.D.Va. 2011) = GRUR Int. 2012, 86, 93 können ebenfalls nur dahingehend verstanden werden.

Hauck

angewendet werden kann, insbesondere nicht § 103 InsO.[272] Daher hielt der US Court of Appeals for the Fourth Circuit im Zusammenhang mit der oben (Rn. 31) beschriebenen Insolvenz des Unternehmens Qimonda die Nichterfüllungswahl des Insolvenzverwalters gemäß § 103 InsO für unbeachtlich.[273] Infolgedessen hatte der Bankruptcy Court zu recht § 365(n) angewandt, was im Ergebnis zum Fortbestehen der Lizenzen führte. Das Berufungsgericht ließ dabei sogar Sympathie für die Ansicht des Bankruptcy Court erkennen, wonach die deutsche Regelung gegen den US-amerikanischen ordre public verstoße.[274]

In **zeitlicher Hinsicht** ist der Anwendungsbereich von § 365(n) dahingehend **112** beschränkt, dass der Lizenznehmer seine Rechte nur in dem Maße beibehält, wie sie **zum Zeitpunkt der Eröffnung des Insolvenzverfahrens** bestanden haben. Diese Regelung wirft die Frage auf, ob § 365(n) die Schutzrechte nur auf jene Rechte begrenzt, die unmittelbar vor Verfahrenseröffnung existierten, oder ob die Beschränkung den Status und die Reichweite der Schutzrechte selbst erfasst. Diese Rechtsfrage war Gegenstand der Entscheidung „Szombathy v. Controlled Shredders",[275] in welcher das Gericht – teilweise unter Bezugnahme auf die Gesetzgebungsmaterialien – entschieden hat, dass § 365(n) den Lizenznehmer „nur berechtigt, die vertraglichen Schutzrechte in der Form zu nutzen, wie sie am Tag der Insolvenzanmeldung bestanden haben", und dass dem Lizenznehmer „nicht das Recht auf irgendwelche Modifikationen oder Verbesserungen eingeräumt wird, die nach diesem Zeitpunkt entstanden sind". Mangels entgegenstehender (höchstrichterlicher) Rechtsprechung ist daher davon auszugehen, dass der Lizenznehmer seine durch § 365(n) bewahrten Lizenzrechte nicht auf Immaterialgüterrechte erweitern kann, die **nach Eröffnung des Insolvenzverfahrens** über das Vermögen des Lizenzgebers entstanden sind. Im Ergebnis profitieren daher von der Privilegierung des § 365(n) nur Lizenzverträge, die vor der Stellung des Antrags auf Eröffnung des Insolvenzverfahrens abgeschlossen wurden.

---

272 Vgl. exemplarisch *Jaffe v. Samsung Electronics Co., et al,* No. 12–1802 (4'h Cir. 2013) = GRUR Int. 2014, 190. Damit wurde die anderslautende Enscheidung des United States Bankruptcy Court for the Eastern District of Virginia (In re Qimonda AG, Case No. 09–14766-RGM v. 19.11.2009 = BeckRS 2010, 06742) aufgehoben. Vgl. dazu *Meyer-Löwy/Parzinger* ZIP 2015, 239. Umgekehrt sieht § 343 InsO die automatische Anerkennung ausländischer Insolvenzverfahren vor.
273 *Jaffe v. Samsung Electronics Co., et al,* No. 12–1802 (4th Cir. 2013) = GRUR Int. 2014, 190.
274 *Meyer-Löwy/Parzinger* ZIP 2015, 239.
275 Szombathy v. Controlled Shredders, Inc., 1996 WL 417121 (Bankr. N.D. Ill. 1996).

IV. Lizenznehmerinsolvenz

113 Auf den Fall der Insolvenz des Lizenznehmers ist die Sonderregelung des **11 U.S.C. § 365(n) nicht anwendbar**, es bleibt bei den allgemeinen insolvenzrechtlichen Vorgaben in § 365. Dem Insolvenzverwalter auf der Seite des Lizenznehmers steht also ein **Wahlrecht** dahingehend zu, ob er den Lizenzvertrag weiter erfüllen will oder nicht, ohne dass insoweit ein Widerspruchsrecht des Lizenzgebers bestehen würde.

114   Entscheidet sich der Insolvenzverwalter für die weitere **Vertragserfüllung** (assumption, vgl. § 365(a) und (b)), gilt der Vertrag zwischen den Parteien unverändert weiter. Der Lizenznehmer kann dann insbesondere das lizenzierte Immaterialgüterrecht weiter nutzen. Er kann den noch nicht vollständig erfüllten Vertrag – im Ergebnis also die Lizenz – ferner an einen Dritten **übertragen** (assignment, vgl. § 365(f)). Diese Rechte stehen dem Insolvenzverwalter aber nicht zu, wenn sich aus gesetzlichen Vorschriften – auch außerhalb des Insolvenzrechts – oder aus sonstigen immaterialgüterrechtlichen oder lizenzrechtlichen Besonderheiten etwas Abweichendes ergibt. So sind einfache Lizenzen, die in der Regel einen gewissen persönlichen Einschlag besitzen, nicht übertragbar, falls im Lizenzvertrag nichts Abweichendes geregelt wurde.[276] Im Bankruptcy Code selbst sind insoweit vor allem die Vorgaben in § 365(c) bis (f)(2) maßgeblich.[277] Wählt der Insolvenzverwalter diese Optionen(en), dürfte eine Vertragsbeendigung für den Lizenznehmer in der Regel wünschenswert sein. Insoweit ordnet § 365(e)(1) aber unmissverständlich ein **Kündigungsverbot** an. Auch vertraglich vereinbarte **Sonderkündigungsrechte** sind ab Verfahrenseröffnung nicht mehr durchsetzbar.

115   Lehnt der Insolvenzverwalter die weitere Vertragserfüllung ab (rejection), ist dies grundsätzlich ein **Vertragsbruch** (breach of contract, vgl. § 365(g)), sofern sich nicht aus § 365(h)(2) und (i)(2) etwas Abweichendes ergibt. Bei der Lizenznehmerinsolvenz wird dies jedoch anders als bei der Lizenzgeberinsolvenz (s. oben Rn. 102 ff.) eher die Ausnahme sein, da ein gewichtiges Interesse des Insolvenzverwalters gerade darin bestehen dürfte, die lizenzierten Rechte weiter nutzen zu können.

---

276 Zu einfachen Lizenzen allgemein oben 1. Kapitel Rn. 13.
277 Umfassend zu diesen Optionen des Insolvenzverwalters bei Lizenzverträgen *Gilhuly/Posin/Dillman* 21 ABI Law Review 1, 10 ff., 21 ff. (2013).

Hauck

C. Lizenzen in der Einzelzwangsvollstreckung

I. Vorbemerkung

Lizenzen über Immaterialgüterrechte sind wie auch die Schutzrechte selbst ver- 116
mögenswerte Rechte, die für Gläubiger attraktive Vollstreckungsgenstände sein
können. Um die Fragen nach dem Ob und Wie der Einzelzwangsvollstreckung
bei Lizenzen beantworten zu können, ist jedoch die Unterscheidung nötig zwischen der Zwangsvollstreckung in die Lizenz, also die Rechte aus dem Lizenzvertrag, und der Zwangsvollstreckung in die Immaterialgüterrechte selbst.[278] Die
folgende Betrachtung wird auf Zwangsvollstreckungen wegen Geldforderungen
beschränkt.

II. Anwendbares Recht

Ausgangspunkt sind die allgemeinen Regelungen des deutschen Zivilprozess- 117
rechts (Vollstreckungsrechts), die selbstverständlich auch auf die Einzelzwangsvollstreckung in die genannten vermögenswerten Gegenstände anzuwenden sind.
Besonders bedeutsam ist dabei § 857 ZPO, der auf alle „andere(n) Vermögensrechte", die nicht Gegenstand der Zwangsvollstreckung in das unbewegliche
Vermögen sind, die Regelungen der §§ 828 ff. ZPO über Forderungen für anwendbar erklärt und ferner besondere Vorgaben für **unveräußerliche Rechte**
enthält. Anwendbar sind damit auch die allgemeinen Vorschriften zum **Schutz
des Vollstreckungsschuldners.** So können etwa umsatzabhängige Lizenzgebühren als Entgelt für die Nutzung eines Schutzrechts dem **Pfändungsschutz**
nach § 850 oder § 850i Abs. 1 ZPO jeweils in Verbindung mit § 850c ZPO unterfallen.[279]

---

278 Sie zu letzterer Thematik schon *Hubmann* FS Lehmann, S. 812; *Zimmermann* InVo 1999, 3;
dies. GRUR 1999, 121.
279 BGH NJW-RR 2004, 644 (PatR).

III. Vollstreckungsgegenstände

1. Gewerbliche Schutzrechte und Lizenzen

118 Die Zwangsvollstreckung in die Lizenz richtet sich nach denselben Vorschriften wie die Zwangsvollstreckung in das lizenzierte Recht (Stammrecht) selbst.[280] Patentlizenzen[281] sind daher pfändbar, soweit sie übertragbar sind. Dies bedeutet, dass **einfache Lizenzen, Betriebslizenzen** und **persönliche Lizenzen,** bei denen eine enge persönliche Bindungen zwischen dem Lizenzgeber und dem Lizenznehmer besteht, nicht pfändbar sind, da diese nicht übertragen werden können.[282] Bei der Betriebslizenz soll sich dies zudem daraus ergeben, weil diese an den Betrieb gebunden ist, der als rechtliche Gesamtheit aber nicht der Zwangsvollstreckung unterliege. Die Lizenz gehört aber wie das Unternehmen als Ganzes zur Insolvenzmasse.[283] Für die Zwangsvollstreckung gilt bei einfachen Lizenzen daher § 857 Abs. 3 ZPO. Mangels Übertragbarkeit und da sie auch nicht einem Dritten zur Ausübung überlassen werden kann, ist sie der Pfändung nicht unterworfen.

119 Dagegen ist die (dingliche[284]) **ausschließliche Lizenz** ohne weiteres übertragbar (gemäß §§ 413, 398 BGB) und daher auch pfändbar, falls eine persönliche Bindung oder die Bindung an einen Betrieb nicht gesondert vereinbart wurde.[285] Die Pfändbarkeit soll wegen § 851 Abs. 2 ZPO auch nicht durch ein Veräußerungsverbot im Lizenzvertrag ausgeschlossen werden können.[286] Als sonstiges Vermögensrecht i.S.v. § 857 Abs. 1 ZPO wäre die Lizenz daher der Zwangsvollstreckung unterworfen, sie könnte im Rahmen der Verwertung des Vermögens des Lizenznehmers nach § 829 i.V.m. § 835 ZPO gepfändet und an den Vollstreckungsgläubiger überwiesen werden.[287]

---

280 Benkard/*Ullmann/Deichfuß* § 15 Rn. 43 ff. Vgl. exemplarisch zur Übertragbarkeit und somit Pfändbarkeit des Anspruchs auf Erteilung des Patents und des Rechts aus dem Patent BGH GRUR 1994, 602 – Rotationsbürstenwerkzeug.

281 Die Ausführungen gelten entsprechend für Gebrauchsmuster und Gebrauchsmusterlizenzen.

282 Siehe zur Unübertragbarkeit einfacher Patentlizenzen insb. BGHZ 62, 272, 274 – Anlagengeschäft. Auch §§ 399 1. Alt., 415 analog BGB stehen der Übertragbarkeit entgegen (vgl. RG GRUR 30, 174, 175; GRUR 34, 657, 661) und zwar unabhängig von deren Einordnung als dinglich oder nicht, so zutreffend Benkard/*Ullmann* § 15 Rn. 103 (Voraufl.); *Kraßer/Ann* § 40 V Rn. 39.

283 RGZ 134, 91, 98.

284 Zur Rechtsnatur der ausschließlichen Lizenz oben 1. Kapitel Rn. 15.

285 Vgl. BGH GRUR 69, 560, 561 – Frischhaltegefäß.

286 Vgl. RGZ 134, 91, 96 vgl. auch *Walz* KritV 86, 131, 162; a.A. Lüdecke/Fischer/*Lüdecke* Lizenzverträge, A 52.

287 *McGuire* Die Lizenz, S. 389 f.

Hauck

In der Literatur gibt es jedoch Stimmen, die auch bei ausschließlichen Li- 120
zenzen eine Pfändbarkeit **ablehnen**, da in jedem Fall eine gewisse persönliche
Bindung zwischen Lizenzgeber und Lizenznehmer bestehe.[288] Dieses Argument
ist nicht von der Hand zu weisen. Denn der Lizenzgeber erhielte so einen (neuen)
Lizenznehmer, den er sich nicht „ausgesucht" hat und an den er ggf. nie eine
Lizenz erteilt hätte, etwa bei einem bestehenden Wettbewerbsverhältnis. Andererseits gibt es nun einmal keine gesetzliche Privilegierung von immaterialgüterrechtlichen Lizenzen in der Einzelzwangsvollstreckung, ebenso wenig wie in
der Insolvenz.[289] Daher ist für die Pfändbarkeit im Einzelnen zu ermitteln, ob der
Übertragbarkeit der Lizenz beachtenswerte Gründe entgegenstehen, wobei insoweit auch die Interessen des Vollstreckungsgläubigers zu berücksichtigen sind.

2. Know-how und Know-how-Lizenzen

Während die Pfändbarkeit von Know-how[290] nur dann in Betracht kommt, wenn 121
es als selbständiges wirtschaftlich verwertbares Gut beschlagnahmefähig ist,[291]
gelten für die Zwangsvollstreckung in Know-how-Lizenzen die zu Patentlizenzen dargestellten Grundsätze. Wichtig ist insoweit vor allem die Unterscheidung
zwischen einfachen und ausschließlichen Lizenzen (oben 1. Kapitel Rn. 10 ff.).

3. Urheberrechte und Nutzungsrechte; Verlegerrechte

Die §§ 113 bis 119 UrhG sehen für die Zwangsvollstreckung in Vermögenswerte 122
des Urhebers besondere Regelungen vor, durch welche die **Zwangsvollstre-
ckungsmöglichkeiten** der Gläubiger des Urhebers **beschränkt** werden. Dies
zeigt auch, dass eben grundsätzlich von der Möglichkeit der Zwangsvollstreckung
in diese Gegenstände auszugehen ist. Diese Sonderregelungen gelten freilich allein für den Fall der Zwangsvollstreckung wegen **Geldforderungen** in dem Urheber (also dem Lizenzgeber[292]) zustehende Rechte. Erfolgt die Zwangsvollstreckung zur Durchsetzung einer anderen Forderung, ergeben sich aus dem UrhG

---

288 Vgl. *Bühling* GRUR 1998, 196, 200.
289 Zur insolvenzrechtlichen Problematik schon oben ab Rn. 3.
290 Zu diesem Begriff oben 2. Kapitel ab Rn. 20.
291 Umfassend dazu Ann/Loschelder/Grosch/*Hauck* Kap. 8 Rn. 10 ff. Das Know-how ist in diesem Fall nicht anders zu behandeln als das Erfinderrecht gemäß § 6 PatG.
292 Zur Zwangsvollstreckung in Vergütungsansprüche des Urhebers *Berger* NJW 2003, 853.

keine Spezialregelungen.[293] Keine Regelungen gibt es auch für die hier zu betrachtenden Vollstreckungsmaßnahmen gegen die Lizenznehmer des Urhebers.

123   Wie auch das Erfinderrecht (dazu oben 2. Kapitel Rn. 6) ist das **Urheberpersönlichkeitsrecht** eine besondere Ausformung des allgemeinen Persönlichkeitsrechts und leitet sich wie dieses aus Art. 1, 2 GG ab. Es entsteht gemeinsam mit dem vom Urheber geschaffenen Werk und schützt den Urheber in seiner besonderen geistigen persönlichen Beziehung zu seinem Werk.[294] Wegen der **Unübertragbarkeit** der sich aus dem Urheberpersönlichkeitsrecht ergebenden Berechtigungen[295] scheidet gemäß § 857 Abs. 3 ZPO eine Zwangsvollstreckung insoweit aus. Dies gilt jedoch nicht für Forderungen, die der Urheber aufgrund der Ausübung seines Urheberpersönlichkeitsrechts oder aufgrund der Verletzung desselben erlangt, etwa Schadensersatzansprüche i. S.v. § 97 Abs. 2 UrhG gegen Dritte.[296]

124   Etwas anders gilt insgesamt für die Verwertungsrechte der Inhaber **verwandter Schutzrechte** (Leistungsschutzrechte). Diese sind übertragbar und somit auch pfändbar. Dies gilt – ausnahmsweise – nicht für das Persönlichkeitsrecht des ausübenden Künstlers.

125   Ebenfalls übertragbar – jedenfalls nach Maßgabe des § 34 UrhG –,[297] sind die sich aus dem Urheberrecht ergebenden **urheberrechtlichen Nutzungsrechte** (vgl. §§ 31 ff. UrhG), sie unterliegen daher auch der Zwangsvollstreckung. Dies wird auch von § 113 S. 1 UrhG klargestellt, in Abgrenzung zur Zwangsvollstreckung in das (unübertragbare) Urheberrecht (als Stammrecht) selbst. Da der Urheber gemäß § 31a UrhG auch Nutzungsrechte an **unbekannten Nutzungsarten** einräumen kann, sind diese auch grundsätzlich Gegenstand der Zwangsvollstreckung, sobald sie bekannt geworden sind.[298] Zu beachten ist aber, dass das dem Urheber gesetzlich zustehende **Widerrufsrecht** (§ 31a Abs. 1 S. 3 UrhG) auch in der Zwangsvollstreckung Geltung behält, so dass im Falle der Pfändung unbekannter Nutzungsarten dem Urheber die Möglichkeit des Widerrufs zusteht (vgl. auch § 31a Abs. 4 UrhG).[299]

---

293 Wandtke/Bullinger/*Kefferpütz* § 112 Rn. 16, unter Hinweis auf OLG Hamburg ZUM 2006, 758, 761 (UrhR).
294 Dreier/Schulze/*Schulze* Vorbem. §§ 12 – 14 Rn. 1; Wandtke/Bullinger/*Bullinger* Vor §§ 12 ff. Rn. 1 ff.
295 Ausführlich zur Unübertragbarkeit des Urheberrechts s. 2. Kapitel Rn. 45.
296 Wandtke/Bullinger/*Kefferpütz* § 112 Rn. 9.
297 Zur Übertragbarkeit von Nutzungsrechten allgemein oben 2. Kapitel Rn. 45 ff.; zum Verlagsvertrag oben 4. Kapitel Rn. 40 ff.; zur Gesamtzwangsvollstreckung in der Insolvenz oben ab Rn. 3.
298 Dreier/Schulze/*Schulze* § 113 Rn. 7.
299 Spindler/Schuster/*Spindler* UrhG § 114 Rn. 5.

Hauck

Im Hinblick auf den **Zustimmungsvorbehalt** des § 34 Abs. 1 S. 1 UrhG ist **126** umstritten, ob dieser schon für die Pfändung des Nutzungsrechts gilt oder erst für die (nachgelagerte) Verwertung zur Anwendung kommt, als dem eigentlichen Korrelat zum Verfügungsgeschäft bei der Übertragung.[300] Für erstere Ansicht spricht die Gesetzesbegründung.[301] Die a. A. kann sich auf den Wortlaut des Gesetzes berufen,[302] wenn man die Pfändung – zutreffend – als (Teil-)Übertragung des Rechts auffasst. Für urheberrechtliche Nutzungsrechte an **Computerprogrammen** ist § 69b UrhG zu beachten, wenn der Urheber im Zeitpunkt der Werkschöpfung in einem **Arbeits- oder Dienstverhältnis** stand.

Aus §§ 113, 115 UrhG ergibt sich ferner, dass die Zwangsvollstreckung we- **127** gen Geldforderungen in urheberrechtliche Nutzungsrechte grundsätzlich nur mit **Einwilligung des Urhebers bzw. dessen Rechtsnachfolgers** (insb. des Lizenznehmers) möglich ist. Diese Beschränkung der Vollstreckungsmöglichkeiten zulasten des Gläubigers gilt jedoch nur für den Zugriff auf das Nutzungsrecht selbst und nicht für die Zwangsvollstreckung in Vermögenswerte (insbesondere Lizenzeinnahmen), die der Urheber aufgrund der Übertragung oder sonstigen Verwertung urheberrechtlicher Nutzungsrechte erhalten hat. Diese Surrogate, die regelmäßig auf eine Geldzahlung gerichtete Forderungen sein werden, unterliegen als Zugriffsobjekt den gleichen Regelungen wie andere Geldforderungen auch.[303]

Im Verlagsrecht war in § 28 VerlG 1994 die Übertragbarkeit der Rechte des **128** Verlegers aus dem Verlagsvertrag (**Verlegerrechte**) ausdrücklich vorgesehen. Mit der Neufassung des Verlagsgesetzes im Jahr 2002 wurde diese Vorschrift ersatzlos gestrichen. Dass diese Rechte aber unbeschadet einer besonderen Regelung übertragbar sind, ergibt sich nunmehr aus den allgemeinen Regelungen des UrhG und insbesondere aus dem dortigen § 34 Abs. 1. Für die Frage der Übertragbarkeit von Nutzungsrechten gelten daher die obigen Aussagen (ab Rn. 125). Dagegen findet sich in § 36 Abs. 2 VerlG noch eine einzelne speziellere Regelung zur Übertragbarkeit der Rechte des Verlegers. So kann der Insolvenzverwalter im Rahmen des Insolvenzverfahrens „die Rechte des Verlegers auf einen anderen" übertragen. Die Verlegerrechte sind damit pfändbar und unterliegen der Einzelzwangsvollstreckung.

---

300 So (erst bei der Verwertung) Wandtke/Bullinger/*Kefferpütz* § 112 Rn. 20; OLG Hamburg ZUM 1992, 547, 550 (UrhG); a. A. *Schack* Rn. 880; Dreier/Schulze/*Schulze* § 113 Rn. 16; Schricker/Loewenheim/*Wimmers* § 113 Rn. 6; MüKo-InsO/*Peters* InsO § 35 Rn. 374.
301 Amtliche Begr. zu § 122 RegE UrhG, abgedruckt in UFITA 45 (1965), S. 329.
302 So zu Recht MüKo-InsO/*Peters* InsO § 35 Rn. 374.
303 Wandtke/Bullinger/*Kefferpütz* § 112 Rn. 11.

4. Kennzeichenrechte, Design, Domain

129 Sofern das **Recht an der Marke**[304] übertragbar ist, ist es auch pfändbar. Dass das nach den Vorgaben der § 4 Nr. 1, 2 oder 3 MarkenG entstandene Recht an der Marke ohne weiteres übertragbar ist, wird von § 27 Abs. 1 MarkenG geregelt. Dies gilt entsprechend für das durch die Anmeldung einer Marke begründete **Markenanwartschaftsrecht**, dessen Übertragbarkeit durch den Verweis in § 31 MarkenG auf § 27 Abs. 1 MarkenG klargestellt wird. Für **Lizenzen über Kennzeichenrechte** ergeben sich keine Besonderheiten, es gelten dieselben Grundsätze wie für Patentlizenzen (oben Rn. 118 ff.). Entscheidend ist auch hier die Unterscheidung zwischen einfachen und ausschließlichen Lizenzen. Dies gilt entsprechend für Lizenzen über **Designs.**[305]

130 Die **Domain** selbst ist kein pfändbares Vermögensrecht i.S.v. § 857 Abs. 1 BGB.[306] Etwas anderes gilt jedoch für die schuldrechtlichen Ansprüche des Domaininhabers aus dem Vertrag mit der Registrierungsstelle. Dabei handelt es sich um übertragbare „Vermögensrechte" i.S.v. § 857 Abs. 1 BGB, die daher auch pfändbar sind.[307]

5. Persönlichkeitsrechte, sonstige lizenzierbare Rechte

131 Lizenzen über **Persönlichkeitsrechte** sind möglich.[308] Fraglich ist indes, ob eine Vollstreckung in solche Lizenzen möglich ist. Denn auch insoweit spielen – vergleichbar der Situation im Urheberrecht – persönlichkeitsrechtliche Erwägungen hinsichtlich der Übertragbarkeit eine Rolle, was sich auf die Möglichkeit einer Pfändung und Verwertung auswirkt. Gesetzliche Regelungen fehlen, auf die grundsätzlichen Ausführungen zu Urheberpersönlichkeitsrechten wird daher verwiesen (oben Rn. 123).

132 Eine Entscheidung des BGH gibt es zur **Übertragbarkeit einer Bundesligalizenz** (im Basketball) – als ein vermögenswertes Recht – in der Insolvenz des Sportvereins. Danach ist das Recht zur Teilnahme einer Mannschaft am sportlichen Wettbewerb einer Bundesliga von Rechts wegen übertragbar. Es ist daher grundsätzlich pfändbar und unterliegt dem Insolvenzbeschlag.[309] Es ist

---

304 Dies gilt entsprechend für geschäftliche Bezeichnungen gemäß § 5 MarkenG, vgl. nur MüKo-ZPO/*Smid* § 857 Rn. 16.

305 Dazu oben 2. Kapitel Rn. 53 ff.

306 BGH GRUR 2005, 969, 970 – Domain-Pfändung. Dazu schon oben 2. Kapitel Rn. 82 ff.

307 BGH GRUR 2005, 969, 970 – Domain-Pfändung.

308 Dazu oben 2. Kapitel Rn. 87 ff.

309 BGH NZI 2001, 360. Nicht übertragbar ist dagegen die Mitgliedschaft eines (Sport-)Vereins in einem Verband, vgl. *Haas* NZI 2003, 177, 181.

kein Grund ersichtlich, warum dies nicht auch für die Einzelzwangsvollstreckung gelten sollte.

IV. Vollstreckungsverfahren und Verwertung im Überblick

Gemäß § 857 Abs. 1 ZPO richten sich der Ablauf des Vollstreckungsverfahrens und **133** die Verwertung nach den §§ 828 ff. ZPO. Ausschließlich **sachlich zuständig** für den Erlass des Pfändungsbeschlusses ist gemäß § 857 Abs. 1 i.V. m. §§ 828 Abs. 1, 764, 802 ZPO das Amtsgericht als Vollstreckungsgericht. Die ausschließliche **örtliche und internationale Zuständigkeit** bestimmt sich gemäß § 857 Abs. 1 i.V. m. §§ 828 Abs. 2, 802 ZPO nach dem Wohnsitz des Schuldners (§ 13 ZPO). Sollte der Wohnsitz nicht zu ermitteln sein, ist gemäß § 23 ZPO auf den Ort abzustellen, in dessen Bezirk sich das Vermögen des Schuldners befindet. Bei inländischen Nutzungsrechten ist insoweit eine Belegenheit überall im Inland anzunehmen.[310] Zuständig ist dann jedes inländische Amtsgericht.

Dem Erlass des **Pfändungsbeschlusses** muss ein **Antrag** des Vollstre- **134** ckungsgläubigers vorausgehen, wobei die allgemeinen vollstreckungsrechtlichen Voraussetzungen – Titel, Klausel und Zustellung – vorliegen müssen. Dieses Pfändungsgesuch muss **bestimmt** sein, bezeichnet werden müssen insbesondere Gläubiger, Schuldner und die verlangte Zwangsvollstreckungshandlung.[311] Im Antrag auf Erlass des Pfändungsbeschlusses ist das lizenzierte Nutzungsrecht, in das vollstreckt werden soll, hinreichend individualisiert anzugeben, wobei an eine solches Pfändungsgesuch keine „zu hohen" Anforderungen zu stellen sind.[312]

Durch den vom Vollstreckungsgericht erlassenen Pfändungsbeschluss wird **135** dem Schuldner gemäß § 829 Abs. 1 S. 2 ZPO aufgegeben, sich jeglicher Verfügung über sein Nutzungsrecht zu enthalten (**inhibitorium**). Für Nutzungsrechte eines Lizenznehmers ist fraglich, ob der Lizenzgeber **Drittschuldner** als „Teilhaber des Rechts" ist.[313] In einem solchen Fall müsste der Pfändungsbeschluss zusätzlich ein an diesen gerichtetes **arrestatorium** enthalten mit dem Verbot, an den Schuldner zu zahlen (etwa Lizenzgebühren); vgl. § 829 Abs. 1 S. 1 ZPO. Eine höchstrichterliche Stellungnahme zu dieser Frage existiert nicht. Die besseren

---

310 *Schack* Urheber- und Urhebervertragsrecht, Rn. 878.
311 Zöller/*Herget* § 829 Rn. 3.
312 MüKo-ZPO/*Smid* § 829 Rn. 20.
313 Offengelassen von BGH NJW 1990, 2931, 2933 – Arzneimittelzulassung.

Argumente sprechen dafür, den Lizenzgeber – ebenso wenig wie das Patentamt – nicht als Drittschuldner anzusehen.[314] Es fehlt vor allem an der gleichberechtigten Teilhabe von Lizenzgeber und Lizenznehmer am lizenzierten Recht, da letzterer nur die ihm übertragenen Befugnisse nutzen darf. Daher wird die Pfändung gemäß § 857 Abs. 2 ZPO mit der **Zustellung** an den Schuldner wirksam.[315] Folgt man der Gegenansicht, wäre der Pfändungsbeschluss sowohl an den Lizenznehmer als auch an den Lizenzgeber zuzustellen; vgl. § 857 Abs. 1 i.V.m. § 829 Abs. 3 ZPO.

136   Durch die Pfändung wird die staatliche **Verstrickung** an dem Vollstreckungsgegenstand (die betreffende Lizenz) bewirkt und es entsteht ein **Pfändungspfandrecht** des Gläubigers gemäß § 804 ZPO. Allerdings kommt es durch die Pfändung nicht zu einem Übergang des gepfändeten Rechts auf den Gläubiger. Der Pfändungspfandgläubiger erlangt durch die Pfändung auch kein ausschließliches Benutzungsrecht in Bezug auf den betroffenen lizenzierten Gegenstand. Vielmehr verbleibt dem Rechteinhaber und Vollstreckungsschuldner auch nach der Pfändung das lizenzierte Nutzungsrecht. Bestehen bleiben vor allem das Recht zur Eigennutzung und die vor der Pfändung begründeten Lizenzrechte. Allerdings darf der Vollstreckungsschuldner keine Verfügungen treffen, die das jeweilige Recht beeinträchtigen.[316]

137   Bei gepfändeten und infolgedessen verwerteten Lizenzen rückt der Erwerber als Lizenznehmer in das bisherige Rechtsverhältnis ein.[317] Als **Verwertungshandlungen** für gepfändete Lizenzen kommen ferner (grundsätzlich) der freihändige Verkauf, die öffentliche Versteigerung gemäß §§ 814 ff. ZPO analog und die Vergabe von **Unterlizenzen** in Betracht.[318] Ist eine Lizenz nur nach Maßgabe des § 857 Abs. 3 ZPO pfändbar, scheidet indes eine Verwertung in Form der Veräußerung und der Versteigerung aus, da dafür eine Übertragung des Rechts nötig wäre. In diesem Fall bleibt allein die Möglichkeit der Anordnung der Ausübung des Rechts durch einen anderen, beispielsweise durch **Verwaltung oder Verpachtung.** Dem Gläubiger kann des Weiteren die Befugnis zur Lizenzierung erteilt werden.[319] Benötigt der Gläubiger für die Verwertung der gepfändeten Rechte bestimmte Mitwirkungshandlungen des Schuldners ist § 857 Abs. 1 i.V.m. § 836 Abs. 3 ZPO anwenden.

---

314 Benkard/*Ullmann*/*Deichfuß* § 15 PatG Rn. 48; *Zimmermann* Immaterialgüterrechte und ihre Zwangsvollstreckung, 1998, S. 291 ff.
315 BGH GRUR 1994, 602, 603 – Rotationsbürstenwerkzeug (für Patentanmeldung und Patent).
316 BGH GRUR 1994, 602, 603 f. – Rotationsbürstenwerkzeug.
317 *Stöber* Forderungspfändung, Rn. 1649.
318 Zöller/*Herget* § 844 Rn. 2; *Brox*/*Walker* Zwangsvollstreckungsrecht, Rn. 841, 848.
319 *Zimmermann* Immaterialgüterrechte und ihre Zwangsvollstreckung, S. 321.

Wiederholungsfragen 138
1. Was kann ein Insolvenzverwalter nach US-Recht tun, wenn im Falle der Lizenzgeberinsolvenz der Vertragspartner den Lizenzvertrag kündigen möchte? Rn. 104
2. Auf welche Immaterialgüterrechte ist 11 U.S.C. § 365(n) anwendbar? Rn. 109
3. Sind Betriebslizenzen pfändbar? Rn. 118
4. Unterliegen urheberrechtliche Nutzungsrechte der Zwangsvollstreckung? Rn. 125 f.
5. Ist eine Internet-Domain ein pfändbares Vermögensrecht i. S. v. § 857 Abs. 1 BGB? Rn. 130
6. Welche Verwertungshandlungen kommen für gepfändete Lizenzen in Betracht? Rn. 137

6. Kapitel: Lizenzverträge und Kartellrecht; kartellrechtliche Zwangslizenz

Vertiefungsliteratur (Auswahl): *Baumann*, Einschaltung von Schiedsgerichten zur Bestimmung der FRAND-Konditionen, GRUR 2018, 145; *Blome/Fritzsche*, Der Schutz von Geschäftsgeheimnissen im Kartellschadensersatzprozess, NZKart 2019, 247; *Besen/Slobodenjuk*, Die neue TT-GVO – Überblick über wesentliche praxisrelevante Änderungen, GRUR 2014, 740; *Bodewig*, Neue Guidelines für Lizenzverträge in den USA, GRUR Int. 1997, 958; *Böttger/Kresken*, Nichtangriffsklauseln, Kündigungsrechte und andere Sanktionsklauseln in Lizenz- und Streitbeilegungsvereinbarungen nach EU- und US-Recht, EuZW 2014, 653; *Cepl/Rüting*, Kartellrechtliche Zulässigkeit von Nichtangriffsabreden und ihre Prüfung im Patentnichtigkeitsverfahren, WRP 2013, 305; *Drexl*, Die neue Gruppenfreistellungsverordnung über Technologietransfer-Vereinbarungen im Spannungsfeld von Ökonomisierung und Rechtssicherheit, GRUR 2004, 716; *Feil*, The New Block Exemption Regulation on Technology Transfer Agreements in the Light of the U.S. Antitrust Regime on the Licensing of Intellectual Property, IIC 2005, 31; *Frank*, Die neue Gruppenfreistellungsverordnung für Technologietransfer-Vereinbarungen und ihre Relevanz für Verträge der Informationstechnologie, CR 2014, 349; *Haedicke*, Lehren aus der Huawei v. Unwired Planet-Entscheidung für das deutsche Patentrecht, GRUR Int. 2017, 661; *Hauck*, „Erzwungene" Lizenzverträge – Kartellrechtliche Grenzen der Durchsetzung standardessentieller Patente, NJW 2015, 2767; *ders.*, Das Phänomen „Patent Privateering" – Auswirkungen und wettbewerbsrechtliche Zulässigkeit strategischer Patentübertragungen, WRP 2014, 1446; *ders.*, Schutz von Unternehmensgeheimnissen bei der Bestimmung FRAND-konformer Lizenzbedingungen, GRUR-Prax 2017, 118; *ders./ Kamlah*, Was ist „FRAND"? Inhaltliche Fragen zu kartellrechtlichen Zwangslizenzen, GRUR Int. 2016, 423; *Heusch*, Missbrauch marktbeherrschender Stellungen (Art. 102 AEUV) durch Patentinhaber, GRUR 2014, 745; *Hinojal/Mosler*, Die Suche nach dem richtigen Gleichgewicht zwischen Transparenz und Schutz der Vertraulichkeit innerhalb des FRAND-Rahmens, GRUR 2019, 674; *Kellenter/Verhauwen*, Systematik und Anwendung des kartellrechtlichen Zwangslizenzeinwands nach Huawei/ZTE und Orange-Book, GRUR 2018, 761; *Königs*, Technologietransfer nach dem Patentpoolkonzept – Untersuchung relevanter Vertragsklauseln im Lichte der neuen TT-Leitlinien, GRUR 2014, 1155; *Körber*, Orange-Book-Standard Revisited, WRP 2015, 1167; *Kurtz*, SEP mit FRAND-Erklärung – aktuelle Fragen nach Huawei/ZTE, ZGE 2017, 491; *Leistner/Königs*, Der Kommissionsentwurf neuer Regelungen für Technologietransfer-Vereinbarungen – eine kritische Analyse, WRP 2014, 268; *Picht*, Unwired Planet v. Huawei: A Seminal SEP/FRAND Decisions from the UK, GRUR Int. 2017, 569; *ders.*, Schiedsverfahren in SEP/FRAND-Streitigkeiten, GRUR 2019, 11 *Tattay*, Entwicklungsgeschichte der Rechte des geistigen Eigentums in der Europäischen Union, GRUR Int. 2013, 1012; *Ullrich*, Patente, Wettbewerb und technische Normen: Rechts- und ordnungspolitische Fragestellungen, GRUR 2007, 817; *Ulmer-Eilfort/Boulware*, Challenging Licensed Intellectual Property Rights Under U.S. and European Laws – The U.S. Supreme Court Abandons the Principle of Licensee Estoppel, IIC 2007, 759; *Wilhelmi*, Lizenzverweigerung als Missbrauch einer marktbeherrschenden Stellung in der Gemeinschaftsrechtsprechung: Von Volvo über Magill zu IMS Health – und Microsoft?, WRP 2009, 1431; *Wündisch/Bauer*, Patent-Cross-Lizenzverträge – Terra incognita?, GRUR Int. 2010, 641.

Hauck
https://doi.org/10.1515/9783110622829-011

A. Vorbemerkung – Die Lizenzierung von Immaterialgüterrechten im Lichte des Kartellrechts

Dieses Kapitel ist dem in der Praxis höchst relevanten Verhältnis des Lizenzver- **1**
tragsrechts zum Kartellrecht gewidmet. In den vier Abschnitten geht es zunächst
um allgemeine Fragen zur Anwendung des europäischen und des deutschen
Kartellrechts (Abschnitt A), bevor in Abschnitt B (Rn. 31 ff.) auf das eigentliche
Lizenzkartellrecht eingegangen wird, also auf die kartellrechtliche Bewertung
von Klauseln in Lizenzverträgen. In Abschnitt C (Rn. 126 ff.) geht es dann um
besondere kartellrechtliche Fragen bei Vereinbarungen über gemeinsame For-
schungs- und Entwicklungstätigkeiten von Unternehmen, was ebenfalls in die
Lizenzierung von Immaterialgüterrechten münden kann. Abschnitt D (Rn. 134 ff.)
befasst sich zuletzt mit den hier so bezeichneten „erzwungenen Lizenzverträgen".
Dies meint die Situation, dass ein Lizenzsucher unter bestimmten Voraussetzungen einen Anspruch auf Abschluss eines Lizenzvertrags gegenüber einem
Schutzrechtsinhaber geltend machen kann, weil die Lizenzverweigerung ansonsten kartellrechtswidrig wäre.

Die **Komplexität der** zunächst darzustellenden **kartellrechtlichen Kon-** **2**
trolle von Lizenzverträgen besteht darin, dass es sich dabei um eine juristische
Querschnittsmaterie handelt. So gibt es in Kanzleien und Unternehmen freilich
IP-Spezialisten und Vertragsjuristen für die Gestaltung von Lizenzverträgen. Das
„klassische" Kartellrecht ist jedoch häufig in anderen Abteilungen mit einem
zumeist abweichenden Tätigkeitsschwerpunkt angesiedelt, etwa im Bereich der
Fusionskontrolle oder im Vertriebskartellrecht. Das Lizenzkartellrecht verlangt
aber gerade umfassende Kenntnisse und – im besten Falle – auch Erfahrungen in
beiden Bereichen, vor allem angesichts der Vorgaben der Europäischen Kommission (im Folgenden: Kommission) in den einschlägigen Veröffentlichungen
zur kartellrechtlichen Bewertung von Lizenzverträgen, die – jedenfalls zum Teil –
äußerst umfangreich und schwer verständlich formuliert sind.

Dazu kommt, dass trotz dieser ausführlichen Darstellung des Europäi- **3**
schen Lizenzkartellrechts nicht alle Fragen nach der kartellrechtlichen Zulässigkeit bestimmter Vertragsklauseln beantwortet werden können, was im **Legal-**
ausnahmesystem allein zu Lasten der Vertragsparteien geht (dazu noch unten
Rn. 28). Eine pauschale Beantwortung ist aber zugegebenermaßen auch
schwerlich möglich, denn die kartellrechtliche Bewertung von Lizenzverträgen
hängt maßgeblich von der Marktstellung der Parteien, der Bedeutung der Technologien auf den relevanten Märkten und ganz allgemein von der Struktur dieser
Märkte ab. Insoweit sind allgemeingültige Aussagen kaum möglich.

Die Ansicht zum Verhältnis der beiden Regelungskomplexe „Lizenzierung **4**
von Immaterialgüterrechten" und „Kartellrecht" zueinander hat rechtshistorisch

Hauck

betrachtet einem nicht unerheblichen Wandel unterlegen. Das Verständnis dieser Entwicklung ist jedoch nicht nur aus historischer Sicht relevant. Vielmehr sind die heute geltenden Grundsätze der kartellrechtlichen Bewertung von Lizenzverträgen besser oder womöglich überhaupt erst zu verstehen, wenn diese – nachfolgend lediglich skizzierte – Entwicklungslinie bekannt ist.

I. Theorie vom Spannungsverhältnis

5   Während in früherer Zeit ein quasi **natürliches Spannungsverhältnis** zwischen Immaterialgüterrechten und dem Kartellrecht[1] angenommen wurde, wird das Verhältnis der beiden Regelungsmaterien zueinander heutzutage differenzierter betrachtet. Die ältere Sichtweise kann aber nicht überraschen, denn wenn man Immaterialgüterrechte als Monopolrechte begreift, muss es nahezu zwangsläufig zur Kollision mit dem anti-monopolistischen Kartellrecht kommen. Heute ist im europäischen Recht freilich die Ansicht vorherrschend – vor allem vor dem Hintergrund einer zunehmenden Ökonomisierung des Kartellrechts –, dass beide Rechtsgebiete im Ergebnis ein gemeinsames Ziel verfolgen, nämlich die Förderung der Verbreitung von Technologien, womit notwendig auch der **Wettbewerb der Technologien untereinander** angeregt wird.

6   Dies war jedoch nicht immer so. Aus rechtshistorischer Sicht lässt sich feststellen, dass sich – ausgehend von ihrer sog. „Weihnachtsbotschaft" (erlassen am 24.12.1962) – die Einstellung der Europäischen Kommission zum Verhältnis der Lizenzierung von Immaterialgüterrechten zum Kartellverbot in den letzten Jahrzehnten nicht unerheblich gewandelt hat.[2] In dieser ersten Äußerung überhaupt zu dieser Thematik ging die Kommission (noch) von einer **grundsätzlichen Privilegierung von Wettbewerbsbeschränkungen in Lizenzverträgen** gegenüber sonstigen wettbewerbsbeschränkenden Vereinbarungen aus.[3] Nachfolgend nahm die Kommission jedoch insbesondere durch den Erlass der Gruppenfreistellungsverordnung für Patentlizenzverträge (Patent-GVO) im Jahre 1985 – mit der die „Weihnachtsbotschaft" zurückgezogen wurde –, aber auch noch mit

---

1 Dieser Begriff meint hier die in dieser Darstellung interessierenden wettbewerbsrechtlichen Vorschriften, namentlich die Art. 101, 102 AEUV. Zum Wettbewerbsrecht (im weiteren Sinne) gehören zudem die Regelungen zur Fusionskontrolle, das Beihilfe- und Vergaberecht sowie das Lauterkeitsrecht.
2 Zu dieser Entwicklung *Tattay* GRUR Int. 2013, 1012, 1013 ff.
3 Vgl. dazu *Axster* GRUR Int. 1982, 646.

der Technologietransfer-Gruppenfreistellungsverordnung 240/96[4] (TT-GVO 240/
96) eine eher **lizenzvertragsskeptische Grundhaltung** ein.[5]

II. Heute: Komplementarität

Die (derzeitige) Ansicht der Europäischen Kommission über das Verhältnis von   7
(nationalen) Immaterialgüterrechten und dem europäischen Wettbewerbsrecht
kommt in ihren Entscheidungen sowie im von ihr erlassenen Sekundärrecht zum
Ausdruck. Dies gilt vor allem für die Ausführungen in der Gruppenfreistellungsverordnung Technologietransfer 772/2004[6] (TT-GVO 772/2004) von 2004 und den
seinerzeit mitveröffentlichen Leitlinien (TT-Leitlinien 2004[7]). Diese Regelungen
sind zwar zum 30.4.2014 außer Kraft getreten und wurden durch jeweils über-
arbeitete Versionen ersetzt,[8] in ihnen kommt jedoch exemplarisch der grundsätzliche und seinerzeit neue Ansatz der Kommission zum Verhältnis des Kartellrechts zu den Immaterialgüterrechten zum Ausdruck und diese Ansicht gilt
unverändert weiter. Sie unterscheidet sich insofern von der Ansicht des EuGH, als
eine Bezugnahme auf die über lange Zeit vorherrschende **Theorie vom spezifischen Gegenstand des Schutzrechts**[9] in wesentlich geringerem Umfang auszumachen ist, wobei aber auch die Kommission der grundsätzlichen Trennung
zwischen Bestand und Ausübung des Schutzrechts folgt.[10]

Ausdrücklich äußert sich die Kommission in den TT-Leitlinien 2004 zum   8
Spannungsverhältnis zwischen Immaterialgüterrechten („Rechten an geistigem
Eigentum") und Art. 81 EG[11] (heute Art. 101 AEUV). Einen immanenten Konflikt
zwischen dem Bestehen von Ausschließlichkeitsrechten und den Wettbewerbs-

---

4 Verordnung (EG) Nr. 240/96 der Kommission vom 31. Januar 1996 zur Anwendung von Artikel 85
Absatz 3 des Vertrages auf Gruppen von Technologietransfer-Vereinbarungen, ABl. 1966 Nr. L 31
S. 2.
5 *Mailänder* GRUR Int. 1979, 378, 381; *Sack* RIW 1997, 449; *Axster* GRUR 1985, 581, 582; *Massaguer
Fuentes* GRUR Int. 1987, 217, 224 ff.
6 Verordnung (EG) Nr. 772/2004 der Kommission vom 27. April 2004 über die Anwendung von
Artikel 81 Absatz 3 EG-Vertrag auf Gruppen von Technologietransfer-Vereinbarungen, ABl. L 123/
11, ber. ABl. 2004 Nr. L 127 S. 158.
7 Leitlinien zur Anwendung von Artikel 81 EG-Vertrag auf Technologietransfer-Vereinbarungen
vom 27.4.2004, ABl. 2004 Nr. C 101 S. 2.
8 Zur derzeit einschlägigen TT-GVO und den TT-Leitlinien noch ausführlich unten B. (Rn. 31 ff.).
9 Zu dieser Theorie sowie zur einschlägigen Rechtsprechung des EuGH ausführlich *Hauck* Die
wettbewerbsrechtliche Beurteilung von Lizenzverträgen, 2008, Rn. 13 – 32.
10 *Christoph* Wettbewerbsbeschränkungen in Lizenzverträgen, 1998, S. 88.
11 Rn. 5 bis 9 TT-Leitlinien 2004; so auch Rn. 5 bis 9 TT-Leitlinien 2014.

regeln der Gemeinschaft (heute: Europäische Union) lehnt sie dabei von vornherein ab.[12] Sie betont die schon angesprochene **parallele Zielsetzung der beiden Rechtsgebiete**, die in der Förderung des Wohls der Verbraucher und in einer effizienten Ressourcenallokation zu sehen sei.[13] Gerade Lizenzverträge förderten sowohl die allokative als auch die dynamische Effizienz, weil sie es ermöglichen, Technologien zugunsten der Verbraucher durch Dritte verwerten zu lassen, die über Produktionsbedingungen verfügen, die denen des Lizenzgebers (möglicherweise) überlegen sind. Zugleich komme es zu einer Verbreitung der Technologie, was den Lizenznehmer wiederum zu neuen Innovationen anrege.[14]

9   Ausgehend von diesem auch als **Komplementaritätsthese** bezeichneten Standpunkt,[15] weist die Kommission im Hinblick auf die von ihr erlassene TT-GVO 772/2004 auf die ausreichende Flexibilität dieses rechtlichen Rahmens zur wettbewerbsrechtlichen Beurteilung von Technologietransfer-Vereinbarungen hin und sie kommt seinerzeit zu dem Ergebnis, dass die „weitaus meisten Lizenzvereinbarungen [...] mit Artikel 81 vereinbar" sind.[16]

10   Diese **liberale Sichtweise** kam bereits in der TT-GVO 240/96 vor allem durch die Erweiterung der Liste der unbedenklichen (sog. weißen) Klauseln im Vergleich zu den Vorgänger-GVOen (zur Beurteilung von Patentlizenz- und Know-how-Vereinbarungen) zum Ausdruck.[17] Die Ansicht der Kommission lässt sich somit – abgesehen von den in der TT-GVO formulierten Anforderungen an die Ausgestaltung einzelner Vertragsklauseln (dazu noch unten ab Rn. 48) – dahingehend zusammenfassen, dass sie ihren Einschätzungen zwar die Lehre vom spezifischen Gegenstand zugrunde legt, dass es im Ergebnis jedoch bei der Bewertung von Beschränkungen weniger auf die Schutzrechtsimmanenz als auf deren Erforderlichkeit zur **effektiven Amortisation der Kosten** ankommt. Beschränkungen sind demnach insoweit als kartellrechtlich unbedenklich anzusehen, als den Parteien Investitions- und Innovationsanreize erhalten bleiben. Immaterialgüterrechte werden den sonstigen Eigentumsrechten zum Zwecke der wettbewerbsrechtlichen Bewertung gleichgestellt.[18]

---

12 Rn. 7, 9 TT-Leitlinien 2004; so auch Rn. 7 S. 3 TT-Leitlinien 2014.
13 Rn. 7 TT-Leitlinien 2004.
14 *Drexl* GRUR Int. 2004, 716, 721; Rn. 17 TT-Leitlinien 2004.
15 So *Drexl* GRUR Int. 2004, 716, 720; *Lorenz* Die EG-kartellrechtliche Selbsteinschätzung bezüglich Patentlizenzvereinbarungen, 2006, S. 176 ff.
16 Rn. 9 S. 1, 6 TT-Leitlinien 2004. Art. 81 EG entspricht nunmehr Art. 101 AEUV. Vgl. auch *Drexl* GRUR Int. 2004, 716, 722 ff. In den TT-Leitlinien 2014 findet sich diese Aussage entsprechend unter Rn. 9 S. 3 ff.
17 *Heinemann* Immaterialgüterschutz in der Wettbewerbsordnung, 2002, S. 296 f.
18 *Drexl* GRUR Int. 2004, 716, 721.

Hauck

Im Ergebnis ist daher zwischen dem **Bestand** und der **Ausübung** von Im- 11
materialgüterrechten zu unterscheiden. Während der Bestand durch das Kartellrecht nicht in Frage gestellt wird, unterliegt die Ausübung solcher Rechte uneingeschränkt der kartellrechtlichen Kontrolle. Dies gilt namentlich für deren
Lizenzierung. Denn Lizenzvereinbarungen können wettbewerbsbeschränkend
wirken, insbesondere dann, wenn dem Lizenznehmer weitergehende Vorgaben
zum Umgang mit der lizenzierten Technologie und/oder mit den unter Verwendung der Technologie hergestellten Erzeugnissen gemacht werden. Daher gilt der
Grundsatz, dass Lizenzverträge wie andere Vertragsverhältnisse auch **kartellrechtskonform** sein müssen, um wirksam und durchsetzbar zu sein.

Auch der EuGH hat in einer Reihe grundlegender Entscheidungen unmiss- 12
verständlich festgestellt, dass die Ausübung von Immaterialgüterrechten, und
somit vor allem die Ausgestaltung konkreter Lizenzierungsbedingungen, als
Vereinbarungen i.S. von Art. 101 AEUV, grundsätzlich dem europäischen Wettbewerbsrecht[19] und insbesondere dem Kartellverbot in Art. 101 Abs. 1 AEUV unterliegen kann.[20] Ein **Zielkonflikt** zwischen den Institutionen „Wettbewerb" und
„Immaterialgüterrechte" ist dabei jedenfalls immer dann – aber auch erst dann
(s.o.) – zu bejahen, wenn unter Inanspruchnahme der Besonderheiten und Privilegien derartiger Rechtspositionen versucht wird, weitergehende Verhaltensabsprachen zu treffen und somit den Wettbewerb zu beschränken.[21]

III. Das Europäische Wettbewerbsrecht

Zweck der Art. 101, 102 AEUV als Kern-Kartellrecht und Teil des europäischen 13
Wettbewerbsrechts ist die Verwirklichung der **Wirtschaftsordnung der Europäischen Union** (vgl. Art. 3 lit. g EG: System unverfälschten Wettbewerbs; Art. 3
Abs. 1 lit. b AEUV: Festlegung der für das Funktionieren des Binnenmarkts erforderlichen Wettbewerbsregeln). Die Regelungen dienen wie die „vier Grundfreiheiten" der Entwicklung und Sicherung des **Binnenmarktes.** Durch Vereinbarungen bzw. Verhaltensweisen privater Unternehmen darf keine Ersetzung

---

19 S. nur EuGH GRUR Ausl. 1966, 580; GRUR Ausl. 1966, 589; EuGH GRUR Int. 1980, 159; GRUR
Int. 1995, 490.
20 Der EuGH grundlegend in Urt. v. 13.7.1966, verb. Rs. 56/64 und 58/64 (Grundig/Consten),
Slg. 1966, 322, 394, mit der besonderen Betonung der Trennung von Bestand und Ausübung des
Rechts. Klarstellend die Kommission im Evaluierungsbericht über die Gruppenfreistellungsverordnung (EG) Nr. 240/96 für Technologietransfer-Vereinbarungen, KOM (2001) 786 endg. Rn. 41
(vom 20.12.2001). Vgl. die Darstellung bei *Heinemann* Immaterialgüterschutz, S. 288 ff.
21 Vgl. die Nachw. in Fn. 19 und umfassend dazu *Mailänder* GRUR Int. 1979, 378, 379.

staatlicher Handelsschranken möglich werden. Vereinbarungen in Lizenzverträgen, die geeignet sind, den Handel zwischen den Mitgliedsstaaten spürbar zu beeinträchtigen und eine Verhinderung, Einschränkung oder Verfälschung des Wettbewerbs innerhalb des Binnenmarktes zu bezwecken oder zu bewirken, sind gemäß Art. 101 AEUV verboten und nichtig.

14   Insoweit sei betont, dass der Begriff „Vereinbarung" in Art. 101 Abs. 1 AEUV nicht zwingend einen gesamten Lizenzvertrag meint. Vielmehr kommt es auf die einzelnen Klauseln im Vertrag an, diese sind jeweils „Vereinbarungen" im Sinne der Vorschrift und auf deren Prüfung läuft die kartellrechtliche Einschätzung im Ergebnis auch hinaus (dazu noch unten Rn. 32ff.). Der Vertrag kann **daneben** als „Vereinbarung" (im weiteren Sinne) anzusehen sein. Die Kommission verwendet bei **Lizenzverträgen als Technologietransfervereinbarungen** im Sinne der Gruppenfreistellungsverordnung Technologietransfer (dazu sogleich) für den Vertrag selbst die Formulierung „Vereinbarung" und für einzelne Klauseln den Begriff „Verpflichtungen" als Vereinbarungen im engeren Sinne. Diese Unterscheidung ist wichtig für die unterschiedlichen Rechtsfolgen in den Art. 4 und 5 dieser Verordnung. So kann bei Art. 4 die Unwirksamkeit einer einzelnen Verpflichtung (Vertragsklausel) zur Unwirksamkeit der Vereinbarung (Lizenzvertrag) führen, während bei Art. 5 die Nicht-Anwendbarkeit der Verordnung allein die einzelne Verpflichtung betrifft.

15   Im Ausgangspunkt ist das jeweilige nationale Kartellrecht von den Vorschriften des EU-Rechts und insbesondere des AEUV zu unterscheiden. Es gilt gemäß Art. 3 Abs. 2 S. 1 VO 1/2003 der **Vorrang des EU-Wettbewerbsrechts** gegenüber den nationalen Vorschriften.[22] Vorrang bedeutet, dass das nationale Recht zwar anwendbar bleibt, im Konfliktfall aber hinter das EU-Recht zurücktritt.[23] Auf nationaler Ebene ist insoweit das deutsche Gesetz gegen Wettbewerbsbeschränkungen (GWB) maßgeblich, auf EU-Ebene sind dies die Art. 101, 102 AEUV (Primärrecht) sowie sekundärrechtliche Regelungen. Bei Lizenzverträgen ist dies vor allem die „Verordnung (EU) Nr. 316/2014 der Kommission vom 21.3.2014 über die Anwendung von Artikel 101 Absatz 3 des Vertrags über die Arbeitsweise der Europäischen Union auf Gruppen von Technologietransfer-Vereinbarungen", kurz: **TT-GVO.**

16   Seit der umfassenden Harmonisierung des Kartellrechts im Zuge des Inkrafttretens der **Kartellverfahrensverordnung (EG) Nr. 1/2003** zum 1.5.2004 und der notwendigen Anpassung der jeweiligen nationalen Vorschriften – im

---

22 Siehe allgemein zum Vorrang des (gesamten) europäischen Rechts gegenüber nationalem Recht die grundlegenden Entscheidungen EuGH NJW 1964, 2371 – Costa/ENEL und EuGH GRUR Int. 1969, 264 – Walt Wilhelm.

23 Mäger/*Mäger* Europäisches Kartellrecht, 1. Kap. Rn. 54.

deutschen Recht durch die 7. GWB-Novelle, die am 1.7. 2005 in Kraft getreten ist –, kam es jedoch insoweit zu einer fast vollständigen Angleichung, so dass keine grundsätzlichen Widersprüche auftreten können. Etwas anderes kann aber für Sachverhalte gelten, die in den Anwendungsbereich des Art. 102 AEUV fallen (unilaterale Verhaltensweisen). Denn dahingehend greift das og Vorrangprinzip nicht, die Mitgliedsstaaten können vielmehr gemäß Art. 3 Abs. 2 S. 2 VO 1/2003 strengere innerstaatliche Vorschriften erlassen und anwenden.[24]

IV. Anwendbarkeit der kartellrechtlichen Vorschriften

Art. 101 Abs. 1 AEUV – das eigentliche Kartellverbot – setzt Vereinbarungen oder **17** jedenfalls abgestimmte Verhaltensweisen zwischen Unternehmen[25] voraus. Hinsichtlich der Wettbewerbsbeschränkung ist auf den aktuellen und potenziellen Wettbewerb sowie auf das „Bezwecken oder Bewirken" abzustellen. Es werden sowohl horizontale als auch vertikale Sachverhalte erfasst. Die Wettbewerbsbeschränkung muss jedoch „spürbar" sein (**Spürbarkeitskriterium**), dies gilt ebenso für die Eignung der Vereinbarung, den Handel zwischen den Mitgliedsstaaten zu beeinträchtigen (**Zwischenstaatlichkeitskriterium**). Beide Kriterien zählen zu den ungeschriebenen Tatbestandsmerkmalen des EU-Wettbewerbsrechts.[26]

Ausgangspunkt ist dabei das **Auswirkungsprinzip**. Im Ergebnis kommt es **18** daher allein darauf an, in welchem gesetzlichen Geltungsbereich sich die betreffende wettbewerbsbeschränkende Handlung tatsächlich auswirkt (so auch Art. 6 Abs. 3 Rom II-VO). Unerheblich ist dagegen, wo die Handlung veranlasst wurde, an welchem Ort etwa ein Lizenzvertrag abgeschlossen wurde. Dies kann schon unter Umgehungsgesichtspunkten nicht relevant sein.

1. Zwischenstaatlichkeitskriterium
Durch das **Tatbestandsmerkmal** der **Zwischenstaatlichkeit** wird – im Sinne **19** einer Aufgreifschwelle – die Aufteilung der Zuständigkeiten zwischen der Euro-

---

24 Vgl. nur Mäger/*Mäger* Europäisches Kartellrecht, 1. Kap. Rn. 58. Zu Verstößen gegen Art. 102 AEUV noch unten ab Rn. 131.
25 Der kartellrechtliche Unternehmensbegriff ist nicht unumstritten, insbesondere nicht bei Beteiligung der öffentlichen Hand. Die Problematik kann an dieser Stelle aber nicht vertieft werden, wofür bei der Darstellung des Lizenzkartellrechts jedoch ohnehin kein Bedürfnis besteht.
26 Umfassend dazu *Terhechte* Die ungeschriebenen Tatbestandsmerkmale des europäischen Wettbewerbsrechts, 2004, passim.

päischen Kommission und den nationalen Wettbewerbsbehörden erreicht. Wegen des Anwendungsvorrangs kann jedoch dann, wenn die Anwendung des EU-Wettbewerbsrechts und des nationalen Rechts zum gleichen Ergebnis führen würde, die Frage der Erfüllung des Zwischenstaatlichkeitskriteriums offenbleiben.

20   Für die notwendigen Anforderungen an die Eignung einer Vereinbarung zur **spürbaren Beeinträchtigung des zwischenstaatlichen Handels** hat die Kommission Leitlinien veröffentlicht.[27] Der Bewertungsansatz hinsichtlich der Spürbarkeit ist vor allem **marktanteilsbezogen**. Der Marktanteil dient als Indikator einer bestimmten Marktmacht des Unternehmens. So liegt die Marktanteilsschwelle, bei der die Kommission davon ausgeht, dass Vereinbarungen grundsätzlich **nicht** geeignet sind, den Handel zwischen Mitgliedstaaten spürbar zu beeinträchtigen, bei 5 % auf jedem durch die Vereinbarung betroffenen relevanten Markt.[28] Maßgeblich ist der **gemeinsame Marktanteil** der beteiligten Unternehmen.

21   Zusätzlich darf aber bei einer **horizontalen Vereinbarung**, wenn die Parteien also Wettbewerber sind, der gesamte Jahresumsatz der beteiligten Unternehmen innerhalb der EU „mit den von der Vereinbarung erfassten Waren" nicht den Betrag von 40 Mio. EUR überschreiten.[29] Bei einer **vertikalen Vereinbarung** (zwischen Nicht-Wettbewerbern[30]) darf der Jahresumsatz des Lieferanten mit den von der Vereinbarung erfassten Waren in der EU den Betrag von 40 Mio. EUR nicht überschreiten. Für Lizenzverträge bezieht sich diese Formulierung auf den Umsatz der Lizenznehmer mit den Vertragsprodukten und auf den eigenen Umsatz des Lizenzgebers mit diesen Waren.[31]

---

27 Bekanntmachung der Kommission – Leitlinien über den Begriff Beeinträchtigung des zwischenstaatlichen Handels in den Artikeln 81 und 82 des Vertrags, ABl. 2004 Nr. C 101 S. 81. Der Begriff „Handel" ist dabei weit zu verstehen und meint jede Art grenzüberschreitender wirtschaftlicher Tätigkeit, vgl. Rn. 19 Zwischenstaatlichkeits-Leitlinien.
28 Siehe zur Bestimmung des räumlich und sachlich relevanten Marktes die Bekanntmachung der Kommission über die Definition des relevanten Marktes im Sinne des Wettbewerbsrechts der Gemeinschaft, ABl. 1997 Nr. C 372 S. 5. Es gilt das Bedarfsmarktkonzept, vgl. Immenga/Mestmäcker/*Zimmer* EU-Wettbewerbsrecht, Bd. 1, III. Art. 101 Abs. 1 AEUV Rn. 139 f. Für Technologietransfervereinbarungen sind ferner die diesbezüglichen Ausführungen der Kommission in den Rn. 19 bis 26 der TT-Leitlinien zu beachten.
29 Vgl. Rn. 52 der Zwischenstaatlichkeits-Leitlinien.
30 Zur Unterscheidung von Vereinbarungen zwischen Wettbewerbern und Nicht-Wettbewerbern vgl. die Rn. 27 bis 39 TT-Leitlinien.
31 Rn. 52 Zwischenstaatlichkeits-Leitlinien.

Hauck

Auch dies sind freilich nur Richtwerte, das Aufstellen allgemeiner quantita- 22 tiver Regeln hält auch die Kommission für „nicht möglich".[32] Von den genannten Grundsätzen sind zudem Ausnahmen möglich, es kommt auf die Gegebenheiten des Einzelfalls an. Die Kommission betont ferner, dass eine tatsächlich grenzüberschreitende Auswirkung der Vereinbarung für die Erfüllung des Zwischenstaatlichkeitskriteriums nicht zwingend notwendig ist, insbesondere nicht bei Vereinbarungen zwischen Wettbewerbern. Vielmehr kann es ausreichen, wenn allein das Gebiet eines Mitgliedsstaats oder sogar nur ein Teil desselben betroffen ist.[33] Bei **fehlender spürbarer Beeinträchtigung des zwischenstaatlichen Handels** bleibt es bei der Anwendung des nationalen Kartellrechts, namentlich der §§ 1 und 2 GWB.

2. Kriterium der spürbaren Wettbewerbsbeschränkung

Relevante Vorschrift hinsichtlich der notwendigen **Spürbarkeit der Wettbe-** 23 **werbsbeschränkung** ist die sog. **de minimis-** oder **Bagatellbekanntmachung** der Kommission.[34] Anhaltspunkte zur Ermittlung der Spürbarkeit sind die Marktanteile der beteiligten Unternehmen. So darf nach Rn. 7 der Bekanntmachung bei einer Vereinbarung zwischen Wettbewerbern – als Horizontalverhältnis – auf keinem von der Vereinbarung betroffenen relevanten Markt die Schwelle von 10 % überschritten werden, wobei es insoweit auf den gemeinsamen Marktanteil der Beteiligten ankommt.[35] Bei einer Vereinbarung zwischen Nicht-Wettbewerbern (Vertikalverhältnis) darf auf keinem der relevanten Märkte die **Marktanteilsschwelle** von 15 % überschritten werden. Dafür ist der Marktanteil der einzelnen Unternehmen maßgeblich.[36] Werden diese Schwellen nicht überschritten, ist die Vereinbarung – grundsätzlich – nicht als eine spürbare Wettbewerbsbeschränkung, sondern als eine sog. Bagatellvereinbarung anzusehen. Sollte die Abgrenzung horizontal/vertikal nicht ohne weiteres möglich sein, gilt die jeweils strengere Regelung. Im Zweifel ist also von einem Horizontalverhältnis der Beteiligten auszugehen. Diverse Ausnahmen sind jedoch denkbar, etwa auf

---

32 Rn. 50 Zwischenstaatlichkeits-Leitlinien.
33 Rn. 78 f. Zwischenstaatlichkeits-Leitlinien.
34 Bekanntmachung der Kommission über Vereinbarungen von geringer Bedeutung, die den Wettbewerb gemäß Artikel 81 Absatz 1 des Vertrags zur Gründung der Europäischen Gemeinschaft nicht spürbar beschränken (de minimis), ABl. 2001 Nr. C 368 S. 13.
35 Vgl. Rn. 7 lit. a Bagatellbekanntmachung.
36 Vgl. Rn. 7 lit. b Bagatellbekanntmachung.

konzentrierten Märkten, dort kann es zu **kumulativen Marktabschottungseffekten** kommen.[37]

24 Angesichts dieser Marktanteilsschwellen lässt sich zudem feststellen, dass – in der Regel – wettbewerbsbeschränkende Vereinbarungen zwischen kleinen und mittleren Unternehmen (KMU), d.h. Unternehmen mit weniger als 250 Beschäftigten, bis zu 50 Mio. Euro Umsatz oder bis zu 43 Mio. Euro Jahresbilanz (wobei maximal 25% der Anteile von Nicht-KMU gehalten werden dürfen[38]), diese Spürbarkeitsschwellen nicht erreichen dürften. Die Spürbarkeit der Wettbewerbsbeschränkung wird jedoch ferner und **unabhängig** von den Marktanteilen der Beteiligten angenommen, wenn auch nur eine sog. **Kernbeschränkung** („schwerwiegende Beschränkung") im Vertragswerk enthalten ist. Solche Beschränkungen sind beispielhaft unter Rn. 11 der Bagatellbekanntmachung aufgeführt. Die Fallgruppen – beispielsweise Preisfestsetzungen, die Aufteilung von Märkten und Kunden sowie Beschränkungen der Produktion oder des Absatzes – sind mit denen in Art. 4 TT-GVO vergleichbar, wobei auch insoweit zwischen Vereinbarungen zwischen Wettbewerbern und Nicht-Wettbewerbern unterschieden wird.

3. Allgemein: Folgen eines Kartellverstoßes

25 Eine kartellrechtswidrige Vereinbarung – etwa eine bestimmte Vertragsklausel im Lizenzvertrag – ist nichtig, Art. 101 Abs. 2 AEUV. Bei einem Verstoß gegen § 1 GWB ergibt sich dies aus § 134 BGB. Gemäß § 139 BGB ist die Gesamtvereinbarung (der Lizenzvertrag) nichtig, wenn es sich bei der betreffenden Vereinbarung – die Teilbarkeit vorausgesetzt – um einen wesentlichen Vertragsbestandteil handelt. Diese Norm ist auch auf Sachverhalte anwendbar, die dem europäischen Kartellrecht unterliegen, da es dort keine entsprechende und vorrangige Rechtsfolgenregelung gibt. **Salvatorische Klauseln** ändern an dieser Rechtsfolge nichts, denn durch sie wird lediglich die Darlegungs- und Beweislast (abweichend) verteilt.[39] Es gilt dann die Vermutung des Parteiwillens, dass die sonstigen Vereinbarungen des Lizenzvertrags wirksam sein sollen. Die Darlegungs- und Beweislast für das Gegenteil obliegt derjenigen Partei, die sich darauf beruft, etwa der Kartellbehörde.

---

37 Vgl. Mäger/*Mäger* Europäisches Kartellrecht, 1. Kap. Rn. 95.

38 Vgl. zur Definition von KMU für das europäische Recht die Empfehlung der Kommission vom 6. Mai 2003 betreffend die Definition der Kleinstunternehmen sowie der kleinen und mittleren Unternehmen, ABl. 2003 Nr. L 124 S. 36 nebst Anhang.

39 BGH NJW 2003, 347 f. – Tennishallenpacht.

Hauck

Weitere Rechtsfolgen – etwa **zivilrechtliche Ansprüche** Dritter auf **Unter-** 26
lassung und Schadensersatz – richten sich mangels einer Regelung in der VO 1/
2003 nach nationalem Recht, vgl. etwa § 33 GWB. Dieser für lange Zeit unan-
gefochtene Grundsatz wird freilich zunehmend in Frage gestellt, insbesondere
durch die Ausführungen des EuGH in der Sache „Courage/Crehan".[40] Danach soll
auch die Verpflichtung insbesondere zur Zahlung eines Schadensersatzes ihre
Grundlage im Unionsrecht finden.[41] Daneben kommen nach Art. 23 VO 1/2003
bzw. gemäß § 81 Abs. 1, 2 Nr. 1 GWB **straf- und bußgeldrechtliche Sanktionen** in
Betracht. **Verwaltungsrechtliche** Rechtsfolgen ergeben sich insb. aus Art. 7 VO 1/
2003 bzw. § 32 GWB („Abstellungsverfügung") sowie aus § 34 GWB (Vorteilsab-
schöpfung).

Grundsätzlich kann jede Bestimmung in einem Lizenzvertrag spürbar wett- 27
bewerbsbeschränkend sein und unter das Kartellverbot des Art. 101 Abs. 1 AEUV
fallen. Dies gilt für Beschränkungen des Lizenznehmers wie auch des Lizenzgebers. Insoweit kann auch auf die Auseinandersetzung damit verzichtet werden,
ob **Lizenzgeberbeschränkungen** überhaupt vom „spezifischen Gegenstand des
Schutzrechts" erfasst sind,[42] denn es kommt einzig auf die wettbewerblichen
Auswirkungen einer bestimmten Verpflichtung an.

Für wettbewerbsbeschränkende Verpflichtungen in Lizenzverträgen ist da- 28
her Art. 101 Abs. 3 AEUV eminent wichtig. Anders als bis zum Inkrafttreten der
VO 1/2003 zum 1.5.2004 ist aber eine **formelle Freistellung** einer Vereinbarung
vom Kartellverbot nicht möglich. Unternehmensvereinbarungen unterliegen im
nunmehrigen **Legalausnahmesystem** der **Selbsteinschätzung** (self assessment)
durch die Unternehmen. Eine Vereinbarung ist daher wettbewerbsrechtlich zulässig und wirksam – oder sie ist es nicht. Die „Einschätzungslast" dafür liegt
allein bei den Vertragsparteien. Dagegen spricht auch nicht der Wortlaut von
Art. 101 Abs. 3 AEUV, der unverändert „nicht anwendbar erklärt" lautet, im Ergebnis aber „gerechtfertigt" meint, denn die Regelung ist als ein Rechtsferti-
gungstatbestand zu verstehen.[43]

---

40 EuGH GRUR 2002, 367.
41 Ausführlich dazu Grabitz/Hilf/Nettesheim/*Stockenhuber* Art. 101 AEUV , 64. EL, Mai 2018,
Rn. 258 ff., auch mit dem Hinweis auf die Ausführungen von GA *Van Gerven* in der Sache „Banks/
British Coal" im Jahr 1994, der bereits diese Ansicht vertreten hatte. Der EuGH war dem seinerzeit
aber nicht gefolgt.
42 Vgl. EuGH GRUR Int. 1982, 530 – Maissaatgut.
43 *Hauck* Die wettbewerbsrechtliche Beurteilung von Lizenzverträgen, Rn. 133 ff.

29   Im System der Selbsteinschätzung kommt daher den von der Kommission erlassenen (sektorspezifischen[44]) **Gruppenfreistellungsverordnungen** (GVOen) eine herausragende Bedeutung zu. Denn in ihnen gibt die Kommission Anhaltspunkte zur wettbewerbsrechtlichen Bewertung bestimmter Klauseln in speziellen Vertragstypen. Auf Lizenzverträge über die Rechte i. S. von § 15 Abs. 1 PatG ist (grundsätzlich[45]) die schon angesprochene TT-GVO anzuwenden. Alle GVOen sind **leges speciales** zu Art. 101 Abs. 3 AEUV und daher **vorrangig** zu prüfen. Auf die allgemeinen Freistellungsvoraussetzungen des Art. 101 Abs. 3 AEUV kann daher erst dann zurückgegriffen werden, wenn eine Freistellung der Vereinbarung über die Anwendung einer GVO und hier namentlich der TT-GVO nicht in Betracht kommt,[46] oder wenn die GVO von vornherein nicht angewendet werden kann, etwa wegen Überschreitens der Marktanteilsschwellen.[47]

30 **Wiederholungsfragen**
1. Wie beurteilt die Europäische Kommission das grundsätzliche Verhältnis von Immaterialgüterrechten zum europäischen Kartellrecht? Rn. 7 f.
2. Welche (ungeschriebenen) Kriterien müssen erfüllt sein, um das europäische Kartellrecht überhaupt anwenden zu können? Rn. 19 ff.
3. Welche Rechtsfolgen ergeben sich bei Kartellverstößen und welches Recht ist überhaupt anwendbar? Rn. 25 ff.

B. Kartellrechtliche Besonderheiten des Technologietransfers

I. Vorbemerkung

31 Liegen die Anwendungsvoraussetzungen des europäischen oder jedenfalls des deutschen Wettbewerbsrechts vor, ist der betreffende Lizenzvertrag bzw. sind die einzelnen Klauseln als Verpflichtungen i. S. der Art. 4 und 5 TT-GVO auf seine bzw.

---

44 Neben der (allgemeinen) GVO für vertikale Vereinbarungen hat die Kommission spezielle GVOen erlassen, die auf bestimmte Vertragstypen vorrangig anzuwenden sind, so dass es auch innerhalb der GVOen ein Verhältnis der Spezialität zueinander gibt. Beispiele sind eben die TT-GVO sowie die GVO 461/2010 für Vertikalvereinbarungen im Kfz-Sektor. Zu GVOen bei Horizontalvereinbarungen s. noch unten ab Rn. 129.
45 Zum sachlichen Anwendungsbereich der TT-GVO noch unten Rn. 35 ff.
46 Es sind vor allem keine praktischen Gesichtspunkte, die die Anwendung der TT-GVO vor dem Art. 101 Abs. 3 AEUV notwendig machen, so aber *Mäger/Mäger* Europäisches Kartellrecht, 1. Kap. Rn. 102.
47 Dazu noch unten Rn. 46 f.

Hauck

ihre kartellrechtliche Zulässigkeit hin zu prüfen. Da die TT-GVO über § 2 Abs. 2 GWB ausdrücklich auch auf **rein nationale Sachverhalte** anzuwenden ist, kann die folgende Darstellung auf das europäische Recht beschränkt werden. Wurde daher in einem ersten Schritt bejaht, dass der betreffende Vertrag überhaupt der kartellrechtlichen Kontrolle unterliegt (Spürbarkeitskriterium) und ein Kartellverstoß gemäß Art. 101 Abs. 1 AEUV (potentiell) angenommen werden muss, ist anhand der TT-GVO zu ermitteln, ob die betreffende(n) Klausel(n) ggf. vom Kartellverbot freigestellt sind. Dafür ist zunächst zu prüfen, ob die GVO überhaupt anwendbar ist, ob also der **sachliche Anwendungsbereich** eröffnet ist, und ob die Vereinbarung in den **safe harbour** der TT-GVO fällt. Erst danach kommt es zur eigentlichen **Klauselkontrolle.**

II. Die TT-GVO 316/2014

Am 28.3.2014 hat die Kommission im Anschluss an einen längeren Konsultati- **32** onsprozess[48] die neue TT-GVO als „Verordnung Nr. 316/2014 vom 21.3.2014 über die Anwendung von Art. 101 Abs. 3 des Vertrags über die Arbeitsweise der Europäischen Union auf Gruppen von Technologietransfer-Vereinbarungen" veröffentlicht. Diese ist am 1.5.2014 in Kraft getreten, sie schließt damit nahtlos an die Verordnung Nr. 772/2004 vom 27.4.2004 an, die gemäß ihres Art. 11 S. 2 am 30.4. 2014 außer Kraft getreten war.

Der TT-GVO kann – im Zusammenspiel mit den von der Kommission eben- **33** falls neu erlassenen **Leitlinien zur TT-GVO**[49] (nachfolgend TT-Leitlinien) – der rechtliche Rahmen entnommen werden, in dem sich Verpflichtungen in Lizenzverträgen bewegen müssen, um wettbewerbskonform oder jedenfalls freistellungsfähig zu sein. Da unter der VO 1/2003 der Grundsatz gilt, dass alles, was nicht explizit verboten ist, erlaubt und somit vom Kartellverbot freigestellt ist, enthält die TT-GVO daher wie schon die Vorgänger-TT-GVO 772/2004 keine Aufzählung regelmäßig erlaubter sog. weißer Klauseln, wie dies noch bei der TT-GVO 240/96 der Fall war. Es werden vielmehr in den Art. 4 und 5 „Kernbeschränkungen" und „Nichtfreigestellte Beschränkungen" – auch als schwarze und graue Klauseln[50] bezeichnet – aufgeführt, durch die die Vereinbarung entweder gänz-

---

48 Zu den Entwurfsfassungen von TT-GVO und TT-Leitlinien *Leistner/Königs* WRP 2014, 268.
49 Leitlinien zur Anwendung von Artikel 81 EG-Vertrag auf Technologietransfer-Vereinbarungen vom 27.4.2004, ABl. 2004 Nr. C 101 S. 2.
50 Die Bezeichnung „graue Klauseln" findet sich nicht in der GVO oder den Leitlinien selbst, sie ist aber gebräuchlich; vgl. etwa Wiedemann/*Klawitter* Hdb. d. Kartellrechts, § 14 Rn. 135.

lich – oder jedenfalls hinsichtlich der betreffenden Klausel – von einer Freistellung ausgenommen ist. Die TT-GVO gilt gemäß Art. 11 bis zum 30.4.2026.

34 Nach Art. 10 galt für Lizenzverträge, die sich am 1.5.2014 bereits in Kraft befunden haben und die mit den Vorgaben der TT-GVO 772/2004, aber nicht mit den neuen Vorgaben vereinbar sind, eine (knappe) Übergangsfrist von einem Jahr. Seitdem sind die jeweiligen Vereinbarungen allein an der nunmehr geltenden TT-GVO zu messen.

1. Anwendungsbereich der TT-GVO – Lizenzverträge als „Technologietransfervereinbarungen"

35 Der **sachliche Anwendungsbereich** wird vor allem durch Art. 1 vorgegeben, der die insoweit notwendigen Definitionen enthält. Entscheidend ist, dass es sich bei der Vereinbarung um einen **Technologietransfer** handelt und dass die Nutzung des lizenzierten Rechts zur Produktion von Waren oder Dienstleistungen erfolgt. Letztere sind **Vertragsprodukte** i.S. von Art. 1 Abs. 1 lit. g. Der Begriff „Technologierechte" ist erstmals eigenständig definiert und meint gemäß Art. 1 Abs. 1 lit. b Know-how sowie Patente, Gebrauchsmuster, Geschmacksmuster, Topografien von Halbleiterprodukten, ergänzende Schutzzertifikate (namentlich für Arzneimittel), Sortenschutzrechte und Software-Urheberrechte einschließlich denkbarer Kombinationen solcher Rechte.[51]

36 Dies bedeutet, dass **Marken und sonstige Urheberrechte** nicht unter diesen Begriff fallen, was dazu führt, dass (reine) Markenlizenzverträge und Lizenzverträge über andere Urheberrechte als Software-Urheberrechte nicht in den Anwendungsbereich der TT-GVO fallen, weil es sich dann eben nicht um einen Technologietransfer handelt. Auf solche Verträge können die durch die TT-GVO aufgestellten Grundsätze allenfalls entsprechend herangezogen werden, wenn die Lizenzierung zum Zwecke der Produktion von Vertragsprodukten erfolgt.[52] Reine **Markenlizenzverträge ohne Produktionsbezug** können dagegen nach der Gruppenfreistellungsverordnung für vertikale Vereinbarungen (Vertikal-GVO[53]) zu

---

51 Die Kommission scheint also auch Know-how als ein „Recht" anzusehen, jedenfalls im Kontext der TT-GVO. Dies darf freilich nicht als „subjektives Recht" i.S. einer tatsächlichen dogmatischen Einordnung verstanden werden, vgl. dazu 2. Kapitel Rn. 17 ff.
52 Vgl. TT-Leitlinien Rn. 48.
53 Verordnung (EU) Nr. 330/2010 der Kommission vom 20. April 2010 über die Anwendung von Artikel 101 Absatz 3 des Vertrags über die Arbeitsweise der Europäischen Union auf Gruppen von vertikalen Vereinbarungen und abgestimmten Verhaltensweisen, ABl. (EU) Nr. L 102 S. 1 vom 23.4.2010.

beurteilen sein.[54] Zu unterscheiden ist der Begriff „Technologierechte" ferner vom weitergehenden Begriff der „Rechte des geistigen Eigentums", der in der TT-GVO und den Leitlinien ebenfalls erwähnt wird. Darunter fallen gemäß Art. 1 Abs. 1 lit. h „gewerbliche Schutzrechte, vor allem Patente und Markenzeichen, sowie Urheberrechte und verwandte Schutzrechte".

Auf die Relevanz von **Know-how** im Kontext der Lizenzierung vor allem von **37** Patenten wurde bereits umfassend eingegangen.[55] Da es sich aber bei Know-how nicht um ein erteiltes Schutzrecht und angesichts der og Definition der Kommission auch nicht um ein „Recht des geistigen Eigentums" handelt, bedarf es zudem einer eigenständigen Definition dieses Begriffs. Dies tut die Kommission in Art. 1 Abs. 1 lit. i, indem sie Know-how als „eine Gesamtheit **praktischer Kenntnisse**, die durch Erfahrungen und Versuche gewonnen werden", definiert. Diese Kenntnisse müssen ferner **geheim** sein, also nicht allgemein bekannt und nicht leicht zugänglich, sie müssen **wesentlich** für die Produktion der Vertragsprodukte sein, und die Kenntnisse müssen **identifiziert**, also so umfassend beschrieben sein, dass überprüft werden kann, ob die genannten Merkmale „geheim" und „wesentlich" erfüllt sind.[56] Wie diese Begriffe im Einzelnen zu verstehen sind, führt die Kommission wiederum in den Leitlinien aus.[57] Danach ist Know-how beispielsweise dann nicht „wesentlich", wenn das betreffende Produkt ebenso „mit frei zugänglicher Technologie hergestellt werden kann".[58]

2. Besonderheiten von Mehrparteienvereinbarungen (Schutzrechts-„Pools")

Dass die Kommission überhaupt Gruppenfreistellungsverordnungen erlassen **38** kann, ist nicht selbstverständlich, denn Legislativorgane der EU sind der Rat (vgl. Art. 16 Abs. 1 S. 1 EUV) und das Europäische Parlament (vgl. Art. 14 Abs. 1 S. 1 EUV). Im Jahre 1965 hatte indes der seinerzeit noch allein für die Gesetzgebung

---

54 Dies ergibt sich aus dem Charakter der Vertikal-GVO als Prototyp aller modernen GVOen und eben auch der TT-GVO (als sog. Schirm-GVO). Insoweit gilt der Grundsatz, dass, wenn keine sektorspezifische GVO wie die TT-GVO einschlägig ist, auf die allgemeine Vertikal-GVO zurückgegriffen werden kann.

55 Vgl. 2. Kapitel Rn. 17 ff., auch zum Begriffsverständnis als Folge der Umsetzung der Richtlinie (EU) 2016/943 über den Schutz vertraulichen Know-hows und vertraulicher Geschäftsinformationen (Geschäftsgeheimnissen) vor rechtswidrigem Erwerb sowie rechtswidriger Nutzung und Offenlegung.

56 Vgl. Art. 1 Abs. 1 lit. i bis iii TT-GVO.

57 Vgl. Rn. 45 TT-Leitlinien.

58 Rn. 45 lit. b S. 4 TT-Leitlinien.

zuständige Rat die Verordnung 19/65[59] erlassen und damit der Kommission die Kompetenz zum Erlass solcher Verordnungen übertragen. Die insoweit existierende abgeleitete Regelungskompetenz der Kommission ist jedoch begrenzt, sie gilt insbesondere nur für **Vereinbarungen zwischen zwei Unternehmen.**[60]

39 Bereits wegen der insoweit fehlenden Regelungskompetenz der Kommission kann die TT-GVO daher nicht auf **Mehrparteienvereinbarungen** – also Vereinbarungen zwischen mehr als zwei Unternehmen – angewendet werden. Ist der Vertrag der Parteien auf die Zusammenlegung von Schutzrechten in einem sog. **Technologiepool** gerichtet – wenn es also um die vertragliche Vereinbarung zur Bildung des Pools geht (**Gründungs-Poolvereinbarung**) – fehlt zudem ein unmittelbarer Bezug zur „Produktion von Waren oder Dienstleistungen", so dass es sich nicht um einen Lizenzvertrag und eben auch nicht um eine Technologietransfer-Vereinbarung i.S. der TT-GVO handelt.[61] Wegen der in der Praxis aber häufig vorkommenden Zusammenlegung von Technologien durch mehrere Unternehmen auf der Grundlage von **Poolvereinbarungen** – vor allem auch im Rahmen der Setzung eines Standards[62] –, hatte die Kommission jedoch bereits in den TT-Leitlinien 2004 Grundsätze für deren kartellrechtliche Bewertung veröffentlicht.[63] In den nunmehrigen TT-Leitlinien behält sie dies nicht nur bei, sondern sie erweitert noch ihre Stellungnahme zur wettbewerbsrechtlichen Zulässigkeit von Technologiepools. Die insoweit relevanten Aussagen der Kommission finden sich in den Rn. 244 bis 273.[64]

---

59 Verordnung Nr. 19/65/EWG des Rates vom 2. März 1965 über die Anwendung von Artikel 85 Absatz (3) des Vertrages auf Gruppen von Vereinbarungen und aufeinander abgestimmten Verhaltensweisen, ABl. 1965 Nr. 36 S. 533. Unter Geltung des AEUV ist gemäß Art. 103 grundsätzlich der Rat zum Erlass von Gesetzgebungsakten die Art. 101, 102 AEUV betreffend befugt. Die Kompetenz der Kommission zum Erlass von GVOen besteht indes weiterhin, sie ergibt sich aus Art. 105 Abs. 3 AEUV.

60 Art. 1 Abs. 1 und 3 VO 19/65.

61 So auch die Kommission klarstellend in Rn. 247 TT-Leitlinien. Dies gilt vor allem dann, wenn der Pool eine gesellschaftsrechtliche Struktur aufweist, wenn er etwa als eigene Rechtspersönlichkeit gegründet wird.

62 Dazu auch noch unten ab Rn. 137.

63 Vgl. dort Rn. 210 bis 235.

64 Wie schon angesichts der Ausführungen in den TT-Leitlinien 2004 kann die Zulässigkeit dieser „Regelungstechnik" bezweifelt werden, denn im Ergebnis umgeht die Kommission damit ihre durch die VO 19/65 bestimmte Regelungskompetenz, vgl. dazu *Hauck* Die wettbewerbsrechtliche Beurteilung von Lizenzverträgen, Rn. 320. Nichtsdestoweniger sollte sich die Praxis an den Aussagen der Kommission zur wettbewerbsrechtlichen Zulässigkeit solcher Pools orientieren, vgl. *Besen/Slobodenjuk* GRUR 2014, 740, 743. Umfassend zu den Ausführungen der Kommission in den TT-Leitlinien *Königs* GRUR 2015, 1155.

Hauck

Für die kartellrechtliche Zulässigkeit von Poolvereinbarungen kommt es da- 40
nach vor allem darauf an, ob die Teilnahme am Pool allen „interessierten Dritten" **offensteht,**[65] auf die Art der zusammengelegten Technologien, auf die
Ausgestaltung der einzelnen Vertragsbedingungen, die Marktstellung der Beteiligten und auf die Struktur des betroffenen Marktes. Dritte in diesem Sinne sind
sowohl Patentinhaber als auch Lizenzsucher.[66] Bezüglich der Art der Technologien ist vor allem relevant, ob diese **komplementär** oder **substituierbar** und ob
sie **wesentlich** oder **nicht-wesentlich** sind.

Zusammenfassend lässt sich feststellen, dass die Kommission geschlossene 41
Pools aus kartellrechtlicher Sicht von vornherein kritischer bewertet als solche,
die allen interessierten Unternehmen offenstehen. Dies kann nicht überraschen,
besteht doch gerade bei ersteren die Gefahr, dass der Pool dazu genutzt wird über
die Zusammenlegung von Technologien hinaus weitergehend die Verhaltensweisen der Beteiligten zu koordinieren oder etwa **sensible Informationen aus-
zutauschen.**[67] Sind die Technologien substituierbar ist dies ebenfalls potentiell
wettbewerbsschädlicher, als bei sich ergänzenden Technologien.[68] Die Kommission sieht hier sogar die Gefahr der Bildung eines Preiskartells.[69] Dies gilt entsprechend für die Zusammenlegung von nicht-wesentlichen (also nicht-„essentiellen") Technologien, weil diese – nach Ansicht der Kommission – in der Regel
auch keine komplementären Technologien sein werden.[70]

Eine Zusammenfassung der Kriterien, die für eine kartellrechtliche Unbe- 42
denklichkeit von Technologiepools sprechen sollen, findet sich unter Rn. 261
der TT-Leitlinien, von der Kommission selbst als **safe harbour** bezeichnet.[71] Die
Gründung und Verwaltung eines Technologiepools soll „im Allgemeinen" nicht
gegen das Kartellverbot in Art. 101 Abs. 1 AEUV verstoßen, wenn die dort genannten Kriterien **kumulativ** erfüllt werden, auch unabhängig von der Marktstellung der Beteiligten. Zu diesen Kriterien gehört die Freiheit der Beteiligten, die
gepoolten Technologien anzufechten und konkurrierende Produkte und Technologien zu entwickeln. Ferner die Tatsachen, dass Lizenzen für die Technologien

---

65 Rn. 249 TT-Leitlinien.
66 *Königs* GRUR 2014, 1155, 1157.
67 Zum Austausch sensibler Informationen zwischen den Poolmitgliedern die Kommission explizit in Rn. 259 f. TT-Leitlinien.
68 Vgl. etwa Rn. 255 TT-Leitlinien.
69 Rn. 246 TT-Leitlinien.
70 Rn. 252 TT-Leitlinien.
71 Nicht zu verwechseln mit dem marktanteilsbezogenen safe harbour der TT-GVO, dazu noch
unten Rn. 46 f.

nicht exklusiv an den Pool vergeben werden und dass der Austausch sensibler Informationen zwischen den Beteiligten „auf das erforderliche Maß" beschränkt wird. Ein Pool befindet sich daher im Ergebnis nur bei essentiellen Technologien im safe harbour der TT-Leitlinien und wenn die Schutzrechte an Dritte unter FRAND-Bedingungen lizenziert werden.[72]

43   Poolvereinbarungen außerhalb des safe harbour-Bereichs – vor allem bei der Zusammenlegung nicht-wesentlicher Schutzrechte – sind jedoch nicht per se wettbewerbswidrig. Sie fallen vielmehr unter das Kartellverbot, können aber nach Ansicht der Kommission im Einzelfall (auch) einen wettbewerbsfördernden Charakter aufweisen[73] und daher freistellungsfähig sein. Zudem können selbst wettbewerbsbeschränkende Poolvereinbarungen mit Effizienzvorteilen verbunden sein, wobei in diesen Fällen eine Abwägungsentscheidung stattfinden muss, ausgerichtet an den Freistellungskriterien des Art. 101 Abs. 3 AEUV sowie den genannten Kriterien für den safe harbour, selbst wenn diese nicht kumulativ erfüllt werden.[74]

44   Zuletzt äußert sich die Kommission zu Lizenzierungsbedingungen in **Lizenzverträgen, die der Pool mit Dritten als Lizenznehmern abschließt.** Unter der TT-GVO 2004 galt insoweit, dass diese auf solche Lizenzverträge grundsätzlich angewendet werden konnte, wenn die sonstigen genannten Voraussetzungen erfüllt waren. Denn insoweit handelte es sich nach Ansicht der Kommission um Vereinbarungen zwischen zwei Parteien, da der Pool als *eine* Vertragspartei anzusehen war.[75] Dies gilt nun nicht mehr. Vielmehr sollen solche Lizenzverträge ebenfalls als Mehrparteienvereinbarungen – jedenfalls als ein vergleichbares Bündel von Einzelvereinbarungen – anzusehen sein, auf die die TT-GVO nicht angewendet werden kann.[76] Daher gelten auch insoweit abschließend die Ausführungen der Kommission in den Leitlinien. Diesbezüglich erklärt sie kurzerhand die Vorgaben der TT-GVO vor allem zu den Kernbeschränkungen in Art. 4 für entsprechend anwendbar,[77] was kompetenzrechtlich wiederum angreifbar ist, jedoch unbestreitbar eine praktikable Einschätzungshilfe für die betroffenen Unternehmen bildet. Obschon in der TT-GVO nicht genannt, fallen auch Pools mit dem Ziel der **Defensive Patent Aggregation** in den Anwendungsbereich.[78]

---

72 So auch *Besen/Slobodenjuk* GRUR 2014, 740, 743. Zur kartellrechtlichen Bedeutung standardessentieller Technologien und von FRAND-Lizenzen noch unten ab Rn. 142.
73 Vgl. Rn 262 bis 265 TT-Leitlinien.
74 Rn. 265 TT-Leitlinien.
75 Rn. 212, 223 TT-Leitlinien 2004.
76 Rn. 247, 266 TT-Leitlinien.
77 Rn. 267 TT-Leitlinien.
78 Näher dazu *Hauck/Zech* in Henn/Pahlow, Patentvertragsrecht, § 11 Rn. 21 f.

Hauck

3. Unterlizenzvereinbarungen

Wie schon in den TT-Leitlinien 2004 stellt die Kommission auch in den neuen 45
TT-Leitlinien klar, dass die Grundsätze der TT-GVO jedenfalls analog auf Vereinbarungen anwendbar sind, die den Lizenznehmer zur Erteilung von Unterlizenzen
an Dritte berechtigen (sog. **Masterlizenz-Vereinbarung**, vgl. Rn. 60 TT-Leitlinien). Dagegen ist die Lizenzierung von Software-Urheberrechten für die reine
Vervielfältigung und den reinen Vertrieb eines geschützten Werks, also die Erstellung von Kopien für den Weiterverkauf, keine „Produktion" eines Vertrags-
produkts i.S. der TT-GVO. Auf eine solche Vervielfältigung zum Vertrieb ist die
Vertikal-GVO 330/2010 samt deren Leitlinien entsprechend anwendbar (Rn. 62 TT-
Leitlinien).

4. Marktanteilsschwellen – Die Bestimmung des safe harbour

Ist der sachliche Anwendungsbereich eröffnet, steht die Anwendung der TT-GVO 46
auf Lizenzvereinbarungen ferner unter dem Vorbehalt, dass von den beteiligten
Unternehmen bestimmte **Marktanteilsschwellen** nicht überschritten werden,
Art. 3 TT-GVO (sog. sicherer Bereich/safe harbour). Erst wenn dieser **safe harbour**
eröffnet ist, kann die eigentliche Inhaltskontrolle anhand der Vorgaben der TT-
GVO beginnen. Sind die Beteiligten **Wettbewerber**, ist der sichere Bereich der TT-
GVO – also überhaupt deren Anwendungsbereich – nur eröffnet, wenn der **ge-
meinsame Marktanteil** auf dem relevanten Technologie- und Produktmarkt
20 % nicht überschreitet. Bei **Nicht-Wettbewerbern** kommt es dagegen auf den
individuellen Marktanteil der Beteiligten an. Dieser darf auf dem relevanten
Technologie- und Produktmarkt 30 % nicht überschreiten. Wie die relevanten
Märkte abzugrenzen und die Marktanteile zu berechnen sind (vgl. dazu auch
Art. 8 TT-GVO), kann hier ebenso wenig umfassend dargestellt werden wie die
Fragen zur Bestimmung eines (potentiellen) Wettbewerbsverhältnisses zwischen den Parteien.[79] Anhaltspunkte dafür finden sich in den Rn. 27 bis 39 (zur
Unterscheidung zwischen Wettbewerbern und Nicht-Wettbewerbern) und 79 bis
93 (Bestimmung der Markanteilsschwellen) der TT-Leilinien. Ob diese in der
Praxis tatsächlich hilfreich sind, kann jedoch bezweifelt werden. So weist *Winzer*
überzeugend darauf hin, dass sich viele lizenzierte Patente nur auf Verbesserungen von Produktkomponenten beziehen, für die ein eigener Marktanteil
schlicht nicht ermittelt werden kann.[80]

---

[79] Vertiefend dazu *Schultze/Pautke/Wagener* TT-GVO, Rn. 166 ff.; *Stumpf/Groß* Der Lizenzvertrag,
Rn. 657 ff.
[80] *Winzer* Lizenzvertrag, Teil 6 Rn. 55.

47   Als Erleichterung für die Beteiligten gilt aber, dass, wenn die einschlägige Marktanteilsschwelle erst zu einem späteren Zeitpunkt überschritten wird, die Freistellung nach Art. 2 TT-GVO für das Jahr, in dem die Schwelle erstmals überschritten wird, und noch für zwei aufeinander folgende Kalenderjahre weitergilt (Art. 8 lit. e TT-GVO).

5. Inhaltskontrolle

48   Aufgrund der beschriebenen Regelungssystematik der TT-GVO (alles, was nicht verboten ist, ist erlaubt) wird in den Art. 4 und 5 – negativ – definiert, für welche Verpflichtungen in Lizenzverträgen (grundsätzlich) keine Freistellung vom Kartellverbot in Betracht kommt. Dabei unterscheidet Art. 4, in dem die sog. **Kernbeschränkungen** (schwarze Klauseln)[81] aufgeführt sind, zunächst danach, ob es sich bei den Beteiligten um Wettbewerber i.S.v. Art. 1 Abs. 1 lit. j oder Nicht-Wettbewerber handelt und zudem danach, ob die Vereinbarung wechselseitig oder nicht-wechselseitig ist. Die Unterscheidung (Wettbewerber/Nicht-Wettbewerber) trifft auch Art. 5, dort sind die sog. grauen Klauseln geregelt.

a) Kernbeschränkungen, Art. 4 TT-GVO
aa) Vereinbarung zwischen Wettbewerbern

49   Bei Vereinbarungen zwischen **Wettbewerbern** sind gemäß Art. 4 Abs. 1 lit. a und b die Festsetzung von Wiederverkaufspreisen (**Preisbindung** der zweiten Hand) sowie **Outputbeschränkungen** (mengenmäßige Produktions- und Absatz-/Vertriebsbeschränkungen) von der Freistellung nach Art. 2 TT-GVO ausgenommen. Nach dem Wortlaut der Art. 4 und 5 kommt bei derartigen Klauseln zudem eine Freistellung des Lizenzvertrags durch die TT-GVO insgesamt nicht in Betracht. In einem solchen Fall bleibt dann nur noch die Anwendung von Art. 101 Abs. 3 AEUV. Die Vereinbarung kann daher nur freigestellt werden, wenn die dortigen Voraussetzungen – notwendig kumulativ – erfüllt werden. Nach Ansicht der Kommission soll bei Kernbeschränkungen freilich anzunehmen sein, dass auch eine Einzelfreistellung nicht möglich ist.[82] Der Lizenzvertrag ist dann insgesamt kartellrechtswidrig und nichtig. Dies gilt grundsätzlich auch für die in Art. 4 Abs. 1 lit. c und d geregelte **Zuweisung von Absatzgebieten und Kunden** bzw. Kundengruppen, für **Beschränkungen des Lizenznehmers bei der Verwertung**

---

81 Vgl. zu den Kernbeschränkungen auch die ergänzenden Ausführungen der Kommission unter den Rn. 94 bis 127 der TT-Leitlinien.
82 Rn. 95 TT-Leitlinien.

eigener Technologien sowie für **Forschungs- und Entwicklungsverbote** zwischen den Vertragsparteien. Auch **pay for delay-Vereinbarungen** fallen im Ergebnis unter Art. 4 Abs. 1 lit. c TT-GVO.[83]

Während dies jedoch für die unter lit. a genannte Preisfestsetzung ausnahmslos gilt, gibt es bei den unter lit. b, c und d aufgeführten Beschränkungen Ausnahmen, insbesondere für Outputbeschränkungen und für den Fall der Zuweisung von Märkten oder Kunden. Wichtig ist insoweit vor allem die Unterscheidung zwischen **wechselseitigen** und **nicht-wechselseitigen Vereinbarungen**, denn die Ausnahmen sind nur auf letztere anwendbar. Dies ist darin begründet, dass die Kommission wechselseitige Vereinbarungen – also den sog. **Lizenzaustausch (cross licensing**[84]**)** – kartellrechtlich von vornherein für bedenklicher hält, weil solche Vereinbarungen in der Regel konkurrierende Technologien zum Gegenstand haben oder jedenfalls Technologien betreffen, mit denen konkurrierende Produkte hergestellt werden können.[85] **50**

Greift indes eine solche Ausnahme ein, stellt die betreffende vertragliche Verpflichtung keine Kernbeschränkung dar und die TT-GVO ist (wieder) anwendbar.[86] Zu beachten ist jedoch, dass diese Ausnahmen selbst zum Teil wieder durch **Unterausnahmen** eingeschränkt werden, was einmal mehr die Komplexität der Klauselkontrolle zeigt. Ist eine solche Unterausnahme einschlägig, handelt es sich im Ergebnis um eine Kernbeschränkung und es bleibt beim Wegfall der Freistellung. Dies bedeutet im Einzelnen, dass **Outputbeschränkungen** – also Beschränkungen des Lizenznehmers im Hinblick auf die mit der lizenzierten Technologie hergestellten Erzeugnisse – in nicht-wechselseitigen Vereinbarungen möglich sind, und ferner dann, wenn sich die Beschränkung ausschließlich auf die Vertragsprodukte – also die mit der lizenzierten Technologie hergestellten Produkte – bezieht, vgl. Art. 4 Abs. 1 lit. b Hs. 2. **51**

Komplexer ist die Regelung hinsichtlich der Zuweisung von **Absatzmärkten und Kunden**, denn dafür werden insgesamt vier Ausnahmetatbestände normiert (vgl. Art. 4 Abs. 1 lit. c i bis iv). So sind Beschränkungen der Produktion des Lizenznehmers auf den Eigenbedarf (**captive use**) möglich sowie Vereinbarungen zum Verkauf der Vertragsprodukte nur an bestimmte Kunden, sofern diesen damit eine alternative Bezugsquelle (**second source**) geschaffen werden soll. Letzteres dürfte freilich in der Praxis kaum vorkommen. Möglich ist zudem die exklusive **52**

---

83 So auch *Besen/Slobodenjuk* GRUR 2014, 740, 743.
84 Vertiefend dazu *Wündisch/Bauer* GRUR Int. 2010, 641 und oben 1. Kapitel Rn. 7, 4. Kapitel ab Rn. 10.
85 Vgl. Rn. 98 TT-Leitlinien.
86 *Schultze/Pautke/Wagener* TT-GVO, Rn. 556.

Zuweisung von Gebieten oder Kundengruppen an nur eine der Parteien oder an bestimmte andere Lizenznehmer.

53   Dagegen ist anders als noch unter Art. 4 Abs. 1 lit. c ii TT-GVO 2004 der Ausnahmetatbestand, dass sich der Lizenzgeber u. a. Gebiete oder Anwendungsbereiche für den Einsatz der lizenzierten Technologie exklusiv vorbehalten darf (**field of use-Klausel**), nun nicht mehr normiert. In den Rn. 113, 209 S. 1 Hs. 1 und 213 TT-Leitlinien führt die Kommission jedoch lapidar aus, dass derartige Beschränkungen keine Kernbeschränkungen und bei Einhaltung der Marktanteilsschwelle von 20 % regelmäßig freistellungsfähig seien. Einzige Einschränkung ist, dass die Nutzungsbeschränkung nicht über den Einsatzbereich der lizenzierten Technologien hinausgehen darf.

54   Ob diese Regelungstechnik für die Parteien hilfreich ist, darf jedoch bezweifelt werden. Denn gerade bei einer field of use-Beschränkung stellt sich die Frage, wie diese überhaupt von einer als Kernbeschränkung nicht freistellungsfähigen „Zuweisung von Märkten oder Kunden" unterschieden werden kann. Denn jeder Vorbehalt eines Anwendungsbereichs der lizenzierten Technologie führt notwendig zu einer – jedenfalls negativen – Zuweisung bestimmter Anwendungsbereiche und somit im Ergebnis von Märkten und Kunden. Die diesbezüglichen Ausführungen der Kommission in den Rn. 208 bis 215 TT-Leitlinien sind wenig erhellend,[87] so dass insoweit – einmal mehr – die Vertragsparteien das Einschätzungsrisiko tragen. Der einzig gangbare Weg der kartellrechtlichen Selbsteinschätzung wird im Ergebnis derjenige sein festzustellen, ob insgesamt durch die field of use-Beschränkung weniger Wettbewerb zwischen den Vertragsparteien besteht als ohne die Beschränkung, ob also durch eine solche Klausel insbesondere die (sonstige) Wettbewerbsfreiheit des Lizenznehmers beschränkt wird.[88]

55   **Forschungs- und Entwicklungsverbote**[89] können zwischen Wettbewerbern nur dann vereinbart werden, wenn dies für die Geheimhaltung des lizenzierten

---

87 Gänzlich überflüssig sind insoweit zudem Feststellungen wie diejenige, dass field of use-Beschränkungen keine Outputbeschränkungen i. S. v. Art. 4 lit. b TT-GVO seien, vgl. Rn. 210 TT-Leitlinien, denn das ist von vornherein keine der drängenden Fragen, die sich dahingehend stellen.

88 Das OLG Frankfurt ZUM-RD 2008, 173, hat field of use-Beschränkungen für unbedenklich weil zum spezifischen Gegenstand des Schutzrechts gehörend angesehen, da sie nichts anderes darstellten als die Nichterteilung einer Lizenz für die dem Schutzrechtsinhaber vorbehaltenen Nutzungsarten. Die Wettbewerbsfreiheit des Lizenznehmers werde nicht beschränkt, weil er auch ohne Lizenzvertrag wegen des entgegenstehenden Schutzrechts die vorbehaltenen Nutzungsbefugnisse nicht innehätte.

89 Vgl. Rn. 115 TT-Leitlinien.

Hauck

Know-hows unerlässlich ist, Art. 4 Abs. 1 lit. d Hs. 2. Beschränkungen des Lizenznehmers bei der **Verwertung eigener Technologien** sind dagegen nicht freistellungsfähig.

bb) Vereinbarung zwischen Nicht-Wettbewerbern

Der 2. Absatz von Art. 4 TT-GVO betrifft Kernbeschränkungen in Vereinbarun- **56** gen zwischen **Nicht-Wettbewerbern.** Da dies nicht explizit geregelt wird, gilt für **Outputbeschränkungen** der Grundsatz, dass diese bis zu einem gemeinsamen Marktanteil der Parteien i. H. von 30 % zulässig sind,[90] solange sich die Vereinbarung also im safe harbour befindet (s. o. Rn. 46 f.). Dies gilt ebenso für Verkaufsbeschränkungen, die dem Lizenzgeber auferlegt werden.[91]

In Bezug auf Preise ist die Festsetzung von **Höchstverkaufspreisen** erlaubt **57** sowie **Preisempfehlungen**, wenn sich dies nicht wie eine tatsächliche Festsetzung von Fest- oder Mindestpreisen auswirkt, Art. 4 Abs. 2 lit. a. In diesem Kontext gehören wegen des möglichen Einflusses auf die Preisgestaltung auch **Meistbegünstigungsklauseln.** Zu diesen fehlt eine ausdrückliche Stellungnahme der Kommission.[92] Nach überwiegender Ansicht sollen aber jedenfalls solche – wie üblich – zulasten des Lizenzgebers getroffenen Verpflichtungen, etwa in der Form, dass anderen Lizenznehmern keine günstigeren Lizenzgebühren eingeräumt werden (echte Meistbegünstigung), keine Wettbewerbsbeschränkung i. S. v. Art. 101 Abs. 1 AEUV darstellen, jedenfalls aber freistellungsfähig sein.[93]

Eine der wenigen Änderungen gegenüber der Vorgänger GVO 772/2004 findet **58** sich in den Ausführungen zu **Beschränkungen von Absatzmärkten und Kunden,** in die der Lizenznehmer die Vertragsprodukte verkaufen darf. Dabei gilt der Grundsatz, dass dem Lizenznehmer keine Beschränkungen beim **passiven Verkauf der Vertragsprodukte**[94] auferlegt werden können. Insoweit gibt es aber insgesamt fünf Ausnahmetatbestände (Art. 4 Abs. 2 lit. b i bis v), die derartige

---

90 Dies klarstellend die Kommission in Rn. 205 TT-Leitlinien.

91 Rn. 120 TT-Leitlinien.

92 Jedenfalls in Bezug auf Technologietransfervereinbarungen. Vgl. jedoch zur Kartellrechtswidrigkeit von Meistbegünstigungsklauseln in der Form sog. Best-Preis-Klauseln in (allgemeinen) Vertikalvereinbarungen die HRS-Entscheidung des BKartA vom 20.12.2013. Dazu umfassend *Soyez* NZKart, 2014, 447.

93 *Bartenbach* Patentlizenz- und Know-how-Vertrag, Rn. 1492; Langen/Bunte/*Jestaedt* Europäisches Kartellrecht, Nach Art. 101 AEUV Fallgruppen Rn. 1348; *Schultze/Pautke/Wagener* TT-GVO, Rn. 734 f.; *Ulmer-Eilfort/Schmoll* Technologietransfer, S. 91. Vgl. Rn. 118 TT-Leitlinien, dort lässt sich eine eher kritische Sichtweise der Kommission zu einer solchen Klausel herauslesen, wenn diese zu Lasten des Lizenznehmers vereinbart wird.

94 Zur Definition der Begriffe „aktiver" und „passiver" Verkauf s. Rn. 51 der Vertikal-Leitlinien.

Beschränkungen doch erlauben, etwa dann, wenn sich der Lizenzgeber den Verkauf der Vertragsprodukte in bestimmte Gebiete oder Kundengruppen exklusiv vorbehalten hat. **Gestrichen** wurde jedoch der in der Vorgänger-TT-GVO enthaltene Ausnahmetatbestand, wonach dies auch für Gebiete oder Kundengruppen galt, die der Lizenzgeber **anderen Lizenznehmern** für die ersten beiden Jahre des Verkaufs exklusiv zugewiesen hat (vgl. Art. 4 Abs. 2 lit. b ii TT-GVO 772/2004). Die Freistellung einer solchen Beschränkung ist nunmehr allein dann möglich, wenn diese objektiv notwendig ist, um dem Lizenznehmer den Markteintritt zu ermöglichen.[95] Diese Änderung sollte der Angleichung an die Vertikal-GVO dienen.[96]

59   Dagegen sind Beschränkungen des **aktiven Verkaufs** des Lizenznehmers bzw. des aktiven und passiven Verkaufs seitens des Lizenzgebers in Bezug auf die Vertragsprodukte möglich, da Art. 4 Abs. 2 lit. b allein Beschränkungen des passiven Verkaufs des Lizenznehmers betrifft. Dies gilt jedoch gemäß Art. 4 Abs. 2 lit. c nicht für Beschränkungen des aktiven und **passiven Verkaufs an Endverbraucher**, sofern dies einen auf der Einzelhandelsebene tätigen Lizenznehmer betrifft, der einem **selektiven Vertriebssystem** i. S. von Art. 1 Abs. 1 lit. o TT-GVO[97] angehört. Den Mitgliedern des Systems kann jedoch der Verkauf von nicht zugelassenen Niederlassungen aus untersagt werden (sog. **Standortklausel**). Möglich sind ferner Beschränkungen des Lizenznehmers hinsichtlich der Produktion auf den Eigenbedarf (mit Ausnahme des Vertriebs der Produkte als Ersatzteile), hinsichtlich des Verkaufs nur an bestimmte Kunden als alternative Bezugsquelle, Beschränkungen von Lizenznehmern auf der Großhandelsstufe beim Verkauf an Endverbraucher, sowie Beschränkungen des Verkaufs an nicht zugelassene Händler (sog. Außenseiter) bei Existenz eines selektiven Vertriebssystems.

60   Werden die Parteien erst während der Laufzeit der Vereinbarung zu Wettbewerbern, wirkt gemäß Art. 4 Abs. 3 die günstige Bewertung der einzelnen Klauseln nach Art. 4 Abs. 2 für deren Laufzeit fort, sofern die Vereinbarung „nicht später wesentlich geändert wird".

b) Sonstige Beschränkungen, Art. 5 TT-GVO

61   Anders als bei den Kernbeschränkungen des Art. 4 bleibt bei Vorliegen einer Beschränkung nach Art. 5 (sog. **graue Klauseln**) die Freistellung der Rest-Ver-

---

95 Vgl. Rn. 126 TT-Leitlinien. So auch *Frank* CR 2014, 349, 352.
96 *Besen/Slobodenjuk* GRUR 2014, 740, 741 f.
97 Zu selektiven Vertriebssystemen *Mäger/Mäger* Europäisches Kartellrecht, 4. Kap. Rn. 159 ff.

Hauck

einbarung – also der weiteren Regelungen im Lizenzvertrag – durch Anwendung der TT-GVO möglich, auch wenn die wettbewerbsbeschränkende Klausel selbst nicht freigestellt werden kann. Ob es sich um wechselseitige oder nicht-wechselseitige Vereinbarungen handelt, spielt bei den grauen Klauseln keine Rolle.

aa) Vereinbarung zwischen Wettbewerbern

Wie Art. 4 unterscheidet auch Art. 5 nach Vereinbarungen zwischen Wettbewer- **62** bern (Absatz 1) und Nicht-Wettbewerbern (Absatz 2). Sind die Vertragsparteien Wettbewerber, sind Verpflichtungen des Lizenznehmers zur exklusiven Rücklizenzierung eigener Verbesserungen an der lizenzierten Technologie oder eigener neuer Anwendungen dieser Technologie (**grant back-Klausel**) gemäß Art. 5 Abs. 1 lit. a **nicht freistellungsfähig.** Da dies in der TT-GVO 2004 nur für „abtrennbare" Verbesserungen galt, hat die Kommission insoweit also eine im Ergebnis strengere Regelung gewählt. Sie begründet dies und ihre insgesamt kritische Haltung gegenüber solchen **exklusiven Rücklizenzierungsvereinbarungen** vor allem mit dem drohenden Verlust von Anreizen für den Lizenznehmer, Innovationen hervorzubringen,[98] da er wegen der Exklusivität **Verbesserungserfindungen** nicht anderweitig verwerten könnte.[99]

Nach Art. 5 Abs. 1 lit. b sind ferner **Nichtangriffsverpflichtungen** des Li- **63** zenznehmers im Hinblick auf die „Rechte des geistigen Eigentums" des Lizenzgebers in der EU nicht freistellungsfähig, vorbehaltlich eines **Kündigungsrechts des Lizenzgebers** bei erfolgtem Angriff auf eine oder mehrere der lizenzierten Technologien. Die Verschärfung dieser Regelung gegenüber der TT-GVO 2004 besteht darin, dass dieses Kündigungsrecht des Lizenzgebers allein bei einer Exklusivlizenz besteht, nicht jedoch bei einer einfachen Lizenz. Die Kommission begründet ihre Sichtweise damit, dass Kündigungsrechte ansonsten faktisch wie Nichtangriffsverpflichtungen wirken und den Lizenznehmer somit vom Angriff auf das betreffende Schutzrecht abhalten könnten.[100]

Nach älterer deutscher Praxis war eine Nichtangriffsabrede dagegen zulässig **64** (vgl. § 17 Abs. 2 Nr. 3 GWB a. F.), wenn sie vom Lizenznehmer in Bezug auf das lizenzierte Schutzrecht übernommen wurde. Die Unwirksamkeit konnte sich je-

---

98 Rn. 129 TT-Leitlinien.
99 Kritisch *Frank* CR 2014, 349, 353.
100 Rn. 136 TT-Leitlinien. Zu den nicht durchweg überzeugenden Argumenten der Kommission aber *Frank* CR 2014, 349, 352. Zu besonderen Problemen bei Nichtangriffsverpflichtungen in Bezug auf Markenanmeldungen *Wolf* NZKart 2015, 90, 92 ff.

doch seinerzeit aus der Anwendung des europäischen Wettbewerbsrechts ergeben.[101] Durch die nunmehr eindeutige Aussage der Kommission – wie auch schon in der TT-GVO 2004 nebst den Leitlinien 2004 – sind diese Ansichten überholt. Kann eine Nichtangriffsverpflichtung nicht durch die TT-GVO freigestellt werden, soll es nach Ansicht der Kommission unwahrscheinlich sein, dass die Voraussetzungen für eine Einzelfreistellung gemäß Art. 101 Abs. 3 AEUV erfüllt werden, so dass eine Freistellung auch insoweit ausscheiden würde.[102] Die Klausel wäre insgesamt kartellrechtswidrig und nichtig gemäß Art. 101 Abs. 2 AEUV.

65   Die Einstellung der Kommission zu Nichtangriffsverpflichtungen hat sich seit den 1970er Jahren herausgebildet, sie wurde dabei auch von der Entscheidung des United States Supreme Court in Sachen „Lear v. Adkins" beeinflusst.[103] Begründet wird diese Sichtweise damit, dass es gerade dem Lizenznehmer möglich ist, bei der Arbeit mit der lizenzierten Technologie deren Angreifbarkeit zu entdecken und durch den Angriff den Marktzugang für „bessere" Technologien zu ermöglichen.[104] Auch wäre der Lizenznehmer gezwungen für die nicht (mehr) schützenswerte Technologie weiterhin Lizenzgebühren zu bezahlen. Die Kommission hält es daher insgesamt für notwendig, „im Interesse eines unverfälschten Wettbewerbs" ungültige Schutzrechte aufzuheben.[105]

66   Von dem Grundsatz, dass Nichtangriffsverpflichtungen kartellrechtswidrig sind – insbesondere dann, wenn die betreffende Technologie „wertvoll" ist[106] – und allenfalls ausnahmsweise über die TT-GVO gerechtfertigt werden können, gibt es jedoch einige beachtenswerte **Ausnahmen.**[107] So hat der EuGH bereits in der Entscheidung „Nichtangriffsklausel" (auch: „Bayer/Süllhöfer") festgestellt, dass eine Wettbewerbsbeschränkung dahingehend nicht anzunehmen sei, wenn die Lizenz kostenlos erteilt wird (Freilizenz) oder wenn sich eine kostenpflichtige Lizenz auf ein überholtes Verfahren bezieht.[108] Die Nichtangriffsverpflichtung

---

101 Vgl. BGH GRUR 1989, 39, 41 – Flächenentlüftung; EuGH GRUR Int. 1989, 56, 57 – Nichtangriffsklausel (mit wichtigen Aussagen auch zur Abgrenzung zum Anwendungsbereich der Grundfreiheiten und insb. zur Warenverkehrsfreiheit).
102 Rn. 134 TT-Leitlinien.
103 Vgl. *Finnegan/Zotter* GRUR Int. 1979, 321, 325 f.; *Hauck* WRP 2012, 673, 674.
104 Vgl. Rn. 134 S. 1 TT-Leitlinien. Siehe auch *Findeisen* Mitt. 2007, 382; *Ørstavik* IIC 2005, 83, 104 ff. zur vergleichbaren Aussage in den TT-Leitlinien 2004.
105 Vgl. insgesamt Rn. 134 TT-Leitlinien.
106 Vgl. Rn. 134 S. 4. Wann dies der Fall ist, wird in den Leitlinien nicht thematisiert. Aus Gründen der Rechtssicherheit wird z.T. empfohlen, davon bei lizenzierten Technologien jdf. auszugehen, vgl. *Böttger/Kresken* EuZW 2014, 653, 654.
107 Dazu auch *Hauck* WRP 2012, 673, 674 f.
108 EuGH GRUR Int. 1989, 56 – Nichtangriffsklausel; vgl. auch Rn. 134 TT-Leitlinien. Vertiefend *Hauck* WRP 2012, 673, 674 f.; *Cepl/Rüting* WRP 2013, 305, 310.

Hauck

fällt dann bereits nicht unter das Kartellverbot des Art. 101 Abs. 1 AEUV, auf eine Freistellung durch die TT-GVO kommt es nicht an. Der BGH ist dieser Ansicht gefolgt.[109] Dies gilt gleichermaßen für Nichtangriffsverpflichtungen in **Anspruchsregelungs- und Anspruchsverzichtsvereinbarungen** (auch: Streitbeilegungsvereinbarungen), deren Sinn und Zweck gerade in der Streitschlichtung und zukünftigen Streitvermeidung besteht.[110] Dies soll nach Ansicht der Kommission „unter bestimmten Umständen" jedoch nicht gelten – Nichtangriffsverpflichtungen können somit doch in den Anwendungsbereich von Art. 101 Abs. 1 AEUV fallen –, wenn etwa ein „Recht des geistigen Eigentums auf der Grundlage unrichtiger oder irreführender Auskünfte gewährt wurde".[111]

Für **nicht-technische Schutzrechte** und insbesondere bei Kennzeichen- 67 rechten ist zumindest zweifelhaft, ob Nichtangriffsverpflichtungen überhaupt wettbewerbsbeschränkend im Sinne des Art. 101 Abs. 1 AEUV sind. Die Kommission selbst verneinte dies in der Entscheidung „Moosehead/Whitbread" mit dem Argument, dass eine (angreifbare) Marke die Wettbewerber nicht daran hindere, „das betreffende Erzeugnis unter einem anderen Warenzeichen auf den Markt zu bringen".[112] Auch insoweit existiert also ein Ausnahmetatbestand.

bb) Vereinbarung zwischen Nicht-Wettbewerbern

Die Regelung in Art. 5 Abs. 2 Hs. 1 entspricht Art. 4 Abs. 1 lit. d Hs. 1. Auch bei 68 Vereinbarungen zwischen Nicht-Wettbewerbern sind Beschränkungen des Lizenznehmers bei der Verwertung eigener Technologien sowie **Forschungs- und Entwicklungsverbote** zulasten des Lizenzgebers oder des Lizenznehmers von der Freistellung ausgenommen. Für letztere Verbote gilt dies wiederum nicht, wenn sie für die Geheimhaltung von lizenziertem Know-how unerlässlich sind. Im Unterschied zur Regelung in Art. 4 ist aber nur die betreffende Klausel von der Freistellung durch die TT-GVO ausgeschlossen, nicht die Gesamtvereinbarung.

---

109 BGH GRUR Int. 1989, 689 – Süllhöfer/Bayer; vgl. auch BGH GRUR 1991, 558 – Kaschierte Hartschaumplatten.
110 Rn. 242 TT-Leitlinien; *Hauck* Die wettbewerbsrechtliche Beurteilung von Lizenzverträgen, Rn. 236 f.; *Cepl/Rüting* WRP 2013, 305, 309.
111 Rn. 243 TT-Leitlinien unter Hinweis auf EuGH WuW 2013, 427 – AstraZeneca.
112 Entscheidung Nr. 90/186/EWG v. 3. März 1990, ABl. 1990 Nr. L 100 S. 32 Rn. 15.

c) Weiße Klauseln und sonstige Verpflichtungen
aa) Weiße Klauseln

69 Auch wenn in Abkehr von der Systematik der TT-GVO 240/96 von der Listung sog. weißer – also kartellrechtlich unbedenklicher – Klauseln in der TT-GVO selbst abgesehen wurde, findet sich doch eine entsprechende Stellungnahme der Kommission zu solchen Klauseln.[113] So sind wie schon in Rn. 155 TT-Leitlinien 2004 auch in den nunmehrigen Leitlinien einzelne Vereinbarungen genannt, die nach Ansicht der Kommission „im Allgemeinen" keine Wettbewerbsbeschränkungen i. S. von Art. 101 Abs. 1 AEUV darstellen, jedenfalls aber – unter Beachtung der Marktanteilsschwellen nach Art. 3 TT-GVO – vom Kartellverbot freigestellt sind.[114] Dazu zählen das **Verbot zur Vergabe von Unterlizenzen, Vertraulichkeitsvereinbarungen,**[115] Vereinbarungen über **Mindestlizenzgebühren** oder über die **Produktion einer Mindestmenge an Vertragsprodukten** sowie **Nutzungsverbote** nach Ablauf der Vereinbarung (sofern die lizenzierte Technologie noch gültig und rechtswirksam ist) und Vereinbarungen zur Anbringung des Markenzeichens des Lizenzgebers auf den Vertragsprodukten.

bb) Sonstige Verpflichtungen

70 Ebenfalls wettbewerbsrechtlich unbedenklich sind eine **Ausübungspflicht** des Lizenznehmers bezüglich des lizenzierten (Schutz-)Rechts, wenn sich die Lizenzgebühren nach Stückzahlen oder dem Umsatz berechnen,[116] gegenseitige **Informationspflichten** etwa über bekannt gewordene Verletzungen der lizenzierten Rechte,[117] sowie **Längstlaufklauseln.**[118]

71   Bei Einhaltung der Marktanteilsschwellen werden auch **Kopplungs- und Paketvereinbarungen** die Anforderungen der TT-GVO an eine Freistellung erfüllen, wenn sich die Vereinbarung im safe harbour befindet.[119] Dies soll sogar außerhalb dieses Bereichs der Fall sein und es sollen dann jedenfalls die Freistellungsvoraussetzungen des Art. 101 Abs. 3 AEUV gegeben sein, wenn die

---

113 Siehe dazu auch *Stumpf/Groß* Der Lizenzvertrag, Rn. 687 ff.

114 Vgl. Rn. 183 TT-Leitlinien.

115 Vgl. dazu schon Europäische Kommission GRUR Int. 1978, 371, 374 – Campari; GRUR Int. 1987, 418, 420 – Mitchell Cotts/Sofiltra.

116 Busse/*Hacker* Patentgesetz, § 15 Rn. 203.

117 Dies meint selbstredend keinen weitergehenden Informationsaustausch, insb. nicht zwischen Wettbewerbern.

118 Dies lässt sich für Längstlaufklauseln Art. 2 Abs. 2 TT-GVO entnehmen, wobei die Sonderbestimmung für Know-how zu beachten ist.

119 Rn. 222 TT-Leitlinien.

Hauck

Kopplung zu Effizienzvorteilen für den Lizenznehmer führt.[120] Wann eine solche Vereinbarung vorliegt, wird von der Kommission anschaulich beschrieben. Danach zeichnen sich Kopplungs- und Paketvereinbarungen dadurch aus, dass der Lizenzgeber dem Lizenznehmer die Vergabe einer Lizenz für eine Technologie – von der Kommission als Kopplungsprodukt bezeichnet – davon abhängig macht, dass der Lizenznehmer auch die Lizenz für eine andere Technologie erwirbt oder aber dass er ein Produkt des Lizenzgebers oder ein anderes von ihm bezeichnetes Produkt (das gekoppelte Produkt) kauft.[121]

Paketvereinbarungen sind einer Kopplung ähnlich, dabei werden jedoch 72 zwei (oder mehrere) Technologien oder eine Technologie und ein Produkt nur zusammen als Paket angeboten. Ist der Lizenznehmer an einer bestimmten Technologie interessiert, muss er das gesamte Paket erwerben, obwohl er am sonstigen Inhalt des Pakets kein Interesse hat. Voraussetzung ist in beiden Fällen allerdings, dass die betreffenden Produkte und Technologien unterschiedlich in dem Sinne sein müssen, dass für jedes Produkt bzw. jede Technologie, das bzw. die Bestandteil der Kopplung oder des Pakets ist, eine getrennte Nachfrage besteht. Dies soll nach Ansicht der Kommission in der Regel dann nicht der Fall sein, wenn die Technologien oder Produkte in der Weise miteinander verbunden sind, dass die lizenzierte Technologie nicht ohne das gekoppelte Produkt bzw. ein Bestandteil des Pakets nicht ohne den anderen genutzt werden kann.[122]

Im Zusammenhang damit stehen **Wettbewerbsverbote**, wenn also insbe- 73 sondere dem Lizenznehmer die Nutzung konkurrierender Technologien untersagt wird. Darin kann auch die Wirkung einer **Kopplungs- oder Paketvereinbarung** bestehen.[123]

6. Rechtsfolgen

Ist auch nur eine Kernbeschränkung gemäß Art. 4 TT-GVO im Lizenzvertrag ent- 74 halten, kann die TT-GVO insgesamt nicht auf den Vertrag angewendet werden. Eine solche schwerwiegende Wettbewerbsbeschränkung „infiziert" also die Gesamtvereinbarung. Eine Freistellung ist dann allein über die Anwendung von Art. 101 Abs. 3 AEUV möglich.

Dagegen ist bei einer grauen Klausel gemäß Art. 5 TT-GVO allein die betref- 75 fende Klausel von der Freistellung durch die TT-GVO ausgenommen, der Rest-Vertrag kann also bei Erfüllung der Voraussetzungen noch freigestellt werden. Um

---

120 Rn. 225 TT-Leitlinien.
121 Rn. 221 TT-Leitlinien.
122 Rn. 221 TT-Leitlinien.
123 Rn. 223 TT-Leitlinien.

die betreffende Klausel zu „retten", ist diese am Maßstab von Art. 101 Abs. 3 AEUV zu prüfen, so dass insoweit ggf. eine Einzelfreistellung in Betracht kommen kann. Auf das Schicksal des Rest-Vertrags bei endgültiger Nichtigkeit einer einzelnen Klausel gemäß Art. 101 Abs. 2 AEUV mit der Anwendung von § 139 BGB wurde ebenfalls bereits eingegangen (oben Rn. 25).

7. Sonstige Regelungen der TT-GVO

76 Nach Art. 6 behält sich die Kommission unter Hinweis auf Art. 19 Abs. 1 VO 1/2003 vor, im Einzelfall den durch Anwendung der TT-GVO entstehenden „Rechtsvorteil" – sprich: die Freistellung vom Kartellverbot nach Art. 2 – wieder zu **entziehen**, wenn es trotz Vorliegens der Voraussetzungen der TT-GVO zu wettbewerbsbeschränkenden Wirkungen von Vereinbarungen auf den betroffen Märkten kommt. Wann eine solche Situation gegeben sein kann, erörtert die Kommission wiederum in den TT-Leitlinien.[124] Nach Art. 7 kann die Kommission die TT-GVO ferner gemäß Art. 1a der VO 19/65 per **Nichtanwendungsverordnung** bei einer Marktabdeckungsquote von mehr als 50 % insgesamt für unanwendbar erklären.[125]

III. Lizenzverträge außerhalb der TT-GVO

77 Ist die TT-GVO auf eine Lizenzvereinbarung wegen Fehlens der beschriebenen (Freistellungs-)Voraussetzungen oder wegen der Überschreitung der Marktanteilsschwellen nicht anwendbar, muss am Maßstab des Art. 101 Abs. 3 AEUV untersucht werden, ob eine sog. **Einzelfreistellung** in Betracht kommt. Dabei müssen die dortigen Voraussetzungen kumulativ erfüllt werden, was vor allem für das Kriterium der Unerlässlichkeit der Wettbewerbsbeschränkung in der Regel schwer zu erfüllen sein wird. Wie für einige Klauseln bereits dargestellt wurde, geht die Kommission in den TT-Leitlinien auf typische Fallgruppen mit Anhaltspunkten zur kartellrechtlichen Bewertung ein, da den Parteien auch insoweit die notwendige Selbsteinschätzung erleichtert werden soll.[126]

---

124 Dort in den Rn. 144 bis 148.
125 Vgl. dazu die Ausführungen der Kommission in den Rn. 149 bis 155 der TT-Leitlinien.
126 Vgl. die Aussagen der Kommission ab Rn. 156 TT-Leitlinien; siehe auch *Stumpf/Groß* Der Lizenzvertrag, Rn. 827 ff.

Hauck

IV. Lizenzverträge und Kartellrecht – Die Situation in den USA im Überblick

1. Allgemeines

Werden Lizenzverträge im internationalen Kontext abgeschlossen, kann sich die **78**
Notwendigkeit ergeben, dass die jeweiligen Vereinbarungen nicht nur am Maßstab des europäischen Kartellrechtes zu messen sind, sondern zudem an den
diesbezüglichen Vorgaben anderer Rechtsordnungen. So gelten in den USA für
Vereinbarungen über die Lizenzierung gewerblicher Schutzrechte die kartellrechtlichen Vorgaben insbesondere des **Sherman Act**[127] und des **Clayton Act.**[128]
Vergleichbar der TT-GVO gibt es aber auch dort eine Art zusammenfassende
Stellungnahme der Kartellbehörden – zuständig sind das US Department of Jus-
tice (DoJ) und die Federal Trade Commission (FTC) – zur kartellrechtlichen Bewertung von Lizenzverträgen. So wurden im April 1995 durch DoJ und FTC **Antitrust Guidelines for the Licensing of Intellectual Property**[129] (im Folgenden:
Licensing Guidelines) veröffentlicht. Diese enthalten allgemeine Grundsätze, die
die Behörden ihrer diesbezüglichen Entscheidungspraxis in Bezug auf Lizenzverträge über Rechte des geistigen Eigentums zugrunde legen.[130] Die Licensing
Guidelines waren (jedenfalls zum Teil) auch Vorbild für die Regelungen in der TT-
GVO 772/2004.[131] Nach mehr als 20 Jahren wurden die Licensing Guidelines
überarbeitet und zum **12. Januar 2017 neu veröffentlicht.** An den Grundsätzen
hat sich nichts geändert, die inhaltlichen Änderungen blieben insgesamt gering.
Der Inhalt der Licensing Guidelines soll in diesem Kapitel im Überblick dargestellt werden (unten ab Rn. 84). Für Poolvereinbarungen (dazu aus europarechtlicher Sicht oben Rn. 38 ff.) sind zudem die Ausführungen derselben Behörden in
den im Jahr 2000 erlassenen **Antitrust Guidelines for Collaborations Among
Competitors**[132] zu beachten, etwa dann, wenn es um den Austausch wettbe-
werbssensibler Informationen geht. Eine aktuellere Stellungnahme der US-Wett-
bewerbsbehörden zur kartellrechtlichen Behandlung von Immaterialgüterrechten
und Technologietransfervereinbarungen wurde 2007 veröffentlicht.[133]

---

127 Sherman Antitrust Act (15 U.S.C. §§ 1–7).
128 Clayton Antitrust Act (15 U.S.C. §§ 12–27, 29 U.S.C. §§ 52–53).
129 Abrufbar unter: http://www.justice.gov/atr/public/guidelines/0558.pdf (31.1.2020).
130 Zur rechtlichen Einordnung der *Guidelines* vgl. unten ab Rn. 84.
131 Umfassend dazu *Hauck* Die wettbewerbsrechtliche Beurteilung von Lizenzverträgen, Rn. 63.
132 Abrufbar unter: http://www.ftc.gov/sites/default/files/documents/public_events/joint-ven
ture-hearings-antitrust-guidelines-collaboration-among-competitors/ftcdojguidelines-2.pdf (31.1.
2020).
133 Abrufbar unter: http://www.ftc.gov/sites/default/files/documents/reports/antitrust-enforce
ment-and-intellectual-property-rights-promoting-innovation-and-competition-report.s.depart

2. Zur Geschichte des US-Lizenzkartellrechts

79 Historisch betrachtet unterlag die Bewertung des Verhältnisses von Immaterialgüterrechten und Kartellrecht einschließlich der kartellrechtlichen Bewertung von Lizenzverträgen auch in den USA einigen Wandlungen. Der in der Frühzeit des US-Kartellrechts vorherrschenden Annahme einer **Per Se Legality** jeder Ausübung von Immaterialgüterrechten[134] hatte der Supreme Court im Jahre 1912 mit der grundlegenden „Standard Sanitary"-Entscheidung[135] eine Absage erteilt. Eine unbeschränkte Freiheit des Schutzrechtsinhabers bei der Gestaltung von Technologietransfervereinbarungen wurde nur insoweit anerkannt, als die wettbewerbsbeschränkende Verhaltensweise **den gesetzlichen Umfang des Schutzrechts** (bei Patenten als **scope of the patent** bekannt) nicht überschritt. Die Definition dieses wettbewerbsrechtlich unantastbaren „sicheren Bereichs" und somit die Auslotung der Grenzen der Schutzrechte übernahm in den folgenden Jahrzehnten allen voran der Supreme Court, der in einer Reihe von Entscheidungen per se verbotene Praktiken herausarbeitete. So entstand basierend auf der **Per se Rule** bis etwa Anfang der 1970er Jahre eine Liste mit (schwarzen) Klauseln – den **Nine No-No's**[136] – die vor allem wegen der beschränkenden Wirkung auf den intrabrand- beziehungsweise intratechnology-Wettbewerb in Lizenzverträgen als wettbewerbswidrig angesehen wurden.[137]

80 Zu den No-No's gehörten die Kopplung nicht-geschützter Produkte, Grant-back-Klauseln, Alleinbezugs- und Alleinbelieferungsverpflichtungen, Paketlizenzen, vertikale Preisbindungen, pauschalisierte Lizenzgebühren (Blankettlizenzierung), Verkaufsbeschränkungen für Produkte nach Ablauf der Schutzfrist des betreffenden Immaterialgüterrechts sowie Mengenbeschränkungen zulasten des Lizenznehmers bei Verfahrenspatenten.

81 Der stärkere Einfluss der **Chicago School of Antitrust Analysis** seit etwa Mitte der 1970er Jahre brachte dann eine Änderung dieser Sichtweise mit sich. Der vor allem an Effizienzgesichtspunkten ausgerichtete Chicago-Ansatz führt im Ergebnis dazu, dass insbesondere vertikale Wettbewerbsbeschränkungen erheb-

---

ment-justice-and-federal-trade-commission/p040101promotinginnovationandcompeti tionrpt0704.pdf (31.1.2020).

134 Zu dieser Phase *Hauck* Die wettbewerbsrechtliche Beurteilung von Lizenzverträgen, Rn. 44 ff.; *ders.* GRUR Int. 2009, 670, 671 ff.

135 Standard Sanitary Manufacturing Company et al. v. United States of America, 226 U.S. 20 (1912); vgl. *Heinemann* Immaterialgüterschutz, S. 42 ff.

136 vgl. *Heinemann* Immaterialgüterschutz, S. 45 f.

137 Siehe nur International Salt Company v. United States of America, 332 U.S. 392 (1947), United States v. Line Material Co., 333 U.S. 287 (1948) und die Darstellung bei *Heinemann* Immaterialgüterschutz, S. 42 ff.

lich liberaler beurteilt wurden als bisher, was eben auch für Lizenzverträge galt. Wettbewerbsbeschränkungen wurden nunmehr – und diametral entgegengesetzt zur bis dato üblichen formalistischen Praxis – unter Anwendung der **Rule of reason** äußerst liberal beurteilt, man kann allgemein von einer seinerzeitigen **laissez faire-Haltung** der Wettbewerbsbehörden sprechen.

Als Ergebnis einer jedoch seit Anfang der 90er Jahre einsetzenden Abkehr von der absoluten Anwendung des Chicago-Ansatzes[138] bleiben die schon erwähnten Licensing Guidelines von 1995 allerdings hinter dieser Sichtweise zurück und versuchen quasi als Mittelweg einen Ausgleich zwischen den divergierenden Ansichten Nine No-No's auf der einen und laissez faire auf der anderen Seite zu finden.[139] Systematisch unterscheiden die Licensing Guidelines nunmehr bei der Anwendung der §§ 1 und 2 Sherman Act auf Lizenzvereinbarungen zwischen **per se verbotenen Wettbewerbsbeschränkungen** und Klauseln, die durch eine **einzelfallbezogene Abwägungsentscheidung unter Anwendung der Rule of reason** wirksam und durchsetzbar sein können. 82

Der Inhalt der Licensing Guidelines 1995 wurde zudem durch die Rechtsprechung des Supreme Court in der zweiten Hälfte der 1970er Jahre beeinflusst, vor allem durch die Entscheidungen „Sylvania"[140] und „Broadcast Music".[141] Einerseits wurde dadurch die Anwendung der Rule of reason zum Regelfall der wettbewerbsrechtlichen Analyse von Technologietransfer-Vereinbarungen statuiert, andererseits wurde der Fokus nunmehr und in Abkehr von der bisherigen formalistischen Betrachtungsweise nicht mehr auf die Art der Wettbewerbsbeschränkung gerichtet, sondern auf die **tatsächlich zu erwartenden Auswirkungen der Vereinbarung auf den Wettbewerb.** 83

3. Die Antitrust Guidelines for the Licensing of Intellectual Property
a) Bedeutung

Die Bedeutung der Licensing Guidelines besteht – vergleichbar der TT-GVO einschließlich der TT-Leitlinien in Bezug auf Art. 101 Abs. 1 AEUV – insbesondere darin, die generalklauselartigen Formulierungen in den §§ 1 und 2 Sherman Act (15 U.S.C. § 1 und § 2) und § 3 Clayton Act (15 U.S.C. § 14), wonach wettbewerbsbeschränkende Verhaltensweisen und jegliche Monopolisierungsbestrebungen 84

---

138 Siehe dazu *Weston* GRUR Int. 1984, 125, 128 ff. Insbesondere Lizenzverträge wurden in dieser Zeit des laissez faire durchgehend als Vertikalvereinbarungen angesehen und als wettbewerbsfördernd eingeschätzt, solange nicht das Gegenteil feststand.
139 Immenga/Mestmäcker/*Ullrich/Heinemann* Wettbewerbsrecht, Bd. 1, VII. B. Rn. 25.
140 Continental T.V. Inc. v. GTE Sylvania Inc., 433 U.S. 36 (1977).
141 Broadcast Music, Inc. v. Columbia Broadcasting System, Inc., 441 U.S. 1 (1979).

verboten und strafbewehrt sind, zu konkretisieren und den betroffenen Parteien **Anhaltspunkte für die zu erwartende Verwaltungspraxis** bei der Bewertung von wettbewerbsbeschränkenden Lizenzvereinbarungen zu geben. Im Ergebnis soll dadurch die Rechtssicherheit für die an einer Lizenzvereinbarung beteiligten Unternehmen erhöht werden, vor allem auch durch die Art der Darstellung. So werden in den Licensing Guidelines nicht nur die methodischen Grundsätze des Lizenzkartellrechts einschließlich der dogmatischen Beweggründe des jeweiligen Bewertungsansatzes erläutert. Durch die Illustration der inhaltlichen Aussagen insbesondere anhand konkreter Beispielsfälle soll es den Vertragsparteien auch möglich sein, die zu erwartende kartellrechtliche Einschätzung bestimmter Klauseln in einem Lizenzvertrag vorhersehen zu können.[142]

85   Die angestrebte **Rechtssicherheit** für die Unternehmen findet freilich ihre Grenze in der Notwendigkeit einer **flexiblen Beurteilung des Einzelfalls,** worauf in den Licensing Guidelines auch hingewiesen wird.[143] Diese Einschränkung wird aber wiederum dadurch abgemildert, dass für die betroffenen Unternehmen die Möglichkeit besteht, bei Unsicherheiten über die zu erwartende Einzelfallbeurteilung eine Stellungnahme der Behörden entweder in der Form eines **Business Review Letters** (28 C.F.R. § 50.6) der Antitrust Division oder einer **Federal Trade Commission Advisory Opinion** (16 C.F.R. §§ 1.1 bis 1.4) zu beantragen, ohne dass es allerdings insoweit zu einer Bindung der Behörden hinsichtlich einer gegebenenfalls notwendigen späteren Beurteilung einer Vereinbarung käme.[144]

86   Anders als die TT-GVO, die aufgrund ihrer Rechtsnormqualität in allen Mitgliedsstaaten unmittelbare Wirkung erzielt, handelt es sich bei den Licensing Guidelines „lediglich" um eine **Verwaltungsvorschrift,**[145] ein „policy statement". Die Guidelines sind daher nicht als bindendes Recht anzusehen, insbesondere sind die Gerichte nicht an die dort niedergelegte Sichtweise der Kartellbehörden gebunden.[146] Allerdings berücksichtigen die Gerichte ihren Inhalt als „Stellungnahmen" der Kartellbehörden.[147] Die Licensing Guidelines sind somit ohne weiteres vergleichbar mit Bekanntmachungen der Kommission wie etwa den TT-Leitlinien. Wenn auch wie bei diesen eine Bindungswirkung „nach außen" abzulehnen ist, so ist sehr wohl jedenfalls eine faktische **Selbstbindung der Kartellbehörden** durch die Setzung eines – norminterpretierenden – Vertrauens-

---

142 *Bodewig* GRUR Int. 1997, 958, 960.
143 § 1.0 Sätze 3 bis 5 Licensing Guidelines.
144 *Ewing* GRUR Int. 1980, 333, 337.
145 *Heinemann* Immaterialgüterschutz, S. 62.
146 Olin Corp. v. FTC, 986 F. 2d 1295 (9th Cir. 1993).
147 *Bodewig* GRUR Int. 1997, 958, 960.

Hauck

tatbestandes zu bejahen,[148] wobei eine Neuorientierung dadurch nicht ausgeschlossen wird.[149] Den Behörden ist es allerdings verwehrt, jedenfalls willkürlich von ihrer Verwaltungspraxis abzuweichen.

b) Grundprinzipien der Licensing Guidelines

Die Licensing Guidelines folgen gemäß § 1.0 dem Grundprinzip, dass dem Recht **87** des geistigen Eigentums und dem Kartellrecht die gleiche Zielsetzung als Bestandteil einer dynamischen Wettbewerbspolitik immanent ist: die Förderung von Innovation und die Erhöhung der Verbraucherwohlfahrt.[150] Seit Erlass der TT-GVO 772/2004 gilt dies auch für das europäische Lizenzkartellrecht (Komplementaritätsthese, s. o. Rn. 7 ff.). Dies bedeutet freilich nicht, dass es nicht auch Konfliktfelder zwischen diesen Rechtsgebieten gibt, die – im Sinne einer praktischen Konkordanz – zum Ausgleich gebracht werden müssen.

Als Konsequenz daraus basieren die Licensing Guidelines auf dem Konzept **88** einer **einzelfallbezogenen Beurteilung von Lizenzverträgen** unter Berücksichtigung ökonomischer Gegebenheiten. Nach § 2.0 folgen die Licensing Guidelines dabei drei allgemeinen Prinzipien, nach denen die Kartellbehörden (1.) bei der Anwendung des Antitrustrechts von der Annahme ausgehen, dass geistiges Eigentum mit jeder anderen Form von Eigentum vergleichbar ist, (2.) nicht von der Annahme ausgehen, dass geistiges Eigentum automatisch zur Entstehung von Marktmacht führt[151], und (3.) anerkennen, dass die Lizenzierung von Rechten geistigen Eigentums grundsätzlich wettbewerbsfördernd ist, weil Unternehmen dadurch in die Lage versetzt werden, komplementäre Produktionsfaktoren zu kombinieren, was wiederum zu Effizienzsteigerungen und im Ergebnis zur Förderung der Verbraucherwohlfahrt führt.[152]

c) Räumlicher und sachlicher Anwendungsbereich

Die räumliche Anwendbarkeit der bundesstaatlichen US-amerikanischen Anti- **89** trustgesetze ergibt sich – vergleichbar dem europäischen Kartellrecht – aus dem **Auswirkungsprinzip**, welches durch die „Alcoa"-Entscheidung des Supreme

---

148 *Hauck* Die wettbewerbsrechtliche Beurteilung von Lizenzverträgen, Rn. 64 ff., 160 ff.
149 *Bodewig* GRUR Int. 1997, 958, 961.
150 *Bodewig* GRUR Int. 1997, 958, 962.
151 Dies wird noch näher erläutert in Guidelines § 2.2.
152 Vgl. zu den wettbewerbsfördernden Effekten insb. Guidelines § 2.3.

Court begründet wurde.[153] Daher kommt es nicht darauf an, wo das wettbe-
werbswidrige Verhalten begangen wurde, sondern allein darauf, wo die kausalen
wettbewerbsbeschränkenden Wirkungen auftreten (**effects doctrine**). Erfasst
werden somit auch Handlungen, die außerhalb der USA begangen werden, wenn
und soweit dies aufgrund einer territorialen Verknüpfung die geltenden Anti-
trustgesetze verletzt. Festgestellt wird dies durch den **Auswirkungstest ([sub-
stantial-]effect-test).**[154]

90   Sachlich finden die Licensing Guidelines gemäß § 1.0. Anwendung auf Lizenzverträge über Patente, Urheberrechte und Trade Secrets (also Betriebs- und
Geschäftsgeheimnisse/Know-how). Solche Verträge sind Technologietransfer-
vereinbarungen.[155] Für Urheberrechte gilt dies allerdings nur dann – insoweit
der TT-GVO vergleichbar –, wenn diese Technologien schützen (z. B. Software).[156]
Ausgenommen werden dagegen ausdrücklich Vereinbarungen über die Lizenzierung von Warenzeichen, da deren Hauptfunktion (lediglich) in der Ermögli-
chung der Produktdifferenzierung liegt. Denn das Regelungsziel der Licensing
Guidelines besteht darin, die Verbreitung von Technologien und somit den Innovationswettbewerb zu fördern, womit die spezifischen Probleme der Lizenzierung von Marken nicht vergleichbar sind.[157]

91   Ausgehend von der Anwendung der Rule of reason auf Lizenzverträge (dazu
sogleich) und basierend auf der Grundannahme einer verschiedenen „Gefähr-
lichkeit", unterscheiden die Licensing Guidelines – wie auch die TT-GVO – bei
den Beurteilungskriterien danach, ob zwischen den Parteien einer Technologietransfervereinbarung eine horizontale oder eine vertikale (Wettbewerbs-)Bezie-
hung besteht. Typischerweise sollen Technologietransfer-Vereinbarungen zwischen Parteien geschlossen werden, die auf verschiedenen Marktstufen tätig
sind[158] (vertikale Vereinbarung). Demgegenüber soll es sich um eine horizontale

---

153 Vgl. United States v. Aluminium Co. of America, 148 F.2d 416 (2d Cir. 1945); siehe dazu *Me-
essen* WuW 2005, 1115, 1116 f.
154 *Shenefield/Beninca* WuW 2004, 1276, 1278.
155 *Bodewig* GRUR Int. 1997, 958, 961.
156 So schon für die Vorgängerregelung *Mestmäcker/Schweitzer* Europäisches Wettbewerbsrecht, 3. Aufl. 2014, § 28 Rn. 109. Darauf deutet etwa auch das Fallbeispiel („Example 1") unter 2.3
hin.
157 In Fn. 1 zu § 1.0 wird jedoch festgestellt, dass die Wettbewerbsbehörden im Hinblick auf
Markenlizenzverträge die in den Guidelines niedergelegten grundsätzlichen Beurteilungskriterien
heranziehen werden.
158 Guidelines § 3.3. Als Beispiel wird genannt, dass ein produzierender Lizenznehmer Nutzungsrechte vom typischerweise auf dem Gebiet der Forschung und Entwicklung tätigen Lizenzgeber erwirbt, oder der Lizenzgeber ist selbst Hersteller während der Lizenznehmer überwiegend im Vertrieb und Marketing tätig ist.

Beziehung zwischen den Parteien handeln, wenn sie – ohne die Lizenzvereinbarung – auf einem relevanten Markt tatsächlich oder potentiell in einem Wettbewerbsverhältnis stünden.[159]

d) Die Bedeutung der Rule of Reason

Die Rule of reason ist bei der kartellrechtlichen Bewertung von Lizenzverträgen **92**
das maßgebliche „Handwerkszeug". Die Analyse einer Vereinbarung in der Form
einer solchen **Verhältnismäßigkeitsprüfung** beziehungsweise Abwägungsentscheidung (**Rule of reason inquiry***) erfolgt in mehreren Stufen. Diese Untersuchung ist für jeden Typus von (Lizenz-)Vereinbarung verschieden und abhängig
von der im Einzelfall zu erwartenden wettbewerbsbeschränkenden Wirkung,
wobei insbesondere danach zu unterscheiden ist, ob es sich um eine horizontale
oder vertikale Vereinbarung handelt. Im Rahmen der Rule of reason inquiry soll
somit festgestellt werden, welche Auswirkungen die angegriffenen Beschränkungen auf die Wettbewerbsbedingungen auf dem relevanten Markt haben, ob
also im Ergebnis wettbewerbsfördernde oder wettbewerbsbeschränkende Wirkungen zu erwarten sind.[160] Die zu beantwortende Kernfrage ist, ob mit der Vereinbarung weniger Wettbewerb auf dem relevanten Markt vorhanden ist als ohne
Vereinbarung.

Als Ausgangspunkt der Prüfung wird vor allem darauf abgestellt, ob die **93**
Wettbewerbsbeschränkung einen Beitrag zur Effizienzsteigerung durch die gegenseitige Integration verschiedener Wettbewerbsparameter leistet.[161] Mit Blick
auf diesen von den Behörden vertretenen **Komplementaritätsgedanken** wird
ebenfalls deutlich, warum in der Regel vertikale Vereinbarungen wettbewerbsrechtlich unbedenklich sein werden. Denn gerade bei Unternehmen, die auf
verschiedenen Marktstufen tätig sind – etwa in der Produktion (Lizenzgeber) und
im Vertrieb (Lizenznehmer) – dürften solche effizienzsteigernden Effekte ohne
weiteres zu erwarten sein, weil dann ein jeweils vorhandenes spezifisches Erfahrungswissen miteinander kombiniert werden kann.

Betrachtet man die Ausführungen der Behörden in den Licensing Guidelines **94**
wird zudem deutlich, dass die Frage nach den Effizienzsteigerungen gleichsam
als Vorfrage dahingehend zu verstehen ist, ob die Rule of reason überhaupt auf
die Vereinbarung anzuwenden ist. Denn erst, wenn das Vorliegen eines per se-
Verbots wegen eines schwerwiegenden Wettbewerbsverstoßes ausgeschlossen

---

159 Guidelines § 3.3.
160 National Society of Professional Engineers v. United States, 435 U.S. 679 (1978). Siehe dazu
auch *Möschel* Recht der Wettbewerbsbeschränkungen, 1983, Rn. 48.
161 Guidelines § 3.4.

werden kann, wird die eigentliche kartellrechtliche Prüfung durchgeführt. Damit wird bereits ein Kriterium für die Schaffung einer **safety zone** definiert, zu dem noch die Einhaltung bestimmter Marktanteilsschwellen hinzutritt (dazu noch unten Rn. 96 ff.).

95 Die Anwendung der Rule of reason erfordert nach § 3.4 der Licensing Guidelines vor allem eine Analyse der Gegebenheiten auf dem von der Vereinbarung – tatsächlich oder potentiell – betroffenen Markt. Die eigentliche Untersuchung der Frage, ob von der Lizenzvereinbarung überhaupt wettbewerbsbeschränkende Wirkungen zu erwarten sind, ist dabei anhand bestimmter Prüfkriterien durchzuführen. Dazu gehören die **Marktstruktur** einschließlich des Bestehens und der Qualität von **Marktzutrittsschranken** und die **Wahrscheinlichkeit einer** (weitergehenden) **Koordination des Wettbewerbsverhaltens** der Parteien insbesondere mit Auswirkung auf Preise und Produktionsmengen.[162]

e) Marktanteilsschwellen – die Bestimmung der safety zone

96 Insbesondere für Wettbewerber birgt die durchzuführende Rule of reason inquiry – vor allem im Hinblick auf schwer vorhersagbare Analyseparameter wie die Frage nach der Marktstruktur – Unsicherheiten in Bezug auf den Ausgang der Abwägungsentscheidung.[163] Daher finden sich in § 4.3 der Licensing Guidelines Ausführungen über eine **kartellrechtliche Schutzzone (safety zone),** durch die jedenfalls für konkurrierende Unternehmen, die gemeinsam eine bestimmte Marktanteilsschwelle nicht überschreiten, quasi auf einen Blick zu ersehen sein soll, ob die Vereinbarung kartellrechtskonform ist. Eine Lizenzvereinbarung hat danach zwei (allgemeine) Voraussetzungen kumulativ zu erfüllen, um in die Schutzzone einbezogen zu werden. So dürfen die enthaltenen Beschränkungen nicht offensichtlich wettbewerbswidrig sein und die Vertragsparteien (Lizenzgeber und der/die Lizenznehmer) dürfen zusammen über nicht mehr als 20 % Marktanteil auf den von der Vereinbarung spürbar betroffenen relevanten Märkten verfügen.

97 Eine Vereinbarung ist jedenfalls dann **offensichtlich wettbewerbswidrig** (facially anticompetitive), wenn sie zu **Outputbeschränkungen** oder zu **Preiserhöhungen** führt.[164] Ist eine Vereinbarung zwischen Wettbewerbern – und nur bei solchen stellt sich überhaupt die Frage nach der Einhaltung der Marktan-

---

162 Vgl. auch California Dental Ass'n v. FTC, 526 U.S. 756, 780–81 (1999). Umfassend zur Möglichkeit auch einer abgekürzten Prüfung *Hauck* Die wettbewerbsrechtliche Beurteilung von Lizenzverträgen, Rn. 87 ff.
163 Guidelines § 4.3; *Bodewig* GRUR Int. 1997, 958, 967.
164 Guidelines § 4.3 mit Fn. 59 und dem dortigen Verweis auf § 3.4.

Hauck

teilsschwellen – also offensichtlich kartellrechtswidrig und erfüllt sie mithin diese notwendige Voraussetzung der safety zone nicht, so kann konsequenterweise auch eine Einzelfallprüfung unter Anwendung der Rule of reason nicht zur Rechtmäßigkeit der Vereinbarung führen. Vielmehr ist insoweit von einer per se-Illegalität auszugehen, für eine Verhältnismäßigkeitsprüfung bleibt kein Raum.

Zur Bestimmung der jeweiligen Marktanteile und somit zur Feststellung der **98** Einhaltung der Grenze der safety zone ist nach § 4.3 der Licensing Guidelines grundsätzlich auf den betroffenen Produktmarkt abzustellen. Wird diese Betrachtung den tatsächlichen Auswirkungen der Vereinbarung allerdings nicht hinreichend gerecht, etwa weil der Einfluss auf den intertechnology-Wettbewerb oder die F&E-Tätigkeit der Unternehmen nicht genügend berücksichtigt werden kann, so ist stattdessen der jeweilige relevante Technologie- beziehungsweise Innovationsmarkt[165] heranzuziehen.

Da die Problematik dieser Märkte darin besteht, dass hinreichend genaue **99** Marktdaten häufig nicht zur Verfügung stehen, halten die Licensing Guidelines für Technologie- und Innovationsmärkte – kumulativ zum allgemeinen Verbot der offensichtlichen Wettbewerbswidrigkeit der Beschränkung – spezielle Voraussetzungen bereit, die die Vereinbarung zu erfüllen hat, um in den Genuss der safety zone zu kommen. So müssen auf Technologiemärkten zusätzlich zur lizenzierten Technologie noch mindestens vier weitere Technologien je Markt existieren, die unabhängigen Wirtschaftseinheiten zugeordnet sind und als hinreichend enge Substitute angesehen werden können. Ist der Innovationsmarkt zu untersuchen, werden die Vorgaben der safety zone eingehalten, wenn zusätzlich noch mindestens vier weitere unabhängige Wirtschaftseinheiten existieren, die über die notwendigen Mittel, Fähigkeiten und Anreize verfügen, um F&E-Tätigkeiten zu betreiben, die wiederum als hinreichend nahe Substitute zu den F&E-Tätigkeiten der Vertragsparteien angesehen werden können, die also im tatsächlichen oder potentiellen **Innovationswettbewerb** mit den Vertragsparteien stehen.[166]

Kann eine Vereinbarung nicht in die Schutzzone einbezogen werden, folgt **100** daraus allerdings nicht automatisch deren Kartellrechtswidrigkeit. Vielmehr gilt auch hier der von den Behörden vertretene Grundsatz, dass Lizenzvereinbarungen in der Regel als wettbewerbsfördernd und somit rechtmäßig anzusehen sind. Allerdings hat bei derartigen Vereinbarungen nunmehr eine **Einzelfallprüfung**

---

165 In der Fassung von 1995 als „innovation markets" bezeichnet, nunmehr jedoch als „research and development markets", vgl. § 3.2.3. Zu diesen Märkten umfassend *Hauck* Die wettbewerbsrechtliche Beurteilung von Lizenzverträgen, Rn. 272 bis 283.
166 Guidelines § 4.3.

hinsichtlich der tatsächlich zu erwartenden Auswirkungen am Maßstab der in den §§ 3 bis 5 der Licensing Guidelines niedergelegten Grundsätze zu erfolgen.[167]

f) Kartellrechtliche Bewertung einzelner Klauseln in Lizenzverträgen

101 In § 5 der Licensing Guidelines wird die konkrete Anwendung der zuvor dargestellten allgemeinen Prinzipien beispielhaft anhand möglicher Beschränkungen in Lizenzvereinbarungen dargestellt.

aa) Horizontale Beschränkungen

102 In § 5.1 wird quasi einleitend festgestellt, dass auch eine Vereinbarung zwischen Wettbewerbern nicht notwendig wettbewerbsbeschränkend sein muss. In der Regel soll die Rule of reason Anwendung finden.

bb) Preisbeschränkungen

103 Preisbeschränkungen sind in verschiedenen Variationen denkbar. Sie können zum einen in horizontalen wie auch in vertikalen Vereinbarungen (als **Preisbindung, resale price maintenance**) auftreten[168] und es können sowohl **Höchstpreise** als auch **Fix- und Mindestpreise** festgesetzt werden. Die Ausführungen in § 5.2 der Licensing Guidelines von 1995 zu dieser Problematik waren denkbar kurz; sie beschränkten sich auf die Feststellung der per se-Illegalität mit dem Hinweis auf die einschlägige Rechtsprechung des Supreme Court.[169]

104 Allerdings wurde – in einer Fußnote – auch auf die „General Electric"-Entscheidung des Supreme Court[170] hingewiesen, die auch bei Preisbindungen eine Anwendung der Rule of reason als möglich erachtete. Die Besonderheit dieser Entscheidung besteht darin, dass mit ihr erstmals ein besonderer Ausnahmetatbestand zum grundsätzlichen Verbot von Preisbindungen (in Patentlizenzverträgen[171]) anerkannt worden war. Diese Ausnahme gilt allerdings nur für den Fall der Bindung des **Erstverkaufspreises** (restrictions on the first sale) in der Form

---

167 Guidelines § 4.3.
168 *Kuss* Der Lizenzvertrag im Recht der USA, 2006, S. 434.
169 Dr. Miles Medical Co. v. John D. Park & Sons Co., 220 U.S. 373, 408 (1911); Ethyl Gasoline Corp. v. United States, 309 U.S. 438 (1940); United States v. Univis Lens Co., 316 U.S. 241 (1942).
170 United States v. General Electric Co., 272 U.S. 476 (1926).
171 Auf Marken- und Know-how-Lizenzverträge war die General Electric Rule ohnehin nicht anzuwenden, weil das Entlohnungsargument insoweit nicht greift; vgl. auch *Kuss* Der Lizenzvertrag im Recht der USA, S. 436 ff.

einer **Mindestpreisbindung** und erfasst daher gerade nicht die „klassische" **Preisbindung der zweiten Hand** (resale price maintenance). In der Folgezeit wandte sich der Supreme Court jedoch zusehends von seinen Aussagen in der „General Electric"-Entscheidung ab, so dass im Ergebnis nur noch ein enger Anwendungsbereich verblieb. Jedenfalls in Poolvereinbarungen und Lizenzaustauschverträgen wurde die Anwendung abgelehnt, weshalb Preisbindungen in derartigen Vereinbarungen wie auch branchenweite Preisbindungen (industry wide price fixing) auch weiterhin als per se verboten galten.[172] Eben diese lediglich eingeschränkte Übertragbarkeit der „General Electric"-Entscheidung auf andere Preisbindungssachverhalte wurde von den Behörden in den Licensing Guidelines auch ausdrücklich betont.

Nunmehr sind diese Ausführungen jedoch korrigiert worden, ausgehend vom „Leegin"-Urteil des Supreme Court im Jahr 2007.[173] Danach sind Vereinbarungen, in der Mindest-Wiederverkaufspreise festgesetzt werden, nicht *per se* verboten, sondern die Rule auf reason ist anzuwenden.[174] Dies ist im Ergebnis die gravierendste Änderung gegenüber der Fassung von 1995. **105**

Von praktischer Relevanz ist auch die Frage der **Zulässigkeit von Höchst-preisbindungen.** Es handelt sich um eine solche Preisbindung im Rahmen des Technologietransfers, wenn beispielsweise der Technologieinhaber und Lizenzgeber seinem auf einer anderen Stufe tätigen Lizenznehmer für dessen Zweitverträge mit Dritten eine Preisobergrenze für den Weiterverkauf der mit der lizenzierten Technologie gefertigten Vertragsprodukte vorschreibt. Derartige Bindungen sind ambivalent, da sie zum einen den unabhängigen Unternehmer in der Preisbildung beschränken. Andererseits wird durch die Festlegung aber erreicht, dass für die betroffenen Produkte ein bestimmter Marktpreis nicht überschritten wird, was positive Effekte sowohl für den Technologien-Wettbewerb als auch für die Verbraucher mit sich bringen dürfte. Es gilt daher der Grundsatz, dass Höchstpreisbindungen nicht per se unzulässig sind, sondern ebenfalls der Rule of reason inquiry unterliegen. Angesichts der „Khan"-Entscheidung[175] des Supreme **106**

---

172 *Kuss* Der Lizenzvertrag im Recht der USA, S. 407 f. mit Hinweis auf die Entscheidungen United States v. New Wrinkle, 342 U.S. 371 (1952); United States v. Line Material Co, 333 U.S. 287 (1948); United States v. U.S. Gypsum Co., 333 U.S. 364 (1948); Ethyl Gasoline Corp. v. United States, 309 U.S. 436 (1940); United States v. Masonite Corporation, 316 U.S. 265 (1942).
173 Leegin Creative Leather Products, Inc. v. PSKS, Inc., 551 U.S. 877 (2007).
174 Guidelines 5.2 mit Fn. 64.
175 State Oil v. Khan, 522 U.S. 3 (1997). Siehe dazu nur *Kasten* Höchstpreisbindungen, 2005, S. 670 ff.

Court und der Ausführungen von DoJ und FTC im Rahmen dieses Verfahrens,[176] war das unter § 5.2 seinerzeit noch auch für Höchstpreisbindungen festgeschriebene per se-Verbot nicht mehr aufrechtzuerhalten. Ausführungen dazu finden sich nunmehr nur noch am Rande.[177]

cc) Kopplungsvereinbarungen

107 In § 5.3 der Licensing Guidelines werden **Kopplungsvereinbarungen (tying arrangements)** unter Hinweis auf die „Eastman Kodak"-Entscheidung des Supreme Court[178] definiert als Vereinbarungen, in denen ein bestimmtes Produkt (bindendes Produkt) nur dann erworben werden kann, wenn der Abnehmer darüber hinaus entweder noch ein weiteres Produkt (gebundenes Produkt) von demselben Anbieter erwirbt (tie-in), oder aber jedenfalls dieses Produkt von keinem Dritten beziehen darf (tie-out). In einer tie-in-Lizenzvereinbarung könnte beispielsweise der Lizenzgeber die Weitergabe der lizenzierten und attraktiven Technologie an die Bedingung knüpfen, dass auch noch andere Lizenzen (desselben Typs[179] oder anderer, weniger attraktiver Schutzrechte) oder nicht geschützte Produkte beziehungsweise Dienstleistungen vom Lizenznehmer erworben werden müssten.[180]

108   Die Aussagen der Behörden in § 5.3 zu Kopplungsvereinbarung lassen sich so zusammenfassen, dass die Marktmacht des Lizenzgebers als entscheidendes Kriterium im Rahmen der durchzuführenden Abwägungsentscheidung (Rule of reason inquiry) anzusehen ist, besteht die spezifische Gefahr von Kopplungsvereinbarungen doch darin, dass das bindende Unternehmen allein durch eine solche Vereinbarung und ohne sonstige wettbewerbsfördernde Anstrengungen zu erbringen in die Lage versetzt wird, seine starke Marktstellung (sufficient

---

176 Die Behörden hatten seinerzeit nachdrücklich für die Aufgabe des per se-Höchstpreisbindungsverbots und für die Anwendung der Rule of reason inquiry auf derartige vertikale Preisbeschränkungen plädiert, vgl. Abschnitt D der Stellungnahme mit der Überschrift: „Vertical Maximum Price Fixing Should Be Analyzed Under The Rule Of Reason"; abrufbar unter: https://www.ftc.gov/sites/default/files/documents/amicus_briefs/state-oil-co.v.khan/khan.pdf   (31.1. 2020)

177 Guidelines 5.2 mit Fn. 64.

178 Eastman Kodak Co. v. Image Technical Services, Inc., 504 U.S. 451 (1992).

179 Insoweit handelt es sich um eine Paketlizenz als besondere Form einer Kopplungsvereinbarung. Diese sind laut § 5.3 Licensing Guidelines nach denselben Grundsätzen zu behandeln wie sonstige Kopplungsvereinbarungen. Sie können insbesondere dann eine effizienzsteigernde Wirkung aufweisen, wenn mehrere Lizenzen erforderlich sind, um eine einzelne Technologie überhaupt nutzen zu können.

180 *Kuss* Der Lizenzvertrag im Recht der USA, S. 441.

economic power) auf einen Zweitmarkt (den des gebundenen Produkts) zu übertragen **(leverage theory)**.[181]

dd) Exklusivität

Unter § 5.4 finden sich Aussagen über die wettbewerbsrechtliche Bewertung von **109** Exklusivitätsvereinbarungen (exclusive dealing). Damit sind nicht allein ausschließliche Lizenzen (Exklusivlizenzen) gemeint, sondern auch darüber hinausgehende Beschränkungen bezüglich des Umgangs mit der lizenzierten Technologie. Die wettbewerbsbeschränkenden Effekte sollen insbesondere von der Marktstruktur abhängig sein, was den allgemeinen Erkenntnissen auch entspricht.

ee) Patentpools und Kreuzlizenzen

Poolvereinbarungen (pooling arrangements) und **Kreuzlizenzen** (cross-licen- **110** sing) werden gemäß § 5.5 von den Guidelines einheitlich behandelt, sie unterliegen grundsätzlich der Rule of reason inquiry.[182] Eine wettbewerbsfördernde Wirkung sollen sie insbesondere deshalb aufweisen, weil so komplementäre Technologien zusammengelegt werden können, was wiederum zu Effizienzsteigerungen bei deren Nutzung führt (integrative efficiencies). Auch können für die Beteiligten Transaktionskosten verringert und Blockadepositionen beseitigt werden,[183] was wiederum den Technologien-Wettbewerb fördern kann. Allerdings können derartige Vereinbarungen auch wettbewerbsschädliche Auswirkungen haben. Die **spezifische Gefahr bei Poolvereinbarungen** besteht darin, dass die Parteien die Vereinbarung nutzen könnten, um auf diese Weise leichter horizontale und per se verbotene Verhaltensweisen wie beispielsweise Preisabsprachen, Kunden- beziehungsweise Gebietsaufteilungen und Absatzbeschränkungen durchzuführen. Daher gelten insoweit die Analysevorgaben für horizontale Vereinbarungen hinsichtlich besonders schwerwiegender und offensichtlich wettbewerbswidriger Beschränkungen. Bei Erfüllung dieser Kriterien

---

181 *Bodewig* GRUR Int. 1997, 958, 968.
182 Siehe nur Standard Oil Co., Ind. v. United States, 283 U.S. 163, 171 (1931); vertiefend dazu *Folz* Technologiegemeinschaften und Gruppenfreistellung, 2002, S. 141 ff.
183 Vergleiche insoweit grundlegend Standard Oil Co., Ind. v. United States, 283 U.S. 163 (1931).

muss von einer Verletzung des § 1 Sherman Act und somit von einer per-se-Unzulässigkeit der Poolvereinbarung ausgegangen werden.[184]

111 **Poolvereinbarungen** müssen nach § 5.5 grundsätzlich nicht für alle Beitrittswilligen offen sein, es sei denn, die am Pool Beteiligten verfügen gemeinsam über Marktmacht auf dem Technologie- und Produktmarkt und die ausgeschlossenen Unternehmen sind nicht in der Lage mit den Poolmitgliedern auf dem relevanten Produktmarkt in wirksamer Weise zu konkurrieren. Handelt es sich allerdings um einen „geschlossenen" Pool (closed pool), das heißt, den Mitgliedern ist es untersagt, Lizenzen an Dritte zu vergeben, so sind insgesamt höhere Ansprüche an dessen Zulässigkeit zu stellen, weil derartige Vereinbarungen in besonderem Maße geeignet sind, den Technologien-Wettbewerb zu beschränken. Die Beteiligten trifft in diesen Fällen eine gesteigerte Beweislast für das Vorliegen und vor allem Überwiegen wettbewerbsförderlicher Effekte. Für **Kreuzlizenzen** gilt der Grundsatz, dass nicht-exklusive Vereinbarungen grundsätzlich weniger wettbewerbsrechtlichen Bedenken begegnen, als bilaterale **Exklusivvereinbarungen**.[185]

ff) Rücklizenzierungsverpflichtungen

112 **Rücklizenzierungs-** beziehungsweise **Rückübertragungsvereinbarungen** werden grundsätzlich nach der Rule of reason beurteilt.[186] Für die wettbewerbsrechtliche Bewertung einer solchen Vereinbarung (**grantback arrangement**) ist entscheidend, ob es sich um eine ausschließliche oder nicht-ausschließliche Verpflichtung des Lizenznehmers zur (Rück-)Lizenzierung beziehungsweise Übertragung der Verbesserungen handelt. Nach § 5.6 der Licensing Guidelines sollen vor allem nicht-ausschließliche Vereinbarungen wettbewerbsfördernde Effekte aufweisen.

113 Handelt es sich um eine nicht-ausschließliche Vereinbarung, steht es dem Lizenznehmer also frei, die Innovationen auch an Dritte zu lizenzieren, wird seine Handlungsfähigkeit selbstredend weniger stark beschränkt als wenn er sich zur ausschließlichen Lizenzierung an den Inhaber der Ausgangstechnologie

---

184 Guidelines § 5.5 unter Hinweis auf die Entscheidung United States v. New Wrinkle, Inc., 342 U.S. 371 (1952). Dort wurden durch den marktbeherrschenden Pool Mindestpreise sowohl für die Poolmitglieder als auch für dritte Lizenznehmer festgesetzt.
185 Ausführlich dazu *Hauck* Die wettbewerbsrechtliche Beurteilung von Lizenzverträgen, Rn. 350.
186 Guidelines § 5.6 unter Hinweis auf die Entscheidung Transparent-Wrap Machine Corp. v. Stokes & Smith Co., 329 U.S. 637, 645 ff. (1947). Siehe dazu auch *Finnegan/Zotter* GRUR Int. 1979, 321, 326.

Hauck

verpflichtet hätte **(exclusive grantback).** Auch ist eine ausschließliche Vereinbarung eher geeignet, die Anreize für den Lizenznehmer überhaupt in die Verbesserung der lizenzierten Technologien zu investieren, zu minimieren, weil er
eben um die eingeschränkte Verwertbarkeit seiner Innovationen und seinen eigenen Ausschluss von der Nutzung weiß.[187] Dies wird in der Abwägungsentscheidung maßgeblich zu berücksichtigen sein. In der Rechtsprechungspraxis
wurden mithin nicht-ausschließliche Rücklizenzierungsvereinbarungen in der
Regel nur dann als unzulässig angesehen, wenn sie mit anderen wettbewerbsbeschränkenden Abreden gekoppelt waren.[188]

Im Rahmen der Rule of reason inquiry wird darüber hinaus ein besonderer 114
Schwerpunkt auf die Feststellung der Marktmacht des Lizenzgebers (der Ausgangstechnologie) auf dem relevanten Technologie- und/oder Innovationsmarkt
sowie auf die Marktstrukturanalyse gelegt.[189] Bei marktstarken Unternehmen
(und entsprechend konzentrierten Märkten) besteht insbesondere die Gefahr,
dass diese durch die Rücklizenzierungs- beziehungsweise Rückübertragungsver-
pflichtung – vor allem nicht-substituierbarer Technologien – in die Lage versetzt werden, die technischen Innovationen auf dem Markt zu bündeln, ihre
Marktstellung zu festigen oder zu verstärken und infolgedessen wettbewerbsbeschränkend auf die Preise Einfluss zu nehmen sowie Märkte aufzuteilen.[190] Wie
schon für Kopplungs- und Poolvereinbarungen gezeigt, wird daher von marktstarken Schutzrechtsinhabern ein größerer Begründungsaufwand hinsichtlich
des Nachweises prokompetitiver Effekte und vor allem bezüglich der notwendigen
Erhöhung der Innovationsanreize verlangt.

gg) Sonstige Beschränkungen

Die Auseinandersetzung mit anderen – typischen – Wettbewerbsbeschränkungen 115
sucht man in den Licensing Guidelines vergeblich oder sie werden im Fließtext
lediglich kurz abgehandelt. Im Folgenden soll die Haltung der Wettbewerbsbehörden und der Rechtsprechung hinsichtlich einiger dieser Beschränkungen zusammenfassend dargestellt werden.

---

187 Zur Zeit der Geltung der Nine No-No's wurden ausschließliche Rücklizenzierungsverpflich-
tungen als per se kartellrechtswidrig angesehen.
188 Binks Mfg. Co. v. Ransburg Electro-Coating Corp., 281 F.2d 252, 259 (7th Cir. 1960), *Feil* IIC
2005, 31, 59.
189 Guidelines § 5.6.
190 *Kuss* Der Lizenzvertrag im Recht der USA, S. 467 mit Hinweis insbesondere auf Transparent-
Wrap Machine Corp. v. Stokes & Smith Co., 329 U.S. 637, 645 ff. (1947).

116   **Field of use-Beschränkungen**, also Einschränkungen des Lizenznehmers bei der Nutzung der lizenzierten Technologie etwa im Hinblick auf bestimmte technische Anwendungsbereiche, werden im US-Kartellrecht grundsätzlich als zulässig angesehen. In § 2.3 Licensing Guidelines betonen die Wettbewerbsbehörden die prokompetitive Wirkung derartiger Beschränkungen, weil sie dem Inhaber eine effiziente Nutzung seines (geistigen) Eigentums gestatten. Sie folgen dabei der Linie, die der Supreme Court bereits 1938 mit der Entscheidung „General Talking Pictures v. Western Electric" begründet hat.[191]

117   Sollte allerdings eine derartige Klausel im Einzelfall aufgrund des Zusammenspiels mit anderen Absprachen, wie beispielsweise Gebietsbeschränkungen,[192] (auch) wettbewerbsbeschränkende Effekte aufweisen, so findet insoweit die Rule of reason Anwendung. Die Vor- und Nachteile für den Wettbewerb auf dem relevanten Markt sind dann gegeneinander abzuwägen, es sei denn, die Beschränkungen sind offensichtlich wettbewerbswidrig und somit sogar per se verboten.[193] Dies wiederum kann der Fall sein, wenn ein marktstarker Lizenzgeber die field of use-Beschränkungen nutzt, um dadurch seine Marktmacht auch auf den Markt eines nicht immaterialgüterrechtlich geschützten Produkts auszuweiten.[194]

118   **Gebietsbeschränkungen** (territorial restrictions) zulasten des Lizenzgebers beziehungsweise des Lizenznehmers und die vergleichbare Problematik der **Zuweisung bestimmter Kunden oder Kundengruppen** (customer restrictions) werden in den Licensing Guidelines nur knapp bei § 2.3 erwähnt. Danach sollen (vertikale) Gebietsbeschränkungen prokompetitive Wirkungen aufweisen, weil sie dem Lizenzgeber die effektive Ausnutzung seiner Schutzrechte ermöglichen und so einen Anreizfaktor zur Lizenzvergabe darstellen; das Problem der (vertikalen) **customer restrictions** findet keine Erwähnung.[195] Die Begründung dafür findet sich vor allem in § 261 Patent Act. Dort ist in Absatz 2 zugunsten eines Patentin-

---

191 304 U.S. 175 (1938). Vertiefend *Finnegan/Zotter* GRUR Int. 1979, 321, 327.

192 Hartford-Empire Co. v. United States, 323 U.S. 386, 400 (1945) (zur Unwirksamkeit einer field of use-Beschränkung innerhalb einer Poolvereinbarung, die auch Gebietsbeschränkungen enthielt und daher insgesamt geeignet war Märkte aufzuteilen).

193 Mallinckrodt, Inc. v. Medipart, Inc., 976 F.2d 700, 708 (Fed. Cir. 1992): „[S]hould such inquiry lead to the conclusion that there are anticompetitive effects extending beyond the patentee's statutory of right to exclude, these effects do not automatically impeach the restriction. Anticompetitive effects that are not per se violations of law are reviewed in accordance with rule of reason"; B. Braun Medical v. Abbot Laboratories, 124 F.3d 1419 (Fed. Cir. 1997); Monsanto Co. v. McFarling, 363 F.3d 1336 (Fed. Cir. 2004).

194 B. Braun Medical v. Abbot Laboratories, 124 F.3d 1419 (Fed. Cir. 1997).

195 Allerdings gilt dies unter Berücksichtigung des § 5.1 der Guidelines nur für vertikale Beschränkungen; vgl. auch *Kuss* Der Lizenzvertrag im Recht der USA, S. 483 f.

habers der Grundsatz verankert, dass diesem das Recht zusteht, Lizenzen für die gesamten Vereinigten Staaten oder bestimmte Gebiete zu vergeben; diesen Grundsatz hatte der Supreme Court bereits in der „Ethyl Gasoline"-Entscheidung[196] aufgestellt. Neuere Entscheidungen zeigen indes die Tendenz, derartige Beschränkungen in der Regel der Rule of reason inquiry zu unterziehen.[197] Auch der Hinweis der Wettbewerbsbehörden in den Guidelines auf die mögliche effizienzsteigernde Wirkung lässt den Schluss zu, dass in der Regel eine solche Abwägungsentscheidung durchgeführt werden würde.

Customer restrictions werden von der Rechtsprechung,[198] und in deren 119 Fahrwasser auch von den Wettbewerbsbehörden, wie Gebietsbeschränkungen beurteilt. Dies ist insoweit nachvollziehbar, als der Zuteilung von Kunden beziehungsweise Kundengruppen auch ein Element der geographischen Marktaufteilung innewohnt. Genau wie umgekehrt eine territoriale Beschränkung auch Wirkungen gleich einer Kundenzuteilung entfaltet. Dies gilt ebenso für die Nähe zu **field of use-Beschränkungen,** weil derartige Einschränkungen des Anwendungsbereichs auch Auswirkungen auf die in Frage kommenden Kundengruppen mit sich bringen dürften.[199] In Horizontalvereinbarungen sind derartige Beschränkungen nach § 3.4 als „per se unlawful" anzusehen. Für vertikale customer restrictions kommt hingegen in der Regel die Rule of reason inquiry zur Anwendung.

Werden dem Lizenznehmer (oder auch dem Lizenzgeber) **Beschränkungen** 120 **hinsichtlich der Produktion und/oder des Absatzes der Vertragsprodukte** auferlegt (output und sales restraints), so ist dies im Rahmen einer **Horizontalvereinbarung** nach Ansicht der Wettbewerbsbehörden und vor allem im Hinblick auf die preistreibenden Auswirkungen ebenfalls als **per se verboten** anzusehen.[200] Auf vertikale output und sales restraints findet demgegenüber die Rule of reason Anwendung, sie gelten in der Regel als kartellrechtskonform.[201]

---

196 Ethyl Gasoline Corp. v. United States, 309 U.S. 436, 456 (1940).

197 United States v. Studiengesellschaft Kohle mbH, 670 F.2d 1122, 1133 (D.C. Cir. 1981); Robintech, Inc. v. Chemidus Wavin, Ltd., 628 F.2d 142, 147 (D.C. Cir. 1980).

198 United States v. Topco. Assocs., 405 U.S. 596, 611 f. (1972), wobei dort die Kundenbeschränkungen mit Gebietsbeschränkungen gekoppelt waren; Rothery Storage & Van Co. v. Atlas Van Lines, 792 F.2d 210, 229 (D.C. Cir. 1986).

199 *Kuss* Der Lizenzvertrag im Recht der USA, S. 485.

200 Guidelines § 3.4 Abs. 2; *Kuss* Der Lizenzvertrag im Recht der USA, S. 486. Grundlegend ist insoweit die Entscheidung Hartford-Empire v. United States, 323 U.S. 386 (1945), in der eine Outputbeschränkung in einer wechselseitigen Vereinbarung zwischen Wettbewerbern als per se verboten eingeschätzt wurde.

201 Siehe nur Atari Games Corporation v. Nintendo of America, 897 F.2d 1572, 1578 (Fed. Cir. 1990). Dies gilt allerdings nicht für branchenweite (vertikale) Beschränkungen der Produk-

121   Bei **Nichtangriffsverpflichtungen** des Lizenznehmers im Hinblick auf die lizenzierte Technologie (no challenge clauses) resultieren die wettbewerbsrechtlichen Probleme vor allem daraus, dass er gehindert wird, auf dem Rechtswege den Markt von dieser Technologie „zu befreien", was wiederum seine Anreize zu Investitionen in alternative Technologien verringert und so im Ergebnis den Technologien-Wettbewerb hemmt. Bis zur Entscheidung des Supreme Court in der Sache „Lear v. Adkins"[202] im Jahre 1969 galt insoweit die Doktrin des **licensee estoppel,** nach der es einem Lizenznehmer untersagt war, einerseits die Vorteile aus einer Lizenzvereinbarung zu ziehen und die lizenzierte Technologie (insbesondere ein Patent) zu nutzen und andererseits – und somit treuwidrig – die Gültigkeit des Schutzrechts vor Gericht anzugreifen.[203]

122   Mit der genannten Entscheidung vollzog der Supreme Court aber eine Kehrtwende, indem er nunmehr dem öffentlichen Interesse an der Wettbewerbsfreiheit den Vorrang vor dem Interesse des Inhabers am Bestand unberechtigter Schutzrechte einräumte.[204] Folglich werden Nichtangriffsverpflichtungen als vor Gericht nicht durchsetzbar angesehen, der Lizenznehmer kann also das Schutzrecht weiter nutzen und die entsprechenden Lizenzgebühren bezahlen, es aber gleichzeitig angreifen.[205] Im Zuge der „MedImmune"-Entscheidung[206] von 2007 sind allerdings viele Lizenzgeber dazu übergegangen, **Sonderkündigungsrechte** für den Fall eines Angriffs auf ihr Schutzrecht zu vereinbaren oder Lizenzen gebündelt zu vergeben, so dass dem Lizenznehmer im Zweifel alle lizenzierten Rechte durch eine Kündigung verloren gehen würden.[207]

123   Wie in der TT-GVO (einschließlich der Leitlinien) gilt auch in den Licensing Guidelines der Grundsatz, dass die Parteien einer Technologietransfervereinbarung frei, also insbesondere ohne gegen einschlägiges Wettbewerbsrecht zu verstoßen, die **Zahlungsmodalitäten** und insbesondere die **Lizenzgebühren** (roy-

---

tionsmengen (Quotierung), weil dies wiederum auf der Stufe der Lizenznehmer eine horizontale Wirkung gleich einer Marktaufteilung und wohl auch Preisregulierung entfaltet; Hartford-Empire v. United States, 323 U.S. 386 (1945); *Kuss* Der Lizenzvertrag im Recht der USA, S. 487.

202 395 U.S. 653, 671 (1969).

203 Siehe nur *Ulmer-Eilfort/Boulware* IIC 2007, 759, 760 f.

204 Lear, Inc. v. John S. Adkins, 395 U.S. 653, 671 (1969).

205 So der Supreme Court in MedImmune, Inc. v. Genentech, Inc., 549 U.S. 118, 128 – 137 (2007), während bis zu dieser Entscheidung die Lear-Rechtsprechung nur anwendbar war, wenn der Lizenznehmer die Zahlung der Lizenzgebühren zuvor eingestellt hatte, also vertragsbrüchig geworden war; vgl. *Ulmer-Eilfort/Boulware* IIC 2007, 759, 761 f. Wird ein Patent allerdings für ungültig erklärt, so entfällt auch die Verpflichtung zur Zahlung der Lizenzgebühr; vgl. Lear, Inc. v. John S. Adkins, 395 U.S. 653, 668 (1969).

206 MedImmune, Inc. v. Genentech, Inc., 549 U.S. 118 (2007).

207 Vertiefend dazu *Ulmer-Eilfort/Boulware* IIC 2007, 759, 763 f.

alties) festlegen können.[208] Dieser Preisbildungsfreiheit sind aber Grenzen gesetzt, denn **Lizenzgebührenvereinbarungen** können den Wettbewerb auf dem relevanten Markt beschränken, wenn sie sich tatsächlich wie Preisabsprachen auswirken.

Kartellrechtlichen Bedenken begegnen zudem Patentgebühren, die auch 124 nach Ablauf der Schutzdauer noch gezahlt werden müssen (**postexpiration royalties**). Eine derartige Vereinbarung wird seit der „Brulotte"-Entscheidung als per se kartellrechtswidrig und verboten angesehen.[209] Die einzelfallbezogene Anwendung der Rule of reason kommt nicht in Betracht. Diese – strenge – Sichtweise wird freilich zunehmend kritisiert und es deutete sich dahingehend eine Korrektur an, nachdem der US Supreme Court im Jahr 2014 den Rechtsstreit „Kimble v. Marvel Enterprises Inc"[210] zur Entscheidung angenommen hatte. Allerdings entschied das Gericht im Juni 2015 anders und hielt unter Berufung auf den stare decisis-Grundsatz an seiner bisherigen Rechtsprechung fest, obwohl durchaus gute Gründe für eine nunmehr abweichende Beurteilung solcher Klauseln sprächen.[211]

Wiederholungsfragen   125
1. Welche Technologierechte fallen in den Anwendungsbereich der TT-GVO 316/2014? Rn. 35 ff.
2. Was sind Schutzrechts-„Pools" und wie werden diese kartellrechtlich bewertet? Rn. 38 ff.
3. Was versteht man unter dem Begriff „safe harbour"? Rn. 46
4. Was versteht man unter Nichtangriffsverpflichtungen und sind diese kartellrechtlich zulässig? Rn. 63 ff. (EU), 118 f. (USA)
5. Nennen Sie Beispiele für sog. weiße Klauseln! Rn. 69
6. Welche Rechtsfolge tritt ein, wenn sich eine Kernbeschränkung in einem Lizenzvertrag befindet? Rn. 74
7. Welche Bedeutung kommt der Rule of reason bei der Bewertung von Lizenzverträgen zu? Rn. 92 ff.
8. Dürfen nach US-Recht Lizenzzahlungen vereinbart werden, die über die Laufzeit des betreffenden Schutzrechts hinausgehen? Rn. 121

---

208 Vgl. insoweit auch Hartford-Empire v. United States, 323 U.S. 386, 413–416 (1945); Standard Oil Co., Ind. v. United States, 283 U.S. 163, 172, 179 (1931). In der Entscheidung Brulotte v. Thys Co., 379 U.S. 29, 33 (1964) führte der Supreme Court aus: „[that a] patent empowers the owner to exact royalties as high as he can negotiate with the leverage of that monopoly.".
209 Brulotte v. Thys Co., 379 U.S. 29, 30–34 (1964).
210 Vgl. etwa Kimble v. Marvel Enterprises Inc. (9th Cir. 2013).
211 Vgl. Kimble v. Marvel Entertainment, LLC, 576 U.S.___(2015). Die drei Richter *Alito*, *Roberts* und *Thomas* vertraten in ihrer dissenting opinion die gegenteilige Ansicht und plädierten für die nunmehrige Anwendung der Rule of reason auf solche Klauseln.

C. Lizenzen bei „verlängerter Werkbank", Forschungs- und Entwicklungskooperationen, Spezialisierungsvereinbarungen

I. Vorbemerkung

126 Ein Technologietransfer kann nicht nur in der bisher beschriebenen (in der Regel) vertikalen Konstellation stattfinden, also als ein „echter" Technologietransfer wie ihn auch die TT-GVO versteht. Denkbar ist auch, dass ein Schutzrechtsinhaber einem Unternehmen Lizenzen erteilt, weil dieses in dessen Auftrag Produkte herstellt und ausschließlich an den Lizenzgeber liefert. Es handelt sich dabei um die Situation der **Auftragsproduktion**, auch als **„verlängerte Werkbank"** bezeichnet. Zur Lizenzvergabe kann es ferner im Zusammenhang mit **Forschungs- und Entwicklungskooperationen** sowie von **Spezialisierungsvereinbarungen** kommen, eingebettet in weitergehende vertragliche Regelungen hinsichtlich der Zusammenarbeit der Unternehmen.

127   Während die Lizenzvergabe bei einer Auftragsproduktion nahezu unproblematisch ist, sind die genannten Arten von Kooperationen von vornherein kartellrechtlich höchst relevant, da es sich bei den beteiligten Unternehmen häufig um Wettbewerber handeln wird. Insoweit liegt der Fokus des Kartellrechts also auf der Zulässigkeit bereits einer solchen Zusammenarbeit und weniger auf der Inhaltskontrolle von Lizenzverträgen. Anwendbar ist insoweit auch nicht die TT-GVO, sondern sind die spezielleren sektorspezifischen Gruppenfreistellungsverordnungen 1217/2010[212] (F&E-GVO) und 1218/2010[213] (Spezialisierungs-GVO). Schließen die Beteiligten jedoch Lizenzverträge mit Dritten, kann auf diese ohne weiteres die TT-GVO anzuwenden sein (dazu noch unten Rn. 129 f.).

II. Lizenzvergabe bei Auftragsproduktion

128 In den TT-Leitlinien wird – zunächst – klargestellt, dass die TT-GVO auch für Zulieferverträge gilt, mit denen der Lizenzgeber seine Technologierechte an einen

---

212 Verordnung (EU) Nr. 1217/2010 der Kommission vom 14. Dezember 2010 über die Anwendung von Artikel 101 Absatz 3 des Vertrags über die Arbeitsweise der Europäischen Union auf bestimmte Gruppen von Vereinbarungen über Forschung und Entwicklung, ABl. 2010 Nr. L 335 S. 35.
213 Verordnung (EU) Nr. 1218/2010 der Kommission vom 14. Dezember 2010 über die Anwendung von Artikel 101 Absatz 3 des Vertrags über die Arbeitsweise der Europäischen Union auf bestimmte Gruppen von Spezialisierungsvereinbarungen, ABl. 2010 Nr. L 335 S. 43.

Hauck

Lizenznehmer lizenziert, der sich im Gegenzug verpflichtet, ausschließlich für den Lizenzgeber bestimmte Produkte auf dieser Grundlage herzustellen. Anschließend folgt aber die Aussage, dass solche Verträge (auch) Gegenstand der Bekanntmachung der Kommission über die Beurteilung von Zulieferverträgen aus dem Jahr 1978[214] (**Zulieferbekanntmachung**) sind.[215] Nach dieser Bekanntmachung fallen Zulieferverträge, in denen sich der Auftragnehmer (Zulieferer) verpflichtet, bestimmte Produkte ausschließlich für den Auftraggeber herzustellen, grundsätzlich schon nicht unter Art. 101 Abs. 1 AEUV. Ist dies der Fall, stellt sich auch von vornherein nicht die Frage nach einer möglichen Freistellung eines solchen Lizenzvertrags bzw. bestimmter darin enthaltener Verpflichtungen. Daher hat die kartellrechtliche Bewertung einer Lizenzvergabe bei Auftragsproduktion sinnvollerweise ausgehend von der Zulieferbekanntmachung zu erfolgen.

In einer seinerzeit noch üblichen erfreulich knappen Form äußert sich die **129** Kommission darin zur kartellrechtlichen Wirksamkeit bestimmter Verpflichtungen in Zulieferverträgen. Danach fallen Vertragsklauseln, wonach die vom Auftraggeber stammenden Schutzrechte einschließlich von Know-how nur zum Zweck der Vertragserfüllung benutzt werden dürfen, dann, wenn die mit ihrer Hilfe hergestellten Erzeugnisse, erbrachten Dienstleistungen oder verrichteten Arbeiten nur für den Auftraggeber bestimmt sind oder nur für seine Rechnung ausgeführt werden dürfen, nicht in den Anwendungsbereich von Art. 101 Abs. 1 AEUV. Denn der Zulieferer übt dann eine gewerbliche Tätigkeit aus, ohne als selbständiger Anbieter auf dem Markt in Erscheinung zu treten.[216]

Zulässig sind auch Beschränkungen von Lizenznehmer und Lizenzgeber **130** hinsichtlich der **Geheimhaltung technischer Kenntnisse** und von vertraulichen Informationen, die dem Partner während der Vertragsverhandlungen oder bei der Durchführung des Vertrages mitgeteilt wurden. Dies gilt ebenso für Beschränkungen des Lizenznehmers, technische Verbesserungen, die er während der Laufzeit des Vertrages entwickelt hat, dem Lizenzgeber auf nichtausschließlicher Grundlage bekanntzugeben oder bei patentfähigen Erfindungen des Zulieferers dem Auftraggeber für die Laufzeit seines Grundpatents nichtausschließliche Lizenzen auf das Verbesserungs- oder Anwendungspatent zu erteilen.[217]

---

214 Bekanntmachung der Kommission vom 18. Dezember 1978 über die Beurteilung von Zulieferverträgen nach Artikel 85 Absatz 1 des Vertrages zur Gründung der Europäischen Wirtschaftsgemeinschaft, ABl. 1979 Nr. C 1 S. 2.
215 Rn. 64 TT-Leitlinien.
216 Zulieferbekanntmachung, S. 1.
217 Zulieferbekanntmachung, S. 2.

131   Außerhalb der Zulieferbekanntmachung ist für sonstige Klauseln die TT-GVO anzuwenden; es sind die dargestellten Grundsätze zu beachten. Dies gilt jedoch nur für Klauseln, die überhaupt unter Art. 101 Abs. 1 AEUV fallen. Zudem ist die Einhaltung der Marktanteilsschwellen (safe harbour) zu beachten.

III. Forschungs- und Entwicklungskooperationen sowie Spezialisierungsvereinbarungen

132 Auf Lizenzvergaben im Rahmen einer solchen Kooperation[218] bzw. Vereinbarung – also für Lizenzen, die sich die Beteiligten gegenseitig oder einer gemeinsam gegründeten Einrichtung (etwa einem Gemeinschaftsunternehmen) erteilen – ist die TT-GVO nicht anzuwenden. Es gilt vielmehr die jeweils speziellere, d. h. sektorspezifische GVO, was nicht nur in den TT-Leitlinien klargestellt wird,[219] sondern auch in den Erwägungsgründen 7 und 9 der TT-GVO selbst.

133   Erteilt jedoch etwa ein im Rahmen einer Spezialisierungskooperation gegründetes Gemeinschaftsunternehmen oder erteilen die Parteien einer F&E-Kooperation Lizenzen an Dritte, fällt dies nicht in den Anwendungsbereich der Spezialisierungs-[220] oder F&E-GVO.[221] Vielmehr handelte es sich dabei nach Ansicht der Kommission um eine **Poolsituation** (bei Beteiligung eines Gemeinschaftsunternehmens; s. oben Rn. 38 ff.), für die die in den TT-Leitlinien niedergelegten Grundsätze zur kartellrechtlichen Bewertung gelten sollen.[222] Oder die Situation wird schon nicht speziell geregelt und bereits deshalb ist die TT-GVO anwendbar.[223] Es gelten dann die dargestellten Grundsätze zur Bestimmung des safe harbour sowie zur kartellrechtlichen Bewertung einzelner Vertragsklauseln.

---

218 S. zu solchen Vereinbarungen Henn/Pahlow/*Zech*, Patentvertragsrecht, § 12.
219 Vgl. Rn. 70 bis 72, 74 TT-Leitlinien.
220 Dazu umfassend Immenga/Mestmäcker/*Fuchs* EU-Wettbewerbsrecht, Bd. 1, IV. C. Rn. 28 ff.; Mäger/*Gehring* Europäisches Kartellrecht, 3. Kap. Rn. 29 ff.
221 Zu dieser GVO umfassend *Schubert* NZKart 2013, 278; *Rosenberger* GRUR Int. 2012, 721.
222 Vgl. Rn. 72 TT-Leitlinien.
223 Rn. 74 TT-Leitlinien.

D. „Erzwungene" Lizenzverträge – Kartellrechtliche Zwangslizenz

I. Problemlage

Anders als bei Lizenzverträgen, bei denen es sich um **multilaterale** Vereinba- 134
rungen handelt und die daher Art. 101 AEUV unterfallen, gehen die „erzwungenen" Lizenzverträge auf die Anwendung von Art. 102 AEUV zurück bzw. auf
die jeweils einschlägigen nationalen Vorschriften, wie etwa § 19 GWB.[224] Denn
Ausgangspunkt ist hier die **Verweigerung der Lizenzierung** durch den Rechteinhaber, also eine einseitige (**unilaterale**) Verhaltensweise. Unter bestimmten
Voraussetzungen kann es sich bei einer solchen Verweigerung um den **Missbrauch einer marktbeherrschenden Stellung** handeln, der nur dadurch abgestellt wird, dass ein Lizenzvertrag mit dem Lizenzsucher abgeschlossen wird.
Das Kartellrecht kann den Rechteinhaber also unter bestimmten Voraussetzungen dazu zwingen, mit einem Lizenzsucher zu kontrahieren. Weitergehend ist
das LG Mannheim[225] der Ansicht, dass eine Lizenzverweigerung (bereits) gegen
Art. 101 AEUV verstößt, wenn es sich um ein standard-essentielles Schutzrecht
handelt und wenn der Inhaber im Rahmen der Festlegung des Standards eine
FRAND-Lizenzbereitschaftserklärung abgegeben hat.[226] Ein Lizenzierungsanspruch ergebe sich bereits deshalb, auf einen Verstoß (auch) gegen Art. 102 AEUV
komme es daher nicht an.[227] Dagegen lässt sich einwenden, dass das letztendlich
vorwerfbare Verhalten die Lizenzverweigerung ist. Auf eine solche unilaterale
Verhaltensweise ist jedoch allein Art. 102 AEUV anwendbar.

Bei Immaterialgüterrechten ist ein Verstoß gegen Art. 102 AEUV bzw. § 19 GWB 135
vor allem bei der Fallgruppe der Verweigerung des Zugangs zu Schutzrechten
relevant, die auf der Grundlage einer **Standardisierungsvereinbarung** zu einem
(De-jure-)Standard oder auch faktisch zu einem Standard – also einer technischen
Norm – gehören. In den Kontext der Lizenzverweigerung als Marktmachtmissbrauch gehört weiterhin die Beantwortung der Frage, unter welchen Voraussetzungen **Immaterialgüterrechte als „essential facilities"** angesehen werden

---

224 Vgl. zu den immaterialgüterrechtlichen gesetzlichen Zwangslizenzen oben 3. Kapitel.
Rn. 14 ff.
225 LG Mannheim Mitt. 2015, 286 – Übertragungssystem für Untertitel.
226 Dazu unten Rn. 140.
227 LG Mannheim Mitt. 2015, 286, 287 – Übertragungssystem für Untertitel. Die überwiegende
Ansicht in der Literatur stellt jedoch nichtsdestoweniger auf Art. 102 AEUV ab, denn die maßgebliche Verhaltensweise – die Lizenzverweigerung – ist eine einseitige Handlung, vgl. nur *Picht*
GRUR Int. 2014, 1, 7 m.w.N.

können, was ebenfalls einen Lizenzierungsanspruch mit sich bringen kann (ab Rn. 146). Zuletzt kann es zu einem Lizenzierungsanspruch in **„patent ambush"-Fällen** kommen (unten Rn. 155).

II. Lizenzverweigerung als Missbrauch einer marktbeherrschenden Stellung

1. Allgemeines

136 Notwendige Voraussetzung eines solchen Missbrauchsvorwurfs ist, dass der Inhaber des jeweiligen Immaterialgüterrechts über eine **marktbeherrschende Stellung** verfügt. Ist dies der Fall, verbietet Art. 102 AEUV bzw. § 19 Abs. 1 GWB eine missbräuchliche Ausnutzung dieser Stellung auf dem relevanten Markt. Art. 102 AEUV ist insoweit nur anwendbar, wenn der beherrschte Markt einen wesentlichen Teil des Binnenmarktes darstellt und der Missbrauch zur spürbaren Beeinträchtigung des zwischenstaatlichen Handels führen kann (dazu schon oben Rn. 19 ff.). Dass nicht nur Art. 101 AEUV, sondern auch Art. 102 AEUV (bzw. die jeweiligen Vorgängervorschriften) überhaupt auf den Umgang mit Immaterialgüterrechten anwendbar ist, hat der EuGH schon frühzeitig klargestellt.[228] In Art. 102 AEUV werden ebenso wie in § 19 Abs. 2 GWB beispielhaft Fallgruppen genannt, in denen ein Missbrauchstatbestand erfüllt wird. Eine besondere Bedeutung kommt dabei der **unbilligen Behinderung** nach § 19 Abs. 2 Nr. 1 GWB zu, bei Art. 102 AEUV stehen Behinderungssachverhalte ebenfalls im Fokus.

2. Das Vorliegen einer marktbeherrschenden Stellung

137 Die Prüfung des Vorliegens einer marktbeherrschenden Stellung verläuft in zwei Stufen: zunächst ist der relevante Markt in sachlicher, räumlicher und zeitlicher Hinsicht abzugrenzen, dann ist der **Beherrschungsgrad** des betreffenden Unternehmens festzustellen.[229] Für die Marktabgrenzung gelten dieselben Grundsätze wie bei Art. 101 AEUV, wobei im Kontext der Lizenzverweigerung sowie der diskriminierenden Lizenzvergabe der (vorgelagerte) Markt für die Lizenzierung des Schutzrechts maßgeblich ist (**Lizenzierungsmarkt**) und nicht der nachgelagerte Produktmarkt.[230]

---

228 EuGH GRUR Int. 1968, 99 – Parke Davis.
229 Umfassend Immenga/Mestmäcker/*Fuchs* EU-Wettbewerbsrecht, Bd. 1, III. Art. 102 AEUV Rn. 42 ff.
230 Vgl. nur *Körber* Standardessentielle Patente, FRAND-Verpflichtungen und Kartellrecht, 2013, S. 32 f. unter Hinweis etwa auf BGH GRUR 2004, 966 – Standard Spundfass sowie entsprechende Aussagen der Kommission.

Hauck

Indikator der Marktmacht eines Unternehmens ist im Ausgangspunkt **138** dessen **Marktanteil**.[231] Während im AEUV aber Hinweise darauf fehlen, wann ein Unternehmen tatsächlich **marktbeherrschend** in diesem Sinne ist, wird auf diese für die Anwendung des § 19 GWB notwendige Bedingung in § 18 GWB näher eingegangen. Für Art. 102 AEUV ist diese Frage (allgemein) über die Berücksichtigung der Marktstruktur, des Marktverhaltens sowie der Unternehmensstruktur zu beantworten.[232] Für Inhaber von Immaterialgüterrechten gilt der Grundsatz, dass allein die Tatsache der Innehabung solcher Rechte nicht zu einer marktbeherrschenden Stellung führt.[233] Etwas anderes kann sich aber dann ergeben, wenn das Schutzrecht **nicht substituierbar** und wenn es insbesondere Bestandteil eines Standards ist. Auf solche **standard-essentielle Schutzrechte** wird im Folgenden näher eingegangen. Aber auch die Innehabung einer marktbeherrschenden Stellung begründet noch keinen Kartellrechtsverstoß, vielmehr muss im Einzelfall zudem ein **Missbrauch** dieser Stellung vorliegen. Diese Voraussetzung kann unter Umständen erfüllt sein, wenn die Lizenzierung abgelehnt wird, diskriminierend erfolgt oder wenn die geforderten Lizenzierungsbedingungen unangemessen sind.

3. Lizenzverweigerung bei standard-essentiellen Schutzrechten als Missbrauchstatbestand

In Bezug auf Immaterialgüterrechte gilt der Grundsatz, dass diese vom Inhaber **139** nicht ausgeübt, also insbesondere auch nicht lizenziert werden müssen.[234] Dies gilt auch in anderen Rechtsordnungen und namentlich im US-Recht.[235] Dabei muss man nicht zwingend an den **strategischen Umgang mit Patenten** etwa als **Sperrpatente** denken, sondern allgemein an die Freiheit des Schutzrechtsinhabers – als im deutschen Recht grundgesetzlich geschützte unternehmerische Freiheit –, mit seinem (geistigen) Eigentum nach Gutdünken zu verfahren. Von diesem Grundsatz gibt es jedoch Ausnahmen und auf diese kommt es in diesem Abschnitt an. Denn unter besonderen im Folgenden darzustellenden Voraussetzungen kann die Nicht-Ausübung vom Immaterialgüterrechten ebenso wie der nur

---

231 Mäger/*Mäger* Europäisches Kartellrecht, 1. Kap. Rn. 129.
232 Mäger/*Wirtz* Europäisches Kartellrecht, 6. Kap. Rn. 10 ff.
233 Immenga/Mestmäcker/*Fuchs* EU-Wettbewerbsrecht, Bd. 1, III. Art. 102 Rn. 353 unter Verweis auf EuGH 6.4.1995, Rs. C-241/91 P und C-242/91 P, Slg. 1995, I-743, 822 Rn. 46 „Magill".
234 Dies gilt so nicht für Kennzeichenrechte, die im geschäftlichen Verkehr verwendet werden müssen, um überhaupt geschützt zu bleiben (sog. Benutzungszwang, vgl. § 26 MarkenG).
235 Umfassend dazu *Arnold* Marktmachtmissbrauch und Monopolisierung durch das Verbergen von Innovationen, 2008, S. 138 ff.

eingeschränkte und vor allem diskriminierend gehandhabte Zugang zu solchen Rechten missbräuchlich i.S.v. Art. 102 AEUV/§ 19 Abs. 1 GWB sein. Dies steht wiederum im Einklang mit dem im europäischen Recht geltenden Grundsatz, dass eine schikanöse Rechtsdurchsetzung einen kartellrechtlichen Missbrauchsvorwurf begründen kann.[236]

a) Schutzrechte und Standardsetzung

140 Mit **Standards** bzw. Normen wird die ökonomisch sinnvolle Vereinheitlichung der Lösung technischer Probleme zur allgemeinen und wiederholten Nutzung angestrebt.[237] Besonders bedeutend sind dabei Interoperabilitätsstandards, die sicherstellen sollen, dass Produkte verschiedener Unternehmen interoperabel sind, also eine „gemeinsame Sprache" sprechen.[238] Die Standardisierungsprozesse liegen in den Händen branchenspezifischer Organisationen wie ETSI, IEEE und JEDEC (s. unten Rn. 142ff.).

141   Grundsätzlich gilt, dass die Implementierung eines Immaterialgüterrechts (es geht vor allem um Patente und Patentanmeldungen) in einen Standard nicht „automatisch" zu einer marktbeherrschenden Stellung des Inhabers führt.[239] Entscheidend ist vielmehr, ob bei Ausführung des Standards tatsächlich die geschützte Lehre ausgeführt wird und ob die angegriffene Ausführungsform von einem bestimmten Anspruchsmerkmal auch tatsächlich Gebrauch macht, was im Einzelfall festzustellen ist. Exemplarisch dafür sind etwa Entscheidungen des LG Mannheim[240] sowie des OLG Karlsruhe[241] in diesem Kontext. Denn in den dortigen Fällen mussten die Gerichte jeweils nicht auf die Frage eines möglichen kartellrechtlichen Lizenzierungsanspruchs eingehen, weil es bereits keine Patentverletzung gab, obwohl die Schutzrechte zu einem ausgeführten Standard gehörten. Gerade bei solchen Schutzrechten und bei einem derartigen (nur) **„mittelbaren"** **Verletzungsnachweis** (über den Standard) kommt es also darauf an, ob – da die Übereinstimmung der angegriffenen Ausführungsform mit dem Standard oder jedenfalls die Ausführbarkeit des Standards meist unstreitig ist, weil sie sonst nicht funktionieren würde – der Standard auch tatsächlich von jedem einzelnen Merkmal des (angeblich) standard-essentiellen Patents (SEP) Gebrauch macht.

---

236 Zur Entwicklung dieser Fallgruppe des Art. 102 AEUV *Körber* Standardessentielle Patente, FRAND-Verpflichtungen und Kartellrecht, S. 72ff.
237 *Ullrich* GRUR 2007, 817.
238 *Blind/Pohlmann* GRUR 2014, 713, 714; vgl. auch Rn. 257 Horizontal-Leitlinien.
239 Immenga/Mestmäcker/*Fuchs*, EU-Wettbewerbsrecht, Bd. 1, III. Art. 102 AEUV Rn. 362.
240 LG Mannheim NJOZ 2014, 1146.
241 OLG Karlsruhe, Urt. v. 9.7.2014 – 6 U 27/11.

Der Auslegung der Patentansprüche kommt also bei der Feststellung, ob ein Patent tatsächlich standardessentiell ist, eine erhebliche Bedeutung zu, was angesichts der in der Regel großen Zahl an implementierten Schutzrechte eine Herausforderung darstellt.[242]

b) Standardsetzung und FRAND-Lizenzen

Ist ein Patent standard-essentiell, wird es bei Ausführung des Standards also 142 tatsächlich und quasi zwingend verletzt, stehen dem Patentinhaber insbesondere Ansprüche gemäß § 139 Abs. 1 PatG zu. Deren Durchsetzbarkeit kann aber scheitern, wenn dem Verletzer gegen den Inhaber ein **kartellrechtlicher Lizenzierungsanspruch** zusteht, die Lizenzverweigerung also kartellrechtswidrig ist. Dann steht dem Verletzer seinerseits der kartellrechtliche **Unterlassungsanspruch** gemäß § 33 Abs. 1 GWB zu. Ein solcher **Zwangslizenzeinwand** gegen den Vorwurf einer Patentverletzung (im oder auch schon vor dem Verletzungsprozess erhoben) ist auch tatsächlich möglich, wenngleich nur unter strengen Voraussetzungen.

Insoweit gilt ausgehend von im US-Recht entwickelten Grundsätzen, dass 143 der Patentinhaber das betreffende Schutzrecht unter sog. **FRAND-Bedingungen** lizenzieren muss, will er sich nicht dem Vorwurf des Marktmachtmissbrauchs ausgesetzt sehen. „FRAND" bedeutet, dass die Lizenzierungsbedingungen **fair**, **reasonable** und **non-discriminatory** sein müssen. Zum Teil wird auf das erste Kriterium („fair") verzichtet, vor allem im US-Recht, was inhaltlich aber anerkanntermaßen keinen Unterschied mit sich bringt. Dann spricht man von RAND-Bedingungen. Die Besonderheit bei der Standardsetzung selbst besteht darin, dass es sich dabei um eine Verhaltenskoordination zwischen Unternehmen handelt, die ohne weiteres in den Anwendungsbereich von Art. 101 AEUV fallen kann. Ein Kartellverstoß kann daher nur dann nicht angenommen werden, wenn der Zugang zum Standard für alle Lizenzsucher **diskriminierungsfrei** und unter FRAND-Bedingungen möglich ist. Zu beachten sind insoweit vor allem die Ausführungen der Kommission in den Horizontal-Leitlinien.[243] Um die Kartell-

---

242 So soll bspw. der UMTS-Standard mit mehr als 2000 Patenten von über 100 Patentinhabern belegt sein, *Blind/Pohlmann* GRUR 2014, 713. GA *Wathelet* ging in seinen Schlussanträgen zur Rechtssache C-170/13 „Huawei/ZTE" (BeckRS 2014, 82403 Rn. 57 f.) von einer widerlegbaren Vermutung dahingehend aus, dass ein SEP eine marktbeherrschende Stellung begründet. Gegen eine solche Vermutung und für eine Einzelfallprüfung *Cordes/Gelhausen* Mitt. 2015, 426, 430 f.
243 Leitlinien zur Anwendbarkeit von Artikel 101 des Vertrags über die Arbeitsweise der Europäischen Union auf Vereinbarungen über horizontale Zusammenarbeit, ABl. 2001 Nr. C 11 S. 1 , dort Rn. 257 ff.

rechtskonformität der Standardsetzung sicherzustellen, verlangen die betreffenden Standardisierungsorganisationen im Standardsetzungsverfahren von den Beteiligten die Abgabe einer sog. **(F)RAND-Erklärung.** Freilich ist umstritten, welche Wirkung einer solchen Erklärung tatsächlich zukommt, ob insbesondere Rechtsnachfolger daran gebunden sind.[244] In der Praxis ist zudem umstritten, wie in der Höhe angemessene Lizenzgebühren zu bestimmen sind.[245]

144   Maßgeblich für das deutsche Recht ist – bzw. *war,* dazu sogleich – insoweit die Entscheidung des BGH-Kartellsenats in der Sache „Orange-Book-Standard" von 2009.[246] Nach den dort entwickelten Kriterien – auch als **Orange-Book-Kriterien** oder **Orange-Book-Test** bezeichnet – kann ein Lizenzsucher nur dann gegen einen Verletzungsvorwurf den kartellrechtlichen Zwangslizenzeinwand erfolgreich erheben, wenn er (1.) dem Patentinhaber ein unbedingtes Angebot auf Abschluss eines Lizenzvertrags gemacht hat, das der Patentinhaber nicht ablehnen darf, ohne den Lizenzsucher unbillig zu behindern oder zu diskriminieren und (2.) wenn der Lizenzsucher diejenigen Verpflichtungen einhält, die der abzuschließende Lizenzvertrag an die Benutzung des lizenzierten Gegenstands knüpft.[247] Der letzte Punkt meint dabei insbesondere, dass der Lizenzsucher die Zahlung der Lizenzgebühren sicherzustellen hat.

145   Diese patentinhaberfreundlichen Kriterien wurden vielfältig kritisiert, vor allem in Bezug auf die Verpflichtung des Lizenzsuchers zur Zahlung der Lizenzgebühren durch Hinterlegung.[248] Auf diesen Streit kann hier nicht im Einzelnen eingegangen werden. Eine entscheidende Bewegung kam jedoch in diese Problematik, als das LG Düsseldorf im Jahr 2013 dem EuGH diverse Fragen zur Vereinbarkeit dieser Kriterien mit europäischem Recht und namentlich zur Auslegung von Art. 102 AEUV zur Vorabentscheidung vorlegte.[249] Dass insoweit eine Modifikation der Kriterien des BGH nicht auszuschließen war, legte eine Stellungnahme der Europäischen Kommission zu einem vergleichbaren Sachverhalt

244 Weiterführend dazu *Hauck* WRP 2013, 1446. Für eine Wirkung gegenüber Rechtsnachfolgern OLG Düsseldorf GRUR-RS 2019, 6087 Rn. 118 ff. aufgrund der „Dinglichkeit" der Erklärung. Dies ablehnend *Hauck* WRP 2013, 1446, 1449 f.
245 Vgl. dazu beispielhaft *Friedl/Ann* GRUR 2014, 948.
246 BGH GRUR 2009, 694 = WuW 2009, 773. Dies gilt jdf. für die in der Praxis wichtigen Unterlassungsansprüche. Eine Referenzentscheidung für Schadensersatzansprüche war bereits BGH GRUR 2004, 966 – Standard-Spundfass.
247 BGH GRUR 2009, 694 Rn. 29 – Orange-Book-Standard.
248 Vgl. dazu etwa *Körber* Standardessentielle Patente, S. 107 ff.; *Heusch* GRUR 2014, 745; *Müller* GRUR 2012, 686; *Wirtz* WRP 2011, 1392; *Höppner* ZWeR 2010, 395; *de Bronett* WuW 2009, 899.
249 LG Düsseldorf WRP 2013, 681 – LTE-Standard. Dazu und zur Instanzrechtsprechung *Heusch* GRUR 2014, 745.

Hauck

ebenso nahe,²⁵⁰ wie die Stellungnahme des Generalanwalts Ende 2014. Dieser plädierte in seinen Schlussanträgen im Ergebnis dafür, die Vorgaben an eine Erhebung des kartellrechtlichen Zwangslizenzeinwands im Ergebnis nicht unerheblich zugunsten des Lizenzsuchers abzuschwächen.²⁵¹ Ausgehend davon und im Vorgriff auf die Entscheidung des EuGH, hatte das OLG Karlsruhe einen kartellrechtlichen Zwangslizenzeinwand auch gegen vorläufige Zwangsvollstreckungsmaßnahmen für zulässig erachtet. Nach dieser Entscheidung soll es außerdem ausreichen, wenn sich innerhalb einer „Verletzerkette" jedenfalls *eine* Partei lizenzwillig zeigt. Dies muss nicht notwendig der angegriffene (vermeintliche) Patentverletzer sein.²⁵²

Mit seiner Entscheidung vom 16.7.2015 hat der EuGH die Anforderungen **146** formuliert, unter denen der Inhaber eines SEP – jedenfalls bei einem De-jure-Standard – bei einem Vorgehen aus dem Schutzrecht nicht missbräuchlich i.S.v. Art. 102 AEUV handelt.²⁵³ Hinsichtlich des Unterlassungs- und Rückrufsanspruchs hat der SEP-Inhaber den (angeblichen) Verletzer vor Klageerhebung auf das betreffende Patent sowie die konkrete Verletzung **hinzuweisen**.²⁵⁴ Ferner hat er ein **konkretes schriftliches Angebot** zum Abschluss eines Lizenzvertrags zu FRAND-Bedingungen vorzulegen und dabei insbesondere die Höhe der Lizenzgebühr sowie die Art und Weise ihrer Berechnung anzugeben.²⁵⁵ Die Obliegenheit des Patentverletzers besteht darin, auf dieses Angebot mit der gebotenen Sorgfalt zu reagieren und es letztendlich auch anzunehmen. Er darf vor allem **keine „Verzögerungstaktik" verfolgen**.²⁵⁶ Tut er dies nicht, kann er sich auf den missbräuchlichen Charakter der Unterlassungsklage nur berufen, wenn er „innerhalb einer kurzen Frist" schriftlich ein **konkretes Gegenangebot** unterbereitet, welches den FRAND-Anforderungen genügt.²⁵⁷ Die Klage auf Rechnungslegung und Schadensersatz beurteilt der EuGH jedoch abweichend, eine solche Klage sei nicht missbräuchlich i.S.v. Art. 102 AEUV. Er begründet dies damit, dass insoweit keine unmittelbaren Auswirkungen darauf zu erwarten seien, ob dem

---

250 Pressemitteilung IP/12/1448 der Kommission vom 21.12.2012 und Memorandum 12/1021 vom selben Tag. Dazu *Heusch* GRUR 2014, 745, 750.
251 Schlussanträge v. 20.11.2014 – C 170/13, BeckRS 2014, 82403.
252 OLG Karlsruhe BeckRS 2015, 09165 = GRUR-Prax 2015, 283 [*Hauck*].
253 EuGH NJW 2015, 2783.
254 EuGH NJW 2015, 2783 Rn. 61. Eine branchenübliche Berechtigungsanfrage dürfte inswoweit ausreichen, *Hauck* NJW 2015, 2767, 2769; *Kellenter* in: FS Patentgerichtsbarkeit Düsseldorf, S. 255, 259.
255 EuGH NJW 2015, 2783 Rn. 63.
256 EuGH NJW 2015, 2783 Rn. 65.
257 EuGH NJW 2015, 2783 Rn. 66. Zu den Vorgaben im Einzelnen *Hauck* NJW 2015, 2767, 2769f.

Hauck

Standard entsprechende, von Wettbewerbern hergestellte Produkte auf den Markt gelangen oder dort bleiben.[258]

147 Diese Kriterien wurden in der nationalen Folgerechtsprechung konkretisiert, wobei nicht alle Gerichte insoweit eine einheitliche Linie verfolgen.[259] Im Schwerpunkt der Auseinandersetzung liegt aber heutzutage weniger das Vorliegen der der og Anspruchsvoraussetzungen, sondern vielmehr darum, wann ein Lizenzierungsangebot tatsächlich FRAND ist, vom Lizenzsucher (und – potentiellen – Patentverletzer) also auch angenommen werden muss.[260] Denkbar ist insoweit etwa ein Rückgriff auf vom Patentinhaber bereits abgeschlossene Lizenzverträge, um insbesondere feststellen zu können, ob das Angebot nichtdiskriminierend ist. Dies bringt jedoch die Problematik des **Schutzes von Geschäftsgeheimnissen** im Zivilprozess mit sich.[261] Zur Lösung der SEP-/FRAND-Problematik spielen zunehmend **Schiedsverfahren** eine wichtige Rolle.[262]

4. Lizenzverweigerung bei De-facto-Standards

148 Ob die Aussagen des EuGH zum (möglichen) Missbrauch einer marktbeherrschenden Stellung durch Lizenzverweigerung bei (de jure) standard-essentiellen Patenten ebenso für Schutzrechte gelten, die zu einem **faktischen Standard** gehören, ist damit noch nicht beantwortet. Um einen solchen De-facto-Standard handelte es sich in der Entscheidung „Orange-Book-Standard" des BGH.[263] Anders als ein De-jure-Standard wird ein solcher Standard – auch als Industrie-

---

258 Zur Kritik an dieser Unterscheidung *Hauck* NJW 2015, 2767, 2769 f.

259 Instruktiv die Bewertung der (nicht nur nationalen) Rechtsprechung bei *Kellenter/Verhauwen* GRUR 2018, 761, 765 ff.; *Picht* GRUR Int. 2017, 569 ff.; *Haedicke*, GRUR Int. 2017, 661 ff.; *Kurtz* ZGE 2017, 491, 497 ff.

260 Hinzuweisen ist hier auf die Verfahren Sisvel v. Haier (OLG Düsseldorf NZKart 2016, 139; GRUR 2017, 1219) und Unwired Planet v. Huawei (OLG Düsseldorf BeckRS 2016, 114380; BeckRS 2017, 156523; GRUR-RS 2019, 6087), wobei die Streitigkeiten nicht nur deutsche Gerichte beschäftigen/beschäftigt haben. S. zu Berechnungsmöglichkeiten *Friedl/Ann* GRUR 2014, 948; *Hauck/Kamlah*, GRUR Int. 2016, 423. Unter anderem auch die Schwierigkeit der Bestimmung FRAND-gemäßer Lizenzbedingungen betont auch die Europäische Kommission in ihrer Stellungnahme zu SEP vom 29.11.2017 (vgl. Setting out the EU approach to Standard Essential Patents, COM(2017)712 final).

261 S. dazu OLG Düsseldorf BeckRS 2017, 156523; *Hauck* GRUR-Prax 2017, 118; *Blome/Fritzsche* NZKart 2019, 247; *Hinojal/Mosler* GRUR 2019, 674.

262 Dazu *Baumann* GRUR 2018, 145; *Picht* GRUR 2019, 11.

263 BGH GRUR 2009, 694. Obschon die Grenzen insoweit verschwimmen können, denn in der betreffenden Situation hatten sich die Marktteilnehmer – wohl – zumindest informell auf einen Standard verständigt.

Hauck

standard bezeichnet – nicht durch eine Standardisierungsorganisation beschlossen (s. o.). Von einem **De-facto-Standard** spricht man vielmehr, wenn sich die technische Vorgabe eines oder auch mehrerer Unternehmen **am Markt durchgesetzt** hat, vor allem wegen der technischen Überlegenheit oder auch wegen der Marktstärke der Unternehmen, die die betreffende Lösung favorisieren.[264] Zu dieser Situation kommt es dann, wenn sich die Unternehmen einer Branche nicht auf einen gemeinsamen Standard einigen können und mehrere technische Lösungen für ein Problem existieren. Da jedoch die Entscheidung für nur eine Lösung sinnvoll ist, kommt es zum „Krieg" der verschiedenen Formate.[265] Entscheidend für den „Sieg" einer Lösung ist vor allem, welcher zuerst von einer „kritischen Masse" an Unternehmen der Vorzug gegeben wird; diese Lösung wird dann zum – faktischen – Standard.

Ein wichtiger Unterschied zu De-jure-Standards ist, dass bei De-facto-Standards von vornherein keine FRAND-Erklärung existiert, ein Lizenzierungsanspruch sich also bereits deshalb nicht aus einer solchen Erklärung ergeben kann. Wendet man auch auf Patente, die Teil eines solchen Standards sind, bezüglich des kartellrechtlichen Zwangslizenzeinwands die nunmehr vom EuGH entwickelten Vorgaben an, und stellt man nicht mehr auf die **Orange-Book-Kriterien des BGH** ab, wird bei der Feststellung eines missbräuchlichen Verhaltes jedoch der Umstand zu berücksichtigen sein, dass die Entstehung des Standards auf die offensichtliche Überlegenheit einer bestimmten technischen Lösung im Wettbewerb zurückzuführen ist. An einen kartellrechtlichen Zwangslizenzeinwand werden also dann höhere Anforderungen zu stellen sein,[266] wobei der Zugang an sich kaum zu beschränken sein wird. Ein Ausgleich könnte aber etwa bei der Höhe der Lizenzgebühren stattfinden. Anderenfalls könnte dies zu Innovationsverlusten führen. Dies kann aber dann wiederum nicht in dem Maße gelten, wenn die Entstehung allein oder weit überwiegend auf der Marktstärke des oder der beteiligten Unternehmen beruht und nicht auf einer besonderen innovativen Leistung.

149

5. Schutzrechte als essential facilities

Auch außerhalb der Problematik der standard-essentiellen Patente kann sich die Frage nach dem Zugang zu solchen Rechten unter Anwendung des Kartellrechts stellen. Dies ist der Fall, wenn die Nutzung einer Technologie notwendig ist, damit

150

---

264 *Arnold* Marktmachtmissbrauch und Monopolisierung, S. 219.
265 Vgl. Kilian/Heussen/*Klees* Computerrecht (Stand 2018), 1. Abschnitt Kap. 60 Rn. 74.
266 Dahingehend können auch die Ausführungen von GA *Wathelet* vom 20.11.2014 in der Sache C 170/13 verstanden werden (BeckRS 2014, 82403). Siehe dazu *Maaßen* GRUR-Prax 2014, 550.

ein Anbieter von Waren oder Dienstleistungen auf einem nachgelagerten Markt überhaupt tätig sein kann. Denn Schutzrechte können **Marktzugangsschranken** bilden, sie können wesentliche Einrichtungen – **essential facilities** – im Sinne des Kartellrechts sein, auf deren Nutzung unter bestimmten Voraussetzungen ein kartellrechtlicher Zugangs- und namentlich **Lizenzierungsanspruch** bestehen kann. Die Voraussetzung des Art. 102 AEUV, nämlich eine marktbeherrschende Stellung des Schutzrechtsinhabers, lässt sich in diesem Kontext aber nicht durch die Inhaberschaft des Schutzrechts begründen. Vielmehr kommt es darauf an, ob der Schutzrechtsinhaber auf dem vorgelagerten Markt als marktbeherrschendes Unternehmen anzusehen ist. Das kartellrechtlich relevante Verhalten ist die Übertragung dieser Marktstellung mittels der essential facility (des betreffenden Schutzrechts) auf den nachgelagerten Markt **(monopoly leveraging).**[267]

a) Die kartellrechtliche essential-facilities-doctrine

151 Ausgangspunkt ist die **essential facilities-doctrine,** die wohlgemerkt außerhalb des immaterialgüterrechtlichen Kontexts entwickelt wurde, namentlich im US-Kartellrecht (auf Grundlage von § 2 Sherman Act). Die europäische Rechtsprechung hat diese Lehre für den Anwendungsbereich des kartellrechtlichen Missbrauchsverbots übernommen. Entwickelt hat sich diese Lehre ausgehend von natürlichen „wesentlichen Einrichtungen", wie etwa Bahnhöfen,[268] Häfen[269] und Skiliften,[270] sowie für Infrastruktureinrichtungen wie Eisenbahnstrecken[271] und Energieversorgungs-[272] und Telekommunikationsnetzen.[273]

152 Die Besonderheit solcher Einrichtungen besteht darin, dass sie **nicht duplizierbar** sind, jedenfalls nicht im Rahmen eines ökonomisch vertretbaren Aufwands, und dass die Nutzung der Einrichtung für den Zugang auf einem nachgelagerten Markt **unentbehrlich** ist. Der Anbieter einer Leistung – etwa ein Transportunternehmen – muss daher beispielsweise eine Bahnstrecke nutzen oder er muss einen bestimmten Bahnhof oder Hafen anfahren können, um seine Leistungen am Markt anbieten zu können oder bestimmte Kunden zu erreichen. Er kann dies aber nicht, wenn ihm der Eigentümer jeweils den Zugang zur (In-

---

267 Umfassend dazu etwa *Heinemann* Immaterialgüterschutz, S. 102 ff.
268 Vgl. United States v. Terminal Railroad Association, 224 US 383 (1912).
269 Vgl. die Kommissionsentscheidungen 94/19, Sealink II, ABl. 1994 L 15/8 und 94/119, Hafen von Rødby, ABl. 1994 Nr. L 55 S. 52.
270 Vgl. Aspen Skiing Co. v. Aspen Highlands Skiing Corp. 472 U.S. 585 (1985).
271 Vgl. EuG, T-229/94, Deutsche Bahn, Slg. 1997, II-1689.
272 Otter Tail Power Co. v. United States, 410 U.S. 366 (1973).
273 Kommissionsentscheidungen 02/344, La Poste/Postvorbereiter, ABl. 2002 Nr. L 120 S. 19.

frastruktur-)Einrichtung verweigert. Eine solche **Geschäftsverweigerung** (refusal to deal) kann den Tatbestand des Missbrauchs einer marktbeherrschenden Stellung darstellen. Zu beachten ist aber, dass in solchen Fällen ein kartellrechtlicher Zugangsanspruch nur höchst selten und nur beim **Vorliegen außergewöhnlicher Umstände** bejaht wurde. Gerade im US-Recht lässt sich in den letzten Jahren ein Abrücken von der essential facilities-doctrine beobachten.[274] Im Kontext des Zugangs zu Immaterialgüterrechten (dazu sogleich) spielte sie dort ohnehin nicht dieselbe Rolle, wie im europäischen Recht.[275]

Grundsätzlich lässt sich die genannte Situation aber durchaus auch auf Immaterialgüterrechte übertragen, und es gibt Entscheidungen der europäischen Gerichte, in denen sich die Anwendung der essential facilities-doctrine nachweisen lässt. Aber auch insoweit gilt, dass ein Lizenzierungsanspruch nur unter **außergewöhnlichen Umständen** in Betracht kommen kann. **153**

b) Voraussetzungen eines Lizenzierungsanspruchs

In der insoweit maßgeblichen „Magill"-Entscheidung[276] von 1995 hat der EuGH **154** erstmals einen kartellrechtlichen Zugangsanspruch zu immaterialgüterrechtlich geschützten Leistungen bejaht. Konkret ging es um urheberrechtlich geschützte Informationen von Rundfunkanstalten über das geplante Fernsehprogramm. Ohne Zugang zu diesen Informationen wäre der Lizenzsucher – der Verleger einer Fernsehzeitschrift – nicht in der Lage gewesen, ein neues Produkt, nämlich eine wöchentliche Fernsehzeitschrift für *sämtliche* in der Republik Irland und in Nordirland empfangbare Programme, herzustellen und auf den Markt zu bringen. Bis dato hatten die beklagten Fernsehsender RTE und ITP (ITV) jeweils eigene Fernsehprogrammführer herausgegeben und lediglich Lizenzen in dem Umfang eingeräumt, das Fernsehprogramm des jeweiligen Tages und einige Höhepunkte der Woche zu veröffentlichen.

Die **Lizenzverweigerung** (refusal to license) – als **Geschäftsverweigerung 155 im Sinne der essential facilities-doctrine** – hatte somit unverkennbar eine **marktverschließende** und **innovationshemmende Wirkung**, für die auch kein Rechtfertigungsgrund ersichtlich war. Die geforderten „außergewöhnlichen Umstände" für einen Zugangsanspruch über Art. 102 AEUV lagen also vor, da die

---

274 Umfassend dazu *Arnold* Marktmachtmissbrauch und Monopolisierung, S. 130 ff., insb. 135 f.
275 Zu den (wenigen) diesbezüglichen Entscheidungen *Arnold* Marktmachtmissbrauch und Monopolisierung, S. 144 ff.
276 EuGH GRUR Int. 1995, 490 – Magill TV Guide (KartR, UrhR). Vgl. zur in diesem Kontext ebenfalls relevanten Entscheidung EuGH NJW 1990, 682 – Volvo/Veng (KartR, Design), in der ein Zugangsanspruch aber verneint worden war, *Wilhelmi* WRP 2009, 1431, 1432.

Lizenz für den Lizenzsucher (Magill) **unerlässlich** war, um auf dem betreffenden abgeleiteten Markt der Programmzeitschriften tätig zu sein.

156   Durch dieses Urteil sowie durch nachfolgende Entscheidungen haben sich folgende Kriterien herauskristallisiert, bei deren Vorliegen – ausnahmsweise – ein kartellrechtlicher Lizenzierungsanspruch angenommen werden kann: (1.) Der Lizenzsucher beabsichtigt, auf dem nachgelagerten Markt **neue Erzeugnisse oder Dienstleistungen** anzubieten, für die eine (potentielle) Nachfrage besteht, die der Inhaber des Immaterialgüterrechts aber nicht anbietet, (2.) die Weigerung ist geeignet, **jeglichen wirksamen Wettbewerb** auf dem betreffenden nachgelagerten Markt **auszuschalten**,[277] dem Inhaber des Immaterialgüterrechts diesen Markt quasi vorzubehalten. Zuletzt (3.) darf die Lizenzverweigerung nicht aus (sonstigen) sachlichen Gründen gerechtfertigt sein.

157   Zudem lässt sich aus den Aussagen des EuGH in der „Oscar Bronner"-Entscheidung[278] im Hinblick auf eine **fehlende Duplizierbarkeit** noch entnehmen, dass es nicht nur für den konkreten Lizenzsucher, sondern auch für jeden anderen Wettbewerber aus rechtlichen, technischen oder wirtschaftlichen Gründen unmöglich oder unzumutbar sein muss, auf einen potentiellen Ersatz für die in Frage stehende Technologie zurückzugreifen. Liegen die Voraussetzungen vor, ist die Lizenzierungsverweigerung ein Missbrauch i. S. v. Art. 102 AEUV und dieser kann allein durch eine Lizenzierung abgestellt werden. Daher handelt es sich auch insoweit um eine Fallgruppe der „erzwungenen" Lizenzverträge.

158   Maßgeblich für die Entwicklung der genannten Kriterien bei Immaterialgüterrechten waren im Nachgang der „Magill"-Entscheidung vor allem die Entscheidungen in den Rechtssachen „IMS Health"[279] und „Microsoft/Kommission",[280] wobei die Kriterien nicht durchweg konsequent angewandt wurden. Bis heute ungeklärt ist insbesondere die Frage, ob der Lizenzsucher tatsächlich ein neues Produkt auf den Markt bringen muss, was bei Betrachtung der Folgerechtsprechung im Ergebnis aber verneint werden muss.[281] So hat das EuG dieses Erfordernis in der „Microsoft"-Entscheidung angesprochen, es dann aber ausreichen

---

277 So das EuG WuW 2007, 1169 – Microsoft/Kommission (KartR, UrhR), nachdem zuvor jeweils von der Ausschaltung „jeglichen Wettbewerbs" die Rede war, vgl. dazu Mäger/*Wirtz* Europäisches Kartellrecht, 6. Kap. Rn. 120.
278 EuGH GRUR Int. 1999, 262 – Oscar Bronner. Das Urteil betraf jedoch keine Immaterialgüterrechte, sondern den Zugang zu einem Hauszustellsystem für Zeitschriften als wesentlicher Einrichtung.
279 EuGH GRUR 2004, 524 – IMS Health/NDC Health (KartR, UrhR).
280 EuG WuW 2007, 1169 – Microsoft/Kommission.
281 Umfassend dazu *Wilhelmi* WRP 2009, 1431, 1438 ff.

Hauck

lassen, dass eine (bloße) Einschränkung der technischen Entwicklung zum Schaden der Verbraucher i.S.v. Art. 102 lit. b AEUV gegeben war.[282]

6. Lizenzierungsanspruch in patent ambush-Fällen

Zuletzt kann sich ein kartellrechtlicher Lizenzierungsanspruch möglicherweise 159 dann ergeben, wenn ein Schutzrechtsinhaber im Rahmen eines Standardisierungsverfahrens (oben Rn. 140) nicht offenlegt, dass er über Patente bzw. Patentanmeldungen im Hinblick auf in den Standard aufgenommene Technologien verfügt. Von einer „Hinterhalts"-Situation (**ambush**) spricht man in diesen Fällen deshalb, weil der Schutzrechtsinhaber im Anschluss an die Standardsetzung – und nachdem er selbst die Mitarbeit daran beendet hat – gegen sämtliche Unternehmen aus seinen Schutzrechten vorgeht. Dies zumeist mit der Geltendmachung unangemessen hoher Lizenzgebühren, weil der Zugang zum Standard für alle betroffenen Unternehmen unverzichtbar ist.[283] Anknüpfungspunkt des Lizenzierungsanspruchs ist hier also nicht die Tatsache der Inhaberschaft eines standard-essentiellen Schutzrechts und eine Lizenzverweigerung, sondern – anscheinend – das vorgelagerte Verhalten des Inhabers während des Verfahrens der Standardsetzung. Da zu diesem Zeitpunkt jedoch noch keine marktbeherrschende Stellung des Unternehmens vorliegt, muss insoweit aber letztendlich doch auf die (spätere) Innehabung eines standard-essentiellen Schutzrechts sowie auf die **Geltendmachung von überzogenen** (also unangemessenen) **Lizenzierungsbedingungen** abgestellt werden.[284] Der Patent-„Hinterhalt" ist dann im Ergebnis ein Unterfall der Lizenzverweigerung. Notwendige Bedingung ist freilich auch hier, dass das Schutzrecht, aus dem vorgegangen wird, tatsächlich standard-essentiell ist und verletzt wird (dazu oben Rn. 141).

Inwieweit derartige Verhaltensweisen tatsächlich zu einem kartellrechtli- 160 chen Lizenzierungsanspruch unter „fairen" und „angemessenen" Bedingungen,

---

282 Kritisch dazu *Arnold* Marktmachtmissbrauch und Monopolisierung, S. 313f. Für ein eingeschränktes Verständnis dieses Erfordernisses schon vor der „Microsoft"-Entscheidung *Heinemann* GRUR 2006, 705, 712.
283 Vgl. exemplarisch zur „Rambus"-Situation FTC, In the Matter of Rambus, Inc., Docket No. 9302, Opinion of the Commission v. 2.8.2006 (aufgehoben); Court of Appeals for the District of Columbia, Entsch. v. 22.4.2008 – Rambus Inc. ./. FTC; Bekanntmachung gemäß Artikel 27 Absatz 4 der Verordnung (EG) Nr. 1/2003 des Rates in der Sache COMP/C-3/38636, ABl. 2009 Nr. C 133 S. 16 – Rambus. Das Verfahren wurde nach Abgabe einer Verpflichtungszusage seitens Rambus beendet.
284 Vgl. auch *Loest/Bartlik* ZWeR 2008, 41, 51f.

namentlich gestützt auf Art. 102 AEUV, führen können, wurde von den Gerichten bis dato noch nicht entschieden.[285]

---

161 **Wiederholungsfragen**

1. Auf welche Handlungen ist Art. 102 AEUV im Gegensatz zu Art. 101 AEUV anwendbar? Rn. 134
2. Unter welchen Voraussetzungen verfügt der Inhaber eines Immaterialgüterrechts über eine marktbeherrschende Stellung? Rn. 136 ff.
3. Was versteht man unter (F)RAND-Lizenzierungsbedingungen? Rn. 143
4. Welche Voraussetzungen müssen laut EuGH erfüllt sein, damit der (mutmaßliche) Verletzer eines standard-essentiellen Patents erfolgreich den kartellrechtlichen Zwangslizenzeinwand erheben kann? Rn. 146
5. Was ist der Unterschied zwischen einem De-facto- und einem De-jure-Standard? Rn. 148 f.
6. Nennen Sie die Voraussetzungen eines Lizenzierungsanspruchs nach der essential-facilities-doctrine! Rn. 156 ff.
7. Was versteht man unter einem Patent-„Hinterhalt"? Rn. 159

---

285 Siehe zu dieser Fallgruppe auch *Picht* GRUR Int. 2014, 1, 9 ff.; *Fischmann* GRUR Int. 2010, 185.

Hauck

7. Kapitel: Besteuerung und Bilanzierung

Vertiefungsliteratur: *Böcker,* Steuerliche Prüfung und Behandlung von Lizenzzahlungen an verbundene ausländische Unternehmen, StBp 1991, 79; *Busch,* BFH gibt sog. Sperrwirkungs-Rechtsprechung bei Teilwertabschreibungen auf unbesicherte konzerninterne Darlehen auf, DB 2019, 1236; *Groß,* Aktuelle Lizenzgebühren in Patentlizenz-, Know-how- und Computerprogrammlizenz-Verträgen, BB 1995, 885; *Jochimsen,* Nutzung von Intellectual Property im Lichte des DEMPE-Funktionskonzepts, IStR 2018, 670; *Steiner/Ullmann,* Fremdvergleichsprüfung bei grenzüberschreitenden Gesellschafterdarlehen nach Maßgabe des Art. 9 Abs. 1 OECD-MA; IStR 2019, 412; *Thiele,* Quellensteuerabzug bei Softwareüberlassung – Das neue BMF-Schreiben zu § 50a EStG im Kontext des Urheberrechs, DStR 2018, 274.

A. Bedeutung des Steuerrechts für Lizenzverträge

Die Besteuerung und Bilanzierung immaterieller Güter und insbesondere von **1** Immaterialgüterrechten ist für Unternehmen eine wirtschaftlich außerordentlich bedeutsame Thematik, die keinesfalls vernachlässigt werden darf. Dies gilt ebenso für Einnahmen, die aus der Verwertung solcher Rechte durch Vollübertragung und namentlich durch Lizenzierung erzielt werden. Die steuerrechtliche Erfassung dieser Phänomene wird dadurch noch verkompliziert, dass es durch technische Entwicklungen und durch die Digitalisierung und Globalisierung ganz allgemein zur Entstehung neuer Formen der Zusammenarbeit zwischen Unternehmen kommt und auch immaterielle Werte in neuen Formen genutzt werden. Die einschlägigen steuerrechtlichen Regelungen stammen jedoch häufig noch aus der Zeit vor diesen Entwicklungen und orientieren sich häufig an materiellen Vermögegenstanden. Sowohl national als auch international stehen sie deshalb auf dem Prüfstand. Zugleich können steuerliche Risiken den Erfolg eines Geschäftes in Frage stellen, sei es durch eine mehrfache Besteuerung von Lizenzerträgen, die Versagung des Betriebsausgabenabzugs für Lizenzaufwendungen oder die Nacherhebung von Umsatzsteuer. Für Unternehmen kann dies fatale Folgen haben. Im Folgenden sollen daher die Grundzüge des Steuerrechts und der Bilanzierung dargestellt werden, soweit sie beim Umgang mit Immaterialgüterrechten und insbesondere im Rahmen von Lizenzverträgen relevant sein können.

https://doi.org/10.1515/9783110622829-012

B. Grundlagen des Ertragsteuerrechts

I. Einkommensteuer

1. Unbeschränkte Steuerpflicht
a) Grundlagen

2 Natürliche Personen sind in Deutschland **unbeschränkt** steuerpflichtig, wenn sie ihren Wohnsitz oder gewöhnlichen Aufenthalt im Inland haben oder aufgrund besonderer Regelungen als unbeschränkt steuerpflichtig gelten; §§ 1, 1a EStG. Dies gilt auch dann, wenn im Ausland ein (weiterer) Wohnsitz unterhalten wird und der Mittelpunkt der Lebensinteressen im Ausland liegt. Unbeschränkt steuerpflichtige Personen unterliegen grundsätzlich mit ihrem gesamten **Welteinkommen** der deutschen Einkommensteuer.

3 Einen **Wohnsitz** hat eine natürliche Person dort, wo sie eine Wohnung unter Umständen innehat, die darauf schließen lassen, dass sie die Wohnung beibehalten und benutzen wird. Einen **gewöhnlichen Aufenthalt** im Inland unterhält eine Person dort, wo sie sich unter Umständen aufhält, die erkennen lassen, dass sie an diesem Ort oder in diesem Gebiet nicht nur vorübergehend verweilt. Als gewöhnlicher Aufenthalt gilt ein zeitlich zusammenhängender Aufenthalt im Inland von mehr als sechs Monaten Dauer, wobei kurze Unterbrechungen unberücksichtigt bleiben. Zum **Inland** im Sinne des deutschen Steuerrechts gehören auch der der Bundesrepublik Deutschland zustehende Anteil an der ausschließlichen Wirtschaftszone und am Festlandsockel, soweit dort bestimmte wirtschaftliche Tätigkeiten ausgeführt werden.

b) Einkunftsarten

4 Der deutschen Steuerpflicht unterliegen die folgenden Einkünfte, die ein Steuerpflichtiger während seiner unbeschränkten Einkommensteuerpflicht oder als inländische Einkünfte gem. § 49 EStG während seiner beschränkten Einkommensteuerpflicht erzielt:
– Einkünfte aus Land- und Forstwirtschaft (§§ 13 – 14 EStG)
– Einkünfte aus Gewerbebetrieb (§§ 15 – 17 EStG)
– Einkünfte aus selbständiger Arbeit (§ 18 EStG)
– Einkünfte aus nichtselbständiger Arbeit (§ 19 EStG)
– Einkünfte aus Kapitalvermögen (§ 20 EStG)
– Einkünfte aus Vermietung und Verpachtung (§ 21 EStG)
– Sonstige Einkünfte (§§ 22, 23 EStG).

Faßbender

Die Zuordnung der **Einkünfte aus einer Erfindung** zu einer der sieben Ein- 5
kunftsarten hängt davon ab, im Rahmen welcher Einkunftsart die Erfindung
entwickelt und wie sie später verwertet worden ist.

In der Regel ist die **Tätigkeit eines Erfinders** als **selbständige Tätigkeit** 6
i. S. d. § 18 EStG anzusehen[1], soweit die Erfindertätigkeit nicht im Rahmen eines
land- und forstwirtschaftlichen Betriebes oder eines Gewerbebetriebes ausgeübt
wird. Weiterhin können Einkünfte aus Erfindungen den Einkünften aus Vermietung und Verpachtung und den Einkünften aus nichtselbständiger Tätigkeit zuzuordnen sein.

Einkünfte aus **Gewerbebetrieb** sind Einkünfte natürlicher Personen aus 7
gewerblichen Unternehmen, aus Gewinnanteilen der Gesellschafter einer Offenen
Handelsgesellschaft (OHG), einer Kommanditgesellschaft (KG) und einer anderen
Gesellschaft, bei der die Gesellschafter als Mitunternehmer des Betriebs anzusehen sind sowie aus Gewinnanteilen persönlich haftender Gesellschafter einer
Kommanditgesellschaft auf Aktien (KGaA). Ein Gewerbebetrieb ist gem. § 15 Abs. 2
EStG eine Betätigung, die selbständig, nachhaltig und mit Gewinnerzielungsabsicht unternommen wird, sich als Beteiligung am allgemeinen wirtschaftlichen
Verkehr darstellt, nicht im Rahmen einer Land- und Forstwirtschaft oder einer
selbständigen Arbeit ausgeübt wird und den Rahmen einer privaten Vermögensverwaltung überschreitet.

Das Kriterium der **Selbständigkeit** dient der Abgrenzung zu Einkünften aus 8
nichtselbständiger Arbeit. **Nachhaltig** ist eine Tätigkeit, wenn sie von der Absicht
getragen ist, sie zu wiederholen und daraus eine Einkunftsquelle zu machen. Die
Wiederholungsabsicht muss sich auf die erfinderische Tätigkeit beziehen; es
muss sich um eine planmäßige Erfindertätigkeit handeln. Wird ein Steuerpflichtiger wiederholt erfinderisch tätig, sei es, um auf den erfinderischen Gedanken
zu kommen, sei es um die Verwertungsreife einer Erfindung zu fördern, so ist die
vorübergehende Tätigkeit auch dann nachhaltig, wenn der Steuerpflichtige
letztlich nur eine Erfindung macht.[2] Die **Gewinnerzielungsabsicht** liegt vor,
wenn über die Totalperiode ein Gewinn zu erwarten ist und dient der **Abgrenzung zur Liebhaberei**. Erzielt ein Erfinder aus seiner Tätigkeit über einen längeren Zeitraum Verluste, so ist dies für sich allein noch kein ausreichendes Be-
weisanzeichen für das Fehlen einer Gewinnerzielungsabsicht.[3] Die **Beteiligung
am allgemeinen wirtschaftlichen Verkehr** erfordert, dass eine Tätigkeit am
Markt gegen Entgelt und für Dritte **äußerlich erkennbar** angeboten wird.

---

1 BFH vom 14. 3. 1985 – IV R 8/84, BStBl. II 1985, 424.
2 BFH vom 10. 9. 2003 – XI R 26/02, BStBl. II 2004, 218.
3 BFH vom 14. 3. 1985 – IV R 8/84, BStBl. II 1985, 424.

9   Die Unterscheidung zwischen Einkünften aus Gewerbebetrieb und **Einkünften aus selbständiger Tätigkeit** ist an der Person des Steuerpflichtigen ausgerichtet, da auch die selbständige Tätigkeit nachhaltig und mit Gewinnerzielungsabsicht unter Beteiligung am allgemeinen wirtschaftlichen Verkehr unternommen wird. Selbständig tätig sind gem. § 18 Abs. 1 Nr. 1 EStG freie Berufe und sonstig selbständig Tätige i.S.v. § 18 Abs. 1 Nr. 3 EStG. Geht der Umfang der Tätigkeit eines Erfinders deutlich über die Arbeitsleistung eines Freiberuflers hinaus, z.B. weil er durch die Beschäftigung einer großen Zahl von Mitarbeitern einzelne Aufträge nicht mehr aufgrund eigener Fachkenntnisse leitend und eigenverantwortlich erledigen kann, wird die Tätigkeit als Gewerbebetrieb qualifiziert.[4] Einkünfte aus selbständiger Arbeit erzielen **freie Erfinder**, die also nicht in einem Angestelltenverhältnis tätig sind und unter Einsatz eigenen Kapitals und mit eigenem Risiko forschen und die **Forschungsergebnisse** am Markt verwerten, indem sie diese veräußern oder an Dritte zur Nutzung überlassen.[5]

10   **Vermögensverwaltung** liegt vor, wenn sich die Betätigung als Nutzung von Vermögen im Sinne einer Fruchtziehung aus zu erhaltenden Substanzwerten darstellt und die Ausnutzung substanzieller Vermögenswerte durch Umschichtung nicht entscheidend in den Vordergrund tritt. Dies ist beispielsweise der Fall, wenn eine Privatperson ein Patent durch Erbschaft erwirbt und dieses zur Verwertung entgeltlich an Dritte überlässt. Auch **Zufallserfindungen**, die ohne weitere Ausarbeitung verwertungsreif sind und **nicht** auf einer **nachhaltigen** Tätigkeit des Erfinders beruhen, sind der privaten Vermögensverwaltung zuzuordnen. Keine „Zufallserfindung", sondern eine planmäßige Erfindertätigkeit liegt vor, wenn es nach einem spontan geborenen Gedanken weiterer Tätigkeiten bedarf, um die Erfindung bis zur Verwertungsreife zu fördern.[6] Werden Erfinderrechte aus solchen Zufallserfindungen Dritten zur Verwertung gegen laufende Vergütungen überlassen, liegen **Einkünfte aus Vermietung und Verpachtung** i.S.d. § 21 Abs. 1 Nr. 3 EStG vor. Die Veräußerung von Rechten an Zufallserfindungen ist mangels Anschaffungsgeschäft als Veräußerung von Privatvermögen steuerfrei,[7] weshalb die Maßstäbe der Rechtsprechung für die Annahme einer Zufallserfindung streng sind.[8] Wird dagegen eine im Gewerbebetrieb für betriebliche Zwecke entwickelte Erfindung nicht nur im Betrieb selbst verwertet,

---

4 BFH vom 16.7.2014 – VIII R 41/12, BStBl. II 2015, 216.
5 BFH vom 14.3.1985 – IV R 8/84, BStBl. II 1985, 424.
6 BFH vom 18.6.1998 – IV R 29/97, BStBl. II 1998, 567.
7 BFH vom 10.9.2003 – XI R 26/02, BStBl. II 2004, 218.
8 *Siewert*, in Frotscher/Geurts, EStG, § 18 Rn. 84, Stand 12.6.2018.

Faßbender

sondern auch an fremde Dritte zur Nutzung überlassen oder veräußert, bleibt es bei der gewerblichen Natur der Einkünfte.[9]

Gebundene Erfindungen i. S. v. § 4 Abs. 2 ArbnErfG (**Diensterfindungen**) 11 sind während der Dauer des Arbeitsverhältnisses gemachte Erfindungen, die entweder aus der dem Arbeitnehmer obliegenden Tätigkeit entstanden sind oder maßgeblich auf Erfahrungen oder Arbeiten des Betriebes beruhen. Einkünfte des Arbeitnehmers aus Diensterfindungen sind als **Einkünfte aus nichtselbständiger Arbeit** steuerpflichtig, auch wenn sie erst nach Beendigung des Arbeitsverhältnisses gezahlt werden oder auf Zufallserfindungen beruhen.[10]

2. Beschränkte Steuerpflicht
a) Grundlagen
Eine Person, die nicht unbeschränkt steuerpflichtig ist, aber inländische Ein- 12 künfte i. S. v. § 49 EStG erzielt, ist mit diesen Einkünften in Deutschland beschränkt steuerpflichtig. Einkünfte eines beschränkt Steuerpflichtigen, die nicht im Katalog des § 49 EStG aufgeführt sind, unterliegen auch dann nicht der deutschen Besteuerung, wenn dem deutschen Staat das Besteuerungsrecht nach einem Doppelbesteuerungsabkommen mit einem anderen Staat zustünde.

b) Inländische Einkünfte gem. § 49 EStG
§ 49 EStG enthält einen **abschließenden Katalog** von Einkünften, welche 13 durch ihren besonderen Inlandsbezug eine Besteuerung eines ausländischen Steuerpflichtigen in Deutschland rechtfertigen. Um zu bestimmen, ob Einkünfte im Zusammenhang mit Lizenzverträgen einen besonderen Inlandsbezug aufweisen, ist zunächst die Einkunftsart zu bestimmen und dann festzustellen, ob die für diese Einkunftsart in § 49 EStG definierten besonderen Merkmale eines Inlandsbezuges vorliegen.

Einkünfte aus Gewerbebetrieb sind im Inland steuerpflichtig, wenn sie aus 14 einer im Inland belegenen **Betriebsstätte** (§ 49 Abs. 1 Nr. 2 lit. a EStG) stammen. Eine Betriebsstätte ist gem. § 12 AO jede feste Geschäftseinrichtung oder Anlage, die der Tätigkeit eines Unternehmens dient. Betriebsstätten sind insbesondere die Stätte der Geschäftsleitung, Zweigniederlassungen, Geschäftsstellen, Fabrikations- oder Werkstätten und sog. Vertreterbetriebsstätten.

---

9 BFH vom 11. 2. 1988 – IV R 223/85, BFH/NV 1988, 737.
10 FG München vom 21. 5. 2015 – 10 K 2195/12, DStRE 2016, 8.

15   Weiterhin sind Einkünfte aus Gewerbebetrieb im Inland steuerpflichtig, wenn sie aus der **Überlassung, Verwertung oder Veräußerung von Rechten** stammen, die in ein inländisches **öffentliches Buch oder Register eingetragen** sind oder in einer inländischen Betriebsstätte verwertet werden (§ 49 Abs. 1 Nr. 2 lit. f. EStG). Verwertung bedeutet hierbei eine wirtschaftliche Weiterverwertung im Rahmen einer eigenen Tätigkeit. Maßgeblich für den Ort der Verwertung ist der Ort der Geschäftsleitung des Vergütungsschuldners. Einkünfte aus solchen eingetragenen Rechten (z. B. Patente, Marken, Gebrauchsmuster und Geschmacksmuster) gelten als inländische Einkünfte aus **Vermietung und Verpachtung** wenn diese Einkünfte nicht unter die vorgenannten Einkünfte fallen (**Subsidiaritätsprinzip**, § 49 Abs. 1 Nr. 6 EStG).

16   Einkünfte aus **selbständiger Arbeit** sind inländische Einkünfte, wenn sie im Inland **ausgeübt** oder **verwertet** werden oder wenn für sie im Inland eine feste Einrichtung oder eine **Betriebsstätte** unterhalten wird (§ 49 Abs. 1 Nr. 3 EStG). Einkünfte aus **nichtselbständiger Arbeit** sind inländische Einkünfte, wenn sie im Inland **ausgeübt** oder **verwertet** werden (§ 49 Abs. 1 Nr. 4 lit. a EStG).

17   Weiterhin fallen im Inland **ausgeübte** oder **verwertete Darbietungen künstlerischer, sportlicher, artistischer, unterhaltender Art** unter die im Inland steuerpflichtigen Einkünfte. Je nach Tätigkeit kann es sich dabei um Einkünfte aus Gewerbebetrieb, aus selbständiger Arbeit oder aus nichtselbständiger Arbeit handeln.

18   Sonstige Einkünfte sind Einkünfte aus der Überlassung der Nutzung oder des Rechts auf Nutzung von gewerblichen, technischen, wissenschaftlichen und ähnlichen Erfahrungen, Kenntnissen und Fertigkeiten („Know-How"[11]), die im Inland **genutzt** werden, wenn diese Einkünfte nicht unter die vorgenannten Einkünfte fallen (Subsidiaritätsprinzip; § 49 Abs. 1 Nr. 9 EStG).

19   Im Ergebnis haben **Lizenzverträge** in folgenden Fällen regelmäßig einen **Inlandsbezug:**
- Vermietung oder Verwertung im Inland geschützter oder verwerteter Rechte oder inländische Nutzung von Know-how,
- Ausübung oder Verwertung einer Tätigkeit im Inland,
- inländischen Betriebsstätte des Lizenzgebers oder Lizenznehmers oder
- gewerbliche Veräußerung im Inland geschützter oder verwerteter Rechte.

20 **Softwarelizenzen**, die ein inländischer Unternehmer an einen ausländischen Anbieter (Lizenzgeber) für die Überlassung von Software zahlt, sind nach neuerer Auffassung der Finanzverwaltung steuerlich nach den **Maßstäben des Ur-**

---

11 Zu diesem Begriff BFH v. 23.11.1988, II R 209/82, BStBl. II 1989, 82.

Faßbender

heberrechts zu qualifizieren.[12] Auf die Unterscheidung zwischen **Individual-und Standardsoftware**[13] kommt es nicht (mehr) an. Umfasst die Nutzungsüberlassung[14] die wirtschaftliche Verwertung der Software, gestattet der Lizenzgeber also den Eingriff in seine urheberrechtlich geschützten Verwertungsrechte, überlässt er ein Recht i. S. d. §§ 49 Abs. 1 Nr. 2 lit. f oder Nr. 6 EStG und erzielt inländische Einkünfte. Regelbeispiele der Finanzverwaltung für geschützte Verwertungsrechte sind Vervielfältigungs-, Bearbeitungs-, Verbreitungs- und Veröffentlichungsrechte.

Wird die Software dagegen nur zum bestimmungsgemäßen Gebrauch über- 21 lassen ohne Einräumung weiterer umfassende Nutzungsrechte zur wirtschaftlichen Weiterverwertung, erzielt der ausländische Anbieter keine inländischen steuerpflichtigen Einkünfte. Umfassende Nutzungsrechte werden dabei nicht überlassen, wenn die bestimmungsgemäße Anwendung der Software die Vervielfältigung oder weitere Nutzungshandlungen erfordert.[15] Die steuerliche Beurteilung ist unabhängig davon, ob die Softwareüberlassung auf Datenträgern oder internetbasiert (per Download oder Nutzung auf fremden Servern) erfolgt. Zur Abgrenzung zwischen bestimmungsgemäßer Anwendung und wirtschaftlicher Weiterverwertung ist im Einzelfall auf die Funktionalität der Software abzustellen.[16] Auch die **Überlassung von Softwarekopien an Zwischenhändler zum Vertrieb** führt nur dann zu inländischen Einkünften des ausländischen Lizenzgebers, wenn dem Zwischenhändler umfassende Rechte (insbesondere Vervielfältigungs- und Bearbeitungsrechte) an der Software selbst eingeräumt werden.[17]

Werden neben der Softwareüberlassung im engeren Sinne **weitere**, insbe- 22 sondere **technische Dienstleistungen** erbracht (z. B. Application Service Providing, Software as a Service) liegen inländische Einkünfte gem. § 49 Abs. 1 Nr. 2 lit. f oder Nr. 6 EStG vor, wenn umfassende Nutzungsrechte zur wirtschaftlichen Weiterverwendung überlassen werden.[18] In gleicher Weise ist bei der **Überlassung von Datenbanken** zu unterscheiden, ob lediglich Zugriffs-, Lese- und Druckfunktionen überlassen werden (bestimmungsgemäße Nutzung) oder umfassende Nutzungsrechte zur wirtschaftlichen Weiterverwertung bestehen (z. B. Recht zur öffentlichen Wiedergabe eines nach Art und Umfang wesentlichen Teils

---

12 BMF v. 27.10.2017 – IV C 5 – S 2300/12/10003:004, DStR 2017.
13 Vgl. dazu BMF v. 27.10.2017, BStBl. I S. 1448), V C 5 – S 2300/12/10003 :004, Rn. 12.
14 S. zu Formen der Softwareüberlassung 4. Kapitel Abschnitt C.
15 BMF vom 27.10.2017 – IV C 5 – S 2300/12/10003 :004, DStR 2017, 2489 Rn. 4, 14.
16 *Thiele*, DStR 2018, 274.
17 BMF vom 27.10.2017 – IV C 5 – S 2300/12/10003 :004, DStR 2017, 2489 Rn. 20.
18 Beispiele siehe BMF vom 27.10.2017 – IV C 5 – S 2300/12/10003:004, DStR 2017, 2489 Rn. 28 ff.

der Datenbank oder Sublizenzierung der Datenbank).[19] Keine Überlassung zur wirtschaftlichen Weiterverwertung und damit keine inländischen Einkünfte liegen vor, wenn im Ausland ansässige Anbieter wissenschaftliche Datenbanken an Hochschulen und öffentliche Bibliotheken überlassen und die kommerzielle Nutzung der Datenbank vertraglich ausgeschlossen ist.[20]

3. Einkünfteermittlung

23 Die Einkünfte aus Land- und Forstwirtschaft, aus Gewerbebetrieb und aus selbstständiger Arbeit gehören zu den sog. **Gewinneinkünften**, bei denen die Einkünfte durch Betriebsvermögensvergleich sowie durch Gegenüberstellung der Betriebseinnahmen und der Betriebsausgaben ermittelt werden. Die übrigen Einkunftsarten sind sog. **Überschusseinkünfte** im Privatvermögen, bei denen die Einkünfte als Überschuss der Einnahmen über die Werbungskosten berechnet werden.

24 Ein wesentlicher Unterschied zwischen Gewinn- und Überschusseinkünften liegt in der Besteuerung bei der Veräußerung von Vermögen. Während Gewinne aus der Veräußerung von **Betriebsvermögen** im Rahmen der Gewinneinkünfte grundsätzlich steuerpflichtig sind, sind Gewinne aus der Veräußerung von **Privatvermögen** im Rahmen der Überschusseinkünfte grundsätzlich steuerfrei, soweit nicht besondere Ausnahmeregelungen hierzu gelten.[21] Die Überschusseinkunftsarten sind subsidiär gegenüber den Gewinneinkünften. Dies bedeutet, dass Einkünfte aus Kapitalvermögen, aus Vermietung und Verpachtung und aus sonstigen Einkünften der Gewinneinkunftsart zuzurechnen sind, zu der sie (auch) gehören. So werden beispielsweise **Lizenzeinnahmen** aus der Überlassung eines Rechts durch ein gewerbliches Unternehmen als Einkünfte aus Gewerbebetrieb i.S.v. § 15 Abs. 1 S. 1 Nr. 2 EStG und nicht als Einkünfte aus Vermietung und Verpachtung eines Rechts i.S.v. § 21 Abs. 1 S. 1 Nr. 3 EStG qualifiziert.

---

19 BMF vom 27.10.2017 – IV C 5 – S 2300/12/10003 :004, DStR 2017, 2489 Rn. 33 ff.
20 BMF vom 27.10.2017 – IV C 5 – S 2300/12/10003 :004, DStR 2017, 2489 Rn. 41 ff.
21 Z.B. Spekulationsgewinne gem. § 23 EStG und Abgeltungssteuer bei Kapitaleinkünften gem. § 20 Abs. 2 i.V.m. § 32d Abs. EStG.

Faßbender

II. Körperschaftsteuer

1. Steuerpflicht
a) Unbeschränkte Steuerpflicht

Körperschaften, Personenvereinigungen und Vermögensmassen i.S.v. § 1 Abs. 1 25
KStG unterliegen mit ihrem Welteinkommen der **unbeschränkten Steuerpflicht**,
wenn sie im Inland ihren Sitz oder ihre Geschäftsleitung haben.

Der **Ort der Geschäftsleitung** befindet sich am Mittelpunkt der geschäft- 26
lichen Oberleitung (§ 10 AO), also dort, wo der Wille für die laufende Geschäftsführung gebildet wird. Zur laufenden Geschäftsführung gehören die tatsächlichen
und rechtsgeschäftlichen Handlungen, die der gewöhnliche Betrieb der Gesellschaft mit sich bringt, und solche organisatorischen Maßnahmen, die zur gewöhnlichen Verwaltung der Gesellschaft gehören („Tagesgeschäfte"). Zu ihnen
gehören nicht die Festlegung der Grundsätze der Unternehmenspolitik und die
Mitwirkung der Gesellschafter an ungewöhnlichen Maßnahmen bzw. an Entscheidungen von besonderer wirtschaftlicher Bedeutung.[22] Das sind im Allgemeinen die Büroräume des maßgeblichen Geschäfts- bzw. Betriebsleiters. Maß-
gebend ist, wo die **kaufmännischen Entscheidungen** getroffen werden.[23]

Werden die Geschäfte tatsächlich von mehreren Orten ausgeführt, ist der 27
Mittelpunkt der geschäftlichen Oberleitung dort, wo sich nach dem **Gesamt-
bild der Verhältnisse** die in organisatorischer und wirtschaftlicher Hinsicht
bedeutungsvollste Stelle befindet. Je nach Struktur des Unternehmens und Art
und Umfang der geschäftlichen Tätigkeit können die verschiedenen Leitungs-
maßnahmen von gänzlich unterschiedlichem Gewicht sein. Ausschlaggebend ist,
an welchem Ort nachhaltig und am häufigsten die für die laufende Unterneh-
menstätigkeit bedeutsamsten Entscheidungen fallen.

Den **Sitz** hat eine Körperschaft, Personenvereinigung oder Vermögensmasse 28
an dem Ort, der durch Gesetz, Gesellschaftsvertrag, Satzung, Stiftungsgeschäft
oder dergleichen bestimmt ist (§ 11 AO).

b) Beschränkte Steuerpflicht

Körperschaft, Personenvereinigung oder Vermögensmasse ohne Sitz oder Ge- 29
schäftsleitung im Inland sind mit ihren inländischen Einkünften i.S.v. § 49 EStG
in Deutschland **beschränkt steuerpflichtig.**

---

22 BFH Urteil vom 5.11.2014 – IV R 30/11, BStBl. II 2015, 601; BFH Urteil vom 3.7.1997 – IV R 58/95,
BStBl. II 1998, 86 m.w.N.
23 Vgl. *Frotscher/Drüen*, KStG, § 1 Rn. 74.

2. Einkunftsarten und Einkünfteermittlung

30 Das steuerpflichtige Einkommen ist nach den Vorschriften des Einkommensteuergesetzes und des Körperschaftsteuergesetzes zu ermitteln. Bei unbeschränkt steuerpflichtigen Kapitalgesellschaften, Genossenschaften sowie Versicherungs- und Pensionsfondvereinen auf Gegenseitigkeit sind alle Einkünfte als Einkünfte aus Gewerbebetrieb zu behandeln (§ 8 Abs. 2 KStG). Andere Körperschaften, Personenvereinigungen und Vermögensmassen sowie insbesondere beschränkt steuerpflichtige Körperschaften können auch andere als gewerbliche Einkünfte erzielen.[24]

31 Für die Ermittlung des Einkommens ist es ohne Bedeutung, ob das Einkommen verteilt wird, so dass sich (verdeckte) Gewinnausschüttungen und Einlagen nicht auf die Höhe des Gewinns auswirken. Zahlt beispielsweise eine Tochtergesellschaft an ihren Anteilseigner eine **überhöhte Lizenzgebühr ohne wirtschaftlichen Grund**, kann dies als eine durch das Gesellschaftsverhältnis verursachte Gewinnminderung gewertet werden. Folglich wird **der überhöhte Teil der Lizenz** nicht als Betriebsausgabe der Tochtergesellschaft anerkannt. Zugleich gilt der überhöhte Teil der Lizenz als verdeckte Gewinnausschüttung der Tochtergesellschaft an den Anteilseigner.

III. Gewerbesteuer

1. Steuerpflicht

32 Anders als die Einkommensteuer und die Körperschaftsteuer knüpft die Gewerbesteuer nicht an eine Person, sondern an das **Vorliegen eines Gewerbebetriebes** an. Der Gewerbesteuer unterliegt jeder stehende Gewerbebetrieb, soweit er im Inland betrieben wird. Als Gewerbebetrieb gilt jedes gewerbliche Unternehmen i. S. d. Einkommensteuergesetzes. Die Tätigkeit von Kapitalgesellschaften gilt in vollem Umfang als Gewerbebetrieb. Schuldner der Gewerbesteuer ist der Unternehmer, welcher den Gewerbebetrieb betreibt.

2. Einkünfteermittlung

33 Ausgangspunkt für die Ermittlung des Gewerbeertrages ist der nach Einkommensteuergesetz oder Körperschaftsteuergesetz ermittelte **Gewinn aus Gewerbebetrieb.** Dieser wird um zahlreiche Hinzurechnungen gem. § 8 GewSt und Kürzungen gem. § 9 GewStG modifiziert.

---

24 *Haase*, Internationales und Europäisches Steuerrecht, § 2 B II 3 Rn. 273 und § 3 B I 2 Rn. 386.

Faßbender

So sollen u. a. Kapitalkosten den Gewerbeertrag nicht in voller Höhe mindern. 34
Soweit solche Kosten bei der Ermittlung des Gewinns abgezogen wurden, ist
nach § 8 S. 1 Nr. 1 GewSt ein Viertel der Summe dieser Kosten dem Gewinn wieder
hinzuzurechnen. Dabei werden nicht nur Entgelte für Schulden als Kapitalkosten
betrachtet, sondern zusätzlich berücksichtigt, dass bestimmte Aufwendungen
wie z. B. Miet-, Pacht- und Leasingraten einen Finanzierungsanteil enthalten.
Auch ein Viertel der Aufwendungen für die **zeitlich befristete Überlassung von
geschützten Rechten** ist dem Gewinn aus Gewerbebetrieb wieder hinzuzurechnen, soweit die Summe aller Kapitalkosten den Betrag von 100.000 EUR übersteigt. Im Ergebnis werden also 6,25 % der Lizenzzahlungen für die Überlassung
von Rechten hinzugerechnet, wenn der Freibetrag überschritten ist. **Lizenzzahlungen** für die Überlassung ungeschützter Erfindungen, von Know-How, dem
Kundenstamm und sonstiger ungeschützter immaterieller Wirtschaftsgüter unterliegen nicht der Hinzurechnung nach § 8 S. 1 Nr. 1 GewStG.[25]

Die **zeitlich befristete Überlassung von Software** unterliegt der Hinzu- 35
rechnung, wenn umfassende Nutzungsrechte zur wirtschaftlichen Weiterverwendung überlassen werden und auf Seiten des Überlassenden eine geschützte
Rechtsposition an diesen Rechten besteht. Die Hinzurechnung nach § 8 Nr. 1
GewStG setzt voraus, dass die Überlassung des Rechts zeitlich befristet ist. Eine
zeitlich befristete Überlassung liegt auch dann vor, wenn bei Abschluss des Vertrages noch ungewiss ist, ob und wann die Überlassung endet.

Lizenzen, die ausschließlich dazu berechtigen, daraus abgeleitete Rechte 36
Dritten zu überlassen, sind nicht von der Hinzurechnung nach § 8 S. 1 Nr. 1
GewStG betroffen. Die Ausnahmeregel stellt sicher, dass die Hinzurechnung nur
auf der letzten Stufe einer „Überlassungskette" Anwendung findet.[26]

IV. Beschränkung des deutschen Besteuerungsrechts durch internationale Verträge

Neben einer inländischen unbeschränkten oder beschränkten Steuerpflicht 37
können grenzüberschreitend tätige Steuerpflichtige auch im Ausland unbeschränkt oder beschränkt steuerpflichtig sein. Da in diesen Fällen zwei oder mehr
Staaten für dieselben Einkünfte ein Besteuerungsrecht beanspruchen, droht den
Steuerpflichtigen die doppelte Besteuerung dieser Einkünfte. **Doppelbesteue-**

---

25 Gleichlautender Ländererlass vom 2. 7. 2012, BStBl. I, 654, Tz. 33.
26 Gleichlautender Ländererlass vom 2. 7. 2012, BStBl. I, 654, Tz. 40.

rungsabkommen ("DBA") und die Zins- und Lizenzrichtlinie der Europäischen Union[27] ("EU-Zins- und Lizenzrichtlinie") weisen das Besteuerungsrecht für einzelne Einkunftsarten jeweils einem der Vertragsstaaten zu und beschränken zugleich das Besteuerungsrecht des anderen Staates für diese Einkunftsart.

1. Doppelbesteuerungsabkommen

38 Übt ein Unternehmen eines Staates seine Tätigkeit in einem anderen Staat durch eine im anderen Staat belegene **Betriebsstätte** aus, sind nach dem UN-Musterabkommen[28] und dem OECD-Musterabkommen[29] Einkünfte aus der Betriebsstätte im Staat der Betriebsstätte zu besteuern, während der Ansässigkeitstaat des Unternehmens die Betriebsstätteneinkünfte von der Besteuerung freistellt.[30] Sind also Lizenzeinkünfte einer deutschen Betriebsstätte zuzuordnen, liegt das Besteuerungsrecht für diese Einkünfte bei Deutschland während diese Betriebsstätteneinkünfte im Ansässigkeitsstaat von den Gesamteinkünften des Unternehmens als steuerfrei abgezogen werden.

39 Können die **Lizenzeinkünfte** eines beschränkt Steuerpflichtigen Nutzungsberechtigten nicht einer deutschen Betriebsstätte zugeordnet werden, steht das Besteuerungsrecht für die Lizenzeinkünfte nach dem OECD-Musterabkommen grundsätzlich nur dem **Ansässigkeitsstaat** des Nutzungsberechtigten zu. Dagegen sieht das UN-Musterabkommens neben dem Besteuerungsrecht des Ansässigkeitsstaates zusätzlich ein **Recht des Quellenstaates** (hier Deutschland) vor, eine der Höhe nach beschränkte Quellensteuer zu erheben. Die Doppelbesteuerung wird in diesem Fall durch Anrechnung der Quellensteuer auf die Steuer im Ansässigkeitsstaat vermieden. Die deutsche Verhandlungsgrundlage für DBA[31] folgt dem OECD-Modell, allerdings hat Deutschland in einer Vielzahl von DBA

---

27 Richtlinie 2003/49/EG des Rates vom 3. Juni 2003 über eine gemeinsame Steuerregelung für Zahlungen von Zinsen und Lizenzgebühren zwischen verbundenen Unternehmen verschiedener Mitgliedstaaten.
28 United Nations Model Double Taxation Convention between Developed and Developing Countries 2017; https://www.un.org/esa/ffd/wp-content/uploads/2018/05/MDT_2017.pdf (zuletzt abgerufen am 10.07.2019).
29 OECD-Musterabkommen zur Vermeidung von Doppelbesteuerung (Model Tax Convention on Income and on Capital: Condensed Version 2017).
30 Die Betriebsstätten-Definition des OECD-Musterabkommen, des UN-Musterabkommens und des § 12 AO weichen teilweise deutliche voneinander ab. Relevant ist die im konkreten DBA vereinbarte Definition.
31 Verhandlungsgrundlage für DBA im Bereich der Steuern vom Einkommen und Vermögen, Stand 22.8.2013, BMF IV B 2 – S 1307/13/10009.

Faßbender

auch der Anwendung des Quellenbesteuerungsrechts entsprechend dem UN-Modell zugestimmt.

Der **Begriff der Lizenz** wird in jedem DBA genau definiert. Gemäß Art. 12   **40** Abs. 2 des OECD-Musterabkommens umfasst der Begriff „Zahlungen jeglicher Art, die als Gegenleistung für die Nutzung oder das Recht zur Nutzung eines Urheberrechts an literarischen, künstlerischen oder wissenschaftlichen Werken, einschließlich kinematografischer Filme, von Patenten, Marken, Mustern oder Modellen, Plänen, geheimen Formeln oder Verfahren oder für die Mitteilung industrieller, kommerzieller oder wissenschaftlicher Erfahrungen bezogen werden". Diese Definition geht insofern über den Lizenzbegriff des § 49 Abs.1 Nr. 2 lit. f und Nr. 6 EStG hinaus, als für geschützte Rechte **keine Eintragung in ein öffentliches Register vorausgesetzt** wird. Sie umfasst zudem sog. Know-How, also sowohl einfaches Erfahrungswissen als auch nicht geschützte Erfindungen, d. h. Spezialwissen, das einem Dritten, dem es überlassen wird, Zeit und Kosten erspart.

Zur **Abgrenzung** zwischen Verträgen **zur Überlassung von Know-How** und   **41** Dienstleistungsverträgen enthält der Kommentar zu Art. 12 des OECD-Musterabkommen umfangreiche Ausführungen. Demnach betreffen Verträge über die Bereitstellung von Know-how bereits bestehende Informationen nach ihrer Entwicklung oder Erstellung und enthalten besondere Bestimmungen über die Vertraulichkeit dieser Informationen. Dagegen verpflichtet sich der Auftragnehmer im Falle von Verträgen über die Erbringung von Dienstleistungen regelmäßig, Dienstleistungen zu erbringen, die den Einsatz besonderer Kenntnissen, Fähigkeiten und Erfahrungen erfordern, nicht aber zur Weitergabe dieser besonderen Kenntnisse, Fähigkeiten oder Fachkenntnisse an die andere Partei. Ein Vertrag über die Erbringung von Dienstleistungen bringt in den meisten Fällen einen sehr viel höheren Aufwand des Auftragnehmers zur Erfüllung seiner vertraglichen Verpflichtungen mit sich als ein Vertrag über die Überlassung von Know-How. So muss der Auftragnehmer je nach Art der zu erbringenden Dienstleistungen Gehälter und Löhne für Mitarbeiter, die an der Erforschung, Konstruktion, Prüfung, Zeichnung etc. beteiligt sind, oder Zahlungen an Subunternehmer für die Erbringung ähnlicher Dienstleistungen tragen, während die Bereitstellung von Know-how in der Regel nur sehr wenig mehr erfordert als das Zurverfügungstellen bestehender Informationen.

2. EU-Zins- und Lizenzrichtlinie

Neben den bilateralen DBA schützt die **Zins- und Lizenzrichtlinie der Euro-**   **42** **päischen Union** Steuerpflichtige vor der doppelten Besteuerung von Lizenzerträgen. Nach dieser Richtlinie dürfen Zins- und Lizenzzahlungen zwischen verbundenen Unternehmen innerhalb der EU grundsätzlich **keinen Quellensteuern** unterliegen. Durch § 50 g EStG wurde die EU-Zins- und Lizenzrichtlinie in deutsches Recht umgesetzt und der Anwendungsbereich auf die Schweiz ausgeweitet.

V. Steuererhebung bei beschränkt steuerpflichtigen Einkünften – Quellensteuer bei Lizenzzahlungen ins Ausland

43 Einkommensteuer und Körperschaftsteuer beschränkt Steuerpflichtiger wird entweder im Wege der Veranlagung oder im Wege des Quellensteuerabzuges erhoben. Können Einkünfte eines beschränkt Steuerpflichtigen einer inländischen Betriebsstätte zugeordnet werden, werden die Einkünfte im **Veranlagungsverfahren** erhoben. Einzelheiten der Gewinnabgrenzung von Betriebsstätten hinsichtlich der Zuordnung von Wirtschaftsgütern, der Berücksichtigung anzunehmender schuldrechtlicher Beziehungen sind in der Betriebsstätten-Gewinnabgrenzungsverordnung geregelt.[32]

44 Können inländische Einkünfte im Sinne von § 49 EStG nicht einer Betriebsstätte zugeordnet werden, wird die Einkommensteuer bzw. Körperschaftsteuer beschränkter Steuerpflichtiger im Wege des Steuerabzugs nach § 50a Abs. 1 Nr. 3 EStG bei Einkünften, die aus Vergütungen für die Überlassung der Nutzung oder des Rechts auf Nutzung von Rechten, insbesondere Urheberrechten, gewerblichen Schutzrechten und Know-How herrühren, erhoben (**Quellensteuer**).

45 Die Steuer **entsteht** in dem Zeitpunkt, in dem die Vergütung dem Gläubiger **zufließt**. In diesem Zeitpunkt hat der Vergütungsschuldner den Steuerabzug für Rechnung des Gläubigers (Steuerschuldners) vorzunehmen. Er hat die innerhalb eines Kalendervierteljahres einbehaltene Steuer jeweils bis zum zehnten des dem Kalendervierteljahr folgenden Monats an das Bundeszentralamt für Steuern abzuführen. Bis zum gleichen Zeitpunkt hat der Schuldner dem zuständigen Bundeszentralamt für Steuern eine Steueranmeldung über den Gläubiger, die Höhe der Vergütungen i. S. v. § 50a Abs. 1 EStG, die Höhe und Art der von der Bemessungsgrundlage des Steuerabzugs abgezogenen Betriebsausgaben oder Werbungskosten und die Höhe des Steuerabzugs zu übersenden.

46 § 50a Abs. 1 Nr. 3 EStG erfasst nur Einkünfte aus der Überlassung der Nutzung oder des Rechts auf Nutzung von Rechten. Dabei liegen eine **zeitlich begrenzte Überlassung von Rechten** und damit eine Nutzungsüberlassung auch dann vor, wenn bei Abschluss des Vertrages ungewiss ist, ob und wann die Überlassung zur

---

32 Verordnung zur Anwendung des Fremdvergleichsgrundsatzes auf Betriebsstätten nach § 1 Abs. 5 des Außensteuergesetzes vom 13. Oktober 2014 (BGBl I 2014, S. 1603).

Faßbender

Nutzung endet. Wenn das Nutzungsrecht dem durch den Vertrag Berechtigten mit Gewissheit endgültig verbleibt oder ein Rückfall kraft Gesetzes oder Vertrags nicht in Betracht kommt, wird das Nutzungsrecht dagegen nicht „überlassen" sondern **veräußert.**

Der **Veräußerung gleichgestellt** ist ein Vorgang, bei dem sich ein überlassenes **47** Recht während der eingeräumten Nutzung wirtschaftlich vollständig verbraucht, wie z. B. bei einem veranstaltungs- oder werbekampagnenbezogenen Recht. Die Frage, ob es sich um eine zeitlich begrenzte oder um eine endgültige Überlassung von Rechten handelt, ist nach dem Vertrag und Verhältnissen im Zeitpunkt des Vertragsschlusses zu beurteilen. Allerdings liegt eine **Nutzungsüberlassung** auch dann vor, wenn – bei Anwendung des deutschen Urheberrechts – ein beschränkt steuerpflichtiger Vergütungsgläubiger dem Vergütungsschuldner ein umfassendes Nutzungsrecht an einem urheberrechtlich geschützten Werk i. S. eines „total buy out" gegen eine einmalige Pauschalvergütung einräumt. Das Urheberrecht ist seiner Natur nach grundsätzlich unveräußerlich.[33] Zulässig sind nach § 29 Abs. 2 UrhG lediglich die **Einräumung von Nutzungsrechten** i. S. d. § 31 UrhG, schuldrechtliche Einwilligungen und Vereinbarungen zu Verwertungsrechten sowie die in § 39 UrhG geregelten Rechtsgeschäfte über Urheberpersönlichkeitsrechte. Insbesondere das **Rückrufsrecht** nach § 41 UrhG und bestehende fortlaufende Eventualanspruch des Urhebers auf **weitere Erfolgsbeteiligung** nach § 32a UrhG führen dazu, dass in wirtschaftlicher Hinsicht kein Rechteverkauf, sondern trotz abweichender Bezeichnung im Vertrag („total buy out") nur eine Nutzungsüberlassung vorliegen kann. Abweichend zur bilanziellen Erfassung von Nutzungsrechten kommt für Zwecke des § 50a Abs. 1 Nr. 3 EStG eine Auftrennung in ein Urheberrecht und ein daraus abgeleitetes Nutzungsrecht nach Auffassung des Bundesfinanzhofs nicht in Betracht.[34]

Die **Bemessungsgrundlage** für den Steuerabzug ist die **volle Lizenzgebühr** **48** gem. § 50a Abs. 2 S. 1 EStG. Der **Steuerabzug** beträgt 15 % zzgl. Solidaritätszuschlag i. H. v. 5,5 % der Bemessungsgrundlage. Im Grundfall kürzt der Vergütungsschuldner bei Zahlung die Vergütung um den abzuführenden Steuerabzug. Es ist international jedoch durchaus üblich, dass der Vergütungsschuldner verpflichtet wird, sämtliche nationalen Steuern tragen, d. h. eine Nettovergütung vereinbart wird. In diesem Fall übernimmt der Vergütungsschuldner die Quellensteuer, das Entgelt als Bemessungsgrundlage der Quellensteuer wird ent-

---

33 Abweichendes gilt nur für die Erfüllung einer Verfügung von Todes wegen oder bei Übertragung des Rechts an Miterben im Wege der Erbauseinandersetzung; § 29 Abs. 1 UrhG.
34 BFH vom 24.10.2018 – I R 69/16, DStR 2019, 916; BFH vom 24.10.2018, I R 83/16.

sprechend erhöht. Gemessen an der Nettovergütung fällt somit Quellensteuer i. H.v. 17,82% zzgl. 0,98% Solidaritätszuschlag an.

49   Hat der Vergütungsschuldner wegen Anwendung des **Reverse-Charge-Verfahrens** gem. § 13b UStG (s.u. Rn. 106) die zu entrichtende Umsatzsteuer als Steuerschuldner zu übernehmen, gehört diese Umsatzsteuer nicht zur Bemessungsgrundlage für den Steuerabzug.[35] Für den beschränkt Steuerpflichtigen hat der Steuerabzug gem. § 50 Abs. 2 S. 1 EStG bzw. § 32 Abs. 1 Nr. 2 KStG abgeltende Wirkung, d. h. es ist keine weitere steuerliche Veranlagung in Deutschland notwendig. Sollte die Veranlagung günstiger sein, kann der beschränkt Steuerpflichtige gem. § 50 Abs. 2 S. 2 Nr. 5 EStG bzw. § 32 Abs. 2 Nr. 3 KStG eine Veranlagung zur deutschen Steuer beantragen.

50   Dürfen Einkünfte, für die nach § 50a EStG Quellensteuer einzubehalten ist, nach einem DBA durch Deutschland nicht oder nur nach einem niedrigeren Steuersatz besteuert werden, bleiben die Vorschriften zur Anmeldung, Einbehaltung und Abführung der Quellensteuer grundsätzlich erhalten.

51   Erfüllt der Vergütungsgläubiger die formalen Voraussetzungen, hat er das Recht auf **Erstattung der einbehaltenen Quellensteuer** (§ 50d Abs. 1 EStG). Alternativ kann der Vergütungsschuldner gem. § 50d Abs. 2 EStG beim Bundeszentralamt für Steuern eine Bescheinigung über die Freistellung seiner Einkünfte nach Maßgabe des Doppelbesteuerungsabkommens beantragen („**Freistellungsbescheinigung**"). Wenn dem Vergütungsschuldner im Zeitpunkt der Lizenzzahlung eine Freistellungsbescheinigung vorliegt, kann er den Einbehalt der Quellensteuer unterlassen bzw. nach einem geringeren Steuersatz vornehmen.[36] Die Freistellungsbescheinigung wird frühestens ab dem Tag des Eingangs des Antrag beim Bundeszentralamt für Steuern erteilt und gilt mindestens ein bis maximal drei Jahre. Der Vergütungsschuldner haftet für nicht ordnungsgemäß abgeführte Quellensteuer. Da das Erstattungsverfahren mehrere Wochen bis Monate dauern kann, bietet das Freistellungsverfahren einen **Liquiditätsvorteil.** Die Quellensteuer wird erst bei Zahlung der Lizenzen fällig, so dass es Vergütungsgläubiger und -schuldner vorteilhafter sein kann, die Zahlung bis zum Erhalt der Freistellungsbescheinigung zu verschieben.

---

35 *Frotscher/Geurts*, EStG, § 50a Rn. 112; BMF-Schreiben vom 25. 11. 2010, IV C 3 – S 2303/09/10002 Rn. 45.

36 Mit Urteil vom 20.12. 2017 – C-504/16 und C-613/16 hat der EuGH entschieden, dass § 50d Abs. 3 EStG, wonach für die Erstattung bzw. Freistellungbescheinigung strenge Anforderungen an die Aktivität des Vergütungsgläubigers gestellt werden, gegen europäisches Recht verstößt. Eine Versagung der Entlastung von Quellensteuer kommt jedenfalls in EU-Fällen nur bei rein künstlichen Gestaltungen in Frage, vgl. BMF vom 4.4. 2018, IV B 3 – S 2411/07/10016 – 14.

Faßbender

VI. Maßnahmen zur Vermeidung der Doppelbesteuerung bei Lizenzzahlungen an inländische Lizenzgeber

Lizenzzahlungen an inländische Lizenzgeber unterliegen nach dem Weltein- 52
kommensprinzip der unbeschränkten Steuerpflicht in Deutschland. Ist der Lizenznehmer und damit Vergütungsschuldner der Lizenzzahlungen im Ausland ansässig, unterliegen die Lizenzeinnahmen des inländischen Lizenzgebers im Ausland ggf. der beschränkten Steuerpflicht. Die in diesem Falle **drohende Doppelbesteuerung** kann unter bestimmten Voraussetzungen durch die Anwendung eines bilateralen DBA oder der EU-Zins- und Lizenzrichtlinie (zu beidem schon oben Rn. 37 ff.) vermieden werden. Wird die Doppelbesteuerung nicht auf diesem Wege beseitigt, sieht § 34c EStG zusätzliche unilaterale Möglichkeiten zur Verhinderung oder Minderung der doppelten Besteuerung ausländischer Einkünfte vor.

Grundsätzlich stehen zur **Vermeidung einer Doppelbesteuerung** zwei 53
Techniken zur Verfügung, die Freistellungsmethode und die Anrechnungsmethode. Nach der **Freistellungsmethode** werden die im anderen Staat bereits besteuerten Einkünfte im Inland von der Besteuerung freigestellt, d. h. als steuerfrei von der Bemessungsgrundlage abgezogen. Nach der **Anrechnungsmethode** werden die im Ausland auf die Einkünfte gezahlten Steuern auf die inländische Steuer angerechnet, welche auf die entsprechenden Einkünfte entfällt.

Im Rahmen von **Lizenzverträgen** wird die **Freistellungsmethode** nach 54
deutschem Recht nur angewendet, wenn die Lizenzerträge einer **ausländischen Betriebsstätte** des Steuerpflichtigen zuzurechnen und als Betriebsstätteneinkünfte nach einem DBA freizustellen sind. Die Lizenzerträge werden in diesem Fall in Deutschland grundsätzlich nicht besteuert. Die Freistellung wird allerdings nicht gewährt, wenn die Einkünfte aus der Betriebsstätte im Ausland nicht besteuert werden, weil (1) ein Qualifikationskonflikt dazu führt, dass Staaten die Einkünfte nach ihrem innerstaatlichen Recht unterschiedlichen Abkommensnormen zuordnen und die Einkünfte hierdurch in keinem Staat besteuert werden (§ 50d Abs. 9 Nr. 1 EStG) oder (2) im Ausland mangels unbeschränkter Steuerpflicht des dortigen Steuersubjekts keine Besteuerung erfolgt (§ 50d Abs. 9 Nr. 2 EStG).

Trotz Freistellung wirken sich Lizenzerträge bei **natürlichen Personen** auf 55
die Höhe des anzuwendenden Steuersatzes aus. Der Einkommensteuersatz ist progressiv, d. h. er steigt mit der Höhe der steuerlichen Bemessungsgrundlage. Nach einem DBA freigestellte (positive oder negative) Einkünfte unterliegen gem. § 32b EStG dem sog. **Progressionsvorbehalt**, d. h. sie sind bei der Ermittlung des anzuwendenden Steuersatzes zu berücksichtigen.

Faßbender

56 Können **ausländischen Lizenzerträge nicht** einer Betriebsstätte zugeordnet werden, sehen DBA üblicherweise vor, dass das Besteuerungsrecht für die **Lizenzerträge** dem **Ansässigkeitsstaat** zusteht. Teilweise wird dem Quellenstaat, aus dem die Lizenzerträge stammen ein zusätzliches Besteuerungsrecht in Höhe eines vereinbarten Prozentsatzes zugestanden (Quellensteuer). Regelmäßig soll die Doppelbesteuerung dann durch Anwendung der **Anrechnungsmethode** beseitigt werden, d. h. der Ansässigkeitsstaat rechnet die Quellensteuer des anderen Staates auf seine eigene zu erhebende Steuer an.

57 In Deutschland ist die Steuerermäßigung bei ausländischen Einkünfte und damit die Anrechnungsmethode in den § 34c EStG und § 26 KStG geregelt. Die **Anrechnung ausländischer Steuern** setzt gem. § 34c Abs. 1 EStG grundsätzlich voraus, dass

– es sich um ausländische Einkünfte im Sinne von § 34d EStG handelt,
– die ausländische Steuer der deutschen Steuer entspricht und
– die ausländische Steuer in dem Staat erhoben wurde, aus dem die Einkünfte stammen.

58 Die **Anrechnung ausländischer Steuern** ist der Höhe nach auf die im Ausland festgesetzte und gezahlte und um einen entstandenen Ermäßigungsanspruch gekürzte ausländische Steuer begrenzt, die auf die entsprechend in Deutschland steuerpflichtigen Einkünfte entfällt. Eine Anrechnung ist daher in Deutschland nur möglich, wenn die entsprechenden Einkünfte in Deutschland zu einer Steuerbelastung führen. Sind die Einkünfte in Deutschland aus anderen Gründen steuerbefreit oder fällt keine deutsche Steuer an, weil das gesamte Einkommen in Deutschland negativ ist, steht kein Potential für die Anrechnung ausländischer Steuern zur Verfügung.

59 Liegen die Voraussetzungen des § 34c Abs. 1 EStG nicht vor, kann die Steuer **nicht angerechnet** werden. Sie ist dann gem. § 34c Abs. 3 EStG bei der Ermittlung der Einkünfte abzuziehen, mindert also nur mittelbar die deutsche Steuerlast durch die Festsetzung eines niedrigeren zu versteuernden Einkommens. Der Steuerpflichtige kann gem. § 34c Abs. 2 EStG trotz Vorliegen der Voraussetzungen für die Anrechnung der ausländischen Steuer beantragen, dass die Steuer nicht angerechnet, sondern vom Einkommen abgezogen wird. Dieser Antrag kann vorteilhaft sein, wenn keine deutsche Steuer anfällt, auf welche die ausländische Steuer anrechenbar wäre, s.o.. In diesem Fall erhöht der Abzug der ausländischen Steuer vom Einkommen den Verlustvortrag und ist so in Folgejahren zur Verrechnung mit steuerlichen Gewinnen und somit indirekt zur Minderung der Steuerlast nutzbar.

60 Die **Anrechnung ausländischer Steuern** ist zudem nur möglich, wenn entweder kein DBA mit dem anderen Staat abgeschlossen wurde oder ein beste-

Faßbender

hendes DBA mit dem anderen Staat für die betreffenden Einkünfte die Anwendung der Anrechnungsmethode vorsieht. Durfte die ausländische Steuer durch den ausländischen Staat nach dem DBA nicht erhoben werden, ist eine Anrechnung auf die deutsche Steuer nicht möglich. Dies ist insbesondere in Fällen kritisch, in denen Lizenzverträge neben der eigentlichen Nutzungsüberlassung die Erbringung von Dienstleistungen umfassen, welche nicht lediglich von untergeordneter Bedeutung sind. Insbesondere Staaten, die sich an Artikel 12a des UN-Musterabkommen orientieren, erheben Quellensteuern für Vergütungen für technische Dienstleistungen. Da die deutschen DBA ein Quellensteuereinbehaltungsrecht in diesen Fällen i.d.R. nicht vorsehen, kann die ausländische Steuer nur für den Teil der Lizenz angerechnet werden, der auf die Vergütung der Nutzungsüberlassung entfällt. Soweit die ausländische Steuer auf technische Dienstleistungen entfällt, besteht grundsätzlich kein Anspruch auf Anrechnung der ausländischen Steuer.

Für besondere Fälle gestattet § 34c Abs. 5 EStG den Finanzbehörden, die **61** auf ausländische Einkünfte entfallende deutsche Steuer ganz oder zum Teil zu erlassen oder einen Pauschbetrag festzusetzen, wenn dies aus volkswirtschaftlichen Gründen zweckmäßig ist. Diese Möglichkeit dient der Exportförderung und wird in der Praxis selten eingesetzt. Deutschen DBA unterfallen regelmäßig nur die Einkommensteuer und die Körperschaftsteuer. Mangels zusätzlicher nationaler Regelungen ist eine Anrechnung der ausländischen Steuern nur auf die Einkommensteuer und auf die Körperschaftsteuer, nicht jedoch auf die Gewerbesteuer möglich.

VII. Bilanzierung

1. Arten immaterieller Wirtschaftsgüter

Der Bundesfinanzhof versteht unter **Wirtschaftsgütern** „Sachen, Rechte oder **62** tatsächliche Zustände, konkrete Möglichkeiten oder Vorteile für den Betrieb, deren Erlangung der Kaufmann sich etwas kosten lässt, die einer besonderen Bewertung zugänglich sind, in der Regel eine Nutzung für mehrere Wirtschaftsjahre erbringen und zumindest mit dem Betrieb übertragen werden können."[37]

Es wird zwischen materiellen und immateriellen Wirtschaftsgütern unter- **63** schieden. Ein **Wirtschaftsgut** ist **immaterieller** Natur wenn es sich um ein Recht, einen rechtsähnlichen Wert und sonstigen Vorteil handelt. Zur Abgrenzung gegenüber materiellen Wirtschaftsgütern wird auf das wirtschaftliche Interesse

---

37 BFH v. 28.5.1979, I R 1/76, BStBl. II 1979, 734; BFH v. 19.6.1997, IV R 16/95, BStBl. II 1997, 808.

beim Kauf abgestellt. Liegt dieses vorwiegend in der Erlangung des unkörperlichen Teils der Leistung, ist sie insgesamt als immaterielles Wirtschaftsgut einzuordnen. Weiterhin wird unter immateriellen Wirtschaftsgütern auch all jenes Wissen und Gut verstanden, welches sich durch geistige Anstrengung konkretisiert. Nach der Gliederung der Handelsbilanz gem. § 266 HGB umfasst der Begriff „Immaterielle Vermögensgegenstände" folgende Werte:

– selbst geschaffene gewerbliche Schutzrechte und ähnliche Rechte und Werte,
– entgeltlich erworbene Konzessionen, gewerbliche Schutzrechte und ähnliche Rechte und Werte sowie Lizenzen an solchen Rechten und Werten,
– Geschäfts- oder Firmenwert,
– geleistete Anzahlungen.

64 Aufgrund der Maßgeblichkeit der handelsrechtlichen Grundsätze ordnungsmäßiger Buchführung gilt diese Gliederung auch für die Steuerbilanz. **Patente, Marken, ungeschützte Erfindungen, Gebrauchsmuster, Designs** und **Know-How,** sowie **Lizenzen** erfüllen den Begriff des immateriellen Wirtschaftsgutes.[38] Werden Lizenzen als Wirtschaftsgüter qualifiziert, sind sie folglich den **immateriellen Wirtschaftsgütern** zuzuweisen.

2. Anschaffung vs. Herstellung

65 Unternehmen können immaterielle Wirtschaftsgüter selbständig herstellen oder erwerben. Wird sich für den Erwerb entschieden, treten Fragen bzgl. des Ansatzes/ Bewertung für Handels- und Steuerbilanz auf.

66 Innerhalb der **Handelsbilanz** sind entgeltlich erworbene Vermögensgegenstände anzusetzen (**Aktivierungspflicht**). Vermögensgegenstände werden gem. § 253 Abs. 1 S. 1 HGB höchstens mit den Anschaffungskosten abzgl. der Abschreibungen bewertet. Der Ansatz von unentgeltlich erworbenen Vermögensgegenständen ist in der Literatur umstritten. § 248 Abs. 2 S. 1 HGB eröffnet ein **Aktivierungswahlrecht** für selbst geschaffene immaterielle Vermögensgegenstände des Anlagevermögens. Ob dieses Wahlrecht auch zur Rechtfertigung des Ansatzes von eben diesen unentgeltlich erworbenen immateriellen Vermögensgegenständen genutzt werden kann, ist fraglich. In den auf das Ansatzjahr folgenden Perioden sind die Vermögensgegenstände entsprechend der allgemeinen Regelung des § 253 Abs. 3–5 HGB abzuschreiben (Folgebewertung).

67 In der **Steuerbilanz** können **immaterielle Wirtschaftsgüter des Anlagevermögens** gem. § 5 Abs. 2 EStG nur angesetzt werden, wenn diese entgeltlich

---

38 Vgl. H 5.5 EStH 2018.

Faßbender

erworben werden. Werden unentgeltlich erworbene Wirtschaftsgüter in der Handelsbilanz angesetzt, entsteht eine temporäre Abweichung zwischen Handels- und Steuerbilanz, für welche latente Steuern angesetzt werden müssen. Hinsichtlich der Folgebewertung ist die Frage zu klären, ob es eine Wahlmöglichkeit zwischen der linearen oder degressiven Abschreibung gibt. Die degressive Abschreibung kommt gem. § 7 Abs. 2 EStG bei materiellen, beweglichen Wirtschaftsgütern des Anlagevermögens, die zwischen dem 31.12.2008 und 1.1.2011 angeschafft oder hergestellt wurden, in Frage. Daher fallen immaterielle Wirtschaftsgüter aus dem Anwendungsbereich und es entsteht, hinsichtlich der Abschreibungsmethode, keine Betragsdifferenz zwischen Handels- und Steuerbilanz.

Für **selbst erstellte immaterielle Vermögensgegenstände des Anlage- 68 vermögens** ist mit § 248 Abs. 2 HGB ein Ansatzwahlrecht formuliert. Hiervon **ausgenommen** werden selbst geschaffene Marken, Drucktitel, Verlagsrechte, Kundenlisten oder vergleichbare Vermögensgegenstände des Anlagevermögens. Hintergrund dieses Ausschlusses ist die eingeschränkte Bewertbarkeit von immateriellen Vermögensgegenständen und das im HGB zur Anwendung kommende Vorsichtsprinzip. Entscheidet sich der Unternehmer für den Ansatz, regelt § 255 Abs. 2a HGB die Bewertung. Hiernach sind **Herstellungskosten** eines selbst geschaffenen immateriellen Vermögensgegenstandes des Anlagevermögens „die bei dessen Entwicklung anfallenden Aufwendungen nach Absatz 2. Entwicklung ist die Anwendung von Forschungsergebnissen oder von anderem Wissen für die Neuentwicklung von Gütern oder Verfahren oder die Weiterentwicklung von Gütern oder Verfahren mittels wesentlicher Änderungen." Nicht anzusetzen sind Forschungskosten. Der Abgrenzung der Forschungs- zur Entwicklungsphase kommt eine besondere Bedeutung zu, da nur bei Vorliegen einer klaren Abgrenzung die Herstellkosten der Entwicklung angesetzt werden können. Bei Ausübung des Aktivierungswahlrechts ist die Ausschüttungssperre gem. § 268 Abs. 8 HGB zu prüfen.

69 Hinsichtlich der **Folgebewertung** gelten die oben skizzierten Grundsätze. 69 Steuerlich bleibt es bei dem Ansatzverbot auch für selbst geschaffene immaterielle Wirtschaftsgüter. Die temporäre Differenz zwischen Handels- und Steuerbilanz führt zu latenten Steuern.

3. Anlagevermögen vs. Umlaufvermögen

Unter **Anlagevermögen** werden Vermögenswerte verstanden, die dem Betrieb 70 **dauernd dienen.** Ein Vermögensgegenstand dient dem Betrieb dauernd, wenn er für eine längere Zeit gebraucht wird. Vermögensgegenstände des **Umlaufvermögens** hingegen **dienen dem Betrieb nicht dauernd** und sind i.d.R. nur kurzfristig an diesen gebunden. Steuerlich gelten aufgrund der Maßgeblichkeit dieselben Grundsätze. Jedoch sind auch hier die Besonderheiten für selbst geschaffene immaterielle Wirtschaftsgüter zu berücksichtigen. In der Steuerbilanz ist das Kriterium der dauernden Nutzungsabsicht erfüllt, wenn das Wirtschaftsgut wiederholt genutzt wird. Sowohl in der Handelsbilanz als auch in der Steuerbilanz gibt es kein Ansatzverbot für Umlaufvermögen. Dies gilt für entgeltlich und unentgeltlich erworbenes Umlaufvermögen.

4. Rechtlicher Eigentümer vs. Wirtschaftlicher Eigentümer

71 Im Grundsatz ist das **Eigentum an dem immateriellen Wirtschaftsgut** dem zivilrechtlichen Eigentümer/Inhaber zuzurechnen. Dies ergibt sich aus § 39 Abs. 1 AO. Steuerlich gibt es eine Ausnahme von der rein zivilrechtlichen Betrachtungsweise. Unter den Voraussetzungen des § 39 Abs. 2 Nr. 1 AO wird das Wirtschaftsgut dem sog. **wirtschaftlichen Eigentümer** zugerechnet. Ein Übergang des wirtschaftlichen Eigentums ist gegeben, wenn der Erwerber den zivilrechtlichen Eigentümer in der gewöhnlichen Nutzungsdauer von der Einwirkung auf das Wirtschaftsgut ausschließen kann und die tatsächliche Herrschaft über das Wirtschaftsgut besitzt. Es wird hierbei auf die Gesamtverhältnisse des Sachverhalts abgestellt. Ein Ausschluss des Eigentümers liegt vor, wenn kein Herausgabeanspruch des Wirtschaftsgutes besteht oder dieser wirtschaftlich keine Bedeutung besitzt.

5. Abgrenzung Nutzungsüberlassung und Übertragung von immateriellen Wirtschaftsgütern

72 Die Abgrenzung der begrenzten zeitlichen Überlassung von immateriellen Wirtschaftsgütern zur vollumfänglichen Übertragung kann insbesondere im internationalen Kontext von Bedeutung werden. Nationale Themen wie die der Bilanzierung und die gewerbesteuerliche Hinzurechnung sind eng an die Unterscheidung zwischen Überlassung und Übertragung gerichtet. Eine Veräußerung liegt grundsätzlich vor, wenn das zivilrechtliche oder wirtschaftliche Eigentum an dem Nutzungsrecht auf den Erwerber übergeht. Eine zivilrechtliche Übertragung ist gegeben, wenn das Nutzungsrecht dem Erwerber nicht entziehbar verbleibt und ein Rückfall ausgeschlossen ist. Besteht bei Vertragsabschluss keine Gewissheit, ob und wann das Nutzungsrecht an dem immateriellen Wirtschaftsgut beendet wird, ist keine Übertragung gegeben. Auch kann steuerlich eine Übertragung vorliegen, wenn ein Übergang des wirtschaftlichen Eigentums vorliegt. Eine Besonderheit stellt die sog. **verbrauchende Rechteüberlassung** dar. Danach ist eine Übertragung gegeben, wenn ein Recht sich in Folge der Nutzung

verbraucht, etwa ein Nutzungsrecht, das beendet wird. Die verbrauchende Rechteüberlassung steht der Veräußerung gleich.

Die Verwaltung lehnt z.B. eine Übertragung bei Rechten ab, die dem Li- 73 zenzgeber zurückfallen können.[39] Hier zu nennen sind **Urheberrechte**, deren Übertragung gem. § 29 Abs. 1 UrhG nicht möglich ist. Dort greifen auch nicht die Besonderheiten des wirtschaftlichen Übergangs.

VIII. Lizenzschranke

Seit dem 1. Januar 2018 ist in Deutschland der Betriebsausgabenabzug bestimmter 74 Lizenzaufwendungen beschränkt, wenn korrespondierende Lizenzeinnahmen im Ausland einer Steuerbegünstigung unterliegen, diese Begünstigung nicht dem sog. **Nexus-Ansatz** entspricht und der Lizenzgeber eine dem Lizenznehmer nahestehende Person i.S.v. § 1 Abs. 2 AStG ist („Lizenzschranke"). Im Ergebnis erhöht dies den steuerlichen Gewinn und damit die Steuerbelastung auf Ebene des Lizenznehmers.

Der Regelung unterliegen nicht alle Lizenzverträge zwischen nahestehenden 75 Personen, sondern nur solche über die **Überlassung der Nutzung oder des Rechts auf Nutzung von Rechten**, insbesondere von Urheberrechten und gewerblichen Schutzrechten (z.B. Patent- und Designrechte) und von Know-How (insbesondere technisches Wissen und Geschäftsgeheimnisse).

Nach dem **Nexus-Ansatz** soll der **Umfang der Steuervergünstigungen** für 76 Lizenzeinnahmen vom Umfang der substanziellen eigenen Forschungs- und Entwicklungstätigkeiten des Steuerpflichtigen abhängig sein. Dass ist der Fall, wenn nur der Anteil der Lizenzeinnahmen steuerbegünstigt ist, welcher dem Anteil der **sog. qualifizierten Forschungs- und Entwicklungsausgaben** an den Gesamtausgaben für die Entwicklung des IP entspricht. Aufwendungen für den Erwerb von IP oder für die Auftragsforschung eines nahestehenden Dritten zur Schaffung von IP fallen nicht unter die qualifizierten Forschungs- und Entwicklungsausgaben und sind insoweit nicht berücksichtigungsfähig. Ein ausländisches Präferenzsystem, das auch Lizenzeinnahmen begünstigt, die nicht auf eigener substanzieller Forschungs- und Entwicklungstätigkeit des Lizenzgebers beruhen, ist nach dem Nexus-Ansatz mithin ein schädliches Präferenzsystem. Die steuerliche Begünstigung von Lizenzeinnahmen aus der Überlassung von Rechten, die nach deutschem Recht unter das Markengesetz fallen, gilt per definitio-

---

[39] BMF v. 25.11.2010, IV C 3 – S 2303/09/10002, BStBl. I 2010, 1350 Rn. 23; BMF v. 27.10.2017, IV C 5 – S 2300/12/10003:004, BStBl. I 2017, 1448 Rn. 11.

nem als **schädliches Präferenzsystem.** Hintergrund ist, dass marketingbezogene immaterielle Werte nicht die Voraussetzungen für Steuervergünstigungen erfüllen.

77   Eine **niedrige Besteuerung** liegt vor, wenn die von der Regelbesteuerung abweichende Lizenzbesteuerung beim Lizenzgeber zu einer Belastung durch Ertragsteuern von weniger als 25 % führt. Keine schädliche Niedrigbesteuerung liegt hingegen vor, wenn die Einkünfte beim Lizenzgeber einem niedrigen Regelsteuersatz unterliegen oder wenn die steuerlichen Vergünstigungen des Lizenzgebers weder an den Steuersatz noch an die Einnahmen des Lizenzgebers anknüpfen, sondern an seine tatsächlichen Aufwendungen (z. B. steuerliche Forschungsprämien).

78   Soweit die Lizenzschranke anwendbar ist, sollen die Lizenzaufwendungen in Deutschland zukünftig nur noch entsprechend anteilig als Betriebsausgaben abziehbar sein. Der Anteil der nicht als Betriebsausgaben abziehbaren Lizenzaufwendungen ist dabei wie folgt zu ermitteln:

$$\text{Anteil} = \frac{(25\% \quad - \quad \text{Belastung durch Ertragsteuern im Ausland in \% })}{25\%}$$

IX. Hinzurechnungsbesteuerung

79 Die Hinzurechnungsbesteuerung ist eine Regelung zur **Verhinderung von missbräuchlichen Steuergestaltungen.** Hintergrund ist das sog. **Trennungsprinzip,** wonach die Besteuerung einer Körperschaft und die Besteuerung der Anteilseigner dieser Gesellschaft grundsätzlich unabhängig voneinander erfolgen. Nach dem Trennungsprinzip wird der Gewinn der Körperschaft grundsätzlich auf Ebene der Körperschaft besteuert und erst bei Ausschüttung der Gewinne auf Ebene der Anteilseigner steuerlich erfasst.[40] Vor Einführung der Hinzurechnungsbesteuerung ließen sich durch Gründung einer ausländischen Gesellschaft „bewegliche" Einkünfte wie z. B. Lizenzen, Zinsen und Dividenden aus Deutschland in das niedrigbesteuernde Ausland transferieren und so der deutschen Besteuerung entziehen.

80 Durch die Hinzurechnungsbesteuerung werden **Einkünfte einer ausländischen Zwischengesellschaft** der deutschen Besteuerung unterworfen, wenn die Gesellschaft in einem **Niedrigsteuerland** ansässig ist, mehrheitlich von unbeschränkt steuerpflichtigen Personen beherrscht wird und ihre Gewinne aus sog.

---

40 *Blümich/Rengers,* KStG, 147. EL Mai 2019, § 1 Rn. 10 – 16; *Frotscher/Drüen,* KStG, § 1 Rn. 7.

Faßbender

passiven Tätigkeiten stammen. Im Folgenden werden die nach derzeitigem Rechtsstand gültigen Kriterien in **Bezug auf Lizenzverträge** vorgestellt.

Das **Kriterium der Niedrigbesteuerung** ist erfüllt, wenn die Einkünfte der 81 ausländischen Gesellschaft einer Belastung durch Ertragsteuern von weniger als 25 % unterliegen. Eine ausländische Gesellschaft gilt als inländerbeherrscht, wenn unbeschränkt steuerpflichtigen Personen mehr als 50 % der Anteile oder der Stimmrechte zuzurechnen sind.

Der Katalog der **passiven Einkünfte** gem. § 8 AStG ist umfangreich und nach 82 dem **Regel-Ausnahme-Rückausnahme-Prinzip** aufgebaut. Für Einkünfte im Zusammenhang mit der Überlassung von immateriellen Werten gilt demnach Folgendes: Einkünfte aus **Vermietung und Verpachtung** werden grundsätzlich als **aktive Einkünfte** definiert. Einkünfte aus der Vermietung und Verpachtung in Form der **Überlassung der Nutzung von Rechten**, Plänen, Mustern, Verfahren, Erfahrungen und Kenntnissen gelten jedoch als passive Einkünfte (Ausnahme). Soweit die überlassenen Rechte jedoch **Ergebnisse eigener Forschungs- und Entwicklungsarbeit** der ausländischen Gesellschaft sind, werden die Einkünfte wiederum als aktiv angesehen (Rückausnahme). Wurden die selbst entwickelten Rechte allerdings unter Mitwirkung von in Deutschland unbeschränkt steuerpflichtigen Personen (oder diesen nahe stehenden Personen) entwickelt, werden die Einkünfte hieraus als passiv behandelt (Rück-Rückausnahme).

Handelt es sich nach diesen Kriterien um eine ausländische Zwischenge- 83 sellschaft, werden die passiven Einkünfte dieser Gesellschaft nach Abzug der ausländischen Steuern (**Hinzurechnungsbetrag**) den unbeschränkt steuerpflichtigen Anteilseignern zugerechnet und ohne steuerliche Begünstigung in Deutschland besteuert. Alternativ können die Anteilseigner beantragen, dass die ausländische Steuer bei der Ermittlung des Hinzurechnungsbetrages nicht abgezogen, sondern auf die deutsche Ertragsteuer angerechnet wird. Ist die ausländische Gesellschaft im EU-Ausland ansässig, entfällt die Hinzurechnungsbesteuerung, wenn eine tatsächliche wirtschaftliche Tätigkeit der Gesellschaft nachgewiesen werden kann.

Im Nachgang zum **OECD-BEPS-Projekt** wurde durch die Europäische Union 84 eine Richtlinie erlassen, aufgrund derer Deutschland zur Neuregelung der Hinzurechnungsbesteuerung bis zum 1. Januar 2019 verpflichtet war.

C. Umsatzsteuer

I. Einführung

85 Die Umsatzsteuer ist als sog. **Allphasen-Nettobesteuerung** mit Vorsteuerabzug ausgestaltet. Sie ist eine **indirekte Steuer,** d.h. es besteht eine Divergenz zwischen dem Steuerschuldner und dem letztendlich mit der Umsatzsteuer belasteten Endverbraucher. Sind die Besteuerungstatbestände erfüllt, wird **auf jeder Wertschöpfungsstufe** Umsatzsteuer erhoben. Unternehmer i.S.d. UStG sind als Steuerschuldner verpflichtet die Umsatzsteuer einzubehalten und können die Umsatzsteuer der vorherigen Wertschöpfungsstufe wiederum als Vorsteuer von ihrer Umsatzsteuerzahllast abziehen. Im Ergebnis wird das Neutralitätsprinzip gewahrt und die Unternehmer sind nicht durch die Umsatzsteuer belastet.[41] Auf europarechtlicher Ebene ist die Umsatzsteuer weitestgehend durch die Mehrwertsteuersystemrichtlinie harmonisiert.[42]

II. Steuerbarkeit

86 Umsätze sind umsatzsteuerpflichtig, wenn sie im Inland steuerbar und nicht steuerbefreit sind. Nach § 1 Abs. 1 Nr. 1 UStG sind Lieferungen oder sonstige Leistungen steuerbar, wenn sie durch einen Unternehmer im Inland gegen Entgelt und im Rahmen seines Unternehmen ausgeführt werden. Weitere steuerbare Tatbestände sind der innergemeinschaftliche Erwerb im Inland gegen Entgelt (EU-Lieferungen) und die Einfuhr von Gegenständen in das Inland (Drittlandslieferungen).

87 Für Lieferungen und sonstige Leistungen im Zusammenhang mit **Lizenzverträgen** sind im deutschen Umsatzsteuerrecht **keine Steuerbefreiungen** vorgesehen, so dass diese grundsätzlich steuerbar und steuerpflichtig sind, wenn sie die Kriterien der Steuerbarkeit erfüllen.

1. Abgrenzung Lieferung oder sonstige Leistung

88 Eine **Lieferung** gem. § 3 Abs. 1 UStG liegt vor, wenn der Leistungsschuldner dem Leistungsbezieher die Verfügungsmacht an einem Gegenstand verschafft. Gegenstand ist jeder körperliche und nicht körperliche Gegenstand, der eine Sache

---

41 Vgl. EuGH v. 21.03.2000, C-110/98; *Tipke/Lang,* Steuerrecht, § 17 Rn. 2 und 23.
42 Siehe RL 2006/112/EG des Rates v. 28.11.2006, Abl. Nr. L 347/1.

Faßbender

i. S. d. § 90 BGB ist oder im Wirtschaftsverkehr wie eine solche behandelt wird.[43] Der leistende Unternehmer hat dem Leistungsempfänger die Verfügungsmacht verschafft, wenn dieser wie ein Eigentümer über den Gegenstand verfügen kann.

Eine **sonstige Leistung** gem. § 3 Abs. 9 UStG liegt vor, wenn keine Lieferung **89** gegeben ist. Die sonstige Leistung umfasst grundsätzlich jedes Tun, Dulden oder Unterlassen einer Handlung oder eines Zustands. Das wesentlichste Kriterium für die Einordnung einer Leistung als Lieferungen oder als sonstigen Leistungen ist deren **wirtschaftlicher Schwerpunkt.**[44] Ist dieser auf die Übertragung von Substanz, Wert und Ertrag eines Gegenstands gerichtet, handelt es sich um eine Lieferung. Liegt der wesentliche Schwerpunkt der Leistung nicht auf einer Substanzübertragung, sondern z. B. auf einer Dienstleistung oder der **Gewährung von Nutzungsmöglichkeiten,** ist von einer sonstigen Leistung auszugehen.[45] Die **Lizenzierung von Immaterialgüterrechten** ist grundsätzlich als eine **sonstige Leistung** gem. § 3 Abs. 9 UStG zu qualifizieren.

Beinhaltet ein Vertrag sowohl Komponenten einer sonstigen Leistung als **90** auch einer Lieferung ist dieser umsatzsteuerlich als **einheitlicher wirtschaftlicher Vorgang** zu behandeln, wenn die Komponenten wirtschaftlich zusammengehören und als unteilbares Ganzes anzusehen sind. Der Grundsatz der Einheitlichkeit der Leistung bedingt, dass Leistungen, die eine Einheit darstellen, umsatzsteuerlich nicht getrennt behandelt werden.[46] Wird eine **Software** auf einem Datenträger **verkauft,** unterscheidet die Finanzverwaltung bei der Beurteilung der einheitlichen Leistung zwischen Standardsoftware und Individualsoftware. Wird Standardsoftware auf einem Datenträger zur Nutzung überlassen, ist von einer **Lieferung** auszugehen.[47] Eine sonstige Leistung liegt hingegen vor, wenn die Standardsoftware über das Internet angeboten wird.[48]

Wird eine **Software** auf die individuellen Bedürfnisse des Abnehmers **angepasst** ist die Leistung an den Kunden als eine **sonstige Leistung** zu behandeln.[49] Dies gilt sowohl für die Überlassung auf Datenträgern als auch für die Überlassung auf elektronischem Wege.

---

43 Vgl. *Nieskens*, in: Rau/Dürrwächter, § 3 UStG Rn. 554 (Stand März 2018).
44 *Nieskens*, in: Rau/Dürrwächter, § 3 UStG Rn. 551 (Stand März 2018).
45 Vgl. *Groß/Strunk*, Lizenzgebühren, Teil IV. Lizenzen im Umsatzsteuerrecht, Rn. 466; *Baumhoff/Kluge*, in: Henn/Pahlow, Patentvertragsrecht, 14. Kap. Rn. 43.
46 Dies gilt insoweit, als die Leistungsbestandteile die Erreichung eines wirtschaftlichen Ziels bezwecken, vgl. *Nieskens*, in: Rau/Dürrwächter, § 3 UStG Rn. 532 (Stand März 2018),
47 OFD Niedersachsen v. 30.10.2015, S 7240 – 37-St 187 VD unter Nr. 1; Abschnitt 3.5 Abs.2 Nr. 1 UStAE.
48 Abschnitt 3.5 Abs. 3 Nr. 8 S. 2 UStAE.
49 Abschnitt 3.5 Abs. 3 Nr. 8 S. 1 UStAE.

92   Als **Lieferung** wurden durch den EuGH und BFH beispielhaft folgende Leistungen qualifiziert:
  – Überlassung von Offsetfilmen, die unmittelbar zum Druck von Reklamematerial im Offsetverfahren verwendet werden können[50],
  – die Anfertigung von Kopien, wenn sich die Tätigkeit auf die bloße Vervielfältigung von Dokumenten beschränkt[51] oder wenn hieraus zugleich neue Gegenstände (Bücher, Broschüren) hergestellt und den Abnehmern die Verfügungsmacht an den Gegenständen verschafft wird.[52]

93 Als **sonstige Leistung** wurden durch den BFH und EuGH beispielhaft folgende Leistungen qualifiziert:
  – die Überlassung von Lichtbildern zu Werbezwecken[53], Veräußerung von Modellskizzen[54] und Übertragung eines Verlagsrechts[55],
  – die Überlassung von Know-how und von Ergebnissen einer Meinungsumfrage auf dem Gebiet der Marktforschung[56],
  – die Herstellung von Fotokopien, wenn über das bloße Vervielfältigen hinaus weitere Dienstleistungen erbracht werden, insbesondere Beratung des Kunden oder Anpassung, Umgestaltung oder Verfremdung des Originals[57].

2. Unternehmer und Leistungsempfänger

94 Weitere Voraussetzung der Steuerbarkeit gem. § 1 Abs. Nr. 1 UStG ist die **Erbringung der Leistung durch einen Unternehmer** i. S. d. § 2 UStG. Ein Unternehmer im umsatzsteuerlichen Sinne ist eine natürliche Person, Personenvereinigung oder juristische Person, die selbständig einer gewerblichen oder beruflichen Tätigkeit nachgeht.

95   Das Kriterium der **Selbständigkeit** ist gegeben, wenn der Unternehmer auf eigene Rechnung und Verantwortung handelt. Er darf als natürliche Person nicht an Weisungen eines anderen Unternehmers gebunden sein oder als juristische Person wirtschaftlich, organisatorisch und finanziell in ein anderes Unternehmen eingegliedert sein.

---

50 Siehe BFH v. 25.11.1976, V R 71/72, BStBl. II 1977, 270.
51 EuGH v. 11.2.2010, C-88/09.
52 BFH v. 19.12.1991, V R 107/86, BStBl. II 1992, 449.
53 BFH v. 12.1.1956, V 272/55, BStBl. III 1956, 62.
54 BFH v. 26.10.1961, V 307/59, HFR 1962, 118 (Ls.).
55 BFH v. 16.7.1970, V R 95/66, BStBl. II 1970,706.
56 BFH v. 22.11.1973, V R 164/72, BStBl. II 1974, 259.
57 EUGH v. 11.2.2010, C-88/09.

Faßbender

Die Ausübung einer **gewerblichen oder beruflichen Tätigkeit** setzt ein 96
nachhaltiges Tätigwerden des Unternehmers, das auf Einnahmeerzielungsab-
sicht gerichtet ist, voraus. Eine Gewinnerzielungsabsicht ist – im Gegensatz zum
einkommensteuerlichen Pendant der Einkünfte aus Gewerbebetrieb (dazu oben
Rn. 7 f.) – nicht erforderlich. Eine nachhaltige Tätigkeit ist eine auf **Wiederholung
angelegte** Tätigkeit.[58] Das Unternehmen umfasst gem. § 2 Abs. 1 S. 2 UStG die
gesamte gewerbliche oder berufliche Tätigkeit des Unternehmers.

Die **Lizenzvergabe** eines Inhabers übersteigt – wenn sie auf Dauer angelegt 97
ist – regelmäßig die Schwelle des Unternehmerbegriffs. Der Lizenzgeber erbringt
durch die Nutzungsüberlassung – z.B. bei Patenten und Know-How – eine
Leistung im wirtschaftlichen Sinne. Dem Lizenznehmer wird mit der Lizenz ein
verbrauchsfähiger Vorteil verschafft.[59] Auch die regelmäßige **Veräußerung von
Patenten** an fremde Dritte erfüllt das Kriterium der Nachhaltigkeit. Bei Veräu-
ßerungen von Zufallserfindung durch Privatpersonen ohne Wiederholungsabsicht liegt dagegen keine nachhaltige Tätigkeit vor.

3. Leistungsaustausch

Der umsatzsteuerliche Leistungsaustausch setzt ein **Rechtsverhältnis zwischen** 98
Leistungsschuldner und Abnehmer voraus, wobei Leistung und Zahlung in
unmittelbarem Zusammenhang stehen. Das vom Leistenden empfangene Entgelt
muss den tatsächlichen Gegenwert für die dem Abnehmer gegenüber erbrachte
Leistung widerspiegeln.[60] Die Fälle der fiktiven Lieferung gem. § 3 Abs. 1b und
fiktiven sonstigen Leistung gem. § 3 Abs. 9a UStG werden außer Acht gelassen.

In Fällen entgeltlicher Überlassung und Übertragung von **Patenten und** 99
Know-How wird regelmäßig ein umsatzsteuerlicher Leistungsaustausch anzunehmen sein.

III. Sonstige Leistungen

1. Ort der sonstigen Leistung

Die Ortsbestimmung einer sonstigen Leistung ist in § 3a ff. UStG geregelt. Im 100
Grundfall, der **Überlassung einer Lizenz an eine Privatperson** (etwa bei Einräumung eines Nutzungsrechts bei Standardsoftware), ist der Ort der sonstigen

---

58 BFH v. 15.1.1987, V R 3/77, BStBl. II 1987, 512.
59 EuGH v. 18.12.1997, C-384/95.
60 EuGH v. 3.3.1994, C-16/93; BFH v. 30.6.2010,XI R 22/08, BStBl. II 2010, 1084.

Leistung, vorbehaltlich §§ 3a Abs. 2–8, 3b, 3e und 3f UStG, an dem Ort, von dem aus der Unternehmer sein Unternehmen betreibt. Wird die Nutzungsüberlassung gegenüber in Drittland ansässigen Privatperson erbracht, liegt der Ort gem. § 3a Abs. 4 UStG am Wohnsitz oder Sitz des Abnehmers. In diesem Fall ist die sonstige Leistung nicht steuerbar i. S. v. § 1 Abs. 1 Nr. 1 UStG, da es an einem Leistungsort im Inland fehlt.

101   Die Ortsbestimmung für Leistungen an einen **Unternehmer** richtet sich grundsätzlich nach § 3a Abs. 2 UStG vorbehaltlich der Regelungen des §§ 3a Abs. 3–8, 3b, 3e und 3f UStG. Die sonstige Leistung an einen Unternehmer wird dort ausgeführt, wo der Empfänger der Leistung sein Unternehmen betreibt (**Empfängerortprinzip**). Wird die sonstige Leistung an eine Betriebsstätte des Leistungsempfängers erbracht, wird die sonstige Leistung an der Betriebsstätte des Abnehmers ausgeführt.

2. Bemessungsgrundlage

102   Die Bemessungsgrundlage umfasst gem. § 10 UStG das gesamte Entgelt, welches der Leistungsempfänger aufwendet, um die Leistung zu erhalten, etwa die **Lizenzgebühr** bei Lizenzierung oder den **Kaufpreis** bei Veräußerung eines Rechts.

3. Steuersatz

103   Der **Regelsteuersatz** für Lieferungen und sonstige Leistungen beträgt gem. § 12 Abs. 1 UStG 19 %. Dieser ist grundsätzlich auch auf **Lizenzüberlassungen** anzuwenden. Unter den Voraussetzungen des § 12 Abs. 2 Nr. 7 lit. c) UStG kann der **ermäßigte Steuersatz** mit 7 % zur Anwendung kommen. Hierfür bedarf es einer Einräumung, Übertragung und Wahrnehmung von Rechten, die sich aus dem **Urheberrechtsgesetz** ergeben. Somit scheidet der ermäßigte Steuersatz für Überlassung von nicht urheberrechtlich geschützten Rechten aus. Die überlassenen Rechte auf Vervielfältigung und Verbreitung i. S. d. § 69c UrhG dürfen – im Rahmen einer Rechteüberlassung – nicht als Nebenleistung überlassen werden.[61] Die Finanzverwaltung legt die Entscheidungsgründe des BFH dahingehend aus, dass nur von einer ermäßigten sonstigen Leistung ausgegangen wird, soweit die überlassenen Rechte auf Vervielfältigung und Verbreitung auch leistungsbestimmend sind. Demnach ist die bestimmungsgemäße Nutzung der überlassenen Rechte nicht ermäßigt zu besteuern. Dies gilt bei Individualsoftware insofern, als dass der Abnehmer an den Inhalten des Programms und der Benutzung inter-

---

61 BFH v. 27.9.2001, V R 14/01, BStBl. II 2002, 114.

Faßbender

essiert ist und die Hauptleistung nicht in der Einräumung eines urheberrechtlich geschützten Verwertungsrechts liegt.[62]

Ist der Auftraggeber an der **ausschließlichen Verwertung** des überlassenen **104** Rechts interessiert, z. B. durch weitere Vergabe von Lizenzen oder Weiterveräußerung des Programms, kommt der ermäßigte Steuersatz von 7 % zur Anwendung.[63] Hat der Abnehmer sowohl ein Interesse an den Programminhalten als auch an der Verwertung der Rechte, handelt es sich um ein **Mischgeschäft.** Der Betrag, der für die Verwertung des Rechts angesetzt wird, wird mit 7 % besteuert, während der Restbetrag dem Regelsteuersatz von 19 % unterfällt.[64]

4. Entstehung der Steuer und Steuerschuld

Die Umsatzsteuer entsteht für Lieferungen und sonstige Leistungen gem. § 13 **105** Abs. 1 Nr. 1 lit. a) UStG in dem Zeitraum, in dem die Leistung ausgeführt worden ist (Sollbesteuerung). Werden Teilleistungen definiert und erreicht oder ein Entgelt früher vereinnahmt, so entsteht die Steuer mit Ablauf des Voranmeldungszeitraums des vereinnahmten Entgelts. Für Fälle der Dauerleistung, bspw. bei Wartungsverträgen über einen bestimmten längeren Zeitraum, entsteht die Umsatzsteuer zum Ende des Leistungszeitraums. Werden hierbei Teilleistungen definiert, entsteht die Steuer zum Zeitpunkt der Ausführung der Teilleistung. Bei **monatlichen Lizenzzahlungen** entsteht die Steuer als Teilleistung in jedem Leistungsmonat. Voranmeldungszeitraum ist gem. § 18 Abs. 2 S. 1 UStG das Kalendervierteljahr oder der Kalendermonat, wenn die Steuer für das vorangegangene Kalenderjahr mehr als 7.500 EUR beträgt. Schuldner der Umsatzsteuer ist gem. § 13a Abs. 1 Nr. 1 UStG der **Unternehmer als Lizenzgeber.**

Besonderheiten können sich bei der Umkehrung der Steuerschuldnerschaft **106** auf den Abnehmer der Leistung gem. § 13b UStG ergeben (sog. **Reverse-Charge-Verfahren**). Überlässt ein im **Gemeinschaftsgebiet**[65] ansässiger Unternehmer einem im Inland ansässigen Unternehmer eine Lizenz, befindet sich der Ort der Leistung gem. § 3a Abs. 2 UStG dort, wo der Abnehmer sein Unternehmen betreibt. Durch § 13b Abs. 5 UStG wird in diesen Fällen die Steuerschuldnerschaft dem Leistungsempfänger zugewiesen, wenn dieser ein Unternehmer oder eine juristische Person ist. Der Abnehmer hat die Umsatzsteuer eigenständig zu erklären und kann diese als Vorsteuer unter den Voraussetzungen des § 15 Abs. 1 S. 1 Nr. 4

---

62 OFD Niedersachsen v. 30.10.2015, S 7240 – 37-St 187 VD unter Nr. 2.2.
63 *Baumhoff/Kluge,* in: Henn/Pahlow, Patentvertragsrecht, Kap. 14 Rn. 61.
64 Vgl. OFD Niedersachsen v. 30.10.2015, S 7240 – 37-St 187 VD unter Nr. 2.2.
65 Das Gemeinschaftsgebiet umfasst gem. § 1 Abs. 2a UStG das Inland und die übrigen Mitgliedstaaten der Europäischen Union.

UStG geltend machen. Für den leistenden Unternehmer ist das Reverse-Charge-Verfahren von Vorteil, wenn er im Übrigen keine weiteren Umsätze in Deutschland ausführt, da er in dieser Konstellation keine Umsatzsteuerpflichten in Deutschland zu erfüllen hat. In Fällen des Reverse-Charge-Verfahrens entsteht die Umsatzsteuer mit Ablauf des Voranmeldezeitraums, in dem Leistung ausgeführt worden ist.

IV. Lieferung

1. Ort der Lieferung

107 Wird die **Lizenzeinräumung als Lieferung** qualifiziert, bestimmt sich der Ort nach abweichenden Normen. Nach § 3 Abs. 6 UStG ist der Ort der Lieferung dort, wo die Lieferung beginnt. **Ausgenommen** hiervon sind bestimmte Lieferungen in das übrige Gemeinschaftsgebiet (sog. innergemeinschaftliche Lieferung) oder in das Drittland (sog. Ausfuhr), die nach dem **Bestimmungslandprinzip** im Staat des Endverbrauchers besteuert werden sollen. Im Ergebnis sind diese Vorgänge steuerbar, aber unter den Voraussetzungen des § 4 UStG von der Umsatzsteuer befreit.

2. Bemessungsgrundlage

108 Die Bemessungsgrundlage umfasst gem. § 10 UStG das gesamte Entgelt, welches der Leistungsempfänger aufwendet, um die Leistung zu erhalten

3. Steuersatz

109 Für Lieferungen von Lizenzen (im Regelfall der Überlassung einer **Standardsoftware** auf einem Datenträger) kommt der Regelsteuersatz von 19 % zur Anwendung.

4. Entstehung der Steuer und Steuerschuld

110 Die Umsatzsteuer entsteht mit Ablauf des Voranmeldezeitraums in dem die Leistung ausgeführt worden ist. Es ergeben sich im Grundfall keine Unterschiede zur sonstigen Leistung.

V. Vorsteuerabzug

Im System der Allphasen-Netto-Umsatzsteuer kommt dem Vorsteuerabzug eine 111 bedeutende Rolle zu. Da auf jeder Wertschöpfungsstufe eine Besteuerung ausgelöst wird und Unternehmer nicht mit der Umsatzsteuer belastet werden sollen, bedarf es der Entlastung der Unternehmer. Unter den Voraussetzungen des § 15 Abs. 1 S. 1 Nr. 1 UStG kann der Unternehmer, die ihm in Rechnung gestellte Umsatzsteuer als Vorsteuer von seiner Zahllast abziehen.

Die Voraussetzungen des Vorsteuerabzugs gem. § 15 Abs. 1 S. 1 Nr. 1 UStG sind: 112
– eine gesetzliche geschuldete Steuer für Lieferungen oder sonstigen Leistung,
– die von einem anderen Unternehmer
– für das Unternehmen des Leistungsempfängers ausgeführt worden ist und
– für die dem Unternehmer eine Rechnung nach §§ 14, 14a UStG vorliegt.

Sind diese Voraussetzungen **kumulativ** erfüllt, kann der Leistungsempfänger den 113 Vorsteuerabzug tätigen. In Fällen des Reverse-Charge-Verfahrens muss für einen Vorsteuerabzug, eine Leistung i. S. d. § 13b Abs. 1 oder 2 UStG vorliegen, die für das Unternehmen des Unternehmers ausgeführt worden ist.

VI. Verfahren

Der Unternehmer hat für den jeden Voranmeldezeitraum seine Umsatzsteuer- 114 zahllast selbst zu berechnen und zu erklären. Besteuerungszeitraum der Umsatzsteuer ist das Kalenderjahr. Am Ende des Jahres hat der Unternehmer eine Steuererklärung für das gesamte Jahr abzugeben. Auch hier muss die noch zu entrichtende Steuer bzw. der Erstattungsbetrag angegeben werden.

D. Lizenzverträge zwischen nahestehenden Personen

I. Einführung

Vertragliche Vereinbarungen zwischen fremden Dritten spiegeln gewöhnlich 115 die Interessen der jeweiligen Vertragspartner wider. Die vertraglichen Bedingungen und insbesondere Preise entstehen somit „am Markt", wobei Anbieter und Nachfrager ihre eigene wirtschaftliche Situation und Geschäftsstrategie, die Preissensibilität des anderen, Preise und potentielle Reaktionen von Wettbewerbern etc. berücksichtigen.

Faßbender

116   Ein wesentlicher Teil der weltweiten Wertschöpfung entfällt indes auf Unternehmen, die einander nahe stehen. Zwischen solchen Unternehmen ist ein Interessengegensatz nicht zwingend vorhanden. Bereits seit Beginn des vorigen Jahrhunderts wurden betriebswirtschaftliche Modelle entwickelt, um optimale (Verrechnungs-) Preise zwischen nahestehenden Personen und Unternehmen zu bestimmen. Für steuerliche Zwecke wird international der sog. **Fremdvergleichsgrundsatz** als Maßstab für angemessene Verrechnungspreise bei grenzüberschreitenden Geschäften verwendet.

117   Nach dem Fremdvergleichsgrundsatz haben Steuerpflichtige ihre Geschäftsbeziehungen zu nahestehenden Personen im Ausland so zu gestalten, **wie fremde Dritte** dies in vergleichbaren Situationen tun würden. Weichen die vereinbarten wirtschaftlichen und finanziellen Bedingungen von denen ab, die unabhängige Dritte miteinander vereinbaren würden, können die steuerpflichtigen Einkünfte der Steuerpflichtigen durch die Finanzverwaltung entsprechend korrigiert werden.

118   Normiert wird der Fremdvergleichsgrundsatz in § 1 AStG. Soweit unangemessene Verrechnungspreise nicht als **verdeckte Gewinnausschüttung** bzw. **verdeckte Einlagen** korrigiert werden können, sieht § 1 AStG eine Korrektur der Verrechnungspreise ausschließlich zu**un**gunsten der Steuerpflichtigen vor.

119   Dem Steuerpflichtigen obliegen in **grenzüberschreitenden Fällen** erweiterte Mitwirkungs- und Dokumentationspflichten. Nach § 90 Abs. 2 AO hat der Steuerpflichtige Sachverhalte im Ausland aufzuklären und die erforderlichen Beweismittel zu beschaffen. Der Steuerpflichtige hat gem. § 90 Abs. 3 AO eine **Verrechnungspreisdokumentation** zu erstellen, welche die Darstellung der Geschäftsvorfälle (Sachverhaltsdokumentation) und die wirtschaftlichen und rechtlichen Grundlagen für eine den Fremdvergleichsgrundsatz beachtende Verrechnungspreisgestaltung unter Darstellung der Verrechnungspreismethoden und der verwendeten Fremdvergleichsdaten (Angemessenheitsdokumentation) umfasst. Die Anforderungen an eine Verrechnungspreisdokumentation sind in der **Gewinnabgrenzungsaufzeichnungsverordnung** (GAufzV) kodifiziert.

120   International dienen die **OECD-Verrechnungspreisrichtlinien**[66] als Interpretationshilfe für den in Art. 9 des OECD-Musterabkommens kodifizierten Fremdvergleichsgrundsatz. Nach neuerer Rechtsprechung des BFH erfordert der Fremdvergleichsbegriff des § 1 AStG ebenso wie der des Art. 9 OECD-Musterabkommen einen Fremdvergleich der Höhe nach und dem Grunde nach inklusive

---

66 OECD (2018), OECD-Verrechnungspreisrichtlinien für multinationale Unternehmen und Steuerverwaltungen, Juli 2017, OECD Publishing, Paris (im Folgenden: OECD-Verrechnungspreisrichtlinien 2017).

des Vergleichs der sonstigen Bedingungen, unter welcher die Transaktion statt-findet.[67] Die bisherige Rechtsprechung, wonach der Begriff des Fremdvergleichs im OECD-Musterabkommen enger gefasst ist, nur den Fremdvergleich der Höhe nach umfasst und damit die Anwendung des § 1 AStG einschränkt, wurde auf-gegeben.

Die **OECD-Verrechnungspreisrichtlinien** wurden im Zuge des sog. **BEPS-** 121 **Projektes**[68] gravierend geändert. Neben geänderten Leitlinien für die Anwen-dung des Fremdvergleichsgrundsatzes wurde das Kapitel über immaterielle Werte deutlich verändert. Die Auswirkungen der Rechtssprechungsänderung und der Umsetzung der international neu vereinbarten Regelungen bleiben abzuwarten. Eine Fremdvergleichsverordnung, die die Anwendung des Fremdvergleichs-grundsatzes für Deutschland spezifiziert, ist seit Jahren in Vorbereitung. Im Fol-genden werden die bekannten Anforderungen an fremdübliche Verrechnungs-preise für Lizenzverträge dargestellt, jeweils ergänzt um ggf. abweichende Regeln der OECD.

Die **Anwendung des Fremdvergleichsgrundsatz** umfasst **zwei Ebenen,** 122 zum einen die Identifizierung der wirtschaftlichen und finanziellen Bedingungen der Geschäftsbeziehungen zwischen nahestehenden Unternehmen und zum an-deren den Vergleich dieser vereinbarten Bedingungen mit den Bedingungen, die fremde Dritte in einer vergleichbaren Situation vereinbart hätten.

Personen sind einander **nahestehend,** wenn eine Person **zu mindestens** 123 **25 %** unmittelbar oder mittelbar an der anderen Person beteiligt ist oder unmit-telbar oder mittelbar einen beherrschenden Einfluss auf die andere Person aus-üben kann. Gleiches gilt, wenn die beteiligten Personen von einer dritten Person beherrscht werden oder eine beteiligte Person über außerhalb der Geschäftsbe-ziehung liegenden Einfluss verfügt oder wirtschaftliches Interesse an den Ein-künften der anderen Person hat.

Zur **Identifizierung** der wirtschaftlichen und finanziellen Bedingungen 124 zwischen den nahestehenden Personen wird zunächst das **Geschäftsmodell** und die **makroökonomischen Rahmenbedingungen** der beteiligten Personen un-tersucht und beschrieben. Auf dieser Basis können die Werttreiber identifiziert werden, die für den Erfolg der beteiligten Personen wichtig sind. Im Rahmen der Funktions- und Risikoanalyse wird im Detail festgestellt, welche der beteiligten Personen die für den Erfolg wesentlichen Funktionen ausübt, Risiken übernimmt und wesentliche materielle und immaterielle Wirtschaftsgüter einsetzt. Hieraus

---

67 BFH-Urteil vom 27. 2. 2019 – I R 73/16, BFH/NV 2019, 731; *Busch*, DB 2019, 1236; Für theoretische Fundierung der bisherigen und neuen Sichtweise vgl. *Steiner/Ullmann*, IStR 2019, 412.
68 OECD-Verrechnungspreisrichtlinien 2017: Abschlussbericht 2015, Gewährleistung der Über-einstimmung zwischen Verrechnungspreisergebnissen und Wertschöpfung.

ergibt sich der Wertschöpfungsbeitrag der beteiligten Personen. Anhand des Umfangs ihrer Wertschöpfungsbeiträge werden die beteiligten Personen als Entrepreneur, Hybridunternehmen oder Routineunternehmen charakterisiert. Die vertraglich vereinbarten und tatsächlichen Transaktionen zwischen den beteiligten Personen und deren wirtschaftliche und finanzielle Bedingungen können auf dieser Basis vollständig identifiziert werden.

125   Im nächsten Schritt werden die vereinbarten und tatsächlichen Bedingungen mit den Bedingungen verglichen, welche fremde Dritte unter vergleichbaren Umständen vereinbart hätten. Hierzu werden für die jeweilige Situation angemessene Verrechnungspreismethoden angewandt und Vergleichsdaten ermittelt. Im Folgenden werden die für Lizenzverträge wesentlichen Regeln zur Ermittlung und Dokumentation von Verrechnungspreisen dargestellt.

1. Immaterielle Werte

126 **Immaterielle Werte** sind Werte, die zur Nutzung in Geschäftstätigkeiten besessen oder kontrolliert werden, die weder materielle noch finanzielle Vermögenswerte sind und die bei Nutzung oder Übertragung zwischen unabhängigen Unternehmen unter vergleichbaren Umständen vergütet werden.[69] Die separate Übertragungsmöglichkeit und der rechtliche Schutz sind keine notwendige Eigenschaft eines immateriellen Wirtschaftsgutes. Die Bestimmung, welche Werte als immaterielle Werte für Verrechnungspreiszwecke zu berücksichtigen sind, richtet sich nicht nach bilanziellen oder juristischen Definitionen. So können selbst erschaffene immaterielle Vermögensgegenstände zwar dem steuerlichen Aktivierungsverbot unterliegen, wenn sie geeignet sind, einen wirtschaftlichen Wert zu erschaffen, sind sie für Verrechnungspreiszwecke trotzdem zu berücksichtigen. Beispiele für immaterielle Wirtschaftsgüter, deren Nutzung oder Übertragung zwischen fremden Dritten vergütet werden sind

- Patente, Urheberrechte, Designs,
- Know-how und Handelsgeheimnisse,
- Markenzeichen, Firmennamen,
- Kundenstamm und Vertriebsrechte,
- Rechte aus Verträgen und staatlichen Zulassungen,
- Lizenzen und ähnlich beschränkte Rechte an immateriellen Werten,
- ggf. Goodwill und Unternehmenswert.

---

69 OECD-Verrechnungspreisrichtlinien 2017, Tz. 6.5 ff.

Faßbender

Synergieeffekte durch arbeitsteilige Wertschöpfung und marktspezifische 127
Merkmale wie Kaufkraft, niedrige Arbeitskosten etc. sind dagegen **nicht** als immaterielle Werte verkehrsfähig.[70]

2. Zuordnung immaterieller Werte zu den beteiligten Personen

Häufig tragen immaterielle Werte erheblich zur Wertschöpfung bei. Die Frage, 128
welcher beteiligten Person der immaterielle Wert zuzuordnen ist, entscheidet
darüber, welcher Person die mit dem immateriellen Wert zusammenhängenden
Erträge und Aufwendungen zuzurechnen sind.

Ausgangspunkt für die Prüfung der Zuordnung der immateriellen Werte sind 129
die **vertraglichen Vereinbarungen** und Rechtsansprüche der beteiligten Personen. Liegen keine vertraglichen Vereinbarungen vor oder weicht das tatsächliche Verhalten der beteiligten Personen von diesen ab, muss der tatsächliche
Sachverhalt festgestellt und der tatsächliche Geschäftsvorfall aus diesem abgeleitet werden („Substance over form").

Dabei ist gem. § 39 Abs. 2 AO zu prüfen, ob das **wirtschaftliche Eigentum** 130
dem zivilrechtlichen Eigentum entspricht. Übt ein anderer als der Eigentümer
die Sachherrschaft über ein Wirtschaftsgut in der Weise aus, dass er den Eigentümer im Regelfall für die gewöhnliche Nutzungsdauer von der Einwirkung auf
das Wirtschaftsgut ausschließen kann, so ist ihm als wirtschaftlichem Eigentümer
das Wirtschaftsgut zuzurechnen. Die Auslegung dieser Vorschrift in Bezug auf
immaterielle Wirtschaftsgüter ist bisher weder von der Rechtsprechung noch von
der Finanzverwaltung konkretisiert worden. In Anlehnung an den sog. **Leasing-Erlass**[71], in dem teilweise immaterielle Wirtschaftsgüter behandelt werden sollten
folgende Kriterien für die Zuordnung maßgeblich sein:[72]

– Laufzeit des Lizenzvertrages,
– Art des Lizenzvertrages,
– Höhe der Lizenzentgelte für die immateriellen Wirtschaftsgüter über die
  Laufzeit des Vertrages im Verhältnis zum Wert der immateriellen Wirtschaftsgüter,
– Recht zur Einräumung von Unterlizenzen,
– Übernahme von Chancen und Risiken im Hinblick auf Wertveränderungen
  der lizenzierten immateriellen Wirtschaftsgüter,

---

70 OECD-Verrechnungspreisrichtlinien 2017, Tz. 6.30 f.
71 BMF-Schreiben vom 19.4.1971 – IV B/2 – S 2170 – 31/71, BStBl I 1971, 264.
72 *Greinert* in Wassermeyer/Baumhoff, Verrechnungspreise international verbundener Unternehmen, Rn. 6.555.

- Übernahme der Aufgaben und Kosten im Zusammenhang mit der Erhaltung des rechtlichen Schutzes der beteiligten immateriellen Wirtschaftsgüter,
- Ordentliche und außerordentliche Kündigungsrechte des Lizenzgebers,
- Kaufoptionsrechte des Lizenznehmers und Andienungsrechte des Lizenzgebers.

131 Auf internationaler Ebene kommt im Zuge der **Neufassung der OECD-Verrechnungspreisrichtlinien 2017** der **Zuordnung der immateriellen Werte** zu den beteiligten Unternehmen eine besondere Bedeutung zu. Entscheidend ist demnach, welches oder welche Unternehmen innerhalb eines Konzerns letztlich die Kosten, Investitionen und sonstigen Lasten im Zusammenhang mit der Entwicklung, Verbesserung, Erhaltung, dem Schutz und der Verwertung immaterieller Werte tragen sollten.

132 Dieses nach den englischen Begriffen Development, Enhancement, Maintenance, Protection und Exploitation „**DEMPE**" benannte **Konzept** geht davon aus, dass zwar dem rechtlichen Eigentümer die Erlöse aus der Verwertung des immateriellen Wertes zufließen können, die andere Mitglieder des internationalen Konzerns jedoch Funktionen ausüben, Vermögenswerte nutzen oder Risiken übernommen haben können, die zum Wert des immateriellen Wertes beitragen. Mitglieder des multinationalen Konzerns, die solche Funktionen ausüben, Vermögenswerte nutzen und Risiken übernehmen, müssen für ihren Beitrag eine Vergütung nach dem Fremdvergleichsgrundsatz erhalten. Die letztendliche Aufteilung der Erträge des multinationalen Konzerns aus der Verwertung immaterieller Werte sowie die letztendliche Aufteilung der mit immateriellen Werten zusammenhängenden Kosten und sonstigen Lasten zwischen Mitgliedern des multinationalen Konzerns erfolgt, in dem die Mitglieder des multinationalen Konzerns eine Vergütung für im Zusammenhang mit der Entwicklung, Verbesserung, Erhaltung, dem Schutz und der Verwertung der immateriellen Werte ausgeübte Funktionen, genutzte Vermögenswerte und übernommene Risiken erhalten.[73] Dies wird in der Literatur als Ausrichtung am **funktionalen Eigentum** bezeichnet.[74] Die Verwertung eines immateriellen Wertes kann dabei sowohl in der Übertragung als auch in der Nutzung des immateriellen Wertes im Rahmen der Geschäftstätigkeit bestehen.

---

[73] OECD-Verrechnungspreisrichtlinien 2017, Tz. 6.32f.
[74] *Jochimsen*, IStR 2018, 670 m.w.N.

Faßbender

3. Analyseschritte zur Anwendung des Fremdvergleichsgrundsatzes bei immateriellen Werten

Die **Analyse der Geschäftsvorfälle** mit immateriellen Werten umfasst folgende 133
Schritte[75]:

– Spezifische **Identifizierung** der im Rahmen des Geschäftsvorfalls genutzten oder übertragenen **immateriellen Werte** und Identifizierung der spezifischen, wirtschaftlich **signifikanten Risiken** im Zusammenhang mit den DEMPE-Funktionen;

– **Identifizierung** der kompletten **vertraglichen Vereinbarungen** mit besonderem Augenmerk auf die Bestimmung des rechtlichen Eigentums an den immateriellen Werten auf Grundlage der Bedingungen rechtlicher Vereinbarungen, einschließlich maßgeblicher Eintragungen, Lizenzvereinbarungen, sonstiger maßgeblicher Verträge und anderer Hinweise auf das rechtliche Eigentum, sowie der vertraglichen Rechte und Pflichten, einschließlich der vertraglichen Risikoübernahme in den Beziehungen zwischen den nahestehenden Unternehmen;

– **Identifizierung der Beteiligten**, die im Zusammenhang mit der Entwicklung, Verbesserung, Erhaltung, dem Schutz und der Verwertung immaterieller Werte Funktionen ausüben, Vermögenswerte nutzen und Risiken managen, im Wege der **Funktions- und Risikoanalyse** und insbesondere Identifizierung der Beteiligten, die etwaige ausgelagerte Funktionen kontrollieren und die spezifische, wirtschaftlich signifikante Risiken kontrollieren;

– **Prüfung der Übereinstimmung** der Bedingungen der einschlägigen vertraglichen Vereinbarungen mit dem Verhalten der Beteiligten sowie der Frage, ob der Beteiligte, der die wirtschaftlich signifikanten Risiken übernimmt, die Risiken kontrolliert und über die finanzielle Kapazität verfügt, die Risiken im Zusammenhang mit der Entwicklung, Verbesserung, Erhaltung, dem Schutz und der Verwertung immaterieller Werte zu tragen;

– **Abgrenzung der tatsächlichen konzerninternen Geschäftsvorfälle** im Zusammenhang mit der Entwicklung, Verbesserung, Erhaltung, dem Schutz und der Verwertung immaterieller Werte unter Betrachtung des rechtlichen Eigentums an den betreffenden immateriellen Werten, der sonstigen relevanten Vertragsbeziehungen und des Verhaltens der Beteiligten, einschließlich ihrer relevanten Beiträge zu Funktionen, Vermögenswerten und Risiken

– **Bestimmung der fremdüblichen Preise** für diese Geschäftsvorfälle entsprechend den Beiträgen der verschiedenen Beteiligten zu den ausgeübten Funktionen, genutzten Vermögenswerten und übernommenen Risiken.

---

75 OECD-Verrechnungspreisrichtlinien 2017, Tz. 6.34.

134 Welche übernommenen Funktionen, eingesetzten Vermögenswerte und übernommenen Risiken für die Bestimmung der Verrechnungspreise wesentlich sind,
hängt vom jeweiligen Geschäftsmodell und den makroökonomischen Umständen ab.

4. Funktionen, Vermögenswerte und Risiken im Zusammenhang mit immateriellen Werten

135 Der Analyse der übernommenen Funktionen, eingesetzten Vermögensgegenstände und übernommenen Risiken ist für die Beurteilung angemessener Verrechnungspreise von entscheidender Bedeutung. Im Folgenden werden wesentliche Merkmale hierfür bezogen auf die Entwicklung, Verbesserung, Erhaltung,
dem Schutz und der Verwertung immaterieller Werte dargestellt:

a) Funktionen

136 Wichtige **Funktionen** im Zusammenhang mit der Entwicklung, Verbesserung,
Erhaltung, dem Schutz und der Verwertung immaterieller Werte können sein[76]:
- Gestaltung und Kontrolle von Forschungs- und Marketingprogrammen,
- Ausrichtung und Festlegung von Prioritäten für kreative Unternehmungen
einschließlich der Vorgabe des Kurses für sog. Blue-Sky-Forschung,
- Kontrolle über strategische Entscheidungen in Bezug auf Programme für die
Entwicklung immaterieller Werte,
- Verwaltung und Kontrolle der Etats,
- wichtige Entscheidungen bezüglich der Verteidigung und den Schutz imma-
terieller Werte,
- laufende Qualitätskontrolle für ausgelagerte Funktionen.

137 Der **rechtliche Eigentümer** muss dabei nicht selbst physisch, also durch seinen
Mitarbeiter die jeweiligen Funktionen ausüben. Wie zwischen fremden Dritten
ist auch zwischen nahestehenden Unternehmen die **Auslagerung bestimmter
Funktionen** an andere Unternehmen üblich. Unter fremden Dritten steht bei einer
Auslagerung von DEMPE-Funktionen das Unternehmen, welches die Funktion für
den rechtlichen Eigentümer übernimmt, regelmäßig unter Kontrolle des rechtlichen Eigentümers. Kontrolliert der rechtliche Eigentümer innerhalb eines Konzerns nicht selbst, sondern lagert er diese Funktion an ein weiteres Unternehmen
aus, hat das kontrollierende Unternehmen Anspruch auf eine angemessene Ver-

---

76 OECD-Verrechnungspreisrichtlinien 2017, Tz. 6.56.

Faßbender

gütung für die Übernahme der Kontrollfunktion. Auch im Falle der Auslagerung steht dem Unternehmen, welches die ausgelagerte Funktion physisch ausübt, eine Vergütung entsprechend seines Beitrages zur Wertschöpfung zu. Zur Bestimmung einer angemessenen Vergütung ist zu berücksichtigen, ob es vergleichbare Fremdgeschäftsvorfälle gibt, welche Bedeutung die ausgeübte Funktion für die immaterielle Wertschöpfung hat und welche Optionen den Beteiligten realistischer Weise zur Verfügung stehen.

Der rechtliche Eigentümer selbst hat also nur Anspruch auf eine fremdübliche **138** Vergütung für die Funktionen, die er tatsächlich ausübt, die Vermögenswerte, die er tatsächlich nutzt und die Risiken, die er selbst übernimmt. Je mehr Funktionen der rechtliche Eigentümer physisch selbst erbringt, finanziert und kontrolliert, umso höher ist sein Anspruch auf Vergütung.

b) Nutzung von Vermögenswerten

Vermögenswerte, die im Zuge der Entwicklung, Verbesserung, Erhaltung, dem **139** Schutz und der Verwertung immaterieller Werte eingesetzt werden, können materieller, immaterieller oder finanzieller Natur sein. Konzernunternehmen, die ihm Rahmen ihrer Funktion entsprechende Vermögenswerte einsetzen, steht eine angemessene Vergütung hierfür zu.

Unternehmen, welche lediglich die Finanzierungsfunktion ausüben, Fi- **140** nanzmittel einsetzen und nur die mit der Finanzierung zusammenhängenden Risiken tragen, haben fremdüblich nur einen den bereitgestellten Finanzmitteln entsprechenden Vergütungsanspruch in Form einer risikobereinigten Rendite.[77]

c) Risiken

Wesentliche Risiken im Zusammenhang mit immateriellen Werten sind häufig: **141**
–   Risiken im Zusammenhang mit der Entwicklung immaterieller Werte einschließlich des Risikos von Fehlschlägen,
–   Risiken im Zusammenhang mit Produktveralterung z. B. durch technologischen Fortschritt
–   Risiken eigener und fremder Rechtsverletzungen,
–   Produkthaftungsrisiken und ähnliche Risiken im Zusammenhang mit auf immateriellen Werten beruhenden Dienstleistungen und Produkten,
–   Verwertungsrisiken und Unsicherheiten in Bezug auf die Erträge aus dem immateriellen Wert.

---

77 OECD-Verrechnungspreisrichtlinien 2017, Tz. 6.61.

142 Die Übernahme eines Risikos entscheidet darüber, welches Unternehmen Maßnahmen zu ergreifen hat und die entstehenden Kosten trägt, wenn das betreffende Risiko eintritt. Entspricht das tatsächliche Verhalten der Beteiligten nicht den vertraglichen Vereinbarungen, können Verrechnungspreiskorrekturen vorgenommen werden, indem das jeweilige Konzernunternehmen für seine Aktivitäten eine angemessene Vergütung erhält und die Kosten dem Beteiligten zugerechnet werden, welcher das Risiko übernommen hat.

d) Ergebnis der Analyse

143 Wenn der rechtliche Eigentümer alle mit der Entwicklung, Verbesserung, Erhaltung, dem Schutz und der Verwertung immaterieller Werte zusammenhängende Funktionen ausübt und kontrolliert, alle hierfür erforderlichen Vermögenswerte einschließlich der Finanzierung bereitstellt und alle hiermit zusammenhängenden Risiken übernimmt, hat er Anspruch auf sämtliche erwarteten (*ex-ante-*) Erträge, die der multinationale Konzern durch die Verwertung des immateriellen Wirtschaftsgutes erzielt. Soweit andere Konzernunternehmen in diese Wertschöpfung eingebunden sind, müssen diese Unternehmen eine fremdübliche Vergütung für ihren Beitrag erhalten. Je nach Sachverhalt kann diese Vergütung aus allen oder einem erheblichen Teil der erwarteten Erträge aus der Verwertung des immateriellen Wertes bestehen.[78]

144 Regelmäßig weichen die erwarteten Erträge von den tatsächlichen Erträgen ab. Die Differenz (Gewinn oder Verlust) steht dem oder den Konzernunternehmen zu, welche aufgrund der Sachverhaltsanalyse die wesentlichen Risiken tragen und kontrollieren und die wesentlichen Funktionen im Zusammenhang mit der Entwicklung, Verbesserung, Erhaltung, dem Schutz und der Verwertung immaterieller Werte ausüben.

145 Anhand der Funktions- und Risikoanalyse und der **Wertschöpfungsbeitragsanalyse** werden die beteiligten Unternehmen im nächsten Schritt charakterisiert, um die Wahl der geeigneten Verrechnungspreismethode zu vereinfachen. Hierzu werden folgende drei Typen unterschieden:[79]

146 **Routineunternehmen** üben leicht duplizierbare Standardfunktionen aus, setzen nur in geringem Umfang Wirtschaftsgüter ein und tragen nur geringe Risiken. Sie haben daher wenig Einfluss auf den Gesamterfolg und tragen bei üblichem Geschäftsablauf keine Verluste, so dass ihnen regelmäßig eine geringe, aber stabile Gewinnmarge zusteht.

---

78 OECD-Verrechnungspreisrichtlinien 2017, Tz. 6.71f.
79 BMF-Schreiben vom 12.4.2005 – IV B 4 – S 1341 – 1/05, BStBl 2005 I S. 570, Tz. 3.4.10.2.

Faßbender

Entrepreneurunternehmen verfügen über die zur Durchführung wesentli- 147
chen materiellen und immateriellen Wirtschaftsgüter, üben die für den Unter-
nehmenserfolg wesentlichen Funktionen aus und übernehmen die wesentlichen
Risiken. Diesen auch als Strategieträger bezeichneten Unternehmen steht regelmäßig das Konzernergebnis zu, welches nach der Abgeltung von Funktionen
anderer nahestehender Unternehmen verbleibt („Residualgewinn").

Hybridunternehmen leisten höhere Wertschöpfungsbeiträge und überneh- 148
men höhere Risiken als Routineunternehmen, können aber aufgrund ihrer geringeren Wertschöpfungsbeiträge nicht als Entrepreneur qualifiziert werden. Ihnen steht ein höherer Gewinn als den Routineunternehmen zu, zugleich tragen sie
aufgrund ihrer Risikoübernahme ggf. anteilig anfallende Verluste.

II. Erstellung und Verwertung immaterieller Werte

Neben der Qualifizierung der beteiligten Unternehmen sind für Verrechnungs- 149
preiszwecke der Umfang und die Art der Geschäftsbeziehung zwischen nahestehenden Personen zu bestimmen. Die vertraglichen Vereinbarungen werden anhand des tatsächlichen Verhaltens der beteiligten Unternehmen überprüft, im
Zweifel gilt der Grundsatz „Substance over form" (vgl. oben Rn. 129). Im Zusammenhang mit immateriellen Werten kommen nach der Art der Eigentums- und
Nutzungsrechte hierbei Forschungs- und Entwicklungsleistungen, Nutzungsüberlassung von immateriellen Werten und die Übertragung immaterieller Werte
in Betracht.

1. Forschungs- und Entwicklungstätigkeiten
Die Zusammenarbeit im Bereich der konzerninterner Forschungs- und Entwick- 150
lungstätigkeiten wird für Verrechnungspreiszwecke anhand der Wertschöpfungsbeiträge, Entscheidungsbefugnisse und der Vergütung für Forschungs- und
Entwicklungsleistungen klassifiziert. Die Organisation der Zusammenarbeit bestimmt im Ergebnis über die Zuordnung der immateriellen Werte zu den beteiligten Unternehmen.[80]

---

80 Vgl. *Schwarz/Stein*, Quantitative Verrechnungspreise, S. 110 f.

a) Eigenforschung

151 Im Rahmen der **Eigenforschung** unternimmt ein Unternehmen die Innovationstätigkeit auf eigene Rechnung und Gefahr. Der Eigenforscher entscheidet selbst über Art und Umfang der Innovationstätigkeit und erbringt diese mit eigenem Personal und Ressourcen. Er steuert die Planung und Durchführung des Entwicklungsprozesses sowie die damit zusammenhängenden Risiken, einschließlich des Fehlentwicklungsrisikos und der Festlegung und Überwachung des Budgets. Der Eigenentwickler kann operative Aufgaben an andere Unternehmen outsourcen, wird dabei aber selbst stets die Forschungsprozesse steuern. Die Ergebnisse der Forschung stehen dem Eigenforscher als Eigentümer zu, er kann diese durch Eigennutzung, Lizenzierung oder Veräußerung verwerten.

b) Auftragsforschung

152 Der **Auftragsforscher** übernimmt als Dienstleister einen abgegrenzten Teil der Forschungstätigkeit für Rechnung und Gefahr des auftraggebenden Unternehmens. Ziele, Projektschritte und Budget seine Forschungstätigkeit werden regelmäßig vom Auftraggeber vorgegeben und überwacht. Der Auftragsforscher kann keine strategischen Entscheidungen in Bezug auf das Forschungsprojekt treffen und Risiken daher wenig beeinflussen. Der Auftraggeber wird Eigentümer der entwickelten immateriellen Werte. Als Routineunternehmen steht dem Auftragsforscher eine kostenbasierte Vergütung seiner Leistungen zuzüglich eines Gewinnaufschlages zu. An den Chancen und Risiken der Entwicklung und Verwertung der immateriellen Werte ist der Auftragsforscher dagegen üblicherweise nicht beteiligt.

c) Kooperative Forschung und Entwicklung

153 Häufig schließen sich mehrere Unternehmen auf Basis eines Umlagevertrages zu einem **Forschungs-Pool** zusammen, um gemeinsam ihre Innovationstätigkeit auszuüben. Die Poolmitglieder bringen ihre Ressourcen und Fähigkeiten in das **Gemeinschaftsprojekt** ein und partizipieren gemeinsam an den Ergebnissen der **Forschungs- und Entwicklungstätigkeit.** Innerhalb des Pools beteiligen sich alle Mitglieder an der Planung und Durchführung des Projektes, tragen gemeinsam die hiermit zusammenhängenden Risiken und bestimmen und überwachen das Forschungsbudget. Oftmals übernimmt ein Poolmitglied die operative Führung des Forschungsprojektes. Notwendiger Weise setzt der Pool voraus, dass alle Poolmitglieder sowohl über die fachliche Expertise und die personelle und finanzielle Kapazität für ihren Forschungsbeitrag verfügen als auch ein eigenes Verwertungsinteresse an den Forschungsergebnissen haben. Innerhalb des Pools

Faßbender

findet kein Leistungsaustausch statt, d.h. die Kosten des Forschungsprojektes werden erfasst und entsprechend des individuell erwarteten Nutzens auf die Poolmitglieder aufgeteilt. Das **Outsourcen** operativer Aufgaben an Dritte (Nicht-Poolteilnehmer) ist möglich. Die Forschungstätigkeit erfolgt auf Rechnung und Gefahr aller Poolmitglieder, entsprechend steht allen Poolmitgliedern das Recht zur Verwertung der entwickelten immateriellen Werte zu. Einschränkende Regeln zur Verwertung können im Umlagevertrag vereinbart werden.

2. Nutzungsüberlassung von immateriellen Wirtschaftsgütern

Wird einem nahestehenden Unternehmen ein **immaterielles Wirtschaftsgut zur** **154** **Nutzung überlassen**, so ist hierfür der **Fremdvergleichspreis** anzusetzen.

a) Nutzungsüberlassung im Zusammenhang mit Lieferungen

Werden **Produkte** unter Nutzung eines immateriellen Wirtschaftsgutes **herge-** **155** **stellt**, sind der Erwerb und die Nutzung dieser Produkte seitens des Erwerbers i.d.R. nicht mit einer Nutzungsüberlassung des immateriellen Wirtschaftsgutes verbunden. Der Erwerber schuldet demnach keine gesonderte Lizenzgebühr.[81]

Die Verrechnung von Nutzungsentgelten soll ebenfalls nicht anerkannt wer- **156** den, wenn die Nutzungsüberlassung im Zusammenhang mit Lieferungen und Leistungen steht, bei denen unter fremden Dritten die Überlassung des immateriellen Wirtschaftsgutes im Preis der Leistung mit abgegolten ist, z.B. bei **Liefe-** **rung eines Markenproduktes** an eine Vertriebsgesellschaft.[82]

b) Nutzungsüberlassung im Zusammenhang mit Dienstleistungen

Werden im Rahmen eines Lizenzvertrages immaterielle Werte überlassen und **157** zugleich die Erbringung von Dienstleistungen vereinbart, kann es sich um gemischte Verträge handeln. In solchen Fällen ist zu prüfen, wo der Schwerpunkt des Vertragsinhaltes und das Interesse des Lizenznehmers liegen. Handelt es sich bei den **Dienstleistungen um Nebenleistungen** zum Vertrag, die den Lizenznehmer lediglich in die Lage versetzen, das immaterielle Wirtschaftsgut zu nutzen (z.B. in Form von technischer Unterstützung oder Schulung von Mitarbeiter) kann der Vertrag als einheitliche Leistung behandelt werden. Ist die Dienstleistung dagegen als eigenständige Leistung zu qualifizieren, ist diese nach den Grund-

---

81 BMF-Schreiben vom 23.2.1983,,IV C 5 – S 1341 – 4/83, BStBl 1983 I 218,, Tz. 3.1.2.3.
82 BMF-Schreiben vom 23.2.1983,,IV C 5 – S 1341 – 4/83, BStBl 1983 I 218,, Tz. 5.1.2.

sätzen der Dienstleistungsverrechnung zu behandeln. Die Gründe für die Einordnung als Nebenleistung oder eigenständige Dienstleistung sollten nachvollziehbar dokumentiert werden, da Lizenzen und Dienstleistungen sowohl nach
nationalem Recht als auch nach Abkommensrecht zu sehr unterschiedlichen
Steuerfolgen führen.

c) Markenüberlassung und Konzernname

158 Die Überlassung eines geschützten Markennamens oder eines Markenzeichens
ist grundsätzlich auch im Konzernverbund verrechenbar, wenn der Marke ein
eigenständiger wirtschaftlicher Wert beizumessen ist.[83] Handelt es sich dagegen
um den („bloßen") Konzernnamen, wird dieser i.d.R. grundsätzlich nicht im
Rahmen eines Leistungsaustausches, sondern auf gesellschaftsrechtlicher Basis –
unentgeltlich – überlassen.[84] Dachmarken – also Konzernnamen, die als Mar-
kenname geschützt sind – sind lizenzierbar, wenn ihnen ein eigenständiger Wert
zukommt.[85], allerdings unterliegt der Nachweis des eigenständigen Wertes erhöhten Anforderungen.[86]

159   Trägt ein Vertriebsunternehmen Kosten für die Entwicklung und Verbesserung einer Marke, so hat es gegenüber dem lizenzgebenden Markeninhaber Anspruch auf Vergütung dieses Wertschöpfungsbeitrages. Dies kann z.B. in Form
höherer Vertriebsgewinne durch die Ermäßigung der Einkaufspreise oder in Form
der Reduzierung einer Lizenzgebühr stattfinden.[87]

d) Vorrats- oder Sperrpatente

160 Eine **Lizenzgebühr** ist immer dann **zu verrechnen**, wenn das empfangende
Unternehmen einen wirtschaftlichen Nutzen aus der Überlassung eines immateriellen Werts erzielt. Dies ist auch dann der Fall, wenn es das immaterielle Wirtschaftsgut nicht selbst nutzt, aber einen wirtschaftlichen Nutzen erzielt oder
voraussichtlich erzielen wird, wie dies bei **Vorrats- oder Sperrpatenten** der Fall
ist.[88]

---

83 BFH vom 09.08.2000, I R 12/99, BStBl. II 2001, 140.
84 BMF-Schreiben vom 23.2.1983,,IV C 5 – S 1341 – 4/83, BStBl 1983 I 218,, Tz. 6.3.2.
85 OECD-Verrechnungspreisrichtlinien 2017, Tz. 6.81 ff.
86 BFH-Urteil vom 21.1.2016, – I R 22/14, BStBl. II 2017, 336.
87 OECD-Verrechnungspreisrichtlinien 2017, Tz. 6.78.
88 BMF-Schreiben vom 23.2.1983,,IV C 5 – S 1341 – 4/83, BStBl 1983 I 218, Tz. 5.1.1.

Faßbender

3. Übertragung von immateriellen Wirtschaftsgütern
Die **Festsetzung angemessener Verrechnungspreise** bei der Übertragung im- 161
materieller Wirtschaftsgüter zwischen nahestehenden Unternehmen folgt den
oben dargestellten Regeln des Fremdvergleichsgrundsatzes. Grundsätzlich bedarf
es für jedes Wirtschaftsgut einer Einzelbewertung, welche standardmäßig nach
den Grundsätzen zur Bewertung immaterieller Vermögenswerte des Instituts der
Wirtschaftsprüfer (IDW S5) erfolgt. Demnach können sowohl marktpreisorien-
tierte Methoden als auch kapitalwert- und kostenorientierte Methoden herangezogen werden.

a) Funktionsverlagerung
Besonderheiten sind zu beachten, wenn nicht ein einzelner immaterieller Wert, 162
sondern ein immaterieller Wert in Verbindung mit anderen Werten übertragen
wird. § 1 Abs. 1 S. 9 ff. AStG enthält besondere Regeln im Falle einer sog. **Funktionsverlagerung.** Eine Funktion ist eine Geschäftätigkeit, die aus einer Zusammenfassung gleichartiger betrieblicher Aufgaben besteht, die von bestimmten Stellen oder Abteilungen eines Unternehmens erledigt werden; § 1 Abs. 1
FVerlV. Eine Funktionsverlagerung liegt vor, wenn ein Unternehmen einem nahe
stehenden Unternehmen eine solche Funktion einschließlich der dazugehörigen
Chancen und Risiken, Wirtschaftsgüter und Vorteile („Transferpaket") überlässt
oder überträgt. Der Preis für das Transferpaket ist grundsätzlich nach den üblichen Verrechnungspreismethoden zu ermitteln.

Einzelverrechnungspreise für alle betreffenden Wirtschaftsgüter sind anzu- 163
erkennen, wenn der Steuerpflichtige glaubhaft macht, dass
– keine wesentlichen immateriellen Werte übertragen worden oder
– die Summe der angesetzten Einzelverrechnungspreise, gemessen an der Bewertung des gesamten Transferpakets fremdüblich ist oder
– zumindest ein genau bezeichnetes immaterielles Wirtschaftsgut Gegenstand
  der Funktionsverlagerung.

Ist dies aufgrund der Einzigartigkeit oder fehlender Vergleichsdaten nicht mög- 164
lich, ist ein sog. **hypothetischer Fremdvergleich** anzustellen. Hierbei wird
sowohl auf Seiten des Veräußerers als auch auf Seiten des Erwerbers geprüft,
welchen Preis ein ordentlicher und gewissenhafter Geschäftsführer unter vergleichbaren Umständen maximal bzw. minimal akzeptieren würde. Der so ermittelte Einigungsbereich zwischen Veräußerer und Erwerber beinhaltet in seiner
Bandbreite alle in diesem Fall angemessenen Verrechnungspreise. Wird kein
anderer Preis anhand von Überlegungen zur wirtschaftlichen und finanziellen

Situation der beteiligten Unternehmen glaubhaft gemacht, ist der Mittelwert des Einigungsbereiches als Verrechnungspreis anzusetzen.

b) Preisanpassungsklausel

165 Im Falle schwer bewertbarer immaterielle Werte sieht die OECD für Finanzverwaltungen unter bestimmten Umständen das Recht vor, ex post-Finanzergebnisse zu prüfen, um die Angemessenheit von ex ante bestimmten Fremdvergleichspreisen zu überprüfen. **Schwer bewertbare immaterielle Werte** liegen demnach vor, wenn[89]

- die Entwicklung des immateriellen Wertes zum Zeitpunkt des Transfers noch nicht abgeschlossen ist,
- die kommerzielle Nutzung erst einige Jahre nach dem Transfer beginnen soll,
- Prognosen aufgrund fehlender vergleichbarer Informationen über die Entwicklung und Verwendung ähnlicher immaterieller Werte schwierig sind oder
- der immaterielle Wert und seine voraussichtliche Nutzung zum Zeitpunkt des Transfers neuartig sind.

166 Auch nach deutschem Recht (§ 1 Abs. 3 S. 11 f. AStG ist eine Preisanpassung vorgesehen, wenn im Rahmen einer Funktionsverlagerung wesentliche immaterielle Wirtschaftsgüter übertragen werden, die spätere Geschäftsentwicklung deutlich von den Prognosen abweicht und **keine vertragliche Preisanpassungsklausel vereinbart** wurde. Eine umfassende Dokumentation des Preisfindungsprozesses und die Vereinbarung einer sachgerechten vertraglichen Preisanpassungsklausel sind daher dringend zu empfehlen.

III. Verrechnungspreismethoden

167 Die Sachverhaltsanalyse und die Beschreibung der wirtschaftlichen und finanziellen Umstände einer Transaktion bilden die Grundlage für die Wahl der angemessenen Verrechnungspreismethode, mit der den beteiligten Unternehmen eine ihrem Wertschöpfungsbeitrag entsprechende Vergütung zugeordnet wird. Steuerlich wird zwischen sog. **Standardmethoden** und **gewinnorientierten Methoden** unterschieden.

---

89 OECD-Verrechnungspreisrichtlinien 2017, Tz. 6.190.

Faßbender

1. Standardmethoden

Standardmethoden sind die Preisvergleichsmethode, die Wiederverkaufspreis- 168
methode und die Kostenaufschlagsmethode.

a) Preisvergleichsmethode

Nach der Preisvergleichsmethode („Comparable uncontrolled price method") 169
wird der zwischen nahestehenden Unternehmen für einen Geschäftsvorfall vereinbarte Preis mit Preisen verglichen,

– die in vergleichbaren Geschäftsbeziehungen zwischen fremden Dritten vereinbart worden sind (äußerer Preisvergleich) oder
– die in vergleichbaren Geschäftsbeziehungen eines der nahestehenden Unternehmen mit einem fremden Dritten vereinbart worden sind (innerer
   Preisvergleich).

Die **Anforderung an die Vergleichbarkeit** der Geschäftsbedingungen ist bei 170
Anwendung der Preisvergleichsmethode hoch. Vergleichbar ist ein Geschäft,
wenn keine **wesentlichen** Unterschiede zwischen den zu vergleichenden Geschäftsbedingungen bestehen, die Einfluss auf den Preis nehmen können oder
wenn Unterschiede bestehen, die durch entsprechende Anpassungsrechnungen
berichtigt werden können.

    Relevante Geschäftsbedingungen im Zusammenhang mit **Lizenzverträ-** 171
gen sind in der Regel der erwartete zukünftige Nutzen aus dem immateriellen
Wert, die Exklusivität der Lizenz, die Reichweite und die Dauer des Schutzes, der
geografische Geltungsbereich, die Nutzungsdauer, die Phase der Entwicklung und
die Teilnahme des Lizenznehmers an Verbesserungen, Überarbeitungen und
Aktualisierungen. Für die Vergleichbarkeit von Verträgen über Warenzeichen und
Marken sind u.a. die Akzeptanz (Bekanntheitsgrad, Glaubwürdigkeit), Marktanteile und die Höhe des Umsatzes wesentliche Merkmale für die Vergleichbarkeit
der Geschäftsbedingungen.

    Die Lizenzen für die Überlassung immaterieller Werte sind aufgrund einer 172
sachgerechten Bemessungsgrundlage festzusetzen. In der Praxis sind umsatz-
bezogene Lizenzen, Stücklizenzen und Pauschallizenzen z.B. für bestimmte
Nutzungszeiträume anzutreffen. Darüber hinaus sind Lizenzgebührenstaffeln
und Mindestlizenzgebühren beobachtbar.[90]

    Häufig sind die zwischen fremden Dritten vereinbarten Lizenzbedingungen 173
nicht oder nur eingeschränkt beobachtbar, so das der Nachweis der Vergleich-

---

90 *Groß/Strunk*, Lizenzgebühren, Teil A II 2.2. Deutschland.

barkeit für den **äußeren Preisvergleich** z. B. im Rahmen von Datenbankstudien nur eingeschränkt möglich ist. Die Anwendung des äußeren Preisvergleichs führt in der Regel zu einer Bandbreite eingeschränkt vergleichbarer Daten. Der eingeschränkten Vergleichbarkeit der Daten wird dadurch Rechnung getragen, dass die Bandbreite mittels statistischen Methoden (z. B. Interquartile Range) auf die wahrscheinlichsten Daten eingegrenzt wird.[91]

174 Der **innere Preisvergleich** kommt im Rahmen von Lizenzverträgen nur selten und in den Fällen zur Anwendung, wenn einer der Beteiligten entsprechende Lizenzverträge auch mit mehreren unabhängigen Dritten abgeschlossen hat. In diesen Fällen ist zu prüfen, ob die vereinbarten Geschäftsbedingungen im Wesentlichen vergleichbar sind bzw. ggf. vorhandene Unterschiede durch Anpassungsrechnungen eliminiert werden können.

175 Das **Bundeszentralamt für Steuern** verfügt über eine „**Lizenzkartei**", deren Inhalt auf in Betriebsprüfungen gewonnenen Daten über Lizenzvereinbarungen zwischen fremden Dritten beruht. Der Bundesfinanzhof hat diese nicht der Öffentlichkeit bekannten Daten für grundsätzlich verwendbar erklärt.[92] Allerdings muss die Finanzverwaltung im Falle eines Rechtsstreits die Qualität der im Einzelfall für den Vergleich verwendeten Daten nachweisen. Sollte dies aus Gründen des Steuergeheimnisses nicht möglich sein, geht dies zu Lasten der Beweiskraft der Daten.

176 Kostenpflichtige Recherchen zu fremdüblichen Lizenzsätzen sind in Datenbanken gewerblicher Anbieter möglich, z. B. RoyaltySource, RoyaltyStat und ktMine. Einen Überblick über branchenübliche Lizenzsätze in der Vergangenheit bieten verschiedenen Literaturquellen.[93]

b) Wiederverkaufspreismethode

177 Die **Wiederverkaufspreismethode** („Resale price method") ist anwendbar, wenn ein Konzernunternehmen an ein anderes Konzernunternehmen liefert und letzteres das Produkt ohne wesentliche Änderungen an einen fremden Dritten weiterveräußert. Um den konzerninternen Verrechnungspreis zu bestimmen wird der durch die Veräußerung an den Fremden entstandene Preis um einen **marktüblichen Abschlag** („Bruttomarge") gemindert, welcher der Funktion, den Risiken und eingesetzten Wirtschaftsgütern des Wiederverkäufers entspricht.

---

91 *Engler* in Vögele/Borstell/Engler, Verrechnungspreise, Rn. 518.
92 BFH-Urteil vom 17.10.2001 – I R 103/00, BStBl. II 2004, 171.
93 *Groß/Strunk*, Lizenzgebühren, Teil A II 2.2. Deutschland; *Böcker* StBp 1991, 79. *Gross* BB 1995, 885.

Faßbender

Die Wiederverkaufspreismethode ist im Rahmen von Lizenzverträgen nur im 178
Ausnahmefall anwendbar, z. B. wenn eine konzerninterne Patentverwertungsgesellschaft routinemäßig Unterlizenzen an fremde Dritte vergibt. In diesem Fall
wird die Unterlizenzgebühr der unabhängigen Dritten um eine fremdübliche
Bruttogewinnmarge verringert, um den konzerninternen Verrechnungspreis zu
ermitteln. Die fremdübliche Bruttomarge soll der Patentverwertungsgesellschaft
die anteiligen Verwaltungs- und Vertriebskosten sowie eine angemessene Netto-
marge sichern.

c) Kostenaufschlagsmethode

Nach der **Kostenaufschlagsmethode** („Cost plus method") wird der Verrech- 179
nungspreis für Geschäftsvorfälle zwischen nahestehenden Personen ermittelt,
indem die Kosten des Leistenden um einen angemessenen und fremdüblichen
Gewinnaufschlag erhöht werden. Die Kostenbasis ist entsprechend der Kalkula-
tionsmethoden zu ermitteln, die unternehmensintern der Preisbestimmung gegenüber fremden Dritten zugrunde liegt. Soweit das leistende Unternehmen nur
konzerninterne Leistungen erbringt, sind dessen Kosten nach betriebswirt-
schaftlichen Grundsätzen zu kalkulieren. Der Gewinnaufschlag muss funktions-
und risikoadäquat sein und kann anhand unternehmensüblicher Gewinnauf-
schläge (äußerer oder innerer Fremdvergleich) ermittelt werden.

Der Wert und damit der Verrechnungspreis für immaterielle Werte ist in der 180
Regel nicht von den Kosten ihrer Entwicklung abhängig, vielmehr können die
Kosten höher oder niedriger ausfallen. Die Kostenaufschlagsmethode ist im Falle
immaterieller Werte in der Regel nicht geeignet, einen Verrechnungspreis zu begründen. Nach Auffassung der Finanzverwaltung kann sie als Schätzungsanhalt
bei der Verprobung von Lizenzgebühren verwendet werden.[94] Aus Sicht des Lizenzgebers ist dies nachvollziehbar, da sämtliche realistischer Weise bestehenden
Alternativen berücksichtigt werden sollen. Allerdings lässt diese Auffassung die
Sicht des Lizenznehmers außer Acht, welcher nur dann bereit ist, Lizenzgebühren
zu zahlen, wenn seine erwarteten Erträge aus der Nutzung des immateriellen
Wertes die Kosten hierfür übersteigen. Er wird daher nicht bereit sein, die Kosten
des Lizenzgebers nebst Gewinnaufschlag zu tragen, wenn diese seinen Nutzen
aus der Verwertung des immateriellen Wertes übersteigen. Laut OECD-Verrechnungspreisrichtlinien kann die Kostenaufschlagsmethode nur im Ausnahmefall

---

94 BMF-Schreiben vom 23. 2. 1983 – IV C 5 – S 1341 – 4/83, BStBl I 1983, 218, Rn. 5.2.4.

verwendet werden, z. B. bei eigenentwickelter Software für interne Geschäftsvorgänge, die von untergeordneter Bedeutung ist.[95]

181   Davon abzugrenzen sind Forschungs- und Entwicklungsleistungen im Wege der sog. **Auftragsforschung** (s. o. Rn. 152) zwischen nahe stehenden Personen. Hierbei handelt es sich um Dienstleistungen, die in der Regel nach der Kostenaufschlagsmethode abgerechnet werden.

2. Gewinnorientierte Methoden

182   Als **gewinnorientierte Verrechnungspreismethoden** werden die **globale Gewinnvergleichsmethode** („Comparable profit method"), die **geschäftsvorfallbezogenen Nettomargenmethode** („Transactional net margin method, TNMM-Methode") und die **geschäftsvorfallbezogene Gewinnaufteilungsmethode** („Profit split method") unterschieden.

183   Die aus dem angelsächsischen Raum stammende globale Gewinnvergleichsmethode ist nach deutschen und OECD-Grundsätzen nicht anwendbar, da Renditekennzahlen global und nicht geschäftsvorfallbezogen verglichen werden. Auf eine Darstellung wird hier daher verzichtet.

a) Geschäftsvorfallbezogene Nettomargenmethode

184   Bei der geschäftsvorfallbezogenen Nettomargenmethode („Transactional net margin method, **TNMM-Methode**") wird die **Nettogewinnmarge**, die nahestehende Unternehmen aus einem Geschäftsvorfall erzielen, mit den Nettogewinnmargen fremder Dritter aus vergleichbaren Geschäftsvorfällen verglichen. Die Nettogewinnmargen werden ermittelt, indem der Nettogewinn z. B. zu Umsatz, Kosten oder Vermögen in Relation gesetzt wird.

185   Nach Auffassung der deutschen Finanzverwaltung ist die TNMM-Methode nur auf Routineunternehmen anwendbar, d. h. bei Unternehmen, deren Funktions- und Risikoprofil per definitionem nicht den Einsatz von wesentlichen immateriellen Werten umfasst. Auch die OECD-Verrechnungspreisrichtlinien bezeichnen die TNMM-Methode als **unzuverlässig** für die Bepreisung immaterieller Werte.[96]

186   In der Literatur wird vertreten, dass die TNMM-Methode im **Ausnahmefall**, z. B. für die Verrechnungspreisbestimmung bei Patentverwertungsgesellschaf-

---

95 OECD-Verrechnungspreisrichtlinien 2017, Rn. 6.143.
96 OECD-Verrechnungspreisrichtlinien 2017, Rn. 6.141.

Faßbender

ten[97], zur Verprobung der Ergebnisse anderer Verrechnungspreismethoden und zur Bestimmung des Gewinnpotentials von Marken[98] einsetzbar ist.

b) Geschäftsvorfallbezogene Gewinnaufteilungsmethode

Bei den geschäftsvorfallbezogenen Gewinnaufteilungsmethoden („Profit split methods") wird im ersten Schritt der von den Konzernunternehmen erwirtschaftete geschäftsvorfallbezogen Gesamtgewinn ermittelt. Im zweiten Schritt wird der ermittelte Gesamtgewinn auf die beteiligten Konzernunternehmen aufgeteilt. 187

Zunächst sind die Kriterien zur Ermittlung des aufzuteilenden Gesamtgewinns festzulegen. Hierzu gehören das zugrunde zu legende Rechnungswerk (Konzernrechnungslegung, Kostenrechnung, Spartenrechnung), die beteiligten Unternehmen, Währungsumrechnungsregeln, Zeitpunkt der Gewinnfeststellung (tatsächliche oder erwartete Gewinne). Zudem ist zu entscheiden, ob entweder der Gesamtgewinn ermittelt und aufgeteilt oder Umsatz und Kosten gesondert aufgeteilt werden und welche Vergleichsdaten für die Analyse der Fremdüblichkeit heranzuziehen sind. 188

Für die Aufteilung des ermittelten Gesamtgewinns sind verschiedenen Methoden im Einsatz. Die sog. **Knoppe-Formel** und die sog. 25%-Rule gehen davon aus, dass dem Lizenzgeber ein pauschaler Prozentsatz der Zusatzgewinne des Lizenznehmers zusteht, welche dieser durch den Einsatz des immateriellen Wertes erzielt.[99] Da diese pauschalen Gewinnaufteilungsmaßstäbe in keiner Weise das Funktions- und Risikoprofil und die Wertschöpfungsbeiträge der beteiligten Unternehmen berücksichtigen, sind sie nach den Maßstäben des § 1 AStG und der OECD-Verrechnungspreisrichtlinien nicht anwendbar.[100] Trotzdem werden sie regelmäßig im Rahmen deutscher Betriebsprüfungen zur Verprobung der Angemessenheit von Lizenzsätzen herangezogen.[101] 189

Unter den vielfältigen Methoden zur Aufteilung des Gesamtgewinns sind die Beitragsmethode, die Mehrgewinnmethode und die Restgewinnmethode am häufigsten anzutreffen. 190

Im Rahmen der **Beitragsmethode** („Contribution Analysis") wird der Gesamtgewinn direkt auf die beteiligten Unternehmen aufgeteilt. Als Aufteilungs- 191

---

97 *Baumhoff/Kluge* in Henn/Pahlow, Patentvertragsrecht, 14. Kap. Rn. 227.
98 *Engler* in Vögele/Borstell/Engler, Verrechnungspreise, Rn. 639.
99 *Greinert* in Wassermeyer/Baumhoff, Verrechnungspreise international verbundener Unternehmen, S. 842ff.
100 *Engler* in Vögele/Borstell/Engler, Verrechnungspreise, Rn. 633f.
101 *Hanken/Kleinhietpaß/Lagarden*, Verrechnungspreise, S. 251.

maßstab dienen interne oder externe Fremdvergleichsdaten über die anteiligen Wertschöpfungsbeiträge der beteiligten Unternehmen.[102]

192   Die Aufteilung des Gesamtgewinns im Rahmen der **Restgewinnmethode** („Residual Profit Analysis") erfolgt in zwei Schritten. Zunächst wird den beteiligten Unternehmen eine angemessene Vergütung für die im Zuge des Geschäftsvorfalls erbrachten Routinefunktionen zugerechnet. Routinefunktionen sind leicht zu duplizierende Standardfunktionen, die nicht wesentlich zur Wertschöpfung beitragen und nicht mit wesentlichen Risiken einhergehen. Der nach der Zurechnung verbleibende Restgewinn wird im zweiten Schritt anhand eines bestimmten Aufteilungsmaßstabes auf die beteiligten Unternehmen aufgeteilt. Als Aufteilungsmaßstäbe kommen u. a. erbrachte Wertschöpfungsbeiträge, aktivierte Entwicklungskosten, der erwartete diskontierte Cash Flow oder das eingesetzte Kapital in Betracht.[103]

193   Im Rahmen der **Mehrgewinnmethode** („Incremental Cash Flow Method") wird anhand von Prognoserechnungen ermittelt, welchen zusätzlichen Gewinn der Einsatz eines immateriellen Wertes generiert. Der Mehrgewinn kann sich aus höheren Cash-Flows ergeben, die durch Kostenersparnisse oder zusätzliche Erträge erzielt werden. Die Mehrgewinne, die aus der Nutzung des immateriellen Wertes stammen, sind dem Unternehmen zuzurechnen, welchem das immaterielle Wirtschaftsgut zusteht.

3. Auswahl der Verrechnungspreismethode

194 Für die Nutzungsvergütungen im Rahmen von Lizenzverträgen sind die Preisvergleichsmethode und die geschäftsvorfallbezogenen Gewinnaufteilungsmethoden die mit größter Wahrscheinlichkeit anwendbaren Methoden.

195   Die Wiederverkaufspreismethode, die Kostenaufschlagsmethode und die geschäftsvorfallbezogene Nettomargenmethode sind für die Ermittlung einer angemessenen Vergütung im Rahmen von konzerninternen Lizenzverträgen nur in Ausnahmefällen anwendbar. Üblicherweise werden mittels dieser Methoden andere beteiligte Konzernunternehmen vergütet und der auf die immateriellen Werte entfallende Residualgewinn aus dem Geschäftsvorfall verbleibt bei dem Unternehmen, welchem der immaterielle Wert zugeordnet ist.

---

102 *Vögele/Raab/Diessner* in Vögele/Borstell/Engler, Verrechnungspreise, Rn. 647 f.
103 *Vögele/Raab/Diessner* in Vögele/Borstell/Engler, Verrechnungspreise, Rn. 648 ff., vgl. auch die Stellungnahme des EU Joint Transfer Pricing Forum vom März 2019, DOC: JTPF/002/2019/EN, THE APPLICATION OF THE PROFIT SPLIT METHOD WITHIN THE EU.

Faßbender

4. Finale Preisfestsetzung

Bei der finalen Preisfestsetzung sind neben den Funktionen, Risiken und einge- 196
setzten Wirtschaftsgüter der am Geschäftsvorfall beteiligten Unternehmen folgende Aspekte zu berücksichtigen:
–   Wirtschaftliche Gründe und Interessen der am Geschäftsvorfall beteiligten
    Unternehmen
–   Realistischer Weise zur Verfügung stehende Alternativen,
–   Wettbewerbsvorteile durch die Nutzung des immateriellen Wertes
–   Erwartete zukünftige wirtschaftliche Vorteile des Geschäftsvorfalls
–   Weitere Vergleichbarkeitsfaktoren wie Merkmale des lokalen Marktes (Makroökonomische Trends, staatliche Regulierung, Standortvorteile), Mitarbeiter und Synergien innerhalb des multinationalen Konzerns.

IV. Verrechnungspreisdokumentation gem. § 90 Abs. 3 AO

Jeder Steuerpflichtige ist verpflichtet, über die Art und den Inhalt seiner Ge- 197
schäftsbeziehungen zu nahestehenden Personen im Ausland Aufzeichnungen
zu erstellen. Die Aufzeichnungen umfassen neben der Darstellung der Sachverhalte („Sachverhaltsdokumentation") auch die wirtschaftlichen und rechtlichen
Grundlagen für eine den Fremdvergleichsgrundsatz beachtende Vereinbarung
von Geschäftsbedingungen, insbesondere Preisen („Angemessenheitsdokumentation"). Unternehmen, die Teil einer multinationalen Unternehmensgruppe mit
einem Umsatz von mehr als 100 Millionen EUR sind, haben darüber hinaus einen
Überblick über die Art der weltweiten Geschäftstätigkeit der Unternehmensgruppe und über deren angewandte Verrechnungspreissystematik aufzuzeichnen.

Die **Sachverhaltsdokumentation** hat folgende Bereiche zu umfassen[104]: 198
–   allgemeine Informationen über die Beteiligungsverhältnisse, den Geschäftsbetrieb und den Organisationsaufbau,
–   Beschreibung der Managementstruktur sowie der Organisationsstruktur des
    inländischen Unternehmens des Steuerpflichtigen,
–   Beschreibung der Tätigkeitsbereiche des Steuerpflichtigen und der Geschäftsstrategie
–   Aufzeichnungen über Geschäftsbeziehungen des Steuerpflichtigen inkl. einer
    Liste der genutzten wesentlichen immateriellen Werte
–   Funktions- und Risikoanalyse inkl. Beschreibung der Wertschöpfungskette.

---

104 Details finden sich in § 4 GAufzV.

199 Die Angemessenheitsdokumentation soll der Finanzverwaltung eine Verrechnungspreisanalyse ermöglichen und folgende Informationen beinhalten:
- Zeitpunkt der Verrechnungspreisbestimmung,
- alle verfügbaren und verwendeten Informationen, die für die Verrechnungspreisbestimmung genutzt wurden,
- Darstellung der angewandten Verrechnungspreismethode inklusive Begründung der Auswahl und Geeignetheit der Methode,
- Unterlagen über die Anwendung der gewählten Verrechnungspreismethode,
- Informationen über die verwendeten internen und externen Vergleichsdaten.

200 Die Verrechnungspreisdokumentation über gewöhnliche Geschäftsvorfälle ist der Finanzverwaltung auf Anforderungen innerhalb einer **Frist von 60 Tagen** vorzulegen. Sind außergewöhnliche Geschäftsvorfälle zu dokumentieren, müssen diese Aufzeichnungen zeitnah erstellt und innerhalb von 30 Tagen nach Anforderung vorgelegt werden.

201 Verletzt der Steuerpflichtige seine **Mitwirkungspflichten**, ist die Finanzverwaltung berechtigt, die Verrechnungspreise gem. § 162 Abs. 3 AO zu **schätzen** und es kommt zur Umkehr der Beweislast. Wird die Dokumentation nicht vorgelegt, ist sie nicht verwertbar oder wird die Dokumentation über außergewöhnliche Geschäftsvorfälle zu spät vorgelegt, kann die Finanzverwaltung auf den für den Steuerpflichtigen ungünstigsten Preis in einer Bandbreite von Preisen schätzen. Bei Nichtvorlage einer Verrechnungspreisdokumentation oder Vorlage einer nicht verwertbaren Dokumentation können Strafzuschläge in Höhe von 5–10 % der Verrechnungspreisanpassungen, mind. 5.000 EUR festgesetzt werden. Wird eine verwertbare Dokumentation **verspätet vorgelegt**, kann für jeden Tag der Fristüberschreitung ein **Zuschlag** von mind. 100 EUR, max. 1 Millionen EUR festgesetzt werden.

---

202 **Wiederholungsfragen**
1. Unter welchen Voraussetzungen ist eine natürliche Person in Deutschland unbeschränkt Einkommensteuerpflichtig? (Rn. 2) Welche Einkünfte werden in Deutschland besteuert, wenn eine Person nicht unbeschränkt steuerpflichtig ist? (Rn. 12 ff., 19)
2. Unter welchen Voraussetzungen ist eine juristische Person in Deutschland unbeschränkt steuerpflichtig? (Rn. 25) Erzielen Körperschaften stets Einkünfte aus Gewerbebetrieb? (Rn. 30)
3. Welchem Staat steht nach dem OECD-Musterabkommen das Besteuerungsrecht für Lizenzerträge zu? (Rn. 38, 39)
4. Wie wird die Doppelbesteuerung durch Quellensteuer bei Lizenzzahlungen in Ausland nach deutschem Steuerrecht vermieden? (Rn. 51)
5. Unter welchen Voraussetzungen ist die Hinzurechnungsbesteuerung auf Einkünfte einer ausländischen Zwischengesellschaft anzuwenden? (Rn. 80)
6. Unterliegt die Lizenzierung von Immaterialgüterrechten der Umsatzsteuer? (Rn. 86, 89)

Faßbender

7. **Was besagt der Fremdvergleichsgrundsatz? (Rn. 118)**
8. **Was ist unter dem DEMPE-Konzept zu verstehen? (Rn. 132)**
9. **Welche Verrechnungspreismethoden kommen im Rahmen von Lizenzverträgen für die Bestimmung angemessener Nutzungsvergütungen in Frage? (Rn. 193 f.)**

8. Kapitel: Mustervertragsgestaltung

Dieses Kapitel ist der konkreten Ausgestaltung von Lizenzverträgen anhand praxistauglicher Muster gewidmet. Allgemeine inhaltliche Hinweise zum Vertragsaufbau finden sich im 4. Kapitel sowie in anderen Kapiteln diese Buches, auf die jeweils in den Fußnoten verwiesen wird.

A. Muster: Patent- und Know-how-Lizenzvertrag (deutsch/englisch)

Die nachstehende deutsch/englische Synopse zeigt beispielhaft das Muster eines Patent- und Know-how-Lizenzvertrags aus der Automobilzuliefererindustrie. Bei der Synopse handelt es sich nicht um eine wörtliche, sondern allenfalls sinngemäße Übersetzung mit zum Teil kleineren inhaltlichen Abweichungen.

Gegenstand des lizenzgeberfreundlichen Mustervertrages ist eine ausschließliche Lizenz in einem definierten Anwendungsbereich der lizenzierten Technologie, bestehend aus Patentrechten und dem Know-how. Es empfiehlt sich, die zu lizenzierenden Patentrechte in einer Anlage zu dem Vertrag mindestens unter Nennung der Anmelde- oder Eintragungsnummer aufzuführen. Auch das zu lizenzierende Know-how sollte in einer Anlage zumindest soweit umschrieben werden, dass dem Bestimmtheitserfordernis genüge getan ist, ohne aber das Know-how bereits zu offenbaren. Nach der Regelung in Ziffer 1.4 wird das Know-how dem Lizenznehmer erst nach Zahlung eines vereinbarten ersten Vergütungsbestandteils offengelegt. Zudem trifft der Lizenzgeber durch die Geheimhaltungsverpflichtungen des Lizenznehmers in Ziffer 4 vertragliche Vorkehrungen gegen eine Weitergabe und Offenlegung des Know-hows an Dritte.

Mit der Regelung in Ziffer 2, die dem Lizenznehmer die Weiterentwicklung der lizenzierten Technologie gestattet und dem Lizenzgeber nicht-ausschließliche Nutzungsrechte an diesen Weiterentwicklungen einräumt, greift das Muster die kartellrechtlichen Vorgaben aus Art. 5 Abs. 1 lit. a TT-GVO 316/2014 auf.

Weitere Vertragsmuster für Patent- und Know-how-Lizenzverträge finden sich u. a. bei *Winzer*, Der Lizenzvertrag, 2014; *Bartenbach*, Patentlizenz- und Know-how-Vertrag, 7. Aufl. 2013; *Groß*, Der Lizenzvertrag, 11. Aufl. 2015; *Pfaff/Osterrieth*, Lizenzverträge, 4. Aufl. 2018; *Ulmer-Eilfort/Schmoll*, Technologietransfer, 2. Aufl. 2016.

Heim
https://doi.org/10.1515/9783110622829-013

Patent- und Know-how-Lizenzvertrag	Patent and Know-how License Agreement
	This agreement is made by and
zwischen	between
(1) [Name/Firma], [Strasse, Hausnummer], [Postleitzahl, Ort, Land] (nachfolgend „Lizenzgeber" genannt);	(1) [Name], a corporation duly organised and existing under the laws of [state, country], having its principal place of business at [address] (hereinafter referred to as „Licensor");
und	and
(2) [Name/Firma], [Strasse, Hausnummer], [Postleitzahl, Ort, Land] (nachfolgend „Lizenznehmer" genannt);	(2) [Name], a corporation duly organised and existing under the laws of [state, country], having its principal place of business at [address] (hereinafter referred to as „Licensee");
(Der Lizenzgeber und Lizenznehmer werden zusammen als „Vertragsparteien" bezeichnet und einzeln als „Vertragspartei", sofern keine andere Bezeichnung für sie verwendet wird.)	(Licensor and Licensee are collectively referred to as „Parties" and individually as „Party", except if and where indicated differently)

Präambel:[1]
(A) Der Lizenzgeber hat umfangreiche Erfahrungen und Kenntnisse auf dem Gebiet der Getriebe-Technologie und ihrer Anwendung und verfügt über bedeutendes Know-how und Schutzrechte zu getriebebezogenen Technologien.
(B) Der Lizenznehmer ist ein führender weltweiter Zulieferer der Automobilindustrie, der sein Produktangebot erweitern will.
(C) Der Lizenznehmer beabsichtigt, die Lizenzierten Produkte unter Verwertung der Lizenzierten Technologie herzustellen, diese zu vermarkten und zu verkaufen und seine Aktivitäten in der Forschung und Entwicklung

Recitals:
(A) WHEREAS, Licensor has substantial experience and knowledge in gear box related technology and its application and as a consequence thereof has significant know-how and intellectual property rights in the gear box technology;
(B) WHEREAS, Licensee is a leading worldwide supplier to the automotive industry intending to significantly expand its product range.
(C) WHEREAS, Licensee intends to manufacture, market and sell Licensed Products and continue and increase R&D activities with a focus on the development and industriali-

---

1 Die Präambel ist wichtiger Bestandteil eines Vertrages, die zwar keine Verpflichtungen der Vertragsparteien regelt. In der Präambel finden sich jedoch regelmäßig wichtige Erläuterungen über den Hintergrund des Vertragsabschlusses, die Motivation und Absichten der Vertragsparteien. Diese Erläuterungen können bei der Vertragsauslegung herangezogen werden; vgl. z. B. OLG Karlsruhe GRUR-RR 2012, 405 (PatR); OLG München NJOZ 2008, 660 (PatR).

Patent- und Know-how-Lizenzvertrag	Patent and Know-how License Agreement

fortzusetzen und zu intensivieren; dabei liegt der Fokus sowohl auf der Entwicklung als auch der Serienfertigung von Getrieben auf der Basis der Lizenzierten Technologie.

(D) Der Lizenznehmer hat markt- und technologiebezogene Untersuchungen zu den wirtschaftlichkeits- und produktionsbezogenen Anforderungen bei der Verwertung der von dem Lizenznehmer als besonders wichtig identifizierten Lizenzierten Patente durchgeführt. Dem Lizenznehmer sind die technischen Herausforderungen und das Risiko bekannt, dass ein oder mehrere der Lizenzierten Patente Gegenstand eines von Dritten eingeleiteten Einspruchs-/Nichtigkeitsverfahrens werden können und dass die zuständigen Patentbehörden Patentanmeldungen wegen fehlender Schutzvoraussetzungen ganz oder teilweise zurückweisen können.

Dies vorausgeschickt, vereinbaren die Vertragsparteien Folgendes:

Definitionen[2]

„Anwendungsbereich":[3] Der Anwendungsbereich beschränkt sich auf Getriebe und Getriebekomponenten, die in Automobilen – einschließlich Pkw, Bussen, Lastwagen und Spezialfahrzeugen – eingesetzt werden und in **Anlage A** exemplarisch beschrieben sind. Der Lizenznehmer ist nicht berechtigt, die Lizenzier-

---

sation of gear box technologies based on the Patents and Know-how.

(D) WHEREAS, Licensee has conducted thorough market and technical related analyses on commercial and manufacture related aspects of the utilisation/exploitation of the most relevant Licensed Patents identified by Licensee. Licensee is aware of the technical challenges and the risk that one or more of the Licensed Patents may be subject to invalidity/nullity proceedings brought forward by third parties or that patent protection may be partly or totally refused by the respective patent authorities.

NOW, THEREFORE, in consideration of the foregoing, the Parties agree to the following.

Definitions

„Field" shall mean gear boxes and its components used in automobiles including cars, busses, trucks and special purpose vehicles as exemplarily outlined in **Schedule A.** Licensee is not entitled to exploit any of the Patents and Know-how outside the Field.

---

2 Zentrale und wiederkehrende Begriffe, die in dem Vertrag verwendet werden, sollten definiert und sodann in dem Vertrag einheitlich verwendet werden. Dadurch wird sichergestellt, dass ein Begriff im Sinne der Definition ausgelegt und von den Vertragsparteien und Dritten (z. B. einem Gericht) einheitlich verstanden wird. Als Mittel der Vertragstechnik haben sich Definitionen zudem bewährt, weil durch sie komplexe Regelungen im Vertrag verkürzt und lesbarer gemacht werden können.

3 Der Anwendungsbereich bestimmt den sachlichen Umfang der dem Lizenznehmer in dem Lizenzvertrag erteilten Nutzungsrechte. Unterschiedliche Anwendungsbereiche einer Technologie können z. B. die jeweils näher definierten Bereiche Medizintechnik und Raumfahrttechnik sein. Der Anwendungsbereich kann aber auch sehr viel enger gefasst werden und – wie im Vertragsmuster definiert – auf die Herstellung und den Vertrieb von Getrieben und Getriebekomponenten im Automobilbereich beschränkt sein.

Heim

Patent- und Know-how-Lizenzvertrag	Patent and Know-how License Agreement

te Technologie außerhalb des Anwendungsbereichs zu nutzen/verwerten.

„Inkrafttreten" dieses Vertrages bezeichnet das Datum der Unterzeichnung dieses Vertrages. Sollte der Vertrag nicht von beiden Vertragsparteien am selben Tag unterzeichnet werden, gilt das Datum der Letztunterzeichnung als Datum des Inkrafttretens.

„Lizenzierte Patente" sind die in **Anlage B** aufgeführten Patente, Patentanmeldungen und Gebrauchsmuster.

„Lizenzierte Produkte" bezeichnet im Anwendungsbereich genutzte Getriebe.

„Lizenzierte Technologie" ist beschränkt auf die in der **Anlage B** aufgeführten Lizenzierten Patente und das dort beschriebene Know-how in seiner Gesamtheit oder in Teilen.

„Mitteilung einer Streitigkeit" hat die in Ziffer 9.2 definierte Bedeutung.

„Streitigkeit" hat die in Ziffer 9.2 definierte Bedeutung.

„Vertrag" bezeichnet diesen Patent- und Know-how-Lizenzvertrag sowie sämtliche Anlagen und zusätzliche schriftliche Vereinbarungen zwischen den Vertragsparteien zur Änderung oder Ergänzung dieses Vertrages.

„Vertrauliche Informationen" bezeichnet und beinhaltet die Lizenzierte Technologie[4] in ihrer Gesamtheit oder in Teilen sowie sämtliche Informationen, die der Lizenzgeber dem Lizenznehmer zur Verfügung stellt, unabhängig von ihrer Beschaffenheit. Außerdem sind dieser Vertrag und die darin enthaltenen Bestimmungen als Vertrauliche Informationen zu behandeln. Den Vertragsparteien steht es allerdings frei, die bloße Tatsache offenzulegen, dass die Vertragsparteien diesen Vertrag geschlossen haben und dass der Lizenzgeber dem Lizenznehmer die entsprechenden Nutzungs-

„**Effective Date**" of this Agreement shall mean the signing date of this Agreement. If not signed by both Parties on the same day, the later date of signature shall be regarded as the Effective Date.

„**Licensed Patents**" shall mean the patents, patent applications and utility models listed in **Schedule B.**

„**Licensed Products**" shall mean gear boxes used in the Field.

„**Patent and Know-how**" shall have the meaning and is limited to the Licensed Patents and the know-how listed in **Schedule B,** complete or in part.

„**Notice of Dispute**" shall have the meaning as defined in Clause 9.2.

„**Dispute**" shall have the meaning as defined in Clause 9.2.

„**Agreement**" shall mean this Patent and Know-how License Agreement and all attached Schedules and all supplemental documents entered into by the Parties in writing amending or altering this Agreement.

„**Confidential Information**" shall mean and include the Patents and Know-how in total and in part and any information provided by Licensor to Licensee irrespective of its physical nature. Further, this Agreement and its terms shall be considered as Confidential Information. However, the Parties shall be free to inform about the mere fact that the Parties have entered into this Agreement and that Licensor has granted to Licensee the respective licenses to manufacture, market and sell the Licensed Products.

---

4 Bis zur Offenlegung/Veröffentlichung durch die jeweiligen Patentämter sind Patentanmeldungen nicht öffentlich zugänglich.

Heim

Patent- und Know-how-Lizenzvertrag   **Patent and Know-how License Agreement**

rechte erteilt hat, die Lizenzierten Produkte herzustellen, zu vermarkten und zu vertreiben.[5]

1. Gegenstand und Lizenzgewährung

1.1 Der Lizenzgeber ist alleiniger[6] Inhaber[7] der in **Anlage B** definierten Lizenzierten Technologie.

1.2 Der Lizenzgeber erteilt dem Lizenznehmer gemäß den Bestimmungen und für die Laufzeit dieses Vertrages hiermit das ausschließliche,[8] weltweite Nutzungsrecht, die Lizenzierte Technologie in dem Anwendungsbereich zu nutzen und zu verwerten. Das ausschließliche Nutzungsrecht umfasst insbesondere das Recht zur Herstellung, Vermarktung und zum Vertrieb der Lizenzierten Produkte sowie Forschungs- und Entwicklungsaktivitäten, die sich auf die Lizenzierten Produkte beziehen.

1. Subject Matter and License Grant

1.1 Licensor solely owns the Patents and Know-how listed in **Schedule B.**

1.2 Subject to the terms and conditions of this Agreement, Licensor hereby grants to Licensee and Licensee agrees to receive from Licensor during the term of this Agreement, an exclusive worldwide licence to make use of and exploit the Patents and Know-how in the Field including but not limited to the manufacture, marketing and sale of Licensed Products and to research and development activities related to Licensed Products.

---

5 Für den Lizenznehmer ist es oftmals notwendig, die Berechtigung zur Nutzung der Technologie offenzulegen und hierzu auf bestehende lizenzvertragliche Vereinbarungen mit dem Rechteinhaber verweisen zu können.

6 Ist der Lizenzgeber nicht alleiniger Inhaber sondern nur Mitinhaber – also nicht allein materiell Berechtigter –, liegt mangels abweichender vertraglicher Regelung zwischen den Mitinhabern eine Bruchteilsgemeinschaft im Sinne der §§ 741 ff. BGB vor. Nutzungsrechte an gemeinschaftlich gehaltenen Patentrechten, Gebrauchsmustern und gemeinschaftlich gehaltenem Know-how können in diesem Fall grundsätzlich nur gemeinsam oder mit Zustimmung des oder der anderen Mitinhaber wirksam eingeräumt werden. Im Übrigen gilt § 745 BGB, vgl. OLG Düsseldorf GRUR-RR 2012, 319 (PatR) m.w.N. Dazu auch oben 2. Kapitel Rn. 8 f.

7 Der Lizenzgeber sichert damit nicht nur zu, (alleiniger) Inhaber der lizenzierten Patentrechte und Gebrauchsmuster, sondern auch Inhaber des lizenzierten Know-hows zu sein (vgl. auch Ziffer 5.1). Eine solche Zusicherung sollte daher nur gemacht werden, wenn die Eigentumslage eindeutig ist. Insbesondere die (ausschließliche) rechtliche Zuordnung des zu lizenzierenden Know-hows zu einem bestimmten Unternehmen bereitet mangels präziser vertraglicher Regelungen oftmals Schwierigkeiten, so z.B. bei Konzernunternehmen mit zentraler F&E-Abteilung, bei gemeinsamen Entwicklungen mit Dritten oder bei Auftragsentwicklungen mit Dritten. Bei Patentrechten und Gebrauchsmustern lässt sich die formelle Stellung als Rechtsinhaber den amtlichen Registern entnehmen. Das Register kann unrichtig sein, der formelle Rechtsinhaber muss somit mit dem materiellen Rechtsinhaber nicht zwangsläufig identisch sein.

8 Das ausschließliche Nutzungsrecht bedeutet, dass der Lizenzgeber in dem Anwendungsbereich nicht zur Erteilung weiterer Nutzungsrechte berechtigt ist. Auch selbst ist er nicht berechtigt, die lizenzierten Rechte im Anwendungsbereich zu nutzen.

Heim

Patent- und Know-how-Lizenzvertrag	Patent and Know-how License Agreement
1.3 Der Lizenznehmer ist ohne die vorherige ausdrückliche schriftliche Zustimmung des Lizenzgebers weder berechtigt, an der Lizenzierten Technologie eingeräumte Nutzungsrechte an einen Dritten zu übertragen, noch Unterlizenzen zu erteilen. Wenn der Lizenzgeber der Erteilung von Unterlizenzen im Einzelfall zustimmt, stellt der Lizenznehmer sicher, dass alle Unterlizenzverträge zwischen dem Lizenznehmer und dem Unterlizenznehmer mit sofortiger Wirkung beendet werden, sobald dieser Vertrag beendet wird oder seine Laufzeit endet.[9]	1.3 Licensee is neither entitled to transfer the licensed rights nor to sublicense the Patents and Know-how to any third party without prior explicit approval in writing by Licensor. If sublicensing is approved by Licensor, Licensee shall secure that any sublicensing agreement agreed to between Licensee and the sublicensing party is terminated with immediate effect once this Agreement is terminated or expires.
1.4 Innerhalb von 4 (vier) Wochen nach dem Inkrafttreten legt der Lizenzgeber dem Lizenznehmer die in **Anlage B** beschriebene Lizenzierte Technologie offen, damit der Lizenznehmer seine Rechte gemäß Ziffer 1 dieses Vertrages ausüben kann. Der Lizenzgeber ermöglicht dem Lizenznehmer den Zugriff auf die in **Anlage B** beschriebene Lizenzierte Technologie, so dass der Lizenznehmer diese – während der Laufzeit dieses Vertrages – permanent und ohne Einschränkung speichern kann und sie ihm zugänglich ist. Die Lizenzierte Technologie wird dem Lizenznehmer jedoch erst nach Erhalt der gemäß Ziffer 3.1 (i) vom Lizenznehmer an den Lizenzgeber zu zahlenden Vergütung offengelegt.	1.4 Within 4 (four) weeks after the Effective Date, Licensor shall disclose to Licensee the Patents and Know-how described in **Schedule B** to enable Licensee to perform its rights under this Clause 1. Licensor shall disclose the Patents and Know-how described in **Schedule B** to the Licensee in a manner that – for the term of this Agreement – it can be permanently stored and accessed without limitations by the Licensee. However, the Patents and Know-how shall not be disclosed to Licensee before receipt of the compensation to be paid by Licensee to Licensor according to Clause 3.1 (i).
1.5 Zur Vermeidung etwaiger Zweifel stellen die Vertragsparteien klar, dass die Bestimmungen in diesem Vertrag nur für die in **Anlage B** beschriebene Lizenzierte Technologie und deren Nutzung und Verwertung durch den Lizenznehmer im Anwendungsbereich und gemäß Ziffer 1 dieses Vertrages gelten, und dass die Vertragsparteien separate Verein-	1.5 For the avoidance of all doubt, the Parties acknowledge that the terms set out in this Agreement shall apply only to the Patents and Know-how described in **Schedule B** for the use by Licensee in the Field in accordance with this Clause 1, and that the Parties shall negotiate separately any agreement relating to any other technology and know-

---

9 Nach der Rechtsprechung des Bundesgerichtshofs zu urheberrechtlichen Nutzungsrechten führt das Erlöschen von Nutzungsrechten im Hauptlizenzvertrag nicht automatisch zu einem Erlöschen der von dem Lizenznehmer einem Unterlizenznehmer eingeräumten Nutzungsrechte, vgl. GRUR 2012, 914 – Take Five und GRUR 2012, 916 – M2Trade (jew. UrhR). Daher ist eine vertragliche Regelung erforderlich, die den Lizenznehmer verpflichtet, eine entsprechende Klausel in den Unterlizenzvertrag aufzunehmen. Dazu auch 5. Kapitel Rn. 87.

Patent- und Know-how-Lizenzvertrag	Patent and Know-how License Agreement

barungen treffen, die sich auf andere Technologien des Lizenzgebers und deren Lizenzierung beziehen.

how owned by Licensor and the licensing thereof.

1.6 Die Vertragsparteien stellen klar, dass es dem Lizenzgeber freisteht, Dritten Nutzungsrechte an der Lizenzierten Technologie außerhalb des Anwendungsbereichs einzuräumen. Dem Lizenznehmer ist bewusst, dass die Lizenzierte Technologie folglich auch solchen Lizenznehmern offengelegt wird.

1.6 For the avoidance of all doubt, the Parties acknowledge that Licensor shall be free to grant licences to make use of and exploit the Patents and Know-how outside the Field to any third party. Licensee is aware, that as a consequence, the Patents and Know-how will also be disclosed to those third party licensees.

2. Weiterentwicklungen

2. Improvements

2.1 Der Lizenznehmer ist berechtigt, die Lizenzierte Technologie weiterzuentwickeln. Vorbehaltlich der Bestimmungen gemäß Ziffer 2 dieses Vertrages erwirbt der Lizenzgeber keine Rechte an den abtrennbaren und nicht-abtrennbaren Weiterentwicklungen des Lizenznehmers an der Lizenzierten Technologie.

2.1 Licensee is entitled to make improvements to the Patents and Know-how. Licensor hereby acknowledges that Licensee is the owner of both severable or non-severable improvements to the Patents and Know-how developed and reduced to practice by Licensee.

2.2 Der Lizenznehmer wird den Lizenzgeber regelmäßig über Weiterentwicklungen der Lizenzierten Technologie informieren und dem Lizenzgeber sämtliche Informationen über die getätigten Weiterentwicklungen zur Verfügung stellen, die der Lizenzgeber benötigt, um diese Weiterentwicklungen vollständig nachvollziehen und umsetzen/anwenden zu können. Die Informationen über die getätigten Weiterentwicklungen sind dem Lizenzgeber auf schriftliches Verlangen in Textform und zeitlich systematisch entsprechend der vorgenommenen Entwicklungsschritte geordnet zu übergeben. Der Lizenznehmer erteilt dem Lizenzgeber bereits hiermit das unentgeltliche, nicht-ausschließliche, unbeschränkte, übertragbare, widerrufliche, weltweite Recht zur Nutzung und Verwertung sämtlicher Weiterentwicklungen des Lizenznehmers an der Lizenzierten Technologie einschließlich des Rechts, Dritten Nutzungsrechte hieran zu erteilen.[10]

2.2 Licensee shall periodically inform Licensor of any improvements to the Patents and Know-how and provide Licensor with any and all information in writing regarding such improvements necessary for Licensor to fully understand such improvements and reduce such improvements to practice. Licensee hereby grants Licensor a royalty-free, non-exclusive, unlimited, transferable, irrevocable, worldwide licence to make use and exploit any such improvements, including the right to grant sublicenses to third parties.

---

10 Im Gegensatz zur TT-GVO 772/2004 differenziert die seit 1.5.2014 gültige Nachfolge-GVO 316/2014 nicht mehr zwischen abtrennbaren/nicht abtrennbaren Weiterentwicklungen. Nach Art. 5 Abs. 1 lit. b

Patent- und Know-how-Lizenzvertrag	Patent and Know-how License Agreement
3. Vergütung[11]	**3. Compensation**
3.1 Für die Einräumung des ausschließlichen Nutzungsrechts nach diesem Vertrag zahlt der Lizenznehmer an den Lizenzgeber:	3.1 In consideration of the license grant made in this Agreement, Licensee shall pay to Licensor:
(i) innerhalb von 2 (zwei) Wochen nach dem Inkrafttreten dieses Vertrages eine feste und nicht rückzahlungspflichtige, im Voraus zu zahlende Vergütung in Höhe von netto EUR 750.000 (siebenhundertfünfzigtausend Euro);[12] und	(i) a fixed and non-refundable upfront license fee in the amount of net EUR 750.000 (Euro seven hundred and fifty thousand) within 2 (two) weeks from the Effective Date.
(ii) eine nicht rückzahlungspflichtige jährliche Vergütung in Höhe von netto EUR 250.000 (zweihundertfünfzigtausend Euro). Die jährliche Vergütung ist jeweils am 15. Januar eines Kalenderjahres fällig, erstmals im Kalenderjahr nach dem Jahr des Inkrafttretens des Vertrages.	(ii) a non-refundable annual license fee in the amount of net EUR 250.000 (Euro two hundred and fifty thousand). The annual license fee is due on 15 January of each calendar year beginning with the calendar year following the year of the Effective Date.
3.2 Die von dem Lizenznehmer an den Lizenzgeber zu leistende Vergütung zuzüglich anfallender gesetzlicher Mehrwertsteuer ist per	3.2 The consideration due by Licensee to Licensor and applicable Value Added Tax (VAT) shall be paid by bank transfer to the bank

handelt es sich bei einer Verpflichtung, mit der dem Lizenzgeber eine Exklusivlizenz oder Gesamt- bzw. Teilrechte an Weiterentwicklungen des Lizenznehmers eingeräumt werden, um eine nicht freigestellte Verpflichtung (vgl. dazu auch 6. Kapitel Rn. 62). Vor diesem Hintergrund differenzieren die Ziffern 2.1 und 2.2 nicht zwischen abtrennbaren und nicht abtrennbaren Weiterentwicklungen und sehen auch nur eine nicht exklusive Lizenz zugunsten des Lizenzgebers vor.

11 In der Praxis finden sich unterschiedlichste Vergütungsmodelle. In Lizenzverträgen über Know-how ist es üblich, einen Teil der Vergütung als Vorabzahlung vor Offenbarung des Know-how durch den Lizenzgeber zu zahlen. Üblich sind u.a. umsatz- oder stückzahlabhängige Vergütungsmodelle kombiniert mit z.B. jährlichen Mindestlizenzgebühren. Ebenso verbreitet sind Festlizenzgebühren oder jährlich oder umsatz-/stückzahlabhängig steigende oder fallende Lizenzgebühren. Bei der Entscheidung für das eine oder andere Gebührenmodells spielen viele Faktoren eine Rolle, insbesondere Art und Umfang der erteilten Nutzungsrechte, der Gegenstand des Nutzungsrechts (Know-how und/oder Schutzrechte), von dem Lizenznehmer vorzunehmende Investitionen, Laufzeit von Vertrag und Schutzrecht und nicht zuletzt Verhandlungsmacht und -geschick der Parteien.

12 In Lizenzverträgen über Know-how empfiehlt es sich, eine Vergütungsregelung vorzusehen, bei der der Lizenznehmer einen signifikanten Teil der vertraglich vereinbarten Vergütung bereits vor Offenlegung des Know-hows durch den Lizenzgeber bezahlt. Denn der wirtschaftliche Wert des Know-hows besteht im Wesentlichen darin, dass es in seiner Gesamtheit nicht öffentlich zugänglich sondern geheim ist. Mit der Offenbarung gegenüber dem Lizenznehmer wird das offenbarte Know-how der ausschließlichen Kontrolle und Nutzung durch den Lizenzgeber entzogen. Er verliert seinen Wettbewerbsvorsprung und die tatsächliche Nutzung wird unkontrollierbar.

Heim

Patent- und Know-how-Lizenzvertrag	Patent and Know-how License Agreement
Banküberweisung auf das Bankkonto des Lizenzgebers bei [Bank, IBAN, BIC] zu zahlen. Alle fälligen Zahlungen gemäß diesem Vertrag stellen Nettobeträge dar, d. h. die in diesem Vertrag genannten Beträge beinhalten nicht die gesetzliche Mehrwertsteuer.	account of Licensor at [bank, account number, bank code]. All payments due according to this Agreement constitute net amounts, i. e. are shown exclusive of applicable VAT, if any, in this Agreement.
[3.2a Steuern][13]	[3.2a Taxes]
3.3 Es ist dem Lizenznehmer nicht gestattet, gemäß dieser Ziffer 3 zu leistende Zahlungen mit Forderungen gegen den Lizenzgeber aufzurechnen, es sei denn solche Forderungen gegen den Lizenzgeber sind unstreitig oder wurden gerichtlich festgestellt. Der Lizenznehmer ist nicht berechtigt, die jährliche Lizenzgebühr zu reduzieren, weil eines oder mehrere der Lizenzierten Patente vom Lizenzgeber aufgegeben oder durch unanfechtbare Entscheidung einer zuständigen Behörde oder eines zuständigen Gerichts abgelehnt, widerrufen, aufgehoben oder beschränkt wurde(n).	3.3 Licensee is not permitted to set off payments to be made under this Clause 3 against potential claims against Licensor, unless such claims against Licensor are admitted or adjudicated. Licensee shall not be entitled to reduce the annual license fee because one or more of the Licensed Patents are abandoned by Licensor, are rejected, revoked, cancelled or limited by final decision of a competent authority or court in the respective territory.
3.4 Auf verspätete Zahlungen sind von dem Lizenznehmer Fälligkeitszinsen in Höhe von jährlich 10 % (zehn Prozent) über dem jeweiligen Basiszinssatz der Europäischen Zentralbank zu zahlen.	3.4 Any late payment shall bear an annual interest in the amount of 10 % (ten percent) above the applicable base rate of the European Central Bank.

---

13 In Lizenzverträgen zwischen deutschen Vertragspartnern wird üblicherweise keine gesonderte Regelung zu Steuern getroffen, da allenfalls Mehrwertsteuer anfällt (vgl. hierzu Ziffer 3.2). Hat jedoch der Lizenzgeber seinen Sitz außerhalb Deutschlands, so stellt sich immer die Frage, wer im Innenverhältnis die in Deutschland anfallende Quellensteuer zu tragen hat und zu welchen Handlungen der Lizenznehmer oder Lizenzgeber ggf. verpflichtet ist, um der jeweils anderen Partei eine Verrechnung zu ermöglichen. Bei der Quellensteuer handelt es sich um eine Steuer, die sich zwar an den Lizenzgeber richtet, aber vom inländischen Lizenznehmer abzuführen ist. In Doppelbesteuerungsabkommen (DBA) zwischen der Bundesrepublik Deutschland und anderen Staaten ist regelmäßig geregelt, dass nur der Staat, in dem der Lizenzgeber ansässig ist, das Besteuerungsrecht hat. Der Lizenzgeber kann daher verlangen, dass die von dem Lizenznehmer in Deutschland abgeführte Steuer vom Fiskus an ihn erstattet wird. Alternativ kann der Lizenzgeber eine Freistellungsbescheinigung vom Finanzamt in Deutschland erhalten, wenn er in einem Staat ansässig ist, mit dem die Bundesrepublik Deutschland ein DBA abgeschlossen hat. Bei Vorlage einer solchen Freistellungsbescheinigung des Lizenzgebers ist der inländische Lizenznehmer nicht zur Zahlung von Quellensteuer in Deutschland verpflichtet. Die Besteuerung findet dann ausschließlich am Sitz des Lizenzgebers statt (vgl. hierzu Art. 12 OECD-Musterabkommen und §§ 49, 50a und 50g EStG). Vgl. ausf. dazu 7. Kapitel Rn. 38–41.

Heim

Patent- und Know-how-Lizenzvertrag	Patent and Know-how License Agreement
4. Vertrauliche Informationen	**4. Confidential Information**
4.1 Sämtliche Vertraulichen Informationen, die der Lizenzgeber dem Lizenznehmer unter diesem Vertrag offenbart, dürfen vom Lizenznehmer ausschließlich zur Ausübung seiner Rechte und Erfüllung seiner Pflichten nach diesem Vertrag verwertet werden. Der Lizenznehmer hat strengste Vertraulichkeit in Bezug auf die Vertraulichen Informationen des Lizenzgebers zu wahren. Der Lizenznehmer verwahrt alle Dokumente und Gegenstände, die Vertrauliche Informationen des Lizenzgebers darstellen oder beinhalten, sorgfältig und beschränkt den Zugang zu den Vertraulichen Informationen des Lizenzgebers.	4.1 Any and all Confidential Information made available by Licensor to Licensee under this Agreement shall be solely used by Licensee to exercise its rights and perform its obligations under this Agreement. Licensee shall maintain strict confidentiality with respect to Licensor's Confidential Information. Licensee shall keep all documents and materials which constitute or contain Licensor's Confidential Information in safe custody and strictly restrict access to Licensor's Confidential Information.
4.2 Dem Lizenznehmer ist es untersagt, Vertrauliche Informationen des Lizenzgebers – sei es ganz oder teilweise – ohne die ausdrückliche vorherige schriftliche Zustimmung des Lizenzgebers gegenüber Dritten offenzulegen, zu veröffentlichen, zu verbreiten oder auf andere Weise zur Verfügung zu stellen oder zugänglich zu machen, mit Ausnahme der Angestellten, Mitarbeiter, Agenten und Berater, die zum Zweck oder zur Ausübung der Rechte und Pflichten des Lizenznehmers gemäß diesem Vertrag notwendigerweise über diese Informationen in Kenntnis gesetzt werden müssen, vorausgesetzt, dass mit diesen zuvor eine geeignete Geheimhaltungsvereinbarung abgeschlossen wurde, deren Bestimmungen im Wesentlichen den Bestimmungen zur Vertraulichkeit in diesem Vertrag entsprechen.	4.2 Licensee shall not without the explicit prior written authorisation of Licensor disclose, publish, disseminate or otherwise make available or accessible any of Licensor's Confidential Information in whole or in part, in any way or form, to any third party with the exception of its employees, members of staff, agents and advisors who reasonably need to know such information for the purpose or the performance of Licensee's rights and obligations under this Agreement subject to the prior execution of appropriate non-disclosure agreements containing substantially similar terms regarding confidentiality as those set out in this Agreement.
4.3 Vorbehaltlich eines schriftlichen, durch den Lizenznehmer zu erbringenden Beweises finden die vorstehenden Ziffern 4.1 und 4.2 keine Anwendung auf Vertrauliche Informationen, die:	4.3 Subject to proof by evidence in writing by Licensee, Clauses 4.1 to 4.2 above shall not apply to any Confidential Information that:
i) frei zugänglich sind oder der Öffentlichkeit allgemein zugänglich gemacht wurden, ohne dass dadurch Bestimmungen dieses Vertrages durch den Lizenznehmer verletzt wurden; oder	i) has passed into the public domain, or has become generally available to the public other than by breach of any terms of this Agreement by Licensee; or

Heim

Patent- und Know-how-Lizenzvertrag	Patent and Know-how License Agreement
ii) vor der Veröffentlichung durch den Lizenzgeber vom Lizenznehmer unabhängig entwickelt wurden; oder	ii) has been independently developed by Licensee prior to disclosure by Licensor; or
iii) offengelegt, enthüllt oder auf andere Weise dem Lizenznehmer durch einen Dritten zur Verfügung gestellt wurden, der keiner Geheimhaltungspflicht und/oder Verpflichtung zur Nutzungsunterlassung gegenüber dem Lizenzgeber unterliegt; oder	iii) has been disclosed, revealed or otherwise made available to Licensee by any third party that is under no obligation of non-disclosure and/or non-use to Licensor; or
iv) der Lizenznehmer aufgrund eines rechtskräftigen Gerichtsurteils oder einer unanfechtbaren Anforderung einer Staatsbehörde offenlegen muss, allerdings unter der Voraussetzung, dass der Lizenznehmer den Lizenzgeber vor der Veröffentlichung unverzüglich und so rechtzeitig darüber informiert hat, um dem Lizenzgeber zu ermöglichen, die erforderlichen Schritte und Maßnahmen zur Sicherung der Geheimhaltung seiner Vertraulichen Informationen zu ergreifen.	iv) Licensee is required to disclose as a result of a final court order or any mandatory state authority request, provided, however, that Licensee has immediately informed Licensor prior to disclosure to enable Licensor to take appropriate action and measures to secure the confidentiality of its Confidential Information.
4.4 Wenn der Lizenznehmer auf eine unberechtigte Nutzung oder Veröffentlichung der Vertraulichen Informationen stößt oder davon Kenntnis erlangt, wird der Lizenznehmer den Lizenzgeber hierüber unverzüglich schriftlich informieren und den Lizenzgeber nach besten Kräften bei der Vermeidung weiterer unberechtigter Nutzung oder Veröffentlichung unterstützen.	4.4 If Licensee encounters or is aware of any unauthorised use or disclosure of Licensor's Confidential Information, Licensee shall immediately inform Licensor in writing and support Licensor with best efforts to prevent any further unauthorised use or disclosure.
4.5 Wird dieser Vertrag beendet, ist der Lizenznehmer verpflichtet, dem Lizenzgeber mit Beendigung dieses Vertrages sämtliche Dokumente und sonstige Gegenstände, die Vertrauliche Informationen des Lizenzgebers enthalten oder verkörpern, zurückzugeben oder nach Wahl des Lizenzgebers nachweisbar zu vernichten. Dies gilt nicht, wenn und soweit der Lizenznehmer gesetzlich verpflichtet ist, solche Dokumente und Gegenstände aufzubewahren. Der Lizenznehmer wird dem Lizenzgeber innerhalb von 30 (dreißig) Tagen nach Beendigung dieses Vertrages schriftliche Nachweise vorlegen,	4.5 Licensee shall immediately return to Licensor, or destroy, upon Licensor's written request, any and all copies of all documents and data in any format that contain or embody any of Licensor's Confidential Information if this Agreement is terminated or otherwise expired. However, Licensee may retain any such documents and data to the extent that Licensee is required to do so by applicable law to be proven in writing by Licensee. Upon request by Licensor, Licensee shall provide to Licensor a written certificate confirming that Licensee has complied with its obligations under this Clause 4.5.

Heim

Patent- und Know-how-Lizenzvertrag	Patent and Know-how License Agreement

durch die bestätigt wird, dass er den in dieser Ziffer 4.5 geregelten Verpflichtungen nachgekommen ist.

4.6 Für jeden Fall der Verletzung der Geheimhaltungsverpflichtung aus dieser Ziffer 4 und einer darauf zurückzuführenden Offenlegung von Vertraulichen Informationen gegenüber einem Dritten zahlt der Lizenznehmer an den Lizenzgeber eine Vertragsstrafe in Höhe von netto EUR 50.000,00 (fünfzigtausend). Das Recht auf weiteren Schadenersatz bleibt davon unberührt.[14]

4.6 Licensee shall pay to Licensor a contractual fine of net EUR 50,000.00 (fifty thousand) for each event, in which the obligation of confidentiality in this Clause 4 is breached and consequently Confidential Information is disclosed to a third party. The right to claim further damages remains unaffected.

5. Gewährleistung/Haftung/Haftungsfreistellung

5. Warranty/Liability/Indemnification

5.1 Der Lizenzgeber versichert, dass er Inhaber der Rechte an der Lizenzierten Technologie ist und das Recht hat, diesen Vertrag abzuschließen und die vereinbarten Nutzungsrechte einzuräumen.

5.1 Licensor assures Licensee that it is fully entitled to the Patents and Know-how, and that it has the right to enter into this Agreement and to grant the licences granted herein.

5.2 Der Lizenzgeber macht keine Zusicherungen oder Gewährleistungen, weder ausdrücklich noch stillschweigend,

5.2 Licensor makes no representation or warranty, express or implied,

(i) dass die Nutzung der Lizenzierten Technologie durch den Lizenznehmer, ganz oder teilweise, erfolgreich sein wird oder dass die Lizenzierte Technologie für bestimmte vom Lizenznehmer beabsichtigte Zwecke geeignet ist. Dem Lizenznehmer ist bewusst, dass er im Verhältnis zu dem Lizenzgeber die alleinige wirtschaftliche und rechtliche Verantwortung für die Herstellung, das Marketing und den Vertrieb der Lizenzierten Produkte trägt.

(i) that any permitted use of the Patents and Know-how by Licensee in whole or in part will be successful or that the Patents and Know-how will be suitable for particular purpose intended by Licensee. Licensee is aware that it is solely and fully responsible for the manufacture, marketing and selling of the Licensed Products.

(ii) dass die Nutzung/Verwertung der Lizenzierten Technologie keine geistigen Eigentumsrechte Dritter verletzt. Zum Zeitpunkt des Inkrafttretens dieses Vertrages hat der Lizenzgeber keine positive Kenntnis davon, dass die Nutzung/Verwertung der Lizenzierten Technologie Rechte Dritter verletzt.

(ii) that the utilization/exploitation of the Patents and Know-how does not infringe third party intellectual property rights. However, on the Effective Date, Licensor has no present knowledge that the utilization/exploitation of the Patents and Know-how infringes any third party intellectual property rights.

---

14 Vgl. auch *Ulmer-Eilfort/Schmoll* Technologietransfer, S. 44/154 ff.

Patent- und Know-how-Lizenzvertrag	Patent and Know-how License Agreement
(iii) zum Schutzbereich/-umfang und dem Bestand der Lizenzierten Patente.	(iii) as to the scope and validity of any of the Licensed Patents.
(iv) die Lizenzierten Patente gegen Angriffe Dritter zu verteidigen oder gegen die Entscheidung einer zuständigen Behörde oder eines Gerichts vorzugehen, wenn der Schutz eines der Lizenzierten Patente ganz oder teilweise verweigert wird.	(iv) to defend the Licensed Patents against third-party attacks or to appeal any decision of a competent authority or court refusing protection in total or in part to any of the Licensed Patents.
5.3 Die Haftung des Lizenzgebers ist auf Fälle von grober Fahrlässigkeit und Vorsatz beschränkt. Vorbehaltlich der Haftung für Vorsatz	5.3 Licensor's liability is limited to cases of gross negligence and wilful misconduct. Further, with the exception of cases of wilful misconduct,
(i) haftet der Lizenzgeber gegenüber dem Lizenznehmer nicht für indirekte Schäden, Schadenersatz für Neben- und Folgeschäden oder Strafzuschläge jeglicher Art oder Verlust von erwartetem Gewinn.	(i) Licensor shall not be liable to Licensee for any indirect, incidental, punitive or consequential damages of any kind, or for the loss of anticipated profits, whether based on contract, tort or arising under other applicable laws.
(ii) überschreitet die Gesamthaftung durch den Lizenzgeber gemäß diesem Vertrag für sämtliche innerhalb von 1 (einem) Kalenderjahr auftretende Schäden in keinem Fall den Betrag, den der Lizenznehmer gemäß Ziffer 3.1 (ii) dieses Vertrages als jährliche Lizenzvergütung an den Lizenzgeber in dem Kalenderjahr bezahlt hat oder zu zahlen hat, in dem der entsprechende Schaden entstanden ist.	(ii) Licensor's respective total liability under this Agreement for all damages occurring in 1 (one) calendar year shall in no event exceed an amount equal to the annual license fee paid or payable by Licensee under Clause 3.1 (ii) hereof in that calendar year in which the particular damage occurred.
Die Haftungsbeschränkungen gemäß dieser Ziffer 5.3 gelten nicht im Falle von zwingender gesetzlicher Haftung, abgegebenen Garantien durch den Lizenzgeber, Verletzung wesentlicher Vertragspflichten durch den Lizenzgeber (*Kardinalpflichten*) und sämtlicher Schäden wegen Verletzung der Gesundheit und des Körpers, einschließlich Tod, die von dem Lizenzgeber, seinen Repräsentanten und/oder Erfüllungsgehilfen verursacht wurden.[15]	The limitations of liability according to this Clause 5.3 do not apply in cases of mandatory statutory liability, guarantees given by Licensor, breach of essential contractual obligations by Licensor (*Kardinalpflichten*) and any damages resulting from personal injuries or death caused by Licensor, its representatives and/or auxiliary persons.
5.4 Der Lizenznehmer stellt den Lizenzgeber frei von jeglicher Haftung, Ansprüchen, Forde-	5.4 Licensee shall indemnify and hold Licensor harmless from and against any liability,

---

[15] § 309 Nr. 7 lit. a) und lit. b) BGB finden wegen § 310 Abs. 1 S. 1 BGB auf Verträge zwischen Unternehmen zwar keine Anwendung, jedoch ist § 307 Abs. 2 BGB zu beachten (vgl. hierzu Palandt/*Grüneberg* § 307 Rn. 33 ff. m.w.N.).

Heim

Patent- und Know-how-Lizenzvertrag	Patent and Know-how License Agreement

rungen und Auslagen (inklusive Anwaltskosten), die sich auf von dem Lizenznehmer oder einem seiner Unterlizenznehmer unter Nutzung der Lizenzierten Technologie hergestellten, verkauften oder genutzten Lizenzierten Produkte beziehen, und tatsächliche oder angebliche Mängel, Schäden oder Verletzungen (einschließlich Todesfall) betreffen oder die darauf zurückzuführen sind, dass es der Lizenznehmer oder einer seiner Unterlizenznehmer unterlassen hat, sachgemäße Gebrauchsanweisungen zu liefern oder fehlerhafte Lizenzierte Produkte oder Teile davon zurückzurufen.

claims, demands and expenses (including attorney fees) resulting from any actual or alleged defect or damages or injuries (including death) related to Licensed Products manufactured, sold or used by Licensee or any of its sublicensees or failure by Licensee to give appropriate instructions of use or recall defective Licensed Products, or parts thereof, manufactured, sold or used by Licensee making use of the Patents and Know-how.

6. Aufrechterhaltung der Patente/Patentverletzung

6. Maintenance/Infringement

6.1 Der Lizenzgeber hat die Lizenzierten Patente während der Laufzeit dieses Vertrages auf eigene Kosten aufrechtzuerhalten und ist für die rechtzeitige Zahlung der zu entrichtenden Aufrechterhaltungsgebühren verantwortlich. Es steht dem Lizenzgeber jedoch frei zu entscheiden, ob er die Lizenzierten Patente gegen Angriffe Dritter verteidigt. Es steht zudem im alleinigen, freien Ermessen des Lizenzgebers, gegen die Entscheidung einer zuständigen Behörde oder eines Gerichts vorzugehen, mit der der Schutz eines der Lizenzierten Patente ganz oder teilweise versagt wird und das Lizenzierte Patent zurückgewiesen, vernichtet oder eingeschränkt wird.

6.1 Licensor shall maintain the Licensed Patents during the term of this Agreement and shall be responsible for the timely payment of maintenance fees at Licensor's cost. However, Licensor is free to decide whether or not to defend the Licensed Patents against third-party attacks. Also, it shall be upon Licensor's free and sole discretion to appeal any decision of a competent authority or court refusing protection in total or in part to any of the Licensed Patents.

6.2 Sofern der Lizenzgeber beabsichtigt, eines der Lizenzierten Patente aufzugeben und nicht weiter aufrechtzuerhalten und/oder eine Patentanmeldung zurückzunehmen, wird der Lizenzgeber den Lizenznehmer mindestens 4 (vier) Wochen vorher schriftlich hierüber informieren und dem Lizenznehmer anbieten, die Rechte an diesem Lizenzierten Patent unentelltich abzutreten und auf den Lizenznehmer umzuschreiben,

6.2 If Licensor decides to abandon and not to further maintain any of the Licensed Patents and/or withdraw any application thereof, Licensor shall inform Licensee in writing at least 4 (four) weeks before and offer Licensee to assign and transfer any right and title in the respective Licensed Patent to enable Licensee to maintain at its own cost the respective Licensed Patent. Any costs relating to such assignment and transfer, in particular

Patent- und Know-how-Lizenzvertrag	Patent and Know-how License Agreement

um es dem Lizenznehmer zu ermöglichen, dieses Lizenzierte Patent auf eigene Kosten aufrechtzuerhalten.[16] Sämtliche durch die Abretung und Übertragung entstehenden Kosten, insbesondere Anwaltshonorare und amtliche Gebühren, sind vom Lizenznehmer zu tragen.

attorney's fees and official fees, shall be borne by Licensee.

6.3 Der Lizenzgeber wird den Lizenznehmer über Angriffe von Dritten gegen die Lizenzierten Patente und Entscheidungen der zuständigen Behörden oder Gerichte über die Gültigkeit der Lizenzierten Patente im betreffenden Vertragsgebiet unverzüglich informieren.

6.3 Licensor shall keep Licensee informed about any third-party attacks against any of the Licensed Patents and any non-final and final decisions of the competent authorities or courts in the respective territory on the validity of any of the Licensed Patents.

6.4 Die Vertragsparteien informieren sich gegenseitig schriftlich über von Dritten behauptete Rechtsverletzungen, die sich auf die Nutzung und/oder Verwertung der Lizenzierten Technologie beziehen. Der Lizenznehmer ist allein verantwortlich für und haftet bei Klagen, die Dritte gegen den Lizenznehmer wegen der Nutzung und/oder Verwertung der Lizenzierten Technologie durch den Lizenznehmer erheben. Der Lizenznehmer ist jedoch nicht berechtigt, ohne die vorherige schriftliche Zustimmung des Lizenzgebers in solchen Streitigkeiten Zugeständnisse zu machen oder Vergleichsverhandlungen aufzunehmen oder Vergleichsvereinbarungen abzuschließen. Der Lizenzgeber darf seine Zustimmung zur Aufnahme solcher Vergleichsverhandlungen und zum Abschluss von Vergleichsvereinbarungen nicht unbillig verweigern. Der Lizenzgeber hat das Recht, in solche Vergleichsverhandlungen einzutreten bzw. daran teilzunehmen. Im Falle einer Streitigkeit mit einem Dritten trägt jede Vertragspartei die ihr entstehenden eigenen Kosten selbst.

6.4 The Parties shall promptly inform each other in writing of any infringement allegations of any third party relating to the use and/or exploitation of the Patents and Know-how. Licensee shall be responsible and liable for any infringement claims brought forward against Licensee relating to the use and/or exploitation of the Patents and Know-how by Licensee. Under the supervision of Licensor, Licensee shall defend itself against such infringement allegations. However, Licensee shall not be entitled, without the prior written consent of Licensor, to make any acknowledgement in such dispute or enter into any settlement negotiations or agreements. Licensor may not unreasonably withhold its consent. Licensor has the right to join and take part in such infringement proceedings or settlement negotiations. In the event of a dispute with third parties, each Party shall cover its own costs.

---

16 Hat der Lizenzgeber Lizenzverträge mit weiteren Lizenznehmern für andere Anwendungsbereiche abgeschlossen, ist darauf zu achten, dass der Lizenzgeber eine solche Verpflichtung nicht gegenüber jedem Lizenznehmer eingeht, da er das entsprechende Schutzrecht nur an einen Lizenznehmer abtreten kann.

Heim

Patent- und Know-how-Lizenzvertrag	Patent and Know-how License Agreement
6.5 Wird durch rechtskräftiges Urteil angeordnet, dass der Lizenznehmer die Herstellung, Bewerbung und/oder den Vertrieb der Lizenzierten Produkte in bedeutenden Märkten einzustellen hat und gelingt es dem Lizenzgeber endgültig nicht, dem Lizenznehmer die Rechte zur weiteren Nutzung der Lizenzierten Technologie zu sichern, ist der Lizenznehmer berechtigt, diesen Vertrag mit zweimonatiger Kündigungsfrist schriftlich zum Ende des Kalenderjahres zu kündigen. Der Lizenznehmer hat gegenüber dem Lizenzgeber keinen Anspruch auf Ersatz von Schäden, die Dritte gegenüber dem Lizenznehmer geltend machen. Aus der Tatsache, dass die Lizenzierte Technologie nicht weiter genutzt werden kann, kann der Lizenznehmer keine Rechte gegenüber dem Lizenzgeber herleiten, vor allem hat er keinen Anspruch auf entgangenen Gewinn oder Ersatz getätigter Investitionen.	6.5 If Licensee by final judgement is ordered to stop producing or distributing any Licensed Products that make use of the Patents and Know-How in significant markets and if Licensor finally fails to secure Licensee's right to further use the Patents and Know-How, Licensee shall be entitled to terminate this Agreement to the end of the calendar year with 2 (two) months prior notice in writing. Licensor shall not cover any damages Licensee is ordered to pay to any third party. Licensee has no further rights against Licensor because of the inability to continue to use the Patents and Know-How, especially no claim as to lost profits or frustrated investments.
7. Kündigung und Nichterfüllung	**7. Termination and Default**
7.1 Dieser Vertrages wird mit dem Datum des Inkrafttretens wirksam und hat eine feste Laufzeit von 10 (zehn) Jahren. Der Vertrag kann nur aus wichtigem Grund oder den in dieser Ziffer 7 festgelegten oder sonstigen in diesem Vertrag vorgesehenen Gründen gekündigt werden.[17] Eine Kündigung dieses Vertrages bedarf der Schriftform.[18]	7.1 This Agreement shall enter into effect on the Effective Date and shall have a fixed term of 10 (ten) calendar years following the Effective Date. The Agreement shall only be terminated for good cause and other causes pursuant to this Clause 7, or as otherwise stipulated in this Agreement. Any termination of this Agreement shall not be valid unless made in writing.
7.2 Kommt eine der Vertragsparteien ihren Pflichten aus diesem Vertrag nicht nach und kommt sie einer schriftlichen Aufforderung	7.2 Should any of the Parties fail to meet its contractual obligations under this Agreement and should a corresponding written

[17] Das Recht zur außerordentlichen Kündigung aus wichtigem Grund kann nicht wirksam ausgeschlossen werden (BGH NJW 1986, 3134). Die Parteien sind jedoch frei darin, nicht abschließend bestimmte Gründe als wichtige, eine Kündigung durch eine oder beide Parteien rechtfertigende Gründe zu definieren.

[18] Nach der Rechtsprechung in Deutschland ist die Einhaltung einer bestimmten, vertraglich vereinbarten Zugangsform (z. B. Einschreiben Rückschein) regelmäßig keine Wirksamkeitsvoraussetzung für eine Kündigung, sondern dient nur Beweiszwecken.

Heim

Patent- und Know-how-Lizenzvertrag	Patent and Know-how License Agreement

oder Erinnerung der anderen Vertragspartei zur Erfüllung dieser Pflicht nicht innerhalb eines Zeitraums von 30 (dreißig) Tagen nach, ist die andere Vertragspartei nach einer Frist von weiteren 30 (dreißig) Tagen unbeschadet sonstiger Rechte zur Kündigung dieses Vertrages mit sofortiger Wirkung berechtigt.

request or reminder of the other Party remain fruitless for a period of 30 (thirty) days then the requesting Party shall, without thereby prejudicing other rights, be entitled to terminate this Agreement with immediate effect within another 30 (thirty) days.

7.3 Der Lizenzgeber ist darüber hinaus berechtigt, diesen Vertrag mit sofortiger Wirkung zu kündigen, wenn:

7.3 Licensor shall be entitled to terminate this Agreement with immediate effect if and when:

(i) der Lizenznehmer oder vom Lizenznehmer beauftragte Dritte die Gültigkeit der Lizenzierten Patente angreifen;[19] oder

(i) Licensee or any third party instructed by Licensee is challenging the validity of the Licensed Patents; or

(ii) der Lizenznehmer Vertrauliche Informationen unberechtigten Dritten offenbart oder dies gegenüber berechtigten Dritten tut, ohne dass dieser berechtigte Dritte vor der Offenlegung eine entsprechende Vertraulichkeitsvereinbarung unterzeichnet hat, die im Wesentlichen gleiche Bestimmungen zur Geheimhaltung wie dieser Vertrag vorsieht;[20] oder

(ii) Licensee discloses any of the Confidential Information to an unauthorised third party or to an authorised third party without that third party having executed an appropriate non-disclosure agreement containing substantially similar terms regarding confidentiality as those set out in this Agreement prior to disclosure.

(iii) der Lizenznehmer die Lizenzgebühren gemäß Ziffer 3.2 (i) und/oder 3.2 (ii) nicht innerhalb von 6 (sechs) Wochen nach Fälligkeit zahlt; oder

(iii) Licensee does not pay the license fees according to Clause 3.2 (i) and/or 3.2 (ii) within 6 (six) weeks from the due date; or

---

19 Die seit 1.5.2014 gültige TT-GVO 316/2014 sieht nunmehr in Art. 5 Abs. 1 lit. b vor, dass nur bei der Einräumung von *ausschließlichen* (exklusiven) Nutzungsrechten in einem Lizenzvertrag wirksam ein Kündigungsrecht für den Fall vereinbart werden kann, dass der Lizenznehmer die „Gültigkeit eines oder mehrerer der lizenzierten Technologierechte anficht". Andere Nichtangriffsverpflichtungen des Lizenznehmers sind nicht freigestellt mit der Folge, dass die entsprechende Regelung in dem Lizenzvertrag unwirksam ist. Eine Ausnahme gilt dann, wenn die Nutzungsrechte dem Lizenznehmer unentgeltlich eingeräumt wurden oder die lizenzierte Technologie zum Zeitpunkt des Vertragsabschlusses bereits technisch überholt ist und der Lizenznehmer die Technologie nicht verwertet hat (vgl. EuGH GRUR Int. 1989, 56, 57 – Bayer/Süllhöfer; BGH GRUR Int. 1989, 689, 691 – Bayer/Süllhöfer). Eine weitere Ausnahme ist für Nichtangriffsverpflichtungen in Streitbeilegungsvereinbarungen, die auch in Form eines Lizenzvertrages geschlossen werden können, anerkannt (vgl. hierzu Rz. 242 f. der Leitlinien zur Anwendung von Artikel 101 des Vertrages über die Arbeitsweise der Europäischen Union auf Technologietransfer-Vereinbarungen, ABl. EU 2014 C 89, 3). S. dazu auch 6. Kapitel Rn. 63 ff.

20 Vgl. hierzu BGH GRUR 2011, 455, Rn. 18 ff. – Flexitanks (PatR).

Heim

Patent- und Know-how-Lizenzvertrag	Patent and Know-how License Agreement
(iv) der Lizenznehmer nicht innerhalb von 1 (einem) Jahr nach Inkrafttreten dieses Vertrages mit der Herstellung der Lizenzierten Produkte begonnen hat; oder	(iv) Licensee has not commenced the manufacture of the Licensed Products within 1 (one) year from the Effective Date; or
(v) der Lizenznehmer die Herstellungsmengen der Lizenzierten Produkte erheblich reduziert oder dies für einen unbestimmten oder bestimmten Zeitraum plant; oder	(v) Licensee significantly reduces the manufacture of Licensed Products or plans to do so for an indefinite or undefined period of time.
(vi) 25 % (fünfundzwanzig Prozent) oder mehr der stimmberechtigten Anteile des Lizenznehmers an einen Dritten übertragen werden oder der direkten oder indirekten Kontrolle eines Dritten unterstellt werden.	(vi) 25 % (twenty five percent) or more of the voting shares of Licensee are transferred or become subject to direct or indirect control of a third party.
7.4 Sollte einer oder mehrere der unter Ziffer 7.3. aufgeführten Fälle eintreten, setzt der Lizenznehmer den Lizenzgeber hiervon unverzüglich schriftlich in Kenntnis. Das Kündigungsrecht gemäß Ziffer 7.3 unterliegt einer Ausschlussfrist von 1 (einem) Monat nach schriftlicher Benachrichtigung durch den Lizenznehmer oder nachdem der Lizenzgeber davon auf andere Weise Kenntnis erlangt hat.[21]	7.4 Licensee shall notify Licensor in writing if one or several of the events listed in Clause 7.3 occur. The right of termination according to Clause 7.3 is subject to a limitation period of 1 (one) month after notification by Licensee or Licensor has obtained knowledge otherwise.
7.5 Mit Beendigung dieses Vertrages gibt der Lizenznehmer an den Lizenzgeber alle Ausfertigungen der technischen Dokumentation über die Lizenzierte Technologie zurück und wird keine Ausfertigungen zurückbehalten, was an Eides statt zu versichern ist. Die Verpflichtungen des Lizenznehmers aus Ziffer 4.5 dieses Vertrages bestehen hiervon unberührt. Mit Beendigung dieses Vertrages	7.5 Upon termination of this Agreement, Licensee shall return to Licensor all copies of the technical documentation relating to the Patents and Know-how without holding any copy in its hands under its sworn statement. Upon termination of this Agreement, the right of Licensee to use the Patents and Know-how shall automatically cease to exist.

---

21 Nach § 314 Abs. 3 BGB kann die außerordentliche Kündigung aus wichtigem Grund nur innerhalb einer angemessenen Frist wirksam erklärt werden. Die Angemessenheit der Frist bestimmt sich nach den Umständen des Einzelfalls, die zweiwöchige Ausschlussfrist des § 626 Abs. 2 BGB findet keine Anwendung. In der Entscheidung „Flexitanks" (GRUR 2011, 455, Rn. 28 f. [PatR]) hat der BGH ein annähernd einmonatiges Zuwarten nach Kenntniserlangung trotz zwischenzeitlichen Verhandlungen gebilligt und ausgeführt: „Dass der Kläger das Ergebnis dieser insgesamt nicht einmal einen Monat dauernden Vorgänge abwartete, bevor er sich endgültig zur Kündigung entschloss, kann auch nicht als treuwidrig angesehen werden und steht erst recht der Annahme, dass die Kündigung innerhalb angemessener Frist erklärt wurde, nicht entgegen."

Patent- und Know-how-Lizenzvertrag	Patent and Know-how License Agreement

endet vorbehaltlich abweichender Regelungen in diesem Vertrag das Recht des Lizenznehmers zur Nutzung/Verwertung der Lizenzierten Technologie.

7.6 Mit Beendigung dieses Vertrages, ungeachtet aus welchem Grund, wird der Lizenznehmer unverzüglich die Herstellung, Montage, Produktion, den Vertrieb, die Bewerbung und den Verkauf der Lizenzierten Produkte einstellen. Wird dieser Vertrag aus einem anderen Grund gekündigt als Vertragsbruch oder Nichterfüllung durch den Lizenznehmer, hat der Lizenznehmer das Recht, den Lagerbestand der Lizenzierten Produkte innerhalb eines Zeitraums von maximal 120 (einhundertzwanzig) Tagen nach dem Ablauf- oder Beendigungsdatum dieses Vertrages zu vertreiben und zu verkaufen.

7.6 Immediately upon termination of this Agreement for any reason whatsoever, Licensee shall cease all manufacture, assembly, production, distribution, marketing and sale of Licensed Products containing any Patents and Know-how. If this Agreement is terminated for any reason other than a breach or default hereunder by Licensee, Licensee shall have the right to distribute and sell the existing inventory of the Licensed Products for a period of not more than 120 (one hundred and twenty) days following the date of expiration or termination hereof.

7.7 Die Rechte und Pflichten der Vertragsparteien aus diesem Vertrag, deren Fortbestand auch nach Vertragsbeendigung erforderlich ist, bleiben auch nach Beendigung dieses Vertrages bestehen. Zur Vermeidung jeglicher Zweifel gelten jedenfalls die Bestimmungen der Ziffern 2, 4 und 5.2 bis 5.4 auch nach Beendigung dieses Vertrages weiter fort.

7.7 The rights and obligations of the Parties under this Agreement, which by necessary implication are intended to survive the termination of this Agreement, shall not extinguish by the termination of this Agreement. For the avoidance of all doubt, the provisions of Clauses 2, 4 and 5.2 – 5.4 shall continue to apply if this Agreement is terminated.

8. Abtretung

8.1 Keine der Vertragsparteien ist berechtigt, ihre Rechte aus diesem Vertrag ganz oder teilweise ohne
die vorherige schriftliche Zustimmung der jeweils anderen Vertragspartei abzutreten, sofern dies nicht anderweitig ausdrücklich in diesem Vertrag geregelt ist.[22]

8. Assignment

8.1 Neither Party shall be entitled to assign its rights under this Agreement in full or in part without the
prior written consent of the other Party unless otherwise explicitly stipulated in this Agreement.

---

22 Die Vereinbarung eines Abtretungsverbots für einzelne Rechte aus dem Vertrag ist nach § 399 Alt. 2 i.V.m. § 413 BGB zulässig. Das Abtretungsverbot hat nicht nur schuldrechtliche, sondern absolute Wirkung (BGH NJW-RR 1991, 763, 764). Der Anspruch des Lizenzgebers auf Lizenzvergütung kann dennoch abgetreten werden, da der Lizenzvertrag regelmäßig für beide Vertragsparteien ein Handelsgeschäft im Sinne der §§ 343 f. HGB ist, vgl. § 354a HGB. Ein Austausch der Stellung als Vertragspartei ist grundsätzlich nur mit Zustimmung der anderen Vertragspartei oder durch dreiseitigen Vertrag zulässig (BGH NJW-RR 1997, 690).

Heim

Patent- und Know-how-Lizenzvertrag	Patent and Know-how License Agreement
8.2 Eine nach diesem Vertrag zulässige Abtretung enthebt diese Vertragspartei nicht von ihren Pflichten aus diesem Vertrag.	8.2 Any permitted assignment or delegation hereunder by either Party shall not relieve such Party of any of its obligations under this Agreement.
9. Sonstiges	**9. Miscellaneous**
9.1 Anwendbares Recht:[23] Dieser Vertrag unterliegt in vollem Umfang deutschem Recht unter Ausschluss der kollisionsrechtlichen Bestimmungen und wird entsprechend ausgelegt. Die Anwendbarkeit der Bestimmungen des Übereinkommens der Vereinten Nationen über den internationalen Warenkauf („CISG") wird ausdrücklich ausgeschlossen.[24]	9.1 Applicable Law: This Agreement shall be governed and construed in all respects in accordance with the laws of Germany without its conflict of laws' provisions. The application of the provisions of the UN Convention on Contracts for the International Sale of Goods (CISG) is expressly excluded.
9.2 Streitbeilegung: Im Falle von Streitigkeiten, Auseinandersetzungen oder Klagen, die sich im Zusammenhang mit diesem Vertrag einschließlich seiner Verletzung, Beendigung oder Unwirksamkeit („**Streitigkeit**") ergeben, kann jede der Vertragsparteien der anderen Vertragspartei förmlich in Schriftform mitteilen, dass eine Streitigkeit besteht („**Mitteilung einer Streitigkeit**"). Die Vertragsparteien werden innerhalb eines Zeitraums von 30 (dreißig) Tagen ab der Zustellung der Mitteilung einer Streitigkeit durch eine Vertragspartei an die andere alle zumutbaren An-	9.2 Conciliation: In the event of any dispute, controversy or claim arising out of or in connection with this Agreement, including the breach, termination or invalidity thereof („**Dispute**"), any Party may serve formal written notice to the other Party that a Dispute has arisen („**Notice of Dispute**"). The Parties shall use all reasonable endeavours for a period of 30 (thirty) days from the date on which the Notice of Dispute is served by one Party on the other Party to resolve the Dispute on an amicable basis.

---

23 Vereinbart werden kann nur das auf den Lizenzvertrag anzuwendende materielle Recht, nicht hingegen das Verfahrensrecht. Denn das Verfahrensrecht unterliegt zwingend dem Recht des Verfahrensorts. Liegt der Ort des schiedsrichterlichen Verfahrens in Deutschland, handelt es sich um ein deutsches Schiedsverfahren und die §§ 1025 ZPO stellen zwingend anzuwendendes Recht dar. Nach § 1042 Abs. 3 ZPO können die Vertragsparteien jedoch in gewissen Grenzen das Verfahren durch Bezugnahme auf die Verfahrensordnung einer institutionellen Schiedsgerichtsorganisation regeln. Das maßgebliche Verfahrensrecht für ausländische Schiedsverfahren, d. h. solchen, bei denen der Schiedsort im Ausland liegt, bestimmt sich nach ausländischem Recht.
24 Das CISG ist als ratifizierter völkerrechtlicher Vertrag Teil der deutschen Rechtsordnung und genießt Anwendungsvorrang. Der Anwendungsbereich des CISG bezieht sich auf Kaufverträge über Waren zwischen Personen, die ihre Niederlassung in verschiedenen (Vertrags-)Staaten haben und erfasst damit ohnehin nur in äußerst seltenen Fällen lizenzvertragliche Vereinbarungen (*Achilles* Kommentar zum UN-Kaufrechtsübereinkommen (CISG), 2. Aufl. 2008, Art. 1 Rn. 4 m.w.N.). Diskutiert wird eine Anwendbarkeit des CISG auf Verträge und vertragliche Regelungen, mit denen Know-how in verkörperter Form gegen Entgelt zur Nutzung überlassen wird.

Heim

strengungen unternehmen, um die Streitigkeit einvernehmlich beizulegen.

9.3 Schiedsverfahren:[25] Alle Streitigkeiten, die
sich im Zusammenhang mit diesem Vertrag
ergeben oder seine Gültigkeit betreffen,
werden nach der Schiedordnung der Deutschen Institution für Schiedsgerichtsbarkeit
e.V. (DIS) unter Ausschluss des ordentlichen
Rechtsweges endgültig entschieden. Der Ort
des Schiedsverfahrens ist [...].[26] Die Anzahl
der Schiedsrichter beträgt 3 (drei).[27] Die
Sprache des Schiedsverfahrens ist Deutsch.
Die Vertragsparteien stimmen überein, dass
jede Vertragspartei einstweiligen Rechtsschutz vor dem zuständigen Gericht in Anspruch nehmen kann,[28] um die andere Vertragspartei von weiteren
Vertragsverletzungen abzuhalten.

9.4 Salvatorische Klausel:[29] Sollte eine Bestimmung dieses Vertrages oder die Anwendbar-

9.3 Arbitration: All disputes arising in connection with this contract or its validity shall be
finally settled in accordance with the Arbitration Rules of the German Institution of
Arbitration (DIS) without recourse to the ordinary courts of law. The place of arbitration
is [...]. The number of arbitrators is 3 (three).
The language of the arbitral proceedings is
German. The Parties agree that in the event
of a breach of the terms of this Agreement
remedies at law may be inadequate and ac-
cordingly they agree that in such event each
Party shall have the right to injunctive relief
before any competent court in order to pre-
vent the other Party from further breaching
this Agreement.

9.4 Severability: If any provision of this Agreement, or the application thereof to any per-

---

25 Die verwendete Schiedsklausel entspricht der Musterklausel DIS-Schiedsgerichtsvereinba-
rung 98 der Deutsche Institution für Schiedsgerichtsbarkeit e.V. (DIS) mit Sitz in Köln (www.dis-
arb.de). Auseinandersetzungen zwischen den Vertragsparteien, die ihren Ursprung in dem Lizenzvertrag haben, unterliegen dann der Verfahrensordnung der DIS. Hat zumindest eine der
Vertragsparteien ihren Sitz nicht in der Bundesrepublik Deutschland, bietet es sich an, auf eine
international anerkannte Schiedsordnung zurückzugreifen, z.B. der internationalen Handels-
kammer ICC (www.icc-deutschland.de) oder der WIPO (www.wipo.int). Wird in den Lizenzvertrag
keine Schiedsklausel aufgenommen, ist bei Streitigkeiten im Zusammenhang mit dem Vertrag
regelmäßig die Zuständigkeit der staatlichen Gerichte eröffnet.
26 Grundsätzlich bestimmt der Verfahrensort das maßgebliche Verfahrensrecht. Entsprechend
sieht § 24.1 DIS-SchO vor, dass auf das schiedsrichterliche Verfahren die zwingenden Vorschriften
des Schiedsverfahrensrechts des Ortes des schiedsrichterlichen Verfahrens, diese Schiedsge-
richtsordnung und gegebenenfalls weitere Parteivereinbarungen anzuwenden sind und das
Schiedsgericht das Verfahren im Übrigen nach freiem Ermessen bestimmt.
27 Gemäß § 3 DIS-SchO besteht das Schiedsgericht aus drei Schiedsrichtern. Abweichend davon
können die Parteien die Entscheidung durch einen Einzelschiedsrichter vereinbaren.
28 Die Regelung stellt klar, dass jede Partei trotz der vereinbarten Schiedsklausel das Recht
haben soll, im Wege des einstweiligen Rechtsschutzes vor den staatlichen Gerichten vertrags-
widriges Verhalten der anderen Partei vorläufig zu unterbinden (§ 1033 ZPO; vgl. insoweit auch
§ 21.2 DIS-SchO).
29 Die salvatorische Klausel mit einer Erhaltungs- und Ersetzungsregelung schließt die Rechtsfolge des § 139 BGB aus, wonach im Zweifel bei Teilnichtigkeit einer Regelung Gesamtnichtigkeit
anzunehmen ist (vgl. hierzu BGH NJW 2005, 2225, 2226). Es kommt vielmehr zu einer Beweis-

Patent- und Know-how-Lizenzvertrag	Patent and Know-how License Agreement

keit derselben in irgendeiner Form unwirksam oder nicht durchsetzbar sein, so bleibt die Wirksamkeit der übrigen Bestimmungen dieses Vertrages und die Anwendbarkeit dieser Bestimmung auf Personen oder Umstände außer denen, in Bezug auf die sie als unwirksam oder nicht durchsetzbar befunden wurde, davon unberührt. Jede unwirksame oder nicht durchsetzbare Bestimmung dieses Vertrages wird von den Parteien einvernehmlich durch eine wirksame und durchsetzbare Bestimmung ersetzt, die rechtlich und wirtschaftlich der ursprünglich beabsichtigten aber unwirksamen oder nicht durchsetzbaren Bestimmung am nächsten kommt.

9.5 Vertragsbestandteile: Dieser Vertrag enthält zusammen mit den Anlagen die vollständige Vereinbarung und sämtliche Absprachen zwischen den Vertragsparteien hinsichtlich der Einräumung der Lizenz durch den Lizenzgeber zur Nutzung/Verwertung der Lizenzierten Technologie im Anwendungsbereich sowie die hierauf bezogenen und inhaltlich verbundenen Vereinbarungen, Absprachen und Abmachungen zwischen den Vertragsparteien. Dieser Vertrag ersetzt alle vorherigen Vereinbarungen zwischen den Vertragsparteien. Die Wirksamkeit jeglicher Änderungen oder Ergänzungen zu diesem Vertrag bedarf der Schriftform sowie der Unterzeichnung durch einen ordnungsgemäß beauftragten Vertreter jeder Vertragspartei; dies gilt auch für den Verzicht auf das Schriftformerfordernis.

[Unterschriften vertretungsberechtigter Personen von Lizenzgeber und Lizenznehmer mit Ort und Datum]

Anlage A: Getriebe und Getriebekomponenten Automobile
Anlage B: Lizenzierte Technologie

son or circumstance, is, or is held to be invalid or unenforceable to any extent, the remainder of this Agreement and the application of such provision to persons or circumstances other than those as to which it is held invalid or unenforceable shall not be affected thereby, and each provision of this Agreement shall be valid and enforceable to the fullest extent permitted by law. Any invalid or unenforceable provision of this Agreement shall upon mutual consent be replaced by a provision which is valid and enforceable and most nearly reflecting the original legal and commercial intent of the unenforceable provision.

9.5 Entire Agreement: This Agreement, together with all Schedules attached hereto, sets forth the entire agreement and understanding of the parties in respect of the license granted by Licensor for utilizing/exploiting the Patents and Know-how in the Field and the respective and related contextual agreements, arrangements and understandings between the Parties. This Agreement supersedes all previous agreements in this regard between the Parties. Any modifications or amendments to this Agreement shall not be effective unless made in writing and signed by a duly authorised representative of each Party; this shall also apply to any waiver of the written form requirement.

[Signatures of representatives of Licensor and Licensee, place and date]

Schedule A: Gear Boxes used in Automobiles

Schedule B: Patents and Know-How

---

lastumkehr (vgl. BGH GRUR 2004, 353 – Tennishallenpacht). Zur Anwendung des § 139 BGB bei Lizenzverträgen vgl. BGH GRUR Int. 1989, 689 – Bayer/Süllhöfer.

Heim

388 ──── 8. Kapitel: Mustervertragsgestaltung

B. Muster: Markenlizenzvertrag (deutsch/englisch)

Das Vertragsmuster sieht die Einräumung einer ausschließlichen Lizenz an den Lizenznehmer vor, die Vertragsmarken zur Kennzeichnung der Vertragsprodukte in dem Vertragsgebiet zu benutzen. Bei den Vertragsmarken handelt es sich um eine deutsche Marke, eine Unionsmarke und eine IR-Marke. Vertragsgebiet ist der europäische Wirtschaftsraum, bestehend aus den Mitgliedsstaaten der Europäischen Union sowie Norwegen, Island und Liechtenstein.

Das Vertragsmuster ist eher lizenzgeberfreundlich gestaltet. Dies zeigt sich insbesondere an der Beschränkung der Vergabe von Unterlizenzen in Ziffer 3.3 und den Bestimmungen in den Ziffern 4.3 bis 4.5 sowie den Ziffern 9, 10 und 14. Nach Ziffer 4.4 ist der Lizenznehmer verpflichtet, kalenderjährlich Mindestmengen der Vertragsprodukte zu verkaufen. Für den Fall, dass der Lizenznehmer die vereinbarten Mindestmengen nicht erreicht, sieht das Vertragsmuster ein außerordentliches Kündigungsrecht des Lizenzgebers vor. Anstelle der Kündigung kann der Lizenzgeber wahlweise die ausschließliche Lizenz in eine nicht-ausschließliche Lizenz umwandeln (Ziffer 4.5). Die Lizenzvergütung setzt sich zusammen aus einer mit Vertragsunterzeichnung fälligen Einmalvergütung, einer festen Mindestvergütung sowie einer absatzbezogenen Vergütung. Weitere Vertragsmuster für Markenlizenzverträge finden sich etwa bei *Fammler*, Markenlizenzvertrag, 3. Aufl. 2014.

Markenlizenzvertrag	Trademark License Agreement
zwischen	between
(1) **[Name/Firma[30]]**, [Strasse, Hausnummer], [Postleitzahl, Ort] (nachfolgend „**Lizenzgeber**" genannt);	(1) **[Name]**, a corporation duly organised and existing under the laws of **[state, country]**, having its principal place of business at **[address]** (hereinafter referred to as „**Licensor**");
und	and
(2) **[Name/Firma]**, [Strasse, Hausnummer], [Postleitzahl, Ort] (nachfolgend „**Lizenznehmer**" genannt); Der Lizenzgeber und der Lizenznehmer werden je nach Sachzusammenhang einzeln auch „Partei" oder gemeinsam „Parteien" genannt.	(2) **[Name/firm name]**, [street, number], [zip code, city] (hereinafter referred to as „**Licensee**"); Licensor and Licensee are hereinafter also referred to individually as „Party" or collectively as „Parties" depending on the context.

---

30 Bei Unternehmen ist neben der Firma auch die Rechtsform anzugeben.

Heim

Markenlizenzvertrag	Trademark License Agreement

Präambel:[31]

(A) Der Lizenzgeber ist Inhaber der Markenrechte an der Bezeichnung „selective", die in einer Vielzahl von Ländern und Regionen als eingetragene Wortmarke u.a. für Kehr-, Reinigungs- und Waschmaschinen geschützt ist.

(B) Der Lizenznehmer stellt her und vertreibt weltweit u.a. Reinigungs- und Waschmaschinen. Der Lizenznehmer beabsichtigt, eine neue Produktlinie unter der Bezeichnung „selective" im europäischen Markt zu etablieren.

(C) Vor diesem Hintergrund schließen die Parteien diesen Markenlizenzvertrag, um dem Lizenznehmer die Benutzung der Vertragsmarken des Lizenzgebers für die Vertragsprodukte in dem Vertragsgebiet Europäischer Wirtschaftsraum zu ermöglichen.

Recitals:

(A) WHEREAS, Licensor is the owner of registered trademarks in a number of countries and regions, inter alia, for sweepers, cleaning and washing machines, consisting of the sign „selective".

(B) WHEREAS, Licensee produces and distributes worldwide, inter alia, cleaning and washing machines. WHEREAS, Licensee intends to establish a new product line under the label „selective" in the European market.

(C) NOW, THEREFORE, the Parties enter into this Trademark License Agreement to enable Licensee to use the Contract Trademarks of Licensor for the Contract Products in the Contractual Territory of the European Economic Area.

1. Definitionen

Für Zwecke dieses Vertrages haben die folgenden Begriffe die nachfolgend bestimmte Bedeutung:

1.1 **„Dritter"** ist jede natürliche oder juristische Person mit Ausnahme des Lizenzgebers, des Lizenznehmers und ihrer Verbundenen Unternehmen.

1.2 **„Inkrafttreten"** dieses Vertrages ist das Datum, an dem dieser Vertrag von den Parteien unterzeichnet wird. Wird der Vertrag von den Parteien nicht am gleichen Tag unterzeichnet, so ist das spätere Datum der Unterzeichnung maßgeblich.

1.3 **„Verbundene Unternehmen"** sind solche im Sinne der §§ 15 ff. AktG.

1. Definitions

For the purposes of this Agreement the following definitions shall have the following meaning:

1.1 **„Third Party"** shall mean any indvidual (natural person) or legal entity with the exception of Licensor, Licensee and its Affiliated Companies.

1.2 **„Effective Date"** of this Agreement shall mean the date when this Agreement is signed by the Parties. If not signed by the Parties on the same day, the later date of signing shall be decisive.

1.3 **„Affiliated Companies"** shall mean those referred to in section 15 et seq. German Stock Corporation Act (*Aktiengesetz (AktG)*).

---

[31] Die Präambel ist wichtiger Bestandteil eines Vertrages, die zwar keine Verpflichtungen der Vertragsparteien regelt. In der Präambel finden sich jedoch regelmäßig wichtige Erläuterungen über den Hintergrund des Vertragsabschlusses, die Motivation und Absichten der Vertragsparteien. Diese Erläuterungen können bei der Vertragsauslegung herangezogen werden; vgl. z.B. OLG Karlsruhe GRUR-RR 2012, 405 (PatR); OLG München NJOZ 2008, 660 (PatR).

Heim

Markenlizenzvertrag	Trademark License Agreement
1.4 „**Vertrag**" ist dieser Markenlizenzvertrag sowie alle Anlagen hierzu.	1.4 „**Agreement**" shall mean this Trademark License Agreement as well as all attached Schedules.
1.5 „**Vertragsgebiet**" ist der Europäische Wirtschaftsraum bestehend aus den Mitgliedstaaten der Europäischen Union sowie Norwegen, Island und Liechtenstein.	1.5 „**Contractual Territory**" shall mean the European Economic Area consisting of the member states of the European Union as well as Norway, Iceland and Liechtenstein.
1.6 „**Vertragsmarken**" sind die in Ziffer 2.1 definierten Marken.	1.6 „**Contract Trademarks**" shall mean the trademarks defined in Clause 2.1.
1.7 „**Vertragsprodukte**" sind Reinigungs- und Waschmaschinen gemäß der Spezifikation in **Anlage 1.7**.	1.7 „**Contract Products**" shall mean cleaning and washing machines pursuant to the specifications in **Schedule 1.7**.

2. Vertragsmarken

2.1 Der Lizenzgeber ist eingetragener[32] Inhaber der nachfolgend aufgeführten eingetragenen Wortmarken („**Vertragsmarken**"):

(i) Deutsche Marke „selective", Registernummer DE [___], angemeldet am 1.2.1999, eingetragen am 1.3.2000;

(ii) Unionsmarke „selective", Registernummer CTM [___], angemeldet am 1.2.2000, Tag der Eintragung im Register am 1.10.2001;

(iii) IR-Marke „selective" mit Schutzerstreckung für Österreich, Spanien, Frankreich, Großbritannien, Island, Liechtenstein, Norwegen, Rumänien und Schweden, Registernummer IR [___], angemeldet am 1.2.2000, eingetragen am 1.10.2001.

Die Unionsmarke und die IR-Marke nehmen die Priorität der deutschen Marke „selective" vom 1.2.1999 in Anspruch. Die Vertragsmarken sind eingetragen für die Waren: Kehr-, Reinigungs- und Waschmaschinen.

2.2 Der Rechtsstand der Vertragsmarken zum [Datum] ergibt sich aus den Registerauszügen zu den Vertragsmarken **Anlage 2.2**.

2. Contract Trademarks

2.1 Licensor is the registered owner of the following registered word marks („**Contract Trademarks**"):

(i) German trademark „selective", Register Number DE [___], applied for registration on 02/01/1999, registered on 03/01/2000.

(ii) Community trademark „selective", Register Number GM [___], applied for registration on 02/01/2000, date of entry in the Register on 10/01/2001.

(iii) IR-trademark „selective" with protection extended to Austria, Spain, France, Great Britain, Iceland, Liechtenstein, Norway, Romania and Sweden, Register Number IR [___], applied for registration on 02/01/2000, registered on 10/01/2001.

The Community trademark and the IR-trademark claim priority of the German trademark „selective" of 02/01/1999. The Contract Trademarks are registered for the goods: Sweepers, cleaning and washing machines.

2.2 The legal status of the Contract Trademarks as of [date] follows from the register extracts concerning the Contract Trademarks **Schedule 2.2**.

---

[32] Der Registerstand gibt nur Auskunft über die formale Inhaberstellung, nicht jedoch über die materiell-rechtliche Inhaberstellung. Der Registerstand hat keine konstitutive Wirkung.

Heim

Markenlizenzvertrag	Trademark License Agreement

3. Lizenzeinräumung

3. Grant of License

3.1 Der Lizenzgeber räumt dem Lizenznehmer hiermit das ausschließliche Recht ein, die Vertragsmarken zur Kennzeichnung der Vertragsprodukte in dem Vertragsgebiet zu benutzen, d.h. Vertragsprodukte unter den Vertragsmarken in dem Vertragsgebiet anzubieten, zu bewerben, in den Verkehr zu bringen und zu importieren.[33]

3.1 Licensor hereby grants to Licensee the exclusive right to use the Contract Trademarks for the Contract Products in the Contractual Territory, i.e. to offer, advertise, market and import Contract Products under the Contract Trademarks in the Contractual Territory.

3.2 Der Lizenznehmer ist nicht berechtigt,
(i) die Vertragsmarken für andere Produkte als die Vertragsprodukte zu benutzen;[34]
(ii) die Vertragsmarken in einem Unternehmenskennzeichen zu benutzen;
(iii) Marken oder Domains mit dem Wortbestandteil „selective" selbst oder durch Verbundene Unternehmen anzumelden und/oder zu halten;
(iv) Dritten sonstige, insbesondere dingliche Rechte an dem ausschließlichen Recht gemäß Ziffer 3.1 einzuräumen.

3.2 Licensee shall not be entitled
(i) to use the Contract Trademarks for products other than the Contract Products;
(ii) to use the Contract Trademarks in a company name;
(iii) to apply for registration and/or hold trademarks or domains with the word component „selective" itself or by Affiliated Companies;
(iv) o grant to Third Parties other rights, in particular, rights in rem with regard to the exclusive right pursuant to Clause 3.1.

3.3 Der Lizenznehmer ist berechtigt, nach vorheriger schriftlicher Zustimmung des Lizenzgebers Verbundenen Unternehmen Nutzungsrechte in dem Umfang der vorstehenden Ziffer 3.1 zu erteilen. Die schriftliche Zustimmung wird der Lizenzgeber nur aus wichtigem Grund verweigern. Im Übrigen ist der Lizenznehmer nicht berechtigt, Dritten Nutzungsrechte einzuräumen. Das Recht zur Vergabe von Nutzungsrechten umfasst nicht das Recht, dem Verbundenen Unternehmen das Recht zur Vergabe von Nutzungsrechten an Dritte oder andere Verbundene Unternehmen einzuräumen.
Ist der Lizenznehmer zur Erteilung von Nutzungsrechten an Verbundene Unternehmen berechtigt, so wird er den Verbundenen Un-

3.3 Licensee shall be entitled to grant rights of use within the scope specified in Clause 3.1 to Affiliated Companies after having obtained the prior written consent of Licensor. Licensor shall withhold its written consent only for good cause. Furthermore, Licensee shall not be entitled to grant rights of use to any Third Parties. The right to grant rights of use to Affiliated Companies does not cover the right for Affiliated Companies to grant further rights of use to third parties or other affiliated companies.

If Licensee is entitled to grant rights of use to Affiliated Companies, then it shall impose obligations on the Affiliated Companies

---

33 Eine Marke kann immer nur für das Territorium lizenziert werden, für das sie Schutz genießt. Gemeinschaftsmarken können jedoch auch für nur einen Teil der Gemeinschaft lizenziert werden, Art. 25 Abs. 1 S. 2 UMV.
34 Vgl. hierzu Art. 25 Abs. 2 lit. c UMV und § 30 Abs. 2 Nr. 3 MarkenG.

Heim

Markenlizenzvertrag	Trademark License Agreement

ternehmen Verpflichtungen auferlegen, die den Verpflichtungen des Lizenznehmers aus diesem Vertrag entsprechen. Der Lizenznehmer wird zudem sicherstellen, dass das jeweilige Verbundene Unternehmen alle Berichts-, Buchführungs- und Geheimhaltungsverpflichtungen einhält und die Berechtigung des Verbundenen Unternehmens zur Nutzung der Vertragsmarken mit Beendigung dieses Vertrages erlischt. Der Lizenznehmer wird den Lizenzgeber über den Abschluss eines Lizenzvertrages unverzüglich informieren und dem Lizenzgeber eine ungeschwärzte Kopie des vollständigen Lizenzvertrages mit dem Verbundenen Unternehmen überlassen.

which equal Licensee's obligations under this Agreement. Furthermore, Licensee shall ensure that the respective Affiliated Company complies with all reporting, accounting and secrecy obligations and that the entitlement of the Affiliated Company to use the Contract Trademarks will lapse upon termination of this Agreement. Licensee shall immediately inform Licensor about the conclusion of a license agreement and provide Licensor with a copy of the complete license agreement with the Affiliated Company without blackening.

4. Lizenzvermerk, Ausübungspflicht und Mindestmengen

4.1 Der Lizenznehmer ist verpflichtet, Vertragsprodukte ausschließlich unter den Vertragsmarken im Vertragsgebiet anzubieten, zu bewerben, in den Verkehr zu bringen und zu importieren.

4.2 Der Lizenznehmer ist verpflichtet, die Vertragsmarken ausschließlich in der eingetragenen Form zu benutzen, wie sie in den Registerauszügen Anlage 2.2 wiedergegeben sind.[35] Auf den Vertragsprodukten und der Verpackung sowie bei jeglicher werblichen Verwendung hat der Lizenznehmer die Vertragsmarken mit dem Zusatz ® zu versehen und an geeigneter Stelle folgenden Lizenzvermerk anzubringen: *„selective"® is a registered trademark of [Lizenzgeber]*. Der Lizenznehmer wird dem Lizenzgeber vor Aufnahme der Benutzung Muster der Vertragsprodukte, ihrer Verpackung sowie Wer-

4. License Note, Exercise Obligation and Minimum Quantities

4.1 Licensee shall be obliged to offer, advertise, market and import Contract Products exclusively under the Contract Trademarks in the Contractual Territory.

4.2 Licensee shall be obliged to use the Contract Trademarks exclusively in the registered form, as set forth in the register extracts Schedule 2.2. Licensee shall use the Contract Trademarks with the addition ® and affix the following license note: *„selective"® is a registered trademark of [Licensor]* at a suitable place to the Contract Products and the packaging as well as in case of any promotional use.

Licensee shall submit to Licensor – prior to commencement of use – samples of the Contract Products, their packaging as well as

---

35 Vgl. hierzu Art. 25 Abs. 2 lit. b UMV und § 30 Abs. 2 Nr. 2 MarkenG. Das Recht des Lizenzgebers zur Lizenzierung der Marke ist auf die tatsächlich eingetragene Form der Marke beschränkt und erstreckt sich *nicht* auch auf solche Bezeichnungen, die möglicherweise in den Schutzbereich der Marke fallen, weil sie mit dieser verwechslungsfähig sind, BGH GRUR 2001, 54, 55 – Subway/Subwear.

Heim

Markenlizenzvertrag	**Trademark License Agreement**

bebroschüren zu den Vertragsprodukten zur Prüfung der Benutzungsform und des Lizenzvermerks vorlegen. Dem Lizenznehmer ist es untersagt, Vertragsprodukte in den Verkehr zu bringen, die nicht den Anforderungen dieser Ziffer 4.2 entsprechen.

4.3 Zu den Ausübungspflichten des Lizenznehmers gehört unter anderem die Durchführung von geeigneten und angemessenen Werbemaßnahmen, insbesondere die Schaltung von Anzeigen und Werbespots in einschlägigen Fachmedien und die regelmäßige Ausstellung der Vertragsprodukte auf relevanten Fachmessen im Vertragsgebiet. Der Lizenznehmer stimmt die Werbemaßnahmen eng mit dem Lizenzgeber ab. Der Lizenznehmer ist verpflichtet, den Lizenzgeber vorab schriftlich und detailliert über beabsichtigte Werbestrategien in dem Vertragsgebiet zu informieren. Ungeachtet dessen liegt die wirtschaftliche und rechtliche Verantwortlichkeit für die Durchführung der Werbemaßnahmen bei dem Lizenznehmer. Der Lizenznehmer wird für die Werbemaßnahmen jährlich Kosten in Höhe von mindestens [___] Prozent ([___]%) seines Jahresumsatzes ausgeben. Auf Verlangen des Lizenzgebers wird der Lizenznehmer diesem die zur Überprüfung der Werbemaßnahmen erforderlichen Unterlagen übergeben

4.4 Der Lizenznehmer verpflichtet sich, ab Inkrafttreten und für die Dauer des Vertrages jährlich folgende Mindestmengen der Vertragsprodukte zu verkaufen:

(i) Kalenderjahr [___]: [___] Stück
(ii) Kalenderjahr [___]: [___] Stück
(iii) Kalenderjahr [___]: [___] Stück
(iv) Kalenderjahr [___]: [___] Stück

Der Lizenznehmer übergibt dem Lizenzgeber spätestens bis zum 31. Januar des Folgejahres eine Aufstellung, aus der die Gesamtmenge der in dem vorangegangenen Kalenderjahr verkauften Vertragsprodukte, die Namen der jeweiligen Abnehmer und die Menge der von diesen bezogenen Vertrags-

advertising brochures concerning the Contract Products for purposes of reviewing the form of use and the license note. Licensee shall be prohibited from marketing Contract Products which do not comply with the requirements of this Clause 4.2.

4.3 The exercise obligations of Licensee include, *inter alia,* the implementation of suitable and reasonable advertising measures, in particular, the placing of ads and commercials in relevant specialist media and the regular exhibition of the Contract Products at relevant trade fairs in the Contractual Territory. Licensee shall closely coordinate the advertising measures with Licensor. Licensee shall be obliged to inform Licensor in advance in writing and in detail about any intended advertising strategies in the Contractual Territory. Nevertheless the economic and legal responsibility for the implementation of the advertising measures lies with Licensee. Licensee shall spend for the advertising measures annually costs in the amount of, at least, [___] per cent ([___]%) of its annual sales. At the request of Licensor, Licensee shall provide Licensor with the documents required for reviewing the advertising measures.

4.4 Licensee undertakes to sell annually the following minimum quantities of the Contract Products as from the Effective Date and for the term of this Agreement:

(i) Calendar year [___]: [___] units
(ii) Calendar year [___]: [___] units
(iii) Calendar year [___]: [___] units
(iv) Calendar year [___]: [___] units

Licensee shall provide Licensor by 31 January of the following year with a list specifying the total quantity of the Contract Products sold in the previous calendar year, the names of the respective customers and the quantity of Contract Products bought by the latter and the relevant retail price in

Heim

Markenlizenzvertrag	Trademark License Agreement
produkte und der jeweilige Einzelverkaufspreis in Euro hervorgeht. Ziffer 7.4 gilt entsprechend.	euros. Clause 7.4 shall apply *mutatis mutandis*.
4.5 Weicht die Stückzahl der von dem Lizenznehmer verkauften Vertragsprodukte um mehr als 15 % (fünfzehn Prozent) von der vereinbarten Mindestmenge in dem jeweiligen Kalenderjahr ab oder erreicht der Lizenznehmer die vereinbarten Mindestmengen jeweils in zwei aufeinanderfolgenden Kalenderjahren nicht, ist der Lizenzgeber berechtigt, den Vertrag außerordentlich aus wichtigem Grund gemäß Ziffer 14.2 zu kündigen. Anstelle der Kündigung ist der Lizenzgeber dazu berechtigt, das in Ziffer 2 dieses Vertrages vereinbarte ausschließliche Nutzungsrecht mit einer Frist von 3 (drei) Monaten zum Monatsende durch schriftliche Mitteilung an den Lizenznehmer in ein nichtausschließliches Nutzungsrecht umzuwandeln. Macht der Lizenzgeber von dem Umwandlungsrecht Gebrauch, verringert sich ab dem Kalendermonat der Umwandlung die nach Ziffer 6.2 zu zahlende Mindestvergütung auf EUR [___] pro Kalenderjahr.	4.5 In the event that the number of units of the Contract Products sold by Licensee deviates by more than 15 % (fifteen per cent) from the agreed minimum quantity in the respective calendar year or Licensee fails to reach the agreed minimum quantity in two consecutive calendar years, then Licensor shall be entitled to terminate the Agreement for good cause pursuant to Clause 14.2. In lieu of termination Licensor shall be entitled to convert the exclusive right of use agreed upon in Clause 2 of this Agreement into a non-exclusive right of use by written notice to Licensee subject to a period of 3 (three) months as of the end of a month. If Licensor makes use of the conversion right, the minimum remuneration payable pursuant to Clause 6.2 shall be reduced to EUR [___] per calendar year as from the calendar month of conversion.
5. Umwelt- und Qualitätsstandards, Zulassung	**Environmental and Quality Standards, Approval**
5.1 Der Lizenznehmer verpflichtet sich, im Rahmen dieses Vertrages nur solche Vertragsprodukte unter den Vertragsmarken anzubieten, zu bewerben, in den Verkehr zu bringen und zu importieren, die den anwendbaren gesetzlichen Bestimmungen entsprechen.	5.1 Licensee shall be obliged, to offer, advertise, market and import within the scope of this Agreement only such Contract Products under the Contract Trademarks which correspond to the applicable legal requirements.
5.2 Der Lizenznehmer verpflichtet sich, die in **Anlage 5.2** definierten Umwelt- und Qualitätsstandards einzuhalten[36] und die Einhaltung dieser Standards einmal jährlich im zweiten Jahresquartal auf eigene Kosten durch das Institut [___] überprüfen zu lassen. Sobald der Prüfbericht dem Lizenznehmer vorliegt, wird dieser dem Lizenzgeber	5.2 Licensee shall be obliged to comply with the environmental and quality standards defined in **Schedule 5.2** and to have the compliance with these standards reviewed by the institute [___] at its own expense once a year in the second quarter. As soon as the test report is available to Licensee, Licensee shall provide Licensor with a complete copy

---

36 Vgl. hierzu Art. 25 Abs. 2 lit. e UMV und § 30 Abs. 2 Nr. 5 MarkenG.

Heim

Markenlizenzvertrag	Trademark License Agreement

eine vollständige Kopie des Prüfberichts zur Verfügung stellen. Der Lizenzgeber ist berechtigt, den Prüfbericht auch direkt von dem Institut [___] anzufordern und Einblick in die Prüfdokumentation zu nehmen.

of the test report. Licensor shall be entitled to request the test report also directly from the institute [___] and to inspect the test documentation.

5.3 Dürfen die Vertragsprodukte in dem Vertragsgebiet oder in einem Teil des Vertragsgebiets nur mit einer Zulassung durch die zuständige Stelle in Verkehr gebracht werden, wird der Lizenznehmer diese Zulassung beantragen und das Zulassungsverfahren durchführen. Der Lizenznehmer trägt sämtliche im Zusammenhang mit der Zulassung und dem Zulassungsverfahren anfallende Kosten. Soweit erforderlich wird der Lizenzgeber den Lizenznehmer bei der Erlangung der Zulassung unterstützen. Der Lizenzgeber übernimmt keine Gewährleistung und keine Garantie dafür, dass die Vertragsprodukte etwaige Zulassungskriterien im Vertragsgebiet oder Teilen hiervon erfüllen.

5.3 If the Contract Products in the Contractual Territory or in a part of the Contractual Territory may only be marketed with an approval by the competent authority, Licensee shall apply for this approval and shall carry out the approval procedure. Licensee shall bear all costs incurred in connection with the approval and the approval procedure. Where necessary, Licensor shall support Licensee in obtaining the approval. Licensor does not assume any warranty and guarantee that the Contract Products fulfill any admission criteria in the Contractual Territory or in parts of the Contractual Territory.

6. Vergütung[37]

6.1 Der Lizenznehmer zahlt an den Lizenzgeber innerhalb von 30 (dreißig) Tagen nach Vertragsunterzeichnung eine nicht rückzahlbare und nicht anrechenbare Einmalvergütung in Höhe von netto EUR [___].

6.2 Der Lizenznehmer zahlt an den Lizenzgeber ferner eine nicht rückzahlbare, auf die absatzbezogen zu zahlende Vergütung gemäß nachstehender Ziffer 6.3 anrechenbare jährliche Mindestvergütung in Höhe von netto EUR [___], zahlbar in vier Raten in Höhe von jeweils netto EUR [___] zum 31. März, 30. Juni, 30. September und 31. Dezember eines jeden Kalenderjahres, erstmals zum [___].

6. Remuneration

6.1 Licensee shall pay a non-repayable and non-creditable one-off fee payment in the amount of EUR [___] net to Licensor within 30 (thirty) days after the signing of the Agreement.

6.2 Licensee shall also pay a non-repayable annual minimum remuneration creditable to the remuneration to be paid sales-related pursuant to Clause 6.3 below to Licensor in the amount of EUR [___] net, payable in four installments in the amount of EUR [___] net respectively, by 31 March, 30 June, 30 September and 31 December of each calendar year, for the first time by [___].

---

37 Das Muster sieht als Vergütung eine Kombination aus verschiedenen Vergütungsmodellen vor, nämlich einer festen Lizenzgebühr in Form einer nicht rückzahlbaren Einmalzahlung, fällig mit Vertragsunterzeichnung (Ziffer 6.1), einer jährlichen Mindestlizenzgebühr (Ziffer 6.2) und eine auf die jährliche Mindestlizenzgebühr anrechenbare und gestaffelte Stücklizenz (Ziffer 6.3).

Markenlizenzvertrag	Trademark License Agreement

6.3 Der Lizenznehmer zahlt für die in diesem Vertrag eingeräumten Nutzungsrechte an den Vertragsmarken an den Lizenzgeber schließlich eine absatzbezogene Nettovergütung in Euro, deren Höhe sich nach der kalenderjährlich im Vertragsgebiet unter den Vertragsmarken vertriebenen Stückzahl der Vertragsprodukte bemisst und die mit der Nettovergütung in vorstehender Ziffer 6.2 verrechenbar ist. „Im Vertragsgebiet vertrieben" bedeutet, dass die Vertragsprodukte in dem Kalenderjahr ausgeliefert worden sein müssen. Die Berechnung der absatzbezogenen Nettovergütung ist gestaffelt nach der pro Kalenderjahr und Vertragsprodukt im Vertragsgebiet abgesetzten Stückzahl und berechnet sich gemäß der in **Anlage 6.3** definierten Parameter.

Die absatzbezogene Nettovergütung nach dieser Ziffer 6.3 ist kalenderhalbjährig gegenüber dem Lizenzgeber abzurechnen und innerhalb von 30 (dreißig) Tagen nach Ende eines jeden Kalenderhalbjahres fällig und zahlbar. Der Lizenznehmer legt dem Lizenzgeber eine Abrechnung vor, aus welcher aufgeschlüsselt nach Kalendermonaten die Stückzahl der in dem Vertragsgebiet vertriebenen Vertragsprodukte hervorgeht.

6.4 Hat der Lizenznehmer einem Verbundenen Unternehmen das Recht eingeräumt, Vertragsprodukte unter den Vertragsmarken nach Maßgabe dieses Vertrages anzubieten, zu bewerben, in den Verkehr zu bringen und/oder zu importieren, bleibt der Lizenznehmer verpflichtet, an den Lizenzgeber die absatzabhängige Vergütung in entsprechender Anwendung der Ziffer 6.3 zu zahlen. Bezugsgröße ist in diesem Fall die Stückzahl der von dem Verbundenen Unternehmen in dem Vertragsgebiet vertriebenen Vertragsprodukte.

6.3 Licensee shall finally pay for the rights of use to the Contract Trademarks granted under this Agreement to Licensor a sales-related net remuneration in euro, the amount of which is measured according to the number of units of the Contract Products marketed under the Contract Trademarks in the Contractual Territory per calendar year and which can be offset against the net remuneration under Clause 6.2 above. „Marketed in the Contractual Territory" means that the Contract Products must have been delivered in the calendar year. The calculation of the sales-related net remuneration is staggered according to the number of units sold per calendar year and Contract Product in the Contractual Territory and is calculated in accordance with the parameters defined in **Schedule 6.3.**

The sales-related net remuneration pursuant to this Clause 6.3 shall be accounted for towards Licensor every half calendar year and shall be due and payable within 30 (thirty) days after the end of each half calendar year. Licensee provides an accounting to Licensor which indicates the number of units of the Contract Products sold in the Contractual Territory broken down by calendar months.

6.4 If Licensee has granted to an Associated Company the right to offer, advertise, market and/or import Contract Products under the Contract Trademarks in accordance with this Agreement, Licensee shall remain obliged to pay the sales-based remuneration to Licensor in corresponding application of Clause 6.3. In this case, reference value shall be the number of units of the Contract Products sold by the Associated Company in the Contractual Territory.

Markenlizenzvertrag	Trademark License Agreement

6a. Steuern
[___]³⁸

6a. Taxes
[___]

7. Zahlungsbedingungen

7.1 Der Lizenznehmer zahlt die in vorstehender Ziffer 6 vereinbarte Vergütung zuzüglich der Umsatzsteuer in der jeweils geltenden Höhe auf das Konto des Lizenzgebers bei der [Bank, IBAN, BIC] unter Angabe des Verwendungszwecks.

7.2 Der Lizenznehmer darf etwaige Ansprüche gegen den Lizenzgeber nur dann gegen Vergütungs- oder Kostenerstattungsansprüche des Lizenzgebers nach diesem Vertrag aufrechnen, wenn die Ansprüche des Lizenznehmers von dem Lizenzgeber schriftlich anerkannt oder rechtskräftig festgestellt sind.

7.3 Nach Eintritt der Fälligkeit ist jeder Betrag mit einem Zinssatz in Höhe von neun (9) Prozentpunkten über dem jeweils geltenden Basiszinssatz zu verzinsen. Leistet der Lizenznehmer trotz Fälligkeit nicht, tritt Verzug ein, ohne dass es eines weiteren verzugsauslösenden Umstands bedarf.

7.4 Der Lizenznehmer wird über alle Daten, welche zur Feststellung der Richtigkeit und Vollständigkeit der Abrechnung erforderlich sind, Buch führen. Der Lizenzgeber ist nach angemessener Vorankündigung berechtigt, diese Bücher einmal jährlich zu den allgemeinen Geschäftszeiten des Lizenznehmers für das jeweils abgelaufene Kalenderjahr von einem unabhängigen und zur Verschwiegenheit verpflichteten Wirtschaftsprüfer überprüfen zu lassen. Der Lizenznehmer wird die Kosten des Wirtschaftsprüfers übernehmen, wenn sich zwischen der Abrechnung des Lizenznehmers und der des Wirtschaftsprüfers eine Differenz von 3 % (drei Prozent) oder mehr zulasten des Lizenzgebers ergibt. Differenzbeträge sind sofort fällig und zahlbar.

7. Terms of Payment

7.1 Licensee shall pay the remuneration agreed upon under Clause 6 above plus VAT at the applicable rate to the Licensor's account at [bank, IBAN, BIC] indicating the purpose of use.

7.2 Licensee may only set off potential claims against Licensor against claims for remuneration or reimbursement of costs Licensor is entitled to under this Agreement if Licensee's claims have been acknowledged in writing or established by law.

7.3 After payment has become due, the amount shall be subject to interest at a rate of nine (9) percent above the applicable base interest rate. If Licensee does not pay despite maturity, default shall occur without any further circumstance causing delay being required.

7.4 Licensee shall keep records of all data necessary for determining the accuracy and completeness of the accounts. After reasonable advance notice, Licensor shall be entitled to have these records verified by an independent auditor obliged to maintain confidentiality once a year during the general business hours of the Licensee for the previous financial year. Licensee shall bear the costs for the auditor if a difference of 3 % (three percent) or more exists between the accounts of the Licensee and the accounts of the auditor at the Licensor's expense. Differences shall be immediately due and payable.

---

38 Vgl. hierzu die Fußnote zu Ziffer 3.2a des Musters „Patent- und Know-how-Lizenzvertrag".

Heim

Markenlizenzvertrag	Trademark License Agreement

8. Unterrichtungspflichten

Sollten bei der Durchführung dieses Vertrages unvorhergesehene Schwierigkeiten auftreten, sind die Parteien verpflichtet, sich über solche Schwierigkeiten unverzüglich und vollständig schriftlich zu unterrichten.

9. Aufrechterhaltung der Vertragsmarken

9.1 Der Lizenzgeber ist verpflichtet, die Vertragsmarken während der Laufzeit dieses Vertrages aufrechtzuerhalten. Der Lizenzgeber wird alle Maßnahmen ergreifen, die für die Aufrechterhaltung der Vertragsmarken erforderlich sind.

9.2 Der Lizenzgeber ist weiter verpflichtet, alle Gebühren für die Vertragsmarken zu entrichten und sämtliche Formalitäten zu erfüllen, die zu ihrer Aufrechterhaltung während der Laufzeit dieses Vertrages erforderlich sind.

9.3 Wird die Schutzfähigkeit einer Vertragsmarke während der Vertragslaufzeit von Dritten angegriffen, übernimmt der Lizenzgeber in Abstimmung mit dem Lizenznehmer die erforderliche Verteidigung. Der Lizenzgeber ist jedoch frei, über die Art und Weise der Verteidigung zu entscheiden und auch ohne Zustimmung des Lizenznehmers berechtigt, streitbeilegende Vereinbarungen mit dem angreifenden Dritten zu treffen. Die Kosten der Verteidigung trägt der Lizenzgeber mit Ausnahme amtlicher Gebühren einschließlich Gerichtskosten, die der Lizenznehmer trägt.

9.4 Jede Partei ist berechtigt, auf ihre Kosten die Eintragung der an den Vertragsmarken eingeräumten Nutzungsrechte in das deutsche Patentregister oder ein ausländisches Äquivalent zu beantragen. Die andere Partei wird die Eintragung unterstützen und auf Verlangen alle hierfür erforderlichen Maßnahmen durchführen.

9.5 Im Fall der Löschung einer Vertragsmarke ist der Lizenznehmer nicht berechtigt, die zu zahlende Vergütung gemäß Ziffer 6 anzupassen.

8. Notification Obligations

If unforeseen difficulties arise during the implementation of this Agreement, the Parties are obliged to inform each other in writing about such difficulties immediately and completely.

9. Maintenance of the Contract Trademarks

9.1 Licensor shall be obliged to maintain the Contract Trademarks during the term of this Agreement. Licensor shall take all measure which are necessary for the maintenance of the Contract Trademarks.

9.2 Licensor is further obliged to pay all fees for the Contract Trademarks and to fulfill all formalities which are necessary for their maintenance during the term of this Agreement.

9.3 If the protectability of a Contract Trademark is attacked by Third Parties during the term of this Agreement, Licensor shall take on the defense in agreement with the Licensee. However, Licensor shall be free to decide on the manner of the defense and shall be entitled even without consent of the Licensee to enter into conflict-resolving agreements with the attacking Third Party. Licensor shall bear the costs for the defense with the exception of official fees including court costs which shall be borne by Licensee.

9.4 Each Party shall be entitled to apply for the registration of the rights of use granted for the Contract Trademarks in the German patent register or a foreign equivalent at its own expense. The other Party shall support the registration and shall implement all measures necessary for this purpose upon request.

9.5 In case of a cancellation of a Contract Trademark, Licensee shall not be entitled to adjust the remuneration to be paid pursuant to Clause 6.

Heim

Markenlizenzvertrag	Trademark License Agreement
10. Verletzung der Vertragsmarken durch Dritte	**10. Infringement of the Contract Trademarks by Third Parties**
10.1 Die Parteien werden sich über sämtliche Verletzungen der Vertragsmarken, die ihnen während der Laufzeit dieses Vertrages bekannt werden, gegenseitig unverzüglich schriftlich unterrichten.	10.1 The Parties shall immediately inform each other in writing about any infringements of the Contract Trademarks which become known to them during the term of this Agreement.
10.2 Zum gerichtlichen und/oder außergerichtlichen Vorgehen gegen Dritte wegen einer Verletzung oder einer anderen unberechtigten Nutzung der Vertragsmarken ist vorbehaltlich abweichender Regelungen in dieser Ziffer 10.2 nur der Lizenzgeber berechtigt. Geht der Lizenzgeber gegen Dritte wegen einer Verletzung oder einer anderen unberechtigten Nutzung der Vertragsmarken vor, ist der Lizenznehmer verpflichtet, den Lizenzgeber hierbei in angemessener Weise zu unterstützen. Eine Verpflichtung des Lizenzgebers zum Vorgehen gegen Dritte wegen einer Verletzung oder einer anderen unberechtigten Nutzung der Vertragsmarke besteht jedoch nicht.	10.2 Subject to deviating provisions in this Clause 10.2, only Licensor shall be entitled to take legal and/or out-of-court proceedings against Third Parties due to an infringement or any other unauthorized use of the Contract Trademarks. If Licensor takes action against Third Parties due to an infringement or any other unauthorized use of the Contract Trademarks, Licensee shall be obliged to support Licensor in doing so in an appropriate manner. An obligation of Licensor, however, to take action against third parties due to an infringement or any other unauthorized use of the Contract Trademark shall not exist.
Der Lizenzgeber ist berechtigt, den Lizenznehmer im Einzelfall mit der Durchsetzung der Vertragsmarken gegenüber Dritten schriftlich zu ermächtigen. In diesem Fall ist der Lizenznehmer verpflichtet, Ansprüche wegen der Verletzung oder unberechtigten Nutzung der Vertragsmarken gegen Dritte in Abstimmung mit dem Lizenzgeber auf eigene Kosten durchzusetzen.	Licensor shall be entitled to authorize Licensee in writing to enforce the Contract Trademarks vis-à-vis Third Parties in individual cases. In this case, Licensee shall be obliged to enforce claims due to the infringement or unauthorized use of the Contract Trademarks against Third Parties in agreement with Licensor at its own expense.
Der in einem von dem Lizenznehmer geführten Verletzungsrechtsstreit erzielte Schadenersatz steht dem Lizenznehmer zu, in anderen Fällen dem Lizenzgeber.	Licensee shall be entitled to any damages achieved in a legal dispute on an infringement conducted by Licensee, in other cases Licensor shall be entitled.
11. Gewährleistung [___]³⁹	**11. Warranty** [___]

---

39 Vgl. hierzu Ziffer 5.2 des Musters „Patent- und Know-how-Lizenzvertrag".

Heim

Markenlizenzvertrag	Trademark License Agreement
12. Haftung, Freistellung [___]⁴⁰	**12. Liability, Indemnification** [___]
13. Vertrauliche Informationen/Geheimhaltung [___]⁴¹	**13. Confidential Information/Non-Disclosure** [___]

14. Laufzeit, Kündigung

14.1 Dieser Vertrag wird mit Inkrafttreten wirksam und läuft bis [___].

14.2 Eine ordentliche Kündigung des Vertrages ist ausgeschlossen. Beide Parteien bleiben zur außerordentlichen Kündigung des Vertrages aus wichtigem Grund mit einer Frist von 3 (drei) Monaten zum Monatsende berechtigt. Die Kündigungserklärung bedarf der Schriftform.

14.3 Eine wesentliche Vertragsverletzung des Lizenznehmers, die den Lizenzgeber berechtigt, diesen Vertrag aus wichtigem Grund zu kündigen, liegt insbesondere in folgenden Fällen vor:

(i) Die von dem Lizenznehmer verkaufte Stückzahl an Vertragsprodukten weicht negativ um mehr als 15 % (fünfzehn Prozent) von der in Ziffer 4.4 vereinbarten Mindestmenge in dem jeweiligen Kalenderjahr ab oder der Lizenznehmer erreicht die vereinbarten Mindestmengen jeweils in zwei aufeinanderfolgenden Kalenderjahren nicht.

(ii) Der Lizenznehmer kommt mit der Zahlung der Vergütung gemäß Ziffer 6.2 in zwei aufeinanderfolgenden Quartalen in Verzug oder der Lizenznehmer zahlt eine Vergütung nicht innerhalb von 4 (vier) Monaten nach Fälligkeit.

(iii) Der Lizenznehmer verstößt gegen seine Verpflichtungen aus Ziffer 3.2.

(iv) Der Lizenznehmer oder ein mit dem Lizenznehmer Verbundenes Unterneh-

14. Term, Termination

14.1 This Agreement shall take effect when it enters into force and shall run until [___].

14.2 An ordinary termination of the Agreement shall be excluded. Both Parties remain entitled to an extraordinary termination of the Agreement for good cause with a notice period of 3 (three) months by the end of the month. The notice of termination requires the written form.

14.3 A material infringement of the Agreement of Licensee which entitles Licensor to terminate this Agreement for good cause shall include, in particular, the following cases:

(i) The number of units of the Contract Products sold by Licensee deviates negatively by more than 15 % (fifteen percent) from the minimum quantity agreed in Clause 4.4 in the respective calendar year or Licensee fails to reach the agreed minimum quantity in two consecutive calendar years respectively.

(ii) Licensee is in default of the payment of the remuneration pursuant to Clause 6.2 in two consecutive quarters or Licensee fails to pay a remuneration within 4 (four) months after the due date.

(iii) Licensee fails to fulfill its obligations under Clause 3.2.

(iv) Licensee or a company affiliated with Licensee attacks the Contract Trade-

---

40 Vgl. hierzu die Ziffern 5.3 und 5.4 des Musters „Patent- und Know-how-Lizenzvertrag".
41 Vgl. hierzu Ziffer 4 des Musters „Patent- und Know-how-Lizenzvertrag".

Heim

Markenlizenzvertrag	Trademark License Agreement

men greift die Vertragsmarken an oder der Lizenznehmer unterstützt die Angriffe Dritter oder eigener Verbundener Unternehmen.

(v) Der Lizenznehmer gerät in erhebliche finanzielle Schwierigkeiten und der Lizenzgeber muss ernsthaft damit rechnen, dass der Lizenznehmer zukünftig nicht mehr in der Lage sein wird, die Vergütung gemäß Ziffer 6.2 zu zahlen.

(vi) Die Mehrheitsverhältnisse des Lizenznehmers ändern sich aufgrund geänderter Beteiligungsverhältnisse.

14.4 Die Parteien sind nicht verpflichtet, die andere Partei vor Erklärung der außerordentlichen Kündigung abzumahnen.

15. Rechtsfolgen der Vertragsbeendigung

15.1 Im Falle der Beendigung dieses Vertrages gemäß vorstehender Ziffer 14 fallen die dem Lizenznehmer eingeräumten Nutzungsrechte an den Vertragsmarken automatisch an den Lizenzgeber zurück.

15.2 Im Falle der Beendigung dieses Vertrages ist der Lizenzgeber berechtigt, alle Zahlungen, die der Lizenznehmer geleistet hat, zu behalten, und der Lizenznehmer ist verpflichtet, alle vor Beendigung des Vertrages entstandenen Vergütungsansprüche zu begleichen, die mit Beendigung dieses Vertrages sofort fällig werden.

15.3 Der Lizenznehmer ist verpflichtet, bei Beendigung dieses Vertrages – gleich aus welchem Grund – das Angebot, die Bewerbung, das Inverkehrbringen und/oder Importieren von Vertragsprodukten auf der Grundlage dieses Vertrages unverzüglich einzustellen. Endet der Vertrag aus Gründen, die der Lizenznehmer nicht zu vertreten hat, bleibt der Lizenznehmer berechtigt, seinen Lagerbestand an Vertragsprodukten innerhalb einer Frist von höchstens 60 (sechzig) Kalendertagen nach Beendigung dieses Vertrages abzuverkaufen.

marks or Licensee supports the attacks of Third Parties or of its own Affiliated Companies.

(v) Licensee experiences substantial financial difficulties and Licensor must seriously expect that Licensee will no longer be able to pay the remuneration pursuant to Clause 6.2 in the future.

(vi) The majority structure of Licensee changes due to changes in the shareholding structure.

14.4 The Parties shall not be obliged to admonish the other Party prior to the declaration of the extraordinary termination.

15. Legal Consequences of the Termination

15.1 In the event of the termination of this Agreement pursuant to Clause 14 above, the rights to use the Contract Trademarks granted to Licensee automatically revert to Licensor.

15.2 In the event of termination of this Agreement, Licensor shall be entitled to retain all payments which Licensee has made, and Licensee shall be obliged to settle all remuneration claims accrued prior to the termination of the Agreement which become immediately due and payable upon termination of this Agreement.

15.3 Licensee shall be obliged, upon termination of this Agreement – for any reason whatsoever – to immediately cease to offer, to advertise, to market and/or import any Contract Products on the basis of this Agreement. If the Agreement terminates for reasons beyond Licensee's control, Licensee shall remain entitled to sell its inventory of Contract Products within a period of time not exceeding 60 (sixty) calendar days after termination of this Agreement.

Heim

Markenlizenzvertrag	Trademark License Agreement
15.4 Die Beendigung dieses Vertrages, gleich aus welchem Grund, entbindet den Lizenznehmer nicht von seinen Verpflichtungen	15.4 The termination of this Agreement, for any reason whatsoever, shall not discharge Licensee from its obligations
(i) die Vergütung, die während der Laufzeit des Vertrages entstanden aber bei Vertragsbeendigung noch nicht bezahlt ist bzw. gemäß vorstehender Ziffer 15.3 nach Vertragsbeendigung entsteht, zu zahlen;	(i) to pay the remuneration which has been accrued during the term of the Agreement but has not been paid yet upon termination of the Agreement or which accrues pursuant to Clause 15.3 above after termination of the Agreement;
(ii) den Lizenzgeber und die jeweiligen Geschäftsführer, Mitarbeiter, Gesellschafter und Erfüllungsgehilfen gemäß vorstehender Ziffer 12 freizustellen; und	(ii) to exempt Licensor and the respective managing directors, employees, shareholders and auxiliary persons pursuant to Clause 12 above; and
(iii) aus Ziffer 7.4 dieses Vertrages.	(iii) arising from Clause 7.4 of this Agreement.
15.5 Nach Beendigung dieses Vertrages ist der Lizenznehmer verpflichtet, einer Löschung der an den Vertragsmarken in das deutsche Patentregister oder einem ausländischen Äquivalent eingetragenen Nutzungsrechte an den Vertragsmarken zuzustimmen und alle hierfür erforderlichen Maßnahmen durchzuführen und Erklärungen abzugeben.	15.5 After termination of this Agreement, Licensee shall be obliged to agree to a cancellation of the rights to use the Contract Trademarks entered in the German patent register or another foreign equivalent and to implement all necessary measures and to make declarations.
16. Schlussbestimmungen [___]42	**16. Final Provisions** [___]
[Unterschriften vertretungsberechtigter Personen von Lizenzgeber und Lizenznehmer mit Ort und Datum]	[Signatures of representatives of Licensor and Licensee, place and date]
Anlage 1.7: Spezifikation Vertragsprodukte (Reinigungs- und Waschmaschinen)	Schedule 1.7: Specification Contract Products (Cleaning and Washing Machines)
Anlage 2.2: Registerauszüge Vertragsmarken	Schedule 2.2: Register Excerpts Contract Trademarks
Anlage 5,2: Umwelt- und Qualitätsstandards	Schedule 5.2: Environmental and Quality Standards
Anlage 6.3: Berechnungsparameter für absatzbezogene Nettovergütung pro Kalenderjahr und Vertragsprodukt im Vertragsgebiet	Schedule 6.3: Calculation Parameters for Sales-Related Net Remuneration per Calendar Year and Contract Product in the Contractual Territory

---

42 Vgl. hierzu Ziffer 9 des Musters „Patent- und Know-how-Lizenzvertrag".

Heim

Register

www.ingramcontent.com/pod-product-compliance
Lightning Source LLC
Chambersburg PA
CBHW020908210326
41598CB00018B/1811